地图审核号：浙S（2018）103号

2020

DING HAI YEARBOOK

定海年鉴

《定海年鉴》编纂委员会 编

方志出版社
Publishing House of Local Records

《定海年鉴（2020）》编纂委员会

编委会主任：顾飞舟
主　　编：方思宏
副 主 编：毛　媛

《定海年鉴（2020）》编辑部

主　　任：毛　媛
总　　纂：王英伟
顾　　问：李世庭
责任编辑：王英伟　鲁学伟　王燕迪
制　　图：袁晶晶
彩页摄影：陈炳群等
英文翻译：王燕迪
编　　务：陈冬飞

图书在版编目(CIP)数据

定海年鉴．2020／《定海年鉴》编纂委员会编．—北京：方志出版社，2020.9

ISBN 978-7-5144-4437-7

Ⅰ.①定… Ⅱ.①定… Ⅲ.①区（城市）—舟山—2020—年鉴 Ⅳ. ①Z525.54

中国版本图书馆CIP数据核字(2020)第246016号

书　　名：定海年鉴（2020）

编　　者：《定海年鉴》编纂委员会

责任编辑：范　静

出 版 者：方志出版社

地址　北京市朝阳区潘家园东里9号（国家方志馆4层）

邮编　100021

网址　http://www.fzph.org

发　　行：方志出版社图书经销中心

电话（010）67110500

经　　销：各地新华书店

印　　刷：舟山市乐诚印刷有限公司

开　　本：889×1194　1/16

印　　张：40

字　　数：1031千字

版　　次：2020年9月第1版　2020年9月第1次印刷

印　　数：001～800册

ISBN 978-7-5144-4437-7　定价：258.00元

1月11日，中共舟山市定海区第十三次代表大会第三次会议暨区委经济工作会议在舟山剧院召开

区委书记庄继艳作区委工作报告

大会表彰2018年度区级先进集体、先进生产（工作）者

（本版照片陈炳群 摄）

1 月 22—24 日，舟山市定海区第十七届人民代表大会第三次会议在舟山剧院召开

区人大常委会主任余河通作区人大常委会工作报告

区长侯富光作区政府工作报告

各人大代表分组讨论人大常委会工作报告和政府工作报告

（本版照片陈炳群 摄）

1月21—23日，中国人民政治协商会议第六届舟山市定海区委员会第三次会议在舟山剧院召开

区政协主席车志宽作区政协常务委员会工作报告

政协委员分组讨论有关工作报告

（本版照片陈炳群 摄）

2月26日，全区扫黑除恶专项斗争攻坚推进会召开
（王羽莹 摄）

4月8日，全区创建全国文明城市专题会议召开
（翁超慧 摄）

9月11—12日，全区“不忘初心、牢记使命”主题教育工作会议召开
（陈炳群 摄）

1月2日，10万吨级的马绍尔群岛籍油轮“英伦雨燕”号停靠宁波舟山港外钓岛30万吨级油品码头

1月15日，舟山500千伏联网输变电工程正式投运

（本版照片陈炳群 摄）

2月28日，全省扩大有效投资重大项目集中开工仪式舟山分会场在岑港舟山中际化工有限公司90万立方米油品储运项目建设现场举行

3月28日，宁波舟山港主通道富翅门大桥工程主体完工

（本版照片陈炳群 摄）

6月5日，区长侯富光代表区人民政府与新奥集团为计划总投资约24.76亿元的舟山液化天然气（LNG）接收及加注站连接管道项目建设签约

8月31日，浙江交通集团宁波舟山港主通道舟岱跨海大桥长白互通枢纽工程完成首片钢箱梁架设

（本版照片陈炳群 摄）

3月23日，南洞艺谷油菜花节开幕

4月10日，定海区2019年浙江省野生动植物保护宣传月暨“爱鸟周”活动启动仪式在海山公园举行

（本版照片陈炳群 摄）

6月18日，舟山市定海区远洋渔业协会成立

9月19日，以“远洋渔业梦　丰收新华章”为主题的“中国农民丰收节·舟山渔场丰收节”，在舟山国家远洋渔业基地举行

（本版照片陈炳群 摄）

10月17日，举行第十九届“贝有添奖教奖学助学金”颁发仪式

10月18日，建设中的昌国路19号东面的原定海公积金中心立体车库

（本版照片陈炳群 摄）

11 月 1 日，2019 世界舟山人大会定海分场“乡贤·恳谈会”现场

12 月 4 日，解放河开展河道清理作业

（本版照片陈炳群 摄）

抗击第 18 号台风“米娜”

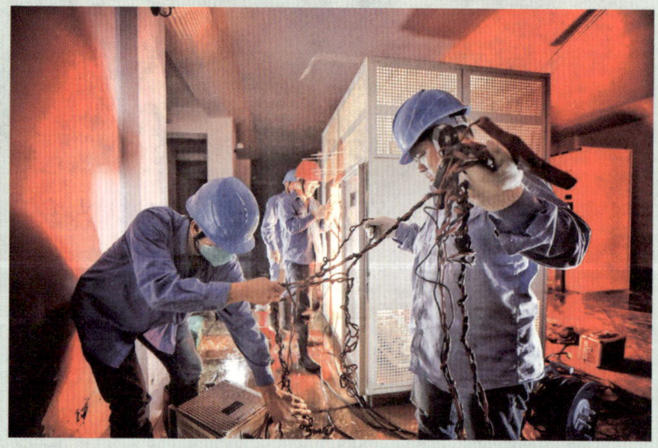

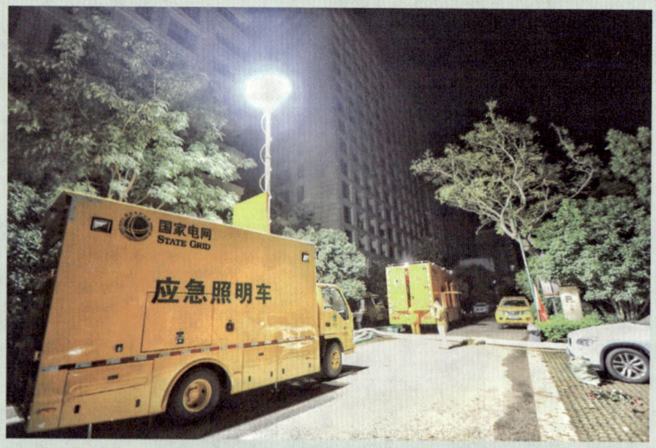

（本版照片陈炳群 摄）

6月12日，智慧城管定海分中心坐席员查看城区道路监控工作现场

（王裕芬 摄）

6月14日，宁波舟山港主通道舟岱大桥陆上接线的重要节点工程擂鼓隧道顺利贯通

（陈炳群 摄）

8 月 2 日，美丽乡村建设三年行动计划完成后的干礁镇新建社区

马岙的稻香田园入选省农业农村厅、省文化和旅游厅公布的 2019 年浙江省 100 个“最美田园”

（本版照片陈炳群 摄）

改造后的昌东新村

（王英伟 摄）

新建的新泉华府农民公寓房

（朱其波 摄）

3月31日，2019“美丽舟山千里行”活动启动仪式暨“神行定海山”第五站——“春满绿道趣味徒步”活动在马岙好物集市广场举行

4月7日，2019“神行定海山”全国徒步活动举行

（本版照片陈炳群 摄）

4月20日，第二届“三毛散文奖”颁奖典礼在定海新华侨会议中心举行

4月21日，2019书香定海全民读书节启动仪式暨“我和我的祖国”朗读大赛（昌国赛区）在文化广场举行

（本版照片陈炳群 摄）

7 月 17 日，“唱响定海·同心同行综艺 show”启动仪式暨舞比幸福广场舞展演在海滨公园举行

10 月 27 日，浙江省全民健身第二届生态运动会定海站比赛在南洞艺谷举行

（本版照片陈炳群 摄）

编辑说明

一、《定海年鉴》是中共舟山市定海区委、区人民政府主办，由定海区史志研究室组织实施，区属各部门、单位撰稿，经《定海年鉴》编辑部编辑、总纂，并由《定海年鉴》编纂委员会审定的年度地方信息资料性文献。创刊于2004年，坚持“一年一鉴”。《定海年鉴（2020）》为第17部。

二、《定海年鉴（2020）》以马克思列宁主义、毛泽东思想、邓小平理论、“三个代表”重要思想、科学发展观和习近平新时代中国特色社会主义思想为编纂指导思想，系统记述定海区自然、政治、经济、文化、社会、生态建设等方面基本面貌和发展状况，为各级领导资政决策提供依据，为社会各界了解定海提供信息，为研究地情和编修续志积累资料。

三、本年鉴记述时限为2019年1月1日至12月31日，部分内容为保持完整性，适当有所追溯或延伸。2019年，全区高举习近平新时代中国特色社会主义思想伟大旗帜，自觉践行习近平总书记对浙江提出的“干在实处永无止境，走在前列要谋新篇，勇立潮头方显担当”的新期望，以实干家、排头兵、奋斗者的姿态，全面推进新时代高质量发展，奋力谱写花园式国际人文港城建设新篇章，为实现率先建成“两个高水平”奋斗目标而不懈努力。

四、本年鉴采用分类法编辑，设类目、分目、条目三个层次，有42个类目、288个分目、1657个条目。类目依次为特载、专记、大事记、区情综述、中共舟山市定海区委员会、中共舟山市定海区纪律检查委员会（区监委）、舟山市定海区人民代表大会、舟山市定海区人民政府、政协舟山市定海区委员会、民主党派、社会团体、法治、军事、农业农村、海洋渔业、工业经济和信息化、商务、旅游、城区管理与城乡建设、水利水务、环境保护、交通运输、港航、海事、邮政电信、财政税务、银行保险、综合经济管理、应急管理、自然资源与规划、市场监督管理、教育、科技气象、文化体育、新闻媒体、卫生健康、人力资源和社会保障、民政、街道（镇）、人物、附录、索引等。全书以条目为主要载体，条目标题加“【】”表示，其中“特载”类目采用综合性文章；“大事记”“人物”“附录”等类目因行文需要，分目下直接记述，不另设条目。卷首有地图1幅、彩页照片51张、中英文目录，正文配图照660张，卷尾附有要目索引和图表索引。

五、本年鉴文字称谓、数字、计量单位、纪年等均按国家有关规定书写，所用数据以统计部门提供为准，统计部门没有的，以职能部门提供的为准。因水、电、气、邮政、电信、保险、水务等均由市属机构统一经营管理，有关这些部门的统计数字与设施建设等内容，市、区难以厘清的，只记其大概。文中“是年”均指2019年，“上年”均指2018年。未具名的省、市、区，均指浙江省、舟山市、定海区。

六、《定海年鉴（2020）》的编纂出版工作在中共舟山市定海区委、区人民政府的领导下，得到区属各部门和街道、镇领导的大力支持，撰稿和编纂人员为年鉴的撰稿、编纂、校对付出了辛勤的劳动，谨此深表谢忱。由于时间紧、成书仓促、水平有限，难免有疏漏欠妥之处，恳请读者批评指正。

《定海年鉴》编辑部

2020年12月

目 录

大 事 记

区情综述

中共舟山市定海区委员会

中共舟山市定海区纪律检查委员会 舟山市定海区监察委员会

舟山市定海区人民代表大会

舟山市定海区人民政府

政协舟山市定海区委员会

民主党派

社会团体

法 治

军 事

农业农村

海洋渔业

工业经济和信息化

商 务

旅 游

城区管理与城乡建设

水利水务

环境保护

交通运输

港航

海　事

邮政　电信

财政　税务

银行保险

综合经济管理

应急管理

自然资源与规划

市场监督管理

教 育

科技　气象

文化　体育

新闻　媒体

卫生 健康

人力资源和社会保障

民　政

街道　镇

人　物

附　录

索　引

Contents

Dinghai Party Committee of Zhoushan of the Communist Party of China

Dinghai Discipline Inspection Commission and Supervisory Commission of Zhoushan of the Communist Party of China

Dinghai People' s Congress Standing Committee of Zhoushan

Dinghai Government of Zhoushan

Dinghai Committee of Zhoushan of the Chinese People' s Political Consultative Conference

Democratic Parties and Association of Industry and Commerce

Mass Organizations

Rule of Law

Military Affairs

Agricultural Economy

Ocean Administration and Fishery

Industrial Economy and Informatization

Business Affairs

Tourism

Urban Administration and Municipal and Rural Construction

Water Conservancy and Environmental Protection

Environmental Protection

Transportation

Harbor and Shipping Affairs

Maritime Affairs

Postal Service and Telecom

Finance and Tax

Banking and Insurance

Comprehensive Management of Economy

Management of Sudden Publict

Natural Resources and Programming

Market Supervision Management

Education

Technology and Meteorology

Culture and Sports

News Media

Sanitation and health

Personnel Affairs, Labor and Social Security

Civil Administration

Towns and Streets

Figures

Appendix

Index

特　载

Special Reports

定海港（陈炳群/摄）

社会主义核心价值观

国家 富强、民主、文明、和谐

社会 自由、平等、公正、法治

公民 爱国、敬业、诚信、友善

全面推进新时代高质量发展 奋力谱写花园式国际人文港城建设新篇章

——在中国共产党舟山市定海区第十三次代表大会第三次会议暨区委经济工作会议上的报告

中共舟山市定海区委书记　庄继艳

（2019年1月11日）

同志们：

现在，我代表中国共产党舟山市定海区第十三届委员会向大会作报告。

大会的主题是：高举习近平新时代中国特色社会主义思想伟大旗帜，自觉践行习近平总书记对浙江提出的“干在实处永无止境，走在前列要谋新篇，勇立潮头方显担当”的新期望，以实干家、排头兵、奋斗者的姿态，全面推进新时代高质量发展，奋力谱写花园式国际人文港城建设新篇章，为实现率先建成“两个高水平”奋斗目标而不懈努力。

一、克难攻坚、砥砺奋进的一年

过去的一年，区委深入学习贯彻习近平新时代中国特色社会主义思想，坚定不移沿着“八八战略”指引的路子，紧紧围绕打好“五大会战”、建设“四个舟山”的工作主线，团结带领全区各级党组织、广大党员和干部群众，积极应对错综复杂的外部形势变化和艰巨繁重的大事难事考验，担当有为、真抓实干，推动各项事业发展取得了新成绩，实现了全面建设花园式国际人文港城良好开局，朝着率先建成“两个高水平”奋斗目标迈出了新的步伐。预计全年实现地区生产总值增长7%，区本级一般公共预算收入增长4.1%，城镇和农渔村常住居民人均可支配收入分别增长8%和9%。连续四年入选全国综合实力、投资潜力“双百”强区并实现进位。

这一年，我们大力转方式调结构，经济发展在创新转型中稳中有进。加快创新发展三年行动计划深入实施，海洋经济发展量质齐升。预计全年实现海洋经济增加值增长7.3%。传统制造业改造提升取得阶段性成效，20个“全省3000项重点技术改造项目”加快实施，增洲造船2万吨级江海直达船通过省首台（套）重大装备认证，大洋兴和智能化生产线关键装备研发与示范列入省重大科技研发项目，7412工厂荣获省政府质量奖提名奖，科力尔环保成功挂牌新三板，全区规上工业新产品产值增长50%，获评“浙江省两化深度融合国家示范区”。海洋电子信息、军工装备制造等高技术产业加速培育。现代服务业发展势头良好，集装箱吞吐量继续保持两位数高速增长，浙石化马目油库等一批重大服务业项目加快建成。农渔业“接二连三”步伐加快，远洋渔业全产业链产值规模突破百亿，乡村旅游、民宿产业成为乡村经济新的增长点。与浙江大学海洋学院成立运行校地协同创新中心，新增院士工作站1家、省级企业研究院2家，新认定国家知识产权优势企业1家、高新技术企业13家，科技创新对经济发展的支撑更加有力。

这一年，我们深入抓改革促开放，发展活力在优势再造中巩固激发。以“最多跑一次”改革为牵引的全面深化改革逐步走向深入，有为政府和有效市场协同发力、相得益彰。区长坐堂“最多跑一次”、高频服务事项镇街道“无差别全科受理”在全市率先推行，257个民生事项实现“一证通办”，15个部门高频涉企事项实现“一件事情”证照联办，一般企业投资项目全流程审批实现“最多100天”，行政服务理念、作风、效率持续改进。“亩均论英雄”改革纵深推进，试点出让“标准地”①395亩，存量低效土地厂房再利用取得积极进展，土地节约集约利用工作获得国务院表彰并奖励1000亩用地指标，差别化要素配置体系更加健全。完成土地集中连片长期流转6775亩，获评全省农村综合改革工作优秀单位。开放能级在深化对外合作中进一步提升，两种资源与两个市场的作用得到切实发挥。1—11月，全区实现外贸进出口总额46.6亿美元、浙商回归省外到位资金36.8亿元，秘鲁海外渔业综合保障基地建成运行，金塘国际航线抵达“一带一路”沿线35个国家，新落地投资超10亿元省市县长项目工程②3个，新引进海外高层次人才（项目）20个，连续三年成为我市唯一实现省“千人计划”人才入选的县区。

这一年，我们奋战大创建大整治，环境面貌在品质升级中焕然一新。创建全国文明城市打出强大声势，居民小区、农贸市场等15个重点领域整治取得明显成效。城中村（旧城）改造加力加速，全年完成区块征迁16个、57.4万平方米、3732户，开工建设安置小区10个、77.2万平方米，超额完成“三改一拆”年度任务。城市迎宾大道、沿河亲水廊道、海滨新天地特色街区成为新的品质地标，道路立面、城市公园、亮化彩化、路牌标识等细节景观加快改造，小城镇环境综合整治全面完成，首批65个洁净乡村达标创建取得实效，马岙社区风情乡村建设走在全省前列，8条“断头路”“瓶颈路”实现贯通，停车位、污水管网等一批突出功能短板加快补齐，城市整体面貌发生巨大变化。有力保障宁波舟山港主通道、329国道舟山岑白段、500KV联网输变电等一批重大基础设施建设。中央环保督察反馈问题扎实有效整改，五峙山省级自然保护区规划启动修编，大柳主干河入选省级“美丽河湖”，成功捧回治水“大禹鼎”，全年空气质量优良率保持在93.5%以上，累计完成彩色健康森林抚育2000亩、抛荒土地景观作物复种9000亩，好山好水好空气成为定海城市的靓丽生态名片。

这一年，我们真诚办实事增福祉，人民生活在事业发展中持续改善。低收入百姓增收工作有力推进，年收入14000元以下低收入家庭动态消除，12个集体经济经营性年收入10万元以下社区村实现增收。扎实做好与四川省宣汉县的对口扶贫工作。城乡居民基本养老保险、基本医疗保险参保率分别达到97.3%和99.2%，普通门诊保险支付比例从20%提高到25%。全年交付使用保障性住房4196套，完成农村危房治理改造721户。省级公共文化服务重点县区建设深入实施，第二届“三毛散文奖”完成征集初评工作，新建社区、柳行社区文化礼堂获评首批省五星级农村文化礼堂，我区传承优秀传统文化做法得到省政府领导批示肯定。平稳有序完成市区教育体制改革，城西小学获评省级数字校园示范学校，全区等级园、普惠性幼儿园覆盖率分别达到99%和91%。健康定海2030行动纲要制定实施，瑞金医院舟山分院开业试运营，全市首家医养护一体化的居家养老综合服务中心建成启用，“神行定海山”全国徒步大会等一批全民健身活动蓬勃开展。妇女儿童、残疾人、慈善等事业取得新进步。成功夺取平安定海建设十三连冠，区-镇街-社区村三级社会矛盾纠纷大调解机制深化完善，扫黑除恶专项斗争扎实开展，安全生产形势保持总体稳定，人民群众平安获得感不断增强。

这一年，我们坚定强党建转作风，铁军队伍在从严锻造中更加坚强。制定实施党的建设提升三年行动计划，全面吹响迈进新时代定海党的建设新征程的冲锋号角。持续推动党建工作系数法向区属部门延伸，严格落实各级党委（党组）主体责任和书记“第一责任人”责任，创新实施基层党建工作全员责任制，切实消除区属部门意识形态责任盲点，纵横联动、齐抓共管的大党建工作格局更加严密。始终把党的政治建设摆在首位，引导广大党员干部坚定信仰习近平新时代中国特色社会主义思想，牢固树立“四个意识”。制定出台干部正向激励实施办法，优化完善干部选拔任用体系，一线实干选人用人导向更加鲜明。淬炼打造“锋涌定海山”全域基层党建品牌，深入整治机关党建“灯下黑”和“两张皮”问题，全面完成换届后社区村党组织“回头看”，基层组织体系更加坚强有力。扎实推进“大学习大调研大抓落实”活动，深入

① “标准地”：是指在完成相关区域评估基础上，明确了固定资产投资强度、容积率、单位能耗标准、单位排放标准、亩均税收等至少五项基本指标出让的国有建设用地。

② 省市县长项目工程：是指省市县（区）党委政府主要领导、分管经济工作有关领导要每年分别负责牵头谋划推进1个重大产业项目，项目总投资分省市县（区）三级分别达到50～100亿元、20～50亿元、10～20亿元。

开展重点工作“双学双比”，创新实施机关单位重点突破工作考核，比学赶超、创先争优的工作氛围更加浓厚。坚定不移向作风问题开刀，严格执行抓好中央八项规定精神，小微权力腐败、有制度不执行、“新官不理旧账”“中梗阻”等一批痛点难点问题得到严肃整治。深入开展区委巡察，首创的巡察问题“全链条式”整改模式、巡察整改质询问责机制得到省纪委高度肯定。持续深化监察体制改革，在全省率先建立运用“四种形态”全程监督机制，严肃查处了一批违纪违法案件，山清水秀的政治生态得到有力巩固。

这一年，我们充分发挥区委总揽全局、协调各方的作用，切实加强对人大、政府、政协工作的领导和支持；认真做好新形势下民主党派、工商联、无党派人士以及民宗、外侨、对台等工作，团结社会各界人士，巩固发展最广泛的爱国统一战线；重视发挥老干部的优势和作用，支持群团组织创造性开展工作；坚持党管武装，国防后备力量建设、双拥等工作取得新成绩。

各位代表，同志们！回顾过去一年，奋斗充满艰辛，成绩来之不易。一年来的成绩，是以习近平同志为核心的党中央集中统一领导和省委、市委正确领导的结果，是全区广大共产党员和干部群众共同努力的结果。在此，我代表中共舟山市定海区委，向全区广大共产党员和干部群众，向老领导、老同志，向各民主党派、工商联、无党派人士和各人民团体，向驻定部队、武警官兵和驻定各单位，向所有关心支持定海发展的海内外朋友们，致以崇高的敬意和衷心的感谢！

在肯定成绩的同时，我们也要清醒地认识到，工作中还面临着不少突出问题和挑战。主要表现在:经济高质量发展的基础尚未巩固，科技创新、高端人才、优质项目的支撑引领作用还不够强，转型升级依然任重道远；城市规划建设管理仍显粗放，优质公共服务供给相对不足，生态环境短板依然突出，打造品质城市还需要付出更大努力；平安建设面临许多新情况新问题，社会治理的源头化、智能化、社会化水平还需要全面提升；有的党员干部先锋意识、担当意识、学习意识不强，精神状态和能力素质还不能完全适应新时代高质量发展要求。所有这些问题，我们必须采取有效措施，认真加以解决。

二、坚定不移以新思想引领新发展

15年前，习近平同志主政浙江时，高瞻远瞩地擘画了“八八战略”的宏伟蓝图，在省域层面对中国特色社会主义进行了卓有成效的理论创新和实践创新，指引浙江奏响了干在实处、走在前列的新世纪乐章。党的十八大以来，习近平总书记以巨大的政治勇气和智慧，全面审视国际国内新的形势，对党和国家各方面工作提出一系列新理念新思想新战略，推动党和国家事业发生历史性变革、取得历史性成就。党的十九大，站在历史和时代的高度，总结提炼形成了习近平新时代中国特色社会主义思想。

实践充分证明，习近平新时代中国特色社会主义思想有着深邃的思想源泉、深厚的实践根基、深远的战略考量。我们必须以更高的标准，带着政治责任，在深学笃用新思想上当好排头兵，坚定不移以新思想引领新发展，在全面建设花园式国际人文港城的新征程中创造实实在在的新业绩。

*新思想引领新发展，就是要深刻领会习近平总书记对新时代发展特征的一系列重大论断，更加坚定自觉地推进高质量发展。*习近平总书记在党的十九大报告中指出，“中国特色社会主义进入了新时代”。这一重大政治论断，确立了中国特色社会主义发展新的更高层级的历史方位。进入新的历史阶段，我们国家长期处于社会主义初级阶段的基本国情没有变，改变的是社会主要矛盾这一现实基础；我们党执政兴国第一要务没有变，改变的是新时代发展对应的内涵要求。问题是时代的声音，矛盾是前进的动力。新时代发展，解决的是不平衡不充分问题，满足的是人民日益增长的美好生活需求；新时代发展，必须是高质量发展。习近平总书记深刻指出，“推动高质量发展，是当前和今后一个时期确定发展思路、制定经济政策、实施宏观调控的根本要求”。去年以来，中央对推进高质量发展作出全面部署，习近平总书记反复就高质量发展发表重要讲话、作出重要指示。面对新时代发展新特征，我们要深刻认识到，推进高质量发展是适应社会主要矛盾变化的科学规律，是贯彻落实“两个坚决维护”的政治纪律，更是谱写花园式国际人文港城建设新篇章的必然抉择。

*新思想引领新发展，就是要深刻体悟习近平总书记对浙江工作的新期望，更加坚定自觉地振奋精神、争创一流。*2018年7月，在改革开放40周年、“八八战略”实施15周年关键节点上，习近平总书记专门对浙江工作作出重要指示，寄予浙江“干在实处永无止境，走在前列要谋新篇，勇立潮头方显担当”的新期

望。这一重要指示，体现了习近平总书记对浙江工作的一贯要求，为新时代浙江改革发展标注了新起点、提供了新机遇、注入了新动力。当前，世界面临百年未有之大变局，我国发展仍处于并将长期处于重要战略机遇期，“一带一路”、长江经济带、长三角一体化、大湾区[①]建设在我省交汇，以贸易投资、海洋经济、创新驱动等为主题的众多国家级改革试点在我省叠加，为我们深化改革、扩大开放、强化创新提供了难得的历史契机；新区系列国家战略加速落地，世界油商大会、波音全球供应商大会、国际海岛旅游大会盛大召开，甬舟铁路、宁波舟山港主通道、国际空港等一批重大工程规划实施，为我们推进海洋产业重构、区位格局提升提供了有力的现实支撑。面对千载难逢的历史机遇，我们要以高度的政治责任感和历史使命感，切实拿出“干在实处永无止境”的奋斗姿态，确立“走在前列要谋新篇”的目标要求，争创“勇立潮头方显担当”的一流业绩，加快把机遇转化成为构建新优势、促进新发展的实际成果，不断赋予花园式国际人文港城建设新内涵。

*新思想引领新发展，就是要深刻感念习近平总书记对舟山的深厚感情，更加坚定自觉地用实际行动书写时代答卷。*舟山是习近平总书记倍加关心、寄予厚望的地方。在浙江工作期间，他13次到舟山调研，亲自把脉舟山发展，就打造海洋经济强市、建设海洋文化名城等作出了富有战略性、前瞻性、针对性的重要指示，为舟山改革发展指明了方向。2015年5月，习近平总书记首次视察浙江，第一站选择了舟山，对舟山工作、舟山地位给予了充分肯定。近年来，定海各项事业发展取得了有目共睹的成绩，经济实力、人民生活、城市面貌迈上了新的台阶。立足新时代新坐标，我们要把习近平总书记的关怀转化为忠诚核心、维护核心、看齐核心的政治自觉，转化为以新思想指引花园式国际人文港城建设新实践的有力行动，毫不动摇地推进高质量发展，始终坚定追求卓越的价值取向，坚决贯彻新发展理念，让创新成为第一动力，协调成为内生特点，绿色成为普遍形态，开放成为必由之路，共享成为根本目的，实现更高质量、更有效率、更加公平、更可持续的发展。

三、奋力开创全面高质量发展新局面

2019年，是新中国成立70周年，是高水平全面建成小康社会关键之年，是全面深化机构改革、开启改革开放新征程的起始之年，也是加快全面高质量发展、谱写花园式国际人文港城建设新篇章的奋进之年。今年工作的总体要求是：坚持以习近平新时代中国特色社会主义思想为指引，认真贯彻落实中央经济工作会议、省委经济工作会议精神，以“大学习大调研大抓落实”活动为抓手，高举改革开放大旗，坚定不移推动“‘八八战略’再深化，改革开放再出发”，紧紧围绕打好“五大会战”、建设“四个舟山”的工作主线，全面推进新时代高质量发展，坚定不移全面从严治党，奋力谱写花园式国际人文港城建设新篇章，为高水平全面建成小康社会收官打下决定性基础，以优异成绩向中华人民共和国成立70周年献礼。建议今年全区经济社会发展的主要预期指标是：地区生产总值增长6%以上；区本级一般公共预算收入增长4%；城镇和农渔村常住居民人均可支配收入分别增长6.5%和7%。

围绕上述目标，重点抓好以下五方面工作：

*（一）强化高质量的动能引擎。*聚焦推进新旧动能转换，毫不动摇全面深化改革，更加注重创新驱动和开放带动，加快构建与高质量发展相匹配的动能体系。

深化改革释放新动能。坚决打破制约发展的“坛坛罐罐”，不断增创体制机制新优势。系统推进机构改革。按照中央、省、市统一部署，进一步理顺部门权责关系、划清职能边界、优化机构设置，统筹推进承担行政职能事业单位改革，深化镇街道体制改革，加快构建系统完备、科学规范、运行高效的机构职能体系，形成推进高质量发展的有力制度保障。全面深化“最多跑一次”改革。持续改进窗口服务体验，大力推进各级办事大厅标准化，加快定海行政服务中心建设。着力打破部门壁垒，深化政府数字化转型和浙里办APP推广应用，全面推行“无差别全科受理”，持续扩大“一件事情”“最多跑一次”覆盖面。探索工程建设项目全流程全覆盖审批制度改革，推动一般企业投资项目开工前审批“最多90天”。扎实开展资源要素市场化配置改革。持续推动“亩均论英雄”改

① 大湾区：是指现代化浙江的空间特征，具体建设环杭州湾经济区、甬台温临港产业带和义甬舟开放大通道。

革向交通运输、仓储等服务业领域延伸，严格执行用能、用水、用地、排污、融资担保等差别化配置政策，加快亩均税收万元以下低效企业等依法整治，倒逼“笨鸟”变“俊鸟”。全面推行新增建设用地“标准地”出让制度，完善区域评价、协同监管、信用联合惩戒等配套制度。实施建设用地全程监管机制，深化闲置存量土地二次开发，确保全年盘活土地500亩以上。加快国有企业市场化改革步伐，稳妥化解政府隐性债务，促进政府存量债务与存量资产有效盘活。

聚力创新激发新动能。深入推进加快创新发展三年行动计划，不断提升创新的支撑力引领力。高水平推进公共创新平台建设。多领域、多形式推进产学研用深度合作，有效发挥浙江大学海洋学院校地协同创新中心、海大研究院等作用，积极促成上海交通大学中小企业科技创新园、中科院宁波材料所金塘研发中心落地，做实做深“院校成果+定海转化”模式。持续深化区产业创新综合体建设，着力完善定海海洋科学城创新孵化服务体系，加大“创客邦”“创客工厂”等众创空间培育力度，积极推进科技金融对接，不断优化区域科技创新服务体系。强化企业创新主体地位。扎实开展科技企业双倍增行动，深入实施“三名”企业、中小微企业“专精特新”培育工程，大力推动企业生产自动化、智能化、网络化改造，鼓励支持企业建设研究院，力争新认定高新技术企业11家以上，建成省级企业研究院2家以上，新增发明专利授权300项以上。大力实施人才强区战略。严格落实人才新政20条，制定实施“新十百”人才引育办法，着力构建形成“1+10+N”人才政策体系[①]。深入推进高层次定海籍人才雁归计划，力争全年引进“5313”科技创业领军人才（团队）项目5个以上。做强基础支撑人才基本盘，加快打造一支数量充足的行业优秀骨干人才队伍。坚持党管人才原则，加强对人才全方位关心关爱，努力打造人才服务最优区。

扩大开放集聚新动能。积极参与长三角区域分工协作，充分放大自贸试验区政策辐射优势，在更大格局上广纳资源、积蓄势能。加速区域融合步伐。牢牢抓住长三角一体化发展上升为国家战略的机遇，深入对接上海新一轮产业溢出，密切联系环杭州湾城市，主动融入宁波都市区，积极参与大湾区大通道[②]建设，促进产业承接、项目对接、服务衔接，着力构建与沪杭甬等周边城市的良性互动与深度合作。做强金塘国际物流岛枢纽功能，推进金塘物流园区、大浦口集装箱二阶段码头建设，积极打造金塘文旅健康物流小镇，不断扩大金塘集装箱干线港国际影响力。积极谋划打造白泉高铁新城，加快白泉站及周边核心区规划建设。全力以赴保障市在定重大基础设施项目顺利实施，加快推进定马公路、西山路等主要城市通道提标改造，不断提高区域交通外联内畅水平。做深项目谋划招引。顺应新区大石化、大航空产业发展趋势，加强上下游产业链系统研究，找准与定海产业、空间、资源相适应的突破领域，绘好潜在招商目标分布图。落实“一把手”招商工作机制，推行月度项目对接任务清单制，拓展以商引商等形式，持续加大重点对象盯引力度，力争引进一批投资强度大、带动效应强的“大好高”项目。做足落户企业再招商文章，充分挖掘中集集团、中谷石化等集团型企业的优势资源，争取促成新的合作。

（二）*发展高质量的海洋经济*。坚持面向深蓝的发展方向不动摇，强化政策预期，发挥战略、区位、资源、产业基础等优势，奋力开辟海洋经济新蓝海。

强化预期引导提振民营经济。认真贯彻落实习近平总书记在民营企业座谈会上的重要讲话精神，真诚服务，加大帮扶，切实把民营经济这一宝贵财富呵护好、发展好。更大力度推进减税降负。不折不扣落实国家降低企业税费负担以及省市降低企业用能、用工、物流、用地、融资、涉企中介服务等成本的一揽子政策，组织开展新一轮民营企业大走访大服务活动，集中力量破解一批制约企业发展的共性历史遗留问题，让民营企业轻装上阵。更大力度推动企业对接多层次资本市场。深入实施企业上市和并购重组“凤凰行动”计划，引导加快企业股份制改造步伐，积极促成一批重组合作项目落地，力争新增企业主板报会1家、新三板挂牌1家。深化政银企协作，用好政策性担保、贴息等工具，发挥好区经济担保公司等作用，

① “1+10+N”人才政策体系：“1”指舟山市定海区人才新政20条；“10”指“新十百”人才引育办法；“N”指人才认定、经费管理等一系列服务保障政策。

② 大通道：是指现代化浙江的发展轴线，具体建设杭嘉沪创新大通道、义甬舟开放大通道、浙东南海洋经济大通道、浙西南生态旅游大通道，基本建成省域1小时交通圈、市域1小时交通圈、城区1小时交通圈。

推广专利质押、仓单质押等信贷模式。积极防范和化解“两链”风险，建立多部门联动防范金融风险工作机制，加强企业金融风险监测预警，扎实做好重点困难企业“一企一策”帮扶工作，坚决维护金融环境稳定。积极构建“亲”“清”新型政商关系。各级领导干部要坦荡真诚地同民营企业家交朋友、为民营企业担当，做到有求必应、无事不扰。持续深化法治定海建设，开展国家知识产权强区培育工程，坚决打击任何侵犯民营企业合法权益的行为，让民营企业安心放心创业。大力弘扬企业家精神，深入宣传民营企业和企业家事迹，营造有利于民营经济发展和民营企业家茁壮成长的良好社会氛围。

融入国家战略赋能传统产业。坚持围绕新区系列国家战略走出定海传统产业转型路径，以提升产业平台集群化、专业化水平为主攻方向，推动传统产业向产业链、价值链高端攀升。着力打造油品全产业链。强化西部国际油品储运交易基地与国际绿色石化基地联动发展，全力保障浙石化4000万吨/年炼化一体化、外钓油品应急储运、浙石化库区马目—鱼山输油管线等建设，加快中谷石化120万方库区项目进度，推进各库区间输油管线联通，不断提升油品仓储效益，做大交易规模。深化马岙片区功能布局规划调整，积极促成低硫燃料油项目落地，谋划打造新材料产业园区。加快发展国际农产品加工交易。紧扣国际农产品贸易中心建设，积极推动国家远洋渔业基地建设渔港经济区国家级示范区，加大中澳现代产业园、国际粮油产业园区检验检疫、保税监管等关键口岸政策突破力度，大力实施澳洲肉牛进境加工、大洋世家海洋食品产业集聚区等一批龙头性重点项目，逐步推动粮油、水产等半成品加工向高端蛋白等生物制品加工升级，不断做大“两头”在外的大宗商品交易。培育做强以高端船舶装备制造为核心的江海联运相关产业。提升发展船舶装备高新技术产业园，全力促成中天重工二期等项目落地，持续推动园区内船舶企业深化与大企业大集团的战略合作，做大做强江海联运直达系列船型、大型集装箱船、LNG船等研发制造维修，逐步拓展钢材交易、大型钢构件制造等产业。积极推动招商局港口滚装物流基地投产运营，整合组建江海联运船队，延伸发展江海联运及相关服务业。

嫁接优势资源壮大新兴产业。做足海洋、生态、人文等资源嫁接和优势转化文章，无中生有、有中向优发展新兴产业，培育打造海洋经济新的增长极。壮大发展海洋科技产业。紧跟海洋深度开发趋势，以定海海洋科学城为主阵地，加强摘箬山科技岛等平台资源整合，完善与成都、西安等内陆创新城市海洋科技联动发展机制，加速产业孵化集聚，力争在海洋电子信息等领域培育若干“独角兽”企业。集聚发展军民融合产业。充分发挥定海驻军密集优势，持续深化军民融合高新技术园区建设，积极推进军民融合装备技术发展中心、军队社会化保障中心、基础设施统筹规划建设中心、军地人才双向培养中心等建设，加速“民参军”“军转民”双向融合，加快实施一批标志性示范项目，不断做大军民融合产业规模。培育发展大健康产业。深化大健康产业规划，加大生态、旅游、医疗、人文等资源整合力度，深入推进全域旅游示范区建设，加速白泉北部片区高端医疗保健、医学美容等产业培育集聚，着力构建形成以健康旅游、医疗服务为重点的大健康产业体系。

（三）建设高质量的美丽家园。围绕品质高端、充满活力、独具韵味的海上花园城市建设目标，坚持问题导向，全力以赴补短板、强功能、提品质，加快推动定海全域美丽升级。

优化布局提升中心城区品质。突出规划引领，深化中心城区品质建设，不断提升现代滨海城市形象。着力优化空间布局。进一步深化中心城区规划，综合人口、业态、生态等因素，梳理中心城区片区功能定位，修编完善盐仓片区控制性详细规划，加速非城市核心功能向外疏解，高标准打造西山创意门户区、竹山滨海休闲商业区、太平弄古城活化利用先行区等一批功能性区块，激发中心城区活力。深入开展品质建设。加强城中村（旧城）拆后土地利用，控制土地出让节奏，严把建设方案设计，有序推进小洋岙商业综合体等项目开发，全面提速建好高质量安置小区，着力塑造城市新地标。注重城市细节打造，加快建设一批精品工程，提升入城口、沿河沿路等重要节点景观面貌，不断美化城市形象。加快补齐功能短板。全面推进老旧小区综合改造，加强小区物业管理，优化提升小区人居环境。统筹推进公共配套设施、邻里中心等建设，加快城区“四环”道路改造提升，继续打通一批“断头路”“瓶颈路”，挖潜做好停车位增设工作，切实让城市生活更美好更便利。

攻坚创城深化城乡环境整治。以创建全国文明城市为统领，纵深推进新一轮城乡环境综合整治。保持创城攻坚姿态不变。深入实施创建全国文明城市三年行动计划，强化区领导包干负责、专项组牵头负责、镇街道属地负责的责任体系，深化工单督办、志愿创建、双学双比等工作推进机制，推动创城工作常态化。加强重点领域专项整治。聚焦城乡环境的薄弱环节和群众反映强烈的突出问题，坚决把城市社区及居委会周边居民小区、背街小巷及城中村、城郊结合部等区块整治引向深入，切实破解一批历史遗留问题，持续巩固小城镇环境综合整治成果，不断擦亮整洁有序的城市底色。完善长效管理机制。加强各领域管理举措经验总结提炼，加快固化形成一批行之有效的制度办法，推进城市管理常态化、制度化。以机构改革为契机，深化综合行政执法改革，推动执法重心下移，提高文明执法水平，加快建立权责统一、权威高效的行政执法体制。深入实施公民素质提升工程，加强群众性文明创建活动，不断涵养提升城市整体文明素养。

深入推进乡村振兴。全面落实“20字总要求”[①]，深入开展乡村经营，为加快农业农村现代化注入强大生机活力。大力盘活乡村资源。加快完成农村“三权”确权登记颁证，加大农村土地集中连片长期流转工作力度，加强社区村“三资”管理创新，用好土地综合整治政策集成优势，探索农村闲置宅基地有偿退出及后续开发利用机制，强化金融服务“三农”的政策引导，不断激活农渔村“沉睡”资源。大力发展乡村产业。紧扣打造全国海岛型先进现代农业园区、全国农村一二三产业融合发展先导区、部省共建乡村振兴示范区目标，坚持科技兴农、融合发展，大力引导工商资本参与乡村产业发展，加快推进华晟牧场国家数字农业试点建设项目，推广应用高效生态海洋水产养殖技术，推动远洋渔业率先高水平融合，培育发展农村电子商务，因地制宜建设一批田园综合体、农家民宿、家庭农场，探索打造干缆马岙乡村振兴示范区块，着力构建形成一二三产融合的乡村产业发展格局。大力提升乡村风貌。加速推动洁净乡村创建全覆盖，集中力量建设若干风情乡村，做足设施优化、村庄洁化、田园彩化、沿线景观化文章，打造风情乡村示范带，构建乡村大美格局。积极推进自治法治德治“三治融合”乡村治理模式，不断提升现代乡村文明，切实为美丽乡村注入美丽灵魂。

（四）创造高质量的美好生活。始终坚持以人民为中心的发展思想，严格落实新增财力三分之二以上用于民生发展的要求，切实兜牢民生底线、增进幸福内涵，努力把定海人民对美好生活的向往一步步变成现实。

坚决打好增收富民攻坚战。致力拓宽增收致富渠道，加大社会保障力度，确保全面小康路上一个都不能少。持续深化扶贫开发奔小康工程，积极开展困难群体就业精准帮扶，加强支出型贫困家庭救助，完善城乡最低生活保障制度，力争动态消除年收入16000元以下家庭。认真落实创业就业政策，鼓励以创业带动就业，促进离校未就业高校毕业生、退役军人等重点群体更充分更高质量就业。深入实施全民参保计划，稳步推进社保精准扩面。大力提升社区村经济“造血”功能，继续帮扶14个集体经济经营性年收入10万元以下的社区村实现增收。持续做好与四川省宣汉县的对口扶贫工作。

坚决打好事业利民攻坚战。聚焦促进人的全面发展，大力发展优质均衡社会事业。持续提升基础教育质量。制定实施定海区加强海岛教育三年行动计划，扎实开展新一轮教育布局规划调整，加快实施一批学校、幼儿园新改扩建工程。持续巩固发展集团化办学成果，全面推进幼儿园“扩容改薄”，加强中小学校长、班主任、骨干教师“三支队伍”建设，始终保持基础教育全市领先水平。深入推进健康定海建设。全面构建区域医疗服务共同体，建立健全基层医疗机构补偿机制，不断提升基层医疗服务水平。建成启用白泉卫生院，推动瑞金医院舟山分院全面运营，积极争创白泉国家级卫生城镇。健全完善养老服务体系，积极引进中高端养老专业服务机构，提升养老服务水平。加快城南体育公园、国家登山步道二期等体育设施建设，提升“徒步中国·神行定海山”活动影响力，倡导形成运动健康新风尚。繁荣发展海洋历史文化。挖掘做深“古墩文化”“两黄文化”等内涵，积极推动本土精品文化遗产进社区、进校园、进家庭。加快建设现代公共文化服务体系，优化提升文化礼堂服务功能，大力推进区图书馆新馆、特色城市书房等建设，扩大“全民阅读、全民学艺、全民善行”品牌群众参与，持续打响“三毛散文奖”文化金名片。

---

① “20字总要求”：是指党的十九大报告提出的产业兴旺、生态宜居、乡风文明、治理有效、生活富裕20字实施乡村振兴战略总要求。

坚决打好生态惠民攻坚战。围绕满足人民群众对美好生态环境的需求，深入践行“两山”重要思想，高水平打造美丽中国海岛样板。坚决打好污染防治攻坚战。深化实施蓝天、碧水、净土、清废四大行动，全面启动打赢蓝天保卫战三年行动，加快推进“污水零直排区”及美丽河湖建设，加强中小流域、近岸海域综合治理，着力提升固体废物规范化处置能力，全面推进城乡垃圾分类处理，始终保持环境执法监管的高压态势，确保中央环保督察整改问题不反弹。加强生态保护修复。巩固扩大国家森林城市创建成果，统筹抓好彩色健康森林建设、平原绿化、珍贵树发展、古树名木保护四大生态林业工程，大力推进矿山复绿、抛荒地复种、饮用水源地保护等工作，让绿色成为定海版图的主色调。深入推进舟山渔场修复振兴行动，不断提升海洋资源环境承载力。积极倡导生态文明理念。多层次推进生态文明系列创建，积极争创一批国家生态文明建设示范乡镇，提倡节约适度、绿色低碳、文明健康的生活方式和消费模式，在全社会形成保护生态环境人人有责、人人受益的良好风尚。

（五）构建高质量的治理体系。主动适应时代发展趋势，加快治理方式、治理理念转变，着力构建共建共治共享的社会治理格局。

深入推进智慧治理。综合运用大数据、云计算、物联网等现代信息技术，加快推动平安法治保障、城市运行管理智慧化。建立大数据共享交换机制。按照省市统一规范，加快整合人口、法人、地理、审批办事、执法监管、“四个平台”等各领域数据资源，建立完善全区统一的共享数据库目录和信息交换标准，着力打破数据壁垒。深化城市治理智慧应用。加快平安法治数据分析平台开发，强化大数据关联挖掘、预警预测作用，建立大数据风险研判工作机制，形成信息协同、响应灵敏、处置高效的智慧平安治理体系。深化智慧城管二期建设，组建智慧城管快速响应队伍，促进各类问题智能感知-即时反馈-快速执法，不断提升管理效能。夯实智慧治理工作基础。深化实施“雪亮工程”，推广“智慧安防”小区建设，加强区级社会信息整合联网，持续提升智慧城市基础设施。严把数据采集质量关，着力规范数据报送流程，确保数据真实可靠、准确无误，不断增强数据工作的严谨性。

深入推进源头治理。加强以“治未病”为核心的矛盾纠纷与风险隐患防控能力建设，从源头上减少不稳定因素。做实多元矛盾纠纷化解大调解工作。加快推进区、镇街、社区村三级矛盾纠纷调处中心建设，深入实施全科网格规范提升工程，加快完善各项工作制度，建强专业化调解员队伍，切实发挥大调解促进“矛盾不上交，就地解决”的作用。加大信访化解力度。全面打好信访矛盾化解攻坚战，建立信访与大调解联合接待、联合调处机制，推进“无信访社区村”创建，有效化解一批信访积案，争创省级“无信访积案”县区。加强风险隐患排查整治。强化重大决策社会稳定风险评估工作，全力防范涉稳重大风险，扎实开展扫黑除恶专项斗争，筑牢平安稳定压舱石。建立健全安全生产隐患动态排查、源头整治工作机制，严格落实各级监管责任和企业主体责任，切实守护食品药品等各领域安全，坚决遏制重特大事故发生。

深入推进合力治理。坚持以民主促民生促发展促和谐，广泛凝聚全民共建共治共享的强大合力。推进群众参与制度建设。建立民生事项分类向市民公开征询意见机制，完善引入群众评价政府工作相关办法，切实让群众参与到事关切身利益的决策中来，让定海发展接受群众的检验。畅通群众参与渠道。坚持线上线下结合，建设全区统一的民意征集反馈平台，促进政府与群众良性高效互动。强化部门、镇街主渠道作用，促进民主参与常态化。强化群众参与自觉。大力弘扬社会主义核心价值观，加强好家庭、好家风、道德模范等优秀典型的挖掘宣传力度，强化“我们都是定海人”身份认同，不断增强群众自觉参与定海发展治理的积极性和主动性。

四、全面推动管党治党再上新的台阶

深入学习贯彻习近平党建思想，坚定不移落实新时代党的建设总要求，不断提高党的建设质量，推动各级党组织真正成为全面建设花园式国际人文港城的坚强领导核心、党员干部成为推进定海全面高质量发展的领头雁。

突出政治建设统领地位。深入学习贯彻习近平新时代中国特色社会主义思想，持续深化“大学习大调研大抓落实”活动，引导广大党员干部切实筑牢信仰之基、把牢思想之舵，牢固树立“四个意识”、认真践行“两个坚决维护”，在政治立场、政治方向、政治原则、政治道路上同以习近平同志为核心的党中央保持高度一致。牢牢把握意识形态工作主动权，严格落实各级主体责任，严明网络行为纪律规范，确保唱响主旋律、弘扬正能量。严格执行新形势下党内政治生活若干准则，严格遵守党章党规，认真落实“三会一课”、谈心谈话等制度，提高民主生活会和组织生活会质量。坚持和完善民主集中制，不断提高各级党委（党组）科学民主依法决策水平。坚持党对一切工作的领导，积极支持人大、政府、政协等开展工作，巩固发展好最广泛的爱国统一战线。

激励广大干部担当有为。认真落实好干部标准，建立干部实绩数据库，加强领导班子和干部队伍综合分析研判，以实绩论英雄、凭实绩选干部。突出忠诚老实首要政治要求，坚持事业为上、依事择人，全面做好机构改革后领导班子配备和人员转隶工作。大力发现培养选拔优秀年轻干部，建立完善年轻干部跟踪评价体系，不断做强优秀年轻干部储备库。注重培养提升专业知识、专业能力、专业精神，实施干部能力素质提升工程，建设高素质专业化干部队伍。坚持严管厚爱结合、激励约束并重，加强对领导干部日常监督和“八小时之外”管理，切实用好正向激励、容错免责机制，旗帜鲜明褒奖实绩突出者，加大对干部全方位关心关爱，让不同年龄、不同层级的干部能心无旁骛的干事创业。

着力打造坚强战斗堡垒。认真落实党支部工作条例，以机构改革为契机，优化完善党的组织体系和力量配备，制定实施基层党组织规范化建设体系，建立健全党委（党组）对重大工作的领导体制，探索推动党建工作系数法向全区各级党组织覆盖延伸，确保党的组织调整到位、党的领导落实到位、党建力量配备到位，切实消除党建“空白点”。高标准打造“锋涌定海山”全域基层党建品牌，着力增强党群服务中心功能，做深做实街道大工委和社区大党委模式，彰显农村基层党建示范群、示范带主题特色，形成老典型焕发生机、新面孔不断涌现的生动局面。创新社区村书记素质培养，深化社区村后备干部梯队培育，切实发挥第一书记作用，不断提升基层党组织战斗力。严把党员入口关，增强入党仪式感，引导广大党员冲一线、当先锋，不断提振党员的表率自觉。

纵深推进清廉定海建设。压紧压实党委主体责任和纪委监督责任，推行政治生态建设状况定期评估、廉情抄告、问题线索处置等制度，健全责任追究机制，让失责必问、问责必严成为常态。严格落实中央八项规定精神及其实施细则，加大隐形“四风”问题整治力度，毫不动摇把作风建设进行到底。持续深化派驻机构改革和监察体制改革，充分发挥派驻监督“探头”作用，推进镇街道监察办全面履职，不断提升监督成效。大力推进巡察工作常态化制度化规范化，持续深化巡察问题“全链条式”整改模式、巡察整改质询问责机制，开展两级交叉巡察，不断消除管党治党薄弱环节，推动全面从严治党向基层延伸。加快推进清廉定海六大系列工程[①]建设，完善以案示警教育机制，持续巩固风清气正的良好政治生态。

同志们，使命呼唤担当，实干成就梦想。让我们更加紧密地团结在以习近平同志为核心的党中央周围，在省委、市委的坚强领导下，以更加奋发向上的精神状态，不忘初心、牢记使命，全面推进新时代高质量发展，奋力谱写花园式国际人文港城建设新篇章！

---

① 清廉定海六大系列工程：是指围绕打造“清廉定海”推出的清廉机关、清廉教育、清廉卫生、清廉国企、清廉文化、清廉村居等六项廉政工程。

政府工作报告

——在舟山市定海区第十七届人民代表大会第三次会议上

舟山市定海区人民政府区长 侯富光

（2019年1月22日）

各位代表：

现在，我代表区人民政府向大会作政府工作报告，请予审议，并请各位政协委员和其他列席人员提出意见。

一、2018年政府工作回顾

过去一年，是克难攻坚、砥砺奋进的一年。一年来，我们在市委、市政府和区委的坚强领导下，在区人大及其常委会、区政协的监督支持下，深入学习贯彻习近平新时代中国特色社会主义思想，坚定不移沿着“八八战略”指引的路子，紧紧围绕打好“五大会战”、建设“四个舟山”的工作主线，全面推进花园式国际人文港城建设，较好地完成了区十七届人大二次会议确定的目标任务。预计全年实现地区生产总值增长7%，区本级一般公共预算收入增长4.1%，城镇和农渔村常住居民人均可支配收入分别增长8%和9%，节能减排各项指标完成省、市下达目标任务。实现全国综合实力和投资潜力“双百”强区排名进位，并成功列入全国绿色发展百强区。

一年来，我们始终坚持转型升级、提质增效，实体经济发展稳中有进。深入贯彻新发展理念，海洋经济转型蹄疾步稳，预计海洋经济增加值增长7.3%。主攻船舶、石化、水产、粮油、机械五大重点产业，预计区本级规上工业总产值、增加值分别增长7%、6.5%。船舶研发制造取得新突破，增洲造船2万吨级江海直达船通过省级首套重大装备认证，太平洋海工2.6万方浮式储存气化装置船实现国内首制，环保型多用途首制船、智慧海洋试验船开工建设。中钢海工装备项目基本建成。新增油品库容700万方，浙石化马目库区、光汇石油储运南岛工程、外钓油品应急储运工程、中海油泰富石化扩建工程相继建成。水产加工及关联企业加快集聚，兴业集团、大洋兴和、惠群冷链物流等项目建成投产。粮油吞吐能力达到3500万吨，良海粮油120万吨加工项目建成投产，热电联产、散粮输送带及公用码头竣工投用。机械制造加速升级，华业塑机等智能制造试点示范工厂建设完成，通达塑机、境界机械项目开工建设。现代服务业持续繁荣，成功列入省服务强县试点区。集装箱吞吐量突破120万标箱，预计港口货物吞吐量达到1.55亿吨，金塘大浦口集装箱码头二期工程加快推进。和平路商业中心、三农农产品批发市场、远洋渔业小镇渔人广场开市运营，西部商业中心、新天地广场建设完成。鸦片战争遗址公园等获批国家AAA级旅游景区，舟山群岛旅游咨询服务中心投入运营，获评全国民宿产业发展示范区。农渔业提速发展。完成土地长期连片流转6775亩，新建粮食高产示范区3个，改造提升“菜篮子”蔬菜基地290亩，新增水产精养面积114亩。岑港等特色农业强镇建设扎实推进，小沙“百果园”项目加快建设，“海山农汇”电商平台和农产品体验中心建立运营。远洋渔业全产业链产值规模突破百亿，远洋渔船增至196艘，秘鲁海外渔业综合保障基地建成运行，“兴业鱼露”获国际农交会金奖。

一年来，我们着力推进改革开放、创业创新，区域发展能级不断提升。坚持向改革要活力、向开放要潜力、向创新要动力，新旧动能加快转换。全面深化改革向纵深推进。实现1302个事项“最多跑一次”全覆盖，实现一般企业投资项目开工前审批“最多100天”①，推行高频服务事项镇街道“无差别全科受理”。完成199家工业企业“亩均效益”综合评价，出让“标准地”395亩。政府产业引导基金设立运行，政策性融资担保公司组建成立。对外开放合作力度不断加强。预计实现外贸进出口总额329亿元、浙商回归省外到位资金41亿元。促成招商局集团、中集集团、物产中大、中农华鑫等“中字头”、500强企业与本地企业重组合作，落地10亿元以上县市长项目3个。完成154亩存量低效土地、3.9万平方米闲置厂房“二次招商”。有力保障329 国道舟山岑白段、500 千伏联网输变电工程等重大基础设施建设，完成大沙调蓄水库大坝主体工程。加快创新发展三年行动计划深入实施。预计完成工业技改投入16.5亿元，金鹰三元锂电池等20个项目列入省重点技改项目，荣获“浙江省两化深度融合国家示范区”称号。定海海洋科学城“一城三园”布局基本成型，注册引进企业109家，与浙江大学等3所高校共建协同创新中心。新增院士工作站1家、省级企业研究院2家，新认定国家知识产权优势企业1家、高新技术企业13家、科技型企业45家。7412工厂荣获省政府质量奖提名奖，森森集团、龙源四方获评“浙江制造”品字标。雷电船舶、江航船舶、创伟实业获得“民参军”资质。科力尔环保成功挂牌新三板，盛海达、沪航物联完成股改。人才新政系列配套政策制定出台，落户“5313”②科技创业领军人才企业8家，新增“国千”和“省千”人才3名。

一年来，我们全力打造花园城市、文明城市，城乡人居环境显著改善。综合实施“拆、建、创、整”组合拳，全域提升城乡面貌和文明程度。城中村（旧城）改造持续发力。蔡家墩、长岗山等16个区块完成征迁，改造面积57.4万平方米。高品质安置房代建模式全面实施，开工建设安置房项目10个，锦鸿雅苑、馨港苑安置小区交付使用。城乡精致建设全面推进。东岳塔亮化工程建成使用。百里滨海大道、海天大道定海段提升工程基本建成，解放路沿街立面及总府路完成改造。城东河公园和环城东路、环城南路沿河亲水廊道建成使用，葆三公园、富都公园、小沙湿地公园加快建设。打通蟠洋山路、总府路延伸段等断头路8条，新增停车位近8000个。建筑工地绿色围挡全面推行，全市首创建筑垃圾资源化利用新模式，新改建星级公厕32个。金塘、白泉获评全国综合实力千强镇，小沙、岑港、双桥小城镇环境综合整治全面完成。马岙社区风情乡村建设成效显著，龙潭社区、叉河社区成功创建市级美丽乡村精品示范村，创建洁净乡村65个。完成彩色健康森林抚育2000亩、平原绿化530亩，改造提升农村公路50公里。完成盘峙、东岠等陆岛交通码头建设，建成强排泵站13座。荣获“美丽浙江”建设工作考核先进。全国文明城市创建工作扎实开展。农贸市场等15个专项整治行动全面实施，合源、西园等重点居民小区整治工作取得实效。“城市啄木鸟”行动获省志愿服务项目大赛铜奖。环境综合整治强势推进。荣获治水“大禹鼎”，打造品质河道17条，大柳主干河获评省级“美丽河湖”。完成干䃎污水处理厂提标工程，修复改造污水管网38公里。扎实推进中央环保督察和国家海洋督察问题整改，关停整治企业15家。完成烟墩工业区块环境综合整治，建成东方环保、益民固废处置项目。土地节约集约利用工作获国务院表彰，并得到1000亩计划指标奖励。

一年来，我们聚焦聚力兴办实事、增进福祉，社会民生事业全面提升。以群众满意为标准，十个方面民生实事项目扎实推进，民生支出达到31亿元，占一般公共预算支出的68%，同比增长20%。“村企结对”帮扶行动深入推进，投入农渔村集体经济项目资金1.2亿元，65个社区村年收入达到30万元以上。重点人群就业渠道有效拓展，通过残疾人“指尖”就业③等措施，分类帮扶就业困难人员1720人。城乡居民基本养老保险、基本医疗保险参保率分别达到97.3%、

---

① 一般企业投资项目开工前审批“最多100天”：是指一般企业投资项目从获得发改部门赋码备案到取得建设部门施工许可证在100个自然日内完成。

② “5313”：是指“5313”人才行动计划，即紧紧围绕新区发展战略，重点在海洋新兴产业和传统优势产业领域引进500名左右海内外科技创业领军人才，引进30个科技创业领军团队，培养100名科技创业家，力争30名列入国家、省“千人计划”。

③ 残疾人“指尖”就业：是指我区通过基地建设、电商培训和企业对接等举措，帮助残疾人进行电子商务创业。

99.2%，普通门诊保险支付比例从20%提高到25%。交付使用保障性住房近4200套。深度挖掘“定海山”十五古①系列文化精髓，对古桥、古亭等进行立碑挂牌，正式开放非遗馆、民俗生活馆，公开认养北美红杉等古树112棵。盐仓总兵公园、白泉文化公园、小沙三毛主题文化广场建设完成，新建农村文化礼堂6个。顺利举行“神行定海山”全国徒步大会、舟山群岛骑游大会和全民运动会，成功举办首届花卉节和春兰、蕙兰展。原石礁中学等5所中小学、幼儿园建设加快推进，建成海滨小学、城北幼儿园和原商业局幼儿园改造工程，全面承接6所市属幼儿园管理职能。上海瑞金医院舟山分院开业试运营，定海居家养老综合服务中心投入使用，建成社区居家养老服务照料中心7个。“雪亮工程”全面推进，区、镇两级社会治理综合指挥平台进一步规范提升。大调解机制不断完善。全面开展水上交通、道路交通、危化品、船舶、消防五大领域安全整治，19个重大安全隐患销号清零。实现平安定海建设十三连冠。成功创建国家级农产品质量安全区和省级食品安全区。

*一年来，我们努力践行廉洁勤政、务实高效，政府自身建设切实加强。*牢固树立“四个意识”，扎实开展“大学习大调研大抓落实”活动，政府执行力、公信力不断提高。坚持“两学一做”学习教育常态化制度化，建立实施区政府党组会议“政论一刻钟”和常务会议“学法30分钟”制度。全面加强廉政建设，认真履行党风廉政主体责任，严格落实“一岗双责”。坚决贯彻中央八项规定实施细则精神，完成事业单位和国企公车改革。政府数字化建设步伐加快，政务钉钉实现全覆盖。区长坐堂“最多跑一次”活动创新开展，建立推行重点工作清单制度和项目年中安排制度。“双学双比”、实绩亮相活动扎实开展，攻克“最后一平米”13个。“七五”普法规划深入实施，获评省法治政府建设先进单位。坚持重大事项决策出台前向人大报告，与政协协商。认真办理人大议案建议、政协提案268件，满意和基本满意率达99.6%。

军民、军政联系更为紧密，四川宣汉对口扶贫工作全面推进，档案、史志、民族宗教、物价、人防、反邪教、侨务、对台、爱国卫生、反走私、老龄、慈善、供销、税务、气象等工作取得了新成绩。

各位代表，过去的一年，成绩来之不易，这是市委、市政府和区委正确领导的结果,是全区上下同心协力、团结拼搏的结果。在此，我代表区人民政府，向全区广大人民和广大建设者，表示崇高的敬意和衷心的感谢！向人大代表、政协委员，向各民主党派、工商联、各人民团体、社会各界人士和离退休老同志，向驻定部队和武警官兵，向关心和支持定海发展的海内外朋友们，表示衷心的感谢！

在取得成绩的同时，我们也要清醒的认识到定海发展不平衡不充分的一些突出问题尚未解决，经济发展质量和效益还不高，科技创新和人才的支撑能力还不够强，部分民营企业在市场、融资、转型等方面还有不少困难和问题。城乡统筹发展仍需加强，公共服务供给不够充分，生态环境和民生领域还有不少短板。政府债务风险化解和财政压力增大，党风廉政建设仍需常抓不懈。对此，我们将在今后工作中高度重视、力推创新，采取更加有效的措施，切实加以解决和改进。

二、2019年政府工作主要安排

2019年，是新中国成立70周年，是高水平全面建成小康社会关键之年，是全面深化机构改革、开启改革开放新征程的起始之年，也是加快全面高质量发展、谱写花园式国际人文港城建设新篇章的奋进之年。回望四十年，改革开放波澜壮阔；展望新时代，发展征途豪情澎湃。区第十三次党代会第三次会议高举习近平新时代中国特色社会主义思想伟大旗帜，严格贯彻落实中央和省委、市委决策部署，紧密结合区情特征和发展阶段，作出了全面推进新时代高质量发展的战略安排。我们将坚定不移以新思想引领新发展，牢牢把握新时代重要战略机遇，积极应对各方面的风险和挑战，以“功成不必在我”的宽广胸怀和“功成必定有我”的历史担当，勇当改革开放先行者，争做创新发展排头兵，干在实处、走在前列、勇立潮头，奋力开创新时代全面高质量发展新局面。

根据区委的战略部署，今年政府工作的总体要求是：坚持以习近平新时代中国特色社会主义思想为指引，认真贯彻落实中央、省市和区委的各项决策部署，高举改革开放大旗，坚定不移推动“‘八八战略’再深化，改革开放再出发”，紧紧围绕打好“五

① 十五古：是指古树、古桥、古井、古街、古亭、古刹、古墓、文物古迹、非遗文化、民俗文化、名人、精品老宅、名人故居、百年老字号、名小吃。

大会战”、建设“四个舟山”的工作主线，全面推进新时代高质量发展，奋力谱写花园式国际人文港城建设新篇章，为高水平全面建成小康社会收官打下决定性基础，以优异成绩向中华人民共和国成立70周年献礼。建议今年全区经济社会发展的主要预期指标为：地区生产总值增长6%以上；区本级一般公共预算收入增长4%；城镇和农渔村常住居民人均可支配收入分别增长6.5%和7%。

为实现上述目标，我们要秉持铁军精神，锚定历史方位，扛起使命担当，拿出中流击水的勇气、翻山越岭的毅力、抓铁有痕的韧劲，以永不懈怠的精神、一往无前的姿态、坚定有力的举措，全力推进定海经济社会高质量发展。重点抓好以下六方面工作。

（一）聚焦实体经济，强化综合竞争实力

全力推动工业向高端迈进。坚定不移推进“工业强区”建设，以制造业高质量发展为主攻方向，奋力打造工业经济升级版，实现区本级规上工业增加值增长7%。深化省级船舶装备高新技术产业园区建设。加快打造长宏国际集装箱船生产基地和钢材交易市场，积极承接中集、马士基等企业造船订单。开工建设中天重工海工项目，鼓励增洲造船、太平洋海工等企业研发制造高技术特种船舶和高附加值海工装备。做强做精定海工业园区。保障和泓纸业、新奥泛能站项目顺利投产，促进浙交工大桥配套设备生产基地、科鑫重工耐腐蚀性钢管项目释放产能。谋划建设东方海缆组装配套基地和森森智能制造生产基地。推进金塘螺杆小镇建设，确保精劲螺杆等3家企业建成投产。支持中小企业向小微园区集聚，建设金塘西堠、盐仓电子商务园等小微园区4个。推进“两化融合”发展，加快金达电机等20家企业信息化系统试点建设，争取创建国家级“两化融合”贯标企业2家。

加快提升现代服务业。紧密对接经济社会发展需求，不断提升生产性、生活性服务业发展水平，实现服务业增加值增长7%以上。全力打造城市商贸经济。加快舟山商贸城、瑞金广场等招商运营进程，建成李园酒店主体工程，谋划建设小洋岙、庄家湾商住综合体。启动实施云枫苑东侧等邻里中心建设项目，筹建长宏国际生活配套商业街区。着力打造全域旅游示范区。推进金塘文旅健康物流小镇、马岙风情小镇建设，建成盐仓黄沙等民宿精品村。深化古城文化游、乡村采摘游、鸟岛科普游线路设计，争创南洞艺谷、远洋渔业小镇国家4A级旅游景区。加快南部诸岛旅游配套设施建设。积极发展文创产业，努力打造海洋文创产业园，加快集聚一批文化创意、工业设计、技术服务类企业。全力培育大健康产业，谋划开发海岛体育运动、海岛健康养生等业态。保持房地产和建筑业健康发展。

突破发展新兴产业。聚焦数字经济、军民融合等领域，大力发展海洋科技产业，全力打造新兴产业高地。加快推进定海海洋科学城建设，高标准运营一站式企业服务中心。持续深化军民融合高新技术园区建设。探索构建“1+1+4”军民融合发展体系①，大力支持“民参军”“军转民”。集聚部队技术保障企业40家，重点建设军民融合装备技术发展中心。积极打造海洋电子信息高新技术产业园。整合园区技术信息资源，支持易航海、中电海通等企业研发海洋云服务平台、海洋智能避险导航系统等新技术、新产品。努力引入中电科、中船、航天科工系列院所，加强技术成果转化应用，大力开发军民融合产品。

（二）深化改革开放，增强创新发展活力

持续深化重点领域改革。以供给侧结构性改革为统领,全力推进一揽子改革举措落地见效，切实增强发展内生动力。纵深推进“最多跑一次”改革。建成定海行政服务中心大楼，确保110个基层便民服务中心达到标准型以上。梳理构建“最小颗粒度”②受理模式，努力实现80%以上民生事项“一证通办”③，不断拓展“一件事情”④覆盖面。确保工程建设项目全流程审批全覆盖，力争一般企业投资项目开工前审批

① “1+1+4”军民融合发展体系：是指建立定海区军民融合发展办公室，出台军民融合产业专项扶持政策，建设军民融合装备技术发展中心、军队社会化保障中心、军地人才双向培养中心、基础设施统筹规划建设中心。

② “最小颗粒度”：是指梳理细化事项的所有办事情形、办事材料、审查要点，使工作人员遇到任何一类办事情形，都可快速办理。

③ “一证通办”：是指群众凭身份证等有效证件，企业凭统一社会信用代码便可在行政服务中心或政务网直接办理相关事项。

④ “一件事情”：是指群众和企业为完成某一特定具体事务性目标办理所需的所有政府各部门或各科室间管理的行政审批事项，通过部门联办实现一次性办结。

"最多90天"。扎实开展资源要素市场化配置改革。深化"亩均论英雄"改革，进一步扩大企业综合评价范围，加大A、B档企业①政策倾斜力度，出清整治"低散乱""四无"企业②及亩均税收万元以下低效企业。全面推广"标准地"出让模式，推行建设用地预申请和产业用地出让标准定价制度。完成政府机构改革，深化国资国企市场化改革。探索建立社区村"三资"③管理新模式。

努力构建全面开放新格局。坚持开放共享发展，主动融入长三角一体化发展等国家战略，加快培育区域发展新动能。积极参与浙江自由贸易试验区建设，促进油品全产业链发展。依托西部油品储运交易基地仓储物流优势，推进中谷石化120万方库区一期工程建设，保障低硫燃料油项目顺利落地，确保浙石化马目库区及配套输油管道工程投产运营。加快打造国际农产品贸易中心核心区，健全完善农产品加工贸易体系。深化舟山国际粮油产业园区建设，推进良海粮油、精功农业等企业释放产能，加快省储备中转粮库三期工程和江海粮油、和润物流仓储项目建设，争取突破进境粮食保税交易功能。推进国家远洋渔业基地建设，加快大洋世家海洋食品产业园、中农发明珠工业园等项目建设进度，保障远洋水产品交易市场试运营。力争建成中澳现代产业园澳牛进境加工项目。深入对接江海联运服务中心建设，进一步完善港口集疏运体系。确保招商局汽车滚装物流基地开港试运营，启用实华45万吨级原油码头和外钓30万吨级应急油品码头。坚决打好招商引资攻坚战，切实增强发展后劲。立足现有产业基础和优势产业领域，积极突破项目招引路径，精准实施临港先进制造、高端商业服务、新能源新材料等重点产业项目"靶向招商"。坚持"走出去"招商，加强以商引商、产业链招商、存量招商，进一步加强重大项目储备，争取签约落地重点产业项目15个。加大中信国安等意向企业洽谈力度，力促南华工业、常熟瑞特投资实施北鲲无人船项目。积极参与义甬舟开放大通道建设，筹划发展高铁枢纽经济。确保甬舟铁路顺利开工，提前谋划白泉、马岙产业布局。全力保障宁波舟山港主通道、新奥能源LNG管道等工程建设。扩大小沙、干礅水陆域开放范围。

创新引领民营经济发展。坚持"两个毫不动摇"④，严格落实六个方面政策举措⑤，深入实施民营经济创新发展"四大行动"⑥。高标准建设各类创新平台。加快打造金塘塑机螺杆和远洋渔业产业创新服务综合体，建成上海交通大学中小企业科技创新园。加大"创客邦""创客工厂"等众创空间支持力度，推动初创型科技企业集聚发展。全力培育创新型企业梯队。深入实施科技企业"双倍增"计划，争取新增高新技术企业11家、省级科技型中小企业42家、省级企业研发机构2家以上。加快中小微企业向"专精特新"发展，努力培育一批细分行业"隐形冠军"。大力实施"凤凰行动"，推动大洋世家、森森集团、华业塑机等企业主板上市，确保沪航物联新三板挂牌。切实增强创新人才支撑能力。制定实施"新十百"人才引育办法，引进科技创业领军人才企业5家以上，积极打造高素质专业化企业家队伍。建立完善高层次人才"保姆式"服务机制，开工建设小洋岙人才公寓。全面开展企业帮扶行动。大力推行企业帮扶"白名单"制度，着力实施"一企一策"专项帮扶。严格落实降本减负各项政策，帮助企业解决融资难等问题。

（三）坚持建管并重，提升城市形象品质

强化规划引领作用。牢牢把握全省大都市区建设机遇，精心谋划城市规划布局，全方位提升定海城市能级。统筹全域发展空间，深化完善定海分区规划研究。高标准科学编制城市规划设计，进一步完善古城保护规划、高铁新城规划，开展定海湾等关键区域规

---

① A、B档企业：A档企业是指工业企业综合评价得分排名行业前20%的重点发展类企业；B档企业是指当年工业企业综合评价得分排名行业20%～65%的鼓励提升类企业。

② "低散乱""四无"企业："低散乱"企业是指生产经营标准低、产业布局分散、违法违规建设的工业企业；"四无"企业是指无证无照、无安全保障、无合法场所、无环保措施的企业。

③ "三资"：是指资金、资产、资源。

④ 两个毫不动摇：是指毫不动摇巩固和发展公有制经济，毫不动摇鼓励、支持、引导非公有制经济发展。

⑤ 六个方面政策举措：是指减轻企业税费负担；解决民营企业融资难融资贵问题；营造公平竞争环境；完善政策执行方式；构建亲清新型政商关系；保护企业家人身和财产安全。

⑥ 创新发展"四大行动"：是指建设创新平台、培育创新主体、建设创新队伍、创新帮扶机制四大行动。

划研究。坚持规划的整体性和前瞻性，精心编制八大城中村改造片区[①]控制性详细规划，优化完善教育、文化、医疗、养老等公共设施布局。推进“多规合一”，加强空间形态管控力度，努力塑造和谐优美的城市风貌。

推进城市品质建设。围绕海上花园城建设要求，以精益求精的工匠精神，全力提升城市颜值和活力。全面推进19个安置房项目建设，基本建成和平路、艾格等4个安置小区。统筹推进安置房配套设施建设，做到设计、施工、交付“三同步”。牢固树立“经营城市”理念，有序开展土地储备出让。加快南部滨海休闲定海湾建设，重点打造海滨新天地特色街区，建成洲际智选假日酒店，谋划建设竹山门商业综合体。高标准打造西山创意门户区、太平弄古城活化利用先行区，着力激发中心城区活力。推动城市功能向城西拓展，加快建设宝龙天地商业广场、广盛邻里广场，将蔡家墩区块打造成为功能完善、环境优美的城西未来社区[②]。加强景观节点打造，完成定海公园、海之歌广场提升改造，开工建设舟山植物园，谋划新建小洋岙花鸟市场。着力提升城市入口形象，加快建设西山路、定马公路等门户道路。积极推进白泉高铁新城建设、金塘小城市培育工作。继续支持新城建设。

加强城市精细管理。坚决打好全国文明城市创建持久战，全力攻坚薄弱环节和突出问题，切实提升城市管理水平。深入实施全国文明城市创建专项行动。重点整治城中村乱堆放、乱搭建问题，综合改造老旧小区5个。严格落实55项长效管理机制，杜绝“车乱停、摊乱摆、线乱拉”等现象。持续发力“交通治堵”。完成解放桥拓宽改造，打通和平路配套道路等断头路4条。建成昌国路、和平路机械停车场，新建各类停车位1000个以上。切实加强环卫保洁能力，加快旺能垃圾焚烧三期项目建设，基本建成定海环卫综合服务中心。着力打造新型“智慧城市”，加快建设定海智慧城管指挥中心，积极应用城市管理公共服务平台和智能市政设施。

打好环境整治攻坚战。深入践行“两山”理论，全面开展“蓝天碧水净土清废”四大行动，打造宜居宜业的良好生态。全力打好蓝天保卫战，开展工业废气治理等十大专项行动，淘汰落后产能企业5家以上。坚决打赢治水治污大会战。严格落实“河湖长”“湾滩长”制度，创建美丽河湖4条，完成河库清淤56万立方米。加快老旧小区及盐仓、马岙等区域污水管网修复改造，修复整治海岸线13公里。全面开展农村饮用水达标提标行动，加强9个重要饮用水源地环境保护力度。积极打好净土保卫战，加强重点企业、重点区域土壤污染管控力度，争创册子大皇山国家级“绿色矿山”。持续推进清废行动，加快同舟油泥包处置等项目建设，建立完善危险废物监控管理体系。

（四）力促乡村振兴，推动“三农”全面发展

推动农渔业融合发展。以“三区”创建为契机，促进农渔业向二三产业延伸，加快构建现代农业产业体系。努力创建部省共建乡村振兴示范区。编制乡村振兴总体规划，集中打造马岙干礁示范区块。支持发展田园综合体等开发模式，打造马岙农文旅综合体、祥农采摘游基地等“农旅融合”示范项目，新增星级农家乐7家以上。积极打造全国农村一二三产业融合发展先导区。加快国家远洋渔业基地中心渔港扩建改造，打造现代化远洋渔业船队，提升鱿鱼、金枪鱼等远洋渔货捕捞能力。统筹推进“生产、生活、生态”深度融合的渔港经济区建设，加快集聚精深加工及冷链物流企业，新建舟山远洋渔业冷链物流基地三期工程，保障宇培冷链产业园等项目建成投产。确保省级现代农业园区通过验收，推进小沙省级特色农业强镇建设。促进农业规模化、集约化发展，新增土地流转面积2000亩，提标改造粮食生产功能区1000亩，打造一批农业产业园、精品园。持续强化“菜篮子”供给能力，力促华晟牧场国家数字试点项目通过验收。

大力建设美丽乡村。全面开展万村景区化建设，精心绘制定海乡村美丽画卷。深入挖掘乡村文化内涵，启动一批风情乡村建设，创建册子南岙等省市级美丽乡村5个，打造南洞至马岙美丽乡村带和“千年

---

① 八大城中村改造片区：是指城中片区、滨海片区、城东片区、城北片区、城西片区、城南庆丰片区、盐仓蔡家墩片区、盐仓东片区。

② 未来社区：是指浙江省推动高质量发展创造高品质生活的一项试点工程。未来社区是具有智慧技术与生态技术集成应用、现实社会与虚拟社会融合一体，彰显空间布局集约合理、功能复合智慧互联、生活社交亲善融通、配套设施集成共享、先进技术应用迭代、建设运营绿色低碳等六大特征的城市功能街区（社区）。

稻香”景观线。努力实现洁净乡村全覆盖，切实巩固农村生活垃圾分类成果，大力推广村民自治的长效保洁机制。推动岑港涨次、小沙庙桥等乡村治理示范村建设，着力形成文明乡风、良好家风、淳朴民风。争创全国“四好农村路”示范区，完成农村公路改造提升32公里。加大水利设施建设力度，实施金塘龙王堂水库、岑港西大塘等除险加固工程18个，建设强排设施8座。

加大惠农富农力度。不断增强农渔村集体经济“造血”功能，动态消除经济薄弱村。加快71个农渔村集体经济发展项目实施进度，确保35个社区村年经营性收入均达到10万元以上。积极争取涉农政策项目支持，加大省级农村综合改革试点与一事一议财政奖补项目申报力度。优化农村金融服务，深化与定海海洋农商银行等金融机构合作，拓展“消薄”专项贷款等业务。深化农村集体产权制度改革，进一步完善农村产权交易平台建设，全面完成农村宅基地和房屋确权登记发证工作。谋划实施白泉金山等4个全域土地整治工程，积极探索闲置农房和宅基地退出盘活机制。

（五）发展社会事业，加强民生福祉保障

完善社会保障，让群众生活更放心。做到保障与改善并举，持续加大民生投入力度，着力提升群众获得感幸福感。深入推进扶贫开发奔小康工程，积极解决城市支出型贫困家庭和低收入农户困难，力争动态消除年收入1.6万元以下家庭。加大就业创业支持力度，加强残疾人等特殊人群就业培训和指导，促进离校未就业高校毕业生、退役军人等重点群体更充分、更高质量就业。深入实施全民参保计划，实行被征地农民社会保险“人地对应”①，新增上海瑞金医院舟山分院为定海惠民医院协作单位。健全完善社会救助体系，建立特困家庭快速救助渠道，加大医疗救助、临时救助、慈善救助力度。完善养老机构建设，启动定海社会福利院扩建工程，启用白泉华康颐养院，加快建设“智慧养老”服务平台。推进桔园南区等危房改造进程。

优化公共服务，让群众生活更舒心。积极响应群众需求，进一步加强文化、教育、医疗等方面建设力度，努力提供高质量的公共服务。加快文体事业发展。推进城南体育公园建设，建成定海区图书馆、柳行民俗文化中心，新建国家登山健身步道35公里。活化利用海山许氏民居、吴家大院，开放蓝理纪念馆、奇石博物馆。完成第二届“三毛散文奖”评选，举办两岸三毛文化论坛。不断提升“神行定海山”“唱响定海”“书香定海”等品牌影响力。积极打造基础教育最优区。启用海滨小学和城北、和平路幼儿园，推进定海六中、城关二幼、畚斗岙幼儿园等工程建设。坚持教育“三个优先”②，扎实推进幼儿园“扩容改薄”，深化中小学课程改革，争创义务教育优质均衡区。优化教师“三支队伍”③建设，畅通教师流动渠道，完善离岛教师激励机制。推进“健康定海”建设。全面构建区域医疗服务共同体，组建定海医疗集团，积极引进上海医疗专家团队。推进城西社区卫生服务中心建设，启用白泉卫生院，争创白泉国家级卫生城镇。

强化社会治理，让群众生活更安心。积极推广新时代“枫桥经验”，健全完善“三治融合”④治理体系，着力提升基层治理能力。深化基层治理“四个平台”建设，规范升级全科网格管理模式，不断完善重大项目专案经营、社会稳定风险评估等机制。进一步完善社会治安防控体系，深度整合视频信息等数据资源，加快“智慧安防小区”建设。构建完善大调解工作格局，推进区镇村三级社会矛盾调处中心建设，拓展线下线上多元化纠纷化解渠道。持续深化扫黑除恶专项斗争，严厉打击各类通网诈骗案件、涉众型风险型经济案件。深入推进“无欠薪”区创建工作。完善应急救援管理体系，实现安全生产三项指标持续下降。完成新中国成立70周年维稳安保任务。

（六）加强自身建设，打造人民满意政府

坚持从严治政。以习近平新时代中国特色社会主

① “人地对应”：是指按照“即征即保、人地对应、征收谁安置谁”的原则，将被征收耕地的农户家庭中符合条件的成员作为参保对象，明确参保手续办理期限。

② 教育“三个优先”：是指在经济社会发展规划上优先安排教育、在财政资金投入上优先保障教育、在公共资源配置上优先满足教育和人力资源开发需要。

③ “三支队伍”：是指校（园）长、班主任、骨干教师队伍。

④ “三治融合”：是指自治、法治、德治融合。

义思想为指导，坚决维护党中央权威和集中统一领导，认真落实上级各项决策部署。深入开展“大学习大调研大抓落实”活动，全面建立以“两强三提高”①为导向的政府绩效考核体系，建立统一规范、精简高效的政务督查工作机制。大力整治慵懒散、中梗阻现象，切实提升政府执行能力。

坚持依法行政。深化法治政府建设，重大行政决策依法履行公众参与、专家论证、合法性审查、集体讨论决定等程序。自觉接受人大依法监督、政协民主监督和监察监督，主动接受社会监督、舆论监督，认真听取民主党派、人民团体和各界人士的意见和建议。积极引入法律服务团队，为重大决策、企业重整等提供法律意见。科学谋划政府投资项目实施计划，积极防范和化解政府债务风险。

坚持高效施政。积极推进政府数字化转型，全面提高协同办公系统和“浙里办”“浙政钉”掌上办公使用效能。完善重点项目、重点工作专班制度，积极开展民营企业大走访大服务活动。大力推行“双随机、一公开”②，切实加大事中事后监管力度。加强重点工作督促检查，强化效能评价和行政问责。

坚持廉洁为政。深入推进党风廉政建设，认真学习贯彻《中国共产党纪律处分条例》，坚定不移纠“四风”、树新风。强化财政监管、审计监督，规范“三公”经费支出，厉行勤俭节约，全力保障和改善民生。进一步加强行政审批、招投标、土地出让、政府采购监管力度，建立完善国资监管体制。

各位代表！实干托起梦想，奋斗铸就辉煌。让我们紧密团结在以习近平同志为核心的党中央周围，在中共舟山市定海区委的坚强领导下，不忘初心、牢记使命，团结依靠全区人民，凝心聚力再出发，知行合一创一流，全面推进新时代高质量发展，奋力谱写花园式国际人文港城建设新篇章，为率先建成“两个高水平”而努力奋斗！

---

① “两强三提高”：是指强谋划、强执行，提高行政质量、效率和政府公信力。

② “双随机、一公开”：是指在监管过程中随机抽取检查对象，随机选派执法检查人员，抽查情况及查处结果及时向社会公开。

舟山市定海区人民代表大会常务委员会工作报告

——在舟山市定海区第十七届人民代表大会第三次会议上

舟山市定海区人大常委会主任　　余河通

（2019年1月23日）

各位代表：

我受舟山市定海区第十七届人民代表大会常务委员会的委托，向大会报告工作，请予审议。

2018年主要工作回顾

2018年，是贯彻党的十九大精神的开局之年，也是定海全面建设花园式国际人文港城的第一年。过去一年，在中共舟山市定海区委的正确领导下，常委会坚持以邓小平理论、“三个代表”重要思想、科学发展观、习近平新时代中国特色社会主义思想为指导，深入学习贯彻习近平总书记关于坚持和完善人民代表大会制度的重要思想，紧扣中央和省、市、区重大决策部署，围绕全区工作大局，依法履职尽责，积极担当作为，较好地完成了区十七届人大二次会议确定的目标任务。全年共召开常委会会议9次、主任会议17次，听取和审议“一府一委两院”工作报告36个，作出决议决定11项，充分发挥了地方国家权力机关的作用，为全面建设花园式国际人文港城作出了积极贡献。

一、服务服从大局，注重精准监督，大力助推经济社会高质量发展

常委会准确把握新发展理念，紧紧围绕全区改革发展大局，监督和支持政府有针对性地破解发展难题、增强发展动力、厚植发展优势，推动全区经济社会高质高效运行。

聚焦高质量支持深化改革。面对复杂严峻的外部环境变化和艰巨繁重的改革发展任务，常委会切实加强对财政经济工作的监督，听取和审议区政府关于计划、财政等工作报告，组织力量对上会部门预算开展认真细致的调研审查，督促政府抓住自贸区建设等战略机遇，以问题为导向，明晰工作重点，不断增强综合竞争实力。政府认真落实，全力以赴转方式调结构，突出创新驱动，狠抓实体经济，推动经济高质量发展。组建专项调研组对“十三五”规划纲要实施情况开展中期评估，充分研判宏观经济发展态势，强调要正视融资环境收紧、资源要素制约增强、转型升级动能不足等问题，要求政府对症下药、明确措施，大力推进规划全面实施。高度重视“最多跑一次”改革，听取和审议政府专题报告，提出要深化政府数字化转型，推动企业投资项目、不动产登记领域等环节重点突破，最大限度释放改革红利等审议意见。政府狠抓落实，创新实施“区长坐堂”、“局长坐班”、“无差别全科受理”、“一证通办”等推进改革的举措，有为政府和有效市场协同发力，为优化营商环境、推动新旧动能转换提供了强大动力。

助推乡村振兴战略实施。良好的生态环境是农村经济社会持续健康发展的支撑点。常委会首次审议全区2017年环境状况和环境保护目标完成情况报告，重点就环保基础设施建设、近海海域环境质量、生态保护修复、固废物处理等环境风险短板问题提出意见建议，推动绿水青山发挥最大生态效益和经济社会效益。围绕供销社“三位一体”改革与建设情况开展深入调研，强调要培育新型农业主体，提升农产品品质，拓宽营销网络，扎实有序推进为农服务综合化、精准化。高度关注耕地保护和垦造地工作，经过审议提出了客观的意见建议。政府在强化规划引领、节约集约用地、完善土地执法监管等方面积极落实，加大重点投入，切实保障了耕地占补平衡。助推深化美丽乡村建设，常委会还开展了乡村治理体系建设、五峙山鸟岛保护利用等课题的调研，形成全面客观的专题调研报告，为区委区政府决策提供参考。

科学行使重大事项决定权。依法行使重大事项决定权是宪法和法律赋予人大的重要职权，常委会围绕全区改革发展重点，规范、依法、高效地行使决定权。为积极稳妥推进我区经济社会发展，同意政府对“十三五”规划纲要部分主要指标和部分重点项目作适当调整，确保规划所确定的各项目标和任务按期完成。认真贯彻监督法、预算法有关规定，批准2017年度区本级财政决算，审议通过地方政府债务限额调整决议和动用预算稳定调节基金决议。同时，综合运用审议专项报告、专题调研、代表视察等多种方式进行跟踪问效，保证全区重点工作的有序推进。

二、坚持民生优先，回应社会关切，切实推动民生福祉改善

常委会大力践行以人民为中心的发展理念，着眼于人民日益增长的美好生活需要，监督推进公共服务的高质量供给，不断增强人民群众获得感、幸福感。

深化完善民生实事票决工作。按照“群众提、代表定、政府办、人大督”的思路，不断完善民生实事代表票决程序和工作监督机制，对大会票决通过的年度实事项目，通过分专业组定期督查、年中代表集中视察、常委会组成人员年末满意度测评等措施跟踪监督，汇聚整体推进的强大合力。2018年度票决项目总体完成情况良好。同时，在区、镇两级票决制工作实现全覆盖的基础上，5个原农村区域的街道依托街道民主议事会议这一平台，也在全市率先开展这项工作，将街道以财政资金投入为主、具有普惠性、公益性的民生类公共事业项目，由全体议事会成员票决确定街道办事处重点实施的年度民生实事项目。通过这个载体，有效弥补街道民意表达平台缺失，畅通了民主参与渠道。

加力助推中心城区品质提升。城中村改造是我区加快推进花园式国际人文港城建设的基础工程，常委会专题听取和审议了城中村（旧城）改造推进情况报告，向政府提出针对性审议意见。区政府遵循整体开发、拆治结合原则，优化城中村改造工作环境，高质量建设安置小区，全面加强综合统筹，同步推进城中村和旧城改造，取得了明显成效。重视城市精细化管理，听取全区城市管理工作报告，直面城市管理中的难点和痛点，督促政府拉高建设标杆，完善长效管理机制，推动城市品质提升。文明是一座城市的核心品质，常委会积极助力全国文明城市创建，着重就诚信体系建设、基础设施完善、经营秩序规范等方面进行监督，问政短板，出谋划策，力促问题整改到位。

持续关注社会事业优质均衡发展。养老问题越来越为社会所关注。对此，常委会以居家养老服务为重点议题开展专题调研。调研组在深入走访调查，掌握第一手资料的基础上，以询问监督的方式，就居家养老设施规划建设、产业扶持、医养结合等问题向政府询问，区政府及相关职能部门负责人认真到会应询。政府从扶助支持养老专业服务机构发展、健全完善养老服务体系等方面细化措施，推动我区养老事业健康发展。为提升基层医疗卫生保健水平，听取社区卫生服务体系建设情况报告，督促政府加强社区卫生服务队伍，优化和提高服务管理水平，满足人民群众对卫生保健的基本要求。“美丽学校”建设对于促进校园环境外在美，提升学校办学内涵和教育质量具有重要作用。常委会通过专题调研审议，要求政府在提升学校硬件设施、内在品质、管理服务、制度建设等方面加大力度，努力打造新时代群岛新区“基础教育最优区”。

三、突出问题导向，推进法治惠民，切实维护社会和谐稳定

常委会全面贯彻落实依法治区要求，规范完善权力运行机制，强化法律监督和司法监督，大力推进依法行政、公正司法，确保宪法和法律法规得到有效实施。

加大司法监督力度。按照监察法规定，积极稳妥推进人大监督监察委工作，听取区监察委关于贯彻落实监察法情况的专项工作报告。围绕司法体制改革推进与完善，持续推动审判、检察机关进一步健全司法权力运行机制、全面落实司法责任制，支持检察院推进公益诉讼工作，有效维护国家和社会公共利益，为促进定海经济社会发展提供强有力的司法保障。专题听取基层人民法庭工作情况报告，要求法院紧扣基层群众司法需求，充分发挥司法在乡村治理、法治乡村中的重要作用。法院积极落实，准确把握基层人民法庭的职能定位，在案件审判质效、创新便民利民举措、全面融入基层社会治理等工作上取得了显著成效。积极配合做好上级人大立法工作，参与市人大《舟山市物业管理条例》等立法调研活动，及时反映基层意见建议，推动有关法律法规的完善和实施。

推进社会和谐稳定。审查第七个五年法治宣传教育中期督导情况，督促政府持续有效地做好普法工作，提高全民法治意识。充分发挥人大信访在畅通群众诉求渠道、化解社会矛盾中的重要作用，坚持把妥善处置涉法涉诉信访事项纳入法治化轨道，全年共受理群众来访来信107件，群众合法诉求得到依法妥善解决。加强规范性文件备案审查制度和能力建设，实行网上同步备案审查，全年对区政府16件规范性文件进行备案审查，并提出了相应修正意见，从源头上制止行政管理和执法工作偏差。

依法行使选举任免权。坚持党管干部原则和人大依法任免有机统一，认真贯彻执行党的干部路线和方针政策，严格落实拟任干部法律知识考试、表态发言、宪法宣誓、任后公告等制度，增强任命干部的宪法意识、公仆意识和责任意识。根据机构改革后部门调整的安排，及时任免部分区政府工作部门主要负责人。全年共依法任免国家机关工作人员40人次，补选市人大代表5名，批准定海区人民陪审员名额为150名，为新时代定海各项事业发展提供了组织保证。

四、发挥代表作用，倾力服务保障，力促代表工作富有实效

常委会坚持尊重代表、联系代表、服务代表，积极探索新形势下开展代表工作的有效途径，充分发挥代表主体作用，为代表依法履职提供了高质量的服务保障。

巩固拓展代表履职阵地。不断完善实体代表联络站。指导全区 13 个实体代表联络站和87个联络点规范化运行，主动加强与省、市、区三级领导干部代表联系对接，将领导干部代表均编入相应的代表联络站。通过每月安排数次的固定接待、进站主题接待、就近到联络点接待等多种形式，形成常态化的社情民意汇聚渠道。去年共组织各级人大代表进站300余人次，收集梳理意见建议274条，答复解决率达到90.7%。同时，积极发挥网上联络站作用，动员人大代表通过网上渠道倾听群众呼声，以促进代表联系群众全天候与便捷化。

保障代表依法履职。坚持代表列席常委会会议、进“一府两院”单位部门、参与常委会课题调研等行之有效的做法，使代表工作更加聚焦中心、富有成效。拓展代表参与常委会工作的广度与深度，全年共组织开展定向视察、三级人大代表会前集中视察民生实事项目、向选民述职、旁听区法院的庭审等活动350余人次，发动500余名各级人大代表积极参与创城志愿服务活动，使代表更加全面、准确了解社会动态和群众多元需求。举办基层人大代表培训班，加强代表素质教育，提高代表履职能力。深化代表述职评议，去年又听取定海选举产生的12位市代表述职报告，增强了代表的责任感和使命感。

推进议案建议办理跟踪问效。不断探索完善人大督办、政府办理、社会参与相结合的办理机制。对区十七届人大二次会议期间和闭会期间代表提出的议案建议，常委会认真归类整理，通过常委会领导督办、现场验收督办、满意度测评等多种形式，促进办理质量全面提高。目前，109件议案建议已全部办结，其中已解决的（A类件）47件，占 43.2%；正在解决或列入计划解决的（B类件）31件，占28.4%。区政府领导带头领办重点建议，及时与代表沟通，并通报办理进展，得到代表的充分肯定。大会确定的8件重点建议满意率均为100%。持续开展办理工作“回头看”，强化建议办理实效，一批事关经济社会发展和民生热点、难点问题得到较好解决。

五、加强自身建设，夯实履职根基，提升常委会工作质量

常委会坚持理论与实践相结合，始终把自身建设摆在突出位置，注重研究新情况新问题，牢牢把握主要任务，努力提升依法履职、服务大局的能力和水平，不断推动人大工作与时俱进、创新发展。

坚持把思想政治建设放在首位。牢固树立“四个意识”，增强“四个自信”，坚决做到“两个维护”，深入学习贯彻习近平总书记关于坚持和完善人民代表大会制度的重要思想，提高政治站位，准确把握人大工作方向，保证党的理论路线方针政策在人大工作中得到贯彻和执行。完善常委会党组理论学习中心组学习制度，扎实推进“大学习大调研大抓落实”活动，切实把学习成效转化为推动人大工作的强大动力。加强人大机关党建工作，组建常委会机关党组，规范党内政治生活，努力造就一支忠诚干净担当的高素质人大工作队伍。

切实把提升履职能力作为关键环节。采取专题学

习、授课辅导、集中培训、实地教育等方式，加强对常委会组成人员和人大机关干部的培训，重点抓好宪法、监察法的深度学习。重视人大履职制度体系建设，修改完善人大机关相关制度，提高机关管理科学化水平。注重发挥专委会、工作机构和兼职委员在调查研究、评议审议及跟踪监督等方面的职能作用，进一步增强工作合力。认真做好新形势下人大宣传工作，去年有200余篇信息被各级刊物和相关媒体录用，实现了人大依法监督与媒体舆论监督的有机结合。启动《舟山市定海区人民代表大会志》编纂，确保人大工作传承性和完整性。

努力把提升基层人大工作水平落到实处。加强对镇、街道人大工作的联系指导，健全常委会领导联系镇街人大工作制度，协调解决工作中遇到的困难和问题。定期组织召开全区镇、街道人大工作会议及例会，提出阶段性工作意见，推进基层人大精准行权。邀请镇、街道人大负责人列席常委会会议及参加多项视察、调研活动，不断开阔视野，力促基层人大更有作为。指导镇人大依法开好一年两次人代会、督办议案建议、丰富闭会期间活动，夯实基层善治根基。加强街道人大工作和基层民主监督的有益探索，健全街道民主议事会议制度，提升街道科学决策水平。支持和推动镇、街道民生实事项目票决制的全面实施，丰富人民民主的实践形式，人大工作的整体绩效显著提升。

始终把加强作风建设牢牢抓在手上。坚持民主集中制原则，对重大事项实行民主讨论、集体决定，更加自觉地把宗旨意识内化于心、外化于行。始终把调查研究作为做好人大工作的基本功，常委会主任会议成员带头深入基层开展专题调研，形成针对性强、富有建设性的调研报告20余篇，使人大工作更接地气、聚民意、有实效。严格执行中央八项规定精神，支持派驻第一纪检监察组开展工作，努力培育风清气正的机关文化。重视机关干部培养、使用和交流，积极做好离退休干部工作，不断增强机关活力和凝聚力。

各位代表，一年来，区人大常委会各项工作所取得的成绩，是中共舟山市定海区委正确领导的结果，是常委会组成人员和全体人大代表共同努力的结果，是“一府一委两院”及有关部门积极配合的结果，也是全区人民群众、社会各界大力支持的结果。在此，我谨代表区人大常委会，向全区人民和各位代表，向所有关心和支持人大工作的各级各部门、各界人士、驻定部队和武警官兵，表示崇高的敬意和衷心的感谢！

面对新形势新任务，我们也清醒地认识到，常委会工作离人民的期望和代表的要求还有一定的差距。主要是：人大监督的刚性、针对性、实效性有待增强，监督的方式方法还需不断创新；代表履职服务管理仍显不足，代表主体作用尚需有效发挥；人大组织制度和工作制度还需进一步完善，履职行权的能力有待提升；基层人大工作和建设还要加强，人大工作整体合力还需强化。我们将高度重视这些问题，虚心听取各方意见并努力改进，自觉接受人民监督，推动人大制度和人大工作完善发展。

2019年主要工作

2019年，是中华人民共和国成立70周年，是加快全面高质量发展、谱写花园式国际人文港城建设新篇章的奋进之年。今年常委会工作的总体要求是：坚持以习近平新时代中国特色社会主义思想为指引，深入学习贯彻习近平总书记关于坚持和完善人民代表大会制度的重要思想，自觉践行“干在实处永无止境，走在前列要谋新篇，勇立潮头方显担当”的新期望，以打好“五大会战”、建设“四个舟山”为工作主线，认真履行宪法法律赋予的各项职权，担当尽责，求真务实，推动新时代全区人大工作高质量高水平发展，为奋力谱写花园式国际人文港城建设新篇章发挥积极作用。

一、把牢政治方向，在服务全区改革发展中有作为

始终把人大工作置于党委全局中加以谋划和推进，确保人大工作与区委中心工作同向同行。着眼凝心聚力发展实体经济，听取审议国民经济和社会发展计划、民营经济发展情况等报告，推进区域经济持续高质量发展。专题审议行政事业单位国有资产管理情况报告，促进政府有效盘活存量资产。听取政府隐性债务化解工作报告，防范政府债务风险。推进全口径预算的执行，加强财政预决算审查和财政资金绩效监督，力促财政资金聚力增效。持续助力全国文明城市创建，推动建立创城长效监管机制，不断提升城市文明水平。开展对台工作情况调研，营造服务台商发展、保障台胞权益的良好氛围。坚持重大事项决定权与监督权综合运用、相互促进，强化对审议意见整改落实情况的跟踪监督，体现人大监督的权威性和实效性。

二、积极履职为民，在保障高质量民生供给上求突破

聚焦增进高质量发展民生福祉，推进人民生活从基本富足向幸福美好转变。高度关注生态文明建设，专题审议生态文明示范区建设情况报告，加强生活垃圾分类收集处置监督，推进生态保护与经济发展协同共进。重视历史文化村落保护与利用，听取美丽乡村建设（古村落保护与利用）情况报告，积极构建乡村大美格局。以促进教育公平和优质均衡发展为重点，听取新一轮中小学校布局规划调整的报告，确保基础教育全市领先水平。围绕交通环境改善，开展道路交通及岛际交通建设情况调研，切实让城乡生活更便利。密切关注“品质河道”建设，力促治水工作再上新台阶。加强对流动人口服务管理的监督，推进社会治理创新，增强城市发展活力。规范提升民生实事项目人大代表票决制工作，并实现镇、街道全覆盖，引导人民依法行使民主权利，推进基层民主发展。

三、紧扣厉行法治，在深化法治定海建设上下功夫

准确把握新形势下法治建设的新要求，监督和支持“一府一委两院”依法行政和公正司法，提高依法治理水平。按照中央部署精神和监察法要求，听取区监察委专项工作报告。持续关注深化司法体制改革，强化法检两院工作监督，听取公安机关基层派出所工作情况报告，加强和改进执法检查，推动完善司法权力运行机制。积极会同市人大开展对全市扫黑除恶专项斗争的监督，支持和督促我区政法系统依法严厉打击黑恶犯罪，营造良好的社会发展环境。听取“七五普法”情况报告，切实推动“法治定海”进程。重视人大信访工作，引导群众依法信访，维护人民合法权益。坚持“有件必备、有备必查、有错必纠”原则，不断加强规范性文件备案审查工作。

四、强化服务管理，在做深做活代表工作上出实招

切实增强代表主体意识，不断加强和改进代表工作，更好地发挥代表作用。积极推进代表联络站、联络点和网上联络站等代表履职平台作用的发挥，持续深化领导干部代表进站接待群众工作，畅通反映民意、集中民智、维护民利的渠道。强化代表履职保障，邀请更多代表参与视察、监督等活动，发挥代表的专业优势和作用。健全代表履职激励约束机制，建立代表履职档案，综合运用教育、引导、服务、管理等多重手段，激发代表履职活力，督促代表认真履职。注重代表议案建议的提出质量，坚持把办理成效作为发挥代表作用的关键环节来抓，把督办重点放在提高实际问题解决上，推动议案建议及时转化为实际工作举措。

五、坚持求真务实，在提升人大履职水平上见实效

始终把尊宪重法、依法办事作为履行职责的基本要求，持续深化“大学习大调研大抓落实”活动，推动人大各项工作落地见效。切实抓好人大理论研究和业务培训，提高常委会组成人员的调查研究和议事决策能力。积极探索常委会增强监督刚性的有效途径，坚持邀请公民旁听人代会，深化拓展部门工作评议、专题询问、满意度测评等行之有效的监督举措。按照中央和省委关于加强县乡人大工作和建设若干意见要求，配合区委做好区委人大工作会议的相关筹备工作，谋划推进新时代人大工作和建设的思路举措。严格执行新形势下党内政治生活若干准则，积极推进“清廉定海”在人大常委会机关的实践。完善常委会制度建设，健全人大及其常委会机构设置，夯实人大工作基础。举办地方人大设立常委会40周年相关纪念活动，推动国家根本政治制度深入人心。努力高质量完成省人大常委会交给我区的街道人大工作和建设试点任务，加强对基层人大工作的指导和支持，健全沟通协调机制，实现全区人大工作整体推进、同步发展。

各位代表，新时代赋予新使命，新作为呼唤新担当。让我们更加紧密地团结在以习近平同志为核心的党中央周围，在中共舟山市定海区委的坚强领导下，在全区人民的大力支持下，以更加饱满的政治热情，更加丰富的履职实践，更加务实的担当精神，坚持和完善人民代表大会制度，充分发挥地方国家权力机关作用，为全面推进新时代高质量发展，奋力谱写花园式国际人文港城建设新篇章作出新的更大贡献！

责任编辑：王英伟

中国人民政治协商会议第六届舟山市定海区委员会常务委员会工　作　报　告

——在政协第六届舟山市定海区委员会第三次会议上

舟山市定海区政协主席　车志宽

（2019年1月21日）

各位委员：

我代表政协第六届舟山市定海区委员会常务委员会，向大会报告工作，请予审议，并请列席会议的同志提出意见。

2018年工作回顾

2018年，区政协常委会在中共舟山市定海区委的坚强领导下，高举习近平新时代中国特色社会主义思想伟大旗帜，全面贯彻中共十九大精神，紧紧围绕区委的决策部署，主动服务大局，倾力服务发展，真情服务群众，全力履行职能，为全面推进定海花园式国际人文港城建设，实现率先建成“两个高水平”奋斗目标发挥了积极作用。

一、坚持围绕中心，在协商议政中贡献“政协智慧”

常委会始终把围绕中心、服务大局贯穿到政协工作的全过程，想党委政府所想的事，做政协可做能做的事，说符合政协特点身份的话，努力发挥协商民主重要渠道和专门协商机构作用。

*提高协商议政的主动性。*把协商议政作为履职的重点，与区委、区政府共同确定议题，共同制定计划，共同推进协商，形成了“专题协商、界别协商、对口协商、提案办理协商和基层民主协商”广泛多层协商工作格局。积极搭建党政领导与政协委员互动协商平台，切实提高全会协商的质量，精心准备大会发言材料32份，激发企业创新活力、重塑新乡贤文化、优化定海矛盾纠纷大调解格局等8个发言，受到区委、区政府主要领导批示肯定。邀请区委、区政府领导参加委员联组分组讨论，意见建议第一时间进入决策视野。精心组织区政协常委会专题协商会，区委书记庄继艳面对面听取委员们协商发言。依托政情通报会拓宽委员知情明政渠道，区委副书记、区长侯富光到会通报全区经济社会发展和重点工作推进情况。不断完善界别协商和对口协商，邀请区政府分管领导就土地流转、农村污水管网建设、“十八岙”乡村旅游品牌打造等课题，和委员开展协商近10次，许多意见建议转化为推动工作的具体举措。

*提升参政议政的实效性。*把调查研究作为政协各项工作的必经程序来落实，真正做到“建言建在需要时、议政议到点子上”。瞄准健康体育产业发展、水利工程物业化管理等重点课题集中发力，形成调研成果11份、提出意见建议100余条。聚焦以民主促民生促发展工作，调研报告得到庄继艳书记批示，要求区

委办抓紧出台以民主促民生促发展的工作意见，并好好吸收政协调研课题中提出的建议。对找准定海军民融合发展的产业重点，科学合理确定小城镇环境综合整治重点内容，在企业重组兼并、股权转让中加强税收征管等问题深入调研、精准建言，为相关工作的科学实施、有效推进提供了重要参考。持续跟踪古城核心区保护与活化利用工作，实地视察旧城（城中村）的突出民生问题，形成的材料在区政协六届二次会议开幕式上作大会重点发言，得到与会领导的充分肯定，因地制宜确定城中村（旧城）改造思路等建议陆续被纳入党政决策。

强化民主监督的针对性。把民主监督作为优化发展环境、助推党政工作、促进社会和谐的重要抓手。首次把民主监督列入年度重大协商工作计划，寓监督于协商会议、提案建议、专题调研、大会发言、反映社情民意等活动中，切实做到敢监督不缺位、真监督不任性、善监督不应付。盯住民生“关键小事”，组织主席会议成员视察民政民生实事项目，围绕“城乡生活垃圾分类处理”和“中央环保督察反馈意见整改落实”，三级政协委员近400人次联动开展专项集体民主监督15次，向省、市政协上报监督意见80余条。把提案督办作为推进民主监督的重要手段，从区政协六届二次会议以来立案的159件提案中筛选10件进行重点督办，对一批民生提案进行现场办理，对15件B类、C类件实施“回头看”，常委会会议专题听取区政府关于提案办理情况的通报，推动政协提案中的意见建议落到实处。

二、坚持把握重心，在服务民生中彰显“政协温度”

常委会始终把民生问题作为履职实践的重要内容，把关注民生作为政协履职的价值取向，积极投身民生改善主战场，不断提升群众获得感、幸福感。

积极反映社情民意。进一步畅通社情民意渠道，坚持从政协会议中摘编信息、从调研视察中捕捉信息、从委员提案中筛选信息。注重提升社情民意反映质量，每季度根据民情走向和热点动向，召开研判会提出指导性意见。全年撰写报送社情民意91篇，其中省、市政协录用31篇，委员们反映的《关于探索建立农村宅基地退出机制的建议》等一批社情民意得到侯富光区长等领导的批示，推动了政府对相关问题的重视。

主动服务基层群众。高度关注城中村（旧城）改造后新居民管理问题，组织专题调研并形成报告提交区委、区政府决策参考。充分发挥委员工作室在加强基层协商民主、联系服务群众中的积极作用。依托政协各参加单位、各界别，经常性开展慈善捐赠、送医送药、扶贫帮困、家电维修等活动，受到基层群众和社会各界的广泛好评。在马岙街道三星社区开展“三下乡”为民服务活动时，部分委员还对村民反映的村道养护不及时问题进行实地走访，将社情民意转交相关部门跟进落实，受到当地群众的欢迎。

自觉助力创城攻坚。第一时间向全体区政协委员发出助力全国文明城市创建倡议书，广大区政协委员走进社区、深入基层积极参与文明城市创建系列活动，努力当好文明倡导者、参谋者、维护者和示范者。区政协驻会常委、委员和机关干部持续做好文明交通劝导等志愿服务工作，到结对社区常态化开展创城宣传、环境卫生整治等活动，提高群众对创城工作的知晓率、支持率和参与率。常委会会议专题听取全区创城工作情况通报，通过调研视察及时了解、收集、梳理人民群众对创城工作的意见、愿望和诉求，向区委区政府提交了专项视察报告，庄继艳书记批转各专项组落实，推进了创城工作中民生热点问题和薄弱环节的解决。

三、坚持铸就同心，在团结民主中凝聚“政协力量”

常委会始终把团结和民主两大主题体现于政协各项工作之中，以共同的目标凝聚人心，以充分的交流增进共识，积极为促进全区和谐稳定贡献力量。

紧密团结各界，凝聚共事氛围。注重同民主党派、工商联、人民团体、无党派人士的合作共事，及时沟通情况，主动征求意见，共同推动工作。一年来，各民主党派、工商联和无党派人士累计参加政协调研视察150余人次，提交大会发言8篇，提案建议47件，其中4件被确定为重点提案，较好体现了参政有舞台、建言有机会、协商有渠道。邀请各民主党派负责人担任民主监督调研小组组长，充分发挥党外人士在协商监督、参政议政、反映民意中的重要作用。举办“我们都是定海人”主题论坛，11位委员结合界别特色和工作实际，就如何增强定海人身份认同，体现家乡发展、人人有责畅所欲言，进一步夯实了共建美好家园的思想基础。

深化交流协作，凝聚工作合力。加强与海外人士、港澳台侨、外来引进人才、新的社会阶层人士以及在外定海人、异地商会的联络联谊，重视发挥在定市政协委员作用，通过邀请参加重要会议、联合参加重大活动、提供提案线索等方式，彼此交流工作经验，互相取长补短，借力服务定海改革发展。举办“我们健康生活”委员运动会，加强了团结联谊、增进了合作交流。进一步拓展与省内外政协组织的联系沟通，和10余个外地政协开展调研学习，研讨共同关心的问题，宣传推荐定海特色亮点工作，提高定海对外知名度。

*加强文史宣传，凝聚文化力量。*发挥政协文史“存史资政、团结育人”社会功能，编辑出版《古城印迹·上册》，为“海上古城千年定海”的保护和活化利用，提供可借鉴的文史资料。深入推进理论研究工作，常委会组成成员带头撰写理论文章11篇上报省、市政协，其中1篇入选省政协专题理论研讨会论文集、1篇在市级媒体公开发表，《新时代加强和改进人民政协民主监督工作的思考》获省人民政协理论研究会年度优秀论文。健全宣传机制、拓宽传播渠道，《联谊报》《舟山日报》、定海新闻等媒体对政协工作的报道密度更高、篇幅更大，定海政协微信公众号改版上线，影响力在全市政协系统微信公众号中名列前茅、居各县区之首。

四、坚持不忘初心，在履职实践中提升“政协形象”

常委会始终把自身建设作为提升履职能力的根本保障，引导委员自觉改进作风、认真干事创业，努力做到“懂政协、会协商、善议政”，积极践行“守纪律、讲规矩、重品行”。

*凝聚思想政治共识。*坚持把学习贯彻习近平新时代中国特色社会主义思想和中共十九大精神，作为思想政治建设的首要任务，从思想上政治上扣好履职的第一粒扣子。通过组织常委读书会，召开专题学习会等方式，深入学习研讨习近平总书记关于加强和改进人民政协工作的重要思想，认真传达学习习近平总书记在庆祝改革开放40周年大会上的重要讲话精神，把学习行为转化为做好政协工作的务实举措和具体行动。始终把坚持和发展中国特色社会主义作为巩固共同思想政治基础的主轴，广泛引导参加区政协的各党派团体和各族各界人士强化“四个意识”，增强“四个自信”，认真践行“两个坚决维护”。

*加强政协党的建设。*认真贯彻落实全国政协、省政协和中办发〔2018〕48号文件关于政协党建工作的部署要求，充分发挥政协党组的领导核心作用、机关党总支的组织协调作用、党支部的战斗堡垒作用。自觉服从和接受区委领导，坚持重大事项、重点工作事前请示、事后报告，促进政协工作与全局工作同向合拍、同频共振。根据区委批复成立区政协机关党组，及时建立完善党建各项制度，切实发挥政协机关党员干部的先锋模范作用。加强党员委员的履职考核，推动党员委员更好地团结人、影响人、带动人。

*激发委员活力智慧。*进一步完善区政协班子成员联系常委、常委联系委员制度，完善《委员履行职责情况统计与通报办法》，完善委员动态管理和退出机制，推动政协工作制度化、规范化、程序化。制定下发“人文定海·书香政协”年度学习计划，组织委员共同观看爱国主义影片，向每位委员赠阅经典畅销书籍《家国天下》《重建中国社会》，收到“读好书、写心得”体会文章108篇。在安徽师范大学举办“书香政协·品读乡村”委员培训班，并实地考察土地流转、美丽乡村建设工作，增强培训实效。健全委员履职档案，委员爱定海、为定海，干实事、创实业的热情迸发，广大委员爱岗敬业，努力奉献，涌现出一批典型人物和先进事迹，为定海改革发展，各项事业进步，社会和谐稳定，人民安居乐业贡献了智慧和力量。

*提升机关效能建设。*严守政治纪律、政治规矩，严格落实“三会一课”制度，推动机关党建工作规范有序。扎实推进“大学习大调研大抓落实”活动，积极开展“作风建设优化年”活动，持续深入抓好党风廉政建设和机关效能建设，营造风清气正、干事创业的良好氛围。多名机关干部借调到全区重点工作一线，展示了政协干部服务中心大局意识和主人翁精神。探索运用委员微信工作群等联络平台，打造服务委员的全天候“驿站”，做到委员有呼声、政协有回应。机关运转规范有序，服务工作扎实有效，为政协工作的开展提供了坚实保障。

各位委员、同志们，过去的一年，常委会着眼大局精心谋划，对接重点扎实履职，工作质效稳步提升，社会影响不断扩大。我们深切体会到：常委会的每一点进步，都离不开区委的正确领导和区政府的大力支持；常委会的每一项工作，都离不开区属各单位、各镇街和社会各界的积极配合；常委会的每一份收获，都离不开政协各参加单位和广大委员的共同努力。在此，我代表六届区政协常委会，向所有关心支持政协工作的领导和同志们、朋友们表示衷心的感谢，向积极履职、乐于奉献的全体政协委员致以崇高的敬意！

同时，我们也清醒地认识到，工作中还存在一些差距和不足。主要是：对新时代人民政协地位和作用的发挥还不够到位，履职方式还比较单一、缺乏有效的举措，民主监督还比较薄弱、履职活动存在重过程轻结果现象，个别委员勇于担当、主动作为的责任感和使命感还不够强烈。这些，都需要我们在今后的工作中认真加以改进。

2019年工作任务

2019年，是中华人民共和国和人民政协成立70周年，是高水平全面建成小康社会的关键之年，也是全面深化机构改革、开启改革开放新征程的起始之年。区政协工作的总体要求是：坚持以习近平新时代中国特色社会主义思想为指引，深入贯彻习近平总书记关于加强和改进人民政协工作的重要思想，认真落实区委工作部署，把推进协商民主建设作为工作主线，牢牢把握团结民主两大主题，认真履行政治协商、民主监督和参政议政职能，纵深推动政协工作提质增效，为全面推进新时代高质量发展，奋力谱写花园式国际人文港城建设新篇章作出新的贡献。

一、强化思想政治引领，准确把握新方位新使命。坚持以政治建设为统领，把讲政治体现到政协工作全过程和各方面。坚持以理论大学习促进思想大武装，持续在学懂弄通做实习近平新时代中国特色社会主义思想上下功夫，把习近平总书记关于加强和改进人民政协工作的重要思想作为统揽政协工作的总纲，努力做新时代中国特色社会主义的坚定信仰者、忠实实践者、自觉推动者。以庆祝中华人民共和国和人民政协成立70周年为契机，准确把握人民政协新时代的新方位新使命，确保中央决策部署和省、市、区委要求全面不折不扣贯彻落实。建立完善思想政治引领和建言资政双向发力机制，推动协商议政与学习教育双向融合、双向发力，不断提高参加政协的党派团体和各族各界人士的思想政治水平。全面加强政协党的建设，市区联动开好政协系统党的建设工作座谈会，建立主席会议党员成员联系民主党派、无党派和宗教界委员制度，在政协重要会议活动中设立临时党组织，在委员履职培训中增加党建内容，实现党的组织对党员委员、党的工作对政协委员两个“全覆盖”。

二、聚焦高质量发展，进一步助推党政中心大局。围绕党政中心，倾政协之力、展政协之长、尽政协之责，为定海高质量发展献计出力。针对全区经济、政治、文化、社会、生态建设重大问题，深入基层、沉到一线，认真研究新情况、新问题，积极助推各类不平衡不充分发展问题的解决。紧扣推动高质量发展、深化“最多跑一次”改革、智慧城市建设、乡村振兴、支持民营经济发展壮大等重点工作履职尽责，献务实之策、做惠民之事。团结社会各阶层人士，汇聚推动高质量发展的强大合力，促进重大决策、重点工作和各项任务更好地贯彻落实。充分利用各种途径和手段，积极协助区委、区政府做好理顺情绪、协调关系、化解矛盾等工作，为密切党群干群关系做出努力。鼓励和引导政协委员积极投身改革发展一线，在促进经济发展、参与公益事业、服务人民群众中实现新作为、作出新贡献、树立新形象。

三、紧扣协商民主建设，进一步增强协商议政实效。推动协商民主广泛多层制度化发展，用好政协话语权。树立数量适度、质量为要的理念，围绕区委中心工作认真制定落实年度重大协商工作计划。针对经济社会发展，组织开展好专题协商、对口协商、界别协商、提案办理协商和基层民主协商，积极探索网络议政、远程协商等形式，为政协委员和各界人士提供更多发表见解、沟通对话的机会。促进协商与调研、视察、监督等经常性履职活动深度融合，不断拓宽委员知情明政渠道，搭建机制化、常态化的协商参与平台。探索建立协商成果转化机制，对协商意见进行跟踪问效，适时邀请区政府就全年政协意见建议采纳落实情况进行通报，努力推动协商成果更多地转化为党政决策和部门工作措施。

四、着力补齐监督短板，进一步加强民主监督工作。全面贯彻落实中央和省、市委关于加强和改进人民政协民主监督工作的文件精神，协助区委制定民主监督的规范性文件，做到开展监督有计划、有主题、有载体、有成效。聚焦区委、区政府重大改革举措和重要政策贯彻执行情况，积极推进协商式监督，依托常委会会议、主席会议，围绕监督性议题，组织职能部门和政协委员互动交流、听取意见。积极探索专项监督与协商议政相结合、委派专家监督小组与重点工作民主评议相结合，以协商促共识、以监督促落实。积极推进视察监督，围绕发展短板和民生难题精选议题，组织委员现场视察，实地监督，发现问题不足，提出意见建议。对区政协六届一次会议以来的大会发言、社情民意等领导批示件落实情况开展一次“回头看”，促进监督成果落实转化。

五、坚持以人民为中心，进一步促进民生福祉改善。恪守以人民为中心的履职理念，顺应人民对美好生活的向往，把关注群众期待、促进惠民利民贯穿履行职能的各个领域和各个环节。围绕党委政府的决策部署，高度关注就业、教育、医疗、养老、居住、环境等事关人民群众生产生活的实际问题和“关键小事”，更加广泛地了解民情、掌握民意，多献破解之策、多建发展之言。深入开展“三服务”活动，通过提案、社情民意、调研视察等形式，及时反映不同阶层、不同群体的意见和需求，更好地维护群众利益，让群众切实感到政协离自己很近，政协委员同自己很亲。

六、突出强基固本不放松，进一步提升政协履职效能。主动适应“四个第一线”要求，坚持把加强队伍建设、提升履职能力摆在重要位置。积极培育“人文定海·书香政协”品牌，探索新形势下联络联谊新方式。以王亚先生捐赠的书法作品为基础，加快建设政协书香园。完善走访、联系委员制度，深化提升委员工作室“双学双比”活动，为区域和界别委员履职尽责、发挥作用优化平台载体。建立社情民意信息情况月度通报制度，开展委员风采秀评比宣传，评选表彰优秀调研报告，引导党员委员做好“党员作业”、常委交好“履职报告”。充分发挥专委会的基础性作用，完善专委会联系指导界别、活动组和服务委员工作机制，提高工作质量。充分发挥界别的独特作用，加强界别召集人队伍建设，推进工作联动。扎实推进“学习型、服务型、创新型、廉洁型”机关建设，着力培养政治坚定、勤学善思、干净担当、敬业奉献的政协干部队伍，更好地为工作大局服务、为履行职能服务、为政协委员服务。

各位委员、同志们，团结凝聚力量，奋斗成就伟业。新时代人民政协责任重大、使命光荣。让我们更加紧密地团结在以习近平同志为核心的中共中央周围，在中共舟山市定海区委的坚强领导下，画出最大同心圆、寻求最大公约数、唱响最美好声音、凝聚最强正能量，为全面推进新时代高质量发展，奋力谱写花园式国际人文港城建设新篇章而共同努力奋斗！

定海生活习俗之饮食(一)

定海农村多涂田山地，番薯种植面积很大，在旧时水稻产量低下、农民生活普遍食不果腹的情况下，番薯自然成为不少地方尤其小岛民众的主食，每当番薯收获季节，旧时农村多以番薯粥、番薯饭为主食。此时家家户户刨晒番薯干储藏起来，冬至以后即以番薯干饭为主食，并杂以高粱饼、南瓜粥等，吃粗粮是旧时民众的习俗之一。

冷饭娘与吃吊饭　过去定海城乡居民为节省粮食，上一餐的饭（主要是中餐）要留下少许冷饭，称为“冷饭娘”。在下一餐烧饭时掺入生米重煮，以提高出饭率。而定海有些农村农民因生活贫苦，日常多以番薯干汤度日。(如俗话：马目直壁坎，一日三餐既没饭看见。）一旦来了稀客，必定设法弄点米，装在纱袋里，放入番薯干汤同锅煮熟，开饭时，将袋中米饭捞出专以待客，自己则仍食番薯干，这就是“吃吊饭”。也有施以“两夹饭”，即在同一锅番薯干饭内，一个角落为纯米饭，以盛给客人食用。如今人民生活水平大大提高，这些习俗自然绝迹。

咸下饭　定海人称餐桌上的菜肴为下饭，以其能促使饭食咽下而称之。旧时定海城乡无论男女多嗜食咸下饭以成习俗，以至不咸不能进口。咸泥螺、咸鳔肠、咸蟹浆及各种咸鱼为渔家常备之菜，而咸菜、腌萝卜、腌冬瓜、腌茄子等则是农村的必备下饭。吃素念佛的老人更少不了豆瓣酱与霉豆腐。由于旧时海岛的交通条件困难，人民生活水平低下，只能“靠山吃山、靠海吃海”，就地取“材”，同时以其咸而利于储藏能供台风季节、歉收时节之需，且又因其咸而能节其入口数量以利度日，由此积久而形成嗜食咸下饭的习俗。近些年来随着生活水平提高，健康知识普及，此俗逐渐淡化。

专　记

Monographs

定海·夜色（陈炳群/摄）

社会主义核心价值观

国家 富强、民主、文明、和谐

社会 自由、平等、公正、法治

公民 爱国、敬业、诚信、友善

全国文明城市创建

【概况】 2019年，定海区按照“一年基本达标、两年再上台阶、三年全面冲刺”工作要求，对标《全国文明城市测评体系》，推进全国文明城市创建工作。

【建立创建全国文明城市长效管理机制】 在市创办建立的65项创建长效管理制度基础上，采用专题领办、跟踪督办、定期报送进度等推进手段，重点推进13项长效管理制度，涉及交通秩序、小区绿化管理、马路市场、小餐饮、网吧等领域，取得一定成效。

【全国文明城市创建督查工作】 根据全市创建全国文明城市专项工作组调整情况，调整区18个专项工作组，每月召开创城工作例会部署全区创城工作，进一步细化落实创建专项任务。加大区领导一线督导力度，继续实行区领导联系镇（街道）创建工作和区领导督查巡查机制、居民小区环境整治专项行动领导干部包干责任制（30位区领导包干188个小区）等工作机制，区四套班子每月至少一次对创城分管内容及负责的镇街、居民小区等开展实地督查指导，全年开展领导督查累计200余次。常态开展全域督查，对全区所有点位及背街小巷、小餐饮、网吧等随机抽取点位开展模拟测评，每周实地抽查部分点位，每两月完成一轮全面督查。2019年，累计办理市级抄告单30份，下发区级抄告单72份，实行销号式管理。

【全国文明城市创建宣传工作】 开展入户宣传，以入户调查问卷为主要内容，梳理形成与群众日常生活密切相关的创城工作知识点，印制宣传册10万余册；组织2021名楼道长、兼合式党支部党员和其他各类人员力量进行走访，累计走访31.2万余户。举办“舟山有你 越来越好”创建全国文明城市主题实践活动启动仪式，向群众宣传创城知识，进一步凝聚全区力量，形成创建文明城市共识。开展“讲文明树新风”公益广告宣传，全年全区各类场所新增公益广告数5000余块小区电子屏、候车厅、公共自行车棚实现全覆盖。全面指导、高频率督查全区600多个公益广告点位，确保公益广告破损及时更换、污渍及时清洗。

【全国文明城市创建志愿服务】 开展机关单位与城市社区结对、主要交通路口文明劝导、“城市啄木鸟”、周末公益等志愿服务活动，提升志愿者服务水平及质量。39个城市社区注册志愿者人数40691人，占常住人口的25.8%；其中有时数的志愿者32485人，占注册志愿者比例79%；全年开展各类志愿活动12660场，累计志愿时长187000小时，其中全年持续开展文明交通劝导志愿服务，全区55家机关企事业单位、志愿服务团队认领12个主要交通路口，另有27家文明单位全年接力3个路口。推进学雷锋志愿服务站点品质提升工程，2019年，打造舟山市汽车客运中心等星级学雷锋志愿服务站点5家，星级站点辐射效应明显增强。志愿激励嘉许机制不断健全，推出定海“志愿星享卡”，面向全区累计志愿服务时数达到30小时的志愿者，优惠涵盖5大商圈、200余家爱心商家，志愿者获得感和幸福感明显提高。

【全国文明城市创建网上申报工作】 根据创建台账要求，梳理11个镇街和6家单位的台账任务，经前期培训、资料筛选、台账制作、审核修改等流程，最终上报12项台账类别照片150张、说明报告20篇。

【镇街道文明指数测评工作】 对全区11个镇街在基础设施、环境卫生、群众性精神文明创建活动等方面的文明程度进行测评，根据2019年舟山市文明城市第三方实地测评结果，结合镇（街道）日常工作开展情况进行综合排名。安排20万元，用于奖励测评优秀乡镇（街道）。昌国街道、双桥街道第一。

【创建全国文明城市重难点项目攻坚行动】 聚焦薄弱区域、薄弱部位、薄弱环节，以主次干道（商业大街）和背街小巷、农渔村镇街环境、居民小区综合环境为重点，对背街小巷、农渔村集镇区公益广告、路面墙面设施、绿化带等基础设施及其他各类静态问题开展多次集中排查整治，每三天通报整改进度，累计处理问题1200余处。

【点位责任制】 遵循测评点位全覆盖和一个不落原则，制定《定海区创建全国文明城市工作点位责任制方案》，按照网格化管理要求全面落实全区681个点位的责任制管理，明确点位长为所在点位文明城市创建工作第一责任人，整合区块、专项工作组、外聘人员、结对单位工作人员、志愿者等各方力量，为每个点位配置必要的工作人员，加强对点位的日常巡查管理。配置点位长794名（正、副），落实列检点位工作人员合计6000余人。

【区域管家制】 将定海主城区分为公共广场、公园广场、商场超市等八大重要场所106个管理区域，由13家单位任区域总管，58家机关企事业单位任区域管家，对所负责区域开展常态化管理。自开展区域管家以来，区创建办以视频抽查或现场巡查方式，每月督查1次以上，将结果定期通报，进一步提升常态化创城水平。

【“文明助力”系列活动】 “文明助力”大使活动发动道德模范、文明单位、社会组织、热心市民认领路段、路口、楼道、绿地、商铺等文明助力项目，有50余家单位、1600余名热心市民认领，实现“文明助力”行为常态化。“文明助力亮相”由区创建办牵头，各创建全国文明城市专项工作组具体负责，每月一期开展创城亮相项目测评，通过红黑榜、排名榜亮相调动全区企事业单位、经营业主投身创城的热情，开展12期，测评821家单位，亮相529家。

（撰稿：翁超慧）

“最多跑一次”改革

【推进投资项目高效审批】 加快推进企业投资项目“标准地”、企业投资项目和工程建设项目审批制度改革。实现一般企业投资项目从赋码到竣工验收的审批用时“最多80天”。推广应用工程建设项目审批管理系统2.0版与投资项目在线审批监管平台3.0版。实行联合图审、竣工测验合一等改革举措，实行工程项目审批“四统一”，压缩企业投资类工程项目全流程审批流程、审批时间。

【提升企业开办便利化】 部署常态化企业开办“一日办”工作，召集相关部门工作负责人会商，联合公安、市场监管部门召开企业常态化开办相关意见征求会，向定海区10家公章刻制企业、17家在定银行征求意见，8家刻章企业、12家银行自愿承诺加入常态化企业开办“一日办”服务名单。进一步明确工商登记、公章刻制、银行开户、发票领取四个环节的工作流程，压缩时限至4个工作小时内，材料5份以内，加快建立“一次提交、一窗受理、一日办结”常态化企业开办服务模式。

【推进商事登记改革】 梳理市场主体涉企证照事项，与企业和创业者办事密切的餐饮服务、食品经营、商场超市、美容美发等行业，15个部门36个项高频涉企证照的事项纳入证照联办，理发店、餐饮店、足浴店、旅馆等22个常办业务实现“一件事”办理。进一步规范办事指南，明确办理流程，压缩办理时限，精简办事材料，实现“一套材料，一次申请，一窗受理”。

【实现不动产交易登记快速办结】 推进不动产登记提速增效,实现高频事项1小时内办结。进驻区行政服务中心的定海区不动产登记全面实现新购商品房交易登记1个工作日内办结实现率100%,一般商品房转移登记申请材料压减至4份以内（涉及税收优惠政策的除外），办理环节压减至 1个以内，存量商品房转移登记、抵押登记等 10 项不动产登记事项 1 小时内办结的实现率100%。

【落实企业和个人生命周期“一件事”】 推进企业、个人生命周期“一件事”联办，开展“一件事情”梳理工作，对一个部门多个事项、多个部门一个事项、多个部门多个事项等情形进行深度整合。根据省、市清单，围绕企业登记开办、项目投资、不动产交易、水电气报装、清算注销等企业生命周期和公民个人出生、上学、就业、结婚、殡葬等全生命周期，梳理定海区企业和个人“一件事”清单80项。由牵头部门协调做好联办事项流程再造等工作，实行“一窗受理、一表申请、内部流转、限时办结”的联合审批模式。2019年，定海区有65项实现“一件事”办理。

【撬动公共服务领域改革】 以“最多跑一次”改革

撬动交通运输、旅游景区、医疗服务、文化场所等公共服务领域改革，结合定海特色组织相关部门制定公共场所“最多跑一次”方案。交通领域，推行网上售票、移动端取票服务和移动扫码支付，各个车站码头均设置公交首末站以及出租车候车区域，开设站内警务站连接公安系统，方便开具临时身份证明；大多数车站码头覆盖免费公共无线网络，方便游客、乘客查询公共交通信息，增设母婴室、无障碍设施，完善各区域标志标识。中心医院推出诊间结算，拓展多途径预约挂号服务。文化旅游领域加强阅读点位、拓展数字化建设，打造全景旅游，提升旅游智慧水平。

【落实窗口“最多跑一次”】　税务窗口优化办税流程，整合业务清单，推广电子税务局，为纳税人提供自助服务；环保窗口上门服务现场指导，规范企业环保手续；城市管理窗口用水、用气报装及外线工程涉及到城市管理许可事项的实行容缺受理和承诺备案制；婚姻登记窗口启动结婚生育户口“一件事”联办；应急窗口围绕审批流程更优化，网上全覆盖，服务再提升，全面助推行政审批“零跑动”；交通窗口衔接培训学校之间的工作，针对缴费、约考、补考三项环节，完善道路运输从业资格考试报名规范。

（撰稿：王文艳）

“服务企业服务群众服务基层”活动

【概况】　2019年，定海区贯彻省委、市委关于开展“三服务”活动的决策部署，精心谋划、落实措施、扎实推进，解决企业、群众、基层存在的困难和问题，提升企业、群众、基层的获得感。

【完善组织机构】　制定印发《中共舟山市定海区委办公室关于开展“服务企业服务群众服务基层”活动的实施意见》（定委办发〔2019〕2号），成立区“三服务”活动办公室，形成“三张清单”，梳理出三大方面12项主要任务，明确各项任务对应责任单位，确保责任落实。印发《中共舟山市定海区委办公室关于进一步调整完善区领导联系制度的通知》（定委办发〔2019〕11号），重新调整区四套班子领导联系服务对象，推动“三服务”活动开展。

【完善工作机制】　印发《中共舟山市定海区委办公室关于开展“落实三服务，办好三件事，争当排头兵”活动的通知》（定委办发〔2019〕13号），梳理形成38项“三服务”重点攻坚事项任务清单，实行挂图作战，倒排时间，明确目标，每月评比，营造比学赶超氛围。全面推进“三服务”平台建设，将全区62个部门全部纳入到“三服务”平台应用范围，要求各部门安排专人负责平台日常运作，由区“三服务”活动办公室统筹协调。各部门将三服务事项及时录入平台后，“三服务”活动办对上报事项进行严格把关筛选；对于逾期未完成事项，及时进行催办；对于部门间需要协调办理的事项，厘清责任，明确分工，制定解决方案，交办至相应部门办理，建立起“三服务”活动完整闭环。

【服务企业】　2019年，定海区探索“税务服务长”制度，减轻企业税费负担，全年各税收服务长走访街道企业和产业园区630次，现场宣传减税降费政策，分析减税降费对地方财政收入影响，解答问题314个，收集意见建议28条。助推企业创新转型，全年认定省级科技中小企业50家，新申报推荐18家企业高新技术企业，申报市级以上科技项目120项。帮助困难企业走出困境，协助企业做好闲置厂房的再利用工作，提高全区工业厂房利用率和产出率。至年末，实现16家、11.79万平方米闲置厂房再利用。是年，全区走访企业1459家次，累计收集涉企问题592个，解决问题569个，为企业破解各类经营问题。引导船舶工业“借船出海”，破解民营船企转型升级难题；按照就近原则，为涉及拆迁安置企业协调场地，妥善解决企业办公用地问题；创新“资产出售式”“或有负债”平移、司法背书式融资三种帮扶模式，破解破产企业逆境新生难题等一批特色做法，得到肯定。

【服务群众】　2019年，定海区把握“为民”理念，帮助解决群众实际困难，全年新纳入低保对象262户308人，发放救助资金2219.25万元；特困救济贫困群众132人次，支出救助金95.5万元；临时救助救助79人次，支出救助金22.38万元。推进民生“关键小事”落地见效，完成老旧小区改造、市政道路提升、河道综合治理、农村饮用水项目、示范型居家养老中心建设等38项省市区级民生实事项目。全年累计走访群众3074人次，征集问题191个，实际解决190个，根据梳理出的共性问题采用新方法，解决群众“关键小件”。针对群众公墓地需求，统一采取安葬到镇（街道）中心墓地措施，解决群众难题；针对贫困群体救助需求，采取“政府指导+慈善筹款+保险补充”的形式，推广面向在册城乡低保、低边人员的医疗救助责任险，累计惠及3500余人，参保率已达97%；针对群众拆迁后回迁慢的问题，安置房建设实行标准工期、引入品牌代建，限制项目前期工作阶段在5个月内完成，建设工期在2年8个月内完成，由绿城公司全过程代建管理，确保每个安置小区品质。

【服务基层】 2019年，定海区贯彻落实“基层减负年”的工作要求，以服务基层、助力基层为出发点，注重了解基层一线需求，倾听基层声音，解决基层工作难题。2019年，走访基层单位1124家次，收集问题349个，解决322个，对基层工作开展给予支持。加大社区村减负力度，对社区事务进行进一步规范，严控机构牌子多、创建评比多、考核台账多等“三多”事项，优化制度上墙，明确机构牌子名称，重复的牌子摘除，同类的牌子合并，仅保留特色和必要的牌子。11个镇街道121个社区村清理挂牌61类307块，清理上墙制度52类176块。助力社区村集体经济发展壮大，全年重点完成全区社区村体制改革工作，全区由80个行政村142个经济合作社变为80个行政村84个经济合作社，进一步理顺社区村集体经济发展脉络。是年，申报农渔村集体经济项目71个，完成44个，累计补助资金3319万元。

【选树典型案例】 按照“抓好典型，以点带面”的工作思路，精选各地各部门在“三服务”活动中的优秀案例，通过发布《定海信息》“三服务”专刊的形式，对优秀案例进行宣传。全年精编“三服务”专刊7期，宣传典型案例20余篇。其中一则关于创新“金融服务联络员”机制的案例被作为全省“三服务”活动月度十个好典型刊登在《浙江信息》上。拓宽渠道，借助各类媒体对“三服务”优秀做法进行报道宣传，累计在《今日定海》、“定海山”微信公众号、定海新闻网等媒体上报道“三服务”案例信息114条，得到群众好评。

【建设问政平台】 构建“三位一体”民意征集机制，围绕党政、企业群众基层、媒体三个主体实际，建设网络问政平台，第一时间征集服务对象在经济发展、重大改革等方面的民情民意。截至年底，围绕道路施工、噪音扰民等方面内容，区级网络问政平台受理各类群众问政单82件，完成答复80件。建设“定海新闻发布厅”区级网络发布平台，依托区级融媒体中心建设，持续发布各类民生服务信息及实时报道300余篇，总点击量超30万次。

【群众评议比学】 围绕服务企业、服务群众、服务基层三大方面内容在部门、镇（街道）中定期开展“双学双比”专场竞赛活动，并组织全区相关部门、“两代表一委员”、企业群众代表等现场评比打分，成绩统一纳入比学单位年终考核中。开展以“践初心、办实事、促民生”为主题的双学双比活动，各镇街道和区属部门开展初赛，选取5个镇街道、9个部门参加比学，通过专班推动、现场观摩、比晒业绩、领导点评、群众点评、年终考核等多种形式，抓龙头、抓重点、抓进度，营造合力攻坚、奋勇争先的比学赶超氛围。

（撰稿：周嘉豪）

扫黑除恶专项斗争

【概况】 2019年，区公安分局进一步提升政治站位，遵循“深挖根治”目标，持续高压严打，在全区范围内掀起扫黑除恶强大攻势，不断提高扫黑除恶攻坚年活动成效。

【加强组织领导】 结合实际制定扫黑除恶专项斗争纵深推进时间表、路线图、任务书，先后召开党委专题会议9次，工作推进会9次，研究解决工作难题；成立工作小组，深入各基层派出所开展扫黑除恶专项督导，总结提炼经验做法；围绕实战，建立“一办三队”各司其职，突出专业支撑；刚性落实线索摸排“四长”责任制、线索核查“三长”责任制、派出所所长“零报告”背书制；按照“项目标准化、标准清单化、清单责任化”要求，以上率下层层压实工作责任。

【着力线索排查】 分局以开展新一轮涉黑涉恶线索及异常情况集中排摸工作为契机，围绕23个重点排摸方面开展多渠道排摸，汇总梳理；对在册167条线索统一归口管理，实行“指令单”督办，做到“两定三包”，即定人、定时，包任务、包举措、包责任；绘制下发涉黑涉恶线索分类、分级、分步处置流程图，根据线索性质变化实行提级核查侦办、异地核查侦办等措施；围绕线索反映的“人员、案事件、场所”等方面，全面查清被举报人及其他相关人员的基本情况，落实每条线索专人负责反馈联系；在分局层面组建线索复核复查组，对在册线索逐条进行复核复查，建立“一条线索一个档案”，让线索真正“沉底清零”。

【严打重点群体】 针对外来人员恶势力团伙突出的现象，坚持露头就打和集中歼灭相结合，绝不让其形成气候；狠打突出犯罪，针对涉贷类黑恶犯罪突出现象，集结精兵强将，围绕重点线索、重点案件、重点团伙寻线追根，组织专案攻坚；加强乱点整治，将群众反响强烈的开设赌场、容留卖淫、吸毒贩毒等违法犯罪活动作为查处打击重点，铲除黄赌毒领域容易滋生黑恶势力的土壤。

【推行整体联动】 分局落实联动宣传多样化，推行“五+X”宣传模式，即宣传工作进项目、进企业、进市场、进社区、进网络，X为各派出所个性化宣传。扫黑除恶宣传内容融入社区礼堂文化、纳入企业员工日常培训范畴的做法得到省厅肯定；落实联动执法高效化，根据省、市两级《关于建立扫黑除恶案件和线索快速移送处置机制的意见》，向区纪委监察部门通报线索9条、案件9起。邀请检、法机关提前介入。案件办理中发现的行业部门监管薄弱环节，向区扫黑办提交行业监管漏洞建议书6份。

【落实联动稳控常态化】 坚持逢嫌必控原则，全面梳理辖区涉黑涉恶前科人员，将有现实和潜在危害人员全部纳入管控范围，落实分级分类管控措施。是年，全区公安机关摧毁恶势力犯罪集团4个49人、恶势力团伙2个15人，侦办九类涉恶案件58起，抓获涉恶犯罪嫌疑人145人，移送起诉166人，查封房产23套，查扣车辆21台，冻结银行账户资金150余万元，累计查扣非法资产5215余万元。

（撰稿：钱舟海）

“三改一拆”专项行动

【概况】 2019年，区“三改一拆”工作组贯彻省市区工作决策部署，以“无违建创建”为核心，坚持“坚决拆、大力改、抓巩固”工作思路，推动各项工作前进。至年底，全区完成“三改”面积41.72万平方米，占全年工作目标的191.37%，其中旧住宅区改造24.90万平方米，旧厂区改造6.12万平方米，城中村改造10.70万平方米；拆除违法建筑面积33.83万平方米，占全年工作目标的187.96%，拆后利用率达85%以上。是年7月，定海区被省里授予“基本无违建区”称号。

【“两路两侧”与“四边三化”整治】 把“无违建区”创建与“两路两侧”“四边三化”、精品道路等重点工作有机结合，做到项目共建、成果共享。是年，全区累计整治“两路两侧”十大类省、市、区级“四边三化”问题点位140处，面积约2.5万平方米。打造1条省级精品示范道路，滨海大道定海段从盐仓大转盘至定海滨海大道入城口止，途经盐仓街道、双桥街道，全长5公里，资金总投入为1.6亿元。力促“三改一拆”工作出形象、见成效。

滨海大道定海段（部分）

【开展全区“无违建”创建】 制定出台《中共舟山市定海区委区政府办公室关于建立健全违法建筑防控治理长效机制的通知》（定党政办发〔2018〕230号）。建立防违控违指挥中心，打造防违控违综合信息管理平台，利用平台实现巡查轨迹、违建定位、巡查上报等功能，建立起涵盖全区的“实时巡查、实时指挥、实时举报、实时处置”防违控违综合管理智慧体系。强化区、镇街、社区村三级网格化管理体系，组建各级“三改一拆”工作微信群，做到随时发现问题，第一时间反馈整改结果，提高工作实效。

【打好“五大会战”】 2019年，组织开展招商引资大会战、综合交通大会战、城乡环境综合整治大会战、治水治污大会战，助推“四个舟山”建设，其中以“三改一拆”违法建筑拆除及美丽城镇建设攻坚行动拆违专项行动，累计拆除辖区内违建1231处，面积33.83万平方米。

违建点位拆除前

违建点位拆除后

【注重拆后利用】 结合旧城改造、新农村建设、城乡环境整治等工作，提升拆后综合治理质量，做到违

违建管理房拆除前

违建管理房拆除后做临时停车场

建即拆即清、即拆即改。是年，全区通过拆违腾出土地31.25万平方米，利用23.61万平方米，其中复垦复绿5.17万平方米，规划建设14.94万平方米。

（撰稿：康哲源）

（本分目照片由“三改一拆”领导小组办公室提供）

“五水共治”重点工程

【概况】 2019年初，制定出台《定海区2019年治水治污大会战实施方案》,明确全年治水治污大会战的重点项目清单，以“污水零直排区”建设为主线，推进“品质河道”和“美丽河湖”创建，全年“治水治污”计划实施项目43个，计划投资10.9亿元，累计完成投资12.1亿元，完成年度目标的111%。“治水治污”工作得到提升。

【持续推进污水零直排建设】 全年“污水零直排区”建设计划总投资3190万元，累计完成投资12025万元。验收通过双桥街道、小沙街道“污水零直排区”建设和岑港街道一期工程建设。总计完成排查全区生活小区24个，其中双桥街道2个、小沙街道1个、白泉镇1个均已完成治理；城东街道涉及的7个小区基本完成治理。

【深化品质河道建设】 全年“品质河道”创建任务为14条，计划总投资1660万元，完成投资1892万元。截至年底，定海工业园区紫窟支河、双桥汽车城河等14条计划任务河道和大沙横河均完成“品质河道”建设，并通过市级验收。计划完成33条文明河道创建任务，全部通过验收，其中老大河、大柳河等五条河道被评为“文明河道”，占全市总数的三分之一。

【全域提升水环境质量】　截污纳管方面　新增1.03公里城镇污水配套管网，完成投资额306万元，完成年度的目标100%。提标修复改造污水管网3.45公里，完成投资额713万元，西山路管网改造完成年度计划的120%，环城东路管网改造完成100%。

饮用水源保护方面　开展水库水质提升综合治理、盐仓流域科技推广应用项目等工程。虹桥水库、长春岭水库、金林水库均完成总工程量的100%。

河湖库清淤方面　全年完成清淤45.21万立方米，达年度计划的100%，完成投资2528万元。

工业污染整治方面　定海烟墩工业园区污水管网整治全面完成，园区污水纳管进入西北污水处理厂，消除烟墩老旧工业区块污水外排的污染隐患。

美丽河湖创建方面　完成盐仓河库水系、大沙河库水系两片省级美丽河湖验收工作，带动片区内盐仓大河、虹桥河、大沙中心河等10多条河道，围绕“煮海流韵，毓秀盐仓”“诗和远方，温润小沙”为治理主题，打造具有定海特色的美丽河库。

入海排污口清理整治方面　全部完成海洋督察名单中15个入海排污口整治提升工作，其中削减7个，规范化整治8个。向相关入海排污口未规范化设置企业下达入海排污口整治任务，完善相关企业入海排污口台账资料。

【全面深化河（湖）长制】　落实“三级河长责任”　落实区级河长19名，镇级河长146名，村级河长181名，充分发挥电子化巡河（湖）的作用，完成河道及山塘保洁平时考核工作。委托第三方市民巡访团每季度对11个镇街道及东海农场、定海工业园区责任区域河道进行抽查。

强化督办严格问责　将“治水治污”大会战列入区实绩亮相项目，将治水工作作为洁净乡村建设、区委区政府“双学双比”的内容。开展执法检查专项行动，通过城市黑臭水体排查、文明河道创建督查、治水治污督查竞赛等活动，对检查中发现的严重隐患和问题予以曝光。

执行两项长效机制　健全河道保洁机制，落实巡查保洁员302名，网格巡查员81名，河道警长58名，小微水体警长40名，实现河道保洁全覆盖。健全联动执法机制，联合区属相关部门和各镇（街道）执法力量，开展联合执法检查及河道涉渔违法行为综合整治行动，全年发现问题109起，整改109起。

【全民共建夯实治水基础】　提升“五水共治”群众满意度　出台《定海区治水治污宣传工作方案》，组织开展两次“五水共治”专题网格走访活动，发放宣传册、宣传品225000份，宣传栏张贴海报1730份，利用网格短信发送宣传短信20万条，向各级河长发送短信3540条，各镇街道推送微信文章100余篇。通过“定海山”微信、“定海山”客户端等新媒体平台，开展最美河（湖）长、最美乡村河（湖）评选，“五水共治”群众满意度有奖问卷调查等活动，页面阅读量超100万+，投票票数超10万+。

营造“五水共治”宣传氛围　在人民网、《浙江日报》《浙江新闻》等报道《梦里水乡就在身边，定海向全域美丽河湖新画卷迈进》《定海打造渔农村饮用水升级版》30余篇。在省“五水共治”微信公众号、市环保微信公众号等平台刊登多篇定海区治水治污工作成效图文。《舟山日报》《舟山晚报》等相继报道《定海开出河道污染最高罚单》《治污实现智能化监管》《推动治水长效化 舟山小沙街道实行电子化巡河模式》等。

（撰稿：陈　璐）

责任编辑：王英伟

定海生活习俗之饮食（二）

咸菜黄鱼汤　这是一道定海人常见的传统菜。选用新鲜黄鱼一条，配以适量咸菜，加少许姜末，与清水一起放入锅内，不用其它佐料，旺火煮沸即可食用，十分鲜美，以至成为待客的常见特色菜。随着渔业资源的衰退，现时黄鱼已成稀罕之物，咸菜黄鱼汤也成了一道大菜。

鳗鲞与风鳗　定海人多喜食鳗鲞与风鳗。选用冬汛中后期鱼体大小适中的鳗鱼，擦去腻涎，清洗干净，用刀沿鱼背从头至尾剖开，取出内脏，擦净腹内血腥，然后用竹签撑开鲞体，在通风处晾干风燥即成鳗鲞，忌日光曝晒，防止发油。食用时则用水洗净，或蒸或烤，均为下酒的上菜佳肴。风鳗又称鳗筒，其制作方法是先擦去皮面腻涎，然后从鱼嘴部往下剖开，取出内脏擦净（不用水洗涤），再用盐搽抹腹内，最后用细绳斜形捆扎，挂于通风处晾干即成。食用时切取小段清洗干净，蒸熟后佐以葱、姜、醋等蘸食。此外，定海人尚有喜食鮸鱼鲞、风带鱼、糟鲳鱼、三刨鳓鱼、蒸蟹、炒蟹、呛蟹、醉蟹、蟹股、蟹糊等食俗。

做年糕　旧时定海民间家家户户都有做年糕的习俗。每年冬至起即开始做年糕，直至腊月中旬后。富裕人家有的加工粳米两至三石，中等人家一至两石，小户人家除特别贫困外也要做上几斗年糕。一般以晚粳米制作，也有早粳米掺以糯米的，随各口味而异。因年糕谐音“年高”，象征“年年高、节节高”之吉利，是民间祭祀品之一。年糕又能延长食用时间，肉丝菜心年糕、白糖桂花年糕又是待客佳品，因此过去定海十分盛行做年糕。每逢此时必定喜气洋洋、欢乐无穷。曾经一段时间手工年糕被机器年糕所取代，如今农村有些地方又兴行手工年糕起来。

大 事 记

Chronicle of Events

俯瞰定海（陈炳群/摄）

社会主义核心价值观

国家　富强、民主、文明、和谐

社会　自由、平等、公正、法治

公民　爱国、敬业、诚信、友善

1月

2日，区委十三届常委会第48次会议举行，会议传达学习中央经济工作会议和省委经济工作会议精神。区委书记庄继艳主持会议并讲话，侯富光、余河通、车志宽等区领导出席会议。

3日，区委十三届七次全体（扩大）会议举行，区委书记庄继艳代表区委常委会向全会报告工作。区领导侯富光、余河通、车志宽、张捷、陈剑、何徐华、毛铁年、顾飞舟、林世军、汪勇健、陈海平、林剑彪、邵辉、徐峻峰等出席会议。

是日，区委十三届八次全体会议举行，区委书记庄继艳主持会议并讲话。区领导侯富光、余河通、车志宽、张捷、陈剑、何徐华、毛铁年、顾飞舟、林世军、汪勇健、陈海平、林剑彪、邵辉、徐峻峰等出席会议。

是日，定海消防救援大队授衔和换装仪式举行。区委副书记、区长侯富光出席仪式并讲话。

4日，定海区教育系统“艺术点亮梦想”新年文艺会演在舟山市艺术剧院举行。

9日，舟山实华公司原油码头二期工程的一项发明专利“嵌岩桩钻进成孔工艺”通过国家知识产权局审查授权。

10日，2018年度全区基层党建和人才工作述职评议会举行。区委书记庄继艳点评并讲话，区委副书记、区长侯富光，区委常委顾飞舟、林世军、汪勇健、陈海平、林剑彪、邵辉出席会议。

是日，浙江省26件声乐、舞蹈、戏剧、曲艺作品备选全国第十八届群星奖，其中音乐6件、舞蹈8件、戏剧8件、曲艺4件。定海区文化馆三人舞《摇篮》、女声表演唱《农庄小娘》名列其中。

11日，中国共产党舟山市定海区第十三次代表大会第三次会议暨区委经济工作会议胜利召开。区委书记庄继艳作题为“全面推进新时代高质量发展奋力谱写花园式国际人文港城建设新篇章”的报告。区委副书记、区长侯富光主持会议。区领导余河通、车志宽、张捷、陈剑、何徐华、毛铁年、顾飞舟、林世军、汪勇健、陈海平、林剑彪、邵辉、徐峻峰出席会议。

12日，区委常委会召开会议传达学习市委七届六次全体（扩大）会议精神。区委书记庄继艳主持会议并讲话，区委副书记、区长侯富光作传达，余河通、车志宽、张捷等区领导参加会议。

14日，区机构改革动员大会举行。区委书记庄继艳作动员讲话，区委副书记、区长侯富光主持会议，余河通、车志宽、张捷、杜彬等区领导出席会议。

是日，区十七届人大常委会第十八次会议举行。区委副书记、区长侯富光参加会议，区人大常委会主任余河通主持会议。

15日，中小微企业座谈会举行，区委书记庄继艳出席并讲话。

是日，舟山500千伏联网输变电工程正式投运。

16日，2018年度生态环境质量公众满意度得分及排名情况公布，定海区生态环境质量满意度总得分86.12分，比上年上升7.2分，名列全省第25名，总分跃升17名，在全市4个县区中位列第一。

17日，定海区入围全国农村一二三产业融合发展先导区创建单位。

19日，“大棚房”问题专项清理整治行动会议举行，传达中央、省、市相关会议精神，对“大棚房”问题专项清理整治行动进行再部署、再落实，确保在规定时限内全面完成整治任务。区委副书记、区长侯富光主持会议并讲话。

是日，由区委宣传部主办的“我们都是定海人·致敬奋斗者”主题宣传活动之“奋斗者说”访谈活动在舟山广播电视总台举行。

是日，区委副书记、区长侯富光带领区经济和信息化局、区应急管理局等部门主要负责人到舟山长宏国际船舶修造有限公司和浙江增洲造船有限公司调研船舶企业安全生产工作。

21～23日，中国人民政治协商会议第六届舟山市定海区委员会第三次会议在舟山市艺术剧院举行。区政协主席车志宽、区领导庄继艳等出席会议。

22～24日，区十七届人大三次会议举行。区政协主席车志宽，区委副书记杜彬参加会议。区委副书记、区长侯富光代表区政府向大会作政府工作报告。

24日，定海区举行街道人大工作和建设试点工作动员会。区人大常委会主任余河通讲话，区领导邵辉、林伟康、范纲出席会议。

是日，区委副书记、区长侯富光带领区农业农村局、市自然资源和规划局定海分局负责人到白泉、马岙、双桥、城东等地督查“大棚房”问题整治工作。

27日，区委副书记、区长侯富光带领相关部门负责人，就定海部分民生实事项目推进情况进行实地调研。

28日，中共舟山市定海区第十三届纪律检查委员会第五次全体会议举行。会议学习传达中央、省、市纪委全会精神，回顾总结2018年全区党风廉政建设和反腐败工作，研究部署2019年工作任务。区委书记庄继艳出席会议并讲话。

是日，“幸福在定海”2019年定海区社会各界人士迎春茶话会举行。区委书记庄继艳致辞，侯富光、张捷、顾飞舟等区领导和社会各界人士代表参加。

29日，全区财政工作会议暨党风廉政建设工作会议举行，回顾总结2018年财政工作，表彰各类先进，签订党风廉政建设责任书，并部署2018年全区财政工作任务。

是日，定海·宣汉2019年“迎新春”浙川东西部劳务协作暨工业园区招聘会在四川省达州市宣汉县东门广场举行。

30日，区委常委会召开民主生活会。区委书记庄继艳主持会议，市委常委、组织部部长张明超到会指导。

31日，区委书记庄继艳带领区经济和信息化局、区应急管理局、定海消防救援大队相关负责人，到重点企业检查安全生产工作。

是日，岑港街道2018年度党员领导干部民主生活会举行。区委副书记、区长侯富光到会指导。

是月，中国书法家协会会员、中国书法艺术研究院艺术委员会理事王亚向区政协捐赠了部分书法作品代表作。区政协主席车志宽代表区政协接受捐赠，并向王亚颁发了捐赠证书。区政协副主席方家慧、柳跃军、夏江龙、陆翰恺，秘书长华福耐出席仪式。

是月，舟山市7412工厂获省级先进质量管理孵化基地名单。

2月

11日，区委理论学习中心组举行习近平新时代中国特色社会主义思想专题学习会，区委书记庄继艳出席会议，区委理论学习中心组全体成员参加学习会。

12日，区政府第三次全体会议举行。区委副书记、区长侯富光出席会议并讲话，区政府副区长和全体会议组成人员出席会议。

13日，全区宣传思想工作会议举行。区委书记庄继艳出席会议并讲话，区领导顾飞舟、何徐华、毛铁年、郑飞科、林世军、林剑彪、邵辉出席会议。

是日，全区水环境质量提升工作督办会举行。区委副书记、区长侯富光出席会议并讲话，

18日，全区领导干部会议举行，传达学习贯彻市两会精神，以及市委书记、新区党工委书记俞东来，市委副书记、市长何中伟在参加定海代表团审议时的讲话精神。区委书记庄继艳主持会议。

21日，定海区入选省级首批县域水资源强监管创新试点县区。

23日，由区农业农村局主办，区兰花协会承办的“兰秀定海　香艳港城”2019年定海春兰展在柳永文化广场举行。

26日，区委副书记、区长侯富光带领相关部门负责人，就定海区部分民生实事项目推进情况进行实地调研。

是日，区委组织部在市内创新基层党建工作轮值“擂台赛”，结合党委中心工作、重点任务，置基层组织建设和中心工作落地共性要求和特色品牌、亮点工作等个性化要求。

27日，由省教育厅、省文化和旅游厅等部门联合评选的浙江省首批中小学省级研学基地名单近日在杭州揭牌，定海区南洞艺谷成为舟山市唯一入选的景点。

28日，省委省政府举行全省扩大有效投资重大项目集中开工仪式。舟山作为全省10个分会场之一，同步开工建设12个重大项目，其中包括定海区5个重大项目，再次吹响扩大有效投资的“冲锋号”。

是月，区委书记庄继艳带领区农业农村局、市自然资源和规划局定海分局相关负责人到盐仓、小沙、马岙街道察看“大棚房”问题点位，督查“大棚房”专项清理整治工作。

3月

1日，区妇联十四届三次执委(扩大)会议暨庆“三八”表彰大会举行，区委副书记顾飞舟出席会议。

是日，位于双桥街道的329快速通道拆迁安置小区建设项目开工建设。

3日，定海区12家企业成功入选2018年国家高新技术企业。全区国家高新技术企业数量达43家。

5日，区委副书记、区长侯富光带领市自然资源和规划局定海分局相关负责人，到马岙、盐仓、岑港等地督查“大棚房”问题专项清理整治工作。

是日，区委副书记、区长侯富光到区行政服务中心三楼的区长窗口，开展春节后首场区长坐堂“最多跑一次”活动。

6日，省平安建设考核组对定海区2018年度平安建设（综治工作）进行检查考核。省委政法委副书记卫中强、省司法厅副厅长蒋建森参加检查考核。区委副书记、区长侯富光主持汇报会并作汇报，区委常委、政法委书记陈海平，副区长、区公安分局局长杨健参加汇报会并陪同检查考核。

是日，定海区“潮起东海 锋涌渔嫂———践行三服务 助力三件事 巾帼勇担当”主题活动启动仪式在文化广场举行，表彰全区首批“最美渔嫂”，并向6支“东海渔嫂”志愿者队伍授予“先锋队”旗帜。

8日，全区基层人大工作会议暨街道人大工作专题汇报会举行。区人大常委会主任余河通出席会议并讲话，区人大常委会副主任林伟康、范纲、张伟旭、孙忠定、王华杰、王金康出席会议。

13日，区委政法工作会议暨全区信访工作会议举行。区委副书记、区长侯富光在会上出席并讲话，区委常委、常务副区长毛铁年主持会议，区委常委、政法委书记陈海平作工作部署。

16日，定海区创建全国文明城市主题实践活动在文化广场启动。区领导顾飞舟、何徐华、王华杰、屠定玉、陆翰恺出席启动仪式。

是日，全区城乡环境综合整治大会战暨海上花园城市建设攻坚行动推进会举行。区委副书记、区长侯富光出席并讲话，副区长夏泉主持会议。

是日，浙江交工329国道3标承建的329国道老定马线改线桥右幅完成改道正式通车。

19日，全区民族宗教工作会议举行，总结回顾2018年度全区民族宗教工作，部署2019年工作，表彰2018年度考核优秀活动场所和优秀个人。区委常委、统战部部长林世军出席会议并讲话，区委统战部副部长、区民宗局局长沈雁主持会议。

是日，329国道舟山段改建工程指挥部在第5标段预制场内举行“百日大会战”誓师动员大会。

20日，区委召开全区领导干部会议，传达学习全国两会精神，并就我区贯彻落实工作进行部署。区委副书记、区长侯富光主持会议。车志宽、杜彬、顾飞舟等区领导出席会议。

是日，中央文明办在中国文明网首页公布全国文明城市2018年度测评结果，其中包括全国文明城市提名城市中的141个地级以上城市、城区2018年文明城市年度测评结果。在全国113个地级提名城市中，舟山市以91.78分位列第9位。

21日，全区招商引资大会举行。区委副书记、区长侯富光出席会议并讲话，区委副书记顾飞舟主持会议，区领导毛铁年、林剑彪、徐峻峰、王金康、屠定玉、刘波、刘世君、林志刚出席会议。

是日，区委副书记、区长侯富光带领区交通运输局、定海交警大队等单位负责人到双桥街道开展“三服务”活动，现场协调“万泰·三农汇”舟山三农农产品批发市场周边公共交通问题。

22日，定海区社科联召开二届三次理事会，区委常委、宣传部部长何徐华出席会议。

23日，金塘第四届李花节开幕式暨“美丽金塘人”颁奖典礼在精彩的舞蹈中开幕。区委副书记、金塘管委会主任毛铁年，副区长董凯龙出席开幕式。

24日，省住建厅发布2017年度、2018年度全省高标准生活垃圾分类示范小区名单，定海城区的外滩一号、檀枫新苑、玉兰花园等10个小区上榜。

27日，区委农渔村工作会议举行。区委书记庄继艳出席会议并讲话，区委副书记、区长侯富光主持会议。

是日，区委武装工作暨区国防动员委员会会议举行。会议通报表彰2018年度武装工作先进单位和先进个人，盐仓街道、马岙街道和干䃎镇相关负责人作了党管武装工作述职。区委副书记、区长侯富光出席会议并讲话。

28日，宁波舟山港主通道富翅门大桥工程主体完工。

是日，区工商联和吉林省松原市乾安县工商联举行签约仪式，双方签署缔结友好工商联协议。

29日，省建设平安浙江工作会议举行，丽水市等9个市和杭州市下城区等72个县（市、区）被授予2018年度平安市、平安县（市、区），定海区名列其中。

31日，2019“美丽舟山千里行”活动启动仪式暨

"神行定海山"约定海那边第五站——"春满绿道、趣味徒步"活动在马岙好物集市广场举行。

是日，由市人大常委会副主任苗振清带队的市督导组到定海区督导扫黑除恶专项斗争工作。区领导陈海平、孙忠定、杨健参加汇报会。

是月，定海区新增4个社区（村）获省级民主法治社区（村）荣誉称号。

4月

1日，省反邪教协会理事长刘力伟带队到定海区调研反邪教工作。市、区领导华伟、苗振清、陈海平、孙忠定陪同调研。

2日，全区纪检监察系统扫黑除恶"打伞破网"攻坚行动推进会举行。回顾总结2018年工作，研究部署2019年"打伞破网"攻坚行动年任务。

6日，区委书记庄继艳带队到市市场监督管理局定海分局、昌国街道茅岭村、盐仓派出所等地，就扫黑除恶专项斗争工作开展调研。区委常委、组织部部长邵辉参加调研。

7日，区委、区政府和市文化和广电旅游体育局主办的2019"神行定海山"全国徒步大会举举行。

8日，全区创建全国文明城市工作专题会议举行。区委副书记顾飞舟出席会议并讲话，副区长夏泉参加会议。

9日，中国人民银行舟山市中心支行与定海区政府共同推进民营经济高质量发展合作签约仪式举行，定海区和中国人民银行舟山市中心支行签订战略合作协议。区委副书记、区长侯富光，中国人民银行舟山市中心支行行长闫真宇出席仪式并致辞。

是日，区委副书记、区长侯富光带队深入居民小区、城区道路、项目工地，对全国文明城市创建工作进行现场督查。

10日，2019年浙江省野生动植物保护宣传月暨"爱鸟周"活动启动仪式在海山公园举行。省政协副主席周国辉宣布活动启动，全省11市林业主管部门和动植物保护协会代表、新闻媒体、市民代表、志愿者等200余人参加。市领导陈隆、邬振悦出席。

是日，区委副书记、区长侯富光带队深入居民小区、城区道路、项目工地，对全国文明城市创建工作进行现场督查。

12日，市港航局定海分局工作人员深入辖区水运企业、船舶，积极开展扫黑除恶专项斗争宣传，营造良好的社会治安环境。

15日，区委国安委办公室在定海文化广场举办"国家利益 高于一切 国家安全人人有责"——"4·15"全民国家安全教育日普法宣传活动。

16日，市人大调研定海区促进民营经济高质量发展汇报会举行。市人大常委会主任钟达、副主任夏亚红、秘书长严济岳等出席会议。区委副书记、区长侯富光作汇报，区人大常委会主任余河通参加会议。

18日，全市"污水零直排区"建设工作推进会在马岙举行，马岙街道作"污水零直排区"经验介绍。

19日，区委副书记、区长侯富光带队深入定海区部分企业开展"三服务"活动。

20日，第二届"三毛散文奖"颁奖典礼在定海新华侨会议中心举行。中国作协副主席叶辛，浙江省作协党组书记、副主席臧军，市、区领导沈国通、侯富光、顾飞舟、何徐华、林剑彪出席颁奖典礼。

21日，2019书香定海全民读书节启动仪式暨"我和我的祖国"朗读大赛（昌国赛区）在文化广场举行。

是日，由区人武部主办的"热血青春 报国有方"征兵宣传活动在文化广场举行。

22日，省第三生态环境保护督察组组长华宣奎带队到定海区，实地了解重点信访件整改落实情况及PKA湿地项目建设运行情况。市委常委、常务副市长许小月，副区长刘世君陪同检查。

26日，舟山远洋(进口)水产品交易市场战略合作推介会暨"一县一品·电商助渔"签约仪式在舟山国家远洋渔业基地核心区内举行。

28日，省巾帼建功和双学双比活动协调小组副组长、省妇联主席王文娟到干碳镇新建村考察巾帼助力乡村振兴工作开展情况，副市长方维、区委副书记顾飞舟、区人大常委会副主任孙忠定陪同考察。

是日，浙江舟山群岛新区（定海）招商引资促进会青海分会第一次会员大会，在青海省西宁市城西区举行，会上审议并通过促进会大会选举办法（草案）。

29日，区十七届人大常委会举行第二十二次会议。区人大常委会主任余河通主持会议并讲话。

是月，全区安全生产暨消防工作会议举行。区委副书记、区长侯富光出席会议并讲话，区领导林剑彪、董凯龙、刘世君出席会议。

是月，全区道路交通安全综合治理攻坚行动动员部署会举行，对此次攻坚行动进行具体部署。区委副书记顾飞舟，区委常委、政法委书记陈海平，副区长、区公安分局局长杨健出席会议。

是月，百里滨海大道Ⅳ标段（定海段）试通车，标志着全长17.4公里的区重点项目之一的百里滨海大道（定海段）全线贯通。

是月，定海城北幼儿园正式完工。

5月

6日，区委常委会会议召开，传达学习省委十四届五次全会精神，研究部署定海区学习贯彻工作。区委书记庄继艳主持会议并讲话，区委副书记、区长侯富光作传达。

是日，区委书记庄继艳一行实地调研部分在建安置房项目，部分区人大代表、政协委员就如何加快推进安置房建设提出建议。副区长夏泉参加调研。

7日，全区反走私工作推进会举行。区委副书记、区长侯富光出席并讲话，副区长、区公安分局局长杨健，副区长徐峻峰参加会议。

是日，区委全面深化改革委员会第一次会议举行。区委书记、区委全面深化改革委员会主任庄继艳主持会议并讲话，区委副书记顾飞舟出席会议。

8日，区委副书记、区长侯富光带领区交通运输局、区农业农村局、定海交警大队等部门主要负责人实地查看道路交通安全隐患治理点，并举行全区道路交通安全隐患治理推进会。

9日，区委书记庄继艳带领区精神文明建设指导中心、区综合行政执法局等单位主要负责人，现场督查指导马岙街道、白泉镇、城东街道全国文明城市创建工作。

10日，区委理论学习中心组专题学习会举行。区委书记庄继艳主持会议并讲话，侯富光、余河通、车志宽、杜彬、顾飞舟等区领导参加学习会。

是日，共青团舟山市定海区十六届三次全委（扩大）会议举行。会议回顾2019年度工作，总结经验，表彰2018年度优秀团体及个人。区委副书记顾飞舟出席会议。

是日，由区工商联组织的考察团一行到佛山市禅城区开展考察，参加以“筑梦南粤，携手同行”为主题的定海广东商会2019年联欢晚会暨一届三次会员大会。

是日，由舟山巨洋技术开发有限公司研发的水质多参数在线监测仪完成设备安装，正式投入运行。

12日，舟山市对城区人力客运三轮车实行一定范围的禁行交通管理措施。

13日，区委书记庄继艳前往白泉、干䃎等地，就交通安全隐患点整治工作开展督查。

14日，全区建设平安定海工作会议举行。会议贯彻落实全省建设平安浙江工作会议、全市建设平安舟山工作会议精神，研究部署全区平安建设工作。区委书记庄继艳出席会议并讲话，余河通、车志宽、顾飞舟、陈海平、邵辉等区领导出席会议。

是日，区委书记庄继艳带领区发改局、区经济和信息化局、区税务局等部门主要负责人到中海石油舟山石化有限公司开展调研。副区长刘世君参加调研。

是日，全市首个“送药上山进岛便民服务点”在盘峙岛挂牌成立。

16日，区委副书记、区长侯富光调研定海区低效厂房整治工作。侯富光一行到浙江新星双螺杆机械有限公司、舟山市中泰船舶设备有限公司等企业实地察看。

18日，民革舟山市定海区总支部成立大会举行，选举产生了民革舟山市定海区总支部第一届委员会。民革舟山市委会主委、市政协副主席张伟平，区委常委、统战部部长林世军，区人大常委会副主任范纲，副区长屠定玉，区政协副主席柳跃军出席会议。

20日，全区领导干部警示教育大会举行。区委书记庄继艳出席会议并讲话，侯富光、余河通、车志宽、郑飞科、林世军、陈海平、邵辉、徐峻峰等出席会议。

是日，2019年定海“油品全产业链”发展论坛举行。区委副书记、区长侯富光出席论坛并致辞，区委常委、常务副区长林剑彪，副区长刘世君出席论坛。

21日，区委常委、常务副区长林剑彪到区审交办区长窗口，开展区长坐堂“最多跑一次”活动。

是日，区委副书记、区长侯富光到舟山群岛旅游咨询服务中心开展“三服务”活动。

22～23日，区人大常委会组织区人大代表到部分镇（街道）开展《浙江省学前教育条例》执法检查。

25日，定海海洋历史文化研究会第三次会员大会举行，会议通过第二届定海海洋历史文化研究会理事会工作报告，选举产生了定海海洋历史文化研究会第三届理事会。

28日，全市低效厂房整治工作现场会举行，与会人员实地考察了位于盐仓街道的浙江新星双螺杆机械有限公司、舟山市定海豪泽螺杆制造厂和浙江金鹰鸭蛋山工业园。市、区领导许小月、陈隆、侯富光出席现场会。

是日，蓝理纪念馆以“大勇大善展复之源”主题对外开放，设有勇·定、善·治、承·扬三个板块7个展示厅。

是日，首批浙江省农村引领型社区名单公布，定海区6个农村社区入选。

31日，区委副书记、区长侯富光走进旧城改造区块，就“最后一平米”攻坚工作推进情况展开调研。副区长夏泉参加调研。

是月，环城东路（昌国路至环城南路）道路改造工程开工建设。

是月，“礼赞新中国 奋斗新时代”为主题的区微型党课比赛决赛在双桥街道南山社区举行。

是月，区政协党组在六届区政协委员中成立委员党委，设立6个专委会委员党支部。

6月

1日，区政协“请你来协商”首场活动举行。区政协主席车志宽，副主席柳跃军、夏江龙、林志刚，秘书长华福耐出席活动，副区长董凯龙应邀参加活动。

2日，从宁波镇海入海的最后一根500千伏交联聚乙烯海底电缆成功登陆舟山大鹏岛，标志着世界首个500千伏交联聚乙烯海缆敷设工程顺利完工。

3日，宁波舟山港金塘港区大浦口集装箱码头工程二阶段开工。

13日，区委书记庄继艳前往白泉、干䃥等地，就交通安全隐患点整治工作开展督查。

是日，位于马岙街道的舟山市农林科学研究院科研示范基地，2019年瓜菜新品种示范暨舟农星创天地成果展示会举行。

14日，擂鼓隧道顺利贯通，是宁波舟山港主通道舟岱大桥陆上接线的重要节点工程。

17日，区委审计委员会第一次会议举行。区委书记、区委审计委员会主任庄继艳主持会议并讲话，区领导侯富光、郑飞科、邵辉出席会议。

18日，区委书记庄继艳带领定海区代表团赴宁波市镇海区学习考察，就两地推动“甬舟一体化”共商发展大计。镇海区委副书记、区长何黎斌，镇海区委常委、常务副区长林伟明陪同考察或出席座谈会，区领导邵辉、屠定玉、刘世君参加考察。

19日，区委外事工作委员会第一次全体会议举行。区委书记、区委外事工作委员会主任庄继艳主持会议并讲话，区领导侯富光、林剑彪、杨健出席会议。

是日，区委网络安全和信息化委员会第一次全体会议举行。区委书记、区委网络安全和信息化委员会主任庄继艳出席并主持，区领导侯富光、陈海平、杨健出席会议。

是日，富翅门大桥工程建设各节点顺利完成。

20日，全市招商引资工作现场推进会项目签约仪式举行。市委副书记、市长何中伟，副市长韩峻，区委书记庄继艳，区委副书记、区长侯富光，区委副书记、金塘管委会主任毛铁年，区委常委、常务副区长林剑彪出席签约仪式。

是日，区委理论学习中心组举行专题学习会，传达学习新修订的《公务员法》和最近出台的《中国共产党党员教育管理工作条例》《公务员职务与职级并行规定》《干部选拔任用工作监督检查和责任追究办法》。区委书记庄继艳主持并讲话，余河通、车志宽和区委理论学习中心组其他成员出席会议。

是日，中国螺杆小镇党建联盟启动暨政银战略合作签约仪式在金塘举行。

21日，省工业转型升级领导小组办公室通报表彰了2018年度浙江省“腾笼换鸟”和淘汰落后产能工作考核先进单位，定海区跻身榜单，成为全市唯一获此荣誉的县（市、区）。

24日，区政协举行“新时代人民政协的新样子”专题讨论活动动员会暨专题党课。区政协主席车志宽就“新时代人民政协的新样子”专题讨论活动作动员。区政协副主席柳跃军、夏江龙、林志刚、陆翰恺，秘书长华福耐出席动员会。

是日，市人大常委会主任钟达带领的市委督查调研组就定海区贯彻落实中央、省委和市委有关人大工作和建设文件精神情况开展督查调研。区委书记庄继艳，区人大常委会主任余河通等参加座谈会或相关活动。

是日，民革浙江省委会“博爱·牵手”定海医疗服务基地大型义诊活动在定海中心医院举行。

25日，区委书记庄继艳到盐仓街道兴舟村和岑港街道马目村，就社区村体制改革完善工作开展调研。

是日，宁波舟山港主通道富翅门大桥出口的岑港收费站结顶施工。

27日，城中村农民公寓房白泉地块项目获得2019

年度舟山市建设工程“海山杯”优质工程奖。

29日，以“发光时代 红色领跑”为主题的快闪秀在宋都海滨新天地商业街举行，庆祝建党98周年和新中国成立70周年。

是月，海滨小学拆迁工程完工，该工程总建筑面积约14720平方米，计划开设24个班。新建项目包括教学楼、环形塑胶田径场、排球场及其他附属配套设施。

是月，区委区政府农业和农村工作领导小组第一次会议举行。区委书记庄继艳出席并主持会议，区委副书记顾飞舟出席会议。

是月，全区重点项目建设暨低效厂房、闲置土地整治工作推进会举行。区委副书记、区长侯富光出席会议并讲话。

是月，区十七届人大常委会第二十四次会议举行。区人大常委会主任余河通主持会议并讲话，区人大常委会副主任林伟康、范纲、张伟旭、孙忠定、王华杰出席会议。

7月

1日，区委副书记、区长侯富光就部分民生实事项目推进情况进行调研。副区长夏泉参加调研。

是日，“回望历史红色收藏展”在区非遗馆开展。

2日，宣汉县—定海区东西部扶贫协作联席会议举行。定海区委书记庄继艳，达州市人大常委会副主任、宣汉县委书记唐廷教出席并讲话，定海区领导余河通、陈海平、林剑彪、柳跃军，宣汉县领导李逢友、郑河川、吴红卫、仲佳爱、周相红参加座谈或考察。

是日，由区政府主办的2019第三届中国·浙江舟山群岛新区全球海洋经济创业大赛蓝海智造行业赛举行。

3日，定海区统一战线读书会举行。区委书记庄继艳出席会议并讲话，区委常委、统战部部长林世军主持会议。

是日，定海小学教育集团昌东校区和台湾国姓小学音乐交流会在市青少年活动中心举行。

4日，全区政法系统学习贯彻《中国共产党政法工作条例》暨警示教育会议举行。会议学习贯彻《中国共产党政法工作条例》，传达市、区警示教育会议精神。

5日，国家知识产权局公布新一批国家知识产权强县工程示范、试点县（区）名单，定海区成功入选试点县（区）名单，为全省两个入选县（区）之一、全市唯一。

6日，宁波舟山港主通道DSSG01标段烟墩互通主线桥架梁施工完成。

8日，区委全面依法治区委员会第一次会议举行。区委书记、区委全面依法治区委员会主任庄继艳主持会议并讲话，区领导侯富光、顾飞舟、何徐华、陈海平、邵辉、徐峻峰、孙忠定、杨健和其他委员出席会议。

是日，区委书记庄继艳实地走访昌国、城东、环南三个街道，就老旧小区改造工作开展调研。 副区长夏泉参加调研。

9日，区政协六届十次常委会会议举行。区政协主席车志宽主持会议并讲话，副主席柳跃军、夏江龙、陆翰恺，秘书长华福耐出席会议。

11～14日，区委书记庄继艳率团到香港访问交流。区委副书记、金塘管委会主任毛铁年，区委常委、统战部部长林世军参加访问。

12日，双桥街道的30余位学龄儿童在黄氏宗祠内举行两黄学子开蒙礼活动。

是日，区委副书记、区长侯富光到盐仓街道和双桥街道，就部分民生实事项目推进情况开展调研。

是日，由舟山市定海区人民政府主办的2019第三届中国·浙江舟山群岛新区全球海洋经济创业大赛·蓝海智造行业赛重庆赛收官。

15日，区委常委会召开会议，传达学习市委七届七次全体（扩大）会议精神。区委书记庄继艳主持会议并讲话。

16日，区慈善总会第四次会员大会举行。区委书记庄继艳出席会议并讲话。

17日，“唱响定海·同心同行综艺show”启动仪式暨舞比幸福广场舞展演在海滨公园举行。

19日，全区清廉定海建设“双学双比”活动举行。区委书记庄继艳对活动开展情况进行点评。区领导侯富光、余河通、车志宽、顾飞舟、郑飞科、陈海平、邵辉、徐峻峰出席活动。

22日，创建全国文明城市推进大会举行。区委书记庄继艳出席并讲话，区委副书记顾飞舟主持会议。区委常委、宣传部部长何徐华总结上半年创建工作，部署下半年创建工作任务。林世军、邵辉等区领导出席会议。

是日，区委副书记、区长侯富光带队到白泉镇部分企业开展“三服务”活动。

24日，省发改委、省农业农村厅等7部门近日联合公布首批省级农村产业融合发展示范园名单，定海区“远洋渔都”农村产业融合发展示范园入选。

25日，经86户村民代表表决，城东街道长岗山村以93.02%的高比例通过“撤村并居”方案。

26日，全国退役军人工作会议公布全国模范退役军人名单，入驻定海海洋科学城的浙江易航海信息技术有限公司董事长吴德仁入选。

29日，浙江省文化和旅游厅公布第二批《浙江省基本公共文化服务标准（2015—2020）》认定结果，定海榜上有名。

是日，庄继艳、侯富光、余河通、车志宽、毛铁年、顾飞舟等区领导到驻定部队参加“军事日”活动，接受国防教育。

是月，区委副书记、区长侯富光带队检查全区“三防”工作。

8月

1日，区委十三届八次全体（扩大）会议举行。区委常委会主持会议。区委书记庄继艳代表区委常委会向全会作报告。区领导侯富光、余河通、毛铁年、顾飞舟、陈剑、何徐华、郑飞科、林世军、陈海平、林剑彪、邵辉、徐峻峰等出席会议。

是日，区委机构编制委员会第一次会议举行。区委书记、区委机构编制委员会主任庄继艳主持会议并讲话。区委常委、组织部部长邵辉传达学习中央、省委编委会会议和深化党和国家机构改革总结会议有关精神。

2日，区人大常委会组织部分区人大代表，就2019年政府民生实事代表票决项目开展年中视察监督活动。区人大常委会主任余河通参加考察。

6日，区委副书记、区长侯富光前往昌国、环南、城东等地，就老旧小区改造工作开展调研。

7日，区委副书记、区长侯富光到区综合行政执法局调研城市管理工作。

8日，第9号台风“利奇马”逼近，区委副书记、区长侯富光进企业、看工程、查看地质灾害隐患点等检查各项应对工作落实情况。

10日，副市长姜建明一行顶风冒雨查看城北水库、城区新河和虹桥水库等水利工程，现场指导防汛抢险救灾工作。区委副书记、区长侯富光陪同检查。

14日，宣汉县委县政府获悉定海受到台风“利奇马”严重影响，第一时间组织运输蔬菜支援定海菜市。

15日，区经济和信息化局“871党建联盟”成立。

17日，区委书记庄继艳一行到马岙街道和小沙街道，就推进社区村体制改革完善工作开展调研。

是日，来自区委统战部、各民主党派、工商联、知联会、新联会、港澳同胞、台湾同胞及海外侨眷代表等80余人参加“定海区统一战线纪念新中国成立70周年 中国共产党领导的多党合作和政治协商制度确立70周年系列活动启动仪式暨看定海变化·汇统战力量”健步行活动。

19日，区启动居民小区电动自行车违规停放违规充电专项整治。

22日，329国道舟山段复线配套电力工程顺利投运。

25日，“舟山有你·越来越好——红动舟山，志愿创城”创城志愿服务攻坚集中行动启动仪式在文化广场举行。

26日，区十七届人大常委会党组理论学习中心组学习（扩大）会议举行。区人大常委会主任余河通主持会议并讲话。区人大常委会副主任林伟康、范纲、张伟旭、孙忠定、王华杰出席会议。

28日，区政协六届十一次常委会会议举行。区政协主席车志宽主持会议。

是日，2019第三届中国·浙江舟山群岛新区全球海洋经济创业大赛·蓝海智造行业赛上海城市赛收官。

30日，总投资超20亿元的中储粮浙江粮食仓储物流项目举行签约仪式。市、区领导俞东来、何中伟、刘永艺、韩峻、庄继艳、侯富光、林剑彪，浙江省粮食和物资储备局局长周维亮，中储粮浙江分公司党委书记、总经理刘杰等出席签约仪式。

是月，干𬒗镇新建村南洞水库除险加固工程通过竣工验收。

是月，舟山南洞艺谷海岛乡村休闲旅游景区国家级服务业标准化试点项目启动。

9月

1日，区委书记庄继艳到昌国、城东、环南等10个镇、街道，督查指导全国文明城市创建工作。

2日，区委副书记、区长侯富光一行到环南街道和城东街道，督查指导全国文明城市创建工作。

是日，定海区决战决胜70周年大庆安保誓师大会举行。

3日，定海区举行创建全国文明城市专题会议。区委书记庄继艳出席并主持会议，区领导何徐华、林剑彪、邵辉、杨健、夏泉、屠定玉、董凯龙、刘世君参加会议。

4日，由区机关事务管理中心、区发改局能源监察大队工作人员组成的监察组，对部分机关单位进行室内空调温度专项监察。

是日，市委副书记、政法委书记徐张艳一行到定海区调研国庆安保工作。区委常委、政法委书记陈海平，副区长、区公安分局局长杨健参加调研。

是日，区委统一战线工作领导小组会议举行。区委书记庄继艳主持会议并讲话，区委常委、统战部部长林世军，区委常委、常务副区长林剑彪出席会议。

是日，全区政情通报会举行。区委副书记、区长侯富光代表区政府通报了今年上半年全区经济社会发展取得的成效和下半年政府重点工作安排。区政协主席车志宽主持会议。

是日，区政协“请你来协商”城市共享停车协商活动举行。区委副书记、区长侯富光应邀参加并作总结发言，区政协主席车志宽参加。

是日，区政协常委“树立新时代人民政协的新样子”主题读书会举行。区政协主席车志宽，副主席方家慧、柳跃军、夏江龙、林志刚、陆翰恺，秘书长华福耐参加读书会。

5日，以“最美青春是军旅”为主题的2019年度定海区送兵仪式暨欢送会活动在浙江海洋大学举行。舟山警备区司令员王京东，浙江海洋大学党委副书记叶舟，区委副书记、区长侯富光，区委常委、常务副区长、区征兵工作领导小组组长林剑彪出席欢送仪式。

8日，团区委“祝福祖国”活动举行，喜迎新中国成立70周年。

是日，舟山长宏国际船舶修造有限公司为一艘63500吨散货船举行命名仪式。船东代表、船级社代表等嘉宾参加仪式，现场为新船砍缆庆生，将其命名为“JABAL SHAMS”。

9日，全区教育大会暨第35个教师节庆祝大会在舟山市艺术剧院举行。区委书记庄继艳出席会议并讲话，区委副书记、区长侯富光主持会议，区领导余河通、车志宽、顾飞舟、邵辉、王华杰、屠定玉、陆翰恺出席会议。

10日，区政府新闻办在杭州举行以“坚定不移实施国家战略加快建设‘四个舟山’”为主题的庆祝新中国成立70周年舟山专场新闻发布会。区委副书记、区长侯富光主持会议，区领导余河通、车志宽、顾飞舟、邵辉、王华杰、屠定玉、陆翰恺出席会议。

11～12日，全区“不忘初心、牢记使命”主题教育工作会议举行。区委书记、区委“不忘初心、牢记使命”主题教育领导小组组长庄继艳主持会议并讲话。市委巡回指导组组长周继跃讲话。区领导余河通、车志宽、毛铁年、顾飞舟，市委巡回指导组副组长郭亚萍和指导组全体成员，区委委员、候补委员；副处以上领导干部、老同志，全区各有关方面和市属在定单位主要负责人；市第七次党代会及区第十三次党代会部分代表等出席会议。

12日，全市“智安”小区建设现场推进会举行。市委常委、市公安局局长魏明参加会议并讲话，区委常委、政法委书记陈海平，副区长、区公安分局局长杨健参加会议。

16～18日，区委理论学习中心组举行“不忘初心牢记使命”专题学习会。庄继艳、侯富光、余河通、车志宽、顾飞舟等区四套班子领导到中共定海县工委旧址参观学习，开展“初心之行”活动。

19日，以“远洋渔业梦 丰收新华章”为主题的“中国农民丰收节·舟山渔场丰收节”，在舟山国家远洋渔业基地举行。

20日，区政协开展以“讲政协故事展委员风采庆七十华诞”为主题的庆祝活动。市政协副主席蒋志伟，区政协主席车志宽、区委副书记顾飞舟等区领导出席活动。

22日，由区文化和广电旅游体育局主办的“不忘初心牢记使命”2019唱响定海·庆祝新中国成立70周年“百人写庆”现场书写活动在干磯中心学校举行。

23日，区委书记庄继艳一行到学校、码头、企业等地，督导检查新中国成立70周年大庆维稳安保工作。

24日，舟山市首个青年人才党支部——白泉镇青年人才党支部的青年们在长峙岛欢喜书店开展“悟初心、守初心、践初心”主题党日活动。

25日，区委副书记、区长侯富光一行到码头、学校、建材市场等地，督导检查新中国成立70周年大庆维稳安保工作。

是日，区委书记庄继艳一行到盐仓街道和马岙街道开展“不忘初心、牢记使命”主题教育工作调研，并结合深化“三服务”活动，为基层和群众解决实际问题。

是日，作为舟山国家远洋渔业基地重点项目之一，中国农发明珠工业园一期项目正式开工。

26日，全区“践初心、办实事、促民生”双学双比活动举行。区委书记庄继艳对活动开展情况进行点评，区领导余河通、顾飞舟、何徐华、郑飞科、林世军、陈海平、林剑彪、邵辉、屠定玉、董凯龙参加活动。

27日，定海区庆祝新中国成立70周年“坚守初心、坚定前行”活动在舟山烈士陵园举行。

29日，“同唱国歌 向国旗敬礼”主题教育活动在檀枫小学教育集团檀枫校区举行。

是月，舟山市定海区国有资产经营有限公司挂牌仪式举行。区委副书记、区长侯富光出席仪式并揭牌。

10月

1日，第18号台风“米娜”对定海造成严重影响。市三防指挥部将防台风应急响应提升至Ⅰ级。区委、区政府主要负责人到定海城区及有关农村街道，实地指导、查看各地防汛防台各项工作落实情况。

3日，区纪委联合区税务局等部门分赴机关单位、码头、餐饮店等，开展节日期间正风肃纪专项检查。

8日，区委书记庄继艳一行到岑港街道涨次村、小沙街道庙桥村调研乡村振兴工作。

是日，中国中小城市高质量发展指数研究课题组、中小城市发展战略研究院、国信中小城市指数研究院等单位发布2019年中国中小城市高质量发展指数研究成果，定海区入选“2019年度全国综合实力百强区”榜单第75位。

9日，区委书记庄继艳在调研部分环保项目推进情况时强调落实环保标准筑牢生态屏障，副区长刘世君参加调研。

是日，市委常委、市纪委书记、市监委主任周峰到定海区开展“三服务”活动。

12日，区委举行“不忘初心、牢记使命”主题教育专题党课暨担当作为好干部表彰会议。

是日，定海—宣汉“2+1”教学合作班在舟山职业技术学校开课。

13日，浙江农信丰收驿站省级旗舰店“舟山月—定海周”活动举行。省政府咨询委副主任夏阿国，省委巡视组组长徐定安出席活动，区委副书记、区长侯富光出席并致辞。

14日，定海区领导干部“不忘初心、牢记使命”专题读书班开班。余河通、车志宽、顾飞舟等区领导参加学习。

15日，定海区创建全国文明城市专题会议举行。区委书记庄继艳出席会议并讲话。区委副书记顾飞舟主持会议。

是日，区委副书记、区长侯富光到城东街道、环南街道、昌国街道等地，围绕补齐防洪排涝短板进行专题调研。

16日，“请你来协商”定海区对接绿色石化产业协商会举行。区委书记庄继艳应邀出席并讲话，区政协主席车志宽主持会议。

17日，第十九届“贝有添奖教奖学助学金”颁发仪式在廷佐小学举行，21名优秀教师和50名优秀学生受到表彰奖励，430名困难学生得到资助帮扶。区委副书记顾飞舟、区人大常委会副主任王华杰、副区长屠定玉、区政协副主席陆翰恺出席仪式。

18日，马岙的稻香田园入选为由省农业农村厅、省文化和旅游厅公布的2019年浙江省100个“最美田园”。

21日，区委副书记、区长侯富光到城东街道、环南街道、昌国街道等地，围绕补齐防洪排涝短板进行专题调研。

22日，区委人大工作会议举行。区委书记庄继艳出席会议并讲话，区委副书记、区长侯富光主持会议，余河通、车志宽、顾飞舟等区领导参加会议。

23日，市人大常委会主任钟达一行到定海调研督查全国文明城市创建工作。区委书记庄继艳，区委常委、宣传部部长何徐华陪同调研。

是日，区委副书记、区长侯富光到小沙街道，为140余名党员干部上一堂“不忘初心、牢记使命”主题教育专题党课。市委巡回指导组组长周继跃参加。

24日，区委理论学习中心组举行“不忘初心、牢记使命”专题学习会。区委书记庄继艳主持，周继跃、侯富光、余河通、车志宽、顾飞舟等区领导出席。

是日，区委书记庄继艳到区农业农村局调研乡村振兴工作。区委副书记顾飞舟参加调研。

25日，舟山群岛新区第六届创新创业大赛总决赛在定海举行，由浙江科力尔环保设备股份有限公司选送的“高效节能型污泥电解干化技术及成套设备研发”项目获一等奖。

是日，定海区新时代文明实践中心试点建设工作推进会举行。区委书记庄继艳出席会议并讲话，区委副书记顾飞舟主持会议。

是日，作为舟山国家远洋渔业基地重点项目之一，中国农发明珠工业园一期项目正式开工。

28日，区十七届人大常委会举行第二十七次会议，区人大常委会主任余河通主持会议，区人大常委会副主任林伟康、范纲、张伟旭、孙忠定、王华杰、王金康出席会议，区委常委、常务副区长林剑彪、副区长屠定玉列席会议。

是日，由定海区文化和广电旅游体育局主办，定海区文化馆、定海区图书馆承办的“我和我的祖国”2019唱响定海·书香定海总决赛在定海文化广场举行。

29日，区委“不忘初心、牢记使命”主题教育领导小组第二次会议暨主题教育工作推进会举行。区委书记、区委主题教育领导小组组长庄继艳主持会议并讲话。区领导侯富光、余河通、车志宽、顾飞舟等出席会议。

是日，区委国家安全委员会第一次全体会议举行。区委书记、区委国家安全委员会主任庄继艳主持会议并讲话，区领导侯富光、顾飞舟、陈海平、杨健出席会议。

30日，区政协主席车志宽到岑港街道，以“守初心、担使命”为主题，为当地100余名党员干部上一堂“不忘初心、牢记使命”主题教育专题党课。

11月

1日，2019世界舟山人大会定海分场活动举行。上海市人大常委会原主任刘云耕，上海市人大常委会原副主任钟燕群，区委书记庄继艳，区委副书记、区长侯富光及余河通、车志宽、毛铁年、顾飞舟等区领导出席。

4日，区委召开常委会议和全区领导干部会议。区委书记庄继艳主持会议并讲话，区委副书记、区长侯富光作传达，余河通、车志宽、顾飞舟等区领导出席。

5日，区委宣传部举行贯彻落实十九届四中全会精神专题学习会，学习贯彻党的十九届四中全会精神，并结合实际就贯彻落实会议精神作出部署。

6日，区委副书记、区长侯富光到白泉镇、干𬒗镇督查全国文明城市创建工作。

是日，区人大常委会举行党组（扩大）会议，传达学习贯彻党的十九届四中全会精神。区人大常委会党组书记、主任余河通主持会议并讲话。

7日，区委常委会召开对照党章党规找差距专题会议。区委书记庄继艳主持会议并讲话。市委巡回指导组组长周继跃、副组长郭亚萍到会指导。区委副书记、金塘管委会主任毛铁年，区委副书记顾飞舟参加会议。

8日，副市长姜建明一行到定海区调研防洪排涝提升工作。区委副书记、区长侯富光陪同调研。副区长夏泉、董凯龙陪同调研。

12日，第二批211个国家农产品质量安全县（区）名单公布，定海区榜上有名，并成为舟山市唯一入选县区。

15日，区委副书记、区长侯富光，以人大代表身份到环南街道开展人大代表接待选民活动。

25日，区委常委会召开会议，传达学习省委十四届六次全会精神，研究部署定海区贯彻落实意见。区委书记庄继艳主持会议并讲话，区委副书记、区长侯富光作传达，区领导余河通、车志宽、毛铁年、顾飞舟等参加会议。

29日，共青团中央、农业农村部下发关于表彰第十一届“全国农村青年致富带头人”的决定，定海区创业青年王佳佳获第十一届“全国农村青年致富带头人”称号。

是日，党的十九届四中全会精神专题报告会暨区委理论学习中心组（扩大）学习会举行。区委副书记、区长侯富光，区人大常委会主任余河通，区政协主席车志宽，区委副书记顾飞舟，及区委理论学习中心组其他成员，区管副科级以上领导干部（含金塘管委会），市以上垂直管理单位在定派设机构主要负责人参加会议。

30日，宁波定海商会第一次会员大会暨成立大会在宁波举行。区委书记庄继艳，区委副书记、区长侯富光，区委副书记、金塘管委会主任毛铁年等出席会议。宁波市中油南苑石油有限公司董事长钟利达当选商会第一届理事会会长。

12月

4日，区普法办联合20多家单位在文化广场开展以“弘扬宪法精神 推进国家治理体系和治理能力现代化”为主题的第二个宪法宣传周暨“12·4”国家宪法日系列宣传活动。

5日，区委常委会召开“不忘初心、牢记使命”专题民主生活会。市委常委、市公安局局长魏明，市委巡回指导组组长周继跃参加指导。区委书记庄继艳主持会议，区委副书记、区长侯富光，区委副书记、金塘管委会主任毛铁年，区委副书记顾飞舟等出席会议。区人大常委会党组书记余河通、区政协党组书记车志宽列席会议。

9日，区委书记庄继艳全程参加指导马岙街道领导班子“不忘初心、牢记使命”专题民主生活会。

10日，区公安分局党委领导班子“不忘初心、牢记使命”专题民主生活会举行。区委书记庄继艳参加并指导。

12日，区委书记庄继艳到干礁镇向基层党员干部群众宣讲党的十九届四中全会精神。区人大常委会副主任林伟康、区政协副主席林志刚参加活动。

是日，区委书记庄继艳赴干礁镇人大代表联络站开展接待代表活动。区人大常委会副主任林伟康、区政协副主席林志刚参加活动。

是日，马岙街道马岙村心连心志愿者团队联合美之声演唱团开展“坚持制度自信完善治理体系”党的十九届四中全会精神宣传活动。

是日，区人大常委会组织省、市、区三级人大代表开展会前集中考察活动，分两组考察定海区部分2019年重点项目和政府民生实事项目。区人大常委会主任余河通参加考察。

13日，全区公安工作会议举行。区委书记庄继艳出席会议并讲话，区委副书记、区长侯富光，区人大常委会主任余河通，区政协主席车志宽出席会议，区委常委、政法委书记陈海平主持会议。副区长、区公安分局局长杨健出席会议。

是日，生态环境部发布2019年11月全国空气质量状况报告，舟山市在全国168个重点城市中排名第一。

15日，2019第三届中国·浙江舟山群岛新区全球海洋经济创业大赛·“蓝海智造”行业赛决赛举行。

是日，定海区社会矛盾纠纷调处化解中心揭牌成立。

16日，宁波举行的2019中国塑料机械产业发展峰会上，中国塑料机械工业协会再次授予舟山“中国螺杆之都”称号。

17日，区委政协工作会议举行。区委书记庄继艳出席会议并讲话，区委副书记、区长侯富光主持会议，区人大常委会主任余河通、区政协主席车志宽、区委副书记顾飞舟等出席会议。

是日，区委召开常委（扩大）会议，传达学习中央经济工作会议精神，研究贯彻落实意见。

是日，区委理论学习中心组举行学习会，学习传达浙江省委十四届六次全会精神。区委书记庄继艳主持会议。区人大常委会主任余河通、区政协主席车志宽、区委副书记顾飞舟和区委理论学习中心组其他成员出席会议。

18日，浙江交通集团宁波舟山港主通道航孔桥ZT3#主塔最后一个节段浇筑完成，顺利实现封顶。

19日，定海区宣传文化风景线建设现场会举行。

23日，区委副书记、区长侯富光一行实地调研部分重点道路建设项目。

25日，区十七届人大常委会第二十八次会议举行。区人大常委会主任余河通主持会议。区人大常委会副主任林伟康、范纲、张伟旭、孙忠定、王华杰、王金康出席会议。区委常委、常务副区长林剑彪，区委常委、副区长徐峻峰列席会议。

27日，区委书记庄继艳主持召开区第十三次党代会第四次会议暨区委经济工作会议报告意见征求座谈会，向老干部、党代表、人大代表、政协委员征求对党代会报告的意见。区委常委、组织部部长邵辉参加会议。

30日，区委常委会召开会议，传达学习省委经济工作会议精神，研究部署全区贯彻落实意见。区委书记庄继艳主持会议并讲话，区委副书记、区长侯富光作传达。

（撰稿：王燕迪）

责任编辑：王英伟

区情综述

Dinghai Overview

昌洲大道·夜色阑珊（陈炳群/摄）

社会主义核心价值观

国家 富强、民主、文明、和谐

社会 自由、平等、公正、法治

公民 爱国、敬业、诚信、友善

历史沿革

定海历史悠久，早在四五万年前，就有哺乳类动物和人类在此共同生息繁衍。1999—2003年，在金塘海域打捞出水的各类晚更新世古哺乳动物骨骼化石1吨，其中有古菱齿象牙齿、德氏水牛上颌骨、四不像鹿左角等，还有人工痕迹木棒化石，经中科院古脊椎动物与古人类研究所鉴定确定，分别是2.5万年前的和4万至5万年前定海古人类活动的可靠物证。在20世纪70年代，定海白泉十字路、马岙三星社区等地考古发现大量新石器时代的陶器、石器。

春秋时属越，称“甬东”。秦王政二十五年（前222），置会稽郡，“甬东”为会稽郡鄮县东境。两汉、三国（吴）及晋、宋、齐梁、陈因之。隋开皇九年（589）废会稽郡，并鄞、鄮、余姚三县为句章县，“甬东”随鄮县并入句章县。唐武德四年（621）以句章、鄞、鄮地置鄞州，“甬东”归鄞州。八年（625），又废鄞州置鄮县，“甬东”属之。

唐开元二十六年（738），江南东道采访使齐澣奏请，析越州鄮县地，置鄮、慈溪、奉化、翁山（今定海）4县。古甬东境始为翁山县，下辖富都、安期、蓬莱3乡。鄮县县令王叔通兼翁山县首任县令。宝应元年（762）翁山设富都监，隶朝庭盐铁使。宝应元年袁晁率众起义，据翁山。大历六年（771），翁山县废，属鄮县。五代开平三年（909），原翁山属吴越国明州望海军鄞县。

北宋太平兴国三年（978），翁山入浙东道明州。端拱二年（989）置巡检司。熙宁六年（1073）七月，应原鄞县令王安石奏请，析鄞之富都、安期、蓬莱3乡建昌国县。隶浙东道明州。元至元十五年（1278），因“海道险要”和“户口倍万”，升县为州，隶庆元路。明洪武二年（1369），昌国州复为县，隶明州府。十二年（1379），置昌国守御千户所。洪武十四年（1381），改明州府为宁波府，昌国随属之。洪武二十年（1387）六月，废昌国县，徙昌国卫于象山县南天门山。此后，始称昌国境为舟山，在舟山置中中、中左两千户所，隶昌国卫，二十五年改隶定海卫（今镇海）。

清康熙二十三年（1684），朝廷颁“展海令”，开海禁，舟山展复，被驱迁的原住民及外地移民陆续上岛垦荒，重建家园。移定海镇总兵于舟山。二十六年（1687）五月，康熙帝以“山名为舟，则动而不静”诏改舟山为定海山，并题“定海山”匾额。二十七年（1688），建定海县，原定海县改为镇海县。

道光二十年（1840），鸦片战争爆发，定海陷落。道光二十一年（1841）二月，释放安突德等18名战俘，英军撤离定海。定海镇总兵葛云飞、寿春镇总兵王锡朋、处州镇总兵郑国鸿率兵进驻定海，重建定海防务。是年四月，升定海县为直隶厅，隶宁绍台道。八月，英军再犯定海，三总兵率军激战六昼夜，壮烈牺牲，城陷。道光二十六年（1846）三月，《英军退还舟山条约》签定，六月，英国撤出定海。宣统三年（1911）八月，辛亥革命爆发。九月，浙江宣布独立，是月二十一日，定海光复，改直隶厅为县。

1949年7月，中共定海县委、定海县人民政府在宁波庄桥成立。1950年5月17日，定海解放，县委、县政府迁至定海城关。1953年3月16日，舟山专员公署成立。6月，原定海县析为定海、普陀、岱山3县（从江苏划入嵊泗县）。新设定海县辖城关镇及盘峙、金塘、小沙、盐仓、白泉、干䃎、临城7区，78乡，基本确立现定海区境域。1967年3月，舟山专区改为舟山地区，县随属。1987年1月，撤销舟山地区，建立舟山市，辖定海、普陀两区和岱山、嵊泗两县。3月14日，中共定海区委、区人民政府成立。

1987年3月，定海区设金塘直辖区（包括沥港镇、大丰乡、柳行乡、山潭乡，1989年撤销，所辖乡镇由定海区直辖），城关镇（1988年10月撤销，设昌国、解放、环南3个街道）、白泉镇、临城镇、岑港镇等4个直辖镇，小沙、长白、大沙、烟墩、马目、册子、石礁、盐仓、紫微、洞岙、荷花、长峙、皋泄、北蝉、干䃎、马岙、洋岙、盘峙、大猫19个直辖乡。

2001年7月，乡镇街道行政区划调整，全区设白泉、小沙、岑港、双桥、金塘、干䃎、马岙、7个镇，北蝉、册子、长白3个乡，昌国、解放、环南、城东、盐仓、临城6个街道。2004年9月，临城街道由区政府委托舟山市新城管委会管理；2008年5月金塘镇建立舟山市金塘开发建设管理委员会，由市人民政府授权，在所辖区域内行使相关的市级经济管理权限和县级社会行政管理职能。

2017年8月，经舟山市人民政府批准同意，由舟山群岛新区新城管理委员会代为管理的临城街道，一分为二，分为两个街道。“以千岛路西侧—329国道南侧—临长路、尖峰岗隧道西侧”为界，界线以东区域命名为千岛街道，街道办事处驻海天大道1555号，以西区域设置为新的临城街道，街道办事处驻海景道528号。

截至2019年末，全区下辖昌国、环南、城东、临城、千岛、盐仓、小沙、岑港、马岙、双桥10个街道(其中临城街道和千岛街道委托舟山市新城管理委员会管理)，金塘、白泉、干𬒗3个镇，并设有小沙街道长白管理处、岑港街道册子管理处、白泉镇北蝉管理处，分别为小沙街道、岑港街道、白泉镇派出机构。是年，全区有城市社区43个；有行政村80个，包括75个农村社区和5个城中村。

（撰稿：王英伟）

地理概况

定海位于舟山群岛西南部，处于北纬29°55′～30°15′，东经121°38′～122°15′之间。东与舟山市普陀区接壤，西与杭州湾海域相连，南与宁波市北仑区隔海相望，北与岱山县为邻。处中国沿海南北航线与长江水道交汇点，是长三角地区对外开放的海上门户和江海联运重要枢纽，中国南北海运和远东国际航线的主通道之一。

境域总面积1444平方千米，其中陆域面积531.06平方千米，滩涂面积37.74平方千米，海域面积875.20平方千米。有大小岛屿127.5个，其中住人岛27.5个。有海礁120个，其中明礁12个、干出礁61个，暗礁47个。海岸线总长428.07千米，其中水深10米以上深水岸线68.70千米、水深20米以上深水岸线43.10千米。

区境大地构造处华夏古陆北东端，在浙东华夏褶皱象山嵊泗构造隆起带，属华南地层区，地质构造复杂。出露地层以中生界侏罗系上统为主，主要是火山喷出岩，属陆相酸性火山沉积岩构造。境内岛屿呈西南—东北排列。丘陵面积356平方千米，占陆地面积65%，由低山、高丘向低丘、平原延伸，呈环形分布。

介于舟山岛与金塘岛之间有横水洋，距城区西北42千米有灰鳖洋，北面长白岛与岱山县之间有大猫洋，南面大猫、摘箬诸岛与宁波穿山之间有崎头洋。金塘岛与穿山半岛间的金塘水道是定海通往宁波必经航道。册子岛与金塘岛之间的西堠门则是上海、沥港船舶往来常用通道。定海港东侧十六门，是定海通往沈家门必经航道。此外，小盘峙与小峘山之间的火烧门、大盘峙岛与西蟹峙岛之间的蟹峙门都是南来北往船舶进出定海港之必经航道。主要港口有定海港、老塘山港、岑港、西码头港、沥港、岙山港、三江港和册子港。

（撰稿：王英伟）

资源特产

海岸线总长428.07千米辖区拥有约912平方千米的可开发海域面积，其中水深10米上深水岸线68.70千米，水深20米以上深水岸线43.10千米。可供15万吨级货轮自由进出，20万吨级候潮通过，能满足国际上第四代、第五代集装箱船的通航靠泊要求。四周群岛环抱，境内水深域广，港湾众多，航道纵横，是中国南北海运和远东国际航线的黄金水道，是中国内陆与世界主要港口通航最便捷的起航点之一。绵长的海岸线、广阔的滩涂地、众多的航门水道和丰富的生物、能源、医药、旅游等资源，是发展海洋经济的天然资源。

生物资源十分丰富。有常见鱼类80种，小型虾类17种，贝类134种及其他海藻类、哺乳类海洋生物。野生动物中有兽类13种，两栖类8种，爬行类25种，鸟类164种；淡水水生动物126种。野生植物类型复杂，种类繁多。有山地植物12群系，果树近200种，花卉59科152种。古树名木中500年以上国家一级古树1株，300年以上国家二级古树7株，100年以上国家三级古树187株；有世界濒危物种1种（黑脸琵鹭）；世界受胁物种1种（黄嘴白鹭）；国家二级保护动物3种（黑脸琵鹭、黄嘴白鹭和角䴙䴘），国家二级保护鸟类8种：鹗、红隼、小隼、赤腹鹰、雀鹰、松雀鹰、白尾鹞和普通鵟（白额鵟）等。

舟山海鲜、浙东白鹅、晚稻杨梅、金塘李子、皋泄香柚等名优特产远近闻名。富有海岛特色的舟山锣鼓、跳蚤舞、布袋木偶戏等非物质文化遗产更是享誉中外。

（撰稿：王英伟）

气候　气象

全年平均气温比常年偏高，降水量特多，日照时数明显偏少；而降水日数和雾日偏多，大风和霾日出现偏少。年平均气温较高，连续第八年高于常年。

全年气候呈现春、秋、冬较暖，夏不热景象。空气质量持续第五年向好。年降水量降水量2125.1毫米（首次超过2000毫米），为历年之最多；降水主要出现在6—10月，为梅雨和台风降水。年内有五个台风（201905号“丹娜丝”、201909号台风“利奇马”、201913号台风“玲玲”、201917号台风“塔巴”、201918号台风“米娜”）影响定海区。气候总体全年气温高、日照少，多降水和浓雾，天气气候明显异常，气象灾害明显偏重。

气温　年平均气温为17.5℃，相比常年偏高0.7℃，已连续第八年平均气温高于常年，全年仅6、7月比常年偏低，其余月都偏高。2月、5月、8—10月气温相比常年略偏高；4月、12月平均气温分别为16.3℃和10.4℃，偏高最大均为1.8℃。同比常年，夏季定海区气温偏低0.1℃，冬季、春季和秋季分别偏高1.1℃、1.2℃和0.8℃。

3月9日入春，比常年提前6天；5月23日入夏，比常年提早16天；10月13日入秋，比常年延迟11天；2018年12月7日入冬，比常年提前2天。

年极端最高气温35.8℃，出现在7月26日。

年极端最低气温0.0℃，出现在1月18日。

年35℃及以上高温3天。

降水　年降水量为2125.1毫米，比常年偏多50%，同比上年偏多47%。

雨日　年降水日数167天，比常年偏多17.5天，比上年偏多9天。

日照　年日照时数1481.5小时，比常年偏少21%，比上年偏少13%。

2019年定海区主要天气日数

表1　　单位：天

雨日（≥0.1毫米）	大风日	大雾日	霾
167	10	27	9

（撰稿：阙成蛟）

人口状况

【户籍人口】　2019年，全区总户数156120户；总人口399382人，其中男性196215人，女性203167人，男女性别比为96.58：100（女性=100）；比2018年增加1813人，年增长率为4.56‰；全区省内迁入1623人，省外迁入1927人，迁往省内1605人，迁往省外1145人，人口机械增加1513人；全年出生登记2910人，死亡注销2576人，自然增长334人。全区人口按年龄段分布，18周岁以下57581人，18～35周岁69106人，35～60周岁167794人，60周岁以上104901人，60周岁以上占总人口的26.27%。总人口中城东街道51578人，环南街道34874人，昌国街道54457人，临城街道46886人，千岛街道39189人，盐仓街道19600人，小沙街道19802人，岑港街道18063人，马岙街道9653人，双桥街道18170人，金塘镇40074人，白泉镇37144人，干磁镇9892人。（数据包括临城，截至2019年11月23日）

【流动人口数据】　截至2019年6月30日，全区有流动人口124644人（数据不包括临城），其中男性77996人，女性46648人。流动人口同比增加1.64%计2023人。

2019年定海区户籍人口情况

表2

指标	年末数（人）	比重（%）
全区总人口	399382	100.0
其中：男性	196215	49.1
女性	203167	50.9
其中：0～17周岁	57581	14.4
18～34周岁	69106	17.3
35～59周岁	167794	42.0
60周岁及以上	104901	26.3

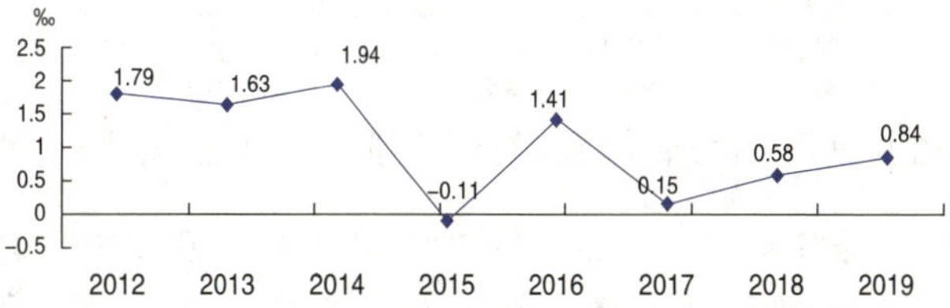

图1:2012—2019年人口自然增长情况示意图

（撰稿：钱舟海）

经济和社会发展

【概况】 2019年，定海区坚持以习近平新时代中国特色社会主义思想为指导，贯彻党的十九大和十九届二中、三中、四中全会精神，坚持稳中求进工作总基调，聚焦“‘八八战略’再深化、改革开放再出发”的主题主线，围绕打好“五大会战”、建设“四个舟山”，坚持以稳应变、以进固稳，推动高质量发展，经济运行总体平稳，主要经济指标保持在合理区间。

是年，全区实现地区生产总值564.46亿元，比上年增长6.7%。其中，第一产业增加值10.75亿元，同比增长2.0%；第二产业增加值220.62亿元，同比增长8.1%；第三产业增加值333.09亿元，同比增长6.0%。三次产业比例为1.9：39.1：59.0。人均地区生产总值113437元，约16444美元，同比增长6.0%。

全年全区实现海洋经济增加值314.55亿元，同比增长7.2%，占GDP的比重为55.7%。

是年，全区实现财政总收入53.58亿元，同比增长0.4%，实现一般公共预算收入33.08亿元，同比上升4.1%，其中区本级实现一般公共预算收入19.51亿元，同比增长4.0%。在区本级一般公共预算收入中，增值税4.63亿元，同比下降5.7%；企业所得税2.14亿元，同比增长5.9%；个人所得税0.60亿元，同比下降37.9%。一般公共预算支出为48.45亿元，同比增长7.0%，其中，一般公共服务支出4.29亿元，同比增长18.3%;教育支出6.30亿元，同比增长2.3%;社会保障和就业支出2.73亿元，同比下降13.4%;卫生健康支出2.77亿元，同比增长4.6%。

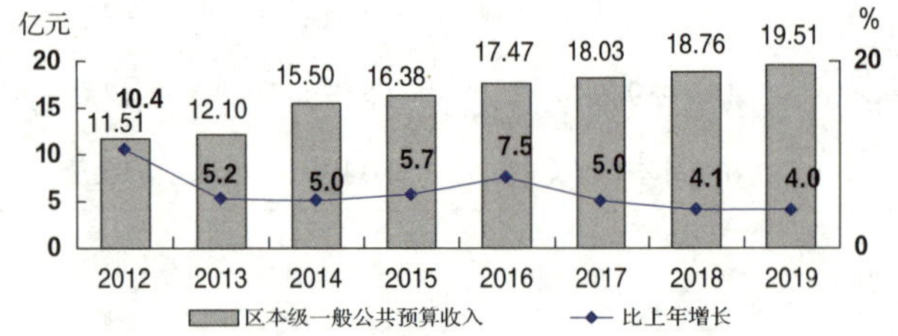

图2：2012—2019年区本级一般公共预算收入及其增长速度示意图

全年居民消费价格（CPI）比上年上涨2.3%，其中食品烟酒类价格上涨4.4%。商品零售价格上涨2.1%。工业生产者出厂价格（PPI）下降0.7%。

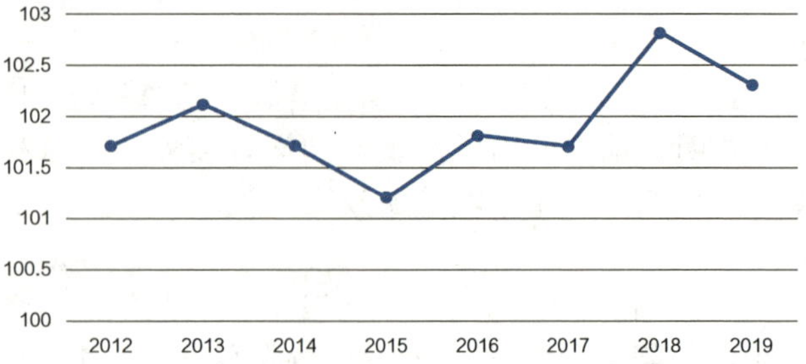

图3：2012—2019年居民消费价格指数（以上年为100）示意图

2019年分大类居民消费价格比上年涨跌幅度

表3

类 别	比上年±%
居民消费价格	2.3
一、食品烟酒	4.4
二、衣着	0.5
三、居住	-0.1
四、生活用品及服务	4.4
五、交通和通信	0.7
六、教育文化和娱乐	3.0
七、医疗保健	2.8
八、其他用品和服务	3.7

全年新增城镇就业19646人，年末城镇登记失业率为1.56%，比上年下降0.84个百分点。

全年新设企业997户，比上年下降19.9%；新设个体工商户4886户，下降0.8%。年末在册市场主体36848户，其中企业10014户，注册资金661.24亿元。

【工业和建筑业】 2019年，全区134家规模以上工业企业实现产值366.03亿元，同比增长4.6%。其中，重工业产值274.41亿元，同比下降0.3%；轻工业产值91.62亿元，同比增长2.5%。至年末，有工业产值上亿企业71家，产值同比增长3.6%，占规上工业产值的比重为89.8%。全区规模以上工业增加值99.18亿元，同比增长8.0%。工业新产品产值65.23亿元，新产品产值率为17.8%。战略性新兴产业、高新技术产业和装备制造业增加值分别增长6.4%、2.4%和2.5%，占规模以上工业增加值的比重分别为51.7%、57.3%和36.1%。

全年规模以上工业企业资产总计547.25亿元，同比增长2.4%；实现主营业务收入342.47亿元，同比下降1.8%；实现利税总额13.70亿元，同比下降21.6%，其中利润总额6.61亿元，同比下降32.2%。

全年规模以上工业企业综合能源消耗量75.61万吨标准煤，同比增长4.5%，单位工业增加值能耗同比下降3.2%。全区工业用电量11.67亿千瓦时，同比增长11.6%。

截至年底，区本级具有资质等级的总承包和专业承包建筑业企业111家，比上年增加14家。全年全区建筑业增加值74.78亿元，占GDP的比重为13.2%。

【农林牧渔业】 2019年，全区农林牧渔业总产值18.85亿元，同比增长2.5%。其中，渔业总产值12.21亿元，同比增长0.1%；农业总产值4.77亿元，同比下降7.4%；畜牧业总产值1.48亿元，同比增长6.2%；林业总产值0.05亿元，同比增长3.4%。

全年粮食作物播种面积3125公顷，同比增长1.7%，粮食产量1.81万吨，同比增长1.8%；蔬菜播种面积3392公顷，同比增长2.0%，蔬菜产量6.66万吨，同比下降11.8%。全区有果园面积3589公顷，同比下降2.7%，全年实现水果产量3.52万吨，同比下降4.7%；有茶园面积141公顷，与上年持平，全年实现茶叶产量8吨，与上年持平。

至年末，全区生猪存栏1.78万头，同比下降10.6%；生猪出栏2.19万头，同比下降31.1%。全年家禽存栏17.95万只，同比增长10.9%；家禽出栏26.26万只，同比增长27.6%。全年肉类总产量0.26万吨，同比下降21.4%，其中，猪肉产量0.19万吨，同比下降30.5%。全年鸡鸭鹅蛋产量728吨，同比增长8.5%。

是年，全区水产品总产量16.16万吨，同比增长1.1%。其中，近海捕捞产量2.85万吨，同比下降5.0%，远洋捕捞产量12.98万吨，同比增长2.6%。全区海水养殖面积334公顷，同比下降10.4%，海水养殖产量3254吨，同比增长3.8%；淡水养殖面积18.46公顷，同比下降19.8%，淡水养殖产量121吨，同比下降50.2%。

截至年底，全区有无公害农产品42个（国家级）、无公害养殖水产品11个（国家级）、绿色食品16个。省级无公害农产品产地面积达5.2万亩；省级无公害水产品产地11个，面积241.59公顷。推进三园一基地建设，创建放心菜园730亩，生态茶园、精品果园700亩，绿色粮油基地1265亩。

至年末，全区有机动渔船418艘，比上年末减少10艘，其中，生产渔船377艘，减少7艘；辅助渔船41艘，减少3艘。渔船总吨位14.63万吨，增加1.79万吨，其中，生产渔船总吨位13.29万吨，增加1.45万吨。渔船总功率23.55万千瓦，增加2.42万千瓦，其中，生产渔船20.69万千瓦，增加2.29万千瓦。

2019年农渔业主要产品产量一览表

表4

农畜产品	产量（吨）	比上年±%	水产品	产量（吨）	比上年±%
一、粮食	18126	1.8	一、海水产品	161492	1.2
二、油料	1637	2.8	1、近海捕捞	28478	-5.0
三、中草药材	1863	-3.5	#鱼类	7862	-38.0
四、蔬菜	66568	-11.8	甲壳类	18848	18.3
五、茶叶	8	持平	2、海水养殖	3254	3.8
六、水果	35161	-4.7	3、远洋捕捞	129760	2.6
七、肉类	2646	-21.4	#鱿鱼	65022	-6.6
#猪肉	1892	-30.5	金枪鱼	63231	24.9
八、鸡鸭鹅蛋	728	8.5	二、淡水产品	121	-50.2

【固定资产投资和房地产业】 2019年，全区累计固定资产投资增长6.5%，其中工业投资下降0.5%，服务业投资增长11.8%。民间投资、高新技术产业投资分别同比增长8.6%、10.7%，交通投资、生态环境和公共设施投资分别同比下降7.3%、36.1%。

全年全区房地产开发投资增长15.3%，其中区本级增长71.3%。年内房地产开发施工面积470.19万平方米，同比增长5.2%，其中年内新开工面积168.74万平方米，同比增长63.2%；房地产开发竣工面积56.77万平方米，同比下降9.8%。年内商品房销售面积82.59万平方米，同比下降27.7%，其中住宅销售面积75.79万平方米，同比下降24.4%；实现商品房销售额131.49亿元，同比下降26.1%。

【交通邮电旅游业】 截至年末，全区海上货物运输船舶648艘，海运总运力达到268.87万载重吨，其中，万吨级以上船舶75艘，比上年增加1艘，运力156.72万载重吨，比上年增加5.48万载重吨。全区集装箱运输车辆数1238辆，总运力3.77万吨。

是年，定海港域港口货物吞吐量1.68亿吨，同比增长8.1%。石油及天然气吞吐量7314.51万吨，同比增长25.1%；矿建材料4528.68万吨，同比增长4.3%；金属矿石吞吐量1350.39万吨，同比下降23.4%；粮油类吞吐量716.61万吨，同比增长8.5%；煤炭及制品吞吐量347.49万吨，同比下降45.2%。全年集装箱吞吐量136.51万标箱，同比增长8.9%。

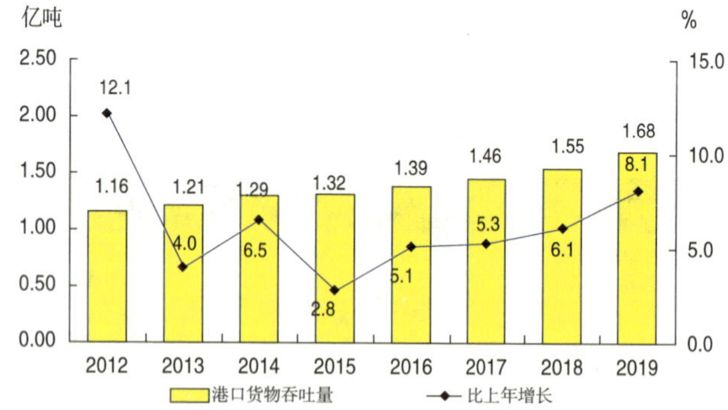

图4：2012—2019年港口货物吞吐量及其增长速度示意图

截至年末，全区有固定电话用户11.99万户，比上年末增长1.6%；移动电话用户95.13万户，同比增长11.6%；互联网宽带接入用户26.33万户，同比增长5.2%。全区有线电视用户数为11.86万户，有线电视入户率为76%。

是年，全区接待国内外游客1483.10万人次，同比增长10.3%，其中，国内游客1473.22万人次，同比增长10.3%，国际游客9.89万人次，同比增长6.7%。旅游总收入210.86亿元，同比增长11.5%，其中，国内旅游收入206.99亿元，同比增长10.3%；国际旅游收入5635.31万美元，同比增长6.7%。年末全区有星级宾馆（饭店）4家，客房总数324间，床位数562张，星级宾馆入住率55.27%。旅行社37家，其中国际旅行社3家，AAA级旅游景区7个，AA级旅游景区7个，A级旅游景区7个。

【国内贸易】 2019年，全区全社会消费品零售总额233.66亿元，同比增长7.6%，其中限额以上消费品零售额64.17亿元，同比增长1.3%。城镇地区实现零售总额204.49亿元，同比增长7.8%；农村地区实现零售总额29.16亿元，同比增长5.9%。全年批发业商品销售额增长12.9%；零售业商品销售额增长8.0%；住宿业营业额增长6.0%；餐饮业营业额增长14.6%。

图5：2012—2019年社会消费品零售总额及其增长速度示意图

在限额以上批发零售业零售额中，汽车类商品实现零售额20.4亿元，同比下降3.0%；石油制品类实现零售额14.8亿元，同比增长6.5%；中西药品类实现零售额2.2亿元，同比增长11.2%；粮油食品类实现零售额6.7亿元，同比增长6.9%；家用电器类实现零售额3.5亿元，同比下降10.7%；服装类实现零售额3.4亿元，同比增长3.3%。

至年末，全区有商品交易市场54个。其中，消费品市场50个，生产资料市场4个；全年商品交易市场成交额88.45亿元。是年，全区有亿元市场14个，全年实现成交额84.57亿元。

【涉外经济】 2019年，全区完成外贸进出口总额64.86亿美元，同比增长29.0%。其中，进口总额51.81亿美元，同比增长39.9%；出口总额13.05亿美元，同比下降1.6%。油品实现出口额2.26亿美元，同比下降12.7%；机电产品实现出口额5.87亿美元，同比增长12.4%，其中船舶实现出口额4.02亿美元，同比增长5.3%；水产品实现出口额4.03亿美元，同比增长1.2%；纺织品实现出口额0.16亿美元，同比下降12.1%。对日本的出口额为1.45亿美元，同比下降51.5%；对欧盟的出口额为1.92亿美元，同比下降19.1%；对美国的出口额为0.38亿美元，同比下降32.5%；对韩国的出口额为0.62亿美元，同比增长57.9%。

2019 年外贸出口总额及其增长速度

表5

指　标	出口额（亿美元）	比上年±%
出口总额	13.05	-1.6
其中：水产品	4.03	1.2
机电产品	5.87	12.4
#船舶	4.02	5.3
油品	2.26	-12.7
其中：欧盟	1.92	-19.1
日本	1.45	-51.5
美国	0.38	-32.5
韩国	0.62	57.9

是年，全区批准外资项目9个，合同利用外资金额2.52亿美元，实际利用外资金额0.80亿美元。全年实际利用市外资金45.78亿元。

【金融和保险业】　2019年，市级（该行业无区本级数据）及定海金融机构本外币存款余额1432.80亿元，其中，金融机构人民币存款余额1381.94亿元，比上年末增长12.4%。至年末，市级及定海金融机构本外币贷款余额1698.31亿元，其中，金融机构人民币贷款余额1688.86亿元，比上年末增长22.9%。

全年全区保险公司保费收入25.28亿元，同比增长7.2%。其中，财产保险费收入10.21亿元，同比增长3.4%；人身保险费收入15.07亿元，同比增长10.0%。保险公司赔款支出10.87亿元，同比增长44.2%；给付支出1.46亿元，同比下降3.7%。

【科学技术与教育】　2019年，全区申报各类科技项目193项，被立项172项，其中，省级138项，市级12项；受理专利申请2171项，授权1255项,其中授权发明446项。截至年底，全区有国家高新技术企业57家，比上年增长13家，省级科技型中小企业251家，比上年增长50家。英特讯、黎明智造、昌国食品3家企业申报省级高新技术企业研发中心获批，兴业集团、华业塑机、长宏国际3家企业被认定为市级产业创新研究院；光明塑机、精劲机械被认定为市级企业技术中心；凯灵船厂获评省级军民融合示范企业；佳璐水族、嘉丞机械2家企业被列入市级第六批“三名”培育试点企业。至年末，全区有各类注册商标4486件，其中，国际注册商标141件，中国驰名商标6件。

截至年底，全区有小学18所，全年招生2922人；在校生8992人；小学学龄儿童入学率为100%。小学生均校舍建筑面积10.56平方米，生均图书41册，每百名学生拥有计算机24台，小学体育运动场（馆）面积达标的学校比例为100.0%。有初中13所，招生2672人；在校生7666人。初中生均校舍建筑面积16.48平方米，生均图书55册，每百名学生拥有计算机35台，初中体育运动场（馆）面积达标的学校比例为100%。义务教育中小学教师5495人，其中专任教师2035人。全区小学毕业生升学率100%，初中毕业生升高中段率达到99.61%。是年，全区有幼儿园46所，全年招生2880人，在园幼儿8992人。

【文化体育卫生】　2019年，全区有文化艺术表演团体13个，艺术表演场所7个，文化馆1个，文化站11个。开展送戏下乡120场，送电影1498场，送书28658册，举办“百姓课堂”文化公益培训503期。年内新建城市书房3家、新增图书流通点1家，区图书馆、乡镇图书分馆、城市书房三级联动供给图书服务，接待读者31万余人次、借阅图书42万余册次。

全区全年举办体育活动与赛事56次，参加活动人数5万人次。新建和更换全民健身路径70套，新增体育场地2.5万平方米。

至年末，全区有医疗卫生机构（含村卫生室）301家，其中医院16家；卫生机构开放床位3534张。卫生技术人员（含村卫生室）5126人，其中，执业（助理）医师1953人，注册护士2227人。有社区卫生服务中心（卫生院）7个，社区卫生服务站69个。全年社区卫生服务人口覆盖率97.2%。全区免费婚检率92.82%，产前检查率为97.99%，孕产妇住院分娩率100%，孕产妇死亡率0，计划生育率98.6%，5周岁以下儿童死亡率为0.54‰。

【人民生活与社会保障】　2019年，全区实现全体居民人均可支配收入58193元，同比增长8.8%。其中城镇常住居民人均可支配收入67352元，同比增长8.8%；农渔村常住居民人均可支配收入36825元，同比增长8.6%。城乡收入比为1.83∶1。全体居民人均生活消费支出32742元，同比增长7.6%，其中城镇常住居民人均生活消费支出37426元，同比增长7.2%，农渔村常住居民人均生活消费支出21816元，同比增长8.9%。城镇居民恩格尔系数为34.41%，农渔村居民恩格尔系数为36.27%。截至年底，城镇居民人均住房面积43.7平方米，农渔村居民人均住房面积63.9平方米。是年，全区人均期望寿命80.01岁，比2013年增加1.62岁。

图6：2012—2019年城镇常住居民人均可支配收入及其增长速度示意图

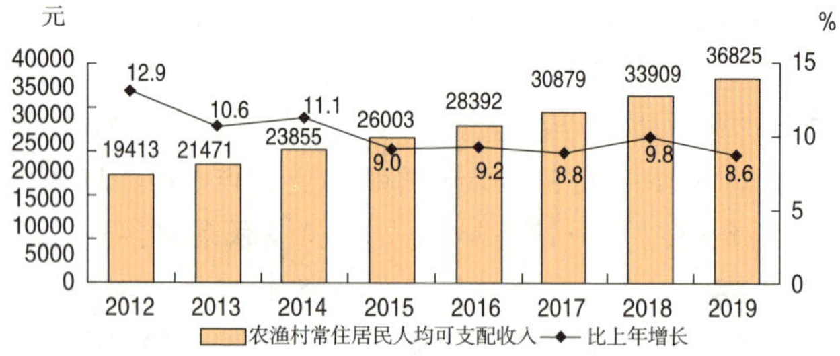

图7：2012—2019年农渔村常住居民人均可支配收入及其增长速度示意图

是年，全区参加城乡居民基本医疗保险人数39.55万人，参保率为99.28%；养老保险综合参保人数达31.26万人，参保率达95.81%。至年末，全区有敬老院11所，社会福利院4所，总收养人数876人。城镇“三无”对象集中供养率81%，农渔村“五保”老人集中供养率95%。城乡居民得到政府最低生活保障人数2578人，其中农渔村低保对象2137人；城乡低保对象最低生活补助标准均为每人每月720元。

【城市建设和新渔农村建设】　2019年，定海区以创建全国文明城市为抓手，推进城市建设。城中村（旧城）改造进入建设阶段，开工建设安置房项目16个，面积111万平方米，建成和平路等5个安置小区，创新推行安置房工地开放日机制。完成老旧小区改造16个，合计189幢。完成海天大道、环城东路等主要道路提升改造。城乡环境综合整治“八大行动”取得实效，547辆城区人力客运三轮车全部退出营运市场。深化美丽乡村建设三年行动全面完成。新建村被联合国列入低碳发展乡村规划案例，集中打造马岙村等风情乡村，叉河村、皋泄村成功创建省级美丽宜居示范村，马岙稻香田园入选全省百个“最美田园”。完成243个渔农村环境综合整治，农村生活污水标准化运维管理比例50%以上，改造提升农村公厕60座、户厕927座，建成渔农村生活垃圾分类处理村54个，实现农村生活垃圾分类处理行政村全覆盖。

【能源、环境和公共安全】　2019年，全区社会用电量25.42亿千瓦时，比上年增长7.4%。其中，工业用电11.67亿千瓦时，增长11.6%；城乡居民生活用电4.57亿千瓦时，增长6.1%。

是年，全区县级以上城市集中式饮用水水源水质全部达标。全年PM2.5平均浓度为22微克/立方米，比上年减少1微克/立方米。日空气质量优良达标天数比例为96.6%，比上年提高2.2个百分点。区域环境噪声平均等效声级51.1分贝。东方环保、旺能三期投入运营，实现定海工业园区等“污水零直排”。整治修复海岸线28公里，建成“品质河道”15条，盐仓、大沙河库水系获评省级“美丽河湖”。

全年全区发生各类生产安全事故10起，各类生产安全事故死亡（失踪）11人；亿元GDP生产安全事故死亡人数为0.019人。人民群众安全感满意率为98.86%。

（撰稿：徐　波）

责任编辑：王英伟

中共舟山市定海区委员会

CPC Committee of Dinghai District

城市绿地（陈炳群/摄）

社会主义核心价值观

国家 富强、民主、文明、和谐

社会 自由、平等、公正、法治

公民 爱国、敬业、诚信、友善

区委领导

书　记：庄继艳
副书记：侯富光
　　　　毛铁年
　　　　顾飞舟
常　委：何徐华
　　　　郑飞科
　　　　林世军
　　　　汪勇健
　　　　陈海平
　　　　林剑彪
　　　　邵　辉
　　　　徐峻峰

综　述

2019年，中共定海区委践行习近平总书记赋予浙江的新期望，聚焦"'八八战略'再深化、改革开放再出发"的主题主线，围绕打好"五大会战"、建设"四个舟山"，推进全面高质量发展，推动各项事业取得新成绩。是年，实现地区生产总值增长6.5%，区本级一般公共预算收入增长4%，城乡居民人均可支配收入均增长8%。连续五年入选全国综合实力百强区。

重大决策与重要工作

【加快转型升级】　海洋经济应对各类风险挑战，计海洋经济增加值增长6.8%。获评省级"腾笼换鸟"考核先进区，规上高新技术产业增加值占规上工业比重超过55%。海洋农副食品加工产品改造、金塘塑机螺杆行业智能化技术改造等省重大项目推进，太平洋海工26000立方米天然气储存和再气化驳船入选省装备制造业重点领域首台（套）产品，新增浙江制造"品字标"认证企业2家，沪航物联成功挂牌新三板，华业塑机成为国家首批专精特新"小巨人"企业。数字经济发展行动计划制定实施，全年新注册海洋电子信息等市场主体37家。现代服务业发展势头向好，金塘文旅健康物流小镇、中谷石化120万立方米油品储运等重大服务业项目开工建设，港口货物吞吐量增速创近年新高。农渔村一二三产业融合步伐加快，定海远洋渔业小镇"三个百亿"目标基本实现，华晟国家级数字化万头规模牧场建成投运。引资引智工作取得新突破，实际到位市外资金46亿元、实际利用外资8035万美元，新落户投资超20亿元项目2个，引进省部级及以上人才11人、"5313"科技创业领军人才企业8家。

【全面深化改革】　推进"最多跑一次"改革，66项企业和个人全生命周期"一件事"实现全流程"最多跑一次"，一般企业开办压缩至4小时，企业投资项目竣工验收前审批实现"最多80天"，非涉密敏感政务服务事项100%实现网上办、掌上办，无证明城市建设取得阶段性成效，交通出行、就医挂号等公共领域实现快速自助服务，企业、群众办事更加便利。"亩均论英雄"改革进入攻坚期，产业平台"标准地"供地全面推行，差别化用水用电用能等政策深入实施，一批"低散乱"行业企业关停整治，低效闲置厂房再利用走在全市前列，资源要素配置更有效益。完成党政机构和镇街道机构改革，内设科室数量精简12%，机关内部办事事项100%实现"最多跑一次"，机构职能设置与"最多跑一次"要求更为契合。区国资公司、旅游集团市场化改革取得积极进展。完成农村土地集中连片长期流转2119亩，全域土地综合整治推进。社区村体制改革按时平稳高质量完成，一村一经济合作社完全融合比例达到92.5%，村级运行体制更具优势。

【建设美丽家园】　推进全国文明城市创建，城乡环境综合整治"八大行动"取得成效，背街小巷、农贸市场等重点区域环境焕然一新，城区人力客运三轮车退市等难题得到解决。老旧住宅小区改造启动实施，累计改造房屋189幢、31.93万平方米。开工建设安置房项目16个、111万平方米，馨港苑安置小区建成交付。入城口、城市走廊、亲水廊道、城市公园等重要节点加快打造，“绿改彩”“白改黑” 等提升工程深入实施，“全景干礅”建设初见雏形，洁净乡村创建实现全覆盖，新建村入选全球净零碳乡村典型案例，皋泄村、叉河村成功创建省级美丽宜居示范村，5条“断头路”“瓶颈路”实现贯通，城市整体品质明显提升。保障大陆引水三期大沙调蓄水库、500千伏联网输变电工程建成，宁波舟山港主通道富翅至岑港段、329国道岑白段全线通车。获评美丽浙江建设工作考核优秀县区，全年空气质量优良率达到96%以上，县级以上饮用水水源地水质达标率100%，大棚房问题专项清理和违建别墅清查整治完成，马岙稻香田园入选全省100个“最美田园”之一。

【改善民生福祉】 推进低收入群体增收工作，人均年收入16000元以下低收入家庭动态消除。完成与四川省宣汉县的对口扶贫年度任务。城镇登记失业率连创新低。城乡居民医保门诊慢性病保障扩大至12类常见病种。全年交付保障性住房1591套，完成农渔村住房改造754户。第三社会福利院认知症障碍康复照料区等一批民政设施加快建成，慈善、救济等工作取得新成绩。入选新时代文明实践中心国家级试点，创建省公共文化服务重点区、省农村文化礼堂建设示范区，以区图书馆、镇街道图书分馆、城市书房为主要依托的“1小时阅读圈”基本形成，“三毛散文奖”跻身华语散文创作领域顶尖奖项。完成新改扩建学校4所，中小学集团化办学模式调整完善，小沙中学教师陈雪霞被评为全国模范教师。区医疗集团组建成立，悬水小岛健康小屋全部启用，整合型医疗卫生服务体系基本形成。夺取平安定海建设十四连冠，区社会矛盾纠纷调处化解中心加快建成，以定海新闻发布厅、“请你来协商”等为依托的民主参与机制更加健全，岑港派出所所长林剑入选央视“2019十大暖新闻人物”，扫黑除恶专项斗争、道路交通安全综合治理成效显著，菜篮子保障有力，安全生产形势总体稳定，人民群众平安获得感不断增强。

【全面从严治党】 党建工作质量持续走在全市前列，党建工作系数法考核全面延伸覆盖，党委（党组）主体责任、书记第一责任、班子成员“一岗双责”、纪委监督责任精准落实，意识形态、网络意识形态、网络安全工作责任制全面实施，大抓党建、抓大党建的工作体系更加完善。机构改革后部门镇街领导班子转隶调配有序推进，公务员职务与职级并行制度稳步实施，10名干部的不实举报得到澄清正名，让有为者有位、为担当者担当成为共识。在全市率先实现农村街道“大工委”全覆盖，村党组织书记、村委会主任“一肩挑”稳步推进，新型社区治理共同体、践行村规民约“星级农户”制度等创新探索取得突破，基层党组织组织力、战斗力持续增强。查处违反中央八项规定精神问题24起33人，党纪政务处分18人，一批官僚主义、形式主义突出问题得到整治。纪检监察派驻机构改革完成，区委巡察高标准开展，涉黑涉恶腐败及其保护伞等问题得到查处，“点案说案”警示教育开展，山清水秀的良好政治生态更加巩固。

【开展“不忘初心、牢记使命”主题教育】 全面对标中央、省委、市委部署要求，坚持全程高质量、全面高质量，推动“不忘初心、牢记使命”主题教育始终聚焦学习贯彻习近平新时代中国特色社会主义思想这一主线，与开展“服务企业服务群众服务基层”活动结合起来，与推进花园式国际人文港城建设结合起来，引领全区党员干部全面增强“四个意识”、坚定“四个自信”、做到“两个维护”，把“9+1”专项整治尤其是推进“新官理旧账”贯穿始终，解决灌门航道10万吨级以上船舶禁止通航等一批企业群众基层反映强烈的突出问题，形成一系列思路举措，做到走心走深走实。

【实施机构改革】 定海区坚决贯彻落实中央和省委、市委关于深化机构改革的重大决策部署，坚持把机构改革作为强化党的领导、完善高质量发展的重要制度保障，按照尊重历史、人岗相适的原则，加强总体设计和系统推进，在全市率先完成28个党政机构和10个镇街道的机构挂牌、班子配备、人员转隶和“三定”规定制定等工作，全区机构内设科室精简12%。统筹推进事业单位改革、综合行政执法改革等工作，做好部门权力清单规范调整公布，稳步实施“小、散、弱”事业单位撤并，促进机构职能优化规范高效。党政机关及镇街道机构改革工作获得省市上级部门肯定,被评为全省机构改革成绩突出集体。

【改革完善社区村体制】 坚决贯彻市委精神，盯着目标走、奔着问题去，第一时间成立社改工作领导小组及6个专项组，区领导领衔11个督导组下沉一线指导督促，各镇街班子领导包干到村、百余名机关干部蹲点攻坚，及时跟进解决各类问题。因地制宜推进融合方式“上调一档”“高套一级”，全区80个行政村完全融合率达到92.5%，股份经济合作社数从142个减至84个，减幅为41%，按时、平稳、高质量完成各项关键性任务。在全市率先实现长岗山村成建制并入城市社区，采用撤村并居建社，破解庆丰村长达十六年的撤村难题，在小洋岙村探索整村拆迁后新旧居民融合的村改居样板。

重要会议

【区委十三届七次全体（扩大）会议】 于2018年1月3日在区行政中心一号会议厅举行。会议审议和通过《中共舟山市定海区第十三届委员会第七次全体（扩大）会议关于召开中国共产党舟山市定海区第十三次代表大会第三次会议暨区委经济工作会议的决议（草案）》；审议和通过区委、区纪委在区第十三次党代会第三次会议暨区委经济工作会议上的报告及关于两个报告的决议（草案）；审议中国共产党舟山市定海区第十三次代表大会第三次会议暨区委经济工作会议相关事宜。

【中国共产党舟山市定海区第十三次代表大会第三次会议暨区委经济工作会议】 于1月11日在舟山剧院召开（参考特载）。

【全区建设平安定海工作会议】 于5月14日在新华侨会议中心二楼大会议室举行。会议贯彻落实全省建设平安浙江工作会议、全市建设平安舟山工作会议精神，总结工作，表彰先进，研究部署当前和今后一个时期全区平安建设工作。

【定海区创建全国文明城市推进大会】 于7月19日在区行政中心一号会议厅举行。会议表彰2018年全国文明城市创建工作先进集体、先进个人，总结上半年全国文明城市创建工作，动员部署下半年创建工作任务。

【区委十三届八次全体（扩大）会议】 于8月1日在区行政中心一号会议厅举行。会议听取区委十三届常委会工作报告。

【定海区教育大会暨第35个教师节庆祝大会】 于9月9日在舟山剧院举行。会议学习习近平总书记关于教育的重要论述，贯彻全国、省、市教育大会精神，研究部署当前和今后一个时期全区教育工作，加快推进教育现代化，办好人民更加满意的教育。

【全区“不忘初心、牢记使命”主题教育工作会议】 于9月11日在区行政中心一号会议厅举行。会议学习贯彻习近平新时代中国特色社会主义思想，贯彻落实中央、省委第一批主题教育总结会议暨第二批部署会精神，全市“不忘初心、牢记使命”主题教育工作会议精神，对全区开展主题教育进行动员部署。

【全区公安工作会议】 于12月13日在区行政中心一号会议厅举行。会议全面贯彻落实全国、全省、全市公安工作会议精神，加强党对公安工作的领导，研究部署新时代定海公安工作，推进社会治安持续稳定，为全面建设花园式国际人文港城提供坚强保障。

区委办公室工作

【概况】 2019年，区委办公室落实习近平总书记“五个坚持”要求，以“不忘初心、牢记使命”主题教育为抓手， 学习贯彻党的十九大精神和省委、市委全会精神，围绕全区中心工作和决策部署，创新工作机制，不断提高“三服务”水平，保障全区各项工作顺利运转。

【综合协调】 处理好各方面的沟通协调，发挥好枢纽作用，确保区委各项工作部署严格落实。全年牵头组织各类会议80余场，完成中央、省市领导到定海区视察、巡视以及外地党政代表团来定海考察的接待任务。围绕全区发展大局这个中心，强化精品意识、创新理念，全年撰写各类综合文稿百余篇，按照“精简、规范”的原则，严把发文关，2019年全区发文（三类文件）193个，同比减少36.09%。坚持把调查研究作为谋划推动工作的重要方法路径，结合“大学习大调研大抓落实”活动，推动全区领导干部开展蹲点调研。围绕中心工作和领导关切，开展调查研究，形成有关强化社会治理、推动经济社会发展、促进群众参与民主决策、规范老旧小区管理、减轻基层负担有关情况调研报告等一批调研成果，为区领导决策提供参考。

【信息管理】 发挥信息“千里眼、顺风耳”的工作职能，完善信息工作机制、加强信息员队伍建设，持续提高信息质量。全年被省市及以上党委、政府录用信息稿件199篇次，省市领导批示10篇次，其中，《建议尽快建立全省一体化房产交易联动机制，破解群众“多次跑”等难题》获省委书记车俊批示，《全省数据共享平台存在三方面短板，需加大力度破解》《建议把金塘打造成宁波舟山一体化发展示范区》等稿件获省长袁家军批示，省政务信息工作位列全省各县区第27名。

【深化改革】 坚定改革方向，修订完善深改委工作规则、专项小组工作规则和改革办工作细则，确定年度重点改革项目46项，多次召开区委常委会、区政府常务会议，研究“最多跑一次”、 社区村体制改革完善等重点改革项目，审议通过改革方案13个、改革相关文件48个，持续深化经济体制、文化体制、社会事业领域、生态文明体制、党的建设制度等方面改革。创新开展国家级新时代文明实践中心试点，推出“理论宣讲连锁超市”“城市啄木鸟”等活动，开展各类文明实践活动522场次，超3.2万人次参与。突出集中宣传和攻坚，紧扣10项测评改革项目，完成省对区“全面深化改革获得感评估”迎评工作。

【督查考核】 创新督查方式，专项督查重要文件和重要会议精神学习贯彻情况；精简督查考核，减轻基层迎检负担，全面开展督察检查考核事项梳理，对全区149项事项进行审核，仅保留33项，取消116项，事项减少率达78%。开展“双学双比”“实绩亮相”等活动，围绕城市建设、清廉定海、“践初心、办实事、促民生”等主题组织“双学双比”活动3场。制定完善综合考核评价体系，优化对象分类，根据单位职能，分为党群综合类、经济发展管理类、社会综合服务管理类和市以上垂直管理类四大类；调整完善党建系数运用，实现党建系数在区属部门考核全覆盖，进一步完善党建系数考核指标；调整完善考核内容，完善附加分和倒扣分；一票否决事项调整为一票否优，并优化结果运用；进一步强化抓重点、强落实的工作导向。

【队伍建设】 围绕建设“花园式国际人文港城”的目标，以争创一流的精神状态，力争文稿起草、秘书事务、信息报送、机要保密、服务保障等方面全面提升，打造忠诚有定力、担当有魄力、自信有活力、干净有魅力的办公室铁军。把党的政治建设摆在首要位置，坚持严管厚爱结合、激励约束并重，严肃党内政治生活，当好“先行军”“排头兵”。持续锤炼党性修养，以“大学习大调研大抓落实”为总抓手，推进“不忘初心、牢记使命”主题教育活动，按照“四个对照”“四个找一找”要求，高质量召开对照党章党规找差距专题会议、专题民主生活会，引导党员干部自觉以习近平新时代中国特色社会主义思想武装头脑、指导实践、推动工作。持续深化优秀年轻干部队伍建设，贯彻习近平总书记提出的干部工作“五大体系”要求，突出忠诚干净担当标准，畅通优秀年轻干部借调挂职渠道，强化年轻干部压担历练，把想干事、敢干事、能成事的干部重用起来。持续绷紧制度化约束。落实干部监督管理各项制度，注重干部日常管理和“八小时之外”管理，推进实施干部正向激励，完善落实容错免责机制，调动干部干事创业的积极性、主动性。

（撰稿：赵世凯）

组织工作

【概况】 2019年，区委组织部以习近平新时代中国特色社会主义思想为指导，贯彻党的十九大及十九届四中全会精神，落实全面从严治党，坚持围绕中心、服务大局，抓实“不忘初心、牢记使命”主题教育，推进各项组织工作，为全面推进新时代定海高质量发展提供坚强组织保障。

至年底，全区有基层党组织1024个，其中党委74个，党总支80个，党支部870个。有党员19641名，其中女党员6803人，占党员总数34.64%的；30周岁及以下1745人，占8.88%，31～40周岁4243人，占21.60%，41～50周岁3515人，占17.90%，51～60周岁3412人，占17.37%，61周岁以上6726人，占34.24%。研究生295人，占1.50%，大学本科5307人，占27.02%，大学专科3526人，占17.95%，中专1064

人，占5.42%，高中中技2720人，占13.85%，初中及以下6729人，占34.26%。

2019年，全区有科级领导干部543名，其中正科级139名，副科级404名；部门局办科级领导干部358名，乡镇（街道）科级领导干部185名；女干部121名，非中共党员35名。大学及以上学历的503名，大专学历的39名，中专及高中以下学历的1名。

1月14日，召开定海区机构改革动员大会

【开展主题教育】 聚焦学习贯彻习近平新时代中国特色社会主义思想这条主线，组织召开区委理论学习中心组专题学习会4次，创新开展“忆初心、悟初心、践初心”系列活动，依托党员教育基地、爱国主义基地等红色阵地拓宽学习途径，先后举办两期习近平新时代中国特色社会主义思想进修班，分两批举办区管领导干部主题教育专题读书班，上党课1408次，开展集中学习活动2980场次。结合“三服务”活动，通过走一线、跑基层、查民生，进一步树立为民服务的信念。聚焦“18 个是否”检视党员干部个人问题，针对主题教育中发现的问题，深查细照、立行立改，不断树立能干事、干成事的信心。

习近平新时代中国特色社会主义思想进修班
——在红旗渠纪念馆接受党性教育

【干部人事工作】 2019年，调配区管领导干部5批次329人次，其中新提任干部61人次，交流268人次。新提任干部中，正科级14名，副科级37名，转任重要岗位10名。新招录公务员及选调生20名，其中面向“双一流”高校选调优秀毕业生6名。平稳推进职务与职级并行工作，制定《定海区公务员职务与职级并行制度实施方案》，涉及套转880余人。

【推进干部教育培养】 实施年轻干部一线实践锻炼三年行动计划，新选派年轻干部培训一班优秀学员等52名干部到市治水办、区创建办、区委巡察组等市、区重点工作组挂职,首次举办“90后”年轻干部专题培训班。推进东西部扶贫干部常态化交流，选派12名干部人才赴四川宣汉挂职，同时接收21名宣汉干部到区属部门挂职锻炼。优化培训供给，根据《2018—2022年全国干部教育培训规划》要求，全年累计培训各类干部3000余人次。

8月16日，区委组织部召开中心工作
挂职锻炼干部集体谈话会

【完善干部监督机制】 落实正向激励办法，55名连续三年考核优秀干部给予三等功奖励，评选表彰18名“担当作为好干部”。完善各项监督机制，反向敦促干部担当，建立干部违纪违规问题线索移交反馈通报机制，全年相互移交各类线索信息18条；全面实施领导干部离交接，2019年有21名“一把手”开展离任交接；开展干部不担当不作为问题、基层选人用人和干部因私出国（境）违规违纪问题专项整治，问责不担当不作为干部16名，澄清干部10名，容错免责1名。

实行股级干部“任前预审”和“任后备案”制度，对64家单位股级干部调整进行了预审，涉及955人次。开展领导干部个人重大事项报告真实性抽查，其中因漏报错报瞒报等问题函询5人、约谈2人、诫勉2人。

【深化基层党建责任体系】 推动党建工作系数法向区级机关单位全覆盖，发挥绩效考核的激励、导向作用。全面推行基层党建重点任务项目化管理，全年累计实施基层党建重点项目63个、村社特色项目124个。严格履行“一岗双责”，落实基层党建工作全员责任制，推进党建责任具体细化到人到事到项目。借鉴城区街道“大工委”的成功经验，在全市率先实现农村街道“大工委”全覆盖，推进信息互通、民主协商、评议监督以及矛盾调处。

全市首个红色业联体在定海区城东街道港南社区成立

【推进社区村体制改革完善】 完成各项关键性任务，全区股份经济合作社从142个减至84个，80个行政村完全融合率达到92.5%，完成4个“村改居”工作。

定海区社区村体制改革完善工作业务培训

以此次改革为契机，增强基层组织班子战斗力，新增“一肩挑”书记8人，培育储备348名村后备干部；村社党组织书记区级备案管理实现全覆盖。在全市率先出台《定海区城市专职社区工作者管理办法（试行）》，改善村社工作者待遇保障。

【推动党建区域融合】 推动党建区域融合，打造“锋行白马”等一批党建联盟，提升螺杆小镇等党建示范带建设。深化实绩亮相机制，在镇街层面创新实施基层党建轮值擂台赛和村社书记实地党建故事会。结合基层党建突出问题专项整治工作，落实“四个一”工作举措，完成15个后进村党组织整转。发挥党员先锋模范作用，深化党员志愿服务，建成全市首家菜场“兼合式”党支部，成立小微商户党支部，形成红色示范街区效应。

定海区率先成立全市首个物业服务企业党支部

【完善人才政策体系】 围绕《定海区人才新政二十条》主线，制定出台百名领军型科技创业创新、企业家人才、社工人才等10个人才培育计划。创新出

全市首个青年人才党支部在定海区白泉镇成立

台人才工作项目化管理办法，重点扶持镇街道、区属部门特色人才项目，将其列入人才工作述职考核重要内容，全年重点打造“新生代企业家领英工程”等10个项目。

【加强人才建设】 2019年，引育省部级及以上高层次人才创新成立海洋电子信息“定海智库”，聘请8名高层次人才为“定海智库”首批专家；新落户“5313”科技创业领军人才企业8家，累计落户35家（其中高新技术企业4家，省科技型中小企业8家），企业营收首次突破亿元，纳税逾400万元；大学生引进步伐加快，全年引进大学生2300人以上。不断升级园区平台，打造定海海洋科学城“5313”海洋电子信息产业园和定海工业园区“5313”智能制造产业园两个特色产业园区，新引进远洋渔业工程技术研究中心舟山分中心等3个院校合作平台。

全球海洋经济创业大赛蓝海智造行业赛

【强化人才服务保障】 加快推进人才“最多跑一次”改革，在全市率先推出“定海区人才服务系统”，全区人才认定、购房补贴、人才公共租赁房申请等人才服务实现“零次跑”和“24小时全天候受理”。在杭州和宁波两地创新成立在外人才驿家，给定海在外人才传递“家”的温情。

定海杭州人才驿家挂牌成立

（撰稿：陈　刚）

（本分目图片由区委组织部提供）

宣传思想工作

【概况】 2019年，全区宣传思想文化工作贯彻习近平新时代中国特色社会主义思想，按照省市区会议精神，抓好各项重点任务落实。坚持“一个高举”“两个巩固”“三个建设”根本任务，健全意识形态工作责任体系，推进思想理论武装工作，壮大舆论引导宣传声势，服务定海花园式国际人文港城建设。

【机构改革各项工作】 成立部机关机构改革领导小组，统筹协调做好区委宣传部部门“三定”、人员转隶、下属事业单位设置、内设科室挂牌、中层任免、事业单位注册变更等各项改革工作，确保改革中各部门有关人员和业务工作有序衔接。做好原有工作职能划转和承接工作，机构改革后划入的电影和新闻出版等工作职能由新设置的文化和新闻出版科承担，划入的网络和信息安全管理职责由网信办承担。

【人才与项目建设】 深化百名宣传文化人才培育，开展入库人才分类认定工作，认定核心人才5名、优秀人才10名、骨干人才72名。建立人才退出机制，排摸退出人才7名。向上推荐人才，张高俊入选2019年度乡村文化和旅游能人支持项目，张云富、朱先马获评区级特优人才。深化项目化培育，开展“凝聚时代向心力 绘就定海同心圆”主题宣传文化精品项目征集评选，评定10个精品项目予以重点扶持。夏雨缀、张瀚云等多位宣传文化人才作品获中国义乌文化产品交易博览会工艺美术金奖、浙江省“群星奖”等省级以上荣誉。

【宣传文化阵地建设】 激发基层宣传文化阵地联动效应，做优做精“礼堂+”文章，融合文明实践、海洋历史文化、家风家训等主题，创新打造宣传文化风景线，因地制宜培育“三毛文学体验之旅”“两黄文化风景线”等特色线路8条。举办风景线建设大比武现场会，形成比学赶超的良好氛围，夯实宣传思想工作基础。完成宣传思想品牌工作文创产品设计制作，具象呈现基层示范阵地建设及特色品牌培育亮点成效。

【重大事项发布及民意征集反馈引导机制建设】 探索构建主动发布—意见征集—引导反馈的社情民意高效处置机制。打造定海新闻发布厅，组织职能部门围绕“最多跑一次”、水利强排等群众关注民生话题，开展区级新闻发布8期，通过图文直播、意见答复进一步扩大社会影响。推出区级网络问政平台，要求严格执行属地管理、限时办结等工作规则，59家单位入驻并受理办结各类问题超110个，同步实行群众满意度评价机制，确保惠民扎实见效。完善社情民意分类反馈处置，强化政策解读和宣传引导，最大限度凝聚共识。

【增强“四力”教育实践工作】 成立全区宣传思想战线开展增强“四力”教育实践工作领导小组及办公室，建立各地各部门“四力”教育实践工作体系，制定下发工作方案，召开专题会议，紧密结合“三服务”工作，力求本领提升出实效、见真章。重点围绕习近平新时代中国特色社会主义思想、党的十九届四中全会精神、“不忘初心、牢记使命”主题教育、媒体融合等内容，举办“学而时习 躬而省行”学习教育等活动20余场次。开展“四力”教育实践征文、典型案例征选工作，“阿拉来帮侬”栏目入选全省宣传思想战线开展增强“四力”教育实践工作创新案例，典型案例《畅通理论惠民“最后一公里”》、优秀征文《马良的神笔》等多篇作品被省市宣传系统内部刊物录用。

【推进习近平新时代中国特色社会主义思想学习宣传】 推进理论学习中心组制度化规范化常态化建设，举办区委理论学习中心组关于习近平新时代中国特色社会主义思想，《中共中央关于加强党的政治建设》《中国共产党重大事项请示报告条例》《党政领导干部选拔任用工作条例》“不忘初心、牢记使命”等内容的中心组专题学习会9场次，通报表彰优秀中心组4家。《舟山日版》刊登区委理论学习中心组署名文章《不忘初心 勇担使命 以新思想引领定海全面高质量发展》。推进“学习强国”平台推广运用，做好组织架构搭建和供稿链建设，刊录定海图文视频20篇。

11月28日，邀请市委党校政治教研室黄正光开展党的十九届四中全会精神专题辅导

【开展“宣讲进万家——定海有你”活动】 整合全区时事政策、文明创建、法律法规等领域宣讲资源，组建“理论惠民”宣教大联盟，采取群众点单宣讲团队送课模式，深入农渔村文化礼堂、新时代文明实践站（所）等，结合“不忘初心、牢记使命”主题教育，组织开展“新思想基层行”百场宣讲活动100余场。强化理论宣讲骨干培训，组织理论名嘴工作室成员、草根讲师团开展“习近平新时代中国特色社会主义思想30讲”“浙商精神”等各类基层宣讲500余场次，评选表彰了19名优秀宣讲员。举办全区第九届“礼赞新中国 奋斗新时代”微型党课比赛。“理论宣讲名嘴工作室”、干𬒗镇“薪火宣讲团”、马岙街道“礼堂说事”宣讲队被评为全市特色宣讲团队。“理论宣讲名嘴工作室”被省委宣传部评为2019年浙江省基层理论宣讲成绩突出的集体。

7月9日下午，举办定海区“理论惠民”宣教大联盟启动仪式

【文化礼堂长效机制建设】 完成2019年4家新建文化礼堂建设工作，全区建成文化礼堂62家。举办“欢

聚一堂——我们的村晚”“礼堂有你”“礼堂寻礼”等各类文化文艺活动600余场次，惠及群众5.5万余人次。定期发布文化礼堂经验做法，被浙江省“礼堂家”以及全市“掌上文化礼堂”移动文化礼堂项目共计录用信息30篇。定海区获评2018年度浙江省农村文化礼堂建设示范县（市、区）。金塘镇河平社区文化礼堂、马岙街道马岙社区文化礼堂获评全省五星级文化礼堂称号，白泉镇宣传委员潘君获评第二届浙江省“最美文化礼堂人”称号。

双桥街道浬溪社区文化礼堂举行“寻礼”文化礼堂活动

【开展社科理论研究】 强化理论学习，联合开展党的十九届四中全会精神、“初心分享会”等主题教育交流座谈会。召开区社科联二届三次常务理事会和二届三次理事会。强化课题研究，立项区级课题19项、入选市级课题6项，其中“新时代下‘两黄文化’传承的探索与思考”被列为市重点课题。强化社科普及工作，开展“讴歌光辉岁月 谱写时代篇章”社科普及周系列活动200余场；组织社科普及宣讲团成员开

3月22日下午，召开区社科联二届三次理事会

展“新思想基层行”百场宣讲活动；开展全区社科普及活动项目化管理，择优培育创新项目5个，其中“两黄”文化风景线——弘扬两黄文化，传承国学经典被评为2019年度“浙江省社科普及创新示范推介项目”。

【舆论引导】 围绕“经济发展、城市更新、甬舟一体化”三件大事，紧扣乡村振兴、全国文明城市创建、三服务、扫黑除恶、防台抗台、“最后一平米”攻坚等中心工作，推出“聚焦高质量谱写新篇章”“全民共创全国文明城市”“开展‘三服务’争当排头兵”等专题专栏，上线“定海山”客户端等新媒体阵地，打造《阿拉来帮侬》等精品栏目。区级及以上媒体刊播报道3万余篇，在《人民日报》、中央广播电视总台、新华社、《浙江日报》《舟山日报》等主流媒体推出一系列专版专题和重点报道1500余篇。

5月20日，记者采访报道2019定海“油品全产业链”发展论坛（康明军 拍摄）

【“新中国成立70周年”主题宣传】 印发《关于庆祝中华人民共和国成立70周年系列活动的通知》，通过升挂国旗、重大主题宣讲、主题展览、主题文艺作品创作、走访慰问等，开展群众性主题教育活动，营造浓厚的社会舆论氛围。开设“壮丽70年奋斗新时代”全媒体专栏，区级以上媒体刊播我区海洋经济腾飞、基础设施建设等成就报道及群众欢庆场景报道200余篇。推出电视系列专题片《回眸——70周年》及微视频《东海追梦》。制作发布微视频《我和我的祖国》，邀请公安干警、电力职工、医护人员、学生

等250余名群众代表集体用歌声抒发爱国爱乡情怀，在“学习强国”“浙江视界”“定海山”等新媒体平台点击量逾60万余人次。

2019年，微视频《我和我的祖国》点击量逾60万余人次（葛琳璐　拍摄）

【构建定海新闻发布厅】　强化重大事项主动发布、权威发布，印发《关于建立健全新闻发言人制度进一步加强和规范新闻发布工作的意见》。组织全区70余个单位，组成140余人的新闻发布核心队伍，打造“定海新闻发布厅”，围绕“最多跑一次”、教育招生、水利强排等群众关注话题，开展“一月一主题”新闻发布8期，同步做好图文直播及社会各界意见建议征集反馈。组织镇（街道）、区属相关单位新闻发言人赴复旦大学开展定海区第八期新闻发言人（网络发言人）暨宣传文化骨干培训班。

打造“定海新闻发布厅”（葛琳璐　拍摄）

【“致匠心——我们都是定海人”大型融媒体主题宣传活动】　在舟山广电新周报、“无限舟山”、区融媒体中心开设专栏专题专版，组织记者深入一线采访，以“敬业、精益、专注、创新、严谨”为主题，挖掘定海船舶修造、非遗传承、机电维修等各领域匠心人物，市区媒体聚焦27位“定海工匠”，推出重点报道83篇。组织开展“点赞工匠”网络互动活动，制作适宜网络传播的新媒体作品，强化新媒体融合传播等，形成“报、台、网、端、微、视”等多端口齐发的宣传声势，进一步讲好工匠故事、展示工匠形象、弘扬工匠精神。

【第二届“三毛散文奖”颁奖典礼及系列活动宣传】
4月19—20日，举办第二届“三毛散文奖”颁奖典礼，邀请中央广播电视总台、中新社、台湾《联合报》、香港大公网等30余家境内外知名媒体开展全媒体报道，在市级以上媒体刊播原创报道50余篇（个），今日头条、优酷等网络媒体转载资讯1000余条。举办一系列重要的配套活动，打造“三毛”文化金名片。“走马过红尘——纪念三毛特展”展出三毛手稿原件、书画作品等200余件珍贵遗物。两岸三毛文学论坛邀请专家、学者、获奖作家50余人参加，其中著名评论

4月20日，第二届“三毛散文奖”颁奖典礼记者采访现场（康明军　拍摄）

“追寻诗与远方　踏访三毛足迹”，组织三毛粉丝定海寻根之旅

家洪治纲、台湾三毛研究资深专家陈宪仁等14人作主发言，并印发《两岸三毛文学论坛论文汇编》。聚焦当代散文创作研究，夯实三毛品牌学术理论基石，将定海打造成华语散文新高地。同期组织获奖作家开展采风活动，在全国各报刊累计刊发相关文学纪实作品50余篇，不断扩大"三毛"品牌全球影响力。其采风作品汇编成《作家笔下的定海》予以出版，成为展现定海文化品位的宣传窗口，进一步提升定海国际人文港城的知名度。

【完成党报党刊征订任务】 以两办名义下发2020年度全区党报党刊征订工作通知，全程跟进督促各镇街、区属各单位党报党刊征订工作进度，确保党报党刊工作圆满完成。截至11月30日，《人民日报》完成征订395份（109.7%）、《求是》完成征订225份（127.8%）、《浙江日报》完成征订1344份（105.2%）、《今日浙江》完成征订463份（106.2%）、《光明日报》完成征订28份（155.6%）、《经济日报》完成征订86份（126.5%）、《新华每日电讯》完成征订246份（109.3%）、《舟山日报》完成征订4835份（107.9%）。

【公益广告发布专项督查】 全区600余个公益广告点位有公益广告35000余块。全面压实各镇街、区属主管部门对公益广告的主体管理责任。督促各相关专项组牵头单位、各镇街建立公益广告发布常态化巡查机制，每半月报送问题点位及整改情况。落实"点位长"责任制，促进公益广告长效管理。结合自查和督查，与普陀区开展公益广告发布情况对口交叉检查，做到摸清底数、发现问题、加快整改，全年发现问题点位500余处，实现百分百整改到位。在省文明城市创建实地测评中公益广告点位未扣分。区级全媒体平台做好公益广告刊播工作，利用"海山聚焦""阿拉来帮侬"栏目平台，加大对人为破坏公益广告行为、影响创城的不文明现象的曝光力度。通过"定海山"微信公众号、新上线的"定海山"客户端，加强对相关报道的编辑推送，在全社会营造"人人争做文明人"、支持参与文明城市创建活动的良好舆论氛围。

7月24日下午，全区召开公益广告工作推进会
（胡欢欢　拍摄）

【区委网信委第一次全体会议召开】 6月19日，定海区委网信委召开第一次全体会议，学习贯彻习近平总书记关于网络强国的重要思想，贯彻落实全国和省、市网信工作会议精神，研究部署定海区网络安全和信息化工作。

【区级网络问政平台开设】 8月26日，在"定海山"APP、定海新闻网同步上线区级网络问政平台，网民可对全区经济、社会发展等提出建议和意见，投诉党政机关工作作风，咨询事关民生的信息和热点难点问题等。首批入驻56家镇（街道）、区政府工作部门、市级单位在定派出机构及其他民生相关部门，问政进程直观可见，提升全区网络舆论引导能力和为民服务水平。

【互联网企业党建取得突破】 5月30日，全区首个互联网企业党支部——浙江易航海信息技术有限公司党支部挂牌成立。

【网络主题宣传】 做好庆祝建国70周年、"不忘初心牢记使命"、最多跑一次、文明城市创建、扫黑除恶、三服务、乡村振兴等重大主题网络宣传，加大定海新闻网、"中国定海"官方微博、定海发布公众号及定海山公众号、小程序、APP等平台的宣传力度，开设专题专栏，转载刊发相关稿件2500余篇，原创重点稿件1500余篇。

【宣传载体形式创新】 聚焦扫黑除恶、文明城市创建等市区中心工作，运用小游戏、微视频、H5、抖音等，创作"扫黑除恶顺口溜"微视频、"文明接力跑"长图iH5，"植树大挑战"互动式小游戏等30余个新媒体传播作品。打造易于在移动端传播的H5小游戏"定海脑力达人"，在闯关答题、赚取积分等各个环节植入创城、扫黑除恶、平安定海、最多跑一次等重点工作内容，开展精准宣传，游戏上线后，日均活跃用户300人，累计1000余名网民参与其中。

【“点赞定海”系列网络宣传活动】 深化“点赞定海”活动品牌，策划开展“点赞定海·网络大咖看定海”活动，邀请全省各地60余名网络大咖赴定开展采风行动，借助大V力量在微博、微信等主流网络平台分享定海发展好故事，发表图文作品50余件，相关网络账号粉丝量累计超500万人次。以“我和我的祖国”主题，组织旅游、团委、教育等重点行业单位，集体用歌声抒发爱国爱乡情怀，制作发布微视频《我和我的祖国》，平台播放量超60万人次。

（撰稿：胡绿源）

（本分目图片由区委宣传部提供）

精神文明建设

【概况】 2019年，全区精神文明建设工作以培育和践行社会主义核心价值观为根本，推进全国文明城市创建工作，培育“德行定海山”道德品牌，深化群众性精神文明创建活动，推进未成年人思想道德教育，提升公民文明素质和社会文明程度。现有主任1名，副主任3名，工作人员20人，其中，临时工作人员1人，借调工作人员17人。

【新时代文明实践中心试点】 10月，定海被列入新时代文明实践中心全国试点,全市唯一。制定《定海区建设新时代文明实践中心试点工作实施方案》（定委发〔2019〕7号），指导推进“实践中心——实践所——实践站”三级架构体系建设。建成区级新时代文明实践中心，选定解放西路230号原社保大楼7楼，约100平方米，作为区新时代文明实践中心的展示厅。全区11个镇（街道）、123个村（社区）基本实现所、站全覆盖。创新引入社会力量，构建特色小微文明实践点、特色阵地各21个。成立区级文明实践志愿服务总队，下设13支直属志愿服务队，同时集结各级志愿服务队以及“滴水公益”、爱心奶奶工作室等特色社会组织27支，联动开展文明实践活动522场次，约3.2万余人参与。“德行定海山”新时代文明实践品牌培育成效获市委常委、宣传部部长沈国通批示肯定。

10月3日，在文化广场举办新时代文明实践系列活动之“迎祖国70华诞 创舟山文明城市”灯谜展

【中央、省城市文明程度指数测评迎检工作】 针对中央、省城市文明程度指数测评，多次召开专题部署会、协调会。按照《全国文明城市(地级以上)测评体系操作手册（2019年版）》《浙江省城市文明程度指数测评体系（2019年）》，通过创城问题清零督查、创城重点难点项目攻坚行动、重点点位静态问题清零行动等工作，即查即改推动点位达标水平有明显提升。

【市日常管理测评迎检工作】 召开专题会议部署动员、分组实地抽查、微信实时反馈、安排点位支援、组建机动小分队巡查等举措，落实市每月日常管理测评迎检工作，推进创城长效管理。全年8次市测中定海4次排名第一。

【核心价值观培育和践行工作】 组建文明创建宣讲队伍，引导“最美”典型围绕习近平新时代中国特色社会主义思想、道德建设、文明城市创建等主题，开展巡回宣讲30场次，现身说法提升典型传播感染力。邀请多位“最美”典型参加“壮丽70年 奋斗新时代”首批创建寻礼、“了不起的你”访谈等省市典型宣传活动，展现定海“最美”风采。开展好家风书法作品征集活动，收到作品57幅，评选产生一二三等奖作品16幅，制成展板进行宣传，传承家风美德。开展文化科技卫生“三下乡”活动，发放道德人物光荣谱等资料1500余册，涵养文明乡风。“美德同行 文明有约”校园文化活动一月一主题践行核心价值观，丰富校园文化。开展优秀童谣征集和“童心向党”唱响红歌活动工作，征集优秀童谣30首，红歌视频3首，其中6首童谣在市级获奖。

5月29日，盐仓街道综合文化站开展社会主义核心价值观——书法培训

【道德先进评选表彰】 开展第七届舟山市道德模范评选申报活动，于6月启动，郭玲娣等5人入围。常态化开展“最美”人物挖掘工作，成功推荐舟山好人25人（组）、创城好人15人（组），其中舟山好人林剑入围“最美舟山人、舟山魅力——2018—2019年度最具影响力人物”，另有 4人获评浙江好人。

【落实道德标兵、道德模范优待政策】 发放2019年道德模范医疗补助24316元，惠及21人次；发放2019年道德模范生活补助资金117410.4元，惠及7人；春节、中秋节慰问王锦堂等8位道德模范，发放慰问金2万元；组织7名道德先进参加市文明办组织的岱山一日游活动。

【文明示范系列评选工作】 以马岙、干䃎为试点，开展2018年村级、镇级文明示范户、评选。活动自2018年11月启动，以群众评议为主要形式，通过召开党员、干部、村民代表等座谈会,结合实地考察等评选社区（村）级文明示范户和文明示范社区，并动态跟踪逐年逐级晋升为镇街、区级。至年末，评选社区（村）级文明示范户1500余户、镇街级文明示范户500余户，并在2019年新春期间为文明示范户挂上标识红灯笼。

1月17日，马岙街道三星社区挂文明示范户灯笼

【“扣好人生第一粒扣子”主题活动】 在全区中小学校规范开展“扣好人生第一粒扣子” 系列主题教育实践活动，3万余名学生在“清明祭英烈”“童心向党”“向国旗敬礼”“美德少年”评选等系列主题活动中接受教育。其中，新时代好少年学宣传活动评选区级新时代好少年100名，5人获评市级新时代好少年，朱紫墨还被授予省级新时代好少年荣誉称号；在定海檀枫小学承办 “同唱国歌、向国旗敬礼”——2019年舟山市“红色基因代代相传”主题教育活动。

9月30日，在定海檀枫小学举办“同唱国歌、向国旗敬礼”——2019年舟山市“红色基因代代相传”主题教育现场活动

【“春泥计划”工作】 全区“春泥计划”实施村（社区）70个，乡村学校少年宫5所，“春泥”阵地实现全覆盖。依托“社会、学校、家庭”三结合的教育网络，全年开展相关活动556余次，参与9200余人次。

【古树名木认养】 以“认养古树 情定古城”为主题，发动市民认养古树名木，展现定海古城文化。2019年有3棵古树被认养，累计完成48棵古树名木认养，更换16块破损古树名木认养牌。

【城乡基层创建】 深化文明单位（文明校园）、文明村镇创建活动，新申报全国、省级、市级文明单位2个、3个、10个，复评全国、省、市级文明单位2个、14个、43个；新申报市级文明校园8个；新申报市级、区级文明村4个、5个，确认保留因社区村体制改革变更的区级文明村5个。截至2019年12月，全区有国家、省、市、区级文明单位2个、16个、59个、103个；国家、市、区级文明校园1个、24个、32个；省、市、区文明镇（街道）6个、10个、10个；省、市、区文明社区9个、34个、37个；全国文明村、省级文明村、市级和谐文明新社区（市级文明村）和区级文明和谐新社区（区级文明村）4个、12个、35个、74个。

白泉镇利用电子屏宣传展示最美商铺

（撰稿：翁超慧）

（本分目图片由区精神文明建设指导中心提供）

统一战线工作

【概况】 2019年，全区统一战线工作贯彻落实中央和省、市、区委关于统一战线重大决策部署，服务全国文明城市创建、民营经济高质量发展等全区中心工作，推进各领域工作。

【学习贯彻习近平总书记关于加强和改进统一战线工作的重要思想】 以学习贯彻习近平新时代中国特色社会主义思想和党的十九大、十九届四中全会精神为主线，引导统一战线广大成员进一步坚定“四个自信”，树牢“四个意识”，做到“两个维护”。开展“不忘初心、牢记使命”主题教育，把学习教育、调查研究、检视问题、整改落实贯彻全过程，结合推进“民营经济高质量发展”等中心工作，结合抓好加强民主党派思想政治建设，提升宗教（民间信仰）活动场所规范化、法治化水平，加强基层侨联组织建设等统战工作。依托统一战线读书会、党外代表人士培训班、统一战线迎春茶话会等载体，引导统战成员紧密团结在以习近平总书记为核心的党中央周围。

举办全区统一战线读书会

【举办首届世界舟山人大会定海分场活动】 成立由区委书记任组长的世界舟山人大会定海分场活动领导小组，整合系统资源和各部门力量，成功举办首届世界舟山人大会定海分场活动，精心谋划“乡贤·回乡里”“乡贤·恳谈会”“乡贤·家宴”三大环节，邀请104名嘉宾参与，密切海内外定海人乡情乡谊，凝聚智慧力量致力于家乡发展。

2019世界舟山人大会定海分场

【开展喜迎中华人民共和国成立70周年系列活动】 紧扣庆祝新中国成立70周年暨多党合作和政治协商制度确立70周年这一重大主题，开展形式多样、符合领域特点、体现统战特色的主题教育活动，组织统一战线开展以“风雨七十年 肝胆长相照”为主题的参观马岙新农村建设“健步行”活动，组团参加“舟马”，打好新中国成立70 周年大庆宗教领域安保维稳硬仗，激发统一战线的爱国热情。

【服务中心大局】 顺应甬舟一体化趋势，成立宁波定海商会，更好地激发广大在甬定海籍企业家们的创业热情。经“市侨务资源导入”，签约LHD潮流能海洋发电项目。成立浙江舟山群岛新区（定海）招商引资促进会青海分会和西安分会，搭建定海与青海、西安两地交流合作共同发展的平台，开展形式多样的招商引资活动，助推定海经济发展。先后赴商协会、会员企业开展“三服务”活动35余次，按期完成11个基层商会和6家行业协会的走访调研任务，撰写《打造“清亲”家园，构建服务民营企业新平台》的调研报告。

宁波定海商会成立大会

【建设三大“同心”品牌】 打响“同心服务”品牌 引导各民主党派、统战团体“抱团”服务乡村振兴，全年为小沙提供法律咨询、送学进校等服务近30次，惠及群众千余人次。

同心服务送越剧专场到小沙中心小学

推进“同心之家”建设 引导各党派开展轮值活动，帮助各民主党派做好档案整理工作，并对相关人员进行单独培训交流，确保各党派档案的完整性和连续性。

擦亮“同心扶贫”名片 倡议企业参与“双百”活动，光彩事业捐赠额达40.2万元，全区13家基层商协会与四川宣汉10个村签订三年帮扶结对协议，第二批落实结对帮扶资金50万元。引导宗教界积极回报社会，全年为社会公益慈善捐款50多万元。

【推进多党合作事业】 开展“民营经济高质量发展”专项民主监督活动，上报“同心直通车”领导参阅6篇，并邀请区属相关部门召开专题协商会。开展“不忘合作初心 继续携手前进”主题教育，引导各民主党派以党为师，召开民主生活会、开展警示教育专题活动，不断提高“五种能力”。在区政协六届三次会议上，各民主党派提交各类提案46件，占大会总提案39.3%；上交大会集体提案31件，占大会集体提案的79.4%，发挥智库作用。推荐6名民主党派代表人士作为区监察委第一届的特约监察员。成立民革定海总支。民进定海支部与区档案局党支部进行结对共建。

开展各民主党派“民营经济高质量发展和全国文明城市创建”专项民主监督工作座谈会

【加强党外知识分子和新的社会阶层工作】 建立区新联会第四个实践创新基地——涉税服务联盟，为新的社会阶层人士进一步在实践中增强中国特色社会主义的政治共识提供创新载体。开展“创业创新大讲堂”“走进理事单位”主题活动等，以活动激发活力、提高能力。举办区知联会成立“十周年”系列活动，全方位展示定海知联形象。围绕“服务大局、服务社会、服务群众”主题，突出“知联服务”特色活动品牌，受到群众好评。

【推进民族宗教领域工作】 做好天主教朝圣安全工作，实现“零朝圣”，受到省民宗委和市民宗局的表扬。开展宪法和法律法规进场所等“五进”工作，引导宗教与社会主义社会相适应。至年末，全区22处场所宪法和宗教事务条例上墙率，升挂国旗率，社会主义核心价值观、中华优秀传统文化入场所率全部达100%。推进中央宗教工作督查整改、“回头看”检查，破解宗教领域存在的重点难点问题，不断巩固深化中央宗教工作督查成果。及时处置民间信仰活动场所违法建设行为2起，拆除面积280平方米，非法宗教活动2起，纳管基督教聚会点7处。总结民间信仰事务管理工作相关经验做法上报省民宗委，以专报形式报呈省委主要领导，并被刊登于《浙江民族与宗教》杂志。开展民族团结进步创建“六进”活动，檀枫小学顺利通过全省民族团结进步创建“互观互检”工作组验收。

召开全区民族宗教工作会议

【加强民营企业管理】 区工商联被全国工商联评为2019年度民营企业调查点工作示范单位，全市唯一一家。成立区工商联小沙分会，实现定海基层商会全覆盖。举办支持民营经济发展宣讲报告会和政策法规解读会8场，培训覆盖民营企业家近150人次。完善公检法司部门的沟通联系协调机制，与区检察院联合建立“区检察院服务民营经济工作站”，签订《护航民营经济发展协作书》，与区人民法院落实和推进诉前调解工作；开展会员企业“法律体检”活动，实际帮助解决问题75个。开展全区龙头企业结对服务活动，促使5家龙头企业与中小微企业的成功结对帮扶。更新会员数据库1100余家，清理规范基层商会的转贷业务，研究制定并下发《关于规范工商联所属商（协）会财务管理的通知》。与区委组织部、团区委制定出台《关于实施舟山市定海区新生代企业家“领英”工程的意见》，推荐4名新生代企业家为省新生代新一届执委，进一步加强新生代企业家队伍建设。

区工商联召开“法治体检”工作座谈会

【对港澳台统战工作】 深化联谊交友，重点接待美东纽约三江慈善公所回国寻根观光团、香港定海联谊会回乡考察团、海外金塘人联谊会探亲团等海外华人华侨、港澳同胞11批次，250余人次，不断巩固同根文化交流。拓展校际交流，接待由香港舟山新区青年联合会、香港屯门区中小学校长和胡陈金枝中学师生组成的浙港校长师生青年文化交流团赴定海六中开展教育教学交流活动，进一步强化香港学子爱国、爱乡的情怀。

【侨务工作】 做好区侨办、区侨联机构改革工作，制定并印发《定海区侨联改革方案》。爱侨助侨，开展各类服务315次，受惠765人次，走访慰问36户重点及56户困难华人华侨、归侨侨眷，送上慰问品、慰问金5万余元。

开展“‘梦想·寻根’香港定海联谊会回乡访问”活动

【乡贤组织工作】 聚焦基层治理现代化，以新乡贤工作为突破口，开辟基层统战工作新局面。建立乡贤档案600余份，其中，重点乡贤200余名，实现全区一镇一社区（村）级乡贤组织建设，成立马岙街道乡贤联谊会等9个镇（街道）级乡贤联谊会。指导各镇（街道）发挥乡贤会作用，引导乡贤在招商引资、乡村治理、乡风文明和社会公益等领域贡献力量。例如，马岙社区乡贤会带头支持美丽乡村建设，与村委协商制定了“一把扫把大家扫”等“微民约”，成立数支自治服务团队共同服务乡村振兴。

城东街道乡贤联谊会成立大会

（撰稿：徐丹阳）

（本分目照片由区委统战部提供）

台湾事务

【概况】 2019年，区台办服务党中央对台工作大局，做好定台两地交流合作、台胞台企服务等工作，提升定海对台工作水平。

【机构改革】 1月，全区进行机构改革，区委台湾工作办公室（简称区台办）与区委办公室合署，为党委工作部门（挂区人民政府台湾事务办公室牌子），区委办主任任区台办主任，设副主任1名，区委办下设台湾事务科，设科长1名。具体从事对台工作3人，人事、财务等归属区委办管理。区委副书记分管全区对台工作，区委办副主任具体分管台湾事务科。

【定台两地文化交流】 是年，以“三毛散文奖”为品牌核心，开展“三毛”系列活动，发挥“三毛文化”品牌在开展对台文化交流、促进和平统一中的重要作用。在舟山博物馆开展为期5个月的“走马过红尘——纪念三毛特展”活动；举办“我的故乡我的根”纪念三毛故乡行30周年专场活动；举办第二届“三毛散文奖”颁奖典礼，评出获奖散文集13部、单篇散文13篇，其中大奖各5部（篇），有2部（篇）为台湾作家所著；举办“三毛散文奖”作家林种植仪式、海峡两岸三毛文学论坛、“永远的橄榄树”台湾获奖作家分享会等活动；与舟山博物馆、三毛研究会等机构合作，每月组织一次“翁山雅集”解读三毛系列活动，并联合开展“怀念三毛”主题文学征文活动，14名参赛者获奖。

3月26日，“走马过红尘——纪念三毛特展”活动开幕式在舟山博物馆举行

【定台两地基层交流】 是年，接待南投县基层参访团，台北、基隆、高雄重点人士，参与“三毛系列活动”的台湾嘉宾等共计14批次，277人次。结合到访的台湾南投县国姓乡基层交流团以客家文化民众为主的群体，组织开展“文化古城定海行”为主题的交流活动，展演舞龙舞狮、跳蚤舞等非遗文化节目；端午前接待高雄基层农会农业专家，组织他们与定海和盛

9月24日，台湾基隆市仁爱区花岗里与定海区昌国街道香园社区居民一起开展两岸邻里联谊活动

果蔬专业合作社进行农业专业交流，与定海台联会理事一起开展“两岸一家亲 快乐迎端午”联谊活动，增进对中华民族传统文化的共鸣；组织基隆市仁爱区花岗里基层交流参访团一行16人与昌国街道香园社区居民一起开展两岸养老社区服务方面交流，开展“香园—花岗”邻里编中国结、制作团圆扇等联谊活动，在交流和互动中促进两地社区服务工作，增进都是一家人的认同；接待台北舟山同乡会新一届理监事参访远洋渔业小镇，感受家乡的新发展、新变化。

【定台两地青少年交流】 重视两岸青少年交流，通过“你来我往”“真心用情”，推进两地青少年交流持续开展。5月因国姓小学相邀定海小学师生赴台交流； 6月底，南投国姓小学研学团一行49人到舟山定海，参加第五期“海相连 心相印”舟台校际交流活动，研学团一行与定海小学师生家长进行深入互动，结为“家庭小伙伴”，一起参与团建活动，举办“相亲相爱一家人”音乐交流会等方式，深化两岸青少年的互动与交流，加深两岸文化交融，增进“两岸一家人” 的心灵契合。

7月3日晚，定海小学教育集团的“海莲花”铜管乐队和台湾国姓小学的“快艺”弦乐队在定海青少年宫共同举办“相亲相爱一家人”音乐交流会

【因公赴台管理】 履行职责，为定海因公务赴台交流、考察团组提供组团、立项、审批、成行等赴台服务，并做好行前教育；为参加市团组的区机关人员提供相关审批等服务工作。是年，组织“美丽乡村考察团”“定海小学文化交流团”“农村考察交流团”3个团组26人赴台考察交流。另有10人参与市团组的赴台交流工作，深化定台两地的交流合作。

【涉台服务工作】 2019年，处理寻亲、遗产继承、房产纠纷、紧急求助、政策咨询等涉台信访件16起。利用春节、端午、中秋等传统佳节，走访慰问困难定居台胞、老年台胞、重点台属及台资企业共计45户，送上党和政府的关怀和温暖。办理台胞子女身份证明2人次，协助公安部门办理台湾居民居住证申领75件。在2019年春节年货会上，促成台湾两岸阳光创业促进会与三农农产品批发市场合作，让台湾水果首次在定海大型年货节上亮相，售出凤梨、莲雾等台湾水果400余箱。

【捐赠资金管理】 继续做好台胞与区教育局之间的联系沟通，加强捐赠资金的跟踪监督管理，确保捐赠资金按相关规定合理使用。10月17日，在定海廷佐小学举行第十九届贝有添奖教奖学助学金、王颜林助学金、杨兆雄助学金和张荫亚助学金颁发仪式，捐赠55万元。累计捐赠588万元。

【涉台宣传工作】 组织台办干部、台联会理事认真学习党的十九大和习近平总书记在《告台湾同胞书》发表40周年纪念会上的重要讲话精神，学习台湾同胞投资保护相关政策法规，学习国台办“31条惠台措施”“26条惠台措施”、省“76条实施意见”、市“66条实施意见”，将党的对台方针政策精准贯彻落实到对台工作实践中去。与区民革、区台联一起开展“同心共庆祖国70华诞”联谊会，将涉台方针政策宣传贯穿其中。12月4日，在区文化广场设摊开展涉台宣传活动，通过展板向市民展示涉台方针政策、习总书记对台工作系列讲话精神、惠台政策简介、两岸关系发展进程等多方面内容，发放

12月4日，定海区台办在区文化广场设摊开展涉台宣传活动

《涉台政策问答汇编》100余份。

【台情普查】 是年7—9月，开展“两岸婚姻家庭信息普查工作”，对涉及定海的5339户涉台婚姻家庭开展调查，经初步筛查后实际入户1598户，建立两岸婚生子女基本情况汇总表。

（撰稿：王　玲）

（本分目图片由区委台办提供）

机构编制工作

【概况】 2019年，定海区委编办坚持以中央关于深化机构改革的重大决策部署为统领，准确把握改革目标要求，科学配置机构编制资源，持续推进机构编制各项工作，为全面推进定海花园式国际人文港城建设、实现率先建成“两个高水平”。

【党政机构改革工作】 按照改革工作要求，高标准高质量完成各项改革任务，在全市率先完成28家党政机构和10家镇（街道）“三定”规定制定工作。区属部门主要职责、内设机构、领导职数、人员编制四大要素进一步优化，科级领导职数减少49名，内设科室由218个减少到193个，内设机构股级职数由438个减少到359名。调整优化各镇（街道）主要职能，强化镇（街道）管理服务功能，除个别镇（街道）外，各镇（街道）内设机构、事业单位按总数10个进行控制，挂牌机构设置及股级职数核定有效规范，精简股级职数26名。会同组织部门和人力社保部门联合审核转隶人员260名，完成15家单位的编外人员划转，确保工作交接平稳有序。

【机构改革后续工作】 做好党政机构改革“后半篇”文章，跟踪涉改单位机构改革后的设置、管理运行和人员转隶等情况，组织开展机构改革“回头看”工作，制定印发《机构改革“回头看”暨机构编制督查评估指标》，包括机构职责、机构设置、政务公开信息，基层工作人员专题培训等四大项内容17条指标。评估组采取实地督查和单位自查相结合，分三轮对各镇（街道）和区属部门落实机构改革各项任务情况进行全面督查评估，实地走访镇（街道）10家、区属部门9家，并做到“即查即改、落实到位”。根据机构改革职能调整情况，及时组织24个部门对浙江政务服务网公布的权力清单进行调整和维护，涉及权力事项100余项，完成10个部门60项的权力清单不一致事项规范调整。组织开展机构改革后镇（街道）工作人员专题培训工作，开设针对基层干部的业务培训课目70余项，做到培训对象全员覆盖,增强基层服务群众的能力。建立健全区属部门与镇（街道）“一对多”“多对一”的协调配和机制，重点理顺机构改革中有调整或新设立的单位与镇（街道）的工作对接、请示汇报和沟通衔接关系，如区退役军人事务局、区卫生健康局、区商务局、区应急管理局。梳理各镇（街道）重点工作项目清单220余件，实现工作项目化、项目清单化、清单责任化。

【机关内部“最多跑一次”改革工作】 抽调力量组建审核工作专班，分层召开专题业务梳理工作培训会，明确工作任务、时间节点和政策口径。对照省市工作要求，按期审核完成41个部门的办事事项340余项（含多部门联办“一件事”31项），其中91%事项实现“最多跑一次”，做到申报材料、办理时间压缩比“双达标”。针对改革中出现的“零事项部门”，组织开展阶段性“回头看”工作，会同区司法局查阅区级规范性文件，增补综合执法、残联、自然资源和规划定海分局等3个部门“最多跑一次”办事事项12项。按期完成部门间“最多跑一次”办事事项流程图和办事指南审核，配合区大数据局推进机关内部协同办事系统的业务实操培训，加速实现部门间“最多跑一次”办事事项“网上办”。

【其他重点领域改革事项】 推进基层整合审批服务执法力量工作，印发重点工作任务分解方案，完成工作部署，梳理汇总各有关单位任务实施清单。推动综合行政执法改革，摸清全区执法队伍编制和人员底数，按要求锁定执法人员编制。会同区纪委区监委落实纪检监察派驻（出）组机构设置、人员编制和领导职数调整工作。加强区镇两级退役军人服务保障体系建设。配合做好公安边防部队改革，理顺边防管理职能，完成区公安分局海防大队机构设置、人员编制和领导职数核定工作。

【事业单位改革工作】 全区39家承担行政职能事业单位改革工作全面完成，将完全承担行政职能事业单位的职能划入行政机关后与部门内设机构统筹设置，将部分承担行政职能事业单位的行政职能划入行政机关后与机关下属公益类事业单位统筹设置。加强重点事业单位党组织领导职数设置，全面推进股级公益类事业单位清理规范整合工作。推动“五大领域”综合执法改革，完成人员编制摸底工作，配合市里制定出台改革实施方案和属地管理办法。完成社会矛盾纠纷调处化解中心建设，做好机构设立、职能整合、体制机制建设、人员编制调整等相关工作。

【事业单位年报公示工作】 按“最多跑一次”要求，优化办理程序，压缩办理时限，年报公示申请事项实现一日办结，完成全区257家事业单位年报公示工作。开展法人年度报告公示信息抽查工作，随机抽取瑞金医院舟山分院、区体育发展中心、区流动人口服务中心等3家区属事业单位为检查对象，通过书面审查、听取汇报等方式，对事业单位登记事项、年度报告的具体内容等情况进行全面检查，对核查发现存在事业单位登记档案不规范、证书未按规定悬挂等问题，现场发放整改通知书，要求主管部门及事业单位立即整改。

【事业单位登记管理】 规范事业单位设立、变更和注销登记，全年办理事业单位设立23家、变更167家、注销5家。全面推进机关事业单位统一社会信用代码赋码工作，全年办理机关群团赋码及变更31家。持续开展中文域名注册管理工作和推进机关事业单位网站挂标工作。完成2019年度全区机关事业单位中文域名财政统一支付工作。会同发改、财政、人力社保、卫生健康、税务等部门联合开展民办事业单位公益指数评估工作。通过书面打分和现场赋分相结合的方式，对区属民办事业单位瑞金医院舟山分院提供公益服务的行为、成绩、效果等情况进行定量、定性的综合评估，评定公益指数评估等级后通过公共信用平台向社会公布。

【事业编制管理】 拟订事业编制周转管理办法，建立健全编制周转使用制度，提高存量编制的利用率。突出需求导向、动态管理，将编制资源配置向中心工作、重点领域、公共事业倾斜，重点保障消防审批、应急、金融等工作。重新核定中小学、幼儿园事业编制及非编合格专任教师使用总量，建立中小学及幼儿园事业编制动态调整机制。调整市机关幼儿园、舟山幼儿园、区机关幼儿园等三家单位经费保障形式，建立健全幼儿园教师园际流动机制。规范民办报备员额使用，牵头制定民办报备员额使用管理暂行规定，对瑞金医院舟山分院民办报备员额的适用范围、员额适用、准入条件及日常管理等方面做出明确规定。

【规范机构编制管理制度】 拟订《中共舟山市定海区委机构编制委员会工作规则》，明确区委编委的主要职责、工作制度和区委编办主要职责，提升机构编制工作的科学化、制度化、法制化水平。建立健全股级干部职数管理制度，执行股级职数使用预审机制，严控超职数配备股级干部，完成34家主管部门、154家事业单位股级职数使用预审。会同制定出台区级部门派驻镇（街道）工作人员任职管理相关规定，规范下派人员股级职务任命管理。制定出台区级部门职责下沉镇（街道）准入机制实施办法，进一步对职责下放做出约束性管理。全面排摸机关事业单位人员混岗情况，加强同纪检监察机关的协作联动,通过定点巡查的形式开展混岗问题专项检查和清理规范。

【推进实名制系统管理】 组织召开机构编制实名制管理业务培训会，对照机构改革后新的“三定”规定和事业单位调整设置情况，全面完成各涉改单位实名制系统的机构列表、编制职数、人员信息等的调整更新。开展实名制系统压力测试，提升数据信息准确度，以机关内部“最多跑一次”改革为契机，在实名制管理系统中启用“电子章”模块，结合钉钉系统，优化办事流程。实现用编计划审批、人员进（出）编手续、股级职数预审等全过程“一站式”网上办理，受理办结机构编制实名制管理相关业务77例。科学制定2019年度和2020年度机关事业单位用编计划。

（撰稿：鲍璟静）

区委直属机关工委工作

【概况】 2019年，区委直属机关工委以习近平新时代中国特色社会主义思想为指导，学习贯彻《关于加强和改进中央和国家机关党的建设的意见》要求，落实新时代党的建设总要求和党的组织路线，坚持围绕中心、建设队伍、服务群众，以政治建设为统领，开展“不忘初心、牢记使命”主题教育，按照“摸清底数、打牢基础”的要求，坚持补短板、抓规范、求突破，提高机关党的建设质量。

【推进理论武装工作】　集中开展机关党建学习会3次，加强党的创新理论研学。组织开展3期“知会堂”，推动机关党组织书记理论学习与业务学习双提高，重点抓好支部书记上党课、写心得、述职责。发放“两书一章”等主题教育必学书籍2000余册，组织党员干部学原文、读原著、悟原理。以“理论惠民”宣教大联盟为依托，统筹宣教品牌资源。

举办党务干部“知会堂”

【提升支部建设质量】　结合机构改革及时调整组织设置，抓好24家机关党组织的建、改、调，理顺区财政局党委及区管2家国有企业的组织关系，落实协会党组织关系调整。注重支部班子梯队培养，严把关支部班子成员，优化班子队伍结构，有高学历“85后”班子成员111人，其所在支部占可覆盖支部数的93%。制定区直机关党组织规范化细项27条，覆盖组织设置、队伍管理、组织生活、作用发挥、运行机制和基本保障六大内容，推进机关支部规范化建设。

【加强机关党员队伍建设】　狠抓党员教育管理，严把发展党员“入口关”，规范落实发展党员“二十五步骤”，重点培养年轻优秀机关干部入党，抓实“三项”考学制度，全年发展党员41名；强化教育管理“日常关”，以“学先进、亮承诺”体验式集中教学、“初心不移、本色不褪”主题党日活动为抓手，重点加强新党员、退休党员教育。把牢担当作为“行动关”，对焦“最多跑一次”，比拼窗口单位服务质量；对焦创城工作，亮出机关党员先进形象；对焦小区“兼合式”党组织建设，展现党员引领基层治理实效。

新党员体验式集中教学

【落实全面从严治党】　持续推进“四风”整治，根据干部管理权限，对3名违纪党员出具党纪处理意见。开展“回头看”工作，持续跟进受处分党员的教育帮扶。强化警示教育，实抓党员干部开展身边案“零距离”警示教育，累计组织参观市内外警示教育基地等15次，受教600多人。针对11家基层党组织存在廉政、四风问题，开展专项排查。贯彻落实清廉定海建设，参与全区“双学双比”活动。开展“三服务”活动，解决173条服务需求。主题教育期间组建正风肃纪工作小组，督查13家单位，查摆整改问题9个。

【群团建设工作】　调整工委工会班子成员，指导开展1家基层特色工会创建和2家法律工作创新模式典

开展绿色出行健身走活动

型。推进基层团组织规范化建设要求，抓好团组织书记队伍建设。开展“献爱心、送温暖”活动，配合做好对四户困难职工家庭的救助工作。做好职工医疗互助保障工作开展“米娜”台风受损补助申报。实施机关活力工程，做好“万名职工颂祖国”主题系列活动，持续开展“快乐工作、健康生活”机关业余文化体育活动10次，参与的机关干部达1200余人次。

（撰稿：王　杰）

（本分目照片由区直机关工委提供）

政策研究工作

【概况】　2019年，区委、区政府政策研究中心围绕区委区政府中心工作和重要工作部署，开展调查研究，研究制定重要文件，撰写区委、区政府重要文稿，各项工作取得实效。

【重点课题调研】　围绕区委、区政府中心工作开展调查研究，完成《关于提升美丽乡村发展活力的调研和思考》《关于解决定海城区内涝问题的研究和对策》等一批调研成果。根据区委主要领导要求，研究起草《中共舟山市定海区委办公室关于加强民主参与共促高质量发展的实施意见》等系列政策文件。统筹协调全区开展调查研究，协调区四套班子领导开展调查研究，收集30篇优秀调研报告并编印成册；指导区属各单位开展调查研究，评选50余篇优秀调研报告。做好上级政研室及兄弟单位到定海区调研的组织协调工作，配合开展等专题调研3次。

【重要文稿撰写】　起草区委第十三届八次、九次全会和区第十三次代表大会第四次会议暨区委经济工作会议等重大会议报告，完成区委、区政府主要领导重要讲话材料100余篇。

（撰稿：徐　菲）

信访工作

【概况】　是年，区信访局接待群众来信来访995件（批）1402件（人）次，上年同期为1032件（批）2412件（人）次，同比分别减少3.5%和41.8%。其中，受理来信508件(包括网上投诉493件)，上年同期为292件，同比增加73.9%；受理个访480批606人次（上年同期为668批920人次），同比分别减少28.1%和 34.1%；受理集体访22批303人次（上年同期为90批1210人次）,同比分别减少75.5%和74.9%。此外，受理群众评价不满意信访事项复查1件，做到接件就督，按时办结率100%。

【化解矛盾纠纷和疑难信访积案】　是年，定海集中信访矛盾攻坚化解，积极创建无信访积案县（区），排查重点信访积案29件，其中省级积案3件，承诺息访2件，事实息访1件，化解率100%；市级积案12件，其中承诺息诉7件，事实息访5件，化解率100%；区级重点信访案件14件，化解7件，化解率50%。

【深化领导干部接访机制】　根据“区委书记大接访”活动工作方案，深化区级领导值守信访制度。规范接访程序，做到集体访必接、有合理诉求初次访必接、重要节点异常情况必接；发挥领导优势，根据领导职权范围及个人资历资源，量身定制、精准安排接访；灵活接访方式，对接事权单位主动约访，加大接访的主动性、满意率。

【推进信用信访试点工作】　实施整合力量、程序完善、人员梳理、分类管理等举措，加强对信访人信访活动的信用管理。根据《舟山市信访人信用管理实施办法》，将信访人失信行为分类一般、较重、严重三类，制定信用信访“三流程一制度”（信访人失信行为评定惩戒、异议处理、信用修复流程和信访人失信行为评定委员会工作制度）和一系列具体操

召开定海区信访失信行为评定会

作文本，实现信访人信用管理的制度化、规范化。是年，召开第一次信访失信行为评定会议，评定一般失信信访人2名，营造“政府诚信办、群众诚信访”氛围。

【探索信访超市和信访代办制】 以“最多跑一次”改革理念，推进基层社会治理创新，打造全科受理、访调一体、集成联办、一站化解的县级信访超市（矛盾调解中心），实现群众解决诉求“只进一扇门”“有人帮着跑”。推进镇（街道）、村（社区）信访代办站（点）建设，建立专兼职信访代办员队伍，维护好群众合法合理权益，实现信访全程代办、全程代跑、全事代办。截至年末，建立13个信访代办站，145个信访代办点，有代办员182名，全面完成站点的“有场所、有标牌、有人员、有制度”的“四有”建设，全区以信访代办化解信访件250余件，确保“小事不出村，大事不出镇，矛盾不上交”。

小沙街道“一把手海岛代办”

（撰稿：叶潆嫣）
（本分目照片由区信访局提供）

保密工作

【概况】 2019年，区保密局按照市国家保密局部署，围绕区委中心工作，服务新中国成立70周年大庆，开展保密教育、保密检查、涉密人员管理等工作，筑牢全区保密安全防线。全年未发生一起失泄密事件，确保党和国家秘密的绝对安全。

【完善机构体制】 加强保密管理部门建设 按照全省机构改革要求，及时调整保密机构体制。明确为区委办公室内设科室，设置机要保密科、保密检查中心2个，挂国家保密局、机要局牌子。

增强保密工作专班力量 按照一级抓一级、层层抓落实的工作要求，70余家区级部门、镇（街道）建立健全保密组织机构，形成以分管领导为组长、各科室为成员，专职保密员为骨干的工作格局。

【健全各项制度】 完善保密考核办法 针对区属各单位、镇（街道）情况，完善保密工作目标责任制考核办法。对违反保密规定并造成泄密责任的单位，实行一票否决制度。

完善各单位管理制度 进一步健全完善涉密文件、涉密人员、涉密设施等管理制度。目前我区涉密人员均签订保密承诺书、在岗（离岗）责任书等。

完善责任追究机制 针对各单位、镇（街道）保密管理中存在的漏洞，实行区委办主任亲自约谈有隐患单位分管领导制度，进一步明确责任追究和责任倒查机制。

【重点保密工作】 严格管理定密工作 贯彻落实定密管理制度，加强对机关单位国家秘密确定、变更和解除工作的指导和监督检查，落实承办人和定密责任人的法定职责，加强保密事项范围的学习研究。

严格管理涉密文件 加强省委办公厅及以上的密级文件管理，对各单位进行逐一排查，及时纠正指导隐患苗头问题。同时每年对各单位的涉密文件、资料等载体进行认真核对、统一清缴，并优化保密库房建设，确保涉密载体安全。

严格管理涉密工程 进一步推进相关单位保密机房建设，指导其进行机房选址，设备配备、调试等。升级完善全区涉密线路铺设，确保覆盖重点涉密部门，实现省市文件交换互通。更迭完善全区保密技术监管平台建设，同时配备更迭保密技术检查设备，实现保密工具集中调配，各单位分时段共享的格局。

【常规保密工作】 保密宣传教育“多样式” 内容上扩容提质，加大对军事设施安全的普及宣传。形式上固本创新，组织全区保密干部培训会，印制保密宣传光盘及宣传册，明确各单位开展集中观看警示教育片、自查自评活动。

保密检查“驻点式” 组建一支由计算机管理业务专家、保密专职人员组成的保密检查队伍，深入全区机关、单位开展保密检查工作。

保密指导工作“订单式” 针对定海区重点要害部门及单位，区保密局领导亲临现场，通过面对面授课，手把手指导的形式，增强相关单位涉密人员保密意识、提高保密技术和能力。

（撰稿：王璐璐）

档案史志工作

【概况】 2019年，区档案馆坚定“三个走向”根本遵循，以“创建一个馆，编好二本书，实施三大工程”为抓手，深化“五档共建”，着力提升档案“三服务”水平，推动档案行政管理和档案馆工作“双加强”，实现全区档案史志工作新发展。

【档案管理】 加强机构改革后的档案指导 厘清局馆工作任务，加强局馆统筹，做细做实局馆转隶工作。加强机构改革后的档案管理，扩大档案指导覆盖面，至2019年进馆单位达80家。完成19家涉改单位档案处置方案，完成区指挥中心、区人防办等8家单位的年度归档指导工作。对区气象局等13家新进馆单位开展摸底调查工作，举办5期小班化培训班，并对新档案员开展上门指导。

加强档案行政执法工作 做好互联网+监管平台系统监管事项目录清单认领及实施清单的编制工作，完成各类数据录入和归集。完成70家单位的掌上执法检查工作，其中区退役军人事务管理局、区府办等5家为双随机行政抽查，对其中1家不合格单位发出责令整改通知书，落实督促整改工作。

加强社区（村）体制改革中的档案工作 与区社改办对接，联合转发相关文件，拟定实施方案；走访8个镇（街道），指导各、街道做好社区（村）体制改革工作中的档案工作，将指导社区村档案工作列入档案工作考核，推动区档案馆—镇（街道）—社区（村）三级联动监督管理机制。

加强重点建设项目的档案监督指导 联合市港务局，对中化兴中石油转运（舟山）有限公司6#泊位5000吨级油码头工程等4个项目开展档案专项验收。

【通过国家数字档案馆建设省级测评】 制定数字档案馆系统评价指标分工以及时间节点安排表，动员全馆力量，全面梳理基础设施、系统功能、档案资源、保障体系、服务绩效等五大方面存在的问题，实施清单销号制管理，逐项突破，逐个销号。完成机房改造，配齐各类监控、安保、软件系统。升级网络平台，实现局域网、政务网、因特网三网隔离，并铺设查档专用光纤，满足数字档案收、管、存、用各项功能。完善馆内各项制度，制订消防、数据恢复、防汛等制度及演练预案。强化系统功能，满足在线、离线接收、检测、长期保存需要。至10月底，以84.6的较高分通过省级测评。

【推进国家综合档案馆规范化建设】 建立每月碰头会和周通报等制度，全力破难点，攻重点，开展国家综合档案馆业务建设评价。改造总控室，增添各类安防设施设备。改造库房，增添密集架等设备。改造查档服务大厅，增添电子查档设备。调整、新增进馆单位全宗号，基本完成新版《舟山市定海区档案馆指南》编纂。升级档案信息管理系统，有序管理电子档案，严格电子档案接收流程和检测标准。修订档案馆收集档案范围和接收名册，完善各类台账资料。通过省级综合档案馆业务建设评价。

【档案资源管理】 加强档案接收和管理 严格按照档案法和国家档案局8、9号令要求，加强档案接收。完成岑港街道等20家进馆单位1104卷23631件各类档案的接收。配合机构改革，对列入年度接收计划和机构改革过程中撤并的26家单位的档案进行清点、核对、消毒和上架；修订定海区档案馆收集范围及实施细则，做好进馆单位全宗号的新增和调整工作。

强化馆藏和征集档案的整理 完成馆藏849件印章及其他实物档案整理、数字化。清点8803卷会计档案，编制新的架格位置表，补录3170条案卷目录。对795件征集档案、部分照片和光盘档案重新进行分类整理和数字化加工。加强档案鉴定开放。完成1986—1988年馆藏需鉴定开放的档案4766卷83028条，控制71024条、开放12216条。

开展重大活动、专题档案的接收 完成千村档案、习近平在舟山、周锦水等专题档案的整理和接收工作。完成“三毛散文奖”重大活动的档案收集、整理，形成文书档案127件，照片152张，光盘3张和全宗接收并移交。

【档案安全工作】 借助国家数字档案馆创建，升级各种安保设施设备，监控系统、门禁系统、消防系统、环境监测系统部署到位。做好部分馆藏无原文数据查询及增补工作，计4万余条。完成馆藏涉密条目排查和上传，计55244条。完成馆藏开放档案系统设置工作，合计3211卷，58392件。完成所有案卷级目录比对，合计46616条。建立健全档案的接收、整理、保密、保管、借阅、查阅、利用、统计、鉴定、安全保卫等制度，并加强落实。贯彻《浙江省档案登记备份管理办法》，完成49家单位2017年度档案数字化成果的备份，计178.76GB；完成征集档案、家庭档案数字化成果的备份，计57GB。完成1985年前馆藏开放档案系统设置工作，其中案卷级3179卷，文件级46306条。

【数字化转型】 继续推进“最多跑一次”事项电子化归档工作，指导各单位做好电子文件在线归档、移交、数据扫描上传等。配合做好“最多跑一次”电子化归档平台建设项目软硬件部署工作，助推政府数字化转型。拓展查档服务模式。开展电子查档、预约查档、异地查档三种服务，进一步满足人民群众的查档需求。举办全区镇、街道档案员参加的档案服务网的培训，增强基层档案员服务民生的实操能力。全年累计接待利用档案1800人次，其中异地跨馆查档32人次、来电来访咨查询503人次。查阅档案370卷、2082件。出具证明1862份，打印和复印6938页、摘录37条，拍摄105张，拷贝450张。

【开展定海党史二卷编纂】 坚持集体讨论修改，调整和充实书稿内容。完成第二章、第三章等章节的集体讨论，提出修改意见。对第一、二、九、十五章补充4个目的内容。对照编纂规范，对初稿进行统稿。编校印刷二卷征求意见稿80本。以史志办行文，向40个区属单位征求对二卷初稿的意见。联系省市党史业务部门，和区内外9位老领导、老同志、老史志工作者征求意见，上门倾听他们对二卷稿件的意见和建议。邀请省委党史研究室的专家专门到单位，反馈意见，并作统稿业务辅导。吸纳各方意见建议，开展第二次全面深入统稿。根据成书出版的要求，撰写完成序言、后记，继续收集查阅有关档案资料，制作有关附表4个，编排插图30多张，做好二卷送审稿的编印。

【《定海年鉴（2019）》编纂工作】 4月下旬发文启动编纂工作，8月中旬完成组稿、约稿、缴稿工作，10月底完成初稿审校修改，12月底完成总纂任务，并安排送审及排版印刷工作。《定海年鉴（2019）》有40个类目、298个分目、1958个条目；有卷首地图1幅、彩页照片52张、内容图照618张；还有中英文目录及要目索引、图标索引等；它是定海区编纂的第16部综合性年鉴。

【地方志援藏工作】 3月，参加省方志办援疆援藏工作座谈会，与西藏那曲市尼玛县开展地方志援藏工作的进一步对接；5月，参加省方志办召开的方志援藏援疆工作推进会，总结经验，查找问题，为下一阶段工作展开部署。集中对尼玛县志编修在史料和照片收集、目录框架设置、志书体例规范以及概述撰写等方面加强指导；继续坚持每月两次电话沟通，了解尼玛县志书编修进度情况，有针对性地实施“一对一”帮扶指导。对《尼玛年鉴（2019）》送审稿进行通读，提出书面修改意见，并反馈给尼玛县方志办；寄送《舟山年鉴2019》《定海年鉴2019》等，以供对方交流参考借鉴。加强对《尼玛县志》(二轮志书)在史料收集和初稿撰写方面的业务指导，对其二轮志书初稿进行通读，并整理修改意见。

【其他各项地方志工作】 完成《定海年鉴2018》发放工作，发放年鉴550余册；完成《定海年鉴（2019）》·大事记内容的撰稿工作；完成《定海年鉴（2019）》·史志工作内容的撰稿工作；完成《舟山年鉴（2019）》·定海篇内容的撰稿工作；做好定海地情方志展览厅的日常接待工作；完成科室2019年度重点突破工作的梳理上报；完成第六届全国地方志优秀成果（年鉴类）的申报；协助区委办完成“青年浙江”栏目有关定海清廉御史方面的资料收集工作；完成《定海古村落》的校对工作；协助区人武部开展《兵要地志》相关地情资料的搜集整理工作；配合完成“6·9”国际档案日各项宣传活动；完成地方志信息报送工作；配合做好全省地方志成果展览的相关事宜；配合完成各类巡查、督查以及检查工作；开展“不忘初心、牢记使命”主题教育及完成各类会议精神的学习任务；坚持学习型、服务型、创新型的史志干部队伍建设；做好公务员网络学院学习和培训相关工作。

【加强档案史志宣传】 隆重纪念中华人民共和国成立70周年以及第13个国际档案日，举办“新中国的记忆”系列纪念宣传活动。举办定海记忆图片展。现场陈列了40余幅馆藏珍贵图片精选加工而成的展板，展现定海历史的的风云往事。联合灯谜协会，制作200余条档案谜语，进行有奖竞猜活动，众多市民竞相参与。开展党史六进活动，完成“见证新中国成立70周年”定海新四军老战士人物采访撰写工作；配合白泉街道，开展东海游击总队纪念馆布置工作。

（撰稿：鲁学伟 王英伟）

责任编辑：王英伟

中共舟山市定海区纪律检查委员会

CPC Discipline Inspection Commission Of Dinghai District

舟山市定海区监察委员会

CPC Supervisory Commission Of Dinghai District

白泉镇·日出（陈炳群/摄）

社会主义核心价值观

国家 富强、民主、文明、和谐

社会 自由、平等、公正、法治

公民 爱国、敬业、诚信、友善

区纪委区监委领导

书　记：顾飞舟（续—2月）
　　　　郑飞科（2月—）
副书记：方思宏（续—4月）
　　　　吴青青（6月—）
　　　　朱存波
常　委：吴慧琴
　　　　陈　军
　　　　潘琼颖
　　　　张小艇
主　任：顾飞舟（续—1月）
代主任：郑飞科（1月—）
副主任：方思宏（续—6月）
　　　　吴青青（6月—）
　　　　朱存波
委　员：吴慧琴
　　　　陈　军
　　　　王功跃
　　　　潘琼颖

综　述

2019年，是纪检监察体制改革持续深化之年，区委扛起管党治党政治责任。全区各级党组织和广大党员干部严格落实党风廉政建设和反腐败工作决策部署，各级纪检监察组织聚焦主责主业，忠诚履行职责使命，纪检监察工作在高质量发展轨道上高效运行，全面从严治党不断向纵深发展。

重要会议

【十三届纪律检查委员会第五次全体会议】　于1月28日召开。会议回顾总结2018年全区党风廉政建设和反腐败工作，部署2019年工作任务。区委书记庄继艳出席全会并作重要讲话，区委常委、纪委书记顾飞舟代表区纪委常委会作题为《推进新时代全面从严治党向纵深发展　为谱写花园式国际人文港城建设新篇章提供坚强保障》的工作报告。区四套班子领导出席会议，区纪委委员、各镇（街道）及区属各单位主要负责人、区纪委区监委派驻纪检监察组及市以上垂直管理单位在定派设机构负责人80余人参加会议。

召开十三届纪律检查委员会第五次全体会议

【派驻（出）机构改革工作会议】　于5月24日召开。会议宣读派驻（出）机构改革方案，按照驻在单位职能相近、业务相通、任务均衡原则，将派驻（出）机构从16家调整成10家，其中，8家综合派驻、2家单独派驻。并把党组织关系在地方的省以下垂直管理单位，区属企业、学校、区级民主党派机关纳入监督范围。监督还覆盖到新设的舟山国际粮油产业园区管理中心、舟山国际水产品产业园区管理中心、区海洋科技产业园管理中心等单位，实现派驻监督全覆盖。会议还宣布干部任免、人事安排文件。全区派驻（出）机构改革工作完成。

召开全区派驻（出）机构改革工作会议

【区纪委常委会】　是年，区纪委召开常委会会议38次，部署安排全区纪检监察工作会议的召开及有关议程，讨论有关人事安排等三重一大事项，研究纪检监察体制改革、区委巡察工作、党风政风监督、信访举报、执纪审查、监察调查、宣传教育、案件审理、基层党风廉政建设等工作。

政治生态建设

【廉政建设】　聚焦“关键少数”，将52项党风廉政建设责任分工落实至20位区领导，实行半年度汇报，实现管党治党主体责任清单化、项目化。落实区管干部任前“四廉”制度，组织开展任前廉政考试5场55人、集体廉政谈话2场26人。强化履责督责，以“两个责任”在线平台考核为基础，实施党组（党委）主体责任落实情况向纪委全会汇报、质询评议等机制，倒逼责任落实，5家接受质询单位的14个问题得到全面整改。激励约束并举，建立受处分党员干部回访、不实举报澄清正名等工作制度，回访受处分党员干部19名，为10名干部澄清正名、1名干部容错免责；严把党风廉政建设意见回复关，提出廉审意见34次涉及626人，否决干部3人，严管厚爱、担当实干氛围进一步浓厚。

召开全面从严治党主体责任汇报会

【推进清廉定海建设】　着眼破题创新，凝聚创建合力，开展“五个一”力促清廉定海建设。依托“双学双比”活动载体，督促加快推进31个重点项目建设，疫苗遴选采购公开化透明化、20万元以下小额服务类项目发包管理、交通系统小微权力规范运行等项目成效明显。全面助推清廉村居、清廉学校市级示范点建设，制定出台清廉村居实施方案及清廉指标，打造小沙街道东风村、岑港街道涨次村等“一村一品”清廉村居示范点4个。倡导清朗民风，联合相关部门开展“清风廉韵书法展”“树廉洁家风 创清廉家庭”等系列活动，营造以清为美、以廉为荣的社会新风尚。

小沙街道东风村开展清廉村居建设

日常监督

【深化派驻机构改革】　深化派驻机构改革，构建“综合派驻+单独派驻”“8+2”模式，实现机构精简、力量整合。延伸监督触角至省以下垂直管理部门及国企、学校，新增监察对象826人。推进“六个一体化”建设，对派驻人员的人事编制、工资福利、办公经费、年度考核等实行统一管理。推进基层监察办规范化建设，构建区、镇街、村三级联动的基层监察工作新格局，试点建立廉情监察点，聘请廉政监督员，实施廉情接访坐班轮岗机制，打通监察监督“最后一公里”。

【作风建设】　以专项整治为主抓手推动作风建设，深化“新官不理旧账”专项治理，系统梳理贯彻执行、资金资产管理等4方面29个旧账问题，完成整改23个，双桥街道蚂蟥山水库上游不通公交等一批久拖不决问题得到妥善解决。助力村（社区）“三多”问题专项整治，挂牌、台账、报表分别减少72%、30%、39%，取消事项9项。推进“不作为、慢作为”专项治理，通报集体资产处置不到位问题1起，处理党员干部3名。紧盯隐形“四风”，全市率先开展培训费列支情况监督检查，核实问题线索3条，处理干部4名。落实中央八项规定及其实施细则精神，开展正风肃纪专项行动105次，检查单位391家次，发现问题70起，处理人员99人，同比增长76.8%，其中党纪政务处分34人、通报曝光14起。其中查处违反中央八项规定精神问题24起33人，同比分别增长84.6%、120%，党纪政务处分18人。

开展节日期间正风肃纪行动

区委巡察工作

【推进区委巡察】 统筹安排全覆盖目标与年度任务，确保区委届内巡察全覆盖，完成3轮13个区属部门（含国企）和2个镇（街道）的常规巡察，结合“延伸巡”“全面巡”完成19个村居巡察，发现问题237个，提出意见42条，移送问题线索42件，党纪政务立案3件，诫勉谈话13人。开展人防系统腐败问题“机动式”巡察，配合完成对普陀区沈家门街道的交叉巡察。强化内部规范化建设，建立完善配合巡察工作规定、整改约谈实施办法等制度，实行问题线索研判交办机制，巡察工作制度化、科学化水平进一步提高。

开展巡察情况反馈

【抓实巡察整改】 启动巡察整改回访检查，对18家单位问题整改落实情况进行重点督查，发现敷衍整改、表面整改等问题58个，发放二次整改清单责令限期再整改再落实。创新推出巡察整改评估会机制，邀请特约监察员、相关职能部门业务骨干集中坐堂，现场评估被巡察单位问题整改成效。压紧压实整改责任，要求两年内调离岗位的原任“一把手”和现任参加巡察意见反馈会，配合落实整改，杜绝老问题带到新单位。

信访举报和执纪审查

【信访概况】 是年，全区受理群众信访举报203件，比去年增加67件。其中实名举报110件，占54.2%，重复信访68件,占33.5%。信访办结率94%，满意率91%。移送案件线索111件。从反映的对象来看，反映社区村干部的占39.4%，从反映问题的性质来看，主要还是反映违反群众行为和违反廉洁纪律行为，分别占25.6%和18.7%。

【加大执纪审查工作力度】 是年，全区各级纪检监察组织运用“四种形态”处置445人次，同比增长128%，第一、二、三、四种形态分别占比78.7%、10.8%、5.6%、4.9%；立案93件，同比增长32.9%；结案94件，留置13人，党纪政务处分79人（党纪处分72人、政务处分19人、双重处分12人），其中科级干部13人，移送司法机关12人。重点查办浙江定海工业园区管理委员会原党组书记、主任周某受贿案，舟山市公安局定海区分局经侦大队原教导员张某某受贿、徇私枉法案，岑港街道临聘人员陈某等人共同贪污案；成功办理全市唯一一例潜逃人员徐某某贪污案。

【警示教育活动】 开展警示教育月“十个一”活动，摄制《以案为鉴 守牢底线》专题片，组织参观警示教育基地32批次，召开警示教育大会76场、专题民主生活会组织生活会76场。创新推出“点案说案”宣讲活动，实现按需点单、分类释案、分层说案。推行案件“查、处、曝”扣环式工作法，加大案件查办各环节各阶段通报曝光力度，达到“通报一起、警醒一片”效果。推进以案促建，针对问题查找“病灶”，通过反馈问题清单、下发监察建议等方式，推动建立完善困难职工临时救助办法、扶贫项目和资金联审、

开展镇街道“一把手”讲廉微党课活动

残疾人扶贫示范基地建设与管理办法、工程招投标协调联动管理和违法违规案件查处协作等一批制度。

自身建设

【强化党建引领】 开展“不忘初心、牢记使命”主题教育，区纪委常委会带头深入学习理论、锤炼党性，带头深入调研、求真务实，带头深入检视、找准差距，带头整改落实、自我革新，发挥示范表率作用。全区各级纪检监察组织深入实施“补钙、练兵、修身、筑坝”四大行动，开展“锻钢铸魂强素质”等系列活动，队伍精神面貌和执行力显著提升。

“锻钢铸魂强素质”主题党日活动

【从严抓好干部队伍建设】 注重能力提升，全年累计培训干部30期394人次，创新汇编“解析百问”、基层纪检监察组织案件办理范本。拓展交流渠道，提拔中层干部4名、“上挂下派” 24人次。抓实内部监管，建立党风廉政建设主体责任“五张清单”，织密自我监督网。推进日常监督，实施谈心谈话、廉政档案、全员家访制度。强化外部监督，聘请社会各界人士12名为第一届特约监察员。保持清理门户高压态势，处置反映纪检监察干部问题线索6件，立案1件，党纪政务处分1人，坚决防止“灯下黑”。

举办纪检监察综合业务培训班

（撰稿：阮　芳）

（本类目图片由区纪委提供）

责任编辑：王英伟

舟山市定海区人民代表大会

People's Congress of Dinghai District

岑港·涨次村（陈炳群/摄）

社会主义核心价值观

国家　富强、民主、文明、和谐

社会　自由、平等、公正、法治

公民　爱国、敬业、诚信、友善

区人大常委会领导

主　　任：余河通（2007.03—）
副 主 任：林伟康（2017.02—）
　　　　　范　纲（2014.02—）
　　　　　张伟旭（2010.01—2020.01）
　　　　　齐友国（2020.01—）
　　　　　孙忠定（2014.02—2020.01）
　　　　　王华杰（2017.02—）
　　　　　王金康（2017.02—）
党组书记：余河通（2006.10—）
党组副书记：林伟康（2016.12—）
党组成员：范　纲（2014.01—）
　　　　　张伟旭（2010.01—2019.12）
　　　　　齐友国（2019.12—）
　　　　　孙忠定（2014.02—2020.01）
　　　　　王华杰（2017.03—）
　　　　　卢建军（2010.04—）

综　述

2019年，定海区人大常委会高举习近平新时代中国特色社会主义思想伟大旗帜，学习贯彻党的十九大、十九届四中全会精神，全面贯彻落实中央和省、市、区重大决策部署，聚焦工作大局，依法履职尽责，主动担当作为，完成区十七届人大三次会议确定的目标任务。全年召开常委会会议13次、主任会议17次，听取和审议“一府一委两院”工作报告42个，作出决议决定22项，发挥地方国家权力机关的作用。

重要会议

【区十七届人大三次会议】　舟山市定海区第十七届人民代表大会第三次会议，于1月21—24日在定海召开。206名区人大代表出席会议。区人民政府组成人员和在定海的省十三届、市七届人大代表，区委常委，金塘管委会负责人，区六届政协委员，区监察委员会、区人民法院、区人民检察院、区人武部负责人，区属有关单位、群众团体主要负责人，各镇、街道党（工）委书记，镇长、街道办事处主任，镇人大主席、副主席，区人大常委会各工委（办）负责人、各工委兼职委员，区人大常委会街道工作委员会负责人，市以上垂直管理单位在定派设机构的主要负责人，金融保险机构主要负责人，驻定部队和武警负责人，大会秘书处各组组长，定海区部分原领导干部共259人列席会议。会议审议定海区2018年国民经济和社会发展计划执行情况及2019年国民经济和社会发展计划草案的报告、2018年财政预算执行情况和2019年财政预算草案的报告。听取和审查区人大常委会、区人民政府、区人民法院、区人民检察院的工作报告，审查批准2019年定海区国民经济和社会发展计划、区本级财政预算，并作出相应决议。大会对政府民生实事项目进行了票决，票决通过15项政府重点实施的民生实事项目。

本次大会期间，代表们高举习近平新时代中国特色社会主义思想伟大旗帜，全面贯彻党的十九大精神，不忘初心、牢记使命，围绕率先建成“两个高水平”奋斗目标，以对人民高度负责的精神和求真务实的态度，履行宪法和法律赋予的职责，积极向大会提出议案。至本次大会规定的议案截止时间，大会秘书处收到代表10人以上联名提出的议案53件，其中政法内务方面10件、财政经济方面3件、教科文卫方面12件、城建环资方面22件、农业农村方面6件。同时，大会秘书处还收到代表提出的建议、批评和意见（以下简称建议）38件。经议案审查委员会研究，将53件议案均作为建议、批评和意见（以下简称建议）。将叶妙君等17名代表提出的《关于巩固文明城市创建成果 建立创建工作常态化管理机制的议案》（第2号）、严华等10名代表提出的《关于依托风情乡村建设振兴乡村的议案》（第1号）、范碧芬等10名代表提出的《关于纵深推进“最多跑一次”改革的议案》（第4号）、何永明等10名代表提出的《关于加快推进镇（街道）养老机构建设的议案》（第19号）、林明等10名代表提出的《关于进一步加快推进各镇街道农民公寓房项目建设的议案》（第27号）、陈惠龙代表提出的《关于加大小微企业精准帮扶的建议》（建第26号）6件建议作为本次大会重点建议。在本次大会结束后，这91件建议将由区人大常委会办事机构和区政府办公室交有关机关、组织研究处理，并负责答复代表，其中涉及临城街道、千岛街道范围内的建议，由区政府办公室集中转交市政府办公室，待市政府有关部门提出处理意见后，再由区政府办公室答复代表。

【区十七届人大常委会会议】 召开区十七届人大常委会第十八次会议　于1月14日召开。会议由余河通主任主持。会议决定相关人事任免事项。会议听取区监察委主任顾飞舟所作的《关于贯彻落实监察法情况的专项工作报告》。会议听取和初审区发改局局长刘世君受区人民政府委托所作的《关于舟山市定海区2018年国民经济和社会发展计划执行情况与2019年国民经济和社会发展计划草案的报告》，提出《关于舟山市定海区2018年国民经济和社会发展计划执行情况与2019年国民经济和社会发展计划草案的初审报告》。会议听取区发改局局长刘世君受区人民政府委托所作的《关于舟山市定海区2018年政府民生实事代表票决项目完成情况与2019年政府民生实事候选项目情况的报告》。会议听取和初审区财政局局长何红受区人民政府委托所作的《关于舟山市定海区2018年财政预算执行情况和2019年财政预算草案的报告》《2019年人大审议单位部门预算编制情况》及部分街道2018年预算执行和2019年预算编制情况，提出《关于舟山市定海区2018年财政预算执行情况和2019年财政预算草案的初审报告》。会议审查区十七届人大二次会议上十个上会审议单位部门预算执行情况。会议讨论提出区十七届人大三次会议议程草案、日程草案、主席团和秘书长名单草案、主席团常务主席名单草案、主席团执行主席分组名单草案、副秘书长名单草案、议案审查委员会组成人员名单草案、议案截止日期的决定草案、各项名单和决议案的表决办法草案，通过各代表团组成及召集人名单草案，决定列席人员名单。会议审议通过区人大常委会在区第十七届人大三次会议上的工作报告稿。会议审议通过区人大常委会2019年工作要点草案。会议审议通过代表资格审查委员会《关于代表变动及代表资格审查的情况报告》。会议听取区人大法制内司委、财经委工作报告。会议讨论提出《舟山市定海区2019年政府民生实事项目代表票决办法（草案）》。

区十七届人大常委会第十九次会议　于2月1日召开。会议由余河通主任主持。会议通过《关于接受王树辉辞去舟山市定海区人民政府副区长职务的决定》《关于接受应朝阳辞去舟山市定海区人民政府副区长职务的决定》《关于接受顾飞舟请求辞去舟山市定海区监察委员会主任职务的决定》《关于郑飞科代理舟山市定海区监察委员会主任职务的决定》；表决通过区人民政府副区长、公安分局局长，区监察委员会副主任等相关人事任免事项。

区十七届人大常委会第二十次会议　于3月8日召开。会议由余河通主任主持。会议审议通过《舟山市定海区人民代表大会常务委员会关于加强街道人大工作和建设的决定》。

区十七届人大常委会第二十一次会议　于4月11日召开。会议由余河通主任主持。会议通过《关于接受毛铁年请求辞去舟山市定海区人民政府副区长职务的决定》；表决通过区人民政府副区长，区发改局局长，区人大常委会办公室副主任、部分街道工作委员会副主任、委员，区人民陪审员等相关人事任免事项。

区十七届人大常委会第二十二次会议　于4月29日召开。会议由余河通主任主持。会议决定人事任免事项。会议听取和审议区人民政府副区长刘世君代表区人民政府所作的《关于全区促进民营经济高质量发展情况的报告》，听取区人大常委会财经工委主任石江洋所作的《关于我区促进民营经济高质量发展情况的调查报告》。经过审议，会议提出《舟山市定海区人民代表大会常委委员会关于进一步促进我区民营经济高质量发展的审议意见》。会议听取区政府《关于全区2018年度生态环境状况和生态环境保护目标完成情况的报告》（书面），听取和审议区人民政府副区长刘世君代表区人民政府所作的《关于定海区生态文明建设示范区创建工作情况的报告》,听取区人大常委会城建环资工委主任蒋玲军所作的《关于定海区2018年度生态环境状况和生态文明建设示范区创建情况的调查报告》。经过审议，会议提出《舟山市定海区人民代表大会常委委员会关于进一步推进我区生态文明建设示范区创建的审议意见》。会议听取和审议区人民政府副区长屠定玉代表区人民政府所作的《关于全区2013—2017年中小学布局调整规划执行情况和定海区2018—2022年中小学布局调整规划的报告》，听取区人大常委会教科文卫与民宗侨工委主任叶立占所作的

《关于定海区2013—2017年中小学布局调整规划执行情况和定海区2018—2022年中小学布局调整规划的调查报告》。经过审议，会议作出《舟山市定海区人民代表大会常委委员会关于批准舟山市定海区2018—2022年中小学布局调整规划的决定》。会议听取区人民政府副区长董凯龙代表区人民政府所作的《关于全区“美丽河湖”“品质河道”建设情况的报告》和区人大常委会农业农村工委主任徐汉云所作的《关于全区“美丽河湖”“品质河道”建设情况的调查报告》。会议表决通过对《舟山市定海区人民代表大会常务委员会讨论决定重大事项的规定》《舟山市定海区人民代表大会常务委员会议事规则》《舟山市定海区人民代表大会常务委员会主任会议议事规则》《舟山市定海区人民代表大会常务委员会关于财政预算审查监督的办法》4项制度的修订。

区十七届人大常委会第二十三次会议　于5月10日召开。会议由余河通主任主持。会议决定人事免职事项。

区十七届人大常委会第二十四次会议　于6月28日召开。会议由余河通主任主持。会议决定人事任免事项。会议听取区公安分局负责人受区人民政府委托所作的《关于全区公安基层派出所建设情况的报告》和区人大法制内司委主任委员俞嫦女所作的《关于全区公安基层派出所建设情况的调查报告》。会议听取和审议区财政局局长何红受区人民政府委托所作的《关于舟山市定海区2018年财政决算情况的报告》，听取区审计局局长傅忠国受区人民政府委托所作的《关于定海区本级2018年度财政预算执行和其他财政收支的审计工作报告》，听取区人大财经委主任委员石江洋所作的《关于2018年度财政决算和其他财政收支情况的调查报告》。经过审议，会议通过《关于批准2018年度区本级财政决算的决议》。会议听取区人民政府副区长董凯龙代表区人民政府所作的《关于定海区道路交通、岛际交通建设情况的报告》和区人大常委会城建环资工委主任蒋玲军所作的《关于我区道路交通、岛际交通建设情况的调查报告》。会议听取区人民政府副区长屠定玉代表区人民政府所作的《关于〈浙江省学前教育条例〉实施情况的报告》和区人大常委会教科文卫与民宗侨工委主任叶立占所作的《关于定海区贯彻落实〈浙江省学前教育条例〉执法检查情况的报告》。

区十七届人大常委会第二十五次会议　于8月23日召开。会议由余河通主任主持。会议听取和审议区发改局负责人受区人民政府委托所作的《关于定海区2019年上半年国民经济和社会发展计划执行情况的报告》、区财政局负责人受区人民政府委托所作的《关于舟山市定海区2019年财政预算上半年执行情况的报告》，听取区人大财经委主任委员石江洋所作的《关于舟山市定海区2019年上半年国民经济和社会发展计划、财政预算执行情况的调查报告》。经过审议，会议通过《舟山市定海区人民代表大会常务委员会关于全区2019年上半年国民经济和社会发展计划执行情况及财政预算执行情况的审议意见》。会议听取和审议区发改局负责人受区人民政府委托所作的《关于要求调整定海区2019年部分政府民生实事代表票决项目的报告》。经过审议，会议通过《舟山市定海区人民代表大会常务委员会关于批准调整定海区2019年部分政府民生实事代表票决项目的决议》。会议审议修订《舟山市定海区人民代表大会常务委员会街道工作委员会工作规则》，审议通过《舟山市定海区人民代表大会常务委员会街道工作委员会议事规则（试行）》。会议听取区文明办主任项玲静受区人民政府委托所作的《关于创建全国文明城市长效监管机制建设情况的报告》和区人大常委会教科文卫与民宗侨工委主任叶立占所作的《关于定海区创建全国文明城市长效监管机制建设情况的调查报告》。

区十七届人大常委会第二十六次会议　于9月27日召开。会议由余河通主任主持。会议决定人事任免事项。

区十七届人大常委会第二十七次会议　于10月28日召开。会议由余河通主任主持。会议听取区农业农村局局长王家通受区人民政府委托所作的《关于定海区美丽乡村建设中古村落保护与利用情况的报告》和区人大常委会农业农村工委主任徐汉云所作的《关于全区美丽乡村建设中古村落保护与利用情况的调查报告》。会议听取和审议区财政局局长何红受区人民政府委托所作的《关于定海区行政事业单位国有资产管理情况的报告》和区人大财经委主任委员石江洋所作的《关于全区行政事业单位国有资产管理情况的调查报告》。经过审议，会议通过《舟山市定海区人民代表大会常务委员会关于全区行政事业单位国有资产管理情况的审议意见》。会议听取和审议区人民政府常务副区长林剑彪代表区政府所作的《关于舟山市定海区第十七届人民代表大会第三次会议代表议案建议办理情况的报告》和区人大常委会代表工委负责人所作的《关于定海区第十七届人民代表大会第三次会议代表议案建议办理情况的调查报告》。经过审议，会议通过《舟山市定海区人民代表大会常务委员会关于定海区第十七届人民代表大会第三次会议代表议案建议办理情况的审议意见》。会议听取区人民政府副区长屠定玉代表区人民政府所作的《关于全区退役军人事务工作开展情况的报告》和区人大法制内司委主任委员俞嫦女所作的《关于全区退役军人事务工作情况的调查报告》。会议审议修订《舟山市定海区人民代表大会常务委员会任免国家机关工作人员办法》。会议决定了人事任免事项。

区十七届人大常委会第二十八次会议　于12月25日召开。会议由余河通主任主持。会议决定人事任免事项。会议审议通过《关于补选舟山市定海区第十七届人民代表大会代表的决定》。会议听取区人民政府常务副区长林剑彪代表区政府所作的《关于舟山市定海区2019年政府民生实事代表票决项目完成情况的报》和区人大常委会代表工委负责人所作的《关于2019年民生实事代表票决项目实施情况的督察报告》。会议对2019年区政府民生实事代表票决项目完成情况进行满意度测评。会议听取和审议区人民政府常务副区长林剑彪代表区政府所作的《关于2018年度区本级预算执行和其他财政收支审计查出问题整改情况的报告》和区人大财经委主任委员石江洋所作的《关于2018年度区本级预算执行和其他财政收支审计查出问题整改情况的调查报告》。会议听取和审议区财政局局长何红受区人民政府委托所作的《关于2019年舟山市定海区地方政府债务限额和预算调整方案的报告》。经过审议，会议通过《舟山市定海区人民代表大会常务委员会关于批准定海区2019年地方政府债务限额调整和预算调整的决议》。会议听取区人民政府常务副区长林剑彪代表区政府所作的《关于进一步促进我区民营经济高质量发展的审议意见落实情况的报告》《关于定海区第十七届人民代表大会第三次会议代表议案建议办理情况的审议意见落实情况的报告》。会议书面审查区政府《关于全区2019年上半年国民经济和社会发展计划执行情况及财政预算执行情况审议意见落实情况的报告》《关于全区行政事业单位国有资产管理情况的审议意见落实情况的报告》《关于进一步推进我区生态文明示范区创建审议意见落实情况的报告》。会议听取陈璟韵、丁晓萍、黄成业、狄灵建等四位市七届人大代表的述职报告，诸葛卫国、庄园、练国平、杨玲、黄敬远、何育才6位市七届人大代表提交书面述职报告。会议审议通过《关于召开舟山市定海区第十七届人民代表大会第四次会议的决定》。会议学习《浙江省街道人大工作条例》。

区十七届人大常委会第二十九次会议　于1月3日召开。会议由余河通主任主持。会议听取和初审区发改局局长严华受区人民政府委托所作的《关于舟山市定海区2019年国民经济和社会发展计划执行情况与2020年国民经济和社会发展计划草案的报告》，听取区人大财经委《关于舟山市定海区2019年国民经济和社会发展计划执行情况与2020年国民经济和社会发展计划草案的初审报告》。会议听取区发改局局长严华受区人民政府委托所作的《关于定海区2020年政府民生实事代表票决候选项目情况的报告》。会议讨论《舟山市定海区2019年政府民生实事项目代表票决办法（草案）》。会议听取和初审区财政局局长何红受区人民政府委托所作的《关于舟山市定海区2019年财政预算执行情况和2020年财政预算草案的报告》和2020年人大上会审议单位部门及街道预算编制情况，听取区人大财经委《关于舟山市定海区2019年财政预算执行情况和2020年财政预算草案的初审报告》。会议审查区十七届人大三次会议上的14个上会单位部门、2个上会街道预算执行情况。会议听取区人大法制内司委、财经委工作报告。会议讨论《关于设立舟山市定海区人民代表大会有关专门委员会及法制内务司法委员会更名的决定（草案）》。会议决定相关人事任免事项。

区十七届人大常委会第三十次会议　于1月7日召开。会议由余河通主任主持。会议审议通过代表资格审查委员会《关于补选的区第十七届人民代表大会代表的代表资格审查报告》。会议讨论提出区十七届人大四次会议议程草案、日程草案、主席团和秘书长名单草案、主席团常务主席名单草案、主席团执行主席分组名单草案、副秘书长名单草案、议案审查委员会组成人员名单草案、议案截止日期的决定草案、各项名单和决议案的表决办法草案，通过各代表团组成及召集人名单草案，决定列席人员名单。会议审议通过区人大常委会在区十七届人大四次会议上的工作报告稿。会议审议通过区人大常委会2020年工作要点草案。

监督、信访、指导工作

【推动经济社会高质量发展】 关注全区经济总体运行态势，加强对计划执行和全口径预算审查监督，听取和审议国民经济和社会发展计划、财政预算上半年执行情况等报告，通过审议，提出针对性意见，政府破解各类要素制约，推动经济稳健发展。在调研的基础上，专题审议民营经济高质量发展情况报告，围绕转型升级举措落实、综合竞争能力提升、发展要素保障提出要求，推动政府及时出台相关扶持支持政策，着力优化发展环境，民营经济发展后劲有了新的增强。关注政府隐性债务化解工作，督促政府在融资促发展的同时，防范政府债务风险。履行人大国有资产监督职能，推进国有资产报告制度的建立和实施。首次审议全区行政事业单位国有资产管理情况，并就提高管理工作质效、妥善解决历史遗留问题、规范制度建设等方面提出意见要求，促进政府有效盘活存量资产，更好地保障履职、服务发展。强化对审计查出问题整改情况的跟踪监督，专题听取政府整改情况报告，推动政府及时改进规范。审计反映的预算编制细化不够、专项资金拨付滞后、项目招投标不规范等问题基本整改到位，维护人大监督的权威性和审计监督的严肃性。

依法决定重大事项　行使重大事项决定权，是人民代表大会制度的重要内容。按照中央和省、市有关文件精神，及时修订讨论决定重大事项的规定，完善相关工作程序和机制，促进决策的民主化、科学化、规范化，保证区委决策部署得到全面贯彻和有效执行。加强年度财政预算审查监督，对预决算安排的合法性、完整性、可行性以及重点支出、重大投资项目等进行认真审查，批准2018年度区本级财政决算和2019年度区地方债务限额和预算调整方案。高度关注城乡教育布局完善，推进基础教育最优区打造，根据全区经济社会发展状况，作出批准《定海区2018—2022年中小学布局调整规划》决定。坚持对常委会决议决定的跟踪问效，综合运用听取审议专项报告、专题调研、代表视察等多种方式进行督查，推动各项目标任务落实。

助力城市品质提升　全国文明城市创建是一项覆盖面广、关联度高的系统工程，常委会对此高度关注，组织调研组进行细致调研，发动人大组织和广大代表参与“创城”工作，围绕标本兼治、综合施策，建立“创城”长效监管机制等方面提出客观意见建议，政府推进城市基础设施建设、管理服务水平和市民文明素质的整体提升。针对“米娜”台风给定海区造成的重大影响，常委会在灾后第一时间组成专题调研组，对全区防洪排涝设施存在问题进行全面调研，客观论证洪涝成灾原因，提出对策清单。政府加快补齐水利基础短板，重点改进提升城区防洪排涝设施，相关项目建设已全面展开。

【持续推进民生福祉改善】 重视宜居环境建设　历届人大常委会持续关注水系规划的实施，去年常委会把水系规划的监督重点转移到“美丽河湖”“品质河道”的建设上，督促政府加强规划设计、厚植生态优势，建设理念逐步向人水和谐、生态治水转变，实现在注重工程防洪排涝作用的同时向追求生态、休闲、景观等综合功能提升。持续关注生态环境质量，听取和审议政府关于全区生态文明示范区建设工作报告，要求政府在完善生态机制、严惩环境违法行为的同时，加快环保基础设施建设。古村落保护利用是乡村振兴的重要组成部分，为此常委会在全面调研基础上，提出要采取切实有效的措施，改善古村落及周边基础环境，建立健全保护机制，融入风情乡村、美丽宜居示范村建设。政府积极行动，着力挖掘古村落的历史人文价值、旅游价值、建筑价值，并作为美丽乡村的新亮点予以打造。

关注社会事业发展　做好退役军人事务工作是义不容辞的社会责任。全区退役军人群体大，常委会对退役军人事务工作情况进行专题审议，着重在健全服务体系、权益保障、就业创业等方面提出了意见要求。政府职能部门高度重视人大意见，落实相关优抚政策，加大干事创业扶持力度，营造全社会关心关爱退役军人的良好环境。为加快推进定海道路交通、岛际交通建设和发展，常委会开展专项调研，提出加大基础设施建设、改善岛际交通条件、确保运输安全等建议，政府从加快工程建设、增强监管力量、健全管理体系等方面积极落实，成效明显。

强化民生实事监督　票决制工作是充分发挥人大代表作用、体现人民当家作主的重要平台。常委会构建“综合协调、每月报告、常态联络、科学评估”全过程监督体系，通过代表集中视察、专工委分工督查、听取专题报告、满意度测评等方式对年度民生实事票决项目跟进监督。政府在资金安排、土地指标、项目审批等方面对票决项目予以全力保障，并狠抓项目落地，细化责任分解，扎实推进实施。2019年度15项民生实事代表票决项目总体完成情况良好。对实施滞后的青岭环卫综合服务中心、双桥卫生院等项目持续跟踪监督，已基本完成。

【维护社会公平正义】 深化监察司法监督 按照法定权限和法定程序，监督和支持区监察委依法履职，专题听取工作报告。审议法院、检察院半年度工作情况报告，要求“两院”针对司法体制改革的新形势，践行司法为民宗旨，健全司法权力运行机制，加强司法队伍建设，维护社会公平正义。专题听取扫黑除恶专项斗争工作报告，支持和督促公检法司机关依法严厉打击黑恶犯罪，营造良好的社会发展环境。基层派出所作为公安机关在基层的综合战斗实体，承担着矛盾纠纷化解和维护社会稳定的艰巨任务。对派出所工作和建设情况进行调研审议，要求政府及区公安分局加强基层派出所的软硬件建设，不断充实一线干警力量，关爱民警身心健康，发挥基层派出所和社区民警紧密联系群众的优势，参与基层治理，维护一方平安。

促进依法行政 审查政府关于全区第七个五年法治宣传教育工作情况，推进法律知识的普及，不断提高全民法律意识。按照全省统一部署，对《浙江省学前教育条例》开展执法检查，督促政府优化布局规划、加大学前教育经费投入、提升办园质量；开展海洋环境保护“一法一条例”执法检查，推动政府加大近海海域环境治理力度。

【依法选举任免】 不断深化人事任免工作，坚持党管干部和人大依法任免国家机关工作人员相统一的原则，落实任前法律知识考试、履职表态发言、颁发任命书、任后公告等制度，依法举行宪法宣誓，增强被任命干部的责任感和使命感。首次对提请任命的审判人员、检察人员通过人大媒体向社会进行任前公示，增强人事任免的透明度。是年，依法任免地方国家机关工作人员76人次，任免人民陪审员51人次。及时开展代表补选工作。区十七届人大一次会议以来，因部分代表工作岗位变动和调离本行政区域，影响代表结构和履职。常委会根据《中华人民共和国全国人民代表大会和地方各级人民代表大会选举法》相关规定，接受13名区人大代表、6名市人大代表辞去代表职务的请求，并依法作出补选决定。按法定程序，全区补选区人大代表10名、市人大代表6名，代表队伍得到稳定充实。

【受理群众来信来访】 加强和改进人大信访工作，注重分析研判，坚持把处置涉法涉诉信访事项纳入法治化轨道，全年受理人民群众来信来访101件，交办督办，一批信访问题得到依法妥善处理。完善规范性文件备案审查办法和工作程序，实现网上报备系统常态化运行，全年对区政府20件规范性文件进行备案审查，并提出相关修正意见。

【参与立法调研工作】 配合做好上级人大立法工作，参与市人大《舟山市科技创新促进条例》《舟山市生活垃圾分类管理条例》等立法调研活动，及时反映基层意见建议，推动有关法律法规的完善和实施。

【加强基层人大工作指导】 2019年初，启动全省街道人大工作和建设试点，常委会及城东、马岙试点街道工委积极履行主体责任，突出工作重点，组织实施。首次专题听取和审议人大街道工委的工作报告，作出《关于加强街道人大工作和建设的决定》。修订完善街道人大工作规则、议事规则、街道预算审查办法等各项制度，两个试点街道全面建立代表活动、居民议事会议等各类细则办法，保障人大工作有规可依、有章可循。推进实施对街道预算和国有资产审查监督工作，首次将两个试点街道预算列入区人代会重点审查内容。全区10个街道全部建立街道居民议事会，实现街道民生实事项目票选工作全覆盖。同时加强与镇人大主席团的联系，指导开好一年两次人代会，引导基层人大围绕当地经济社会发展积极履职，形成上下联动、整体推进的良好工作局面。

代表与议案工作

【组织代表参与视察、培训等活动】 发挥代表联络站作用 代表联络站作为代表联系群众的重要平台，经过几年的探索实践，运作形式日益完善，作用发挥越发明显。目前定海采用“站点结合”的方式，建成镇、街道代表联络站13个，联络点87个，每月安排一定数量的各级代表定期接待群众，重点收集民情民意、对“一府一委两院”工作的建议要求，做好相关政策的宣传解释工作，开展“发挥人大代表作用 助推文明城市创建”等主题活动。主动加强与省、市、区领导代表联系对接，把领导代表也均编入相应的代表联络站，进站接访群众。代表联络站及时将汇总梳理的意见建议反馈给相关部门，跟踪督促落实。全年有251位各级人大代表接访群众400余人次，收集意见建议560余件，答复解决率达到90%。同时发挥网上联络站作用，便于代表通过网上渠道倾听群众呼声。

提升代表参与常委会工作的力度　全年邀请45名代表列席常委会会议，组织代表广泛参与“创城”志愿服务、进“一府一委两院”单位部门等活动，履行代表职责、服务定海建设。组织300多人次的代表参加各类执法检查、视察调研、信访接待、法院庭审旁听、征求意见会等，保障代表知情知政权。支持选举单位依法监督代表履职，组织52名市、区代表向选举单位报告执行职务情况，督促代表自觉接受监督、树立良好形象。做好浙江人大代表履职服务平台推广应用工作，加强平台管理，及时发布信息，进一步拓宽代表履职和反映民意的渠道。

【议案建议落实工作】　常委会把督办代表建议作为加强监督工作和支持代表履职的重要抓手，实行重点督办、对口督办、合议督办等制度。注重提高代表建议解决率，坚持常委会领导牵头督办，通过听取办理报告、走访承办单位、实地考察落实结果、召开重点建议督办会、满意度测评等方式，推动办理工作有效开展。区政府继续实行政府领导领衔办理，进一步改进方式方法，压实承办责任，提升办理效率和质量。代表在区十七届人大三次会议及闭会期间提出的92件议案建议已按期办复完毕。其中，问题得到解决或部分解决的46件占50%，正在解决或已列入计划解决的24件占26%，因受条件和职能限制暂不能解决或未被采纳的22件占24%。大会确定的关于巩固文明城市创建成果、重视风情乡村打造、纵深推进“最多跑一次”改革等一批事关发展和民生的重点建议，得到较好落实。

【评选先进集体和个人】　是年，经各代表小组自荐和相互推荐，区人大常委会主任会议审定，评选出2个区人大代表活动先进小组和20名区人大代表活动积极分子。岑港街道代表小组、千岛街道代表小组被评为2019年度区人大代表活动先进小组。陈惠珍、乐红儿、傅郁芬、邵燕君、郭睿、宋婷婷、张海芬、沈行清、朱旻盛、陈阿盛、林法明、李善丰、沈宏、吴妙红、朱汉忠 、贝卫年、蒋祖国 、邵伟波 、乐善科、芮家兆20名区人大代表被评为区人大代表活动积极分子。

【好议案、好建议评选】　是年，评选出2019年度区人大代表好议案、好建议6件，评选出5个承办议案建议先进单位和7名承办代表议案建议先进个人。好议案、好建议一等奖1件：叶妙君等17名代表提出的《关于巩固文明城市创建成果 建立创建工作常态化管理机制的议案》（第2号）。二等奖2件：范碧芬等10名代表提出的《关于纵深推进 “最多跑一次” 改革的议案》（第4号）、严华等10名代表提出的《关于依托风情乡村建设振兴乡村的议案》（第1号）。三等奖3件：陈惠龙代表提出的《关于加大小微企业精准帮扶的建议》（建第26号）、何永明等10名代表提出的《关于加快推进镇（街道）养老机构建设的议案》（第19号）、乐意芳等11名代表提出的《关于缓解定海城区停车难的议案》（第3号）。区教育局、区交通运输局、区卫生健康局、区综合行政执法局、市自然资源和规划局定海分局被评为承办代表议案建议先进单位。区政府督考办陈萍萍、区教育局董海平、区民政局虞建兵、区交通运输局周鲁、区综合行政执法局蒋磊、定海交警大队林晨雯被评为承办代表议案、建议先进个人。

【评选优秀镇（街道）人大代表联络站】　是年，白泉镇人大代表联络站和金塘镇人大代表联络站被评为2019年度优秀镇（街道）人大代表联络站。

自身建设

【思想政治建设】　以习近平总书记关于坚持和完善人民代表大会制度的重要思想为引领，提高政治站位，准确把握人大工作方向。领悟党的十九届四中全会关于人大在完善国家制度和国家治理体系中重要作用的论述。开展“不忘初心、牢记使命”主题教育，抓好常委会、党组班子专题学习及机关干部学习，提高全体人大干部的理论素养和履职能力。学习省、市委人大工作会议精神，主动配合筹备区委人大工作会议，就贯彻落实《区委关于高水平推进新时代人大工作和建设的意见》精神及时作出部署。

【改进工作作风】 结合常委会、主任会议议题和“三服务”活动，围绕服务发展、改善民生、强化法治等主题，深入生产生活一线开展调研，为审议议题提供详细的材料。对困扰基层的形式主义问题作重点调研，分析梳理，提出整治改进意见。是年，形成各类调研报告20篇，审议意见5个，为推进全区相关工作提供决策依据。按照区委统一安排，常委会领导参与全区“创城”等各项重点工作的联系推进。

【加强机关建设】 举办专题学习会、座谈会、代表履职风采征文、图片展览等一系列活动，纪念回顾地方人大设立常委会 40 周年，总结人大工作的经验做法，宣传人大制度在定海的生动实践，增强全体人大干部制度自信。编撰完成《舟山市定海区人民代表大会志》初稿，确保人大工作的传承与连续。贯彻全面从严治党要求，落实党风廉政建设主体责任，支持派驻纪检监察组开展工作，自觉接受监督，树立人大机关为民履职、积极作为、务实清廉的良好形象。进一步充实常委会工作机构力量，注重在人大履职实践中培养、锻炼干部。加强对人大工作的深度报道，拓展宣传阵地，扩大定海人大工作的影响力。

（撰稿：方　祎）

责任编辑：王英伟

舟山市定海区人民政府

Government of Dinghai District

大鹏海塘（邵明军/摄）

社会主义核心价值观

国家 富强、民主、文明、和谐

社会 自由、平等、公正、法治

公民 爱国、敬业、诚信、友善

区政府领导

区　　长：侯富光
常务副区长：林剑彪（2019.04—）
　　　　　毛铁年（续—2019.04）
副 区 长：杨　健（2019.02—）
　　　　　应朝阳（续—2019.02）
　　　　　吴红卫
　　　　　夏　泉
　　　　　屠定玉
　　　　　刘　波（续—2019.10）
　　　　　董凯龙
　　　　　徐峻峰
　　　　　刘世君（2019.02—）
　　　　　王树辉（续—2019.02）
党组书记：侯富光
党组副书记：林剑彪（2019.03—）
　　　　　毛铁年（续—2019.03）
党组成员：杨　健（2019.01—）
　　　　　应朝阳（续—2019.01）
　　　　　吴红卫
　　　　　夏　泉
　　　　　刘　波（续—2019.12）
　　　　　董凯龙
　　　　　徐峻峰
　　　　　刘世君（2019.01—）
　　　　　王树辉（续—2019.01）
　　　　　夏怡辉

重要会议

【区政府全体会议】　2月12日，区政府召开第三次全体会议。高举习近平新时代中国特色社会主义思想伟大旗帜，贯彻中央和省市重要会议、区党代会、区“两会”精神，回顾总结2018年区政府工作，部署2019年区政府重点工作任务，动员全区政府机关工作人员在新起点上全面推进新时代高质量发展，谱写花园式国际人文港城建设新篇章。会议通报表彰2018年度政府工作创新奖和政府质量奖获奖单位，通报2018年度全区重点项目完成情况、2018年实绩亮相工作完成情况。

【区政府常务会议】　2019年，区政府召开常务会议14次。

1月2日,主要讨论、研究事宜：审议《政府工作报告》；审议《关于舟山市定海区2018年国民经济和社会发展计划执行情况与2019年国民经济和社会发展计划草案的报告》；审议《关于舟山市定海区2018年政府民生实事代表票决项目完成情况和2019年政府民生实事候选项目情况的报告》；审议《关于舟山市定海区2018年财政预算执行情况和2019年财政预算草案的报告》。

1月28日，主要讨论、研究事宜：听取关于2018年度定海区政府工作创新奖评选情况的汇报；审议《舟山市定海区区域医疗服务共同体（医疗集团）建设实施方案》；听取关于环南大猫岛冷坑宕口政策处理历史遗留问题的汇报；听取关于要求确定工农路安置项目财政审核预算控制价下浮率等事项的汇报。

3月1日，主要讨论、研究事宜：审议《2018年度定海区招商引资工作先进建议名单》；听取关于大陆引水三期拆迁安置小区——陈家地块市政附属景观工程采用直接发包相关情况的汇报；审议《定海区被征地农民基本生活保障实行“人地对应”实施办法（试行）》；审议《定海区农（渔）村公益性项目用地保障暂行办法（试行）》；听取关于调整2013年1号区政府常务会议纪要相关情况的汇报；听取关于城区建筑渣土处置相关事宜的汇报；审议《舟山市定海区加强海岛教育三年行动计划（2019—2021年）》；听取关于浙江交通资源投资有限公司与舟山市畅道交通投资集团有限公司合作经营册子大皇山矿相关事宜的汇报。

3月15日，主要讨论、研究事宜：审议《2019年定海区招商引资指标任务分解》和《2019年定海区招商引资绩效考核实施细则》；听取关于定海工业园区企业和市政道路雨污水管网疏通检测工程采用直接发包相关情况的汇报；关于2018年度“美丽舟山建设优秀单位”和“美丽定海建设优秀单位”建议名单的汇报。

4月4日，主要讨论、研究事宜：听取关于全区扫黑除恶专项斗争情况的汇报；听取关于以直接发包方式确定念母墩地块旧城改造安置建设项目施工承包单位的汇报；听取关于剩余房产处置事宜的汇报；审议《舟山市定海区中小学2018—2022年布局调整规划》；听取关于帮扶瑞金医院舟山分院解决周转资金借款情况的汇报。

5月15日，主要讨论、研究事宜：审议《定海区2019年助力对口地区脱贫攻坚年度计划》；听取关于将海天大道提升工程定海段（颐景园路—舟山党校）、昌国路（海天大道—环城东路）道路改造工程、甬东路（西溪岭路—新桥路）道路改造工程列入2019年政府投资项目年度计划事宜的汇报；听取关于将环南街道摘箬山岛西岙至北岙段临时通道工程列入2019年政府投资项目年度计划事宜的汇报；听取关于定海区老旧住宅小区改造项目相关招投标事宜的汇报；听取关于要求明确S321（72省道）定海至盐仓段改建工程建设规模重大变更事项的汇报；听取关于2018年度定海区工业、科技各类奖项建议名单的汇报；听取关于册子大皇山矿区政策处理补偿方案的汇报；审议《关于规范定海区工程项目多余砂石土料处置管理办法》；听取关于《长江经济带战略环境评价舟山市“三线一单”编制成果（征求意见稿）》的汇报。

6月5日，主要讨论、研究事宜：听取关于加快推进金塘北部鱼龙山宕口开采相关情况的汇报；听取关于和平路区块配套机械停车场项目实施方案的汇报；听取关于城区环卫作业市场化服务采购相关事宜的汇报；审议《定海城区人力客运三轮车整治行动推进方案》；听取关于西大塘、东大塘、紫窟涂外涂围垦工程相关事宜的汇报。

7月4日，主要讨论、研究事宜：学习《中华人民共和国外商投资法》；听取关于全区公安机关扫黑除恶专项斗争情况的汇报；听取关于海天大道提升改造工程定海段（颐景园路—党校）景观绿化部分采用直接发包相关事宜的汇报；听取关于城区环卫作业市场化服务采购相关事宜的汇报；听取关于定海区工业、仓储企业改扩建规划审批管理相关事宜的汇报；听取关于提高全域土地综合整治和生态修复项目耕地占补平衡等指标补助奖励标准事宜的汇报。

8月2日，主要讨论、研究事宜：听取关于土地、房产“两证不全”历史遗留建设用地项目补办延长申请时间事宜的汇报；听取关于舟山市定海区东林尚苑农民公寓房申购办法的汇报；审议《舟山市定海区基层医疗卫生机构补偿机制改革实施意见》；审议《定海城区人力客运三轮车自愿退出营运市场工作实施方案》；听取关于全区反走私工作开展情况的汇报；审议《定海区低效厂房整治标准和奖励政策》；审议《关于开展定海区违建别墅问题清查整治专项行动的通知》；听取全区上半年消防救援工作汇报；通报全市“一打三整治”暨渔业安全生产电视电话会议精神。

9月4日，主要讨论、研究事宜：政论：关于深入实施乡村振兴战略的思考；听取关于2019年上半年全区禁毒工作的汇报；听取关于2019年上半年全区反恐怖工作的汇报；审议《舟山市定海区人民政府关于促进民营经济高质量发展的实施意见》；审议《关于建立定海区设施农业用地长效监管机制的通知》；审议《定海区打赢蓝天保卫战2019—2020年行动计划》；听取关于定海区2019年公共租赁房申请公告的汇报。

10月31日，主要讨论、研究事宜：审议舟山市定海区行政事业单位国有资产管理办法（试行）；听取关于全区公安机关扫黑除恶专项斗争攻坚年活动工作开展情况的汇报；听取关于《定海区城镇市政基础设施配套费征收使用管理办法》补充规定的汇报；听取关于区担保公司2019年度代偿方案的汇报；听取关于要求庄家湾军事基地保护措施建设项目免于审批并直接发包的汇报；听取关于舟山市畅道交通投资集团有限公司与浙江省交通资源投资有限公司合作开发相关事项的汇报；听取关于册子大皇山矿区政策处理补偿调整方案的补充汇报；听取关于五峙山列岛鸟类省级自然保护区总体规划修编情况的汇报。

11月6日，主要讨论、研究事宜：审议《舟山市定海区人民政府关于进一步加强地方债务管理的实施意见》；听取关于区政府常务会议纪要（〔2014〕3号）不再执行的汇报；听取关于调整区政府常务会议纪要（〔2015〕2号）部分内容的汇报；审议《舟山市定海区拆迁安置房全过程代建开发实施办法》。

12月19日，主要讨论、研究事宜：听取关于瑞金广场项目有关情况的汇报；听取关于更新定海区个人住宅国有划拨用地补交出让金标准的汇报；听取关于浙江金鹰集团有限公司小沙毛峙地块闲置土地处置方案的汇报。

12月27日，主要讨论、研究事宜：听取关于2020年定海区重点建设项目及政府投资项目年度计划的汇报；听取关于定海区2019年政府民生实事代表票决项目完成情况和2020年政府民生实事候选项目情况的汇报；听取关于定海区2019年国民经济和社会发展计划执行情况和2020年国民经济和社会发展计划草案的汇报；听取关于定海区 2020 年预算编制情况的汇报；听取关于定海区 2019年预算执行情况和2020 年预算草案的汇报；听取关于在城中村改造中集体土地上房屋买卖户作为签约主体并在产权登记时享受拆迁安置相关税收优惠政策的汇报；听取关于浙江交投矿业有限公司增资扩股协议相关情况的汇报；听取关于“阿婆精神”命名桥征集情况的汇报；听取关于全区“菜篮子”工作开展情况的汇报；听取关于定海区2019年度消防救援工作的汇报；审议《定海区2019—2022幼儿园布局规划》。

【区长办公会议】 2019年，召开区长办公会议9次。主要内容是听取上个月政府各部门工作汇报，部署政府月度工作。

【区政府专题会议】 2019年区政府召开专题会议36次。主要议题有：研究永宁陵园相关事宜；研究舟山市定海区农民公寓房项目分配及白泉镇、环南街道重点工程拆迁安置的房源处理问题有关事宜；研究定海区范围内单船统一办理营业执照、税务登记、开具发票等相关事宜；研究盐仓街道环卫保洁管理机制调整相关事宜；研究完善城区环卫保洁工作相关事宜；研究白泉公交首末站选址建设相关事宜；研究和平路幼儿园幼儿家具采购相关事宜；研究舟山三农农产品批发市场项目建设相关事宜；研究协调岑港街道富翅岛临时装卸作业点设置相关事宜；研究舟山市定海绿城昭祥房地产开发有限公司建设的DH-46-02-09地块项目施工产生的噪音、扬尘、震动等对周边小区、居民的影响；研究2019年定海区农村饮用水达标提标管网改造提升及延伸工程相关事宜；研究惠舟新村后续管理事宜；研究环南街道大猫岛冷坑宕口拆迁安置房源相关事宜；研究百悦生活广场（原太平洋百货商场）地下超市相关事宜；研究驻外联络处工作人员补贴相关事宜；研究金林便道立项相关事宜；研究协调长宏国际船舶再生利用有限公司临时作业点设置相关事宜；研究新泰三期（和平花苑三期）项目建设相关事宜；研究中国人民解放军海军东海舰队位于东门车站的拆迁安置房屋不动产登记相关事宜；研究西园商业街环境整治相关事宜；研究扶持定海区远洋渔业协会运作相关事宜；研究协调三鑫船厂临时作业点移位及延长使用期限相关事宜；研究帮扶浙江海融远洋渔业有限公司先行拨付部分渔船更新改造专项补助资金相关事宜；研究定海区范围内资源税委托代征等相关事宜；研究舟山三农农产品批发市场项目建设相关事宜；研究31610部队军地置换地块相关事宜；研究定海区马岙街道突发动物疫病无害化处理相关事宜；研究全区饮用水水源河库建设运行管理相关事宜；研究芙蓉洲路龙虾店安置房项目建设相关事宜；研究白虎山路邮政公司房产注销产权证相关事宜；研究中国人民银行舟山市分行发行库、营业用房项目不动产登记相关事宜；研究定海区小沙街道长白三龙社区小龙山地块塘渣处置相关事宜；研究协调环南街道鑫和石业渣石临时运送点设置相关事宜；研究西山路西侧安置项目建设工程规划许可证及协议出让供地手续办理的相关事宜；研究小沙、册子综合供能站项目供地相关事宜；研究舟山小矸新融投资有限公司位于定海解放东路232号小矸新融大楼（即怡东凯丽）资产处置相关事宜。

重要工作和重大决策

【调结构促转型】 加快主导产业转型升级，预计区本级规上工业增加值增长8.5%。集装箱船、LNG船等高附加值船舶订单达到63艘，全球最大的2万立方米LNG加注船开工建设，单柱半潜式深海渔场养殖平台实现国内首制，2.6万立方米天然气储存和再气化驳船入选省装备制造业重点领域首台（套）产品。油品库容、油气吞吐量分别增长29%、23%，浙石化马目油库230万立方米、外钓应急油品储运工程55万立方米油罐投入使用，中谷石化120万方油品储运项目开工，建成石油配套管道35公里。远洋渔业小镇通过复检验收，国内首发中国远洋鱿鱼指数，远洋水产品交易市场建成运营，中农发明珠工业园、圣吉豪水产品精深加工项目启动建设。成功引入全国粮食行业龙头企业中储粮集团仓储物流项目，和润物流40万吨仓储项目基本建成。和泓环保纸业、新奥泛能站等顺利投产。现代服务业蓬勃发展。预计港口货物、集装箱吞吐量分别增长9.3%、10%，外钓油品30万吨级码头投入试运营，金塘大浦口集装箱码头二期工程推进。百悦生活广场、西部商业中心、舟山商贸城等开业运营。南洞艺谷国家级服务业标准化试点项目启动实施。农渔业发展水平不断提升。省级现代农业园区全面建成，新增土地集中连片长期流转面积2119亩、粮食果蔬生产基地3000亩。成功创建国家级农产品质量安全区和马岙省级特色农业强镇，华晟国家级数字化万头牧场建成投运。国内捕捞稳步发展。远洋渔业全产业链总产值增长10%，新启用第3座万吨级远洋渔业专用码头，整合设立远洋渔业南美服务中心。

【狠抓落实创新】 全面完成创新发展三年行动，完成工业技改投入20亿元。定海海洋科学城新入驻海洋电子信息等企业92家，海洋文创产业园正式运营。新认定省级首批小微企业园3个、省级电子商务产业基地2个，新增高新技术企业18家、省级科技型中小企业50家、浙江制造“品字标”认证企业2家。华业塑机入选国家首批专精特新“小巨人”企业，7412工厂获评省级先进质量管理孵化基地，沪航物联成功挂牌新三板。引进培育省部级以上人才11人、“5313”科技创业领军人才企业8家。制定出台促进民营经济高质量发展实施意见，减税降费7.35亿元，创新推出“续贷通2.0”帮助216家企业无还本续贷11.9亿元，成功促成灌门航道40万吨级空载船舶实船适航。“最多跑一次”改革向纵深推进。全面实现政务服务事项“一网通办”“掌上可办”，“无差别全科受理”镇街全覆盖，做到一般企业投资项目审批“最多80天”，一般企业开办压缩至4小时。盘活闲置厂房7.5万平方米、存量土地1072亩，获评省级“腾笼换鸟”考核先进区。政府机构改革全面完成，市场化运作区国资公司、区旅游集团。完成社区村体制改革完善工作，完全融合率达到92.5%，完成村改居4个。对外开放蹄疾步稳。实际到位市外资金46亿元、利用外资8035万美元，签约落地亿元以上项目13个，引进新奥LNG等2个20亿元以上项目和中信重工智能制造机器人项目。实现宁波友邦、浙江润柯等与本地企业重组合作，促成二次招商“凤凰涅槃”项目36个。沪舟甬跨海通道列入《长江三角洲区域一体化发展规划纲要》，大陆引水三期大沙调蓄水库基本建成，500千伏联网输变电工程顺利投运，宁波舟山港主通道富翅至岑港段、329国道岑白段全线通车。

【完善城乡环境】 推进海上花园城市建设，城市生活品质和环境风貌全域升级。城中村（旧城）改造全面进入建设阶段，开工建设安置房项目16个111万平方米，建成和平路等5个安置小区，创新推行安置房工地开放日机制。完成老旧小区改造16个189幢，基本完成桔园南区等危房解危。海天大道、环城东路等主要道路完成提升改造，打通和平路、解放桥等断头路、瓶颈路5条，建成昌国路机械停车场。五山公园绿道东山段开工建设，定海公园、海之歌广场完成改造，建成盐仓富都公园。白泉新泉华府等6个农居小区相继建成。创建全国文明城市保持强大攻势。城乡环境综合整治“八大行动”取得实效，547辆城区人力客运三轮车全部退出营运市场。深化美丽乡村建设三年行动全面完成。新建村被联合国列入低碳发展乡村规划案例，集中打造马岙村等风情乡村，叉河村、皋泄村成功创建省级美丽宜居示范村，马岙稻香田园入选全省百个“最美田园”。“蓝天碧水净土清废”四大行动强势推进。空气质量优良率达到96%以上，东方环保、旺能三期投入运营，实现定海工业园区等“污水零直排”。整治修复海岸线28公里，建成“品质河道”15条，盐仓、大沙河库水系获评省级“美丽河湖”。落实中央和省级环保督查、国家海洋督查问题整改，全面完成“大棚房”整治，建立设施农用地全生命周期管理机制，获评美丽浙江建设工作考核优秀县区。

【提升民生福祉】 高质量办好民生实事项目，民生支出达到32亿元。实施低收入农渔户三年帮扶行动，建成扶贫基地10个。城镇登记失业率连创新低，全额代缴困难群体城乡居民养老保险。第三社会福利院认知症障碍康复照料区投入试运营，华康颐养园和3家镇街示范型居家养老服务中心建成启用。交付使用保障房1591套。通过省基本公共文化服务标准化认定，获评省农村文化礼堂建设示范区。蓝理纪念馆、海洋赏石博物馆、“两黄”公园、柳行民俗文化中心对外开放，白泉、双桥入选省民间文化艺术之乡。“三毛散文奖”跻身华语散文创作领域顶尖奖项，“神行定海山”全国徒步大会、定海极限山地越野赛等品牌影响力不断扩大，获省“群星奖”2项。教育现代化发展水平位居全省前列。定海小学教育集团海滨校区、城北幼儿园建成投用，完成定海六中、原石礁中学改扩建。组建成立檀枫小学教育集团，全面推行小学公益性托管服务，成功创建省级“学习型城市”。区医疗集团成立运行，建成畚金社区卫生服务站和4个悬水小岛“健康小屋”。区社会矛盾纠纷调处化解中心挂牌成立，信访代办制全面推行。新打造西园新村等“智安小区”6个，持续保持扫黑除恶高压态势。创建省“无欠薪”区。整合建立“大安全、大应急、大减灾”应急管理体系，开展道路交通、危化、消防、涉海涉渔等重点领域安全整治，夺取平安定海建设十四连冠。完成新中国成立70周年大庆安保维稳任务。

【加强政府自身建设】 开展“不忘初心、牢记使命”主题教育活动，实施“9+1”专项整治。“三服务”活动成效显著，帮助企业群众协调解决实际问题183个。针对超强台风“米娜”带来的严重影响，全面排查梳理城市内涝短板问题，制订城区防洪排涝能力提升三年行动计划，迅速实施部分积水路段、低洼小区管网和阻水桥梁改造工程。政府数字化转型进一步加快，“浙里办”“浙里督”全面推行，“互联网+监管”走在全省前列。推动基层减负，从严控制各类会议和文件数量，社区村台账报表得到清理精简。落实党风廉政建设责任制，建筑工程招投标领域专项整治扎实有效，国有资产管理和国有企业资金存放制度进一步完善。坚决贯彻中央八项规定精神，“三公”经费支出下降20%。法治政府建设不断推进，“七五”普法规划深入实施。坚持向人大报告、与政协协商，参与“请你来协商”等专题活动，办理人大议案建议92件、政协提案159件，满意率达100%。军民、军政联系更为紧密，四川宣汉对口扶贫年度任务圆满完成，民族宗教、物价、人防、反邪教、外事、爱国卫生、消防救援、反走私、老龄、慈善、供销、税务、气象等工作取得新成绩。

（撰稿：俞静雯）

政务公开工作

【概况】 2019年，定海区坚持以公开为常态，不公开为例外的原则，回应群众关切，强化重点领域政府信息公开，推进政务服务公开标准化，持续完善依申请公开工作流程，不断加强公开平台建设，进一步推进全区政务公开标准化规范化进程，依法保障人民群众知情权、参与权、表达权、监督权。

【健全体制机制】 把政务公开工作纳入重要议事日程，根据机构改革、成员调动等对政务公开领导小组进行调整完善。组织全区各单位学习新修订《中华人民共和国信息公开条例》，进一步提升全区政务公开联络员、依申请公开业务员能力和水平。印发《2019年定海区政府政务公开工作要点》《舟山市定海区人民政府办公室关于做好政府信息公开专网内容保障工作的通知》等文件，加强制度保障，进一步保障公民、法人和其他组织依法获取政府信息。制定2019年度全区政务公开综合考评赋分细则，建立日常通报督查机制，强化监督保障。

【强化信息公开】 2019年，“中国定海”门户网站共计发布各类政府信息22383条，其中，规范性文件35件。强化重点领域信息公开，新建重点公开领域专页，制定并发布《舟山市定海区2018—2022年中小学布局调整规划》等重大规划，突出做好涉及群众切身利益的民生领域、重大项目建设、财政、公共资源配置等领域的信息公开，全年公开重点领域信息9136条。推进公民、企业“一件事”改革，共计66个“一件事”实现“一窗受理”“一次办理”。所有民生、企业事项实现网上办，网上办结率达到63.57%。推进“无证明城市”改革，取消33项证明。根据机构改革职能调整情况，及时对浙江政务服务网公布的权力清单和公共服务事项进行调整和维护，涉及权力事项100余项，完成10个部门60项的权力清单不一致事项规范调整，梳理公共服务事项436项。持续加强“双随机、一公开”监管，全年全区设置计划任务及临时任务170个，完成3489个随机抽取对象检查，检查结果公示率100%。

【深推政策解读】 执行《浙江省行政机关政策解读工作实施办法》，按照谁起草、谁解读的原则，明确规范性文件与解读材料同步组织、同步审签、同步发布，全年开展政策解读35件，所有规范性文件均解读到位。强化权威发布，回应社会关切，全年召开新闻发布会8次，对生态环境建设、城区义务教育招生情况、美丽河湖建设情况等重大决策、重要事件进行解读、发布。公布2019年重大行政决策事项目录，推进重大决策预公开，涉及公共利益的重大决策如渔农村饮用水价格管理指导意见、个人住宅国有划拨用地补交出让金标准意见等，均在正式出台前进行公开征求意见，并及时做好公开反馈结果。持续做好人大代表议案建议和政协委员提案办理结果公开工作，公开议案提案251件，其中议案建议92件，提案159件。加强督查和审计发现问题和整改落实，及时公开专项资金检查情况、省生态环境督查反馈意见、巡察反馈意见整改情况、审计调查整改结果等信息。

【完善依申请公开】 2019年，实现区府办、相关职能部门共同协作，受理依申请公开51件，均在规定时间内予以答复。建立疑难件协调会制度，部门之间信息互通，加强多部门协调沟通。是年，全区因政府信息公开引起的行政复议2件，因政府信息公开引起的行政诉讼3件。

【强化平台建设】 根据《中华人民共和国信息公开条例》以及中央、省、市有关要求，结合定海实际，完成对定海区政府信息公开专网的升级改版，科学设置栏目框架，明确栏目重点，新建重点公开领域专页，进一步优化信息公开平台搭建，为群众提供更好的政务公开服务。加强与第三方技术公司沟通协调，第一时间排除网站安全隐患，进一步提升“中国定海”门户网站的稳定性和可靠性。

（撰稿：吴琼烨）

外事工作

【概况】 2019年，根据《舟山市定海区机构改革方案》，区外事与侨务办公室的外事职责划入区政府办公室，加挂区政府外事办公室牌子,不再保留区外事与侨务办公室。是年，区外事办进一步做好因公出国及外国人来华审核、领事保护等工作，参与世界舟山人大会，推进对外交流事业发展。

【因公出国及外国人来华审核】 2019年，区外事办审核因公出国自组团组3批次11人次；审核参加省市因公出国团组7人次。为17家涉外企业办理了55份邀请函，邀请外国人91人次。

【领事保护】 加大领事保护宣传力度，向区农林与海洋渔业局和区旅游局宣传《中华人民共和国领事保护与协助工作条例（草案）》。建立领事保护工作机制，与区农林与海洋渔业局协商，制定远洋渔业突发事件联络机制，及时把渔船动向上报上级外事部门和我国驻外使领馆。完善涉外突发事件处理机制，起草《定海区涉外突发事件应急预案（草案）》。

【世界舟山人大会】 11月1日，2019世界舟山人大会定海分场召开，在活动当天与定海分场嘉宾接待组各成员单位共同协作，参与接待参加世界舟山人大会定海分场的嘉宾。

（撰稿：王 凯）

审批服务与公共资源交易管理

【概况】 2019年，区审批服务与公共资源交易管理办公室以习近平新时代中国特色社会主义思想为指导，开展“不忘初心、牢记使命”主题教育，围绕“最多跑一次”目标任务，深化行政审批制度改革，强化公共资源交易管理。各窗口（包括分中心）办理各类行政审批事项94.9万件，日均办件4316件，其中网上办理61.51万件。收到社会各界送来锦旗49面，表扬（感谢）信135封，为企业群众提供预约服务175次、上门服务107次、延时服务396次，满意率为100%。是年，区公共资源交易平台累计成交项目390宗，成交金额22.72亿元。其中工程建设项目156宗，中标金额17.83亿元，政府采购项目19宗，中标金额0.17亿元，产权交易项目215宗,成交金额4.72亿元，总溢价率3.55%。

【打造“无证明城市”】 精心谋划改革顶层设计，进一步精简办事环节，推动证明材料精简，召集相关部门梳理全区范围内所有办事所需的证明清单，协调

3月27日，召开企业常态化开办一日办会议

各部门对接证明出具部门进一步精简证明材料，实行六个“一律取消”，法有规定免于提交。公布第一批清单，取消证明材料33项，保留清单58项，第二批替代清单176项。进一步解决政务管理服务中要求提供的证明材料过多过滥，方便群众办事，提升群众满意度。

【推进网上办、掌上办】 聚焦“互联网+政务服务”，梳理群众和企业到政府办事的事项，利用浙江政务服务网，实现自助终端机镇（街道）便民服务中心全覆盖。梳理公布政务服务事项清单2193项、“一证通办”清单180项。实现政务服务事项，除涉密、敏感等不宜开展网上办、跑零次的事项外，网上办理100%，掌上办理100%，跑零次比例100%，即办件事项比例84.15%，承诺期限在法定期限基础上平均压缩96.5%，群众和企业实际网上办结率达到 64.78%。

【代办投资项目审批】 利用区审交办审批资源集中的平台优势，项目代办中心以自愿委托、合法高效为原则，为全区企业提供无偿代办服务，由企业自主选择，并由企业自愿申请委托全程或部分代办服务，代替企业完成审批。2019年，代办企业投资项目21个，总投资约313080万元。其中14个项目开工建设，审批时间都控制在60天内。

【启动24小时自助服务区】 将“一门一网式”服务融入到自助服务中，打破 “上下班”时间，全天候开放办理业务。区域内投放6台自助服务机，实现行政审批事项受理申请和信息查询自助服务，涵盖各类单位的400余项常办行政审批事项，提供不动产信息、婚姻登记信息查询打印、社保医保信息、税务大票打印等公共民生服务，大幅度缩减群众办事时限，让政务服务工作更加科学化、智能化、高效化，为群众带来更为高效便捷的政务服务。

【基层便民服务】 依据省“八统一”要求，梳理镇（街道）“最多跑一次”清单192项、社区98项。针对不同镇街道便民服务中心窗口分布和各部门基层站所的分布情况对于税务、不动产、公安、市场、城管、私人建房等事项进驻便民服务中心的可行性逐一分析，并以白泉镇为试点，按照就近进驻的原则，私人建房进驻所有镇（街道），公安服务事项以及税务的民生事项除城区街道外实现全覆盖，不动产、市场监管的基层分所完成就近进驻。

7月12日，召开“最多跑一次”改革推进会

【综合窗口服务】 在“5+x”窗口模式基础上进一步整合，将民生事务、劳动保障、就业创业、村镇建设、综合服务窗口整合为“无差别受理”综合窗口，继续保留原有的“x”窗口（商事登记、不动产、公安、自来水等部门驻点服务），实现镇（街道）综合窗口覆盖率100%。实现50.83%的民生事项在基层可办。

【完善代办、上门服务机制】 建立基层办事全程代办制度，选聘代办员队伍，让干部“代跑腿”，为群众提供免费代办服务。推进“办事不出岛”，区行政服务中心窗口通过定期下海岛和发放联系卡等方式，按需提供上门服务，让海岛群众“小事不出小岛、大事不出大岛”。

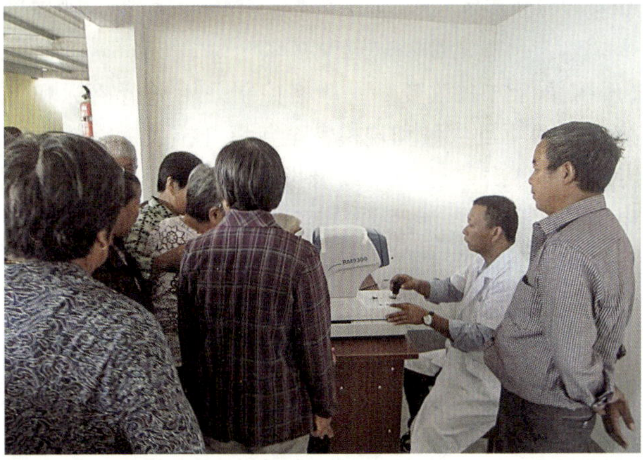

开展上门服务

【实现部分民生事项基层全覆盖】　社保缴费、信息查询等16个事项实现社银合作，银行网点已全面开通，公积金事项涉及14个银行网点覆盖全区镇（街道），公安治安业务已全部延伸镇（街道），老年人优待证、省考职业资格证书等与群众密切相关的事项实现 100%全省通办。

【开展违法行为专项治理和“9+1”专项整治】　开展招投标领域违法行为专项治理，建立联席会议和日常事务协作机制，公布各部门专项治理举报电话，对已认定串通投标罪案件的涉案企业，由区扫黑办协调区法院，将案卷移交市市场监管局定海分局进行行政调查处理。制订《定海区建设工程招投标有违公平竞争的保护主义、政策“藩篱”和招投标市场垄断、割裂、封闭问题专项整治行动方案》，开展工程招投标领域营商环境专项整治，督促区住建、交通运输、水利等部门开展自行制定、市级及以上部门制定制度、招标文件范本、信用等级评价使用等4类问题自查清理工作。

10月17日，开展主题教育推进招投标领域违法行为专项治理

【严控招标方式改变】　严格控制采用邀请招标和直接发包的项目数量和规模，全年召开招投标审核小组专题会议5次，对39个政府投资项目改变招标方式的申请予以审核，涉及金额2.2亿元。实施分类分级审核监管，从源头上统一归口严控招标方式的改变，为政府投资项目的高效推进和筑牢工程建设项目廉政防线打下基础。

【完善操作规程】　完善政府采购项目公开招标、竞争性磋商、单一来源三种采购方式的采购文件及其开标、评标流程范本。所有采购项目均在浙江省政府采购网、定海区公共资源交易网、定海区政府采购网上公开公告，实施采购。利用政采云平台实施评标专家评价机制，按评标项目对专家评标行为进行评价、管理。

【加强供应商诚信管理】　通过“信用中国”、中国政府采购网，查询列入失信被执行人、重大税收违法案件当事人名单、政府采购严重违法失信行为记录名单的供应商，拒绝其投标。

【完成政府采购投标保证金清退】　6月起取消进场政府采购项目投标保证金，定期开展集中清退活动，合计清退政府采购投标保证金253笔，累计金额2598490元，另因投标单位失联、单位账户冻结、违反规定等原因不能退还的12笔投标保证金58500.9元全部上缴国库。

【落实交易服务费减免政策】　对国有资金控股或占主导地位的投资建设项目免去招标人交易服务费，中标人交易服务费按舟发改价格〔2018〕42号文件要求中分档收费标准的25%收取，工程总承包项目的交易服务费不进行上浮收费。

【首创供应商入库代办服务】　针对因“政采云”系统在短时间内大范围推广使用，很多交易主体特别是部分供应商（多为个体户）不懂使用方法，电话咨询、上门来访咨询繁多现状，首创供应商入库代办服务，实现供应商注册入库初审、终审现场办结最快仅需15分钟，解决这些供应商不懂网上审核、无法入库等问题。2019年，为43家企业、个体户提供入库代办服务。

【政府采购全流程电子交易试运行】　政府采购工作完成全流程电子化布局，项目采购从采购计划下达至中标公告发布、中标合同签订，全流程通过“政采云”线上平台操作，项目完成后可一键下载电子档案，保证全操作、全流程线上留痕。

【推进网上超市“全省一张网”】　做好网上超市“全省一张网”入围供应商及上架商品管理工作，供应商入围资格、商品上架、信息变更审核在1个工作日内完成，并提供QQ、微信等在线服务，加强商品信息审核、巡检及价格管理。2019年,审核入围供应商807宗次，上架商品审核6万余件次，区划内入围供应商267家。

（撰稿：王文艳）

（本分目照片由区审交办提供）

机关事务管理

【概况】 2019年，区机关事务管理中心坚持以习近平新时代中国特色社会主义思想为指导，秉承“全心、细心、恒心、耐心、责任心”的“五心”服务理念，围绕机关事务工作中心目标任务，不断开拓工作思路、创新工作方法、改进工作方式，提升机关后勤精细化管理水平，以高标准服务保障助推中心各项工作高质量发展。

【行政中心管理】 3月，区行政中心管理委员会与16家成员单位签订《2019年定海区行政中心治安、消防安全工作责任书》，明确各成员单位责任分工， 各单位联系机关事务工作实际提出问题建议，保障机关后勤工作的开展。

3月15日，召开行政中心管委会全体会议

【会务服务】 是年，机关服务中心着力提高会务服务精细化办法，规范会务工作流程，不断提高会务服务水平。贯彻落实上级部门关于禁用一次性用品的规定，耗资4万余元配备会议室消毒柜、瓷杯等用具。制订出台全年培训计划，加强会务人员业务能力和素养的培养，定期开展会务人员自训，确保会务服务水平稳中有升。全年各单位提供会务服务971场次，服务与会人员47050人次，完成区党代会、区两会等重要会议的保障服务。港务大厦二楼会议中心为各单位提供会务服务236场次、服务与会人员12410人次。

【餐饮服务】 开展调研座谈会，召集食堂第三方托管单位，对区行政中心、东山路食堂、港务大厦食堂在食品安全、环境卫生、菜肴品种、责任管理等方面进行探讨，明晰解决问题方向，提升机关食堂品质。每季度开展定期和不定期检查，确保卫生质量和食品安全。探索创新餐饮多元化服务，推出免费羹暖心服务，增加就餐选择，提升就餐体验。组织开展浓情端午”包粽子活动，丰富机关干部职工文化生活，弘扬传统民俗文化。开展“海山农汇”本地名特优农产品进机关活动，培养绿色消费、引领精准扶农。至年底，委托第三方代理单位进行食堂公开招标，宁波润家餐饮管理有限公司中标。

【财会服务】 完成2018年度全年凭证档案归档、2018年度固定资产投资决算报表编制、2019年度账套开账准备、2019年度财务决算报告编制、2019年度预算追加和2020年度预算编制、机构改革后财务人事方面变更调整等工作。准确地编报各财务服务单位的年度预决算、工资福利发放、公积金、社保计算缴存等工作，准确编报财务分析报告，为领导决策提供参考依据。做好机构改革后两办分账、财务人员配备等工作，确保区委办和区府办正常财务工作。与各服务单位和财政部门进行工作对接，为各财务服务单位提供合理化的财务意见并做好流水结报，保障各单位的正常运转。全年完成现金、内转、银付托收等9165笔。

【公务用车平台管理】 邀请交警到车队进行安全警示教育，坚持每月一次安全例会，强化驾驶员安全教育，提升遵章意识。组织部分管理人员到兄弟县（区）走访交流，加强业务知识学习和技能培训。贯

12月7日，开展公务用车管理平台驾驶员技能比武活动

彻落实《浙江省党政机关公务车管理办法》，完善公务用车平台建设，统筹调度管理。落实公务用车维修保养等管理制度，坚持出车前后车辆自查自检，做到出车必派单，无单不出车，杜绝公车私用现象的发生。全年出车7108台次（其中短途6415台次；长途493台次），完成重大活动（会务）、抢险救灾保障用车140台次，服务人数445人次，安全行车总里程468317公里。

【行政中心安保管理】 是年，做好对公务用车平台车辆停放道匝和大门车辆管理门禁系统等基础设备的日常维护保养。推进“雪亮工程”安防建设，配合公安部门在大门进门口设置人脸识别监控系统。开展保安队消防安全操作演练、安全教育培训，建立一支年轻化、专业化的安保队伍。在全国、省、市、区“两会”，“一带一路”国际合作高峰论坛、70周年大庆等重大活动期间，加强区域防范，强化检查。全年人员出入登记12352人次，无证车辆出入登记17510车次，检查物资运出车辆243辆，安检快递包裹16706件，大中型客车预约登记并安排车辆进入有序停放159辆，电话通知移车3466辆。港务大厦管理处盘查登记外来车辆10067辆，大厦及外围巡查4539次，询问外来办事人员23087人次。

【办公用房管理】 是年，完成行政中心副处级以上领导办公用房整改工作以及全区科级领导干部办公用房整改的指导监督工作。不定期巡查全区行政事业单位领导干部办公用房使用情况，适时组织“回头看”检查，确保问题整改到位。对全区纳入机构改革的各单位存量办公用房情况摸底汇总分类，完成区文旅局、市生态环境局定海分局等16家行政体制改革相关单位共计约8500平方米的办公用房调配和面积核准监督工作。在全区机关单位、乡镇街道开展一次办公用房信息统计填报工作，接收汇总全区70余处地址院落的办公用房及人员编制等数据信息（用地面积25万余平方，建筑面积22万余平方米，人员编制人员2000余人），提交国管局数据库。

【公共机构节能管理】 全国节能宣传周期间，在区行政中心开展线上线下有奖答题、节能宣传展板摆放、现场垃圾分类投放、章鱼回收积分兑换互动等活动；联合区机关幼儿园举办“低碳贝贝”爱地球节能活动。启动2019—2020年节约型公共机构示范单位创建，精选马岙街道作为定海参加省级节约型示范单位创建单位。贯彻落实省市区《关于禁用、限用一次性办公用品的通知》精神，自9月起，行政中心各会议室带头实现禁用一次性纸杯，改用可重复使用的会议瓷杯，办公场所限用一次性办公用品。

6月19日，“绿色发展，节能先行”全国节能宣传周活动

【推进垃圾分类工作】 全区行政机关实施生活垃圾强制分类工作纳入区委、区政府年度考核。先行遴选区行政中心60余家公共机构作为生活垃圾分类示范单位，超额完成《定海区2019年制度创新攻坚行动任务清单》在10%以上的党政机关、国有企事业单位创建生活垃圾分类示范机关单位的目标任务。与“章鱼回收”第三方机构合作，在区行政中心安装可再生资源智能分类回收柜，回收利用可回收物分类；安装垃圾袋自取机，试点推广可追溯分类垃圾袋。

【“不忘初心、牢记使命”主题教育】 根据中央、省、市、区委“不忘初心、牢记使命”主题教育活动总体部署要求，成立中心主题教育领导小组，研究制订主题教育实施方案，召开主题教育工作会议，部署中心计划安排。组织全体党员学习党章、《习近平新时代中国特色社会主义思想学习纲要》等必读书目，观看《不忘初心学党章》等党员教育影片，开展“初心之行”共赴南洞艺谷参观学习。班子成员结合分管领域工作实际，围绕办公资产管理、后勤党建、中心安保等开展调查研究，形成调研报告。对区委巡察组反馈的问题，调研发现的问题、检视剖析的问题等，列出清单，逐条整改。召开对照党章党规找差距专题组织生活会，紧扣“18个是否”，查摆问题，自我剖析。召开专题民主生活会，开展批评和自我批评。

9月29日，“初心之行”重走习近平总书记考察之路

【党风廉政建设】 是年，首创廉政约定书制度，杜绝岗位风险漏洞，与5家公务用车定点维修单位签订《廉政约定书》，在10多个工程中与6家基建工程施工单位签订《廉政协议书》。制订中心警示教育月活动计划，组织全体干部职工观看市警示教育片，筑牢思想道德防线，推进清廉后勤建设。

5月23日，召开警示教育大会

【全国文明城市创建】 发挥党员干部示范引领作用，助力全国文明城市创建。班子成员带头参加路长制，协助交警对责任区域（观音岗）做好交通文明劝导，营造文明有序交通环境；协助城管对责任区域（海山公园）开展工作巡查、宣传教育，确保责任区域环境整洁、秩序良好。在职党员进社区，参加结对社区（港北社区）入户调查、城市大清洁等志愿服务活动，为身边群众办实事好事，以实际行动践行初心和使命。

（撰稿：王凤琼）

（本分目图片由区机关事务管理中心提供）

责任编辑：王英伟

定海生活习俗之饮水

定海为淡水资源缺乏地区。旧时城乡均有积贮天落水（雨水）作为饮用水的习俗。时家家户户在屋檐下安置大小缸甏，待雨天积贮雨水以备平日饮用。农家习惯用积贮的梅季雨水酿酒，认为可以提高出酒率。此外，定海民间还有遍挖水井习俗，用井水作饮用水，故城乡遍布水井，一些大户人家几乎家家院内有水井。一些公用水井还在井旁立有石碑，如金塘肚斗村吴家井潭就立有光绪年间的公禁石碑："……上井为饮泉，不许洗涤；中井为净泉，任用于洗衣洗菜；下井为荡井，任由荡涤秽器等用。……如有触规犯禁，罚大钱四百文……"，以保护水井。至1987年，定海有民间井6773眼，坑道井167眼。自1960年后，各乡镇普遍兴建水库，并络续建立水厂，城乡开始逐步饮用自来水。近20年来，人民生活水平提高，追求健康，饮用桶装（纯净水）饮用水已渐成新俗。

政协舟山市定海区委员会

Committee CPPCC Of Dinghai District

大沙河（陈炳群/摄）

社会主义核心价值观

国家　富强、民主、文明、和谐

社会　自由、平等、公正、法治

公民　爱国、敬业、诚信、友善

区政协领导

主　　席：车志宽
副 主 席：方家慧
柳跃军
夏江龙
林志刚
陆翰恺
秘 书 长：华福耐
党组书记：车志宽（2006.11—2019.12）
陆沧波（2019.12—）
副 书 记：方家慧（2011.12—2019.12）
成　　员：柳跃军
夏江龙
华福耐

综　述

2019年，区政协常委会以习近平新时代中国特色社会主义思想为指引，贯彻落实党的十九大精神和省、市、区委决策部署，高举团结民主旗帜，在建言资政和凝聚共识上双向发力，在服务大局和履职为民上提质增效，发挥协商民主重要渠道和专门协商机构作用，为定海全面推进新时代高质量发展，奋力谱写花园式国际人文港城建设新篇章作出贡献。

是年，举行全体会议1次，常委会会议3次，主席会议12次、协商会议6次。常委会就“请你来协商”平台建设、“对接绿色石化基地 做强定海关联产业”和“充分利用岸线特色资源助力国际人文港城建设”；主席会议就“优化定海人才政策”“老旧住宅小区改造”“关于加快推进小微企业园扩容升级 助力民营经济高质量发展”“探索我区共享停车模式”“优化医疗资源配置 提升区域医疗服务能力建设”等课题开展调研视察，形成调研报告和协商纪要，为党政决策提供参考。聚焦热点反映民意，全年收集报送社情民意60篇，被市政协录用12篇，区政协获全市政协系统反映社情民意信息工作先进单位。创新政协宣传，以《定海政协》杂志、定海政协网站、定海政协微信公众号为主体，构建形成宣传新阵线，首场“请你来协商”活动新闻报道，被省政协“同心苑”微信公众号推送。为庆祝新中国和人民政协成立70周年拍摄的MV《红旗飘飘》被“学习强国”“同心苑”“掌上舟山”等平台录用。是年，被省政协办公厅评为宣传工作先进集体。

召开对接绿色石化产业协商会

重要会议

【六届三次会议】　于1月21—23日在定海举行。会议通过车志宽代表第六届舟山市定海区委员会常务委员会所作的工作报告和柳跃军代表第六届舟山市定海区委员会常务委员会所作的提案工作情况报告，会议通过区政协六届三次会议议程、日程；表彰区政协六届二次会议以来优秀提案，提案办理工作先进单位、先进个人，2018年度参政议政积极分子和2018年度反映社情民意信息工作先进单位、先进个人；审议通过区政协六届三次会议提案审查情况的报告和区政协六届三次会议决议。其间，与会人员列席区十七届人大三次会议，听取并讨论政府工作报告，协商讨论区人民法院、区人民检察院工作报告以及会议其他报告。会议收到以提案形式提出的意见建议186件，立案159件，委员大会发言材料29份，13名委员作大会发言。区委书记庄继艳在会上作重要讲话。

六届三次会议召开

【常委会会议】 六届九次常委会会议 于1月23日召开。会议由政协主席车志宽主持，副主席方家慧、柳跃军、夏江龙、林志刚、陆翰恺，秘书长华福耐出席会议。会议听取大会秘书处关于区政协常委会并于提案工作情况的报告及区政府、计划、财政等工作报告讨论情况的综合汇报，审议《区政协提案委员会六届三次会议提案审查情况的报告（草案）》和《区政协六届三次会议决议（草案）》，决定将《报告（草案）》和《决议（草案）》提请区政协六届三次会议第三次全体会议通过。

六届十次常委会会议 于7月9日召开。区政协主席车志宽主持会议并讲话，副主席柳跃军、夏江龙、陆翰恺，秘书长华福耐出席会议。会议传达学习全省县（市、区）政协“请你来协商”平台建设工作推进会精神，听取区政协办关于开展“请你来协商”平台建设工作情况的通报，研究确定“请你来协商”活动计划。听取区政协委工委关于开展“新时代人民政协的新样子”专题讨论活动的通报和全区上半年应急管理工作情况的通报，审议通过人事相关事项和其他有关事项。

六届十一次常委会会议 于8月28日举行。区政协主席车志宽主持会议并讲话，副主席方家慧、柳跃军、夏江龙、林志刚、陆翰恺，秘书长华福耐出席会议，区政府常务副区长林剑彪应邀参加会议并做出点评。会议听取讨论区政府就关于区政协六届三次会议以来提案办理情况的通报及区乡村振兴领导小组办公室关于全区乡村振兴工作实施情况的通报；审议通过区政协常委会关于“对接绿色石化基地做强定海关联产业”的调研报告（审议稿）和关于“充分利用岸线特色资源助力国际人文港城建设”的调研报告（审议稿）；审议通过人事相关事宜。

【常委暑期读书会】 9月4日，区政协举行常委暑期读书会。会议听取区委副书记、区长侯富光关于上半年全区经济社会发展成效和下半年政府重点工作安排的通报。会议围绕“树立新时代人民政协的新样子”进行专题讨论，来自各界别的部分区政协委员进行交流发言。区政协主席车志宽，副主席方家慧、柳跃军、夏江龙、林志刚、陆翰恺，秘书长华福耐参加会议。

举办区政协常委暑期读书会

【主席会议】 六届十九次主席会议 于1月9日召开。会议传达学习习近平总书记在中央政治局民主生活会上的讲话精神；听取区纪委关于全区党风廉政建设和反腐败工作的情况通报；审议通过区政协六届三次会议有关事项。

六届二十次主席会议 于1月22日召开。会议听取各召集人关于区政协常委会工作报告、区政协常委会关于提案工作情况的报告及政府、计划、财政等工作的情况报告，审议《区政协提案委员会关于六届三次会议提案审查情况的报告（草案）》和《区政协六届三次次会议决议（草案）》。

六届二十一次主席会议 于2月25日召开。会议审议2019年度重大协商工作计划表，审议通过区政协2019年度重点提案，审议了人事及其他有关事项。

六届二十二次主席会议 于4月4日召开。会议传达学习省委办公厅印发的《县（市、区）政协开展“请你来协商”平台建设工作的指导意见》精神，及全面开展扫黑除恶专项斗争相关精神，审议通过《2019年区政协“人文定海 书香政协”学习计划》、政协各专门委员会对口联系区属部门安排及其他有关事项。

六届二十三次主席会议　于5月24日召开。会议审议通过六届区政协常委、委员调整建议名单，《区政协开展“请你来协商”平台建设的实施意见》和《关于优化定海人才政策的调研报告》，听取区住建局关于我区老旧住宅小区改造工作情况的通报，审议通过区政协六届十次常委会会议建议议程及其他有关事项。

六届二十四次主席会议　于7月3日召开。会议审议通过《区政协关于开展“新时代人民政协的新样子”讨论活动的实施意见》《关于“加强绿色农产品生产管理　保障城乡居民身体健康”的调研报告》和《关于“加快推进小微企业园扩容升级　助力民营经济高质量发展”的调研报告》，及区政协机关老年体协成立相关事宜。

六届二十五次主席会议　于8月8日召开。会议审议《区政协常委会关于“对接绿色石化基地　做强定海关联产业”的调研报告》《区政协常委会关于“挖掘岸线特色资源　助力国际人文港城建设”的调研报告》《区政协主席会议关于探索我区共享停车模式思考的调研报告》和“请你来协商”城区共享停车专题协商会相关事宜，审议通过区政协界别负责人调整、委员工作室调整相关事宜。

六届二十六次主席会议　于9月23日召开。会议传达学习习近平在中央政协工作会议暨庆祝中国人民政治协商会议成立70周年大会上的重要讲话精神，审议通过《关于“高水平推进定海区老旧小区改造”的调研报告》和《关于“优化医疗资源配置 提升区域医疗服务能力建设”的调研报告》，及《王亚书法集》有关事项。

六届二十七次主席会议　于11月8日召开。会议审议通过《区政协常委会关于创新我区村集体经济发展中路径的调研报告》《关于进一步健全农村养老体系的调研报告（审议稿）》和其他有关事项。

六届二十八次主席会议　于11月20日召开。会议审议通过区委政协工作会议有关事项和其他有关事项。

六届二十九次主席会议　于12月19日召开。会议听取区政协党组、机关党组“不忘初心、牢记使命”专题民主生活会情况通报，审议通过《政协舟山市定海区委员会关于提高提案质量的实施办法（草案）》《区政协提案委组成人员调整名单（草案）》《我区城乡环境综合整治专题视察报告（审议稿）》“书香政协——读好书、写心得”微征文评选结果名单（草案）。会议围绕2019年创新、亮点工作和2020年工作思路、履职重点（包括协商内容、调研课题和重大履职活动等）做交流发言。

六届三十次主席会议　于12月31日召开。会议审议关于召开区政协六届四次会议的建议（草案）、区政协六届四次会议建议议程（草案）和建议日程（草案）、区政协六届四次会议秘书长、副秘书长建议名单（草案）、区政协六届四次会议提案截止建议时间（草案），审议通过区政协六届四次会议邀请、列席、旁听人员范围（草案），区政协六届三次会议以来优秀提案（草案）、提案办理先进单位和先进个人名单（草案），区政协2019年度参政议政积极分子名单（草案）、区政协2019年度反映社情民意信息工作先进单位和先进个人名单（草案）、区政协六届四次会议大会合辑有关事项、区政协常委会工作报告（讨论稿）和提案工作报告（讨论稿），审议区政协党组2020年工作要点（草案）、区政协六届四次会议大会发言有关事项、人事有关事项，区政协六届四次会议选举办法（草案）、区政协常委会工作报告和提案工作报告报告人建议名单（草案）、区政协六届四次会议各次大会执行主席和主持人建议名单（草案）、区政协六届四次会议委员分组办法和各组召集人名单（草案）、区政协六届四次会议主席台有关事项、区政协六届十二次常委会会议建议议程。

请你来协商

【垃圾分类专题协商】　6月12日，区政协开展“请你来协商”垃圾分类专题协商活动。主席车志宽，副主席柳跃军、夏江龙、林志刚，各专委会主任、6名市区政协城乡生活垃圾分类处理专项集体民主监督活动监督调研组负责人、11名委员代表参加会议，邀请区政府副区长董凯龙,区府办、区住建局、区农业农村局、区综合行政执法局、市生态环境局定海分局、区政府督考办负责人及4名环卫工人代表、2名小区物业公司代表、1名垃圾处理企业代表、4名城乡社区群众代表出席会议。围绕垃圾分类主题，以“实地考察＋现场协商”的互动交流方式，面对面协商交流垃圾分类工作的经验建议，推动全区垃圾分类工作。主席车志宽主持会议。

举行垃圾分类专题协商会

【城市共享停车主题协商】 9月4日，区政协举行"请你来协商"活动，围绕城市共享停车主题，邀请区住建局、区综合行政执法局、区机关事务管理中心、市公安局交警支队定海大队、城东街道、环南街道、昌国街道、盐仓街道等有关负责人来到现场与部分委员和界别群众代表进行面对面协商议政，探索推动定海共享停车工作。区委副书记、区长侯富光应邀参加并作总结发言。区政协主席车志宽主持会议，区政协副主席方家慧、柳跃军、夏江龙、林志刚、陆翰恺，秘书长华福耐参加活动。市政协提案委应邀参加活动。

【老旧小区改造专题协商】 9月16日，区政协举行"请你来协商"老旧小区改造专题协商活动。邀请区住建局、昌国街道等有关负责人到现场与部分委员和界别群众代表进行面对面协商议政，探索推动定海区老旧小区改造工作。区政协主席车志宽主持会议。副区长夏泉应邀参加活动并做总结发言。

举行"请你来协商"老旧小区改造专题协商

【优化医疗资源配置专题协】 10月11日，区政协举行"请你来协商"优化医疗资源配置专题协商会，会议邀请区政府副区长屠定玉参加，主席车志宽主持会议。区政协教文委主任乐加恩介绍课题调研情况，部分区属职能部门、区政协委员和群众代表齐聚一堂，协商交流优化医疗资源配置的经验建议。

举行优化医疗资源配置专题协商会

【绿色石化产业主题协商】 10月16日，区政协举行"请你来协商"活动，围绕对接绿色石化产业主题，邀请区发改局、区经济和信息化局、区交通运输局、区商务局、区应急管理局、区投资促进中心、定海工业园区、市自然资源和规划局定海分局、舟山市港航管理局定海分局，岑港街道、马岙街道、金塘镇，舟山市定海区绿色石化和新奥能源配套项目工程建设指挥部等有关负责人到现场与部分委员和界别群众代表进行面对面协商议政，课题调研组介绍"对接绿色石化产业，做强定海相关关联企业"的调研情况，探索推动定海对接绿色石化产业工作。区委书记庄继艳应邀参加并讲话。区政协主席车志宽主持会议。区委常委、常务副区长林剑彪应邀参加。区政协副主席方家慧、柳跃军、夏江龙、林志刚、陆翰恺，秘书长华福耐参加活动。

【健全农村养老体系专题协商】 11月28日，区政协举行"请你来协商"进一步健全农村养老体系专题协商会。会议邀请区政府副区长屠定玉、区府办副主任柴华参加，主席车志宽主持会议。区政协社法委主任戴永良介绍课题调研情况，部分区属职能部门、镇（街道）负责人、区政协委员、基层社会组织和群众代表齐聚一堂，就如何促进我区农村养老事业健康发展建言献策。

人文定海·书香政协

【委员培训】 4月22—26日，区政协在陕西省延安大学泽东干部学院举办“书香政协·品读历史”政协委员专题培训班。区政协主席车志宽，副主席柳跃军，秘书长华福耐和来自各界别的40多名区政协委员参加培训。

【委员风采秀】 9月20日，区政协举行“讲政协故事展委员风采”庆70华诞委员风采秀活动。主席车志宽，副主席方家慧、柳跃军、夏江龙、林志刚、陆翰恺，秘书长华福耐参加活动。市政协副主席蒋志伟，区委副书记顾飞舟，区政府副区长屠定玉，区政协老领导李岳雷、郑山君、汤安国应邀出席活动。副书记顾飞舟代表区委区政府致辞。主席车志宽代表区政协讲话。

举行“讲政协故事展委员风采”庆70华诞委员风采秀活动

【《红旗飘飘》献礼视频】 区政协自编自导自演的《红旗飘飘》献礼视频，展现广大委员坚定团结在红旗下，不忘初心、建功立业的精神风貌，微信公众号阅读量接近1万次，同时被“学习强国”、省政协“同心苑”、市政协公众号、掌上舟山、《舟山日报》等平台录用。

【读好书、写心得】 区政协向全体委员发放经典畅销书籍《中国历代政治得失》《工业4.0大革命》，开展“书香政协——读好书·写心得”微征文活动，各委员结合定海发展实际和自身履职经历，撰写学习心得文章128篇。活动评选一等奖3名，二等奖6名，三等奖9名，优秀奖18名。

【“书香园”建设】 以国家一级书法家、原定海县政协副主席王亚捐赠书法作为首批入园展品，初步建成区政协委员学习联谊阵地“书香园”。

【文史宣传】 开展“我与人民政协——庆祝人民政协成立70周年”史料征集，编辑出版《古城印迹·下册》和《王亚书法集》，着力推动“海上古城千年定海”的保护和活化利用，有效发挥政协文史资料“存史、资政、团结、育人”的作用。

职能工作

【政治协商】 坚持服务大局，围绕区委、区政府中心工作，聚焦高质量发展的热点问题建言献策。区政协六届三次会议期间，组织委员大会发言，各界别和委员工作室提交大会发言材料29件，有13件（次）得到区委书记、区长的批示肯定，不少建议被相关部门在工作中采纳。搭建“请你来协商”平台，被区委纳入加强主动参与、共促高质量发展的总体工作部署。坚持建言资政和凝聚共识双向发力，同步建立意见建议协商反馈、跟踪问效机制，提高了协商议政的实效。

【参政议政】 投身经济、社会发展主战场，围绕中心工作，抓好各项建议落到实处、见到实效。针对定海区现行人才政策存在的不足，助推人才强区战略的实施。开展“三服务”活动，深入排摸企业发展和社区、村工作面临的困难和问题，梳理解决事项27件。关注企业融资需求，通过“政协委员面对面”“委员沙龙”等形式，为企业牵线搭桥，切实提升“三服务”活动实效。高度关注城乡居民食品安全问题，对绿色农产品生产管理开展专题调研，形成报告提交区委、区政府决策参考。发挥委员工作室在加强基层协商民主、联系服务群众中的积极作用，组织开展走访慰问、法律服务、慈善捐赠、扶贫帮困、家电维修等服务活动26 次，走访群众上100人次，收集意见建议210条，反映和解决了群众切身利益问题，受到基层群众和社会各界好评。

【民主监督】 贯彻落实中央、省委、市委关于加强和改进人民政协民主监督工作精神，不断创新监督形式，规范监督程序，健全监督机制。整合三级政协委员力量，组成监督小组围绕“城乡生活垃圾分类处理”开展专项集体民主监督活动。开展扫黑除恶专项斗争和应急管理工作民主监督活动，推动扫黑除恶专项斗争和应急管理工作取得实效。组织开展提案督查周活动，对区政协六届一次会议以来的B、C类提案办理情况进行回头看，确保提案建议落实落地。

【团结联谊】　坚持发挥政协爱国统一战线组织作用，广泛团结各党派团体和各族各界人士，维护团结稳定的发展环境。重视发挥民主党派、工商联、各人民团体和无党派人士及新社会阶层的重要作用，加强与他们的沟通联系，坚持定期走访，沟通信息，通报区情。邀请民主党派、工商联、人民团体和无党派界别委员参加调研考察、协商议政、提案督办、民主监督等活动，鼓励和支持党派团体依托政协平台提出意见建议，促进合作共事。举办“讲政协故事、展委员风采、庆70华诞”联谊活动。重视发挥界别作用，建立界别负责人碰头机制，全年邀请各界别负责人参加工作部署会议5次。加强与省市有关部门的交流和联系，认真参加全国和省政协开展的关于县级政协工作情况的调研座谈，参加市政协组织的党建培训、机关干部履职培训等活动。

【组织建设】　健全管理机制，注重发挥政协委员、委员工作室、界别活动组和政协机关的作用，自身建设不断加强。

激发党建活力　在全市率先成立区政协委员党委，以界别为纽带、以专委会为依托设立6个专委会党支部，实现党的组织对党员委员、党的工作对政协委员“两个全覆盖”。建立区政协党组成员联系党外常委、区政协机关党组成员联系所在界别党员委员等制度，在协商监督、调研视察等履职活动中，主动给党员委员压担子，让他们担重担唱主角，发挥好党员委员示范引领作用。

加强队伍建设　以庆祝新中国和人民政协成立70周年为契机，组织开展“新时代人民政协的新样子”主题讨论活动，邀请省人民政协理论研究会专家作《新时代政协工作创新与实践》专题报告。以“人文定海·书香政协”品牌为抓手，在革命圣地延安举办“品读历史”专题培训班，组织观看《我和我的祖国》红色电影，不断提升委员爱国爱党的情怀。持续开展“读好书·写心得”活动，不断浓厚崇学尚学的氛围。进一步健全委员履职考核制度，打造有情怀、有定力、有担当、有作为的委员队伍。

持续改进作风　落实好管党治党主体责任，精心策划“主题党日”活动，组织机关党员干部参观廉政教育基地，强化党风廉政教育，引导政协机关党员干部在五水共治、重大项目、新农村建设中发挥先锋模范和示范引领作用。建立健全机关工作运行机制，严格机关干部行为规范，着力打造履职尽责的参谋部、服务委员的后勤部。

提案工作

【提案办理】　是年，收到提案186件，经审查立案159件，并案14件，因超越我区事权等因素不予立案的13件全部转为社情民意。据统计，立案提案中已解决或基本解决的95件（A类），占立案总数的59.8%；正在解决或列入计划解决的53件（B类），占33.3%；所提建议需待条件成熟后逐步解决的11件（C类），占6.9%。从收到的反馈情况看,委员对办理结果的满意和基本满意率为99.4%。

【提高提案撰写质量】　制定出台《中国人民政治协商会议舟山市定海区委员会关于提高提案质量的实施办法》。坚持源头控制，在《今日定海》报纸上发布征集公告，在定海山微信上向广大市民群众征集线索，整理编辑《政协提案选题参考目录》，为委员提出高质量的提案提供选题参考。组织委员深入基层，深入一线，开展考察调研，确保提案质量。

【深化提案督办实效】　坚持把增强提案办理实效作为提案工作的主要目标，着力强化提案督办工作合力。开展重点提案遴选，开展重点提案领办，邀请提案人、相关委员、界别群众与提案涉及的局办、区领导现场交流协商，深化提案现场督办。经常开展提案办理“回头看”现场督查，确保提案办理落到实处。

【提升提案服务水平】　密切与委员沟通对接，按照办理时间节点，采取现场督办、电话催办等形式，及时掌握具体承办单位的办理情况。密切与媒体沟通对接，创新提案宣传工作方式，向区政协公众号和定海山微信等相关媒体推送优秀提案，展示办理成效。运用政协委员微信群，将相关民生类提案所涉及的意见建议和现场图片进行展示，推进提案办理服务水平。

（撰稿：徐芬）

（本类目图片由区政协提供）

责任编辑：王英伟

民主党派

Democratic Parties

岛北水厂（李世浩/摄）

社会主义核心价值观

国家 富强、民主、文明、和谐

社会 自由、平等、公正、法治

公民 爱国、敬业、诚信、友善

民革定海区总支部

【概况】　中国国民党革命委员会舟山市委员会定海区总支部（简称民革舟山市定海区总支部）由刘勇平任主任委员，汪和芬、徐国中任副主任委员，张松军、陈雪芬任委员，总支部分设两个支部。民革定海支部有正式党员31名，其中女党员14名,具有大学及以上学历党员25人。支部党员中有区六届政协委员9人，其中常委4人，七届市政协委员2人，其中常委1人，区人大常委1人，市人大常委1人。是年，发展新党员1名（陈杰）。

是年，刘勇平被市政协评为2018年度反映社情民意信息工作先进个人；徐国中被区政协评为2019年度参政议政积极分子，被区委统战部评为2018年度民主党派工作先进个人；张松军被新区招商办评为2018年度全市招商引资大会战考核先进个人；陈雪芬被区政协评为2019年度反映社情民意信息工作先进个人；何琪玲被市委市府办评为全市2017—2018年度舟山市信访工作突出贡献个人，被市政法委评为2018年度舟山市“金牌调解能手”，被省信访工作联席会议评为新中国成立70周年庆祝活动和党的十九届四中全会期间信访工作先进个人；钟小义被市政协评为2018年度反映社情民意信息工作先进个人；林洁被省政府评为2018年浙江省参与首届中国国际进口博览会成绩突出个人；储慧被区政协评为2019年度参政议政积极份子；孙剑刚被区政协评为2019年度反映社情民意信息工作先进个人；袁优红获全省中小学正高级教师职称、获2019年度“浙江民革骄傲人物”；郑国庆被市委统战部评为2018年度市级统战系统社会服务积极分子；乐智源被市侨联评为2018年度全市基层侨联先进个人；沈优红被市护理学会评为2018年度活动积极分子。

【学习教育】　组织党员学习中共十九届四中全会精神、民革中央重要部署、中共舟山市委“不忘初心、牢记使命”主题教育精神、市区“两会”、区党代会等重要会议精神。继续开展“观故居，走多党合作之路”学习教育活动，组织党员赴山东省枣庄市参观台儿庄大战纪念馆。动员组织党员参加全省党外代表人士统战干部理论培训、省委会基层骨干培训、全市民主党派骨干成员培训班、市委会暑期读书会、全区党外代表人士理论学习会等各类培训学习；党员中的人大代表、政协委员参加人大政协组织的各类学习活动，学习宣传中国共产党领导的多党合作和政治协商制度。

【组织建设】　总支部坚持以“五星”“五好”基层组织创建为主线，推进组织工作。4月，定海区支部分设为第一支部、第二支部。5月18日，举行民革定海总支部成立大会，成立全市首个民革总支部，选举产生新一届班子成员。总支部坚持开展敬老爱老活动，春节、重阳节前夕上门走访慰问70周岁以上老同志，关心老同志晚年生活，听取他们的意见建议；开展在职党员单位走访活动，了解党员工作情况；开展妇女节、教师节、护士节等节日送鲜花活动，向每位党员送上生日蛋糕；支委班子看望慰问生病的党员，体现总支关爱，凝聚党员人心。是年，总支部第二支部获首批全国民革示范支部；总支部获评2019年民革浙江省祖统工作先进集体，连续两年获评中共舟山市委统战部“五星”基层组织，连续两年获评中共定海区委统战部综合工作先进集体，连续三年获评定海区政协反映社情民意信息工作先进单位，连续两年获评民革市委会信息工作先进支部。

【参政议政】　总支部在市“两会”期间撰写市委会集体提案1件，提交个人提案6件、个人议案2件，刘勇平代表市委会作《关于加快推进舟山海岛植物园建设的建议》大会口头发言，获市长批示，并在《舟山晚报》刊载。区“两会”期间，提交政协大会集体提案9件，个人提案16件，人大个人议案3件。陈雪芬代表支部作《加快农旅融合发展，助推乡村振兴战略》的大会口头发言；集体提案《关于高水平推进老旧小区改造的建议》和汪和芬个人提案《关于进一步完善海岛留守老人关爱服务的建议》被列为区重点提案；张松军个人提案《强化“消薄”富村工作》和陈雪芬个人提案《建设大数据平台，推动教育现代化》被《今日定海》刊登。集体提案《跑出城中村改造加速度，提升新区（定海）城市新品质》被评为市政协、区政协2018年度优秀提案、刘勇平个人提案《关于加强网络餐饮服务食品安全监管的建议》被评为市政协2018年度优秀提案。

【民主监督】 总支部密切与各对口联系单位加强联系沟通，部分党员担任有关单位的特约（特邀）监督员，刘勇平担任第一届省网络界人士联谊会常务理事，被聘为市税务局特约监察员，5月在省政协“第三批政协委员会客厅”挂牌活动中，其牵头的政协委员会客厅被授于“舟山新社会阶层政协委员会客厅”；张松军被聘为区税务局特邀监察员；何琪玲被聘为区法院家事调解员；沈永康被聘为市委会监察委员会委员，市审计局特约审计员；孙剑刚担任区青联会委员，被聘为市审招办特约监察员。主委刘勇平参加市委开展的“建设开放舟山”专题协商活动，并受邀参加“阳光热线”“电视问政”等广播电视节目13期。徐国中、张松军多次参加区政协组织的各类专题协商会，在区政协常委会上建言。党员们参加市政协、市委统战部有关通报会。总支部关注社情民意，发挥委员工作室等平台作用，收集、反映人民群众意愿和诉求，全年提交社情民意及各类信息60余篇，其中1篇被省政协录用、10篇被市政协录用。

【服务联谊】 依靠全体党员，投身社会服务 全年开展法治宣传、法律咨询、送医送药、爱心助学等“博爱”公益服务活动40余场次。走进中海石油舟山石化公司，开展“同心·三服务”活动，为企业职工送法律、送健康、送知识。总支部携手袁优红省名师工作室，为结对的民工子弟学校—定海区海润学校的师生送上一堂融科学、技术、工程、数学为一体的STEM课程，让学生们感受STEM课程带来的学习知识和团队合作的快乐。联合省民革“博爱·牵手”医疗服务队在定海区中心医院开展“博爱·牵手”大型义诊活动，让定海百姓“足不出市”免费看名医。联合区司法局、市民政局等单位走进小沙同心结对基地的小沙中心小学长白分部和本部，开展关爱青少年、困境儿童“同心”公益系列活动，“汇聚爱心、助力脱贫，小书包承载大梦想”，为孤困儿童送温暖，党员孙剑刚为孩子们上青少年法制教育课，帮助孩子们增强法律防范意识和自我保护能力。4月，袁优红、郑国庆随浙江民革“八个一”帮扶行动组，由吴晶主委带领，赴贵州纳雍县董地乡开展教育、医疗精准扶贫服务。10月份，袁优红跟随浙江舟山名师达州行团队，在宣汉县开展为期1个月的支教服务。孙剑刚作为公益法律服务倡导者之一，全年开展公益普法宣传活动20余场次，关爱新居民青少年、留守孤困儿童；蔡锡顶号召舟山妇幼保健医院医生专家开展“关注矮小，青春童行”大型公益活动。

履行使命，促进祖国统一 总支部把促进祖国统一作为重要使命，做好祖统联谊和台胞台属服务工作。“十一”国庆节期间，总支部与区台办、区台联联合举办“同心共庆祖国70华诞”联谊活动，感受新中国砥砺前行的伟大历程，增强台胞台属的凝聚力和爱国爱乡情怀。党员赵大伟发挥区台联会会长优势，做好服务团结台胞工作，促进两岸基层交流，推动两岸融合发展。

（撰稿：汪和芬）

民盟定海区支部

【概况】 2019年，民盟定海区支部以十九大精神为指导，围绕市、区政府的整体工作思路，结合自身实际，开展参政议政，接受民主监督，加强自身建设，丰富盟务活动，支部工作取得新突破。截至年底，民盟定海区支部有盟员29人，其中男盟员14人，女盟员15人。盟员中有区政协委员4人，市政协委员2人，市人大代表1人。盟员中有中级以上职称者23人，其中高级职称者12人，大学本科以上学历者23人，其中研究生学历者2人。

是年，支部作品《从春天出发》获盟市委主题教育活动二等奖；民盟定海支部获区统战参政议政先进单位；支部被市委统战部评为四星支部。支部被区委统战评为2018年参政议政先进集体等。盟员芮海峰获2018年盟市委优秀盟员；钟舟杰获2018年盟市委优秀信息员；芮海峰被区政协2018年度参政议政先进个人；钟舟杰被评为民主党派先进工作者；俞舟波获劳动技术教学二等奖；钟舟杰获区统战2018年度民主党派工作先进个人；芮海峰被评为舟山市中小学艺术节优秀指导老师。

【加强思想建设】 *开展专题学习* 采取集中宣讲、专题学习、交流讨论等形式，领会习近平新时代中国特色社会主义思想的精神实质和丰富内涵，把握学习重点，提高学习实效，强化“四个意识”，坚定“四个自信”，在思想上政治上行动上同以习近平同志为核心的中共中央保持一致。

推进主题活动 坚持以思想建设为主线，以能力建设为核心，增强广大盟员对中国特色社会主义的道

路自信、理论自信和制度自信。承担起作为中国特色社会主义事业亲历者、实践者、捍卫者的政治责任。是年，支部盟员参加“不忘合作初心，继续携手前进”朗诵比赛；组织支部骨干参加区委统战部党外代表人士培训学习；参加参加盟市委、区委统战部的专题学习培训等。

【增强参政议政实效】 重视政治协商 围绕市区中心工作，建言献策。参加民主党派专项民主监督工作座谈会、定海区统一战线读书会、促进民营经济高质量发展民主监督专题协商会、区委“不忘初心、继续携手前进”主题教育活动工作会议、区政府工作报告听取民主党派意见会、区政协“民主协商会”等，开展政治协商。

提升参政议政质量 支部集体提案《亩产论英雄》在市政协会议上作口头发言，获优秀提案，得到市长何忠伟批示。在区两会上上交提案17篇，其中2篇集体提案，15篇个人提案。集体提案《关于引导我区展业良性发展的建议》被评为优秀提案。芮海峰被评为2018年参政议政积极分子。

参与民主监督 盟员中的人大代表、政协委员、特邀信息员履行职责，利用人大、政协视察、议案提案办理会、大会发言等形式开展民主监督，在文明城市创建、文化教育资源利用、城市道路改造等方面形成多篇社情民意，发挥推动作用。

【加强组织规范建设】 推进组织发展 注重吸纳政治素质好、作风正派、学有专长、富有生机的中青年同志入盟，听取考察对象所在单位党组织和群众的意见。2019年，吸收新盟员2名，转出1名。盟员队伍年龄结构和知识结构进一步改善，支部更具生机和活力。

凝聚组织力量 支部走访慰问75周岁以上的老盟员或卧床休息的盟员，给他们送去关心和温暖，增强盟组织的凝聚力。组织开展、参加形式多样的活动交流思想，增强盟员对组织的认同感和归属感。

【参与社会服务】 盟员芮海峰参加盟市委组织的朱家尖某社区义务现场送画送春联活动；张译元、芮海峰参加民盟同心轮值讲座义教活动，张译元开设急救知识讲座，芮海峰开设《西方美术史简述》讲座；芮海峰在新城民盟华夏书画社进行《趣谈西方美术史》民盟小课堂讲座；赴小沙中学开展结对送文、农具活动，送出价值约5000元的文具、农具；芮海峰在新城民盟华夏书画社进行《趣谈西方美术史》民盟小课堂讲座；林志刚赴达州宣城爱心帮扶。

（撰稿：芮海峰）

民建定海区支部

【概况】 2019年，民建定海区支部坚持中国共产党的领导，提高政治站位，贯彻落实各项工作部署，坚持以学习为先导，加强思想政治教育，强化组织建设；开拓参政议政新局面，创新社会服务工作，服务花园式国际人文港城建设，各项工作取得新进步。是年，支部获社会服务先进集体，会员王军安和蒋涛被舟山市人大常委会评为“市人大代表积极分子”；李志业会员获党派工作先进个人。

【加强思想政治学习】 学习贯彻习近平新时代中国特色社会主义思想，围绕建国70周年开展各类学习教育活动，加强思想政治教育，夯实多党合作共同思想政治基础。开展全国两会精神专题学习会、舟山鸦片战争遗址公园主题教育活动、党风廉政教育警示和盆栽知识主题讲座活动，参加学习习近平在政治协商会议成立70周年讲话、俞东来书记全市统一战线读书会上的讲话；组织会员参加读书会、党外代表人士培训班等各类培训学习，确保正确的政治方向。支部全年组织、参加学习9次。支部注重宣传阵地建设，坚持发出民建好声音，所撰写稿件被浙江民建录用2篇，舟山民建录用10篇，区委统战部录用7篇。

【强化队伍组织建设】 坚持以思想建设为核心，以组织建设为基础，以制度建设为保证，探索和建立有效工作机制。加强支委班子建设，以民主集中制建设为重点，明确支委分工，加强团结合作，增强组织效能。组织会员前往民建中央爱国主义教育基地—上海黄炎培故居等地学习考察，参加全区统一战线庆祝建国70周年系列活动启动仪式暨健步活动。召开一届六次全体会议，增选李志业为支部委员会委员。建设高素质人才队伍，打造优秀人才梯队，批准邵佳颖加入中国民主建国会。

【履行参政议政职责】 围绕区委、区政府中心工作，利用人大、政协平台履行职责，参政议政。在区“两会”上，提交人大议案、政协提案13件（其中人大议案8件，政协提案5件），蒋涛等15名代表提出的《关于大力扶持舟山快递物流业转型升级助力舟山自贸区发展和美丽花园城市打造的议案》被评为“市人大代表好议案好建议”，蒋涛作关于支持危化物流运输行业发展的发言。王军安和蒋涛均被授予“代表活动积极分子”称号。是年，支部会员参与创城期间桔园菜场专项监督检查工作，参与由市工委余斌副主委带队开展的“民营经济高质量发展”专项民主监督调研，走访浙江宝晟建设有限公司和舟山市大沙建筑工程有限公司，提出相关建议，发挥党派优势和作用。

【开展各种社会服务】 加入舟山民建思源志愿服务队，赴小沙敬老院、岑港敬老院开展敬老慰问，为四川达州捐献爱心。筹建“定海民建应急救援中心”，赴公羊会杭州总部考察调研。开展“进企业、访会员、听民声”活动，不定期召开谈心会、生活会，走访会员企业，推动会员企业健康高质发展。

（撰稿：朱瑾瑾）

民进定海区支部

【概况】 2019年，中国民主促进会舟山市委员会定海支部（以下简称民进定海支部）有会员25名，其中在职会员19名，支部委员5名。支部男女比例13∶12，平均年龄51.5周岁，其中1980年后出生会员5人。支部具有大专及以上学历会员22人，占88%；具有高级技术职称的16人，中级职称8人。支部现有市人大代表2名,市政协委员2名；区人大代表1名，区政协委员3名，其中区政协常委1名。会员行业分布：医卫界2名，占8 %；教育界15人，占60%；科技、环保、行政9人，占32%。

是年，民进定海支部开展基层组织建设主题年活动，参与定海区全面推进花园式国际人文港城建设事业。探索与中共基层党支部的结对共建，深化基层组织建设，做好参政议政、民主监督工作，丰富社会服务形式和内容，各项工作均取得新进展。支部被民进省委会评为“2019年度优秀基层组织”；会员毛媛被民进中央评为“民进全国组织建设先进个人”；会员莫金刚被民进省委会授予全省首批“开明先锋”荣誉称号。

【筑牢思想基础】 支部贯彻落实习近平主席新时代统一战线理论精神，坚持不忘初心跟党走，以党为师行正道。通过组织不同形式的“不忘合作初心，继续携手前进”主题教育活动，庆祝新中国和人民政协成立70周年，引领全体会员不断增强“四个意识”，坚定“四个自信”，做到“两个维护”，凝聚会员们的思想共识。组织会员参加全区党外代表人士培训班、统一战线读书会、暑期读书会、党外代表人士培训班等各类培训学习，提高会员尤其新会员的政治把握能力。完善支委民主生活会制度和支部学习制度，严格支委定期会议制度，丰富会员学习载体，促进沟通思想、团结协作、改进工作，把握会员思想动态。

【夯实组织基础】 支部以基层组织建设主题年为载体，深化队伍建设。探索和开创新时期多党合作制度建设和发展的新局面，同中共定海区档案馆支部签订《结对共建协议书》，成为全市首对中共基层党支部同民主党派基层支部共建单位。分别组织开展“三八妇女节”庆祝活动、教师节庆祝活动、农家乐调研、重阳节敬老慰问等集体活动，多名会员参加全市统一战线纪念新中国成立70周年系列活动、民进服务岛夏季服务日活动、“我向民进话初心”主题活动及“情暖冬日·爱满虾峙”活动。组织年青会员、骨干会员、新进会员参与各类会议和活动，提高支部会员的综合素质，提升会员们融入意识、合作意识和社情民意撰写能力。

【履行参政职责】 2019年，支部提出人大建议、政协提案16件。支部多个提案作为大会材料进行口头发言和书面发言，其中集体提案《关于加快推进文明城市创建的几点建议》被列入重点提案。支部向民进各级组织及区政协、区统战等部门报送各类调研文章、社情民意、信息报道等30余篇，其中20余篇被民进各级组织及市、区政协专报和政协信息及《舟山日报》《舟山民进》等报纸刊物录用，多篇得到区政府领导批示。

【创新社会服务】 支部会员践行民进会员责任，树立良好民进会员形象，在党派工作、本职工作上不断取得突破：方晓华成为全国美术家协会会员，当选为区美术协会主席；李军伟、柴波及胡凤娜在全省中小学教师美术（书法）作品评选中获一、二等奖；金铮完成在四川宣汉县的扶贫援建工作。支部以“同心服务”平台服务乡村振兴，助力小沙街道“同心服务·实践基地”和统一战线“同心服务站”，结对小沙中心小学开展送教送学活动，深化送教形式，丰富送教内涵，得到学校师生肯定。

（撰稿：莫金刚）

中国农工民主党定海区总支部委员会

【概况】 2019年，中国农工民主党（简称农工党）定海总支有党员39人。其中男党员19名，女党员20名，医卫界18人，文化教育界5人，经济界6人，行政界10人。中级职称22人，高级职称15人。是年新发展于磊、姜立波、姚政成3名党员，韩亚玲任主委，俞晓燕、何优芬任副主委，俞晓燕兼任组织委员、郑斌任宣传委员、吴常裕任社会服务委员。党员中有市人大代表1名，市政协委员4名，市政协常委1名,区政协委员7名,区政协常委1名。

【学习教育】 是年，组织党员以深化“不忘合作初心，继续携手前进”主题教育活动为主线，突出政治导向，团结引导全体党员讲政治、重团结，有作为，进一步夯实多党合作共同思想政治基础。制定《农工党定海总支部深入开展“不忘合作初心，继续携手前进”主题教育活动方案》，召开主题教育活动专题会议，总支通过专题学习会、座谈会、印发资料、撰写体会以及微信群学习等多种方式带领全体党员开展思想政治理论大学习、大讨论，激发广大党员的政治责任感和使命感，坚定政治共识，征求党员对总支委班子工作及成员的意见建议，并归纳整理，逐条进行剖析并加以整改。学习贯彻习近平新时代中国特色社会主义思想，集中学习中共十九届四中全会精神、中央、省、市、区政协工作会议精神、《关于加强中国特色社会主义参政党建设的意见》精神、中共浙江省委、舟山市委全会精神以及“两会”精神等。组织党员参加市区两级组织的报告会、读书会、培训班等。是年， 2名党员参加区委统战部举办的党外代表人士培训班、3名党员参加区科级领导干部“不忘初心、牢记始命”专题读书会。

【参政议政】 是年，发动党员针对当前定海经济社会发展中的突出问题和党委、政府关注的重大问题，以及人民群众反映强烈的热点问题，开展调查研究，收集第一手资料，撰写大会发言和提案，发挥参政议政作用。区“两会”期间，总支提交2件大会发言件，韩亚玲主委代表总支作《关于抢占数字经济发展新机遇，打造定海创新发展新高地》的大会口头发言、《抓住机遇，创新发展，打造全国一流渔港经济区》的大会书面发言。撰写9篇集体提案:《关于抢占数字经济发展新机遇，打造定海创新发展新高地的建议》《抓住机遇，创新发展，打造全国一流渔港经济区的建议》《关于进一步完善定海西、北部院前急救网点的建议》《关于建立健全文明城市长效管理机制的建议》《关于开发东岳山，打造定海旅游新亮点的建议》《关于完善城区公交站设施，提升城市品质的建议》《关于加强我区非常规水开发利用的建议》《关于推进垃圾分类后端处理的建议》《关于尽快普及心肺复苏知识及开展心肺复苏技能培训的建议》。区两会期间委员提交个人提案5件，市两会期间提交集体提案2件，个人提案7件，人大个人建议2件。《抢占数字经济发展新机遇，打造定海创新发展新高地的建议》作为分管副区长领办件，被列入区重点提案，《抓住机遇，创新发展，打造全国一流渔港经济区的建议》被区政协评为优秀提案。农工党定海总支被市委会评为参政议政工作二等奖。朱治琼被农工党市委会评为参政议政先进个人，韩亚玲、朱治琼、郑斌3名党员被区政协评为参政议政先进个人。向农工党市委会、区政协、区委统战部报送信息20多条。其中《船用低硫燃料油市场供需缺口巨大，建议尽快调整生产及出口政策》等信息被农工党省委会录用，《关于加强登革热等蚊媒传染病防控工作的建议》等多条信息编入市政协专报，《关于加强户外高空作业安全防护措施的建议》等多条信息编入区政协专报。

【民主监督】 履行民主监督职责，通过政协委员调研视察，办理提案议案，建言专题协商等活动，以问题为导向，就群众反映强烈和社会普遍关注的突出问题，开展有针对性的民主监督活动。重点对促进民营经济高质量发展、城乡生活垃圾分类和全国文明城市创建等工作进行专项民主监督。分别到金塘镇、定海中心医院、定海妇女儿童医院、浙江栋斌橡塑螺杆有限公司、舟山市东方螺杆机械制造有限公司、浙江金星螺杆制造有限公司、金塘塑机螺杆行业协会等单位进行实地走访调研、督察，收集问题建议20多条，形成调研报告3篇。

【社会服务】 打造“同心服务”社会服务品牌，做好定海区小沙街道社区卫生服务中心“同心服务”长期社会服务基地工作，建立长效服务机制，经常性开展服务活动。定期重点开展人员带教培训、医疗业务咨询、培训讲座等多种形式的帮扶活动。依托农工党市委会力量，在小沙街道庙桥村开展了送健康、文化、农技活动，联合舟山医院支部在干览镇龙潭社区开展了“助力幸福社区，服务群众健康”下乡义诊活动。

组织党员为329国道舟山段改建工程机电施工项目工地的工人们现场开展高空触电坠落应急演练和急救知识培训，组织党员母亲节在西山社区开展“母亲节送健康”服务活动。开展同心·助学活动，向市委会“同心前进慈善基金”争取了1.5万元，资助小沙街道3名品学兼优的贫困学生。围绕创建全国文明城市工作，组织党员参与文明交通劝导员、参与所在社区、结对社区的环境整治、参与创城啄木鸟行动等发挥农工党员的绵薄之力,助力文明城市创建工作。

【爱岗敬业】 总支党员立足本职、爱岗敬业、勇于创新，塑造农工党员的良好形象。总支党员主持开展了2项科研项目，有2篇论文在学术期刊上发表。党员吴常裕被农工党省委会评为社会服务工作先进个人，何优芬被农工党省委会评为宣传工作先进个人，竹晓岚被市卫健委评为舟山市优秀青年医士，虞宁被农工党市委会表彰为优秀党员，朱治琼被农工党市委会表彰为参政议政先进个人，丁洁被区委统战部表彰为民主党派工作先进个人。还有多名党员在所属的部门、系统、行业获得荣誉取得了成绩。

（撰稿：韩亚玲）

九三学社定海支社

【概况】 2019年，九三学社定海支社有社员27人（已退休5人），其中女社员11人，平均年龄48.96岁。本科及以上学历24人，高级职称9人（其中正高1人），中级职称14人，中高级职称占比85.2%。副科级及以上领导干部6人。市人大代表2名，市政协委员2名，区人大代表2名，区政协委员5名（其中区人大常委、区政协常委各1名）。社员分别来自农林、经济金融、医卫、司法、环保及民营企业等多个行业、部门。

【加强政治理论学习】 结合新中国成立70周年，根据市区两级统一部署，组织社员参加各类庆祝纪念活动，感受浓厚的爱国氛围，坚定新时代听党话、跟党走的信心。开展“不忘合作初心，继续携手前进”主题教育活动，召开动员部署会议、制订支社活动计划，内容包括召开各类会议、组织相关学习、开展专题调研、撰写形成报告、征求意见建议、加强对口帮扶、落实整改措施等。

【提升参政议政水平】 重视参政议政和民主监督工作。在市区“两会”上，提交大会发言1件，集体提案7件（含供稿），委员个人提案14件，议案建议7件，报送各类社情民意等近20条。参加全区民主党派专项民主监督座谈会、全区统一战线读书会、全区促进民营经济高质量发展民主监督专题协商会等；开展课题调研，并由支社主要负责人牵头完成题为《关于定海区医疗诊断资源配置的调研与思考》的调研报告。做好民营经济高质量发展、全国文明城市创建等专项民主监督工作，形成《以融合创新助推定海文创产业高质量发展》调研报告。

【强化组织自身建设】 参与全市民主党派基层组织“星级”评比并首获“四星”基层组织称号。完成支委班子届中调整，坚持吸收优秀新成员入社，新发展社员1名。注重廉政教育，在全体社员会议上多次强调相关文件要求并开展廉政风险警示教育。完善履职平台硬件建设，完成区“同心之家”办公室设计装修工作。

【持续开展特色活动】 继续以小沙街道“同心基地”结对单位绿盛果蔬合作社为依托，了解对口帮扶对象需求，结合支社农林专家密集优势，通过技术指导、协助项目申报、帮助灾后救助、定制果蔬包装箱等方式，提供精准化服务，帮助争取各类帮扶资金近5万元。参加市区统战部门、市委会组织的“舟山群岛新区科技活动周活动”“百名专家下海岛”服务，主办全区优质农产品展示推广会。

【立足岗位建功立业】 叶晓波被提拔为社市委办公室主任并被市委统战部评为2018年民主党派工作先进个人学习宣传积极分子。邱立军参与的课题被中国林学会评为第十届梁希林业科学技术奖科技进步奖三等奖，他本人被市人大办评为2018年度代表活动积极分子。刘洁琪参与的课题被省农业农村厅评为2018年度浙江省农业丰收奖三等奖，郭金伟、梅娜、朱燕华等被市委会评为2019年度“我为新区献一策”活动先进；江静获定海区女干部廉政书法现场比赛一等奖；倪识行参加了区年轻干部培训一班调训（即原来的区青干班培训）。

（撰稿：朱燕华）

责任编辑：王英伟

社会团体

Mass Organizations

东西快速路（陈炳群/摄）

社会主义核心价值观

国家 富强、民主、文明、和谐

社会 自由、平等、公正、法治

公民 爱国、敬业、诚信、友善

定海区总工会

【概况】 2019年，区总工会贯彻党的十九大、十九届四中全会和区第十三次党代会精神，围绕“五大会战”建设“四个舟山”这一工作主线，以服务全面推进新时代高质量发展，打造花园式国际人文港城建设为目标，深化工会改革，凝聚思想共识，开创工会工作新局面。

至年底，全区有镇（街道）总工会11个，区属工会工委8个，行业工会2个，基层工会1046个（其中独立工会861家，联合工会185个）；覆盖单位4361家，职工94847人，会员92699人。

【“不忘初心、牢记使命”主题教育】 按照学习教育、调查研究、检视问题、整改落实贯穿全过程的要求，抓好“不忘初心、牢记使命”主题教育。开展以“习近平新时代中国特色社会主义宣讲”为主题集中宣讲2场；开展“不忘初心、牢记使命”服务小微企业专项活动2次；举行“当一周工人，体工会初心”活动；组织灯谜竞猜、文艺会演等方式，开展习近平新时代中国特色社会主义思想宣传教育工作，惠及2000余名职工。

召开“不忘初心、牢记使命”主题教育总结大会

【深化工会改革】 创新工会组织形式，成立首家打破区域限制和市区组织框架的工会联盟——干礁远洋渔业小镇工会联盟。领跑联合工会创建计划，率先成立快递业、小服装行业等新领域的联合工会15家。对全区100人以上企业工会建会情况进行普查，指导完成100人以上企业建会率达到100%。

【召开全委扩大会议】 3月19日，定海区总工会召开第十二届三次全委（扩大）会议。全体委员、经审委员以及乡镇街道直属单位工会负责人65人参加会议。会议表彰2018年度各类先进；总结2018年全区工会工作和工会经费审查工作，对2019年工会工作进行全面部署。

【弘扬劳模精神】 弘扬劳模精神、劳动精神和工匠精神，引导职工群众对标先进。经过评选推荐，浙江增洲造船数控切割获2019年全国工人先锋号称号，林坚定等5人获2019年浙江省“劳动模范”称号等。联合区融媒体中心宣传推出一批各条战线上的劳模典型，对全区历年来受到表彰的152名劳动模范进行走访，激发广大职工工作和创造热情。

区委副书记顾飞舟慰问劳动模范

【举办劳动竞赛和技能比武】 组织开展安康杯竞赛活动，评选出16个优秀安全班组，13家优胜单位和16个先进个人。围绕“建设生态宜居海上花园城，打造美丽海岛示范区”工作目标，完成全部七个赛季的“六比六赛” 城中村（旧城）改造专项立功竞赛活动，表彰城东街道小洋岙村等16个优胜社区（村）和邵燕红等120名先进个人，发放奖金28万元。

举办职业技能大比武活动

【开展职工技能培训】　启动职工素质提升工程，加快定海知识型、技能型、创新型劳动者大军打造，联合舟山职业技术学校举办初级、中级、高级工培训班，助推职工职业技能晋升。发挥劳模创新工作室作用，依托5家劳模创新工作室，进一步完善产业工人培训体系。何育才劳模创新工作室在市职工技术创新成果评比中获创新成果一等奖，陈进旺劳模创新工作室和薛莉莉、方憧平创新工作室获创新成果三等奖。

开展职工茶艺和摄影技能培训

【举办职工文化活动】　围绕庆祝新中国成立70周年开展系列文体活动。组织开展以基层诵读、主题征文为主要内容的“万名职工颂祖国”主题活动，收到主题征文61篇，诵读作品135个，有23篇获市级最佳诵读奖。围绕“建功新时代 共筑中国梦”主题相继开展“中国梦·劳动美”文艺演出活动、全区企业职工男子篮球赛、羽毛球比赛、单身青年交友活动以及文化广场灯谜展猜活动等各类活动23次，发放各类资料8000余册。

举办“建功新时代　共筑中国梦”定海职工篮球比赛

【打造服务阵地品牌】　打造全市一体式综合性服务平台样板——金塘螺杆小镇职工活动中心、定海工业园区职工活动中心，承办全市区域性职工活动中心建设的现场会。建立“五一爱心驿站”12家，妈咪暖心小屋8家，丰富工会服务阵地种类。继续深化区总流动服务队及支部党员“面对面、心贴心”服务小分队品牌建设，开展职工流动服务12次，服务职工3500余人次。开展实名制普惠工作的宣传，依托区融媒体中心进行专题报道宣传，增加职工获得感。

开展流动服务进企业活动

【推进和谐劳动关系发展】　开展“劳动关系和谐”企业创建活动，开展法律法规宣传30余次，向近万名职工开展面对面普法宣传活动。完成全区规模以上建会企业劳动争议调解组织和工会劳动法律监督组织全覆盖。完成2019年工资集体协商“要约行动”工作目标任务，推动全区678家企业全面开展规范化工资集体协商工作。培养2019—2020年区域性工资集体协商试点单位1家，行业性工资集体协商试点单位1家，规范化开展工资集体协商试点企业2家。聘用乾勇律师事务所的专业律师为中心法律顾问并定期坐堂。

区委书记庄继艳一行到舟山石化调研和谐劳动关系情况

【实施困难职工帮扶工作】 提高精准识别能力，实行部门联动审核，对有二套房、车辆等“四条红线”情形的申报家庭一票否决。是年，全区困难职工申报69户，建档58户，累计帮扶建档困难职工家庭58户205户（人）次，帮扶款42.5452万元。根据新修订的《困难职工临时救助办法》文件，向4户因本人或家属患大病的困难职工家庭开展临时性救助3.3万元。针对台风等意外灾害影响，开通绿色通道，为受灾企业、职工家庭送去援助金12万元。

走访慰问困难职工

【开展职工医疗互助保障工作】 2019年，全区职工医疗互助参保总量持续增长，有234家参保单位17528人，参保金额达876400元，参保人数和参保金增幅居全市首位，比全市平均高出9.3个百分点,实现“扩面、提质、增效”的工作目标。持续做好职工医疗互助日常报销工作，截至10月底，2019保障年前6个月发生报销352人次362858元。10月以后，职工医疗互助纳入社保系统，在职工医疗报销时自动结算。

召开职工医疗互助保障工作会议

【推进财务经审工作】 编制完成全国总工会、省总工会关于本级（下属事业单位）及镇、街道总工会工会资产的统计上报工作和本级经费预决算等各类报表。接受市总经审会对定海2017—2018年度工会经费和专项帮扶资金审计审查，完成整改并上报整改报告书。在全市率先推广使用“工会云财务平台”，已开通23家基层工会试运行。对2个街道总工会、6家区属工会工委及3家直属基层工会进行工会经费收支情况实务审计，延伸审计街道辖区内及区属系统内基层工会26家；对定海3家劳动模范候选人所在单位工会经费计拨情况进行专项审计。

（撰稿：陈宪甫）

（本分目图片由区总工会提供）

共青团定海区委

【概况】 2019年，共青团定海区委围绕区委区政府中心工作和上级团组织的部署，学习宣传贯彻习近平新时代中国特色社会主义思想和党的十九大精神，贯彻团的十八大精神，各项工作取得发展。是年，全区有14～28周岁青年29972人，其中共青团员5693人。团区委下辖团（工）委24个，其中镇（街道）11个、区属（机关）企事业单位12个、网络青年自组织1个，有团（总）支部391个。非公企业有团组织98家，平均年龄28.3岁，均为本科以上学历。

【强化思想建设】 实现主题教育常态化 引导团员青年推进“不忘初心、牢记使命”主题教育。每周开展习近平新时代中国特色社会主义思想专题“红色诵读分享会”；以“定海青年习新学院”为平台，开展“守初心、担使命、跟党走”主题宣讲10场；打造线上“团定定大学习”栏目，以青年视角、青年话语解读习近平新时代中国特色社会主义思想；组织“红船杯”定海共青团党团及廉政知识竞赛，覆盖团员青年2000余人；以新中国成立70周年、五四运动100周年纪念为契机，开展“青春心向党，建功新时代”主题团日活动20余场，引导全区广大团员青年以“忠诚、敏锐、活泼、实干”的精神面貌，坚定高举旗帜跟党走的信念。

深化定海青年身份认同 挖掘培养青年榜样，推荐1名青年及1个团组织分别获评五四青年奖章、省五四红旗团委荣誉称号；深化青少年党团史和区情教育，做精“沿着总书记的脚步走”游学线路，融合主题党团课内容，累计接待团队十余批次；设计制作定海青年及团定定周边产品，扩大宣传影响面；在各类活动中打出“我们都是定海青年”口号，拍摄定海青年形象视频，以点带面反映青年兢兢业业的奋斗青春，深化定海青年的身份认同，让定海青年、到定青年不断了解定海、爱上定海，最终扎根定海。

【开展社会服务】 助推全国文明城市创建 开展学雷锋志愿服务站点规范化建设，采取现场指导和阶段督察形式，销号式做好全区294个点位建设工作。引导和鼓励“滴水公益”“小小志愿者”“守书人”“灾后救援”等新兴志愿队伍及社会组织，承接各类城市建设管理、生态环保、帮扶救助等志愿服务工作。实施入户宣传，开展志愿服务活动，提升群众知晓率、支持率和满意率。至年末，39个城市社区注册志愿者人数3.34万人，占常住人口的21.0%，25小时以上志愿者人数为24698人，占注册志愿者比例74%，形成全城志愿服务氛围。推出定海志愿星享卡，发放至全区累计志愿服务时数30小时以上的志愿者，优惠涵盖辖区5大商圈、200余家商家，增加志愿者获得感、幸福感。

打响社会治理志愿服务品牌 以“城市啄木鸟”志愿服务行动为平台，不断完善“党政主导+团委牵头+部门协同+社会参与”的治理模式，线下定期开展城市家具清洗、创城宣传等志愿服务，开展“周末公益”志愿服务活动50余场，形成服务项目20个，吸引志愿者8000余人；线上创建“城市啄木鸟”微信群和小程序，第一时间发现并整改城市建设管理和社会治理问题，全年收到环境卫生、基础设施、城市建设等方面问题或建议600余个，24小时受理率达到100%，处置完成率达到99.3%。形成“全民参与、即事即办”的城市细节管理氛围，社会治理志愿服务范围从城区向农村延伸。

投身乡村振兴专项行动 结合“三服务”活动，开展乡村振兴主题走访调研活动4次，联系服务创业青年70余人，联系帮助解决创业问题5个。实施农村青年电商培育工程，引导白泉、小沙网创驿站做精做实，高端化、品牌化推广农产品，鼓励农村社区与银行合作试点建设网创驿站。借助团属新媒体，加大创业创新宣传力度，策划“我和秋天有个约会”青创农场体验活动，整合全区青创农场资源，带动体验游客千余人。挖掘创业典型，强化榜样引领作用，1位青年获评“全国农村青年致富带头人”称号，打造省级青创农场2家（其中省五星级青创农场1家），市级青创农场5家。

【服务青年工作】 引领青年创业创新 聚焦青年创业创新需求，以“亲青创”平台构建双创服务链条。梳理汇总创业创新扶持政策，出版《定海区青年创业就业一本通》《定海创业手绘地图》。组建 “青创梦想导师团”，全年累计开展创业宣讲会、专场资本对接会等活动8场，参与人数450余人次。组织在外定海籍大学生开展“家燕归巢 回报桑梓”暑期集中实践活动；实施青年创业“扬帆工程”，为5位乡村创业青年发放50万无息贷款；召开青年企业家联谊会和创业经验分享会，推动创业主体资金共融、项目共建、人才共用，青年创业者集聚抱团效应凸显。

关爱重点青少年成长成才 聚焦困境青年成长需求，持续在助学、助医、助困等领域发挥作用，开展慈善助学，18位特困学生受助9万元；以“亲青筹”平台深化助困救急服务，全年筹集资金近30万元，帮扶青少年群体120余人次；联合区慈善总会定向帮扶宣汉10名困难大学生，计5万元。聚焦青年权益维护需求，以“亲青帮”平台推动建立帮扶体系，突出专业化服务，聘请法律顾问、心理辅导老师等入驻，推动预防青少年违法犯罪工作；与区人民检察院签订团检共建协议，设立区青少年司法社工基地，以组团服务、上门帮扶的形式，为37个重点青少年提供个性化帮扶，全区6名涉罪未成年人均落实法律援助和帮扶社工。升级未成年人心理健康辅导站，点单式帮助团员青年解决“成长的烦恼”，12355热线受理咨询案例70余件，办结率达96%。

满足青年精神文化需求　围绕“五个亲青”品牌建设为核心，不断优化团属工作阵地融合。以多层次、多角度倾听青年需求为导向，进一步构建“区—镇—村”三级立体式线上线下“青年之家”模式；聚焦青年婚恋交友需求，以“亲青恋”平台拓宽联谊交友功能，新增“亲青恋”线下活动基地10个，线上平台注册人数已超千人 。开展寒暑期“安全自护”“中高考减压”、网络文明宣传、禁毒教育、法治宣传、“三禁三防三自”活动30余场。进一步完善“共青团与人大代表、政协委员面对面”活动制度，畅通青年诉求表达渠道，引导青年有序进行政治参与。

【深化“从严治团”改革】　推动重点改革举措落地　加强工作力量选配，构建团区委机关挂兼职领导班子，各镇（街道）建立9名以上委员组成的团的委员会，完成社区村体制改革后的团组织设置和团干部配备，建立“团干部+社工+志愿者”的工作力量配备模式；开展城市社区兼合式团支部建设工作，带动团员青年积极参与社会服务，投身社区建设；全面实施“三亮三比”亮分制团员管理，激发团员先进性发挥；突出青年主体地位，发动青年一起设计、参与和评价团的工作，试点开展年度工作述职评议；转变工作方式，运用互联网思维推动工作组织化、社会化、扁平化，凸显资源整合能力；落实“全团抓学校”要求，逐步建立和完善“一心双环”的团学组织工作格局；以推进“红领巾队长学校”建设为抓手，新建2处“红领巾”驿站。

落实从严治团举措　针对团员队伍，聚焦先进性提升，结合“智慧团建”工作，严格控制发展“源头”，做好违规发展团员情况核查整改，保持合理的团学比，提高团员教育管理质量，提升“三会两制一课”实效；针对团干部队伍，各镇（街道）团委书记每人蹲点1个社区团支部，结对1个下辖团支部，完成调研成果23篇；针对机关内部，自觉把落实区委巡察整改工作与实际工作、机关作风建设紧密结合起来，完成六个方面16个问题整改，制定完善机关规章制度15项，推动机关内部党风政风行风持续好转。

健全基层组织体系　推动“党建带群建、区域化群建、群团共建”落实工作，指导支持马岙街道、工业园区开展群团改革试点。融入群团组织“共用阵地、共用力量、共谋发展”新格局。坚持新兴领域团建，扩大有效覆盖，优先推动产业平台、创业园区、社会组织等组建独立的团组织；对自由职业者、网络大V、网络作家、独立演员歌手、快递小哥等新兴青年群体加强服务联系，增强团工作的整体影响力和凝聚力。

（撰稿：徐涵妮）

定海区妇女联合会

【概况】　2019年，全区有妇女19万余人，镇（街道）妇联11个，村（社区）妇联123个，机关事业单位妇委会（妇工委）个，社会组织妇联4个，专兼职妇联队伍人数1052人。是年，区妇联带领全区各级妇联组织，以习近平新时代中国特色社会主义思想为根本遵循，以“东海渔嫂”品牌推进为目标，围绕中心发展大局，在“筑根基、创特色、助发展”上下功夫，主动作为、精准服务，为定海花园式国际人文港城建设贡献巾帼力量。是年4月，城东街道美之声演唱团获得2018年度浙江省三八红旗集体荣誉称号；5月，金塘镇留守儿童之家获得2019年度浙江省儿童之家规范化建设试点。10月，小沙街道张全梅家庭获得2019年度省级绿色家庭称号。

【“不忘初心、牢记使命”主题教育】　守望初心　是年，区妇联以“争当新时代红船好女儿，争创高水平新业绩”东海渔嫂献礼新中国成立70周年为主题，开展系列宣传教育活动。制作推出《东海渔嫂献红歌，爱“尚”美丽大中国》快闪视频，组织区、镇（街道）、村和社区三级妇联干部重走习近平总书记走过的路，开展“我与祖国共成长”东海渔嫂宣讲活动，组织女企业家唱响红色歌曲，弘扬时代旋律，筑牢妇联干部和妇女群众听党话、跟党走的思想根基，激发广大妇联干部守望爱国爱党的初心。

寻找差距　区妇联在微信公众平台开设“不忘初心牢记使命”专栏，召开部分新老妇联主席座谈会和区乡村三级执委和妇联干部意见征求会，到盐仓街道塔山社区、惠舟社区、新螺头社区，白泉镇柯梅社区、平湖社区，小沙街道三龙社区等地进行走访调研，倾听基层妇女的声音，了解基层妇联组织建设、家庭教育推广、妇女创业发展的状况。根据实际，结合妇联本职工作，开展“东海渔嫂公益行”下基层、进网格等50余场，开展垃圾分类宣传、婚姻家庭咨询、家庭教育普及推广，受惠群众达3万多人次。

激发担当　7月29日至8月5日，定海区委巡查组来到区妇联进行为期10天的巡查。区妇联结合问题清单和巡察结果，出台妇联执委履职制度，用执委议事制、项目申领制、执委联系制的工作模式，形成“建、管、用”的长效工作机制。围绕党性教育、志愿服务、助力中心、互动交流等内容，开展执委网络议事制，发挥妇联执委主动履职的积极性和能动性。结合执委的资源和优势，从项目引领、示范带动等着手，促进妇联服务由松散“活动型”向精准“服务型”转变，消除妇女工作的盲点区域。鼓励有条件的执委因地制宜创建执委工作室，加强基层妇女群众的联系沟通，了解妇女群众所思所想。

【加强品牌建设】　*“品牌+阵地”，加强内涵建设*　是年，区妇联贯彻落实区委关于“东海渔嫂”加强参与社会治理的要求，发挥“东海渔嫂”的引领、集聚、联动作用。以“东海渔嫂”作为巾帼志愿服务主体力量，与全国文明城市创建紧密结合，入驻全国级试点区新时代文明实践中心建设。与定海海洋科学城协作，打造全市首家军嫂创业园，有4家军属创业企业入驻，3个项目达成入驻意向。组织创业军嫂参加电商培训、创业沙龙、创业创新大赛等，推动搭建“创业+办公+社交”的综合平台。在金塘镇建立“义甬舟巾帼互通中心”，为本地创业渔嫂与义、甬两地女企业家的交流和互动架设人文精神交流平台和经贸开放互通平台。

“品牌+活动”，深度融合服务　3月6日，区妇联在文化广场举行“潮起东海　锋勇渔嫂——践行三服务　助力三件事　巾帼勇担当”主题活动启动仪式，区委常委、副书记顾飞舟、区人大副主任林伟康、区政府副区长屠定玉、区政协副主席夏江龙等出席启动仪式。仪式表彰全区首批“最美渔嫂”，并向6支“东海渔嫂”志愿者队伍授予“先锋队”旗帜。现场还开展“东海渔嫂先锋行”志愿服务活动。是年，区妇联聚焦“落实三服务、办好三件事、争当排头兵”工作，发动基层妇联干部、机关女干部、巾帼文明岗、最美家庭、女性社会组织参与“东海渔嫂先锋队”活动，因地制宜地参与平安创建、社会治理、家庭建设、创业创新、助力中心、关爱帮扶等，带动妇女群众对妇联组织的情感认同。重点在文明城市创建、老旧小区改造、抗台救灾等一线领域，每个镇（街道）、村和社区组织“东海渔嫂巡逻队”参与“大排查、大整治、大宣传、大巡逻”活动，亮标识、亮身份、亮服务,凝聚更多妇女向党靠拢。是年，134支“东海渔嫂先锋队”，27个“东海渔嫂微家”、244个“东海渔嫂议事会”在参与社会治理各项事业中发挥作用。

“品牌+宣传”，差异整合资源　是年，区妇联依托“定海微女性”公众号，开展“潮起东海锋涌渔嫂”系列故事、“她行动”“我的岗位故事”“乡村振兴巾帼行”等东海渔嫂故事的专题报道，如“舟山阿庆嫂”何阿维的传奇故事、“女神枪手”蒋荣花老有所为的故事、“全国五一巾帼标兵岗”甬舟38号集卡车队15名女驾驶员的故事等，扩大“巾帼领头雁”的社会影响力。《中国妇女报》《女性之声》等全国媒体先后深度调研采访了解定海“东海渔嫂”工作的特色。干𥔲镇新建村妇联、盐仓街道塔山社区军嫂义工艺术团、城东街道美之声演唱团等都以“东海渔嫂”之姿亮相全国媒体。《定海区探索军嫂“自治互助”机制，让军人家属“更有归属感”》文章被省委办《浙江信息（每日简报）》、省府办《浙江政务信息（每日要情）》录用。

【加强自身建设】　*助力乡村振兴行动*　是年4月，区妇联做好在干𥔲镇新建村举办的全省巾帼助力乡村振兴工作现场会，举办“她创集市”、剪纸秀、渔民画培训等，宣传推介定海巾帼创业好产品。省妇联主席王文娟带领的省巾帼建功和双学双比活动协调小组成员到干𥔲镇新建村考察巾帼助力乡村振兴工作现场会。舟山市副市长方维、市妇联主席於颖颖、定海区委副书记顾飞舟、区人大常委会副主任孙忠定、区妇联主席乌燕华等陪同考察。区妇联动员创业妇女参加政府部门及相关组织举办的电商培训、农民丰收节展销、创业创新大赛中，加大对新型职业女农民的培训力度，促进妇女创业技能的提升。区妇联对受“利奇马”“米娜”等台风影响的创业妇女，利用微信公众号，帮助扩大销售，减少损失，同时争取省妇女儿童基金会和区慈善总会的支持，对29名创业妇女提供

7.85万元慰问补助。是年，双桥街道者里民宿的陈波获全省最美民宿女主人，岑港街道册子鮸鱼馆的象牙鮸鱼棒在全省“妈妈的味道”民间美食巧女秀中获“巧手美食奖”。

实施庭院美化行动　是年，区按照“清洁美、绿化美、整齐美、协调美”为创建“美丽庭院”的要求，引导广大农村妇女和家庭积极融入美丽乡村建设实践，评选区级“美丽庭院”100户，其中50户被推选为市级“美丽庭院”。组织妇女植树造林、美化庭院，打造盐仓街道新螺头村、干碗镇西码头村、金塘镇山潭村等8条“美丽庭院风景线”，培育广大妇女和家庭成员生态意识、文明意识。创新形式开展“美丽庭院”微视频展示和“绿色家园生态定海”中小学生绘画作品征集，通过网络点赞积聚人气，确保活动效果实、覆盖广，掀起人人参与、户户争创的热潮。是年10月，白泉镇王丁雷家庭、昌国街道俞福宏家庭分别登上第一季度浙江“最美家庭”光荣榜，小沙街道傅国明家庭登上第三季度浙江“最美家庭”光荣榜。

推进垃圾分类宣传　是年，区妇联在干碗镇新建村建立垃圾分类积分兑换点，日常每户家庭一张积分卡，每周一次对家庭垃圾分类进行检查，并进行积分奖励，每半个月进行一次积分兑换日用品，深受群众好评。围绕“我爱我家垃圾分家”主题，开展垃圾分类网络知识竞答，垃圾分类宣传进家庭、进社区、进机关、进商场，通过趣味游戏、模拟投放等方式强化垃圾分类宣传，让妇女群众把垃圾分类牢记于心。参与环境整治行动，各镇（街道）妇联上下联动，因地制宜开展垃圾分类相关宣传。马岙街道妇联以“一把扫帚大家扫”的形式，引导妇女开展家庭洁美、垃圾分类行动。

【满足群众新需求】　家庭文化走深　开展寻找“最美家庭”，征集“清廉家庭”，创建“文明家庭”，4月开展母亲节“给妈妈写一封信”征文比赛，5月举办最美家风故事宣讲会，突出示范带动、传承孝德家风，拓展活动领域、创新传播方式。是年，热心公益事业、始终用爱心守望着邻里的曹杏娣家庭先后获省级“最美家庭”和全国“最美家庭”。

家风家训走实　是年，区妇联运用“一呼百万”的工作方式，建立区、镇（街道）、村（社区）三级妇联工作微信群、QQ群，及时组织广大妇女收看新中国成立70周年阅兵盛况和全省“争当红船好女儿，争创高水平巾帼新业绩——我与祖国共成长”红船女儿宣讲直播活动，弘扬网上主旋律，唱响巾帼正能量的好声音，不断增强网上舆论的引导力。联合区纪委、区委宣传部等单位开展“树廉洁家风创清廉家庭”活动，挖掘和利用本地红色文化、家风文化、清廉文化资源，其中2户家庭被评为市级“清廉家庭”。8月，组织“心向党廉传家”女干部廉政书法比赛，把清廉意识渗透到女干部的理想信念中，引领广大妇女听党话跟党走。

家庭教育走心　是年，区妇联以家庭教育阵地建设和全国文明城市创建为抓手，加强社区家长学校的制度化、规范化建设。推进家庭教育普及活动，开展“智慧爸妈”点单式课程30多场，通过网络直播，受惠群众2万余名。培育家庭教育骨干力量，联动成校成立定海区家庭教育研究会和家庭教育讲师团，致力于家庭理论研究、实践指导、热点问题研究探讨等。创新服务手段，利用“互联网+妇联”工作模式，加强“指尖妇联”平台建设，发挥“定海微女性”微信公众号和花椒直播的覆盖面广、与妇女群众零距离的优势，推广家庭教育新理念、家庭亲子阅读等特色活动，帮助家长树立正确科学的育儿观念。

【履行维权服务职责】　是年，区妇联以“平安家庭·东海渔嫂先锋行”活动为抓手，利用三下乡、三八节、科普周等各种契机，开展法律知识宣传进广场、进社区、进网格、进家庭，助力“平安定海”建设。利用妇女儿童活动阵地，开展模拟法庭、律师说法、妇联干部与妇女群众齐学法等活动，实现多部门参与、多方面合作、多载体运行的社会化维权网络。按照“源头维权、服务基层”的原则，依托区“娘家人婚姻家庭服务中心”和巾帼律师志愿团，陆续吸纳道德模范、心理学专家、女律师等，在民政婚姻登记处和法律援助中心轮值坐班，对拟离婚家庭和家庭纠纷案件开展辅导，帮助梳理双方矛盾症结、今后权益履行问题等，避免产生二次纠纷。

【关爱弱势群体】　是年，区妇联利用“三八”节、“母亲节”等契机，联合区慈善总会开展退职困难村妇代会主任和贫困母亲慰问，集中走访慰问130人，慰问金额达14.4万元。六一节，区四套班子领导走访慰问6所小学、8所幼儿园，慰问金额达8.8万元；区妇联为100名贫困儿童送去价值3万元的学习用品和生活用品。联合区慈善总会、区关工委、市农科院在马岙农科院组织开展“童心向党.共享蓝天”庆六一活动。区关工委常务副主任郝理金，区妇联主席乌燕华，区慈善总会常务副会长黄静，市农林科学研究院副院长吴国泉等领导出席活动，与孩子们一起共度六一。举办点亮微心愿、农趣体验、团队竞赛等活动，发挥妇联、家庭、社会作用，为留守、流动和贫困儿童圆梦。加强对全区城乡贫困“两癌”妇女的救助。是年，1人获全国妇联救助1万元，22人获区妇联救助4.4万元。

【公共服务】　是年，区妇联主动引入专业的社会组织购买妇女儿童相关的公共服务，先后投入8万元购买“巾帼虹助城攻坚”项目、“慈艺爱心暖心”项目、“家庭成长”服务等6个项目，开展服务50余次，覆盖妇女群众达数万人次。聚焦“学习引领、网格睦邻、平安守望、公益服务和创业指导”五大主题，在26个妇女集聚或妇联执委、女性社会组织负责人引领点建立“妇女微家”，打造3家市级示范性“妇女微家”。在定海女性枢纽分中心新建“心灵之约工作室”（址设定海区解放西路230号原社保大楼503室），以心理健康专家史兵兵老师为核心带头人，实施“心灵陪护（青少年心理咨询）”项目，每周三下午为中学生及家长提供公益心理咨询、心理分项沙龙、心理辅导讲座等服务，关注未成年人健康成长。是年，该工作室被推荐为省级示范“妇女微家”。

（撰稿：费淑波）

定海区工商业联合会（总商会）

【概况】　2019年，区工商联贯彻落实习近平新时代中国特色社会主义思想和各级统战会议精神，围绕中心工作，创建“三个”服务品牌，践行“亲”“清”新型政商关系，优化营商环境，发挥联系非公人士桥梁纽带和助手作用，促进非公经济“两个健康”，各项工作取得新进展。

【坚持机关月工作例会学习制度】　以“两学一做”学习教育常态化、制度化为抓手，完善机关工作管理制度。制订2019年党员理论学习计划，定期召开学习会，将党章党规和习近平总书记系列重要讲话精神作为经常性学习内容，重点学习习近平新时代中国特色社会主义思想，领会中央经济工作会议、习近平在民营企业座谈会上等系列讲话精神，确保学习入脑入心见行动。截至年末，组织开展各类学习20余次。

召开月度工作例会

【学习贯彻全国“两会”精神】　3月21日，在区工商联四届四次执委会议上专题学习全国“两会”精神，动员广大民营企业家参与全国“两会”精神宣讲、落实活动；结合“三服务”，宣传贯彻全国“两会”精神，推动“三服务”活动开展；以工商联建设“三个品牌”活动为契机，引导民营企业贯彻落实两会精神。

学习传达全国“两会”精神

【“不忘初心、牢记使命”主题教育】　6月6日，区工商联召开党组会议，传达学习习近平总书记在“不忘初心、牢记使命”主题教育工作会议上的重要讲话精神。9月12日，召开动员部署会议，成立领导小组，制定实施方案。主题教育自开展以来，按照区委的统一部署和要求，贯彻“守初心、担使命，找差距、抓落实”的总要求，推进主题教育各项工作，既注重按照上级要求把“规定动作”做到位，又注重结合实际和优势使“自选动作”有特色，多次赴基层商协会、企业开展调查研究，围绕推动民营经济高质量发展存在的突出问题和热点难点问题，确定调研课题，收集民营经济发展、非公有制经济人士思想状况、所属商会改革发展、新生代企业培育等方面的第一手资料。组织观看“学榜样、践初心”视频短片、警示教育片，赴鸦片战争纪念馆现场教学，开展主题党日活动，举办集中学习读书会、座谈会、初心分享会、研讨会、上党课、调研成果专题交流会，进行检视反思和整改落实，以实际行动推进主题教育向纵深发展。

组织观看“学榜样、践初心”视频短片

【弘扬优秀企业家精神】　与区委统战部联合开展“定海优秀企业家风采——统战人物”专题宣传活动。对2名非公经济领域的代表性企业进行采访，分享创新创业故事。与区委宣传部联合参与“理论惠民”宣讲大联盟活动，组建张云富、杨光安等6名企业家为创业创新宣讲队，围绕“宣讲进万家——定海有你”主题，采取辅导报告、专题讲座等多种形式，开展党的创新理论、路线方针政策、法律法规等宣讲，推动党的理论创新成果进企业8次。

【践行亲清型政商关系】　落实全国工商联和省、市委践行亲清新型政商关系实施意见，建立工商联与有关部门组织民营企业座谈机制，及时反映民营企业合理诉求。

开展以“抓重点、补短板、强弱项”为主题的调研活动　成立调研活动领导小组，完成11个基层商会和6家行业协会的走访调研任务。3月19日，牵头组织市邮政局新区营业部赴舟山商贸城洽谈物流电商（仓储）园区引进项目。4月，走访调研广润建设、中集国际集装箱企业，针对舟山运营本地和外地危化车辆与日俱增的背景下，对集装箱运输行业的安全体系建设及舟山配套石化产业发展等相关问题进行探讨。针对服务民营企业缺基地、缺有效平台、缺领军人物等问题，打造“清亲”家园，以实体基地、配套平台、服务中心建设强化服务能力，畅通政企沟通，助力区域经济发展。9月底完成《打造“清亲”家园，构建服务民营企业新平台》的调研报告。10月8日，先后深入到弘业预拌公司、传奇农业山庄、万强服饰公司、旭旺养殖场进行走访慰问，向企业负责人详细询问受灾的情况及灾后生产的进度，为企业及时传达政府有关帮扶政策。

走访调研中集国际集装箱货运公司

配合省市工商联做好民营企业调查点调研计划　5月22日，省工商联林建良副主席调研组赴定海金鹰公司开展民营经济发展情况综合调研，参会的民营企业家围绕惠企政策落实情况、企业融资情况、应对中美经贸摩擦情况等主题，结合企业实际情况谈认识、讲问题、提建议。6月初，根据省工商联关于当前浙江民营经济发展情况综合调研方案的要求，对全区相关的近20家企业进行问卷调查；6月下旬，根据《浙江省企业权益保护规定》（省政府第328号令）文件精神，查找《规定》在贯彻执行过程中存在的不足，了解企业的困难和需求，督促职能部门履行法定职责，配合完成15份企业权益保护情况调查问卷。陪同省工商联黄正强副书记和林建良副主席开展2019年新春服务企业专项调研和定海民营经济发展情况综合调研。围绕惠企政策落实情况、企业融资情况等主题在金鹰公司召开座谈会。7月上旬，针对定海企业在全市水产加工企业座谈会上反映的情况，配合做好相应企业的调查问卷填报督促落实工作，对西峰水产、白云水产、越洋食品、大洋水产、大洋世家、新金州水产等10余家企业的共性问题和个性问题进行反馈。7月25—26日，省联元成茂副主席带头一行工作组10余人，到定海森森、鸿泰企业集中开展“调研解难题、深化三服务”暨稳企业防风险第三次专题调研活动。其间，凯虹集团、汇邦建材、精劲机械等行业代表性企业家，就企业上半年发展情况下半年发展预期，及减税降费和融资方面惠企享受政策情况等作汇报。是年，定海区被市工商联推荐为全国工商联民营企业调查点先进县区。

省工商联副主席林建良调研组赴定海金鹰公司开展民营经济发展情况综合调研

开展“三服务”活动，搭起政企连心桥　到马岙森森、白泉商贸城，双桥中集国际集装箱等基层商协会实地走访座谈，征集民营企业发展情况、中美经贸摩擦影响情况等方面问题和意见20余条。举办支持民营经济发展宣讲报告会和政策法规解读会8场，引导民营企业用足用好政策红利，培训覆盖民营企业家近150人次。优化“定商e家”微信群服务平台，为全区各基层商协会及125名工商联执常委发布推介政策、项目等信息500多条信息。开展“法律体检”进企业活动，由浙江六和（舟山）律师事务所组织4个法律服务团队为舟山市越洋食品有限公司、舟山市定海通发塑料有限公司等65家企业的生产方式进行“法律体检”回访，发现法律风险漏洞94个，实际帮助解决问题75个，培训企业法务人员60人次，惠及企业34家。开展全区龙头企业结对服务活动，促使5家龙头企业与中小微企业的结对成功。搭建“网上政策超市”，及时呼应企业诉求并分解落实，精准推送政策措施，畅通企业获取政策信息和反映诉求的渠道。

召开法律进企业活动座谈会

规范工商联所属商（协）会财务管理制度　完成巡查意见回复，根据区委“五人小组”会议和区委十三届常委会第54次会议的意见，在区委第六轮巡察中发现的基层商会管理混乱的问题整改工作任务。厘清政府与商会之间的关系，加强对镇（街）基层商会的管理，规范财政资金对商会的补助，清理基层商会的转贷业务，研究制定并下发《关于规范工商联所属商（协）会财务管理的通知》。

【完善公检法司部门的沟通联系协调机制】　3月7日，与区人民检察院合作举行以“检察伴你行——护航民营经济高质量发展”为主题的座谈会，定海各行业企业家代表、区人民检察院相关检察官、区工商联相关领导参加会议。3月21日与区人民检察院联合建立“区检察院服务民营经济工作站”，制定区检察机关服务民营企业清单，达成护航民营经济发展的协作意向，签约《护航民营经济发展协作书》。5月7日，与区人民法院落实和推进诉前调解工作，根据各自实际，调整相应的联络员和特邀员，明确相应的调解范围、调解案数和调解成功率。5月21日，与区司法局联合开展会员企业法律体检活动，召开“法治体检”工作座谈会；专题学习《司法部、全国工商联关于开展“法治体检”活动的意见》；研讨5月到12月开展会员企业“法治体检”活动的工作方案；邀请浙江六和（舟山）律师事务所主任李伟为与会人员作如何做好“法律体检”工作讲座。7月19日，在区工商联（总商会）四届五次常委会上，邀请浙江省台州市政府咨询委员毛太宁进行“拥抱长三角一体化发展，建设世界级城市群”知识讲座；邀请区人才服务中心还进行人才政策解读。

与区检察院合作举行“检察伴你行——护航民营经济高质量发展”为主题的座谈会

【招商引资】 4月28日，浙江舟山群岛新区（定海）招商引资促进会青海分会成立；10月28日，浙江舟山群岛新区（定海）招商引资促进会西安分会成立。搭建定海与青海、西安两地交流合作共同发展的平台，宣传舟山群岛新区、自贸区等投资环境、有关政策，为优化定海的投资环境建言献策，开展各种形式的的招商引资活动。

浙江舟山群岛新区（定海）招商引资促进会青海分会成立

【信息化建设】 更新数据库 完善更新会员数据库，准确统计和掌握基层商协会、异地商会、联谊会及会员企业发展的各项数据，计划对连接联通区政府、科研机构、行业协会等资源和平台的各项数据，做好数据监测，实现信息共享，为会员企业发展提供大数据云端服务做好基础性工作。

新增人才库 与区人才办合力，将现有会员单位企业人才信息进行收集与汇总，组织符合条件的企业家参选各级各类高层次人才和双创导师，为企业人才梯队建设提供保障。

开办“星期日课堂” 举办税法知识讲座和法律体检活动，以案例教学、交流互动、答疑解难，为会员企业提供最前沿知识、最新动态、最新观点、最新领域发展的开放式交互平台。3月21日，区工商联在执委（理事）会议之际，邀请定海区税务局税政专家金武峰，为企业家开展2019年国家税务总局国家财政部等部门出台的普惠政策解读课，全区工商联执委（理事）135人参加培训，会上还分发《减税降费政策汇编》读本。7月3日，组织5名非公经济人士参加统一战线暑期读书会。主席夏增富代表区工商联在读书会发言，围绕“纪念新中国成立70周年，纪念中国共产党领导的多党合作和政治协商制度确立70周年”主题，讲述自已的心得体会和感想。

举办税法知识讲座

【提升服务企业水平】 搭建政企互联平台 组织会员企业调研佛山市商协会承接政府职能转移。5月10日，区工商联赴佛山市禅城区工商联开展调研，实地了解佛山商协会组织在承接政府职能转移好的经验和做法，考察该政府及有关部门政府职能转移的政策措施，以及商协会组织在承接政府职能转移方面工作流程、存在的不足和问题，提炼和总结好经验。实地参观考察禅城区张槎街道华南生命科学园、佛山市家博城和岭南天地等，详细了解华南生命科学园的发展情况，对园区从规划设计创新、运营模式创新、服务体系创新等三个维度推进健康主题园区建设的模式和禅城在政策、平台、财力、项目四大支持及城产人融合发展方面的相关经验。

实地参观考察禅城区张槎街道华南生命科学园

搭建商会互动平台　与内地工商联紧密联系，接待乾安县工商联等来定海企业考察交流。3月28日，乾安县工商联考察团对万泰·三农汇舟山农产品批发市场、舟山国际粮油产业园区、海洋科学城产业园区等产业进行实地走访考察，双方举行签约仪式。为增进内地商会企业经贸往来与合作，双方签订《友好工商联（商会）协议》。

吉林省乾安县工商联到定海考察交流

搭建银企合作平台　5月21日，组织15名基层商（协）会秘书长、11家银行代表、区工商联机关干部参加银企对接会，各银行代表讲解在服务民营企业方面的新产品和新举措，推出针对工商联会员企业的优惠政策，加大对民营企业的支持力度，促进银企融资对接，增强银企互信合作，推动定海民营经济高质量发展。10月10日，在全区基层商会秘书长工作例会上，部署“万家民企评银行”工作任务、明确时间节点、分解工作指标，下发“万家民企评银行”问卷220份，开展企业融资需求情况大调查，发放调查表220份，回收需求资金表。

召开银企对接会

搭建参政议政平台　加强与区工商联市、区人大代表和政协委员的联系，建立参政议政工作研究和意见建议收集工作机制，为全区优化营商环境工作建言献策。

搭建教育培训平台　6月26日，组织11名基层商协会会长、秘书长参加市工商联和市人社局在市人社局会议室举办的全市促进民营企业就业创业政策宣传会，针对新政策进行交流答疑。7月1—5日，组织业务科室负责人和基层商会参加全省工商联商会调解暨法律服务工作研讨班。8月26—29日，组织8名基层商协会秘书长赴井冈山参加以“不记初心、牢记使命”为主题的全市工商联所属商（协）会会长（秘书长）培训班。

【加强基层商协会组织建设】　引荐基层商协会参与创建省“四好”商会活动，重点以基层商协会的业务指导、引导和服务为主，落实区纺织服装行业协会作为创建培育对象。指导区工商联直属商会、盐仓商会、定海广东商会、城东商会、光促会进行成功换届。成立区工商联小沙分会、宁波定海商会。推荐浙江六合（舟山）律师事务所主任、城东商会会长李伟为区监察委员会特约监察员。举办4次基层商会秘书长工作例会，对基层商会秘书长如何开展工作，怎样建设基层“四好”商会做了专门的讲解。加强对尚未达“四好”标准的商会的服务和指导，争取今年全区商协会组织达到1～2家全省“四好”商会建设标准完善执常委的进退制度和会议制度，1月19日和7月19

日分别召开区工商联四届四次、五次常委会；3月21日召开区工商联四届四次执委会议；增补副会长2名、常委1名、执委2名。

定海区工商联四届四次常委会议召开

【创新基层商协会党建】　配合区委统战部在基层商会党组织中开展“同心行动”。引导各基层商会党组织和广大党员抓好思想教育、作用示范和党日活动。联合区委两新工委推进“双推双培”。发掘企业中的优秀党员，把他们培养成为企业业务骨干；对企业中的业务骨干开展思想政治教育，把他们培养为党员。

【加强新生代企业家培育】　与区委组织部、团区委制定出台《关于实施舟山市定海区新生代企业家“领英”工程的意见》；2月23日，区工商联和团区委组织新生代企业家20余人赴港航重工、汇邦建材、万花谷农庄开展向本会优秀企业家学习活动。开展实地走访考察，了解企业目前实际需求，倾听企业心声，勉励青年企业家不忘初心、持续奋斗。5月26—30日，协助市委统战部组织5名新生代企业家赴天津考察培训。加强定海新生代企业家的企业党建和企业文化建设理念；为推动定海企业转型升级和创新发展，密切定海企业与高校、科研院所的联系，培养一支具有国际视野和现代企业战略管理水平的高素质企业家队伍，7月8—12日，配合区人才办组织8名新生代企业家赴重庆的相关高校研究院参加全区企业家创新能力提升研修班，同时还参加2019中国·舟山群岛新区全球海洋经济创业大赛·“蓝海智造”行业赛重庆城市赛；11月18—22日，组织4名新生代企业家赴广州参加全市民营企业经营管理者培训班。推荐6名新生代企业家为省新生代联谊会换届候选人，经省里审核，确定虞海舟、夏瑜键、王红军、陈凯4名新生代企业家为省新生代换届候选人。

区工商联和团区委组织新生代企业家20余人赴港航重工开展实地走访考察

【开展慈善公益活动】　倡议企业参与“百企帮百户，携手奔小康”“百企结百村，消除集体经济薄弱村”活动及慰问困难党员、爱心奉献、志愿服务等活动。年初，区工商联每个基层商（协）会在春节期间都组织会员参加的慰问所在辖区困难户和孤寡老人等活动。2019年，光彩事业捐赠额达40.2万元。实施结对帮扶四川宣汉三年行动。全区13家基层商协会与四川宣汉10个村签订三年帮扶结对协议，落实第二批结对帮扶资金50万元。6月25日，联合区机关工委、区教育局开展现场扶贫助学活动，双桥商会会长蒋养忠等爱心人士在“爱满宣汉‘5·28’大型公益活动”中资助15户贫困家庭学生到高中毕业，资助金额达约20万元。动员工商联机关干部和广大会员企业及非公经济人士助力全国文明城创建，金塘商会、昌国商会、岑港商会、新生代企业家联谊会等参与助力“文明城市”创建活动。

【加强智慧工商联建设】　每季度出版一期《定海商会》会刊，宣传全区企业在经济发展中涌现出来的各类典型，推送定海扶持非公有制企业相关政策、优惠措施；在工商联网站“政策法规”“经济政策”“企业风采”等专栏，传达全国两会精神、中央、省市区相关文件精神、反映企业创新实践。宣传全区非公有制企业30余家（次）；工商联网站发送12条政策动态；微信公众号推送20余条信息。

【加强作风建设】 5月22日，开展廉政教育专题党日活动，观看《警钟长鸣——舟山市党员干部和公职人员违纪违法案件警示录》等教育片，参观廉政书画展，组织廉政风险典型案例专题学习会等活动，增强党员干部“不想腐”的自觉。6月17日，开展“党建引领谋发展·凝心聚力促振兴”主题党日活动，全体党员重温入党誓词；集中学习俞东来书记、徐张艳副书记在全市社区村体制改革完善工作动员大会上的讲话精神。加强纪检工作，规范党内政治生活。开展党内谈心谈话活动，及时掌握党员干部思想动态，每逢元旦、清明等重要节假日，开展集体谈话，加强节日期间的廉政教育。3月，撰写《区工商联与区检察院联合建立“区检察院服务民营经济工作站”助力扫黑除恶“打伞破网”》信息，上报区派驻第一纪检监察组，被定海廉政网录用。落实“三会一课”、民主生活会和组织生活会等制度。开展批评与自我批评活动，达到“团结—批评—团结”的目的，引导党员干部做好表率，争当新时代定海高质量发展的排头兵。

全体党员重温入党誓词

（撰稿：陈雅芬）
（本分目照片由区工商联提供）

定海区残疾人联合会

【概况】 2019年，定海区残疾人联合会（以下简称区残联）围绕年度工作重点，开拓创新，狠抓落实，全区残疾人事业呈现良好发展态势，助残惠残成效明显。截至年末，全区有持证残疾人11542人。是年，区残联被中国残疾人联合会和国家体育总局授予“2015—2018年全国残疾人体育先进单位”称号；定海区听力障碍残疾人陈磊被授予“2015—2018年全国残疾人体育先进个人”称号。

【保障工作】 实施生活补贴和护理补贴制度 重度残疾人护理补贴实现“提标扩面”，将生活完全不能自理的机构托养残疾人补贴标准由每人每月900元提高到1100元，将重度残疾人护理补贴扩面至一、二级的听力、言语残疾人。全年有2017名残疾人享受困难残疾人生活补贴，发放补助金621.6万元，有6247名残疾人享受重度残疾人护理补贴，发放补助金1935.77万元。

加大残疾人救助力度 做好重度残疾人和三、四级精神、智力残疾人按照单人户纳入低保工作，有279名符合条件残疾人按照单人户纳入低保。做好因自然灾害、疾病等特殊原因造成临时困难残疾人的救助，走访慰问356人，发放慰问金39.5万元。

完善残疾人托养制度 完成全区11家“残疾人之家”规范化建设，托养残疾人182名。在城东街道试点残疾人居家安养照料服务中心，为10名残疾人提供居家照料服务。

10月28日，副区长屠定玉调研“残疾人之家”规范化建设工作

落实社会保险补贴制度 实施自谋职业和灵活就业残疾人城镇职工养老、医疗保险补贴，养老保险补贴673人，投入资金168.4万元；医疗保险补贴333人，投入资金88.46万元。开展城乡居民基本医疗保险补助，精神残对象医保补助覆盖率为100%。为残疾人购买意外保险，增强残疾人抵御意外风险的能力，投入资金60万元。

做好和宣汉县东西部扶贫协作工作 签订《残疾

人扶贫协作协议》。慰问5名在舟山学习的宣汉籍残疾人子女。在宣汉县走访慰问3户贫困残疾人。为2名宣汉籍残疾人康复技术人员提供为期2个月实践培训。安排10万元专项帮扶资金对宣汉县3家残疾人扶贫基地开展帮扶。

【增收工作】 多形式就业创业扶持　区司法局和定海旅游发展集团有限公司分别推出事业和国有企业岗位面向残疾人招考。向企业推荐就业，全年新增按比例就业残疾人35名，帮扶1名残疾人大学应届毕业生实现就业。对5家超比例安置残疾人就业的企业发放奖励金7.56万元，对8名自主创业的残疾人发放补助4万元。开展企业按比例安排残疾人就业情况审核工作，审核用人单位218家，核定按比例安置残疾人就业468人。

8月26日，定海区残联举办茶艺培训班

扶助农村残疾人就业创业示范基地建设　对“开心农场”低收入残疾人精准扶贫项目进行规范提升，目前定海区双桥街道“开心农场”低收入残疾人精准脱贫基地稳定安置8名低收入残疾人就业。做好农村残疾人就业创业基地的管理工作。出台《舟山市定海区残疾人扶贫示范基地建设与管理办法》，整改残疾人扶贫基地管理过程存在的问题，加强对残疾人扶贫基地的监管。

开展残疾人就业援助活动　开展以“就业帮扶，真情相助，不让一个困难残疾人掉队”为主题的残疾人就业援助月专项活动，走访残疾人登记失业人员家庭34户，登记失业残疾人140名，实名制纳入年度培训计划残疾人41名，帮助16名残疾人实现就业。联合区人力社保局举办2019年残疾人专场招聘会，12家企业共提供残疾人岗位20余个。

1月19日，2019年定海区“就业援助月”残疾人专场招聘会举办

【康复服务】 推进康复指导进家庭服务。对马岙街道的12名肢体残疾人开展针对性康复训练与指导，根据肢体残疾程度和适应指征提供个性化医学诊疗、居家康复护理示范，满足多元化需求，帮助其及亲属掌握基本的康复技能,提高残疾人生活自理能力。

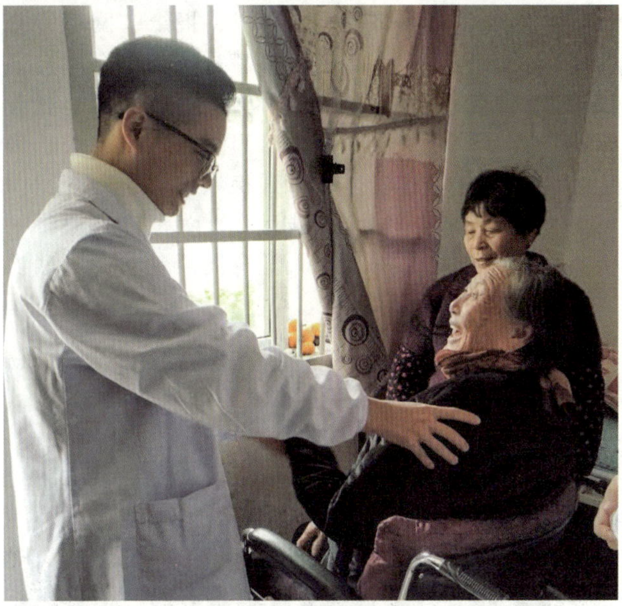

定海区中心医院医生赴马岙街道开展康复指导进家庭服务

提升基本康复服务水平　做好辅具常规性配发，出台《定海区残疾人基本辅助器具适配服务实施办法》，审核补助257件，合计补助资金16.66万元。按“随时申请、随时发放”的原则发放精神残免费基本用药救助卡，并实行“一年一审”，发放救助卡1076张（其中贫困对象527张）。实施精准康复服务，助听

助明助行335人，确保有康复需求和适应指症的残疾人得到服务。

落实机构康复和儿童救助工作 对病情严重或不稳定的对象实施集中康复治疗救助，补助92人（其中贫困对象61人）。开展偏瘫、截瘫、骨关节疾病、神经损伤等残疾人机构康复救助，补助24人。落实残疾儿童抢救性康复服务，有61名残疾儿童得到救助。

【公共服务】 **无障碍社区创建精品化** 城东街道檀东社区成功创建为第二批省无障碍社区，配合文明城市创建，做实无障碍设施建设督导工作，开展无障碍设施进家庭，实现有需求的贫困残疾人家庭服务全覆盖，全年完成73户残疾人家庭无障碍改造。

教育培训精细化 开展随班就读、送教上门等形式，确保残疾学生义务教育入学率100%。加大助学补助政策，全年有8名残疾大学生共获得学费和住宿费用减免7.5万元。有11名残疾人和贫困残疾人子女得到助学金补助4.75万元。推荐2名残疾人参加浙江省特殊教育学院的入学考试并被录取。

宣传文体精准化 通过电视、报纸、网络等平台，广泛宣传残疾人事业。孙毅被评为“全国自强模范”。成立定海区残疾人艺术团，深入海岛、托养机构、社区等开展文艺演出。组织象棋、牌类、旱地冰壶锦标赛等比赛，全市残疾人象棋比赛夺得团体第一名。在第十届全国残运会上为浙江省赢得一金一铜。开展第九届残疾人健身周活动，参与残疾人300余人次。

5月16日，孙毅参加全国自强模范表彰大会

【强化残联服务建设】 **提升为残疾人服务的能力** 成立残疾人法律援助工作站和法律救助工作协调领导小组，维护残疾人合法权益。推进助残服务“一件事”落实，通过部门联合、信息共享、简化流程，使残疾人办事“最多跑一次”。加强残疾人工作者能力提升，举办残联干部业务培训班、动态更新培训班，开展学习考察，梳理助残惠残政策，提升服务能力。发挥全区317名助残志愿者的作用，帮助残疾人解决生活中存在的实际困难，改善他们的生存状况。

8月，陈磊在第十届全国残疾人运动会飞镖比赛中获得金牌

加强基础管理 启动残疾证制发满10年对象的换证工作，通过以社区为单位进行张榜公示和随机抽检等方式，开展残疾证动态核查，已完成3815本证件换发。做好残疾证日常的申请、核发和管理，落实举报受理、复评、终评制度，按照“最多跑一次”原则，明确将残疾人证申请受理工作下放到镇（街道），同时按“医院评定为主、兼顾上门评定”的方式对重度肢体残开展入户评定,上门为121名重度残疾人评定残疾等级。全年新做证1013人（含变更换证），死亡注销469人，并按《定海区居民身后事“最多跑一次”》要求，在身后事联办平台办结。对11341名残疾人开展基本服务和状况动态更新工作，配合第三方调查机

构对205名残疾人开展收入监测，为残疾人事业发展决策提供数据支撑。

抓实党的建设和党风廉政建设　进一步加强党建工作和党风廉政建设工作，突出巡察整改，加强内控体系建设，完善内部管理规章制度，形成组织健全、制度完善、监督到位的党风廉政建设工作机制。开展“不忘初心、牢记使命”主题教育。把开展主题教育与落实好本单位各项任务有机结合起来，同解决群众反映强烈的突出问题结合起来，促进主题教育成果转化。加强扶残助残资金管理。开展残疾人扶贫基地补助专项整治，完善残疾人扶贫基地的管理和补助机制。

（撰稿：刘　佳）

（本分目图片由区残联提供）

定海区文学艺术界联合会

【概况】　2019年，区文联按照年度工作计划和上级部署任务开展各项活动，为建设舟山群岛新区提供精神动力和文化支持。是年，文联下辖作家、书法、美术、摄影、戏剧曲艺、音乐、舞蹈和民间文艺家8个协会，有会员510名，其中全国协会会员16人，省协会会员70人，市协会会员160人，各类文艺团队10余支。文联与各协会全年举办（承办、协办）各类文艺活动50余次，承办第二届三毛散文奖等活动。会员全国、省级以上获奖、出版、入选、演出、展出、发表作品200余件。其中，出版作品3部，各类文艺作品获市级奖项50余件，省级以上70余件。

定海区文联三届七次全委会召开

【主题活动】　开展文艺下乡和文艺进军营、进学校、进企业活动　区文联组织文艺工作者和文艺家送文艺下乡街道、社区开展丰富多彩的文艺服务活动。书法家协会王忠军等多人参加下乡活动，为广大群众免费书写春联、赠送图书杂志。

举办“百姓课堂”系列公益培训　与区文化馆联合开设“百姓课堂”系列公益培训活动，内容内涵盖“书法艺术”“音乐舞蹈”“美术”“戏曲表演”等，由各协会文艺骨干担任专业指导老师义务为市民上课，受到市民好评。

联合举办2019系列活动　参与2019“唱响定海”“书香定海”系列活动。组织文艺家参与策划、指导、创作。

联合举办文艺作品展览　联合举办“迎新春百姓课堂师生书画篆刻作品展”“风从海上来”摄影展、“放歌新时代　文化进万家”新春画展、定海区“清廉文化”书法展等展览。

举办定海区“清廉文化”书法作品展

【思想建设】　组织会员参加省级协会组织的“习近平新时代中国特色社会主义思想培训班”。通过常委会、全委会集中专题学习，各文艺协会集中学习和自学相结合的形式进行“不忘初心、牢记使命”主题教育。通过学习研讨，引导广大文艺家工作者不断提高思想理论修养，增强文艺工作者在新时代肩负新使命的认识。

【新中国成立70周年主题活动】　是年，把握中华人民共和国成立70周年的重要节点，动员、筹备系列主题文艺活动，宣传展示定海人民生产生活的新变化和实实在在的获得感、幸福感。组织文艺家以不同的文艺形式，开展庆祝中华人民共和国成立七十周年系列活动。组织“壮丽70年　奋斗新时代——庆祝新中国成立七十周年朗诵会”“庆祝新中国成立七十周年——定海区书法作品”“庆祝新中国成立70周年——定海区写生作品展”等文艺活动和展览。《望潮》文艺杂志开出专栏，发表庆祝新中国成立七十周年文艺作品30多篇。通过不同文艺形式，唱响时代主旋律，激励新区人民投身新区跨越发展。

举办“壮丽70年 奋斗新时代——庆祝新中国成立七十周年朗诵会”

【第二届“三毛散文奖”系列活动】 举办第二届“三毛散文奖”颁奖典礼，收到中国大陆、台湾及美日菲加等海内外作家作品643件，评出获奖散文集、单篇散文各13部（篇），贾平凹等5名作家作品获散文集大奖。开展海峡两岸三毛文学论坛，邀请海峡两岸优秀作家、文学评论家围绕“三毛大陆之旅与乡土乡恋”“新时代下行走文学如何创新”等开展研讨。组织开展获奖作家定海采风行活动，在全国各报刊累计刊发相关文学纪实作品50余篇。开展“我的故乡我的根”纪念三毛故乡行30周年系列活动，推出“走马过红尘——纪念三毛特展”“追寻诗与远方·踏访三毛足迹”寻根之旅等配套载体。跟进小沙“三毛文化特色乡村”建设，指导建成“三毛客厅”“三毛散文奖作家林”等文化阵地。

开启“追寻诗与远方·踏访三毛足迹”寻根之旅

【举办各种文艺活动】 作家协会 组织会员参与环南街道人文历史挖掘和采风创作并参与三毛散文奖系列活动。

戏曲协会 多次举办培训和为有关单位辅导文艺节目。陆舟敏、沈洁、袁健露、洪国壮、张晶晶等为机关单位、各乡镇（街道）、学校等做好各类辅导工作。

音乐协会 承办浙江省第二届青少年声乐大赛定海赛区选拔赛。美之声演唱团积极参加文化送乡、为老服务演出等计70场次；舟山风渔民号子队团队公益性演出30场次，并为海山小学授课38次。洪国壮、韩侃凯、陆冠瑜、刘涛等为基层授课、辅导120余次。

舞蹈协会 全程策划参与“唱响定海”系列活动。组织举办定海区广场舞培训班，策划并承办“我和我的祖国”快闪活动。开展文化结对帮扶活动，下基层辅导团队近50多次。新组建一支舞蹈团队——定海区“爱晚情”老年艺术团。

摄影协会 组织会员赴云南临沧地区、新疆喀什地区创作采风。4月，会员参与第二届三毛散文奖活动并全程拍摄资料留档。承办“行走茶马古道，探秘原始部落”云南掠影摄影展 、定海区庆祝建国70周年群众美术、书法、摄影展、定海区侨之声摄影展各类影展等。承办2019定海区“水利杯”摄影比赛、2019定海区“唱响定海”群众摄影比赛等。

书法协会 配合区文联“三下乡”活动及受乡镇街道社区的邀请，春节期间，协会开展10余次下基层为民服务。继续推进“百姓课堂”“ 社区学校”等书法培训10期。举办“传承和提升”骨干研修班。开展台州路桥——舟山定海书法文化走亲活动。承办定海区“清廉文化”书法展、“江山多娇——庆祝新中国成立70周年”定海区第五届书法篆刻展。承办浙江省青年书法邀请展活动。是年，组织会员开展进军营、进企业、进社区等公益活动6次。

美术协会 举办“放歌新时代·文化进万家——定海区美术协会第三届新春画展”。继续举办渔民画公益性培训，新开设中国画公益性培训班,举办“定海区渔民画新作展”和多次培训。承办“放歌新时代·文化进万家——定海区美术协会第三届新春画展”、“定海区美术协会庆祝新中国成立70周年写生作品展”、马跃峰师生写生与临摹习作展各类画展。组织会员赴江西婺源写生，创作50多幅写生作品。

民间文艺协会　组织会员参与社会文化活动。民间艺人黄素芬送翁洲走书进社区、下海岛60场。侯亚飞2019年送木偶戏、唱翁洲走书达100多场次。朱良成帮助盐仓新螺头社区文化礼堂建设。协会组织艺人参与市、区各类服务活动20多次。

【文艺精品创作】　表演唱《农庄小娘》、三人舞《摇篮》获2019年浙江省“群星奖”。定海历史文化读物《千年定海山》出版。编辑《第二届三毛散文奖获奖作家作品选》和《作家笔下的定海》。白马的《三毛传》出版。协助环南街道编辑《城南里》图书。第六届定海区文艺成果政府奖评出金奖作品4件，银奖作品8件，铜奖作品16件、优秀奖作品17件。

表演唱节目《农庄小娘》获2019年浙江省“群星奖”

【各协会创作成果】　作家协会　李强2019年继续创作《龙隐》和《悍兵》两部网络小说，会员各级发表300多篇（首），其中省级以上发表105篇（首），获奖10人次、出版作品集2部。

戏曲协会　沈洁与刘俊峰创作、拍摄微电影《骄兵必败》。袁健露创作小品《小红帽》参加舟山市2019文艺创作作品展演。刘俊峰创作、拍摄微电影《守护·爱》。洪国壮为定海商贸集团、定海公安分局金塘派出所创编小品并辅导演出。鲍阳芳自创自排自演小品《妈，洗碗喽》《创城进行时》等有乡土气息的节目。

音乐协会　普通话版的《农庄小娘》获浙江省文化厅“群星奖”，并在中国音协主编的《歌曲》2019第8期发表。李华作词、韩侃凯作曲村歌《亲亲马岙》。韩侃凯作曲、李华作词的表演唱《数幸福》获浙江省第十八届音乐新作演唱演奏大赛金奖。刘涛、陆冠瑜作曲,范俊杰、韩侃凯作词的歌曲《听不见的诗》获2019年浙江省首届原创流行歌曲大赛金奖。

舞蹈协会　三人舞《摇篮》摘得全省群众文艺奖项最高水准的浙江省群星奖；潘侠、张瀚云、乐凯凯创作编排舞蹈《初海》。张颖颖、乐凯凯、曾明子创作编排“爱晚情”老年艺术团表演的舞蹈《陪你长大》，代表定海区赴湖州参加浙江省社会艺术团队文艺会演获金奖。

书法协会　22人次入展入选国家级及省级相关展览。其中，傅世风入展第十二届全国书法篆刻展、获“浙江书法奖·沙孟海奖”第十届全浙书法篆刻大展优秀作品奖提名；刘德钦、陈迦勒、张静峰、王忠军、毛寒春入展“浙江书法奖·沙孟海奖”第十届全浙书法篆刻大展，胡炳华获浙江省群文视觉艺术业务干部专业技能大赛银奖，王忠军获奖提名。

美术协会　是年，入展获奖作品17件。其中，方晓华作品《册页·古风》入选祖国笑容这样美——中国首届水彩风景画作品展并获得入会奖，江文佳作品《花儿为什么这样红》入选第十三届全国美展（获奖提名），欧阳涛《侗寨三月三》入选第十三届全国美展（漆画），方晓华水彩作品《临岛观海》获得浙江省十四届美术作品展优秀奖，李莉、柴波、李军伟等水彩作品入选浙江省14届美展；芮海峰作品《东方入海口》入围中国首届水彩风景画作品展初评，包凤佴作品《捡淡菜》入选全国第二届水粉画作品展。

摄影协会　曾其龙《带鱼幻想曲》入展浙江省第六届群星视觉艺术综合大展，姚峰《正和造船》入展“不忘初心 奋发图强——新中国工业档案文献展”，张艳华《年年高》入展丽水摄影节，张信宝获《海上牧场》大美中国2019首届全国旅游摄影大赛佳作奖，《海上牧场》同时获大美中国——海上摄影精品展佳作奖；张信宝《百年沧桑》入选21届中国艺术摄影大赛人像类展览获铜奖；邵明军《海上丝路》入展浙江省第六届群星视觉艺术综合大展、《晒辣椒》入选中国第二届扶贫公益摄影大展。

民间文艺协会　蔡和平的“舟山民间谜语”、朱良成的“舟山贺郎调”、楼建军的“古籍修复”技艺三个项目成功申报舟山市第六批非遗代表性项目。2018年“描画新时代、歌颂新定海“主题宣传文化精品项目申报民协有3位艺人项目入选。邵伟民为定海区重点文保单位“蓝理史迹陈立馆”烙制6幅蓝理生平宣传画。

【办好文艺园地】　是年，出刊《望潮》4期，40多万字，推出“庆祝新中国成立70周年“特辑3次，得到读者好评。12月，在浙江省文化系统组织的2019年度全省群众文化期刊评比中，《望潮》文艺杂志获全省群众文化期刊评比“兰花银奖”。

《望潮》文艺杂志获全省群众文化期刊评比“兰花银奖”

（撰稿：白马）
（本分目照片由区文联提供）

定海区慈善总会

【概况】　2019年，定海区慈善总会以习近平新时代中国特色社会主义思想为指导，按照慈善法规定，围绕全区脱贫攻坚大局，依法依规募集资金，创新开展慈善救助，增强慈善工作的凝聚力、影响力、感召力和公信力。是年，总会募集款（物）1967.89万元，比上年增加71.3万元，完成年初计划1200万元筹资目标的164%。其中，总会募集1053.12万元，分会募集914.77万元。

【召开第四次会员大会】　定海区慈善总会第四次会员大会于7月16日召开，区领导庄继艳、侯富光、余河通、顾飞舟、张伟旭、王华杰、夏江龙以及市慈善总会会长余志祥，区慈善总会一、二届会长兰连根等出席会议。大会选举产生以王华杰为会长的第四届理事会领导班子，表彰2018年“定海慈善奖”集体、个人，举行慈善举牌认捐仪式。现场有33家爱心企业、单位、团体、个人向区慈善总会认捐734.66万元。

7月16日，在区政府一号会议室召开第四次会员大会

【善款募集】　“慈善一日捐募”捐额创新高。7月，由区委办发文，总会领导组织，动员机关、企事业单位、社会团体、镇（街道）等参与 活动，先后3次在总会网站公布捐款接收情况，激发广大干部、职工、群众参与慈善事业的热情。是年，“慈善一日捐”活动捐款272.89万元，比上年增加17%，创募捐额新高。

发挥分会募集优势　各慈善分会继续发挥区域和行业优势，采取多种方法开展募集工作。2019年，慈善分会累计募集资金914.77万元，占善款募集的46.48%，小沙、白泉、岑港、盐仓、环南名列分会善款募集前五名。

开辟网络慈善新途径　发挥微信公众平台和支付宝网络平台的作用，吸引更多社会人士以便捷的方式参与慈善公益。在海基金5周年慈善盛典上，爱心人士通过募捐二维码刷出10余万元的爱心款；“米娜”台风期间，通过微信公众号、定海山客户端等平台向全社会倡议赈灾募捐，各行各业、社会各界爱心人支援帮助受灾群众渡过难关、重建家园。

推进冠名基金建设　10月，与舟山市第一百货有限公司建立“百爱基金”，主要用于慈善帮困助老公益活动。截至年末，总会冠名基金增至13个，新增注入善款242万元，捐赠金额累计达482万元，调动和激活民间慈善力量与热情。

成立首家企业分会　是年，新发展首家企业分会——定海远洋渔业小镇分会，拓宽慈善组织网络，优化慈善资源配置，引导企业职工支持慈善、参与慈善、完善企业救济保障体系，帮扶困难职工家庭等方面发挥积极作用。至年底，慈善分会增加至20家。

【扶贫济困】　以精准扶贫为中心，以传统品牌救助项目为先导，参与政府主导的扶贫攻坚战，加大对困难群体的救助力度，全年累计支出救助款（物）2073.43万元，有1.64万人（次）困难群众受益。

对口扶贫项目　围绕区委、区政府部署，动员企业、社会组织和个人奉献爱心，对口支援四川宣汉县慈善资金达372.8万元。其中浙江和海集团“海基金”向宣汉县资助100万元，用于建造一所希望小学；总会捐款50万元；舟山市建设工程造价管理协会向宣汉县樊哙中心卫生院捐赠22万元，用于购买救护车一辆，其他爱心企业也纷纷捐款，完成区委、区政府规定任务。

“森森爱心”项目　由森森集团冠名资助，救助全区大病困难家庭，支出善款20万元，惠及33人。

“陈伟兴关爱定海区困难家庭尿毒症患者”项目由上海晟地集团冠名资助，支出善款44.7万元，对全区105名患者发放3000~6000元不等的救助金。

“海基金”项目　举办五周年慈善盛典，组织组织现场拍卖、场内外捐款活动，筹得410万余元善款，用于资助筹建宣汉县石铁乡白果村希望小学。每年帮

1月27日，“海基金”举办五周年慈善盛典筹集善款用于筹建希望小学

助浙江海洋大学10名贫困学子实现读书梦。

“爱眼光明行”项目　由舟山爱尔光明眼科医院冠名设立，出资20万元为定海120名55周岁以上的困难白内障患者实施免费手术。

“冬日暖衣”项目　筹集到价值7.2万元的100套爱心羽绒服，援赠新疆阿克苏地区贫困群众；为全区73名困难小学生购置冬衣。携手舟山宁远海运公司，为里钓村、大猫岛103位困难老人送去温暖冬衣。

携手宁远海运为小岛老人送“冬日暖衣“

“金秋助学”项目　市区佛教协会、万向集团、兴中石油转运（舟山）有限公司、爱心人士高满芬等团体、企业、个人救助寒门学子627人，支出助学善款161.07万元。

“爱满定海”公益慈善月月行　每月围绕一个不同的主题开展“关爱残疾人”“关爱贫困老妇女干部”“关爱书香梦”等12个公益慈善活动，全年发放救助金额289.09万元，惠及2549人（次）。

春节送温暖　2019年，总会安排慰问金131万元，惠及全区困难群众1506人（次），为各镇（街道）困难家庭送去关爱。

重阳助老　重阳节期间，开展“情暖重阳·慈善助老”慰问关怀活动，走访慰问部分敬老院老人、百岁老人，向全区11个乡镇(街道)的421名生活困难的老人发放助老慰问金38.94万元；各镇（街道）分会及怡东凯丽大酒店、舟山第一百货等开展形式多样的重阳助老活动。

开展应急救　总会针对突发事件、灾害所造成的困难群众，给与应急、过渡性救助，化解社会各种矛盾，维护社会和谐稳定；为强台风“米娜”期间造成重大损失的16户种养殖户发放救灾款5万元，帮助他

们进行灾后自救。

慈善年饭　联合怡东凯丽大酒店为200名环卫工人举办“慈善年饭”，免费提供价值3.75万元的20桌酒水佳肴。

1月24日，总会与怡东凯丽大酒店举办“慈善年饭”慰问环卫工人

搭建慈善公益新载体　下半年与舟山第一百货公司联合打造非营利性的慈善公益柜台——“慈善格子铺”，于11月23日开始营业。格子铺所有义卖所得，都存入“百爱基金”，用于扶贫帮困、助老爱幼等。

联合舟山一百打造“慈善格子铺”

【慈善文化】　创新慈善宣传方式和途径，运用多种形式弘扬慈善文化，营造“人人皆愿为，人人皆可为，人人皆能为”的慈善新风尚。

运用各级媒体宣传慈善文化　以慈善网站、微信公众号为平台，传播慈善工作动态，发布各类慈善公告、捐款名单、救助信息，累计100余条。在《舟山晚报》上开辟“爱满定海”栏目，每月一期专版集中宣传定海慈善。全年在舟山日报、定海新闻、今日定海、定海山等报纸网站报道慈善信息 100余条（篇），省级新闻媒体报道的慈善稿件有6篇，提升定海慈善的社会知晓度和影响力。

开展慈善月活动营造慈善氛围　9月8日，联合区总工会、团区委、区妇联在定海慈善公园举行“中华慈善日”暨“大爱定海·情暖金秋慈善月活动”启动仪式。慈善月活动持续一个月，各地各单位围绕“慈善聚焦脱贫攻坚，携手共创美好生活”的主题，组织开展各类慈善救助活动、志愿服务活动。

9月8日，在定海慈善公园举行“中华慈善日”暨“大爱定海·情暖金秋慈善月活动”启动仪式

褒扬先进树立慈善新风尚　开展“定海慈善奖”评选活动，评选出浙江金鹰集团股份有限公司等13家企业“定海慈善奖集体奖”，王燕等12名个人“定海慈善奖个人奖”，在第四次会员大会上进行通报表彰，弘扬慈善精神，打造慈善公信力。

【义工服务】　2019年，义工分会和广大义工志愿者秉承“奉献爱心、服务社会、传播文明”宗旨，后组织各类慈善公益活动100余次，服务时间累积46500小时。

义工服务品牌化　“爱循环·衣循环”项目：慈善拥军车队承担着旧衣物回收、消毒、整理工作，将衣服送到新居民较为集中的长宏国际、盐仓菜场等地，2019年为新居民送去近万件衣服；“情暖夕阳”为老服务项目：浙江海洋大学东海科技学院的义工志愿者在母亲节、重阳节等重要节日期间看望慰问城区结对失独老人，给予他们关爱；“慈善小小图书室”项目：为广大青少年提供公益慈善服务场所，培植慈善文化理念。

小小慈善图书室

义工服务团队化　郭奶奶爱心工作室、慈善拥军车队、爱心美食墙、点墨书画社、爱心联盟等义工团队坚持经常性开展形式多样的慈善公益活动。创建全国文明城市期间，各义工团体相互协作，参与各项创城志愿服务活动，以实际行动推进全国文明城市创建。

“爱心联盟”每月定期在慈善超市开展公益家电维修活动

【加强自身建设】　加强党建引领　总会按照社团党建精神，完成党支部换届选举工作，强化党的组织建设。坚持党对慈善工作的全面领导，以政治为统领，组织学习习近平新时代中国特色社会主义思想、党的十九大及十九届四中全会精神，开展“不忘初心、牢记使命”主题教育。

强化制度保障　根据定海区慈善总会实际，结合新时势新要求，充实、完善各项规章制度。完善《定海区慈善总会章程》《定海区慈善总会冠名基金管理办法》《定海区慈善总会冠名基金协议》，进一步规范慈善工作。

提升组织公信力　召开会长会议、理事会会议，坚持重大事项提请集体讨论决定；在理事会上报告工作和财务收支情况，接受理事、监事的监督；接受社会团体年检检查、年度财务审计；加强网站、微信在线捐赠和信息公开功能，对慈善活动、典型人物等进行宣传，公示募捐、救助明细及审计结果等情况，接受社会各界监督。

提高工作水平　总会注重加强内部管理，组织全体工作人员认真学习慈善法，学习国务院和省政府关于促进慈善事业健康发展的文件精神，多次参加省、市组织的各类学习会、培训班等，提高对慈善工作重要性的认识，增强搞好慈善工作的事业心和责任感，提升业务能力。

（撰稿：江园园）

（本分目照片由区慈善总会提供）

定海区老年人体育协会

【概况】　2019年，定海区老年人体育协会服务区域经济发展、文明城市创建和美丽定海建设，各项工作取得新成绩。是年，区老年体协被评为全国老年体育工作先进单位；靓姨舞蹈队等20个团队，郝俐平、张美君等17人，获得第十届定海区群众文化政府奖。董美玲同志在2011—2016年度全国老年人体育工作评选表彰中被授予老年体育贡献奖。

【召开各类会议】　老体骨干迎新春茶话会　1月12日上午，区老年体协在干礁镇成人教育中心举行“定海区老体骨干迎新春茶话会”，来自定海城区的各健身站长、部分老体骨干和老体志愿者近50人参加会议。会议由区老体协常务副主席叶英军主持。区老体协副主席王素青作《科学健身有活力，公益活动现风采》2018年健身站工作总结；区直老体志愿分队负责人何敏总结回顾2018年区直老体志愿分队工作。各健身站长和老体骨干座谈发言；区老体协常务副主席叶英军讲话。

五届四次全体会议　3月22日上午，区老年体协会五届四次全体会议在区政府1号会议室举行。区五届老年体协全体委员出席会议，各镇、街道和区属有关部门从事老年体协工作的人员，部分示范社区老年体协主席，区老年体协项目带头人，老体骨干和受表彰的各类先进集体、个人代表列席会议。会议由区老年体协副主席王素青主持。会议通报表彰2018年度老体工作各级各类先进集体和先进个人；听取区老年体协常务副主席叶英军所作《转变工作理念，创新工作机制，不断提高服务老体工作水平》的常委会工作报告；区人大常委会副主任兼区老年体协主席孙忠定作讲话。

召开第五届委员会第四次会议

竞赛委员会会议　6月4日下午，区老体协竞赛委员会全体会议在定海港务大楼4楼会议室举行。会议由竞赛委员会副主任王素青主持。会议总结回顾2018年区老体比赛展示交流活动情况，分析研究竞赛委员会2019年工作任务；会上各位委员座谈、交流发言；区老体协常务副主席、竞赛委员会主任叶英军发表讲话。

【开展老年体育活动】　2019年，全区各级老年体协举办各类老体活动438次，参与26615人次。区级层面组织比赛展示13次，有84支队伍1095名运动员参赛，参加活动人数1895人。

佳木斯快乐舞步展示

定海区第六届老体工作者趣味运动会　1月4日上午，定海区第六届老体工作者趣味运动会在岑港街道体育活动室举行。全区镇（街道）、区直单位近50名老体工作者参加运动会。运动员们经过抽签分为爱心队、环保队、医护队和扫黄队四组，开展“点钞成正”“快乐飞标”“极速倒退”“三项接力”等四个项目的团体名次角逐。最终“爱心队”获得团体总分第一。

举办第六届老年体协工作者趣味运动会

老体骨干迎新春趣味比赛活动　1月12日下午，2019年定海区老体骨干迎新春趣味比赛活动在干礁镇成人教育中心举行。来自定海城区的各健身站长、老体骨干和老体志愿者近50人参加活动。趣味比赛活动按照人员抽签，把“点钞成正，皮筋提拉；哑铃扩胸，骨牌叠高”四个项目分为两个组合进行。张雅素、陈秀珠、刘国玲和谢伊肃四位参赛队员分别获得四个项目的第一名。

全区老年人钓鱼比赛　4月3日上午，在盐仓街道舟胜高墙门鱼塘举行老年人钓鱼比赛，来自全区各街道和区直有关单位的30余名老年垂钓爱好者参加比赛。经过角逐，昌国街道、区人大办、区农业农村局代表队分获团体赛前三名，陈恩夫等6位选手分获个人赛前六名。

定海区第四届农渔村中老年门球竞赛交流活动　4月29日，定海区第四届农渔村中老年门球竞赛交流活动在干礁镇举行。来自全区农渔村的8支门球代表队80余名运动员、教练员和裁判员参加竞赛交流活动。经过多轮角逐，岑港镇、金塘镇、马岙街道、双桥街道老年体协代表队分别获得第一至第四名。

举办第四届农渔村中老年门球竞赛交流活动

全区老年人“定海麻将”竞赛交流活动 6月11日上午，在市老体中心举行定海区老年人“定海麻将”竞赛交流活动。来自全区镇、街道和区直单位的50多名老同志参加竞赛交流活动。经两轮角逐，按积分高低决出前八名选手获奖。

“8·8”全民健身日健身项目展示活动 7月23日清晨，在定海港务广场举行“8·8”全民健身日健身项目展示活动。城区11个健身站队、近200名中老年健身爱好者以太极拳、健身气功交流展示活动的形式，迎接“8·8”健身日。此次活动分为集体展示和自选项目展示两种形式。首先由170余人进行太极拳《八法五步》集体展示，接着由茅岭、海山会友、海霞、东海、欣欣、和谐等6个健身站队进行自选项目的展示。

太极拳《八法五步》集体展示

迎国庆、庆中秋中老年人定向赛活动 9月3日上午，“迎国庆、庆中秋”中老年人定向赛活动在海山公园举行，来自定海城区的各健身站站长和部分老体志愿者代表50多人参加该项活动。全体参赛人员按红、黄、蓝、绿、紫五种颜色抽签分成五个组别，每组按图行进寻找五个目标点，并在相应的目标点上分别完成唱革命歌曲、背红色诗词、向烈士献花、“飞夺泸定桥”和“过雪山草地”五项任务。

开展迎国庆、庆中秋中老年人定向赛活动

2019年“活力定海”庆重阳中老年新编佳木斯快乐舞步健身操交流展示活动 9月25日上午，2019年“活力定海”庆重阳中老年新编佳木斯快乐舞步健身操交流展示活动在海滨公园举行。来自全区镇、街道和区直单位的26支老体团队和近500人参加交流展示活动，区人大常委会副主任、区老年体协主席孙忠定，市老年体协副主席庄宁珍，区文旅局副局长方立，区老年体协常务副主席叶英军、副主席王素青以及各镇、街道的分管领导出席活动。孙忠定等领导为获得名次奖和优胜奖的团队颁奖。区教退代表队和马岙街道代表队分别获得城区片和农村片一等奖；城东街道晨练队、环南街道竹山队分别获城区片二等奖和

集体展示第六套新编佳木斯快乐舞步健身操

三等奖，干碗代表队和金塘镇代表队、获农村片二等奖和三等奖。

区直属机关单位老年人趣味项目比赛活动　10月29日上午，区老年人体育协会在定海港务大楼3楼举办“区直属机关单位老年人趣味项目比赛活动”，来自区直机关的60余位退休人员参加活动。此次活动设四个比赛项目，分“立定套圈、旱地插秧”和“击球进门、挟球过盆”两个组合开展角逐。区委办李青、区人大办应素琴、区教退张敦国和区公安分局冯益民分获四个比赛项目第一名。

承办市“迎国庆、庆8·8”全民健身日活动　8月6日上午，舟山市老年人迎国庆、庆“8·8”——舟山市老年人健身项目（街道站）展示活动在文化广场举办，市、县（区）老年体协领导、环南街道有关负责人以及老年体协会员近500人参加活动。由各县（区）老年体协和市直老年体协选送的13个优秀项目分别在此次活动中进行展示。区老年体协有3个项目参展。组队参加市老体协举行的“庆国庆、过重阳”健步走活动　10月7日上午，由舟山市老年人协会主办的2019年“庆国庆、过重阳”老年人健步走活动在海山公园举行，定海区350余名老年健身爱好者和来自市直的老同志一起参加活动。

【参加省市比赛】　2019年，参加市级以上及市外比赛18次，组建26支代表队，参加238人次。各项比赛取得和保持历年良好成绩。获团体一等奖9个，优胜奖10个，二等奖5个，三等奖5个。4月25日代表舟山市老年体育团队参加在衢州开化举行的“2019年浙江省老年人健身气功交流活动”，夺得易筋经和六字诀两项交流第一名。在市老年体协举行的比赛中，定海选手许兴平等获钓鱼比赛个人赛、团体赛第一名。6支太极拳(剑)、健身气功队伍夺得市老年人太极拳（剑）、健身气功展示活动6个优胜奖。定海乡镇队在舟山市老年人门球比赛中获团体冠军。柔力球（竞技）代表队获舟山市老年人柔力球（竞技）交流活动团体第一名。东海、茅岭、律动、干碗、众乐5个健身团队在舟山市第五届健身气功站点联赛中取得优异成绩，其中东海队获得马王堆集体一等奖八段锦集体二等奖；茅岭队获得十二法一等奖六字诀二等奖；众乐队获得易筋经和十二法二等奖；干碗队获得大舞一等奖六字诀三等奖；律动队获得六字诀一等奖，十二法三等奖。

【参加社会公益活动】　2019年，区老体团队参加公益展示活动14次，参加人数达997人次。年初，三支团队40余人参加由区文化体育新闻出版局、区体育总会主办的在干碗镇新建社区南洞举行“神行定海山”徒步走开幕式。东山健身站的小小可乐球代表舟山市参加省民生银行系统举行的“燃情四季，歌舞芳华”全国网上展示活动。靓姨健身站在中共舟山市委宣传部、舟山市文化和广电旅游体育局、舟山市文化馆联合在普陀保利剧院举办的“舟山市庆祝新中国成立70周年大型音舞诗”——“光辉历程”晚会以及在中共定海区委、定海区人民政府主办，定海区人民武装部承办的“最美青春是军旅”为主题的“2019年度定海区新兵欢送仪式暨文艺演出”活动上表演精彩舞蹈。海山靓姨姐妹队在定海双拥广场举行的“舟山有你 越来越好”迎“五一”国际劳动节文艺晚会上展示表演。

【开展文体交流】　2019年，中华木兰健身站应邀三次到永康进行木兰拳、木兰剑交流，促进木兰健身项目的传承和发展，加深定海与永康两地木兰爱好者的友谊。5月1日，东山健身站10人到苏州参加健身舞球操交流活动。和谐健身站10人到湖州参加健身气功交流活动。金塘镇老年体协在沥平门球场举行金塘镇“泰隆杯”门球邀请赛，来自本区马岙街道、岑港街道、电力、西安、宁波北仑五乡、岱山桥头以及东道主金塘一队、二队8支门球队参加比赛。是年，举办金塘片、干碗片、城区片、双桥片4次落户式分片门球邀请赛，采取请进来走出去的方法，促进门球运动发展。4月28日，长岗山和谐、众乐、茅岭、东海、律动、海山、干𬒗、金塘等健身站200余名男女队员在海滨公园参加2019年“体育彩票杯”全国百城千村健身气功展示交流活动，与来自全市各健身气功站点500余名队员展示健身气功五禽戏、六字诀、八段经、易筋经等9个项目。

【送健康进社区】 2019年，区、乡镇街道级层面进行健康讲座32次，1500余人接受健康知识传播与学习，配合区红十字会，到有关社区、敬老院组织义诊23次，有5194名老年人受益。是年，分别到白泉镇万金湖社区、马岙街道马岙社区举办2期“运动与健康讲座”；11月15日,来自区直机关、定海城区的各健身站老体骨干100多人参加浙江省老年人体育协会组织举办的“2019全省老年体育科学健身与健康生活巡回大讲堂”活动。

开办健康与运动知识讲座

【组织培训】 全年举办和参加各类培训57批次、3521人次。其中有78健身骨干获得相关裁判员、教练员资格证书。3月12—13日，开办三易项目健身操舞教练员培训班，各镇、街道和区直单位老体健身站的80余名教练员参加培训。4月9—10日，举办佳木斯快乐舞步健身操辅导员培训班，来自全区镇、街道和区直单位老体团队的120余名辅导员参加培训。全年输送5批次10人次参加省有关健身气功、健身球操、可乐球、老年佳木斯快乐舞步、老年人健身秧歌裁判员教练员培训班。输送二批次10人次参加市老体举办的健身项目培训。同时参加武术、健身气功、广场舞等技能专业培训班，提高老体骨干队伍的技能水平。

开办“三易项目”健身操舞教练员培训班

【志愿服务活动】 2019年，区老体协委派志愿服务任务10余次，委派志愿者40余人次，服务时间200多小时。志愿服务的内容丰富，形式多样，由从前的服务老体工作向敬老助老惠老和文明城市创建等领域延伸，取得社会效益。

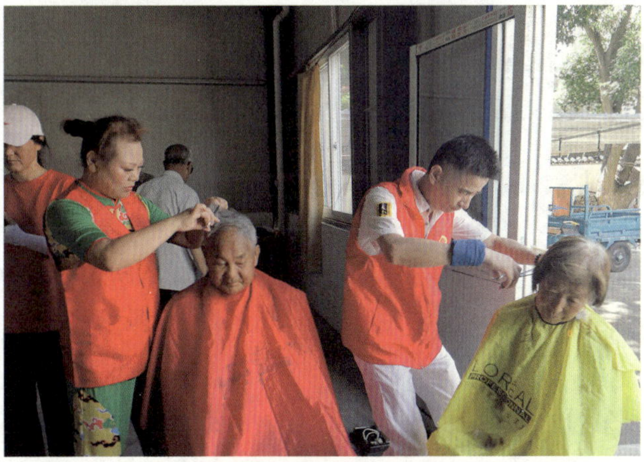

协会志愿者为老年人义务理发

【文体惠老】 7月31日下午，组织西山姐妹花团队一行近30人赴小沙街道敬老院进行“文体惠老”慰问演出和理发服务活动。11月28日下午，带领城东晨练健身站志愿者演出团队，赴金塘岛区第五福利院开展“敬老爱老、文体惠老”慰问演出活动。竹山文艺队近30名队员在新开放的白泉文化广场开展送文化志愿演出活动，并在海山公园举行红歌表演活动，传递正能量，助力“坚持以人民为中心，坚决打赢扫黑除恶功坚战”。是年，全区各团队分别到敬老院、进社区为老年人慰问演出30余次。

“文体惠老”慰问演出节目旗袍秀《梅花泪》

【发展体育旅游】 城乡老体组织和城区各健身站组织中老年人出游观景；区教退健身站的旅游小分队全年旅游10余次。区老年体协组织到山西、江西、阳澄湖等地旅游，参加有市老体组织的福建、嵊泗列岛考察。是年，全区组织老体旅游283批次，惠及12764人次。

【增强规范化建设】 2019年，区老年体协进一步增强规范化建设。各镇街道召开老体工作会议，部署工作计划，总结工作经验。是年，乡镇街道年度工作总结和统计报表的上报率达到100%。各乡镇街道按要求抓好《老年体育工作记载册》记载，更新有关资料，建立电子档案，做到老体各项活动有记录、资料齐全。马岙街道三星社区被省老年体协名命为浙江省老年体育新时代现代化五星级社区；金塘镇沥平社区、岑港街道烟墩社区被舟山市老年体协名命为舟山市老年体育新时代现代化四星级社区。

【创建省老年体育活动中心（俱乐部）】 2019年，协会继续加强对创建活动的指导。是年，环南街道蓬莱社区、马岙街道马岙社区等二个社区被省体育局授予“浙江省老年体育活动中心（俱乐部）”。截至年末，全区有18个社区获此命名。

【加强宣传报道】 及时更新网站内容，宣传老体工作。全年编印定海老体简报6期，运行微信、QQ平台，与新闻媒介联系，做好有关活动的新闻报道工作，扩大老年体育工作知名度。2019年，有《文体助人，快乐自己》《老年健身爱好者展英姿，方寸之间显太极魅力》等30多篇反映老年体协工作和活动的稿件在《舟山老年体育》《舟山晚报》《舟山新闻》《今日定海》《定海新闻》及定海新闻网等媒体刊播。

【省老年体协领导到定海考察】 6月12日，省老年体协常务副主席杨平原、秘书长王元旦、副秘书长孙欣乐、吴金南等在市老年体协主席杨仁根、副主席兼秘书长庄宁珍等陪同下，到三星社区考察老年体育工作。

（撰稿：王素青）

（本分目照片由区老年体协提供）

责任编辑：王英伟

法 治

Rule of Law

富翅门大桥（陈炳群/摄）

社会主义核心价值观

国家　富强、民主、文明、和谐

社会　自由、平等、公正、法治

公民　爱国、敬业、诚信、友善

政法委工作

【概述】　2019年，政法工作贯彻落实党的十九大和十九届三中、四中全会精神，以习近平关于新时代政法工作的重要讲话精神和党的政法工作条例为指导，围绕护航“花园式国际人文港城”建设核心，以政治效果、社会效果和法律效果“三统一”为目标，持续提升政法工作的系统化、智能化、社会化水平。是年，全区社会形势稳定，总体发案量下降，重点案件打防成效提升，群众安全感满意率不断提升，未发生影响较大的安全责任事故和群体性事件，连续十四年获得“平安县（区）”称号。

举办“4·15”全民国家安全教育日普法宣传活动

【完成70周年大庆安保】　是年7月，启动捍卫国家政治安全反制战、反恐怖斗争主动战、矛盾纠纷排查化解战、重点人员稳控战、公共安全隐患治理战、社会治安防控整体战、网络安全保卫战以及校园安全阵地战等，发挥维稳安保实体指挥部统筹协调作用，处理全年群体性事件。区四套班子带头，开展各层级、各领域督导检查工作，及时整改所发现的问题隐患，落实“一把手”签字背书，推动安保措施层层落实。

举行决战决胜70周年大庆安保誓师大会

【维稳工作】　开展风险隐患排摸调研，掌握全区维稳情况底数，落实挂牌督办、工单交办、领导包案等制度，源头解决群众合理合法诉求，收集掌握涉稳风险80余项，其中重大隐患问题20件，均包案落实化解稳控。坚持“堵疏结合”，制定宣传、清退、稳控、补偿、帮扶各项措施，推进人力客运三轮车整治，完成全区540辆三轮车清退签约工作，整治突出短板。

【体制改革】　成立专项组，研究制定区级层面风险防控方案，明确专项组的组织体系、职责分工、工作要求等内容，细化部署各阶段工作任务。指导协调各镇街开展社区村体制改革工作风险评估，评估报告全部录入省重大决策社会稳定风险评估信息管理系统。开展不稳定因素摸排梳理工作，通过各镇街两轮排摸上报及专题会议会商梳理等方式，排查隐患点27项，指导各镇街制定针对性风险防控方案。

【风险评估】　探索风险等级精密计算办法等社会风险评估机制研究，将评估触须向社会治理五大风险领域延伸。开展修订实施办法，制定事项清单，组建评估专家库、评审专家库、案件库等工作，压实决策风险源头管控责任制。梳理排查全区重点项目和区政府投资项目，完成涉及安置房建设、老旧小区环境改造、义务教育招生分流等方面30余项年度区级重点稳评项目。对社区村体制改革完善、浙石化、新奥能源、输油输气管等项目落实全程风险追踪防控，确保预判到位。风险评估经验在全省现场会上作书面交流。

【扫黑除恶】 是年3月底，中央扫黑除恶第11督导组进驻浙江开展督导工作，收到中央督导组转办线索5批27件。区扫黑办制定落实六方面59项整改措施，线索全部得到核查转办。规范涉黑涉恶线索核查办理，畅通打处机制，全年全区2件市级挂牌督办案件完成起诉审判。拓展斗争深度，深挖黑恶势力幕后“保护伞”，累计查处国家工作人员23人。突出做好以“套路贷”、黄赌毒等重点领域、重点案件打处工作，开展“钱潮”“天网”等治安乱点和行业乱象整治行动。

市检查组督导扫黑除恶专项斗争工作

【打击整治走私犯罪】 排摸全区码头岸线、港（岙）口，对其中重点的44处码头分两批启动视频监控建设工作，建成的视频监控终端分类接入公安治安系统、港航监控系统及镇（街道）综治平台，落实视频监控查看值班制度和管理工作。部署开展“清港除险”暨海上联合缉查行动，执法人员深入偏远海岛、重要航道、走私高风险地，累计扣押或控制船舶3艘。将反走私宣传融入到网格化等基层管理工作中，结合“走村入企”，在农渔村、码头、重点市场、重点企业等开展走私犯罪典型案例宣传，累计发放宣传资料5000余份。

【召开区委政法工作会议暨全区信访工作会议】 该会议于3月13日召开。区四套班子分管联系领导，法检两长，区属有关单位、部分市以上垂直管理单位在定派设机构主要负责人，区委政法委班子成员、副科以上领导干部，区政法各部门、区信访局班子成员，各镇（街道）党委（党工委）书记、主任、分管副书记等110余人参加。会议通报表扬2018年度法治政法信访工作各类先进，各镇街、部门代表领取2019年度平安综治工作目标管理责任书。区委常委、政法委书记陈海平部署全区政法信访工作，区委副书记、区政府区长候富光作重要讲话。

召开区委政法工作会议暨全区信访工作会议

【深化平安定海创建】 2019年，区平安办印发《2019年度平安定海创建重点整改项目清单》，推行全员平安责任制，落实平安创建责任。制定出台《平安系列创建专项行动方案》，强化70周年大庆维稳安保等重要节点维稳安保领域的创建内容，包括平安交通、平安寄递物流、平安仓储、平安食品药品、平安旅游等方面。持续推进“项目警务定制”，保障重大项目“无障碍施工”。深化“护校安园”“智安校园”创建，组织保安、志愿者等群防群治力量建立专兼职护校队参与校园周边“护学”。推进省级十三大过程性指标工作的落实，实施领导包案、项目化攻坚，推进过程性考核争先进位。

【强化平安督查考核】 强化区领导带班检查平安建设工作机制，区四套班子带头，开展各层级、各领域平安督导检查工作，落实“一把手”签字背书，召集重点部门专题研究整改举措，推动问题隐患及时整改落实，全年开展28批次督查，发现整改问题61个。落实季度及不定期平安暗访抽查机制，由区平安办牵头，组建平安暗访检查专家库，发布通报4期，暗访督查结果及问题整改情况纳入镇街道和部门(单位)年度工作目标绩效考核。

【推进平安定海建设】 完善平安建设“大宣传机制”，

全年全区被省市新闻媒体录用宣传15篇平安专题报道。拓宽平安宣传阵地，建立平安定海建设展示区、平安主题公园、公共安全体验馆、平安一条街等，展示平安金鼎夺取历程，学习交通、消防、禁毒、盗抢骗等防范知识，激发市民参与热情。提升平安“三率”，制作公益宣传片，利用“平安定海”电视节目、微博、微信、报纸等媒体及公交车、宣传栏、电子显示屏等路面宣传载体扩大宣传影响力。开展各类喜闻乐见的宣传活动，组织开展“争创星级金鼎——平安大走访”行动，基本实现户户走到位，家家受宣传。

召开全区决胜“星级平安金鼎”攻坚会

【召开建设平安定海工作会议】　该会议于5月14日召开。区委建设平安定海领导小组组长、副组长、成员，区人大、政协主要领导，法、检两长；区属有关单位、市以上垂直管理单位在定派设机构主要负责人；各镇、街道党政主要负责人、分管副书记、综治办专职副主任；各村、社区党组织主要负责人以及2018年度先进集体、先进个人代表近240余人。会议命名城东街道檀树社区等117个社区（村）为2018年度平安社区（村），授予环南街道南珍社区，昌国街道文昌社区、西山社区，小沙街道大沙社区，岑港街道烟墩社区，金塘镇新丰社区等6个社区（村）为平安金鼎社区，区委宣传部等5家单位为2018年度建设平安定海工作先进单位，城东街道港南社区等11 个社区为2018年度建设平安定海工作优秀社区，王吉生等11人为2018年度建设平安定海工作先进个人。定海交警大队、双桥街道、昌国街道茅岭村就平安建设工作进行交流发言。区委书记、区委建设平安定海领导小组组长庄继艳作重要讲话。

召开全区建设平安定海工作会议

【推进社会治理综合服务体系建设】　理顺区级层面基层治理综合指挥和区信访局“12345”热线管理职能，建立信息收集、研判、交办、处置、督办、考核一体的闭环工作机制，推进基层治理“四个平台”运作，深化两级综合指挥体系建设，全年协调处理综治工作、综合执法、市场监管、便民服务等事件46610件，处理上报疑难事件548件。12月15日，筹建区社会矛盾纠纷调处化解中心，设公共法律服务区、群众来访联合接待区、矛盾纠纷多元化解区、社会组织培育孵化区、综合信息指挥大厅等，实现一站式承接为民办事服务、矛盾纠纷调处、投诉接待、事件流转派单、应急处置指挥、形势分析研判等功能。

12月15日，定海区社会矛盾纠纷调处化解中心成立

【发展新时代“枫桥经验”】　以全市首个港内“海上的士”调解工作室为标杆，探索适合海岛调解的人民调解网络体系，将人民调解和信访代理相结合，以人民调解船“信访代办”助推“最多跑一次”。以部队军嫂为主体，合力参与城市建设、基层社会治理，打造具有定海特色的“渔嫂·军嫂东海双拥花”品

牌。成立全市首个“三农”调解工作室，快速处理物业与商户、商户之间、商户与顾客之间的矛盾纠纷。规范提升全科网格，确定专职网格员薪资标准，与浙江法制报业集团合作开发“全科网络VR智慧实训”平台，探索使用信息化技术加强网格员业务培训。推进新居民积分量化入学、量化入住工作，640人申请入学，23人分配公共租赁房。发挥新居民特色服务队先锋作用，“老田工作室”“颜管家”“慈善拥军车队”等队伍，带动周边新居民群体参与矛盾纠纷调解、慰劳助残、文明劝导、夜间巡逻等志愿服务，促进新老居民社会融合。

【构建“智能感知系统”体系】 做实“雪亮工程”，推进全区视频监控、治安卡口、反走私智能感知终端系统建设和升级改造，新增安装51套视频监控摄像机、79套人脸抓拍摄像机及50套物联网设备，助推“雪亮工程”国家级重点城市项目建设，全区各类公共安全视频监控探头覆盖率、联网率均达到了100%，信息化手段破案占比达46.3%。推进“智安小区”提档升级，在人员密集、公共复杂场所、反恐目标单位、产业集聚园区等重点区域进行推广，打造“智安”市场、“智安”集镇、“智安”园区等智慧管控新模式，形成“全域智安”格局。

【规范专职网格员队伍建设】 规范人员配备，全区基层网格数从671个调整为222个，每个网格配备1名专职网格员，招聘专职网格员35名补充到队伍当中。建立健全专职网格员教育培训、日常管理和考核评比等制度，区网格办牵头，不定期举办专职网格员业务培训，组织技能比武等实操活动。调整完善以镇（街道）“四平台”为主干力量的网格自主管理服务团队，把“四平台”工作人员下沉到网格第一线，指导网格员发现事件信息，发现问题及隐患，帮助化解隐患和矛盾。4月25—29日，区网格办采用视联网授课形式，实施全区专职网格员网格业务培训。

开展专职网格员培训

【加强自身建设】 加强政治思想教育，开展“不忘初心、牢记使命”主题教育、“党支部质量提升年活动”，推出周末课堂、夜间课堂、“法官论坛”等，引导政法干警学懂弄通做实习近平新时代中国特色社会主义思想，学习践行《中国共产党政法工作条例》。贯彻全面从严治党新要求，以巡察整改回头看为契机，重点围绕思想政治、纪律作风、干净担当等方面查补短板。推进“清廉政法机关”建设，以政法系统“扫黑除恶”典型案例为鉴，开展警示教育月、违规借贷专项整治、涉“套路贷”和虚假诉讼全面清查等一系列自查自纠行动，促进作风建设常态长效。推进正风肃纪工作，查处政法干警违纪违法行为22人，营造政法系统清风正气。

区委政法委支部开展“悟初心、担使命、见行动”主题党日活动

【公正执法司法】 推进执法监督规范化建设，梳理排查历年来久拖不决的涉法上访案件，对信访、举报过程中收集到的行政执法问题推进多部门联合会商、分析解决机制，打造监督共同体。政法委牵头，集中开展案件评查工作，发现执法司法过程中存在的问题。是年，政法委牵头评查8件，其中涉法涉诉信访案件2件，完成法律文书瑕疵等问题的督促整改。

【优化新时代政法服务体系】 统筹政法各部门资源

力量，协同优化法治营商环境，出台服务和保障民营经济健康发展12条意见。聚焦舟山绿色石化、国家远洋渔业基地等重点项目，组建资深律师服务团队，提供优质法律服务1714次，涉及标的5.99亿元。打击各类涉自贸区犯罪，依法办理全市首例利用自贸区便利条件注册公司非法买卖制毒物品案，保障自贸区内生产经营活动安全正常进行。结合“三服务”活动，创新“5+5”一站式法律咨询服务，下沉法律服务资源到基层，开发“e服务微信群”和“指尖上的公共法律服务超市”，打通公共法律服务供给“最后一公里”。成立“讨薪律师助力团”，聚焦建筑业、船舶修造等劳动密集型企业，以坐堂咨询为主、上门入企为辅的形式，追偿欠薪群众劳动报酬149件，800多万元。

（撰稿：王羽莹）

（本分目图片由区委政法委提供）

公 安

【概况】 2019年，区公安分局开展“不忘初心、牢记使命”主题教育，以新中国成立70周年大庆安保维稳工作为主线，开展“扫黑除恶”专项斗争，全面创建“枫桥式公安派出所”，围绕打造全省、全国治安最好城市，突出“智慧警务、护航警务、改革警务、钢铁警队”四大主题，落实科技防控、主动管控、动态巡控，打造基层公安维稳中心样板。坚持队伍、业务两手抓，推进“最强党支部”建设，强化党建特色品牌培树，开展“清廉警队”建设，强化全警责任意识、担当意识、使命意识，为定海经济社会发展创造安全稳定的社会环境。

是年，刑事案件立案1889起，侦破1428起，其中侦破现行案件978起，抓获犯罪嫌疑人677人，同比下降7.9%，未发生命案；“五类”恶性、侵财、“两抢”、盗窃案件分别下降40%、14%、100%、20.3%，采取刑事强制措施人员731人，同比上升3.98%，实现“发案下降，打击上升”目标。推进“扫害除恶”专项斗争，“扫害除恶”成效位列全市公安机关第一。强化“黄赌毒”整治，黄、赌警情分别下降21.4%、41%，破获涉案金额2.9亿元的网络开设赌场案、部标毒品案件等大要案。侦破涉毒案件19起，抓获各类毒品违法人员 40人次；侦破经济案件40起，抓获犯罪嫌疑人45人，挽回经济损失2.6万元。受理治安案件3475起，查处3475起，查处违法人员1422人，其中治安拘留801人次。

是年，分局国保大队、经侦大队被省公安厅评为打击整治专项工作成绩突出集体，侦办“上海如行科技有限公司开设赌场案”专案组获集体二等功，11个单位和集体获集体三等功，4个单位和部门被评为全区先进集体，涌现出一等功臣林剑、二等功臣徐栋等一大批先进人物，全局有44个集体、130人次受到各级表彰。分局岑港派出所所长林剑营救自杀妇女的英雄事迹,以最高得票入选央视新闻和中国之声“2019十大暖新闻人物”。是年，分局获《平安时报》宣传工作考核一等奖；拍摄的微电影《胡大帅“网恋记”》《校园降“龙”记》分别获2019全国防范“盗抢骗”宣传作品大赛优秀奖、首届省政法委平安浙江“三微”比赛优秀剧本奖。

【国内安全保卫】 防范打击邪教组织非法活动 是年，分局国保大队开展与邪教组织的斗争，开展基础排查，落实“心灵法门”防范和处理工作。

高校安全保卫 是年，分局国保大队开展维护高校政治安全专项工作，落实与浙海大科技学院局校会商会议制度，开展高校社团调查、高校“反诈”宣传工作。

【经济犯罪侦查】 打击各类经济犯罪 2019年，分局开展“蓝剑2019”、打击整治串通投标犯罪、打击信用卡诈骗、打击涉税等专项行动。在“蓝剑2019”行动中，分局与烟草稽查部门研判经营，分别在深圳、广州、江苏、上海等地跨区作战，捣毁各地仓储窝点5个，抓获5名犯罪嫌疑人，查扣各类走私烟1500多条，涉案价值1000余万元。10月23日，分局破获“10・23”虚开增值税专用发票系列案件8起，先后在杭州萧山、定海、普陀等地抓获施旭明、林一梅、沈国春等6名犯罪嫌疑人，涉嫌虚开增值税专用发票税价合计20余亿元。专案组以“10・23”专案为源头，申报公安部发起集群战8起。

护航经济发展 是年，分局坚持“服务企业促发展、服务群众践初心、服务基层增活力”，制定出台“三服务”八项举措。加强“新茂”“天天惠”等重大涉稳案件的情报搜集、研判评估、协调处置、案件侦办等工作。重点攻坚“宝隆船务被职务侵占案”“凯远公司被合同诈骗案”“金鹰公司被职务侵占案”等侵害企业权益的大案要案。结合“项目警务定制”，畅通企业报警绿色通道，与“森森”“金鹰”等10家知名企业建立“一对一”联系关系，防范处置涉企案事件；对辖区内的市级、县区级重点建设项目开展金融风险排查，落实各类风险预警。

经侦宣传　是年，分局坚持集中宣传、多元宣传、常态宣传机制，以防范非法传销、非法集资等涉众型经济犯罪为重点，开展形式多样的宣传活动，提高公众防范涉众经济犯罪的意识和能力。重视运用媒体宣传报道公安机关服务经济发展的基本情况，在“蓝剑行动”中打击走私电子烟成效获央视宣传。“5·15”经侦宣传日期间，分局会同相关部门和单位在舟山市职业技术学校，运用集中授课、现场访谈、现场咨询、知识竞赛等方法开展“与民同心·为您守护”经侦宣传主题活动，参与活动师生达4000余人，现场发放宣传品1800余份，接受咨询100余人。

5月15日，分局在舟山市职业技术学校开展“与民同心、为您守——2019年“5·15”全国公安机关打击和防范经济犯罪宣传日”活动

【刑事犯罪侦查】　打击暴力犯罪　2019年，刑侦大队坚持严重暴力犯罪案件快侦快破原则，强化刑侦最小作战单元建设，完善快速反应与合成作战机制，五类恶性案件立案3起（强奸案件3起），破案率100%。对省厅确定的两起命案积案确定专人开展痕迹物证常态化查档，全年无命案，命案侦查实现连续17年无积案。

打击侵财犯罪　是年，分局坚持“打侵财、降发案、保民安”，突出常态严打快打，强打击和控发案两手同步抓。刑侦部门巩固以市局两个中心为龙头、刑侦大队信息研判室为补充、专业侦查中队为支撑的一体化侵财犯罪合成打击新模式，强化刑侦大队专业中队案件攻坚能力，落实辖区普通侵财案件“逢案必查”和初侦初查，提升侵财犯罪打处实效。加强对跨区域侵财案件侦办，结合一起假手机诈骗案侦破，串并深挖跨区域案件59起，成功申报A级情报产品。是年，全区侵财案件发1590起，同比下降13.96%。破获侵财型案件717起，同比下降10.49%。抓获侵财型犯罪嫌疑人337名，同比上升17.01%。

打击电信诈骗犯罪　是年，分局发挥以刑侦通讯网络犯罪侦查中队为核心的打击专班作用，开展反诈信息封堵拦截和合成研判，打击通网诈骗等新型犯罪。挂牌成立反诈中心，落实对每起案件的初侦初查，确保案件初侦初查率达到100%。年初落实“5·14”案件起诉退查工作及抓获逃犯后续处理工作，起诉“5·14”案件对象101名，刑事拘留抓获逃犯18名；结合“云剑”系列专项行动，加强对市局挂牌督办案件的研判与串并，围绕案件相关的通信流、资金流、网络流等相关数据信息研判运用实施导侦导查。是年，分局反诈工作专班封堵冻结诈骗银行账户40个，冻结被骗资金253万元，破获市局挂牌督办案件7起，抓获嫌疑人12名，返还被骗资金37万元。全年破获通讯网络诈骗案件76起，抓获犯罪嫌疑人60名，移送起诉94名，起诉本省案件10起，外省案件127起，完成全年考核任务。

9月24日，“全民反诈 共筑心防”防范电信网络诈骗合作启动仪式在定海凯虹广场举行

完善三级刑事打击架构　是年，根据分局刑侦打击机制改革规划，刑侦部门结合工作实际，优化完善专业大队—责任区专业中队—派出所刑侦探组、刑侦

专干三级刑侦专业打击架构。完善责任区中队建设，成立驻所责任区专业打击中队，在农村成立一支4人责任区驻所专业中队。按照专业能力，对责任区中队和大队本部的7名民警进行岗位调整和力量整合，提升信息研判、视频侦查等能力。强化重点中队建设，统一调配大队骨干力量，配强通网犯罪和打黑中队，由分管领导统筹警力安排。侦控中队和视频中队辅警队员统一划归信息视频中队，组建信息搜集、视频侦查、研判落地、侦控抓捕一条龙实战中心，以常发性侵财犯罪、系列侵财犯罪、“两车一瓶”为打击重点，联合责任区中队开展打击、侦办工作。

视频人像实战　是年，刑侦部门根据省厅涉案视频库试运行及人像比对破案会战的工作要求，加强视频侦查专业队伍建设，实现视频侦查专业队伍的集中调度，确保侵财犯罪案件视频侦查“三必”工作要求落到实处。强化涉案视频信息的挖掘和大数据分析、共享，加快动静态人脸识别系统布点建设，开展人脸动态追踪布控、视频中嫌疑人高清照片直接比对、嫌疑人身份比对、逃犯比对等综合应用；引进人像比对、视频侦查软件，提高视频侦查效率。加强类案视频侦查战法与物联网等多专业结合应用战法研究，全年破获“两车一瓶”盗窃案件60起，抓获刑拘对象8名，治安拘留对象39名。在省涉案视频实战应用平台采集案件视频193起，其中传统刑事案件采集率35.9%，提供、协助破案336起。

刑事执法办案　全局全年刑事拘留犯罪嫌疑人629人，取保候审276人，监视居住17人，提请批准逮捕513人，移送起诉422起655人；未发生申请国家赔偿案件。

【监所管理】　2019年，定海区看守所以监所安全文明为目标，依托全市公安机关“四大体系”和分局“四大主题”公安工作，强化队伍管理、健全规章制度，注重监管工作的精细化、规范化，实现监所二十五年安全无事故。全年，看守所累计收押刑拘、逮捕嫌疑人1318名，拘留所收押拘留人员1465名，投送监狱执行刑罚404人。

大庆监管安保　是年，看守所严格按照“八个规范”要求落实工作职责，安排监室事务，掌握监室情况，对思想动态和病情异常人员逐人制定管控方案，跟进管控措施。规范文明执法，强化人性化管理，确保大庆期间监室安全稳定。

监所超押治理　看守所设定6间过渡监室，抽调6名责任心强、业务扎实骨干民警负责过渡管理，确保新入所人员管得住。组建一支由3名民警和7名协警组成的收押接待值班小组，在非正常工作时间助力收押看管、监控和提讯押解等勤务，确保监管安全。

深化“智慧监所”建设　5月，看守所完成“智慧监所”平台硬件建设。斥资15万元配套“智慧监所”三级监管督导系统电脑设施，所领导和所有管教的工作电脑、监控显示电脑按标准配备一机双屏，开通和监室一体机的对讲通话功能，实现管教、监控中心、所领导三级监管督导，监所动态和民警履职情况的掌控度得到提升。

“智慧磐石”建设　是年，根据上级公安机关部署，看守所开展“智慧磐石”建设。按照“硬件建设完善、安全管理严密、两警协作顺畅、智慧监管发力、监所保障到位”原则，制定具体建设方案，监所先后五次联合驻所武警实地勘察和规划，年内投入“智慧磐石”项目建设资金37万元。

拘留所矛盾化解工作　是年，贯彻落实全省公安机关提升推广新时代“枫桥经验”部署要求，立足教育矫治，发挥自身阵地作用，提升社会矛盾排查化解工作能力。其间，所领导带头，民警分头包干，定人定量定责开展矛盾化解。与司法部门建立联系机制，联合组建“司法拘留矛盾化解室”，组建社会矛盾化解专班，加强与办案部门、法院及政府相关部门沟通。采取对话、和解、仲裁、复议等多种手段开展调解，提高调解成功率，最大限度地将矛盾化解在拘所内。全年，拘留所成功化解社会矛盾73起，在拘留期间履行执行款1427万余元。

【网络安全管理】　网络侦查　是年，网警大队坚持以打开路，强化情报导侦，落实诸警联动配合，开展“净网2019”专项行动，打击各类网络犯罪。破获网络赌博、黑客攻击、侵犯公民个人信息等网上突出违法犯罪案件7起，采取刑事强制措施81人，移送起诉76人。配合有关单位和部门抓获违法犯罪嫌疑人293名。

网络基础管理　是年，网警大队组织开展网吧检查679余家次，处罚违规网吧16家。上网人员实名登记率100%，系统在线率100%。梳理历年全区重点网站108个，落实二级等保的重要信息系统123个，联系区大数据管理中心定期进行漏洞扫描。受理本辖区内电子屏安装数850个，落实公共场所LED电子屏及控制系统安全防护。对违反安全管理的9家网站给予行政处罚，其中上海逸云信息科技发展公司舟山分公司违反网络安全等级保护制度案，系舟山市首例根据《网络安全法》处罚的行政案件。新增商业Wi-Fi模式安全审计场所至442家。向各类业主发放《互联网安全责任告知书》1800余份，对停运及擅自改变设备接入方式的23家场所下达《网络安全技术保护措施限期整改通知书》。调查排摸辖区20余家网络信息科技公司，对提供具有舆论属性和社会动员能力的互联网信息服务的4家单位，均落实线上评估、线下检查。

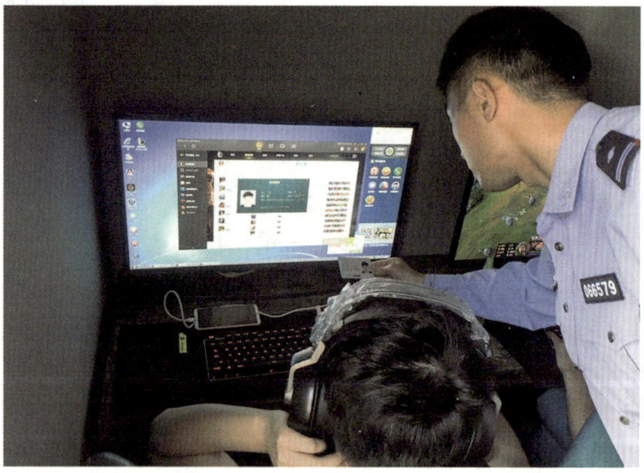

开展上网人员实名登记检查

【禁毒工作】 打击毒品犯罪 2019年，全区公安机关开展禁毒“三清一创”“云战”“缉毒打处攻坚月”等专项行动，加大打击毒品犯罪力度，侦破毒品犯罪案件19起（其中贩卖毒品案件12起，容留他人6起，非法买卖制毒物品案件1起），同比下降13.6%，抓获犯罪嫌疑人40名，移送起诉49名，抓获数同比下降5.8%。侦破公安部毒品目标案件1起。侦破一案六人犯罪团伙案件1起，一案三人犯罪团伙案件5起。

12月2—3日，省禁毒委督导组对分局“三清一创”“云战”“缉毒打处攻坚月”等专项行动进行督导

查处吸毒人员 是年，全区公安机关查处吸毒人员305人次，同比下降1.3%。强制隔离戒毒78名（其中6名未入所），同比下降3.7%。责令社区戒毒119人，同比下降7.8%。查获的吸毒人员中，有23名同时伴有其他刑事犯罪（如贩毒、寻衅滋事、开设赌场），占查获吸毒人员总数的7.5%。

吸毒人员管控 是年，分局结合新中国成立70周年、金秋系列重大活动安保工作，强化吸毒人员动态管控，严防吸毒人员漏管失控、肇事肇祸。公安、镇（街道）、卫健等部门，对涉毒病残人员、涉毒精神障碍患者、涉京吸毒人员、社区戒毒（康复）人员以及社会面吸毒人员，进行起底式排查。11月，开展“毒驾”治理，对长途客货运车、公交车、校车、工程车等特定行业驾驶员进行毛发毒品检测，采集毛发1532份，采集率99.2%，未发现吸毒嫌疑。年内，劝回涉京吸毒人员2名，家人落实看护有精神症状吸毒人员4名，病残吸毒人员收戒收押收治率达100%。，采集社区戒毒康复人员毛发496份，采集三级人员毛发680份，从中查获复吸人员23人。

易制毒化学品管控 是年，禁毒部门加强易制毒化学品监管力度，规范网上行政审批，办理第二类、第三类易制毒化学品购买备案证明699份，第三类易制毒化学品运输备案证明41份。5月，开展易制毒化学品购买备案证明核查工作，对发现的1家涉嫌非法买卖、运输易制毒化学品企业，成立专案组进行侦查。9月，开展易制毒化学品企业清理整顿，禁毒大队对舟山保税自贸区19家易制毒化学品经营企业逐一进行检查，对问题企业开展约谈工作，清退易制毒企业5家。年内，按照“属地管控”原则，与易制毒化学品企业签订禁毒责任书，加强购销、运输、存储环节管控；实地检查易制毒化学品企业84家193次，落实双随机检查2次15家，开展易制毒路面道路运输检查4次，组织召开安监、市场、卫计等部门参加的易制毒化学品管理联席会议2次，开展实地联合检查2次。

禁毒宣传　是年，禁毒部门采取以“节”连“防毒”、以“艺”送“防毒”、以“赛”促“防毒”、以“课”学“防毒”、以“点”固“防毒”等多种形式，深化禁毒宣传教育。结合文明城市创建活动、扫黑除恶行动、反诈行动等活动，动员禁毒社工、社会志愿者、网格员等力量，开展禁毒宣传活动。6月24日，分局联合城东街道、昌国街道，在海山公园开展“祖国有我 禁毒有我 拒绝毒品 共创绿色家园”6·26禁毒日主题宣传活动。7月，区禁毒办、定海疾控中心联合东海科学技术学院开展“建功时代始于新 禁毒防艾践于行”暑期系列活动。10月31日，市、区两级禁毒部门在舟山市艺术剧院举行“祖国有我、禁毒有我”浙江省百场禁毒文艺巡演活动，动员社会力量推进禁毒工作。

6月24日，分局联合城东街道、昌国街道在海山公园开展禁毒日主题宣传活动

开展全省禁毒预警提醒地区整改工作　6月起，市禁毒委领导带队先后4次专题到定海督导帮扶禁毒整改工作。7—10月，区公安分局党委会先后两次召开专题会议，研究禁毒整改事项。8月29日、9月4日，区委常委会、区政府常务会议分别听取禁毒工作专题汇报，了解全区毒情状况，对禁毒工作提出指导意见。区委办、区府办印发《定海区省级禁毒预警提醒地区整改工作实施方案》，部署开展禁毒整改。9月11日，区政府召开全区禁毒工作会议，与各成员单位、镇街签订禁毒责任书，对整改工作进行再部署。12月25日，定海区禁毒委员会向省禁毒委员会书面提出取消预警提醒申请，待省禁毒委审定。

【特警工作】　维稳安保　2019年，分局依托重大事项风险评估机制，配套成立工作专班，处置中梁首府购房者上访、三轮车停运上访、宋都蓝郡住户上访、台风受灾群众上访等各类群体性事件28起，出动警力623人次。其中市政府维稳2起，出动警力40人次；区政府维稳18起，出动警力426人次；其余维稳8起，出动警力157人次。开展市区“两会”“五一”、中秋、国庆及除夕夜寿山庙、普陀山香会节、新城人居博览会、新城体育馆谭咏麟演唱会、朱家尖音乐晚会、乌镇互联网安保、舟山群岛马拉松安保等安全保卫工作30起，出动警力512人次。

设卡盘查　是年，巡特警大队规范设卡勤务的标准化运作，加强出城卡点夜间设卡力量，加大出城车辆查控。结合治安形势变化及城区发案，合理调整临时卡设置。强化出租车检查登记，有针对性地开展过往卡点摩托车、电瓶车、私家车及外地车辆的检查、盘查。全年设卡检查车辆17131辆，查获违法犯罪人员115人次，其中刑事拘留8人次，治安拘留31人次，移交法院23人次，酒驾及无证驾驶处罚46人次，现场教育释放7人，采集虚拟旅馆信息41118条。

加强夜间出城车辆的卡点盘查工作

训练演练　是年，巡特警大队按照“1+1”师徒模式，采用“以老带新，以强带弱”办法，提高整体技能水平。选取优秀民警担任教官，制定课程，安排进度，重点在常用警务技能、体能、武装巡逻、设卡规范、群体性事件处置、战术运用等方面强化日常针性训练演练。5月，大队民警叶奇超、林旭参加市优秀课程评选竞赛。8月24日大队出动30人次赴金华参加特警远程集结拉练。

警犬建设 是年，巡特警大队根据《全市警犬展示方案》《舟山市公安机关警犬训练工作考评细则（试行）》《警犬调用规范》等规定，制定警犬训练方案；以警犬技术贴近实战为目标，加强警犬训练；完善警犬饲养、训练、使用等各项规章制度，规范警犬日常管理。是年，警犬基地有警犬13条，警犬训导员7名，警犬参加武装巡逻和设卡400头次。

大庆安保 是年，巡特警大队抓紧抓实“践行新使命，忠诚保大庆”实践活动。其间，大队出动巡逻警力1141人次，设卡警力213人次，警犬39头次，检查车辆2639辆，登记虚拟旅馆2768条，人员对比3213人，查获违法犯罪嫌疑人12名。大队结合“三服务”活动，对全区多家校园、企业以及车站码头保安进行突发事件处置培训，提高安全防范能力。

【反恐怖工作】 **健全反恐防范体系** 2019年，重新修订《舟山市定海区反恐怖主义工作责任制实施规定》，强化属地责任和社会责任，加强督导检查，督促企业、行业和社会单位严格落实反恐怖责任，严格执行《中华人民共和国反恐怖主义法》《浙江省实施〈中华人民共和国反恐怖主义法〉办法》，对其中拒不整改的3家场所适用《中华人民共和国反恐怖主义法》进行行政处罚，开出2019年全市首张反恐罚单。

5月9日，全区反恐怖工作会议在定海区政府召开

深化“四联三防”建设 是年，分局推进人员密集场所反恐怖“四联三防”机制建设，完成“城市供电”“汽车客运站”及“党政机关”三大反恐防范标准化示范点建设，完成定海文化广场“四联三防”建设点省级行业标杆示范点申报。

定期在广场、车站等人员密集场所反恐处突应急演练

加强第一响应力量建设 是年，分局开展应急预案修订工作，根据机构改革方案进一步调整反恐怖现场处置第一响应力量等部署。区级层面有10类16个第一响应力量,涉及11个区级单位。强化“1、3、5”快速反应控制圈建设，落实特警屯警街面制度，完善扁平化应急指挥机制，提高实战能力。

反恐怖“五进”宣传 以《浙江省实施〈中华人民共和国反恐怖主义法〉办法》实施为契机，加强社会宣传发动，推动反恐怖主义“五进”宣传和群防群治工作，提高公民反恐防恐意识和自身防范自救能力，组织开展宣贯活动90余场次，宣传教育群众3万余人，各系统、行业接受反恐技能培训2000余人次。

【治安管理】 **建立维稳中心** 1月，分局建立维稳中心并授牌运作。维稳中心全年搜集研判各类情报信息700余条，获取预警信息77条，处理赴省进京访预警线索23条，17人次异动全部提前预警，拦截劝返赴省进京访13人次，教育稳控11人次，累计排查各类矛

1月22日，分局举行维稳中心成立授牌仪式

盾纠纷1000余起，均得到妥善化解。结合全国各级“两会”“建国70周年大庆”“一带一路”等安保及重要节点，实现重大矛盾纠纷“不升级、不蔓延、不转移、不输出”及“零非访、零聚集、零出事、零遗漏”目标，荣立“集体三等功”一次。是年，分局完成三级警卫任务4起，投入安保警力120余人。

整治涉黄涉赌　是年，全区破获黄赌刑事案件13起，采取刑事强制措施115人，移送起诉103人；查处黄赌行政案件72起，行政处罚 308人。接报黄赌警情1532起，同比下降38.3%，其中涉赌警情1267起，同比下降41%，涉黄警情265起，同比下降21.4%。

深化“项目警务定制”　是年，分局健全完善“以项目警务定制和警务站（室）为基础，以6+X专业组为支撑”的工作平台，落实重大项目风险评估、分级关注等稳控措施，推行“连队化、网格化、科技化”管理模式，对接S321省道定海至盐仓段改建工程（茅岭段）、册子大皇山矿开采项目、500千伏等重大工程项目和定海区老旧小区改造项目等社会影响大的群体性事件，保障推进重大建设项目。全年对全区74项省市区重点建设项目，逐一落实“项目警务定制”工作机制，建立各类警务室（点）27个，成立内部自治组织50个，处理各类群体性事件30余起，其中30～50人 6起，50～100人3起，百人以上的5起，累计出动相关维稳警力2700余人次。

打击整治枪爆违法犯罪专项行动　是年，分局牵头建立区打击整治枪支爆炸物品违法犯罪专项行动领导小组，召开由区有关部门和单位负责同志参加的联席会议，落实相关行业领域打击整治工作。制定《定海区打击整治枪爆违法犯罪专项行动实施方案》,以联席会议为平台，相继召开爆破作业行业安全隐患集中排查整治工作部署会等会议，对行动进行再动员、再部署,采取“定领导、定民警、定任务、定责任”等措施。8月12日，在定海举行全国公安机关集中统一销毁非法枪爆物品舟山现场活动，在定海区岑港街道舟山市飞凌气门座有限公司设分会场，采用高温熔炼法集中统一销毁各类枪支74支（其中报废枪支54支、非法枪支20支）、仿真枪16支。全年，分局累计出动警力600余人次、排查涉爆涉危单位600余家次，消除安全隐患80余处，发放各类宣传资料1600余份，处理爆破从业单位4家，罚款15万元，警告、限期责令整改2家，收缴制式汽枪3把,仿真枪2把，军用子弹811发，雷管10367发，炮弹3枚，管制刀具600把；1家单位因整改措施未落实被停药整改。

易制爆（剧毒）化学品管理　是年，分局按“属地管理”原则，摸清行业单位基础底数，建立健全管理工作档案。落实单位内部治安保卫责任，将剧毒、易制爆和构成重大危险源的危险化学品从业单位纳入治安保卫重点单位，整治人防、物防、技防和制度建设等方面存在的安全隐患。检查涉危涉爆单位200余家次，发现隐患30余处，均全部整改。对全区42家易制爆危险化学品从业单位以查台帐、查流向、查备案、查安全等方式开展“抄底式”检查，处理易制爆从业单位9家，罚款3500元，警告、限期责令整改4家。

8月12日，全国公安机关集中统一销毁非法枪爆物品活动舟山分现场

寄递行业联查联控机制　是年，分局结合贯彻快递暂行条例，会同邮政管理部门加强对寄递企业和从业人员的宣传教育。巩固完善与邮政管理部门的联查联控工作机制，落实实名登记、信息采集和主体责任、教育处罚等各项工作措施。年内，全区公安机关实地检查寄递业经营点183家次，视频巡查52家次，发现并整改隐患19处；结合重大安保活动等敏感时间节点，组织开展3次联查联控集中检查行动，移交处罚线索13条，邮政管理部门对6家寄递企业给予不同程度处罚，其中处罚1家，发放责令整改通知书5家。

打造内保“智安单位”　是年，分局根据省厅和市局进一步加强治安内保工作的要求，围绕新中国成立70周年大庆等重大活动安保主线，依托数字舟山、智慧安防等各种载体，深化和推进“智安单位”建设工作。按照安全防范量化标准，对内保单位开展不稳定因素排查、评估，对全区75家重点单位加强指导、督促、检查，落实人防、物防、技防设施，整改安全隐患27处。至年底，建成“智安单位”总数占辖区治安保卫重点单位的25%。

校园安保　是年，分局以“护校安园”“智安校园”创建活动为载体，强化“三防”基础建设，织密安防“四张网”。建立战时民警“贴靠式”驻校警务机制，发挥民警兼任法制副校长优势，落实社区民警每日巡查，设立常态化的上放学高峰期“护学岗”；落实“一把手”责任制，护航中高考安保；结合全国文明城市创建，排查整治校园周边交通安全隐患、治安管控盲点，实行问题清单化、清单责任化的隐患整治机制，提升校园平安建设水平。是年，发现和整改安全隐患35处，未发生校园安全重大案事件。全区有各类学校95所，在籍学生45643人，教职工4511人。其中大学1所，职业技术学校3所，中学15所，小学18所，特殊教育学校1所，幼儿园57所。

“枫桥式公安派出所”创建　4月和8月，分局先后对“枫桥式公安派出所”创建进行部署，根据《全区公安机关提升推广新时代“枫桥经验”实施方案》，明确示范引领、全员创建的“1＋3＋4＋2”模式，推进创建工作。其间，解决创建工作中遇到的困难和问题，宣传报道创建活动基本情况及推出的典型事迹、先进人物，推出“保安联勤联防”“驻校警务”“护航旧城改造警务”“爱农护农”“新农村建设警务”等特色警务，重点培育盐仓派出所“军港枫桥”、西码头派出所“新农村枫桥”、金塘派出所“数字枫桥”等品牌。

构建PTU与三骑融合巡控新模式　4月，根据市局海岛铁骑建设方案，建立巡特警铁骑队伍，提升公安机关执法执勤反应能力。6月，组建“海岛PTU巡控分队，实施区域巡控新模式，以“巡逻车+铁骑”为组合，以“1车配3名铁骑”为一个巡控单元，实现对反恐处突、街面违法犯罪、应急救助、抢险救援的快速有效处置。7月，城区派出所铁骑成立。8月，分局出台《海岛铁骑联动联勤工作规范》，实施海岛铁骑联动联勤，确保“1.3.5”反恐圈快速反应。交警、巡特警、派出所三支铁骑按照各自职责分工开展巡控和服务管理工作，落实相互配合协作。巡特警和城区两所铁骑配备16辆摩托车，配编24名铁骑队员，铁骑队员统一配置骑行头盔、骑行服、骑行手套等防护装备，在城区设立2个巡特警铁骑屯警点和5个派出所铁骑屯警点。PTU巡控分队与铁骑队伍建立后，城区涉赌警情同比下降41.2%，涉黄警情同比下降32.1%。铁骑早晚高峰协同接处警253起，结合“心防工程”反诈宣传，沿路沿街发放宣传手册5300余册，电信网络诈骗发案量同比下降20.4%，诈骗损失金额下降31.1%。

10月12日，定海交警大队机动中队在巡特警大队成立

社会保安联勤联防机制　是年，分局打破传统联通障碍，实施正规化管理，将保安队伍建设成预防和减少基层各类违法犯罪、安全事故以及矛盾隐患的屏障。9月，分局结合“保安勇担当，平安迎大庆”活动，在定海二中对200余名校园保安开展集中培训，提高整体素质。至年底，全区保安用工单位、场所及周边治安类警情同比下降23.8%，刑事案件同比下降19.8%，其中，赌博警情同比下降47%，传统侵财案件同比下降31.7%，“两车一瓶”、入户盗窃案件发案同比分别下降46.5%、33.1%。

社区警务　是年，分局以“枫桥式公安派出所”创建为契机，推动社区警务工作提档升级。3月，制定《全区公安机关关于进一步加强社区警务建设的实施意见》，按照“智慧警务、护航警务、改革警务、钢铁警队”的总体要求，巩固和深化基层基础建设成效，进一步发挥社区警务的综合效能。建立“网格化＋专业化”“传统化＋科技化”“常态化＋多元化”的矛盾排查化解机制，依托“社区警务＋”战略，融入“基层治理四平台”和“网格化管理”服务体系，实行基础要素顶格管控，巩固警务品牌。强化新型科技应用，突出智能管控，坚持信息化促进基础管理，深化警务工作平台应用，推广智能终端设备应用，推进智能防控系统建设。借助“大数据”、云警务、物联网等技术手段，拓宽基础管控渠道。优化社区警务警力保障机制、勤务保障机制、素质保障机制、激励保障机制、考核评估机制，提升社区警务工作可持续发展。以西园“智安小区”警务室为样板，分类推进社区警务室（站）精细化建设，并在双桥三农市场成立全市首家“三农调解工作室”，因地制宜探索社区警务新模式。

“智安”工程建设　是年，分局“智安”工程建设坚持“防控优先”“科技强警”理念，围绕“四大主题”，推进公安工作更加智慧智能。在西园“智安小区”试点建设基础上，根据小区的人口基数、物防技防水平和万人发案率等情况，按I类、II类标准实施扩点建设，逐步提升覆盖面，实现积“小安”为“大安”的治理效果。9月12日，召开全市“智安”小区建设现场推进会，总结西园小区试点工作经验，部署推进全市“智安小区”建设。推进“雪亮工程”向民爆单位延伸，完成顺源化工和舟山市民用爆破器材有限公司的智安工程规划，实现民爆物品从生产、销售、配送、运输、作业的全环节可视化、智能化监管。加强校园智能安防建设，在技师学院门口建设人脸识别系统，架设防护隔离设施，加装张力围栏、声光报警器、视频探头、一键报警、可视化对讲系统等科技设备；为全区所有民爆配送车辆统一安装GPS系统、开门报警系统、一键报警系统和车厢门摄像头，提升对危爆物品及运输车辆的智能管控水平。完成区行政中心7个人脸相机安装及联网工作。加强金塘岛科技管控网建设，次年初完成新增带人脸抓拍高清球机16个、全局相机12个、鹰眼2个。

9月12日，全市“智安”小区建设现场推进会在定海召开

“最多跑一次”改革　是年，分局根据省公安厅公布的全省公安系统群众和企业到政府办事事项指导目录，梳理出本地颗粒化办事事项145项，其中许可类57项、备案类34项、其他类87项、公共服务类1项，百分之百实现“网上办”，73项事项实现“一证办”。在本地事项中“跑零次”事项共142项，占比98.6%，截至年底，权利事项库对标省数管中心最新标准全部调整到位，政务服务网完成同步更新。除不宜上网事项，118个事项可在“浙里办APP”查询办理；完成民生警务35218项，完成办理“告知承诺”26项。加快构建岛域基层服务窗口“1+X”模式，将户籍与治安、车管、出入境等业务进行整合，实现“一站式”集约办理。马岙警务站“1+X”样板窗口，相关经验被市局推介。

见义勇为工作　是年，全区有见义勇为人员35人，其中省级9人，市级14人，区级12人。年内，新确认见义勇为行为3人，其中袁柏年、张帆获区级三等功，钟耿平获市级二等功（并申报省级一等功）。11月22日第四个“浙江省见义勇为宣传日”期间，治安派出所在辖区组织开展见义勇为宣传活动，动员群众投身见义勇为事业。

1月9日，省公安厅副厅长石小忠走访慰问见义勇为勇士谢益洪家属

户籍管理　是年，分局继续开展户籍身份证管理、户口清理整顿工作。落实2019年前民政火化常口未注销、失踪寻回业务核查、死亡注销业务核查、公安部下发照片相似度人员核查等工作。2月18日始实行准迁（迁移）电子证件编号，9月16日“浙里办”公安专区治安业务正式上线应用。10月8日起实行居民身份证寄递便利化措施，11月28日起全市实施户籍业务全城通办，12月1日临时居民身份证实行“全省通办”。是年，全区办理出生申报户口2910人，死亡

注销户口2576人，变更姓名、出生日期202项，户口迁移业务7028项，省内本籍身份证13633项，省内异地身份证2746项，省外异地身份证4377项，军人身份证 1398项，指纹身份证离线采集上门服务31条，临时身份证3700项，办理边境通行证业务81项。

常住人口数据　2019年，全区总户数156120户；总人口399382人，其中男性196215人，女性203167人，男女性别比为96.58；比 2018年增加1813人，年增长率为4.56‰；全区省内迁入1623人，省外迁入1927人，迁往省内1605人，迁往省外1145人，人口机械增加1513人；全年出生登记2910人，死亡注销2576人，自然增长334人。全区人口按年龄段分布，18周岁以下57581人，18～35周岁69106人，35～60周岁167794人，60周岁以上104901人，60周岁以上占总人口的26.27%。总人口中城东街道51578人，环南街道34874人，昌国街道54457人，临城街道46886人，千岛街道39189人，盐仓街道19600人，小沙街道19802人，岑港街道18063人，马岙街道9653人，双桥街道18170人，金塘镇40074人，白泉镇37144人，干石览镇9892人（数据包括临城，截至2019年11月23日）。

流动人口数据　截至6月30日，全区有流动人口124644人（数据不包括临城），其中男性77996人，女性46648人。流动人口同比增加1.64%计2023人。

【出入境管理】　临时入境人员和常住境外人员　2019年，分局出入境管理部门登记管理临时到定海的外国人和华侨、港澳台同胞14019人次。其中，外国人11355人次，华侨85人次，港澳同胞993人次，台湾同胞1586人次。截至12月31日，全区实有常住境外人员601人，其中外国人323人，港澳同胞37人，台湾同胞236人，华侨5人。

公民因私出国（境）受理　是年，分局出入境管理部门共受理公民因私出国（境）申请17837人次，其中出国9339人次、因私赴台2057人次（探亲343人次、团队旅游273人次、个人旅游1026人次、定居7人次、其他3人次、仅办证无签注420人次）、赴港澳6441人次（旅游5761人次、商务25人次、探亲106人次、逗留16人次、定居6人次、仅办证无签注527人次）。受理跨区域申请4337人次（其中市内跨县区1797人次、省内跨地市411人次、省外2127人次）。

签证签发管控　是年，出入境管理部门继续强化两个“报备库”建设，采集不准出境人员报备数据382条，撤销84条。新增国家工作人员报备数据2802条，撤销650条，变更5210条。新增企业商务备案1家，年审6家。

涉外案事件查处　是年，分局发现、查处涉外案事件26起，其中“三非”案件15起，行政处罚36人，全区“三非”外国人达到清零目标。

窗口服务新举措　是年，定海出入境大队以落实出入境证件“全国通办”政策为契机，落实预约办证、延时服务、日结日清、网上办证等服务措施，提升窗口服务能力；加强日常培训，倡导工作人员开展微笑服务、伴随服务，提升办事群众的体验感和获得感；建立日常测评数据打分机制，对“实现率”“满意率”逐个环节进行现场评估，按“实现”“未实现”“十分满意”“满意”“基本满意”“不满意”进行分类登记，落实数据归集，确保提供高质量测评样本。

【道路交通管理】　交通违法行为查处　2019年，交警大队接处交通事故24115起，发生道路交通事故138起，死亡21人，受伤148人，直接经济损失485130元，未发生死亡3人以上道路交通事故，道路交通死亡事故、死亡人数分别下降36.59%、34.15%，死亡人数控制在省定指标内。查处各类道路交通违法行为176268起，其中现场查处71915起，酒后驾驶614起，机动车斑马线未礼让309起，非机动车违法查处55395起。

开展酒驾查处

重点车辆企业源头监管　是年，交警大队定期对辖区“两客一危”、校车等重点车辆进行全面摸排，对车辆安全性能、安全设施配备、行驶路线以及驾驶人等情况进行重点检查，对GPS动态监控系统运行情况和安全生产台账等进行抽查，督促企业加强对重点驾驶人交通安全教育，落实企业主体责任制，签订安全责任状。截至年底，“两客一危”车辆检验率、报废率、违法处理率均达到100%，重型货车检验率、报废率、违法处理率均达到省定指标。

道路隐患源头治理　是年，交警大队争取区政府支持，投入资金900万元，对城区涉及工程车辆右转的所有23个路口进行延长路口机非隔离护栏改造；完成1处省级挂牌隐患点、1处市级隐患点，329国道、鸭东线、双坝线等主干道120余处隐患治理，整改完成率100%；结合四级路长制，联合各路长开展边边角角道路隐患滚动排查、反复排查，制定后续隐患治理方案，分步逐点开展治理，实现“能封则封，应隔尽隔”目标。

工程车连队化管控　是年，交警大队深化工程车“标准化+连队化”管理模式，建立、健全工程运输车辆积分制度、工程运输车星级评定制度、单位内部自查制度等相关制度、违规责任捆绑连带制度等相关制度，落实“一车出事，全面停运”制度，对安全设施不齐全、超载超速、随意变道等违法行为的工程车一律过磅并停止其办理城区通行证，对多次记分的车队进行停业整顿。是年，对5家工程车企业负责人进行约谈，对6个车队实行停运和整改。

拖拉机管理　是年，交警大队牵头建立健全农业农村、公安交警、交通运输等多部门联合监管机制，实施部门协同共治，形成交警查处、农业农村验证、公安处罚的闭环管理。采用联合执法，查处拖拉机假牌假证、拼装改装、超载超限等违法行为。是年，累计查处拖拉机违法280余起，拆解96辆。

服务全国文明城市创建　是年，交警大队会同市政部门对定海城区8个重点路口进行路口改造，在3个路口安装交通信号灯，7个路口进行禁左设置，10条路段进行隔离设施安装；落实“路长、路口长责任制”，与全市主流媒体深度合作，依托“报、台、网、端”传播矩阵和交警微信等平台，对300余辆次不礼让斑马线的违法车辆进行曝光；主动协调区文明办，完成全区行政事业单位、国企车辆公车和私家车更新建库，完善违法抄告机制，对360辆不礼让斑马线的车辆第一时间抄告相关单位。

早晚交通流量高峰期间开展护学行动

道路交通安全综合治理攻坚行动　4月，开展道路交通安全综合治理攻坚行动，由区领导及19个部门和11个镇街主要领导为成员的攻坚行动领导小组召开动员部署会，落实领导责任、安全监管责任、企业主体责任，推进“党委政府主导、部门协作、社会联动、群众参与”的交通安全综合治理格局；制定《区道路交通安全综合治理攻坚行动工作方案》，组织3个阶段行动，有重点、有步骤推进治理工作。其间，围绕多方联动降事故，将道路交通安全纳入经营性安全生产考核，加强对企业考核结果应用，将事故信息由大队通报到发改局及审交办，作为企业贷款审核以及市政项目招投标的重要依据；助推交通伤亡事故领导干部到场制、“红黄蓝”模板化预警和通报机制落实，定期分析研判交通安全防控问题，向事故多发的辖区党政一把手、政法委书记、乡镇街道负责人提出交通事故防范对策建议，落实整改工作。

交通安全宣传　是年，交警大队组织警力深入辖区混凝土车辆企业、施工工地，组织开展交通安全宣传；专门针对“外卖小哥”群体、工程车驾驶人群体、农村中老年群体、学生群体等，开展不同内容的针对性宣传活动；采用工程车“连队化”管理、警企微信互动等方式，通过网络、微信群等，向驾驶人与企业负责人发送检查通报、安全提醒等内容，开展驾驶人群体“预防性驾驶”心防教育活动；开展电动车“亮灯戴盔”的劝导提醒和人力三轮车张贴反光纸工作，提高宣传精准性。全年，大队在中小学、幼儿园开展校园交通安全宣传30次，开展针对老年人的宣传18次，在社区、各大中小企业、4S店等开展行车安全宣传20次，走进辖区重点车辆运输单位、施工工地开展面对面宣传25次。

开展校园交通安全宣传

打造海岛铁骑警务　是年，交警大队完善交警铁骑警务机制，扩大铁骑编组，优化勤务模式，实现勤务升级。城区中队设置20名铁骑队员，农村中队设置18名铁骑队员，安排铁骑专职勤务，开展高峰疏导、平峰巡查，动态打击重点违法行为、事故快处快撤、“1.3.5”快速反应处置等一系列工作，兼顾辖区交通安全宣传、紧急救助等，实施快速反应、网格管理、精准打击，提高路面见警率和管事率。

旅游警务机制改革　是年，交警大队以329国道、双坝线、鸭东线三条旅游路线及金塘、南洞艺谷等旅游景区为中心，加强铁骑巡逻和主干道事故快处快撤，制定节假日主干道交通安保方案、景区周边交通安保方案和应急分流预案，确保主干道及景区周边道路通畅、秩序良好；针对东西快速路开通，组建高架小分队，研究制定高架勤务模式，设卡开展对货车闯禁、开车使用手机、不系安全带、非机动车违法上高架等重点违法的整治，由铁骑对盲目进入高架的货车进行引导就近下高架，确保小长假及旅游旺季辖区交通秩序安全有序，不发生大面积拥堵。

整治东西快速通道违章行为

【海防管理】　出海船舶人员管理　2019年，海防大队贯彻落实国务院《关于取消和下发一批行政许可事项的决定》，取消出海船舶户口簿和出海船民证核发，统一改为网上备案。根据上级部署，以西码头派出所为试点，推广使用出海船舶人员报备系统。针对基层派出所和企业对系统操作不熟悉、不规范等情况，开展6次集中培训基础上，组织开展“面对面”帮扶指导26次，收集意见建议，帮助解决问题难点。深入辖区船务公司、重点码头等地对报备系统操作规范进行现场宣讲，对接定海新闻中心等媒体广泛宣传报道。年内，发放宣传资料1000余份，开展新闻媒体宣传2次，全区进出港船舶报备320次，912艘出海船舶计5126名渔船民录入报备系统。

无人岛屿管控　是年，分局根据海域管辖范围重新划分实际，全面排查梳理辖区无人岛屿基本情况，根据其地理位置、面积大小、岛上生存条件、登岛条件等要素，实施分类管控。制定《全区公安机关无人岛屿管控工作机制》,建立无人岛屿“红黄蓝三色管理法”，其中一类岛屿（红色）1个，二类岛屿（黄色）13个，三类岛屿（蓝色）45个。明确将五峙山列岛鸟类自然保护区作为无人岛综合管控试点岛屿，对接定海区环保局、国土资源局等部门，完成该岛7个监控资源并轨接入分局数字视频系统，强化无人岛管控科技支撑。协调各涉海职能部门，建立海上管理联动机制，利用海上联合执法等时机，开展无人岛屿登岛踏查和瞭望察看，借助海上群防群治力量，织密无人岛域管控网。是年，开展无人岛屿联合巡查15次，巡查无人岛屿50余个。

打击走私犯罪　是年，分局坚持“海上抓、路上控、视频查”的打私工作理念，建立“1+X”海上执法协作机制，研究制定《反走私应急指挥处置预案机制》《反走私视频巡查机制》《反走私视频巡查激励机制》。加强对无人码头、废弃码头的日常监管，将38个反走私码头监控接入分局数字视频系统，并对重点部位落实24小时视频巡查。适时在辖区各高速路口设卡检查，严防走私车辆进出辖区。加强与打私职能部门沟通协作，健全完善情报交流、信息共享、联合执法等机制。统一对重要案件线索进行梳理研判、扩线深挖。是年，全区侦破走私国家禁止进出口货物（冻品）案4起，刑事打击33人，没收冻品770余吨；查处成品油案件16起，查获涉案车辆19台，成品油702吨。

5月8日，全区打击整治走私犯罪专项行动启动仪式在定海区客运码头举行

【警务督察和维权】　重大警务活动督察　2019年，督察部门围绕新中国成立七十周年大庆安保等系列重大活动安保及重要时间节点、重要节假日安保工作、扫黑除恶专项行动、"最多跑一次"、打击电信网络诈骗等重点工作、专项工作，会同业务部门组织开展现场督察任务100次，出动督察警力295人次，检查基层单位374（个），发现纠正各类问题253个，提出督察建议34条，督促各项工作措施落到实处。

投诉案件处理　是年，全局受理"12389"、阳光热线和群众直接来电、来人投诉301起；其中"12389"投诉18起，全部予以回复。

民警维权　是年，全局办理维权案件18起，依法打处违法犯罪嫌疑人19人，其中行政处罚14人，追究刑事责任5人，慰问民警7人，发放慰问金11000元，澄清正名1人；慰问辅警12人，发放慰问金8000元。

分局领导为受侵害民警送上维权慰问金

【警务保障】　车辆管理　2019年，分局有警用车辆73辆，年内更新警用车辆4辆。分局警保室加强对警车的日常管理和维护保养，每月初联系各单位对需要进行年检的车辆逐一落实年检。对所属驾驶员不定期召开会议加强思想政治教育，防止开特权车，科学安排驾驶员值班时间，保证分局机关单位用车需求。6月，根据《定海区加快推进高速公路ETC发展应用工作方案》，启动车辆ETC安装工作。警务保障部门分解工作任务，落实车辆统计和通知下发，对接合作银行设立服务点，推进ETC安装工作，全局73辆公务用车如期完成ETC安装任务。

装备管理　是年，分局警保部门对部分易过期装备采取少买快送的方式，在各部门和分局仓库减少备物，督促装备供货单位缩短发货时间，响应时间为3—7日。对急救箱等装备采用"换内料"的方式降低支出。是年，警保室采购400余件警用装备，其中电绝缘隔离服3件，停车示意牌14个，催泪喷射器138个，潜水泵2个，喊话器21个，夏盔11顶，钢叉3个，急救包50个，急救包58个，伸缩警棍20根，雨衣90件，反光背心23件，盾牌7件，指挥棒6根。

基建管理　2—6月,分局完成刑侦业务用房及技术实验装修、分局指定监视居住点改造、分局行动侦察大队改造、原边防派出所执法办案区改造、定海区看守所特审室及指挥室改造。7—9月开展分局3号楼外立面修缮、分局集体寝室改造、交通派出所舟山西卡点办公用房改造。10—12月完成定海区看守所"智慧磐石"工程土建改造项目。分局警保部门在项目建设中实行全程管理，累计排查现场工程质量、安全隐患等问题50余次，全数落实整改，组织各参建单位召开工地例会12次，进行图纸会审6次，解决现场各类问题30余项。年内，全局用于房屋建筑物构建及维修改造经费910万元。

【科技信息化管理】　前端感知体系建设　推进以人脸识别为重点的前端感知体系建设，完成投资429余万元，建设以人脸为主的监控330个，其中人脸监控276个，普通监控25个，鹰眼3套，卡口26套（其中反走私监控12套）。新增物联网基站50个，配合完成城际热点2套。社会面监控接入方面，接入反走私监控63路，其他人员密集场所监控800多路。

推进移动警务建设　是年，根据市局部署，分局制订重点项目推进计划表，新购置警务通73个，完成一线执勤民警警务通配备率100%，对全局民警进行警务通使用培训；开展移动APP创新创意竞赛，其中“K档案”获一等奖，“指智工作法拓展应用”获工作法、技战法类优秀奖；对接省厅，解决分局123台旧警务通加密方式升级安装工作，为全面推广使用浙警云端平台提供硬件支撑。

分局民警在全市公安机关移动警务APP创新创意竞赛活动获APP创新创意方案类一等奖

提升信息应用水平　是年，分局采取多种措施，提升信息化应用水平。6月，完成业务警种负责人、派出所长信息化应用培训；8月，组织人员参加“科技管控岛”信息化实战应用竞赛；9月，开展信息化尖端应用人才推荐工作。是年，全局收集各类经典案例、技战法23篇，其中8篇被省厅录用。

推进运维中心建设　是年，分局加强信息系统运维管理，服务公安实战。全年派发各类维修单据4742条，修复比率100%，修复及时率81.1%（指72小时之内修复并反馈）。

【指挥情报联勤】　接处警工作　2019年，分局开展日常警情巡查，建立“定海接处警”“分局应急处突”两个警务微信群、警务钉钉群。将原先管理的城市监控，车载视频以及4G单兵移交运维中心。是年，接处警62882起，跟踪检查全区接处警警情27344起，发布各类通报675次，分析研判291篇。

情指行一体化建设　贯彻落实上级公安机关“联勤联动、合成作战”机制建设要求，制定合成作战机制，巩固情指行合成作战专班实体化运行，依托分局维稳中心建设，叠加合成作战机动警力，进一步提高公安机关合成作战能力。制定《最小指挥单元和合成作战单元工作流程》《合成作战最小作战单元重大突发案事件处置预案》《分局合成作战工作规范》，完成各级“两会”、第二届“一带一路”国际合作高峰论坛、世界园艺博览会、“对越自卫反击战40周年祭扫纪念活动”、70周年大庆安保期间（各类重点人稳控、信息等）维稳安保工作。

社会应急联动　是年，围绕“1、3、5”控制圈建设，完善快速反应指挥体系和流程，根据形势发展和实际工作需要，梳理调整原有应急联动预案库，组织应急演练，进行专题点评，参与市局封控演练，充分调动乡镇、街道、村（居）委的积极性，发挥其在“隐患排查、信息报告和先期处置”中的作用，进一步提高应急处突实战能力。全年指令应急联动749条，办结749条。其中一级联动单位704条，二级联动单位45条；指令类型涉及城乡建设（道路、市政工程）276条，工商执法类115条，环境保护类61条，其他类297条。

9月12日，分局在檀枫小学开展反恐应急演练

情报信息研判　是年，分局针对车船码头实名购票预警系统的启用，结合实际，将全区重点人员录入系统、提前预警；依托《舟山市重点人员动态管控平台（二期）》打造本地“感知网”，全国70周年大庆安保期间产生触网预警211人次，处理31起。

【行政秘书工作】　信息调研工作　2019年，分局办公室坚持以文辅政，强化信息调研，修订完善信息工作考核奖励办法，制订分局公文写作人才培养计划，于12月27日组织开展全区公安机关写作比武。是年，编报各类信息1780余篇。其中，被省厅录用19篇，被市局录用159篇，另有1篇调研文章在省厅“平安浙江”论坛征文中获得优秀奖；2篇在市局专题调研征文比赛中分获二等奖、优秀奖；1篇在定海区优秀调研成果评比中获得三等奖。

政府信息公开　贯彻新修订的《政府信息公开条例》，落实区委、区政府和上级公安机关政务公开工作要求，落实政府信息公开和警务公开，未发生政府信息公开行政复议、行政诉讼情况；公开发布各类信息1456条次，回应办理群众网上投诉、咨询、建议等127件。

档案数字化工作　是年，分局推进示范数字化档案室建设。9月29日，经市公安局及市区档案局联合评审组评审，分局档案室以县区最高分（99分）通过“市级示范数字档案室”创建验收。是年，完成24042卷（件）纸质档案数字化加工，录入条目17万余条，扫描文件80.68万余页；推进派出所户籍资料的图像扫描和条目著录工作，扫描图像152.59万余页，录入条目86.97万余条。

提案议案　是年，密切与市局、区属职能部门的沟通联系，规范办理督办批办件43件、议案提案5件，做到及时交办催办、按时办结反馈，实现办结率、答复率、满意率100%。

精文简会　是年，按照上级精文减会要求，实行会议报备制度，全面统筹分局及各基层单位会务工作，重新印制发文稿纸，规范发文程序。全年发文182件，同比上年249件下降26.9%，落实会议609个，同比去年624个下降2.4%，办理收文2989件，均未出现差错。

【公安法制工作】　深化“四位一体”机制　2019年，分局以刑事侦查办案审核机制调整为契机，建强受立案中心接待小组，细致警情案件分流衔接，建立跟踪式督办机制，实现接报案“最多跑一次”。受立案中心接报有效警情200余起，分流移送后分别受立行政案件100余起、刑事案件60余起，发布各类受立案问题通报5期，实现零投诉。以分局中心办案区及原边防办案区改造为重点，采用实地检查提前规划办案区改造升级方案，推动办案区精细化管理提档升级。壮大案管中心人员配置，调整职责分工，增强专职及辅助人员队伍建设，确保受立案、初侦初查、案件办理、系统录入、办案区管理等执法过程的实时监督和执法流程闭环式管理。

完善执法保障　是年，分局法制部门加强法律应用研究，围绕70周年国庆安保、扫黑除恶等专项工作，专题研究娱乐场所营利性陪侍人员、上网服务营业场所吸烟等热点问题，明确证据收集提取规范，抽调3人参与专案办理，提前介入，全程指导案件办理20余件。创新送教模式，以“三服务”活动为总要求，坚持服务基层理念，创新“法制+执法办案单位”模式结对协作制度，及时发现执法办案中存在的问题，提升执法规范化建设。全年下基层服务指导70余次，为基层答疑解难300余起。

精细执法管理　5月，制定《定海区公安分局执法状况评估办法（试行）》，细化执法环节考评，将一季度一检查升级至一月一检查，以日常网上巡查为基础，以集中实地检查为核心，明确对考评单位实施每月排名通报，明确奖惩措施并将结果纳入年度执法考评。法制部门改变政法一体化系统扫描方式，由集中扫描推送推广至指导分开推送，由整卷扫描转变为混合组卷扫描，提升案管中心运转效率。创新轻案快办模式，加快行政案件快办区建设，制定出台快办证据标准和流程，严格行政案件延长期限审核审批；落实认罪认罚从宽处理及刑拘直诉试点工作，明确除交警办理案件外刑拘直诉办案指标；集中对2018年取保候审案件进行专项清理，以红黄蓝三色预警形式明确办结期限，落实通报未按规定办结的案件。

提升执法素质　2019年4月，分局重新制定《中层领导办案和审案考核规定》，提高中层领导办案质量和数量，扩大中层办案范围至分管社区、巡控、情报领导，首次将审案指标纳入考核标准，对于未完成任务的，予以通报警示，年终未完成的予以督察扣分。法制部门定期深入基层所队，实时开展点对点帮扶；以提升法制队伍自身建设为核心，通过法制学习、集体议案、专案会商、制定教科书式执法规范等形式，提升自身审案能力和水平。

行政复议与诉讼　是年，分局行政复议10起，维持8起，终止1起，未结1起；行政诉讼4起，确认违法1起，驳回诉讼请求1起，未结2起。二审2起，驳回上诉、维持原判1起，未结1起。

提升信访整体水平　全年接收群众来信来访80件（初信初访52件），其中来访58件（初访41件）、来信

22件（初信10件），纳入省厅考核的指标位于全市第一。以全市“最多访一次”试点单位为推动，重点加强“信访示范窗口”建设，建成100余平方米信访接待大厅与40余平方米的领导接访室。在领导接访室配备远程视频接访系统，联通金塘派出所，实现非本岛群众“根本不用跑”就能直接信访。出台《2019年分局信访工作考核办法》，重点针对基层执法办案过程中引发的信访问题，建立相关责任体系，将基层执法办案单位、业务警种信访工作纳入考核，把信访工作成绩作为评优评先、提拔任用的重要参考依据。5月，制定《全区公安机关信访积案包案化解攻坚活动方案》，自行排查梳理出全区11起信访积案，通过明确目标、压实责任，推动信访问题及时就地解决。针对省厅交办的2起信访积案，建立化解专班，推行“一人一策”积案化解制度。至9月2起信访积案全部化解，实现无积案分局创建。

【纪检监察工作】　纪律作风教育整改　2月，分局部署开展为期两个月的全区公安机关纪律作风教育整改活动，围绕执法办案、纪律作风、担当作为3个方面12个问题开展自查，排查共性问题105个，重点问题44个，落实二级督察扣分121人次，实行黄色预警1人次；全局407名民警、662名辅警和20名其他工作人员填写“全区公安机关纪律作风专项教育整改活动问题自查表”，向组织说明情况，作出承诺，并由所在部门“一把手”领导签名背书。其间，分局党委班子成员以普通党员身份参加所在支部纪律作风教育整改活动，开展学习、排查问题，促进全局纪律作风教育整改活动取得实效。5月，分局开展为期一个月的全区公安机关“严纪律、查隐患、治顽疾”专项整治活动，围绕政治纪律、工作纪律、规范执法、生活作风4方面16个问题，组织专题教育、隐患排查和整改落实。其间，累计组织开展专题教育或会议5场次，观看警示教育片11场483人次，组织撰写学习心得体会32篇，撰写自查自纠报告503份，排查分析出存在的问题和风险点113个（其中单位属共性的86个、民警个性的27个），制定落实具体管控措施127条。

落实从严治党主体责任　3月，分局召开全区公安机关党风廉政建设暨迎接中央督导检查扫黑除恶专项斗争工作部署会。出台年度党风廉政建设和反腐败工作意见和责任分工,进一步明确相关工作要求和措施。分局把党风廉政建设工作列入年度重点项目，加强督导检查，落实半年一次的党风廉政建设工作考核，考核结果在全局通报。强化“两个责任”在线管理平台应用，按规定上报履责情况，实时量化履职情况纪实。年内，召开9次党委会专题研究队伍党风廉政建设方面问题，分局局长与各部门“一把手”签订《党风廉政建设责任状》，12名部门主管因履行“一岗双责”不到位被约谈。

风险防控和权力监督　是年，分局党委书记和24名区管领导干部报告个人重大事项24人次，其他民警44人次；建立全局中层干部、民警廉政档案，健全完善领导班子内部议事和决策机制。落实分局中层干部选拔任用纪实等制度，全年书面反馈17名拟提任干部、93名警衔晋升、职务套改人员、187个立功受奖单位和个人的廉政情况。开展区管干部违规个人出书、印发讲话汇编及违规收送礼品礼金情况自查，“新官不理旧账”专项治理等活动。出台“民警‘八小时外’管理监督规定”，部署开展“排雷”行动，全面筛查岗位职责风险和队伍八小时外问题隐患，列出61个重点岗位196个风险点，个人重点问题21条，落实风险防控和帮扶措施。

廉政文化建设　5月，根据市局和区纪委部署，分局开展“全区公安机关警示教育月”活动。其间，组织开展以廉政教育、法制宣教、风险排查化解为主要内容的一系列活动，征集书画、摄影及征文作品52份并予展览，其中3部作品被市局评为优秀作品。落实廉政谈话制度，开展新提任、转岗、边防转隶（改）干部、新警集体廉政谈话2次，落实党委书记与班子成员、分管局领导对分管部门领导班子

10月30日，分局民警在“红船杯”定海共青团党团及廉政知识竞赛中获得第一名

成员、部门领导对民警的层级谈话制度。年内，开展谈话提醒5人，约谈批评2人，函询1人，诫勉谈话5人。完善日常教育机制，将党纪政纪警纪学习内容列入“全警能力素质大提升三年行动”相关计划，建立每周一次的夜学习制度，落实“浙江公安廉政文化网络课堂”学习。开展分局党委书记为全体民警上廉政党课，支部书记上党课活动；组织开展“党纪政纪警纪”学习月活动，全局400余名民警参加党纪政纪警纪测试。

“清廉警队”建设　是年，分局明确“清廉警队”建设工作目标，强化“清廉警队”建设督导检查，加快硬件建设步伐，推进廉政墙体文化建设。执行队伍层级管理机制，履行领导干部“一岗双责”，建立健全“一日十查”、谈心谈话、饮酒报备、“清廉警队”综合积分管理制度，落实队伍分色预警机制，全年二级督察扣分666人次，黄色预警10人。

审计工作　按规定对12名离任干部开展经济事项交接监督工作、对2名中层干部进行任中经济责任审计。开展财政专户资金存放情况自查，审查历年各账户余额1447.4万元，确保资金存放规范管理。

督考工作　2019年，分局开展“督考一体化”机制建设，强化对公安工作的统筹部署、督促指导和综合考评。出台《全区公安机关2019年度综合考评办法》，每月开展“双比双学”考评，进一步突出对重点工作的项目化管理、清单式推进。加强考核结果通报和任务不落实情况追责，提高工作执行力。全年发《督考通报》9期，对市局督考办暗访发现的问题追责5起。

【干部（辅警）管理】　干部管理　2019年，分局新提拔股级干部21名，其中正股1名、副股20名，53名中层干部进行岗位调整交流。截至12月31日，实有中层干部130名，其中正股49名，副股81名。年内，新招录民警8名，其中公安院校毕业生8名。安置军转干部2名，退休8人，公务员转入5人、转出10人，开除6人，有1名事业工作人员（边防转改人员）与分局解除聘用合同。年内办理警衔首授12人、警衔晋升127人，降低警衔4人。新警转正定级11人，人民警察警员职务套改1人，新晋升警员职务21人（其中4人晋升四级高级警长）。

边防转制　根据中共中央《深化党和国家机构改革方案》《中共中央政法委〈关于公安现役部队集体转制到公安机关人员身份转改工作的意见〉》规定，定海公安边防现役部队集体转制到公安机关。1月1日起，原舟山市边防支队定海大队的72名干部、29名士官、3名义务兵实行身份转改。72名干部和18名士兵考录人员转改为分局人民警察（公务员），正式入编。72名干部中有7人转改为正科级、24人转改为副科级、41人转改为科员。18名士兵考录人员从2019年1月1日起试用期一年。14名未考录士兵转改为分局警务辅助服务中心事业编制工作人员，按照上级规定4月28日起入编，全部设为事业工勤（普通工）岗位。

辅警管理　是年，分局落实辅警招录、考核各项制度，完善辅警管理各项规定，确保辅警队伍管理规范化。5月，制定《舟山市公安局定海区分局警务辅助人员工作绩效奖励暂行办法》，调动警务辅助人员协助、参与打击防范违法犯罪活动工作积极性。全局有186人次辅警受到奖励，奖励金额6万余元。继续开展辅警层级管理工作，落实辅警抚恤慰问制度，年内晋升辅警层级60人、定级2人，慰问生病住院辅警13人次、执勤受伤辅警8人次、春节慰问11人。截至12月31日，分局实有辅警队员684人，新招录辅警166名、辞退7名、自动离职143名。

暖警工程　是年，分局出台减轻基层负担关爱基层民警18条措施，制订《民警辅警健康管理工作计划》，落实民辅警体检、休假、疗休养、人身保险、绿色医疗救治通道及子女高考、中考调休等惠警优警举措；实行辅警就餐辅警体检用餐与民警同等补助标准，开展健康讲座进警营活动，协调解决10名民警子女入学和22名民警子女入托困难。巩固落实民辅警生病、住院、婚育、因公受伤、家庭困难等慰问制度，落实“机关、城区派出所一人一床、乡镇派出所一人一房”，推进“一辅警一床”“一房一柜”建设。

爱民扶贫　是年，分局继续开展扶贫帮困、慈善一日捐、义务献血活动。年内，全局526名民警（职工）、事业人员与140户困难群众开展新一轮扶贫结对帮扶，落实帮扶资金22.4万元。开展“慈善一日捐”活动，共捐款5.7万元。组织无偿献血活动，献血2.02万毫升。

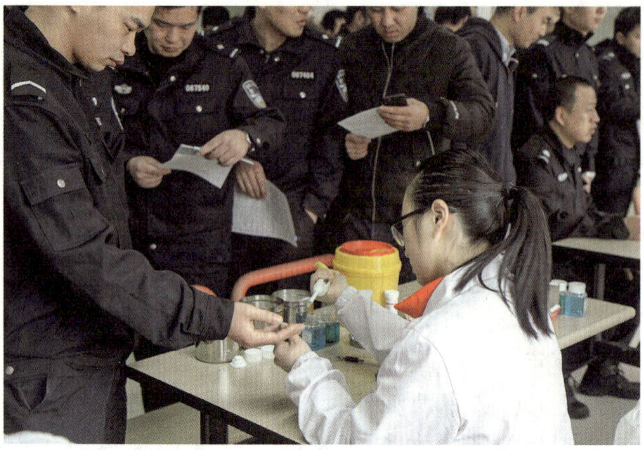

开展义务献血活动

【公安宣传教育】 教育训练 6月，分局制定出台《关于实施“全警能力素质大提升三年行动”的意见》，围绕法律政策运用、防控风险、群众工作、科技运用、舆情引导开展训练，提高民警在政治建警、执法规范化、社区警务、信息化应用、警务实战、公文写作等方面的能力和水平。采取“夜学习”、信息化培训、社区民警“四知”能力培训、科技管控岛培训、法律业务知识测试、公文写作比武等形式，调动全警的积极性、主动性。开展6批次民警警衔晋升培训和4批次边防转改轮训，推进新警培训和3批次辅警岗前、晋升培训。3批次轮值轮训，5名法考人员封闭式培训。开展两批次中层领导干部信息化应用培训和考试，全覆盖开展警务通、执法记录仪、警用对讲机等警务设备实操培训。组织开展省级、市级优秀课程申报、竞赛活动，其中叶奇超的《现场执法语言》荣获一等奖、鄂帅的《情报信息的采集与报送》、林旭的《镜头下的规范执法》获得三等奖。

公安宣传 是年，分局围绕重点中心工作，先后在“扫黑除恶”专项斗争、“枫桥经验”创建、“心防工程”“最多跑一次”改革、新中国成立70周年大庆安保维稳等方面形成宣传规模。全年刊发对外宣传报道474篇，其中国家级媒体刊发稿件27篇、省级154篇，同比上升37%。全年官方微博发布445条，官方微信发布725条，定海政务公开网发布259条。年内，拍摄的微电影获全国防范“盗抢骗”宣传作品大赛优秀奖、平安浙江“三微”比赛政法题材优秀原创剧本奖、全省公安机关“三微”大赛二等奖。依托省厅“最美浙警”及分局“警营之星”评选活动，宣传典型人物，重点宣传报道24人，其中林剑、徐栋等14人的典型事迹报道在《人民日报》、新华社、央视新闻、中央人民广播电台等10余家中央级媒体及官方微信头条相继报道，阅读量累计超过5亿人次，林剑英雄事迹成功入选央视新闻和中国之声“2019十大暖新闻人物”。分局建立核心、骨干、普通三层级122名网评员的管理体系，坚持24小时网络巡查。全年编写涉警舆情汇编49期，收录舆情类信息205起，妥善处置涉警负面舆情104起，对外发布新闻通报5次，均未引发市内外媒体炒作。

【党团工作】 公安党建 2019年，分局围绕“党建带队建、党务促警务”工作思路，加强党建引领带动队伍建设。开展“不忘初心、牢记使命”主题教育工作，分局党委以“一周一推进”形式，加强指导调研、督促检查，组织开展“重走总书记视察道路”初心之行、党委理论中心组（扩大）学习会、专题研讨会、先进典型讲“初心故事”等活动深化主题教育，结合“三服务”活动，帮助企业、群众解决各类问题190余个。多渠道征求168条意见建议，梳理出12类问题，制定39条整改措施，提高主题教育成效。12月10日，分局党委召开“不忘初心、牢记使命”主题教育专题民主生活会。区委书记庄继艳到会指导，指导分局办公室党支部专题组织生活会。推进“最强党支部”建设，以“六最”标准推动全区公安机关基层党支部质量全面提升、全面过硬。落实组织生活制度化，每月推出主题党日活动，强化 “每周一活动、每月一提示、季度一例会、半年一小结、年度一述职”等党建工作制度的刚性落实。以支部书记讲党课、普通党员上台“唱主角”、创新党课形式3种载体，落实主题党课制度。强化党建特色品牌培树，先后推出巡特警大队“铁军立警”、金塘所“护航发展”、盐仓所“军警民联创”、白泉所“泉芯·红色家园”、新港所“红盾护企”、双桥所“桥头堡红三角”区域党建联建、城东所“党员先锋车”和交通所“党员先锋卡”8个党建品牌；创新支部共建形式，探索“党课共上、党员共评、制度共建、资源共享”联创模式，鼓励各党支部主动对接区域党建联盟，分享党建成果。年内，《定海区公安分局夯实党建基础、筑牢“红色堡垒”》被浙江卫视新闻栏目刊发。

团工委工作 是年，分局团工委围绕分局重点中心工作，坚持党团共建，全年组织公安青年以新中国成立70周年大庆安保工作为主线，开展“扫黑除恶”

专项斗争，创建“枫桥式公安派出所”；坚持“党有号召、团有行动”，开展“不忘初心，牢记使命”主题教育活动；组织青年民警参加执法、司法考试、业务竞赛提高自身素质，依托“百警进万家”活动，组织青年民警开展安防宣传和上门服务群众；鼓励民警投身“创城”各项工作，发挥共青团主力军作用。4月24日，召开青年民警代表座谈会，了解倾听青年民警心得体会，激发青年民警主动性和创造性；5月，举行“青春心向党·建功新时代”主题活动，分局两位青年民警获团区委表彰；8月，完成新一届团工委改选，召开新一届团工委成员会议；11月，分局青年民警在市区党团及廉政知识竞赛分别获第二名和第一名的好成绩。截至12月31日，分局有团员39名，下设8个团支部，其中团工委干部7名。

5月10日，分局举行“青春心向党·建功新时代”主题活动

【典型案例】　侦破上海如行科技有限公司“5·30”特大网络赌博案　2019年初，定海分局网安大队在对2017年以来打击处理的9起舟山各类麻将群主利用“舟山麻将”APP开设赌场案进行梳理时，发现“舟山麻将”APP开发公司——上海如行科技有限公司涉嫌开设赌场。经线索梳理、落地查证，该公司利用旗下开发的“麻将”“斗牛”等40余款APP组织全国各地赌博人员进行赌博，公司内部组织架构严谨、分工明确、纪律森严。对此，分局成立专案组并制定详细抓捕计划。6月18日，在市局技侦支队、网安支队、特警支队的协助下，分局组织警力100余名，在上海、舟山开展统一收网行动，摧毁以邹某为首的网络开设赌场犯罪团伙。共59名嫌疑人采取刑事强制措施（逮捕12人，取保47人），查封房产6套，冻结扣押资金1670余万元，其余各类财产3700余万元。此案移送检察机关审查起诉。

侦破“6·1”省厅督办涉黑专案上游侵犯公民个人信息案　2018年10月起，定海分局会同市局业务部门，在对“6·1”涉黑专案进行电子数据勘查和网上侦查时发现，该案涉案人员方某（另案处理）以经营金融服务外包公司为名，实际开展“寻车”、“扣车”业务，涉嫌非法买卖涉及全国20多个省市的车辆档案及轨迹信息。2019年5月8日、5月10日，在市局业务部门协助下，分局先后在山东、内蒙古抓获方某的上家犯罪嫌疑人陈某（男，19岁，山东省高密市人），刘某（男，37岁，黑龙江省肇东市人）。经查证，犯罪嫌疑人陈某、刘某自2018年5月起，以非法获利为目的，分别为方某提供车辆档案、车辆轨迹类公民个人信息共计1000余条。另查证该2名犯罪嫌疑人向他人非法买卖公民个人信息2600余条，其间，陈某、刘某分别非法获利1万余元。2019年6月12日，陈某、刘某因涉嫌侵犯公民个人信息罪，被定海区人民检察院批准逮捕。

侦破“2019—258”部毒品目标案件　2018年11月，分局禁毒大队发现,傅某涛（男，44岁，舟山定海区人）有贩卖毒品嫌疑，2019年1月30日立案侦查。经查，傅某涛伙同黄某（男，40岁，舟山定海区人），到云南购毒后贩卖给其他吸贩毒人员，该团伙涉案人员达40余名，散货速度极快，社会危害性大。5月23日，该案被公安部确定为部毒品目标“2019—258”案件。经6个多月的专案经营，5月27日、28日，分局在市局相关部门协助下，抽调100余名警力在定海、普陀等地对“2019—258”涉案人员进行集中收网，抓获傅某、黄某等吸贩毒嫌疑人23名。6月1日，专案组在云南省昭通市镇雄县坡线陈贝屯村附近抓获云南“上家”申某（男，27岁，云南镇雄县人），成功破获“2019-258”部目标案件。该案共移送起诉18人，查处吸毒人员37人，获省厅贺电。

侦破方文杰等人涉嫌套路贷诈骗案　2018年3月12日，分局接一余姓男子报案称，其于2016年8月至2018年2月间被方某杰、张某等人实施“套路贷”诈骗，累计债务高达近千万元。接报后，分局第一时间成立专案组，集结刑、技、网等警力迅速展开侦查。2018年3—8月，专案组通过前期侦查经营，组织精干警力辗转上海、宁波、金华等地，将方某杰、张某等23名犯罪集团成员全部抓获。专案组采用自下而上的取证模式全面收集相关证据，从一般成员入手逐个攻破，成功打造闭环证据链。该案是全市首起破获的

"套路贷"恶势力犯罪集团案件，也是全市打击人数最多、破获案件最多的"套路贷"专案。共抓获恶势力犯罪集团成员23名，破获诈骗、非法拘禁等案件23起，查封房产3套，扣押车辆5辆，查封车辆9辆，冻结银行卡内金额27万余元，扣押资产近620万元。2019年4月，该案22名犯罪嫌疑人移送起诉。

侦破4·13专案　2019年4月10日，市委常委、市局党委书记、局长魏明在定海开展扫黑除恶专项接访工作中接王某军等人举报，控告戴某杭、王某恩等人长期盘踞在岱山衢山镇，横行乡里，社会影响极其恶劣。市公安局复核后，因该案主要发生地在岱山，案情复杂，涉案人员众多，背景不明，指定定海分局管辖。2019年4月13日，在市局统一部署下，分局组织大量警力在岱山大衢和舟山本岛对戴某杭为首的涉黑涉恶犯罪团伙实施统一抓捕，戴某杭、王某恩、唐某军等7名对象全部被抓捕归案。专案组从13条举报线索和14条拓展线索入手，侦查攻坚，接连突破王某等团伙主要成员口供，完善相关案件证据链。该案共抓获恶势力犯罪团伙成员9名，破获敲诈勒索、聚众斗殴、寻衅滋事等案件26起，扣押车辆4辆，扣押现金11万元，冻结银行卡内金额30万余元，累计查扣资产价值70余万元。2019年7月，7名犯罪嫌疑人移送起诉。

侦破"6·3"走私冻品案　2019年6月2日23时许，分局接群众举报称现在有人在北蝉钓门渔业村码头走私冻品，涉案车辆正欲上高速驶离舟山。接报后分局迅速采取行动，在双桥高速收费站及鸭蛋山码头等处设卡拦截，6月3日3时至6时许在双桥高速收费站卡点先后查获涉嫌走私冻品的货车5辆、在金鹰大酒店对面停车场查获涉嫌走私冻品的货车1辆，抓获钱某、王某、尤某、杨某等8名嫌疑人。经查，该6辆涉嫌走私冻品的货车各装载1个集装箱，集装箱内装有鸡爪、牛筋、猪肝等冻品，称量共162吨。同日，分局以走私国家禁止进出口的货物案立案侦查。次日，钱某、王某、尤某、杨某等6人涉嫌走私国家禁止进出口的货物罪被分局依法刑事拘留。在专案经营下，经大数据分析研判及合成作战，专案组获知该批走私团伙将于6月28日晚再次在舟山海域组织走私活动。遂在市区两级公安机关组织下，与海警、港航等部门联合行动，于6月29日凌晨在舟山、宁波两地兵分五路统一开展收网行动，共抓获涉案嫌疑人35人（其中缅甸籍9人，中国台湾籍2人），查扣涉案船舶一艘，集装箱18个，内含走私冻品522.97吨。经工作，于同日将包括9名缅甸籍人员在内的19名嫌疑对象以涉嫌走私国家禁止进出口的货物罪依法刑事拘留。10月，该案10名主要犯罪嫌疑人被依法移送检查机关审查起诉，5名外籍嫌疑人被遣返出境，另6名涉案犯罪嫌疑人被另案处理。

（撰稿：钱舟海）

（本分目图片由区公安分局提供）

检　察

【概况】　2019年，区人民检察院高举习近平新时代中国特色社会主义思想伟大旗帜，贯彻省委《进一步加强检察机关法律监督工作的若干意见》指示精神，围绕定海全面高质量发展的决策部署，履行法律监督职责，加快推进自身转型发展，各项工作取得成效。

【打击各类刑事犯罪】　履行批捕起诉职能，批准逮捕381人，提起公诉620人。保持对电信网络诈骗、网络赌博、非法泄露公民个人信息等新型网络犯罪的高压态势，办理案件14件51人，净化网络环境。妥善办理"套路贷""校园贷"等涉众型经济犯罪20件80人，配合做好追赃挽损、风险防范等工作，维护金融秩序稳定和群众财产安全。惩治腐败问题，依法起诉职务犯罪11人，建立健全与区监察委的"提前介入、案中协作、案后配合"工作衔接机制，形成反腐败合力。

方某某恶势力集团开庭审理，区检察院出庭支持公诉

【推进扫黑除恶专项斗争】　落实专案专办、快捕快诉、不捕不诉案件备案审查等办案机制，重大案件做

到检察长督办亲办、提前介入引导侦查、强化法庭教育，把控案件质效，办理涉黑涉恶案件77人。紧盯黑恶势力经济基础、背后“关系网”“保护伞”，移送涉黑涉恶违法犯罪和保护伞线索22条，协同公安、法院对涉黑恶财产依法查封、扣押、冻结。坚持“坚决打击、坚决依法”，确保“是黑恶犯罪一个不放过，不是黑恶犯罪一个不凑数”，经审查对5起案件改变侦查机关恶势力定性，对其中1人依法作出无罪不捕决定。加强宣传引导，举办专题法治讲座，发放宣传资料，发布工作动态，营造人人参与的社会舆论氛围。

邀请区委统战部、区工商联相关领导和民营企业负责人参加检察开放日活动

【保障国家战略实施】　深化“自贸检察”，依法办理在自贸区内走私“冻肉”、伪造有价证券等案件，撰写业务分析报告为自贸区招商引资、防范金融风险出谋划策，推动自贸区法治建设。把握办案力度和节奏，坚决防止“办理一个案件，垮掉一个企业，下岗一批职工”，对涉嫌轻微刑事犯罪的民企负责人依法作出从轻处理3人。加强检企共建，与区工商联签订护航民营经济发展协作书，设立派驻工作站，实行检察官定点联系企业、认领服务清单等制度。针对偷逃“过桥费”问题向相关企业发出检察建议，帮助企业建章立制规避风险。

【做优刑事检察】　借助公检联席会议、检察官办公室等平台，发现纠正案件当立不立、有罪不究、侦查活动违法等问题，立案监督13人，追诉漏罪7条，发出检察建议、纠正违法通知书13份，推进规范执法。加强刑事审判监督，审查刑事案件裁判文书427件，对其中认为确有错误的提请抗诉5件5人，其中4件获改判。实施精准化量刑、值班律师制度，推进认罪认罚从宽制度，检察环节适用率达到80.6%。加强刑事执行监督，监督财产刑执行19人，经羁押必要性审查建议变更强制措施24人，保障刑罚执行到位。

【做实民事行政检察】　树立“刑民并重”的监督思维，办理民事生效裁判监督案件23件。开展民事执行专项监督，妥善办理1起民间借贷纠纷执行违法监督案件。就“套路贷”案件中存在的虚假诉讼违法行为，检察长专题列席法院审判委员会，促成法院采纳检察建议16件并启动监督程序,其中9件获得改判。加强审判人员违法违纪行为监督，监督一起审判人员程序违法案件。开展行政非诉执行专项监督，发出行政执行监督检察建议4件，促进依法行政。

联合渔业、港航等涉海部门开展海洋生态巡航

【推进公益诉讼】　办理公益诉讼案件135件，解决所发现的问题。开展服刑人员违规领取养老金问题专项监督，发现并督促相关部门追回10余名服刑人员违规领取的养老金9万余元，形成部门间信息共享和联合整治机制，保证养老金精准发放。开展违法用地专项监督活动，对某企业侵占国有土地1.5万平方米的违法行为启动诉前程序，建议回租帮助企业解决安家落户难题，实现法律监督“三个效果”有机统一。

【办好检察民生实事】　关注群众“舌尖上的安全”，起诉生产、销售有毒有害食品案件2件，专项监督进口食品未贴加中文标签、自动售货机缺少许可证等问题，助推全区建立食品安全涉罪人员市场准入黑名单制度。加强生态环境保护，督促相关部门对城区部分店面违规排放医疗及生活污水问题开展集中整治，59

家问题店面完成整改。开展“守护海洋”专项监督活动，监督清运海岸滩涂垃圾25车次、15吨，促成相关部门建立湾（滩）长制并落实常态化保护。依托“三护”平台打造“海上枫桥”升级版，邀请社会各界代表20余名登船巡航，让防治海洋污染、打造宜居环境成为社会共识。

【深化诉源治理】 落实少捕慎诉践行新时代“枫桥经验”，依法不批捕112人、不起诉210人，经检调对接促成轻微刑事案件和解8件。抓好涉检信访工作，接待群众来信来访60件，按照“件件有回复”要求，实现7日内程序回复率100%。推进公益损害与诉讼违法举报中心工作，受理举报线索229条，成案43件，举报中心职能全面融入区社会矛盾纠纷调处化解中心，为群众信访拓宽渠道。落实国家司法救助支持脱贫攻坚，联合多部门建立“立体化救助+精准扶贫”社会治理新模式，对因案致贫、因案返贫等特殊群体开展重点救助和帮扶，全年为当事人争取救助金近10万元。

【未成年人司法保护】 对在校园周边违规销售烟草、违法生产排放等行为，督促相关部门作出处罚决定3件；落实“一号检察建议”，打击和遏制侵害未成年人犯罪。加快构建未检工作社会支持体系，与团区委合作成立青少年司法社工基地，与香园社区签订“青春护航”青少年帮教服务项目购买协议，借力融智推动专业化办案和社会化帮教有机结合。注重青少年犯罪预防，开展涉罪未成年人临界预防，开展校园普法宣讲10场次，《“未”爱筑梦》获全国“我和政法70年”优秀短视频奖。

开展校园普法宣讲

【政治建设和业务建设】 开展“不忘初心、牢记使命”主题教育，开展主题演讲比赛、包乡走村深化“三服务”调研等活动，提升干警党员意识和党性修养。突出人才兴检战略，抓牢育才用才等关键环节不放松，全年选派干警参与业务培训轮训、上挂外派97人次，5个精品案例、1名干警获省检察院表彰。重视理论研究工作，狠抓课题认领，落实认证制度，7篇理论调研成果获省市级法学会、专题论坛奖项。

【司法体制改革和智慧检务建设】 推进检察机关内设机构改革，完成机构职能调整及统一命名工作。运行捕诉一体办案模式，实施案件繁简分流机制，提升办案质效。推进“智慧检务”建设，办案场所实行信息化、标准化改造，推动智慧公诉辅助系统、智能语音技术、案件质量同步评查系统等科技成果的应用。

【党风廉政建设和反腐败工作】 突出问题导向，强化案件评查和警示教育，对近五年办理的所有案件进行全方位“回头看”，刀刃向内严查办案廉政纪律风险。细化实化“一岗双责”，推动责任落实向员额检察官延伸。建立双向约谈机制，开展全院范围的谈心谈话，全面排摸廉政风险点；用足用好监督结果，发现苗头性、倾向性问题即时纳入廉政风险数据档案，倒逼干警自觉遵纪守规。织密制度笼子，着力突破监督盲区，探索建立三色标注、网格化管理等廉政风险防范机制，做到重点人员重点管理、“八小时外”全覆盖监督，《廉“检”铁纪，钢刃自铸》专题项目在全区清廉定海建设“双学双比”中名列前茅。

（撰稿：陈洪娜）

（本分目图片由区检察院提供）

法 院

【概况】 2019年，区人民法院以习近平新时代中国特色社会主义思想为指导，以“三个建设年”活动①

① “三个建设年”活动：即省高级人民法院提出的“思想建设年、质量建设年、作风建设年”活动，是落实省委“三服务”活动的具体举措，已经被写入省十三届人大二次会议决议。

为载体，推进法院“四项建设”，参与诉源治理，各项工作取得成效。全年受理各类案件8808件，办结8838件，同比分别下降12%和10.2%；法官人均结案226.9件，同期结案率100.3%[①]。案件办理呈现收案数量下降、同期结案率上升特点，办案质量、效率、效果主要指标持续优化。

【开展“三服务”活动】　借助专题调研、代表联络、包乡走村等形式，找准司法服务的切入点和着力点，梳理“三服务小管家”，解决企业群众关注的难点痛点问题20件。建立院庭长联系服务企业制度，出台服务和保障民营经济健康发展12条意见。在中国螺杆小镇设立巡回法庭，为企业提供全面、快捷、专业的司法服务。发挥人民法庭在基层社会共建共治共享中的作用，四个人民法庭办结各类案件2103件。在人民法庭驻地外的镇（街道）和有人居住的海岛集中挂牌14个巡回审判点，因地制宜开展巡回审判，打通服务群众“最后一公里”，实现司法服务区域全覆盖。加大对人民调解工作的支持指导，完善“法官联系社区”制度，发挥专业优势促进基层治理组织化解纠纷能力提升，助力乡村振兴。

7月23日，在中国螺杆小镇设立巡回法庭，为企业提供司法服务

【扫黑除恶专项斗争[②]】　坚持把扫黑除恶专项斗争作为重大政治任务来抓，配合做好中央督导组督导迎检及整改工作，办结交办件9件。坚持依法严惩，准确把握法律和政策界限，审结涉恶案件6件55人，判处五年以上重刑19人。突出快审快判，提升办案质效，涉恶案件均在三个月内审结。 判处财产刑25人243.6万余元，生效案件全部移送执行。强化民间借贷中出现的“套路贷”[③]、虚假诉讼等违法犯罪打击力度，审结市挂牌督办的方某某等20人恶势力犯罪集团案件，彰显党委政府有黑必扫、有恶必除的坚强决心。

6月20日，区人民法院对一起虚假诉讼案件当事人作出处罚

【营造法治化营商环境】　聚焦世界银行营商环境评价体系，优化“办理破产”和“执行合同”两项指标，与政府优化营商环境的改革举措同步。开展优化营商环境提升执行合同质效行动，审结涉企纠纷2064件，涉及金额30.5亿元，平均审理天数56.6天。减少司法活动对涉案企业的负面影响，审慎运用强制措施，避免“办一个案件、搞垮一个企业”。完善破产案件审理机制，推进破产案件简化审理，运用“全国企业破产重整案件信息网”召开网上债权人会议，提高破产审判效率。推进“执转破”工作，受理执行转破产案件8件，占破产案件数的88.9%。审结破产案

① 同期结案率：指报告期总结案占总新收案件数的比例（总结案数/总收案数），2019年区人民法院总结案数（包括办结的上年未结案数）超过总收案数。

② 扫黑除恶专项斗争中的“黑”指黑社会性质的组织，“恶”指恶势力、恶势力犯罪集团。

③ “套路贷”：一般是指以非法占有为目的，假借民间借贷之名，以低息、无抵押、快速放贷等为诱饵，诱使或迫使被害人签订“借贷”或变相“借贷”等相关协议，通过收取“调查费”“中介费”“行规费”“砍头息”等一种或者多种费用，虚增贷款金额、制造虚假给付痕迹、恶意制造认定违约、多平台借款平账、毁匿还款证据等一种或者多种方式设置“套路”形成虚假债权债务关系的新型犯罪活动。实务中一般以诈骗罪论处。

件11件，中植油脂公司等4家“僵尸企业”退出市场，发挥破产审判的市场净化功能；豪舟系12家公司实现破产重整，拉动辖区经济高质量增长。

6月3日，区人民法院召开豪舟破产案的网上债权人会议

【惩治犯罪】 贯彻总体国家安全观，依法严惩、精准打击各类犯罪，审结刑事案件378件，判处罪犯628人。审结利用邪教组织破坏国家法律实施案件1件，维护意识形态安全。审结故意杀人、故意重伤、强奸等严重危害社会治安案件59件，“两抢一盗”案件77件，保障人民群众生命财产安全。审结“醉驾”案件66件，推进“醉驾”犯罪协同治理。审结电信网络诈骗、P2P集资诈骗、非法吸收公众存款等受害人数众多、涉案金额大、社会影响面广的涉众型经济犯罪案件10件，推动社会经济持续健康发展。审结“黄赌毒”案件49件，营造良好社会风尚。审结贪污贿赂、失职渎职案件7件12人，推动反腐败斗争的深入开展。推进认罪认罚从宽制度，审结认罪认罚案件106件，占同期审结刑事案件的28%，平均审理天数15天。推进律师辩护制度全覆盖，为160名未聘请律师的被告人通知援助律师到庭辩护，强化人权司法保障。

6月10—12日，区人民法院公开开庭审理方某某等20人“套路贷”犯罪案

【化解民事纠纷】 是年，全区审结民事案件4495件，解决争议标的金额46.9亿元。加强民生权益司法保障，审结抚养、赡养、婚姻等家事案件391件，涉教育、医疗、劳动争议等案件152件。推进民间借贷协同治理，发布职业放贷人①名录，联合税务部门建立利息征税协作机制，审结民间借贷纠纷案件1271件，同比下降35.2%，遏制该类纠纷高发势头。慎重审查各类金融创新行为，推进金融纠纷多元化解，审结金融借款、信用卡等各类金融案件667件，标的20.2亿元，防范化解金融风险。落实中央房地产调控政策，审结因房地产市场波动而引发的逾期交房、质量瑕疵、群体性退房及建设工程纠纷等案件349件。加强涉军维权工作，继续做好全面停止军队有偿服务下篇文章司法保障任务，审结涉军案件20件。坚持服务“三农”，审结土地承包经营权等各类涉农案件13件。

7月30日，区人民法院走进驻舟某部队，提供一对一的法律咨询等服务

① 职业放贷人：指未经金融主管部门批准，在一定区域一定时间内，以牟利为目的从事或主要从事经常性放贷活动，被列入职业放贷人名录的组织或个人。

【推进行政争议实质化解】　加强行政审判工作，审结行政案件87件，同比上升50%。严格司法审查标准，依法保护行政相对人合法权益，判决案件中行政机关败诉率27.3%。引导当事人规范行使诉权，依法裁定不予立案4件，作出全市首例驳回当事人滥用诉权的裁定。依托行政争议调解中心，实质性化解行政争议，协调撤诉率26.3%。推动行政机关负责人出庭应诉，会同区司法局建立月度通报制度，出庭应诉率89.2%。组织开展行政机关“旁听百场庭审”活动，发挥行政审判监督的联动效应，提升行政执法能力。支持行政机关依法行政，审查行政非诉执行案件131件，准执率90.1%，其中审结环保部门申请强制执行污染环境案件15件，涉城建、拆迁案件76件，助力花园式国际人文港城建设。

【治理诉源】　推进法院诉源治理工作，健全完善“社会调解优先、法院诉讼断后”的递进式矛盾纠纷分层过滤体系。诉调对接团队入驻区社会矛盾纠纷调处化解中心，提供立案、诉前引调、司法确认等服务，实现纠纷化解“只进一扇门”“最多跑一地”。应用在线矛盾纠纷多元化解平台，受理在线纠纷1318件，调解成功率97.8%。诉前化解率24.3%，民事案件收案同比下降12.9%，源头防范化解矛盾纠纷效应显现。

【深化“最多跑一次”改革】　推进一站式诉讼服务中心现代化建设，推行网上立案、跨域立案，当场立案率达99%，网上立案1823件，跨域立案11件，实现诉讼服务跨区域远程办理、跨层级联动办理，努力解决异地诉讼难等问题。推广智能送达，电子送达率达99.8%，缓解送达压力。推进“移动微法院”①深度应用，运用率93.1%，累计办理事项14912件次，让当事人和律师感受到“指尖诉讼、掌上办案”的便利。优化司法服务，持续开展送法进军营、进校园、进企业等系列普法活动。

11月6日，区人民法院干警走进小沙工业园区开展普法宣传活动

【构建执行工作长效机制】　巩固“基本解决执行难”成果，构建“自动履行为主、强制执行为辅”的执行长效机制。加强立、审、执、破兼顾，完善不执行裁判后果告知机制，督促更多案件自动履行，民事案件自动履行率42.6%，执行收案同比下降16.6%。强化执行措施，冻结银行账户6294个，查封房产、车辆636件，网拍变现2.6亿元，为当事人节省佣金694万余元。实施联合惩戒，将1657人列入失信被执行人名单，对2568人限制高消费。开展惩治拒不执行判决、裁定专项行动，对有能力而拒不履行的失信被执行人罚款625人、司法拘留64人，协助外地法院代拘171人，以拒执罪追究刑事责任1人。全年执结案件3319件，执行到位6.1亿元，提升人民群众对执行工作的满意度。

【思想政治建设】　开展“不忘初心、牢记使命”主题教育，推出政治大学习、理论大培训、思想大讲堂、认识大讨论系列活动，举办党组书记、支部书记上党课，党校学者、理论宣讲家辅导讲座等活动30余场，组织重温入党誓词、宪法宣誓、参观爱国主义教育基地、创建全国文明城市志愿服务、庆祝新中国成立70周年等丰富活动。培育先进典型，表彰先进、弘扬正气、激励队伍，沈妙军获“全国法院办案标兵”“全国维护妇女儿童权益先进个人”称号。

---

① 移动微法院：是浙江法院系统开发的一款小程序，当事人及律师在微信小程序入口访问“移动微法院”，经身份证匹配和人脸识别认证，登陆后可在手机端办理立案、查询、庭审、执行等20余项事务，并可直接与法官进行文字、语音、图片、视频等形式的交流沟通。该小程序主要功能定位为法官办案的移动辅助平台、便民利民的移动诉讼服务平台、矛盾纠纷多元化解的移动平台和全程公开留痕的互动平台，实现“让数据多跑路，让群众少跑腿”，提高办案效率，提升司法公信力。

【提升案件办理质量】　深化司法体制综合配套改革，落实司法责任制。开展质量建设年活动，完善院庭长监督管理、案件质量评查、督办问责等机制。集中清理长期未结案，超18个月长期未结案实现清零。开展优秀裁判文书、优秀庭审、优秀案例评选活动，发挥标杆效应，鼓励法官多办精品案。建立办案质效日常提醒、月度通报、定期审判态势分析相结合的评查分析通报制度，在动态监管中考核员额法官的职业能力与专业素养。生效裁判息诉率达99.3%，提升办案水平和办案质量。

5月23日，区人民法院院长开庭审理涉恶案件

【推进“清廉法院”建设】　结合干警违纪违法案件“以案三说”，开展集中警示教育。开展突出问题集中整治活动，建立健全工作人员出差管理规定、干警“八小时以外”监督管理办法等风险防控体系。从规范着装、会风会纪、庭审礼仪等小事小节管起，运用“四种形态”中的第一种形态处理干警7人次。支持派驻纪检监察组履行职责，立案查处问责干警5人，以零容忍态度惩治违法违纪行为。

2月19日，区人民法院院长为全院干警上廉政党课

【自觉接受监督】　树立“监督就是支持”理念，接受人大及社会各界监督。坚持重大事项报告制度，主动汇报、通报法院重要工作和重大案件审执情况。办理政协委员提案1件。开展定向联络人大代表工作，邀请各级人大代表、政协委员视察法院、旁听庭审、见证执行。配合检察机关依法履行法律监督职责，办理检察建议，邀请检察长列席审判委员会，加强法检沟通交流。贯彻落实人民陪审员法，协助增选人民陪审员50名，陪审率99.6%，切实发扬司法民主。

（撰稿：周　洁）

（本分目图片由区人民法院提供）

司法行政

【概况】　2019年，区司法局学习贯彻习近平新时代中国特色社会主义思想和党的十九大精神，围绕区委、区政府中心工作，主动作为，务实创新，司法行政各项工作取得成效。是年，昌国街道人民调解委员会被司法部授予“坚持发展‘枫桥经验’实现矛盾不上交试点工作表现突出集体”；干𬒗镇新建村宪法广场获评　“浙江省法治宣传教育基地”；干𬒗司法所获评“全省‘七五’普法中期成绩突出集体”。

【推进机构改革】　推进机构改革工作，完成人员转隶、“三定”方案制定、岗位职能调整、工作机制完善等重要事项，形成精准对接“一个统筹（统筹协调全面依法治区）、三大职能（行政执法、刑事执行、公共法律服务）”的组织架构。新增设法制监督科和复议应诉科内设机构2个，整合调整其它内设机构5个。新设正股级全额拨款下属事业单位“舟山市定海区司法行政服务中心”1个。保留直属机构“区法律援助中心”和直属司法所11个。

【完善公共法律服务】　完善区三级公共法律实体平台网络，优化区公共法律服务中心法律服务人员“5+5”坐班制度。是年，各级公共法律服务实体平台提供各类法律服务1700余次。落实“e服务微信群”和“指尖上的公共法律服务超市”工作，推广“公证不出岛”、法律服务视频通话一体机等举措，实现公共法律服务“在身边，零距离”。打通公共法律服务供给“最后一公里”，下沉法律服务资源到基层，全年建成村（居）公共法律服务联络点123个，提供法律咨询698次，开展法治体检390次，参与村规民约审查12次，调解重大矛盾纠纷18次。组织公共法律服务团队“送法入企”，加大民营企业法律顾问聘请力度。是年，全区公共法律服务志愿团共担任民营企业法律顾问241家，提供“法治体检”民营企业217家。

小沙“公证不出岛”惠民服务对接

【完善法律援助制度】　完善刑事法律援助案件办理，出台《定海区办理涉黑涉恶法律援助案件指南》,对涉黑涉恶受害人申请法律援助的，一律免审家庭经济状况，优先办理、即时指派；对公、检、法通知辩护的涉黑涉恶案件实行统一受理、统一审查、统一指派。与承办律师签订《“扫黑除恶”案件办理承诺书》，督促承办律师依法履行涉黑涉恶案件代理、辩护的备案报批程序，依法保障援助律师会见犯罪嫌疑人，为律师履行辩护职责提供便利。建立法律援助律师值班制度，实行特定日值班、按需值班制和随叫随到模式，推进刑事诉讼中值班律师法律帮助、认罪认罚从宽制度的实施。是年，指派办理涉黑涉恶案件4件，

开展律师代理涉黑涉恶案件督导工作

涉及被告人23人，接待欠薪类群众来电、来访咨询500余件，追偿劳动报酬149件，涉及农民工讨薪800多万元。

【强化法治建设】　成立区委全面依法治区委员会，组建执法、司法、守法普法三个协调小组和委员会办公室，召开委员会第一次会议，健全完善委员会及其办公室“两规则一细则”工作机制，公布法治定海建设工作要点及重点任务清单。将“七五”普法工作任务融入守法普法协调小组工作重点及任务清单，印发《2019年度区属单位法治宣传教育责任清单》和《舟山市定海区2019年普法依法治理工作要点》，落实普法责任制。打造最佳营商环境、助推全国文明城市创建，开展“全民守法基层行”活动。完善自治、法治、德治相结合的乡村治理体系，深化民主法治村（社区）建设三年行动计划，推进基层社会治理创新。是年，全区成功创建6个省级善治示范村、2个省级民主法治村（社区）、5个市级民主法治村（社区），16个省级民主法治村（社区）通过复评验收。

开展“4·15”全民国家安全教育日专题法治宣传活动

【特殊人群管理工作】　完善规章制度、严格执法流程，实现社区矫正工作新突破。出台《关于进一步加强社区服刑人员请假外出管理的通知》《定海区社区服刑人员档案管理办法》等制度，确保特殊人群管理工作持续安全稳定。落实国家主席特赦令和特赦决定，确保各个环节程序到位，全区特赦解矫社区服刑人员13名。落实护航“新中国成立70周年”维稳安保工作，核查人员信息3000余人次，处理异常情况740余条。是年，全区累计接收社区服刑人员385人，

警告34人次，提请治安处罚3人，提请撤销缓刑1人，跨省网上追逃1人。

【完善“大调解”体系】　落实《定海区全面深化矛盾纠纷大调解工作实施方案》，优化升级大调解格局，以区级社会矛盾纠纷调处中心为辐射，基层依托群众工作中心设立调解室及调委会，发挥社会矛盾疏导化解功能。推进品牌调解工作室进驻综合服务中心，搭建“一站式”服务平台，建立高效便民的区级矛盾纠纷调处化解中心。区、镇街开辟“3+X”基层联动一体化人民调解工作模式，社区、村依托便民服务中心开展纠纷预防、排查、化解工作，畅通三级矛盾调处机制。成立全市首个“三农”调解工作室，聚焦企业经济领域安全，助力最佳营商环境。深化“海陆联动”人民调解工作机制，以全市首个港内“海上的士”调解工作室为标杆，规范拓展以人民调解船队伍为纽带的海陆联动调解模式，推动人民调解船“信访代办”助力“最多跑一次”。加速职能转变，推进“文明规范公正”司法所建设，推进司法行政队伍建设。修订《定海区人民调解工作“以奖代补”实施办法》，规范治安案件移交人民调解的程序，完善警调对接，提升基层人民调解员积极性。是年，累计受理调解12164569件，调解成功11514555件，涉及金额12481.1万元。

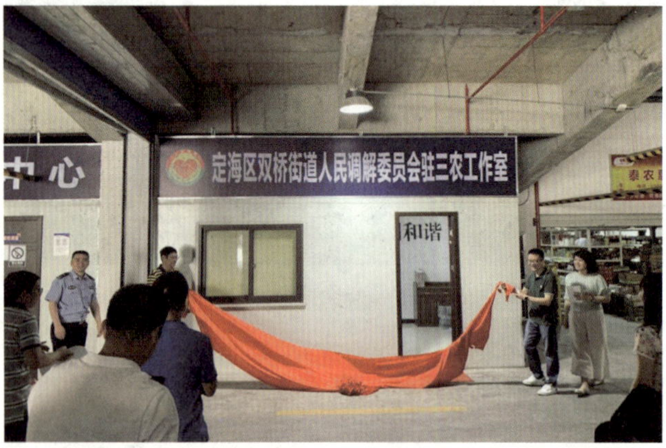

双桥街道人民调解委员会驻三农工作室揭牌成立

【司法所建设】　贯彻司法部关于加强司法所建设的新部署，以“文明规范公正”司法所建设为引领，加大改革力度，提高司法所建设水平。做好2个省级、1个市级、2个区级“文明规范公正”司法所创建指导工作。加强司法行政队伍建设，把“不忘初心，牢记使命”主题教育贯穿于“清廉司法”建设，开展集中学习、集中培训、专题讲座、典型教育、互动讨论等形式，提升队伍的综合素质，提高实战能力。

法律服务

【概况】　2019年，全区有律师事务所13家和法律服务所3家，分别是浙江泽大（舟山）律师事务所、浙江京衡（浙江自贸区）律师事务所、浙江乾勇律师事务所、上海瀛泰（舟山）律师事务所、浙江兰羽律师事务所、浙江恒禾律师事务所、浙江合飞律师事务所、浙江海务律师事务所、浙江政科维律师事务所、浙江五奎律师事务所、浙江丰良律师事务所、浙江普俊律师事务所、上海汇业（浙江自贸区）律师事务所，舟山市定海区恒平法律服务所、舟山市定海区秉拯法律服务所、舟山市定海区海山法律服务所。专职律师77人，兼职律师3人，法律服务工作者24人。业务领域涉及涉外、金融、破产、证券、公司改制、房地产、破产管理、债券发行等。是年，实现业务收入5428万元，办理诉讼业务2587件，非诉讼业务146件，仲裁业务69件。

举办2019年度全区法律服务业务培训会

【规范法律服务市场】　落实新修订的《律师事务所管理办法》，重点检查2018年度律师事务所执业资质情况、队伍建设情况、遵守职业道德和执业纪律情况、年度业务活动开展情况、内部管理情况、开展党建工作情况等。开展法律服务行业专项警示教育活动和法律服务机构“双随机一公开”掌上执法工作，提高从业人员风险防范意识，规范法律服务行业执业秩序。是年，实地走访检查法律服务机构11家，约谈涉嫌违规违法人员4名，发现收案审批不规范、发票不齐全问题2处。

对浙江合飞律师事务所开展双随机检查

【服务经济社会发展】　落实三服务和民营企业法治体检专项活动决策部署，组织律师团队“送法入企”，围绕政策宣传解读、法治环境保障、公司治理结构、风险防范化解等四方面，为民营企业资金担保、融资上市、并购重组、破产清算等提供精准法律服务。聚焦舟山绿色石化基地炼化一体化、国家远洋渔业基地建设等重点项目，走访定海工业园区、定海海洋科学城等重要园区，组建资深律师服务团队，为重点项目、重点工程提供优质法律服务。是年，全区律师事务所承办企业重整重组案件17件，为重点项目提供各类法律服务1714次，涉及标的5.99亿元。

组团法律服务走进长宏国际

政府法制工作

【概况】　2019年，定海区政府法制工作按照省、市有关法治政府建设工作部署，围绕区委区政府工作大局，尽责履职，主动作为，法治政府建设工作取得新成绩。

【制度建设和管理】　落实《浙江省行政规范性文件管理办法》，把牢行政规范性文件的程序关、法律关。是年，审查《定海区被征地农民基本生活保障实行“人地对应”实施办法（试行）》《定海区规模以下“低散乱”修造船企业整治提升工作实施方案》等各类政策性文件、工作方案50余件。

履行备案职责　向舟山市政府和定海区人大常委会备案区政府实行“三统一”的行政规范性文件20件。强化文件监督职责，督促各部门落实规范性文件“三统一”制度，要求各部门做好规范性文件申请登记和备案工作，开展对镇（街道）及区属部门自2017年以来发布的规范性文件的检查工作。

开展涉及“民营经济31条”　惠企政策专项清理　坚持规范决策、规范执法“两手抓”，加强顶层设计，总结近年来重大决策事项经验做法，形成《定海区重大行政决策程序规定（送审稿）》，进一步推进科学民主依法决策。

助力“最多跑一次”改革　开展废止权力事项清理、“无证明城市”证明事项清理，对全区行政机关报送的264项清理证明事项逐项研究、逐项提出清理意见，其中建议取消证明79项，替代证明145项，保留证明50项。

【行政执法监督】　制订《2019年行政执法监督工作计划》，出台《行政许可监督检查方案》《行政处罚监督检查方案》等制度文件。开展综合行政执法领域执法监督、贯彻实施《浙江省企业权益保护规定》、行政执法“三项制度”落实情况、行政处罚结果信息公开、全区行政执法案卷评查等各类检查9次，累计检查涉及执法单位13家，行政执法案卷139卷，发送行政执法监督建议书3份。下发《关于进一步推进行政执法公示全过程记录和重大行政执法决定法制审核制度工作的意见的通知》，明确全区行政执法机关“三项制度”工作任务清单及完成的时间节点。开展行政执法机关主体及行政规范性文件主体两张清单编制及公告工作，确认法定主体43家、法律法规授权主体 8家 、受委托主体18 家、行政规范性文件的主体50个。加强行政执法主体资格管理，开展拟参考人员、到期换证人员的主体资格审核，确保行政执法人员主体资格的合法有效。是年，组织拟上岗执法人员综合法律知识考试2次，新领、换发行政执法证件277本。

【试点示范培育创建】　出台《定海区创建全省法治政府建设“最佳实践”实施方案》《定海区特邀行政执法监督员工作规则》《舟山市定海区行政执法专项监督办法》等，规范行政执法。制定《定海区人民政府法制监督约谈制度（试行）（送审稿）》，落实行政执法责任制，将行政执法工作纳入全区综合考核和领导干部实绩考核范围。畅通执法投诉举报渠道，在白泉、金塘设立行政执法监督受理点，制定《行政执法投诉处理流程图》，随时接受群众监督；构建执法监督协作平台，分别与区纪委区监委、区人民检察院、区人民法院、区信访局建立各类监督机制，实现对不同违法行为监督的全覆盖。延伸执法监督触角，通过“确定选题、检前暗访、现场查摆、定向通报、整改纠正、定期回看”，严查办案流程、严评办案质量，严格案件通报，实现司法行政监督新常态。

开展行政执法案卷检查活动

【行政复议应诉规范化建设】　8月1日，区行政复议局实体化运行，集中行使区级部门行政复议职权，实行区政府“一个口子”对外行政复议管辖体制。制定区行政复议规范化建设工作方案和建设任务清单，从集中行政复议职责、落实行政复议职责、完善行政复议机制、强化行政复议保障等方面分三个阶段进行规范化建设。完善行政诉讼应诉机制，推动落实行政机关负责人出庭应诉制度。优化府院良性互动机制，召开府院联席会议和年度行政复议与行政审判联席会议。常态化开展个案和专项法律会商工作，妥善解决行政争议。

【行政复议应诉案件办理】　依法受理、办理行政复议案件　是年，区本级受理行政复议案件22件2018年度结转4件，其中涉及公安行政处罚7件、公安行政强制3件、环保1件、城乡规化3件、信息公开2件、市场监督1件，民政行政给付1件，其他行政行为4件。办结行政复议案件21件，未办结1件。其中通过调解方式结案7件，其中1件因申请人不服维持复议决定起诉。办结案件中维持率47.62%，变更撤销率为9.52%，调撤率为33.33%，驳回率为9.52%。区政府被复议案件4件，未审结2件，无被纠错案件。

加强行政应诉规范化建设　是年，发生行政诉讼案件（一审）48件，其中上年结转7件，新发生41件，审结31件，总数同比增长了57.69%。一审驳回诉讼请求18件，撤销1件（民政），确认违法或无效3件，责令履行法定职责1件；一审裁定9件，一审调解（含撤诉）6件。行政机关一审败诉案件5件，败诉率为13.16%。

【政府法律服务】　参与社区村体制改革　对5个街道20个村撤村并居的请示进行审核，出具法律意见书。常态化参与政府常务会议、重大协调会议或专题会议，对重大议题进行合法性审查，论证把关相关政策以及协调处理有关工作中涉及的法律问题，保障党委政府重点工作在法治轨道上顺利推进。全年累计参与政府重要涉法事务协调近200次，并提出法律意见。

加强行政机关合同监管　是年，审查各类合作框架协议、股权转让协议、投资协议等民商事合同8件。清理2016—2018年镇（街道）、区属各单位签订的政府合同9752件，涉及金额约183.3亿元，发现11大类突出问题，督促各单位落实整改。

（撰稿：林　波）

（以上分目图片由区司法局提供）

责任编辑：王英伟

军　事

Military Affairs

虹桥水库（陈炳群/摄）

社会主义核心价值观

国家　富强、民主、文明、和谐

社会　自由、平等、公正、法治

公民　爱国、敬业、诚信、友善

综　述

2019年，区人武部在国防动员部、省军区、警备区党委和区委、区政府的领导下，推进全区党管武装、民兵整组、兵役征集、国防动员工作落地落实，确保各项工作稳中有进。

党管武装

【工作考评】 1月14—15日，区人武部部长汪勇健、政委崔亚东分别带工作组，赴定海区13个镇、街道武装部，开展2018年度武装工作考评。考评组围绕党管武装、政治双拥、军事训练、整组征兵、规范化建设等7个方面，通过听取汇报、查阅资料和实地察看基层人武部2018年度以来党管武装全面建设情况，了解2018年度武装工作在基层人武部末端落实情况，依据考评实施细则进行量化打分，督导各基层人武部开展有关新年度工作筹划和分析新年度工作重点，做好新年度工作的开局起步工作。

【党委（扩大）会议暨专武部长例会】 1月25日，区人武部召开党委（扩大）会议暨专武部长例会，区人武部机关全体党员、定海区镇（街道）13名专武部长参加会议。会议由区人武部党委书记崔亚东主持。王嘉宁通报2018年度各基层武装部党管武装工作考评情况，崔亚东传达学习军委国防动员部、浙江省军区和舟山警备区党委（扩大）会议精神。汪勇健代表部党委回顾总结2018年度工作、部署明确了2019年度任务。

【“明底线、知敬畏、守初心”主题党日活动】 3月15日，区人武部开展“明底线、知敬畏、守初心”主题党日活动，区人武部机关全体党员13人参加活动。本次主题党日活动组织全体人员收看“习主席在解放军和武警部队代表团全体会议上讲话精神”视频资料；根据上级要求，组织党规党章理论辅导授课；会后机关支部各党小组按照指示对“两个维护、贯彻军委主席负责制我有责”开展辨析讨论。

【区委武装工作暨区国防动员委员会会议】 3月27日，定海区召开区委武装工作暨国防动员委员会会议，总结回顾2018年全区武装工作开展情况，部署2019年度武装工作任务。区委副书记、区长俟富光出席会议并讲话，区领导余河通、车志宽、杜彬、顾飞舟、郑飞科、汪勇健、陈海平、林剑彪、邵辉、徐峻峰、崔亚东出席会议，各镇、街道党（工）委书记，全体人武、专武干部参加会议。会议宣读定海区2018年度武装工作先进单位和先进个人的表彰通报，对受表彰先进单位和个人进行颁奖。盐仓街道、马岙街道、干䃰镇依次作2018年度党管武装工作述职。

召开区委武装工作暨区国防动员委员会会议

【清明节祭扫活动】 4月2日，区人武部组织全体机关人员到金塘镇烈士陵园开展清明节扫墓活动。人武部代表向烈士纪念碑敬献花圈，表达对烈士的崇高敬意和深切悼念之情；全体人员在纪念碑前肃立默哀，感受当年革命先烈不畏牺牲、浴血奋战的革命精神；人武部政委崔亚东献词，表达对先烈的缅怀之情；全体人员围绕、瞻仰纪念碑后在纪念碑前献上胸花。

【区四套班子“军事日”活动】 是年，区人武部组织区党政“四套班子”、国动委成员单位主要领导走进军营开展“军事日”活动，落实党管武装制度，增强领导干部国防意识，密切军政军民关系。

组织开展区四套班子“军事日”活动

【“不忘初心、牢记使命”主题教育实地见学活动】 是年，区人武部组织全体机关党员干部、全区专武干部35人，前往岱山参观金维映故居、金维映纪念馆和中国海防博物馆，并重温入党誓词，开展党性教育和革命传统教育活动，推动“不忘初心、牢记使命”主题教育深入开展，引导激励广大专武干部坚定理想信念，凝聚奋进力量。

组织开展“不忘初心、牢记使命”主题教育实地见学活动

民兵整组及训练

【区应急连战备拉动演练】 1月9日，区人武部响应中央军委主席习近平开训动员号令，按照“双节”战备要求，在浙江海洋大学组织区应急连战备拉动演练。演练内容包括人员点验、装备点验、分队课目演示等，并由部长、政委分别进行讲评和动员教育。

组织区应急连战备拉动演练

【军地情报联席会议暨民兵情报信息员（船）表彰大会】 1月29日，区人武部在盐仓街办五楼会议室，召开定海区2019年度军地情报联席会议暨民兵情报信息员（船）表彰大会。会议由区人武部副部长连荣华主持，政委崔亚东，区府办副主任周新，军事科科长俞建林出席会议，区委宣传部、区公安分局等单位及各街道武装部列席。会议奏唱《中国人民解放军军歌》；区府领导致辞，分析当前的军地情报斗争形势，对情报信息工作提出要求；部队政委总结全年情报工作的成绩和不足，明确下一步工作的方向和重点。会后对情报信息工作中的先进单位和个人进行表彰和颁奖。

组织开展军地情报联席会议暨
民兵情报信息员（船）表彰大会

【海上民兵跨区联训】 根据警备区《关于二〇一九年度组织民兵跨区联训的通知》（战传〔2019〕25号）指示精神，6月17—19日，区人武部在华其山民兵训练基地组织海上民兵进行为期3天的跨区联训。

【组织现役干部、文职人员和民兵岗位练兵比武选拔】 根据警备区《关于下发〈现役干部、文职人员和民兵岗位练兵比武方案（征求意见稿）〉的通知》（舟战传〔2019〕53号）指示精神，以《省军区2019年度现役、文职和民兵岗位练兵大比武方案》为依据，6月19日，区人武部在警备区原教导队组织全区民兵比武人员选拔，全区专武干部和相关专业的基干民兵参加。

【基干民兵组建】 贯彻民兵整组指示精神，夯实民兵建设基础。完成基干民兵组建任务。

【民兵队伍建设】 1月，结合海上获情情况通报，召开民兵情报信息表彰大会，调动民兵情报信息员的报情积极性。5月，组织全市海上维权、海上综合保障分队跨区联训，遴选部分民兵参加台州、象山市组织的海上医疗、海上救护分队的跨区联训。采取理论授课、实装操作、编组演练等方式，强化队伍专攻精炼实际水平，增强遂行海上应对行动能力。5月中旬，迎接国防动员部海上民兵渔船拉动演练，出动渔船6艘，民兵41人，完成演练任务。7—8月，遴选部分民兵参加岱山、嵊泗人武部组织的海上补给、海上侦察警戒专业的全市跨区联训。11月，结合省军区海上民兵比武活动，出动渔船3艘，民兵30人，完成比武活动。

【民兵应急能力】 为完成民兵职能，将全区应急民兵融入地方应急管理体系，加强地方建设。1月，结合“双节”战备任务，组织区应急连战备拉动演练；7月，组织应急民兵参加定海区“利奇马”抗台抢险任务；9月底，结合“国庆”战备，警备区对区应急连进行战备拉动演练；10月，组织应急民兵参加定海区“美娜”抗台抢险任务，恢复城区生活秩序；组织民兵参加市人防办组织的“金盾-19”防空战备演习。

兵役征集

【落实领导责任】 省、市征兵工作会议召开后，成立以常务副区长为组长的征兵工作领导小组和征兵办公室。7月26日，联合区委、区政府召集公安、卫计、交通、财政、民政等征兵工作领导小组成员单位负责领导及各镇（街道）镇长（主任）、专武部长召开全区征兵工作会议，落实责任制，逐级签订责任状，明确奖惩措施，把工作成效和新兵质量作为评定各级各类人员政绩的重要依据，纳入各单位和个人的年终考核。

召开全区征兵工作会议

【开展兵役登记】 3月，指导各基层武装部成立兵役登记领导小组，组织兵役登记工作人员业务培训。利用元旦、春节走访慰问契机，发动回乡大学生开展网上兵役登记；4月，部署召开专题兵役登记会，协调辖区院校组织高中以上应届毕业生网上兵役登记，全区网上兵役登记率达到100%。

【启动征兵宣传】 4月20日，在定海区文化广场举行2019年大型征兵宣传活动启动仪式，邀请舟山警备区动员处领导和区常务副区长及区府办、区宣传部、区公安局、区教育局等部门领导参加，区所有乡镇（街道）专武干部及民兵代表和各社区民众代表适龄青年代表，及浙江海洋大学学生代表近千人参加宣传活动启动仪式。4月22日，区人武部组织征兵宣传小分队，深入浙江海洋大学开展征兵宣传进大学活动。组织专武干部和由浙江海洋大学退役大学生组成的“青年先锋连”的代表，向大学们分发征兵宣传手册及宣传单，邀请退役大学生士兵进行现身讲解，部队首长备课制作课件给大学生们上征兵宣传课。区各乡镇（街道）开展征兵宣传“五进”活动（进校园、进机关、进企业、进社区、进家庭）。利用广场、商业中心、银行、公交、车站等公众电子显示屏，滚动播出征兵内容，开展征兵宣传活动。

全面启动征兵宣传工作

【严密组织政审培训】 一是人员到位实。卫计局、医院、公安局、派出所、武装系统抽派作风过硬、政治素质强的人员进行培训，所有人员不得缺岗。二是培训内容实。学习国防部颁发的《应征公民体格检查标准》《应征公民体格检查办法》《征兵政治审查工作规定》、军委国防动员部“五率”考评检查标准等有关规定，入脑入心。三是标准实。鉴于以往政审样式繁多，任务不明确等问题，区征兵办组织政审工作培训，对照省军区明确的政审工作办法（浙征联〔2018〕24号文件），逐字逐句推敲，现场进行明确统一，落实工作责任，使整个政审工作清晰规范。

【组织征兵体检】 制订体检方案计划，在区中心医院设立体检站，设立“封闭式”征兵体检站，配备性能良好的体检器材。要求应征青年持市民卡进行上站体检，现场调取病史记录，排除隐情不报所带来的隐患。是年，淘汰4名患有腰椎间盘突出的应征青年，淘汰1名患有先天性蛛网膜囊肿的应征青年，确保身体合格过硬，确保优质兵员输送至部队。

【严格兵役政治审查】 区人武部指导各镇街道成立政治考核领导小组，落实“五走访”活动，推进三级会审和区域联审制度，重点审查人户分离、外出务工经商人员的政审，做到去向明、情况清，确保应征青年政治纯洁可靠。接兵干部走访一次性通过，输送政治条件兵。

【坚守廉洁征兵制度】 贯彻上级廉洁征兵指示要求，会同区纪检部门成立廉洁征兵监督组，专人负责，设立举报信箱和举报电话；发放适龄青年和家长廉洁征兵卡，区、镇（街道）建立日廉洁征兵“零报告”制度；镇（街道）依靠和发动广大群众监督，确保征兵工作合规进行。

【举行欢送新兵仪式暨文艺会演】 9月5日，定海举行欢送新兵仪式暨文艺会演。警备区司令员王京东，浙江海洋大学党委副书记叶舟，区委常委、区长侯富光，浙江海运国际技术学院党委副书记胡国光，常务副区长林剑彪和驻地部队首长等13位领导出席文艺会演，为新兵送行。林剑彪同志代表区委、区政府和全区人民，向全体新战士表示祝贺。会演涵盖歌曲、舞蹈、朗诵等各种内容。

【组织慰问参加新中国成立70周年阅兵活动的受阅战士家庭】 10月9日，定海区人武部联合区退役军人事务局一行6人慰问3名参加新中国成立70周年阅兵活动的受阅战士家庭，送上党和政府的关怀。受阅战士3人中有2人受阅于海军方队，1人受阅于特战装备车方队。

【组织慰问立功受奖的现役军人家属和海上民兵家庭】 1月30日至2月1日，区人武部政委崔亚东、政工科王嘉宁，带领各镇（街道）专武部部长到部队慰问立功受奖的现役军人家属和海上民兵家中，送去慰问品和区委、区政府的关怀。

国防动员与安全管理

【加强国防教育】 运用电视、报刊、网络、短信等多种媒体，宣传党中央、国务院的国防政策、相关军事常识以及定海区加强国防后备力量建设的政策措施，引导广大群众把自身的幸福与国家的安危紧紧相连，激发出全民的爱国之心、报国之情、强国之志。把各级干部、公务人员、民兵预备役人员和青年学生作为国防教育的主体，组织学习党的创新理论和习总书记关于国防和军队建设的重要论述。深入各中小学校，对职工和青少年学生进行国防教育专题授课，定期组织党政机关、企事业干部职工和学生进行军训，结合“双节”军属慰问、国家公祭日和征兵季，常态化开展宣讲和教育，增强各级领导干部和青年学生的忧患意识、责任意识和国防意识。下拨国防教育经费

10000元，支持定海二中（北校区）连续15年开展“人防杯”海洋国防知识竞赛；组织全区中青年干部在“洛阳营”开展为期一周军事化集训。利用创建文明城市契机，突出国防教育场所建设，把国防教育与党建工作、社区文化礼堂结合，建设社区国防教育宣传栏。协调各乡镇、街道编排充满兵味、军味的文艺节目参加送兵晚会，遴选优秀节目到各乡镇、街道进行巡回演出，将国防教育融入民众生活中。联合盐仓街道精心筹划举办“第二届双拥文化节”活动，展示定海“军民鱼水一家情”的精神风貌。运用现代信息传媒辐射作用，创建“网站、电视、广播、报刊、手机”五位一体的国防教育立体宣传网络，在区府网站上建立国防教育网页，在“定海山”手机APP公众平台上建立“国防教育专栏”。协调电台、电视台和报刊传媒开设国防教育专题节目、栏目，组织对定海籍及驻军中先进模范和立功授奖军人进行宣传报道，强化教育效果。

建设青少年国防教育基地

【推进军民共建共护】　落实各级关于军事设施保护的指示精神，采取“军队自护、军民联护、依法保护”的办法，加强军事设施保护。参照市军事设施保护委员会成员调整模式，对区军事设施保护委员会及时组织调整人员，确保组织和人员齐全。组织开展“军事设施保护宣传周”活动，形成军民协力共护军事设施的氛围。根据编制体制调整，全区负责国防工程由3处增至100处，组织人员进行国防工程数据采集，彻底摸清底数，推进“两区两范围”划定工作，取得效果。

【加强安全稳定建设】　部党委坚持每月分析安全形势，明确“人车枪弹密、水火电钱网、酒油黄赌毒，涉外涉地方”等“17个风险点”，坚持主官负总责，分管领导具体抓落实，各科按职能分工各负其责，做到责权分明。执行中央八项规定、中央军委十项规定实施细则和禁酒令，吸取省军区今年以来多起违规喝酒问题的深刻教训。部领导坚持做到以身作则，带头执行新规禁令，落实抓安全、保稳定主体责任，带动干部职工守规矩明职责。是年，通过国防动员部两次明察暗访，一次省军区夜间突击检查和省军区安全、保密专项检查，确保安全稳定。

（撰稿：金思佳）

（以上各分目图片由区人武部提供）

人民防空

【概况】　2019年，区人防办职责划入区住建局，保留区人民防空办公室、区民防局牌子，撤销下属事业单位定海区人防地面指挥中心。区住建局内设人防科科室，在职在编5人，编外用工1人。是年，人防工作坚持以“战时防空、平时服务、应急支援”为导向，探索人民防空建设与经济社会民生融合发展新路径，人民防空事业迈上新台阶。

【人防防护体系建设】　面积扩大防护　全区新建续建人防结建项目12个；完成人防结建竣工项目4个（包括1个人防物资库），新增人防地下室停车位约515个，实现4个人防工程的平时利用。

发展质量监督　新受理人防质量监督工程10个，完成平时关键人防质量监督检查60余次，完成人防地下室工程竣工验收项目4个。

人防安全形势平稳　开展全区人防系统安全大检查专项行动，抽查竣工投入使用的人防工程，落实部门监管责任。开展防化设备网上查证工作，对未通过防化系统查证的项目均不予备案；开展防化设备专项排查，核对检查4个项目25台过滤吸收器。

执行易地建设费征收标准　受理人防结建工程审批项目12个；有人防易地费征收建设项目31个，全年收取人防易地建设费1714万元。

【人防指挥体系建设】　人防指挥机构建设　修订完善人民防空指挥部机构编成人员及编组分工；按照省办市办文件要求，完成重要经济目标防护分类分级和人防重点镇（乡）变动情况调查的工作；抓好区人防地面指挥所安全工作，完成区人防地面指挥中心保安监控和防盗警报系统维护检修工作，做到对指挥所实现实时监控。结合“品质舟山”建设要求，进一步加强指挥部常态化运行、制度化管理、实战化建设，提升组织指挥手段智能化、信息化、数字化水平。完成总投资120万元的干礥镇民防应急指挥中心建设项目，双桥街道民防应急指挥中心建设项目已完成现场勘测，正处于方案设计阶段。

人防指挥通信信息化建设　完成全区警报器检修，更换2台老旧防空警报器设备和1台警报器新装工作，进一步扩大防空警报覆盖面积；完成年度警报试鸣工作。

完成信息保障队伍训练计划　区人防地面指挥中心与市办完成单边带电台参训和视频会议互联互通工作。

抓好训练演练工作　重点做好人防专业队伍编组与训练，加强队伍应急反应能力建设，实现管理规范化、训练常态化。参与市人防办组织的“浙江金盾-19”演习，完成指定演习任务。结合全国防灾减灾日和全市警报试鸣日，开展急救援训练和防空防灾综合演练。

定海三中举行5·12人防人口疏散演练

【人防宣传教育建设】　加强人防宣传教育“五进”工作，完成全区中小学普及人防知识教育的任务目标，加强对中小学民防教师培训工作。结合“3·1”国际民防日“5·12”防灾减灾日等重要节点，组织社区、企业开展各类宣传活动和疏散演练活动。全年组织应急疏散2次、约1200人参加；组织人防知识比赛1次、600余人参加；在定海文化广场开展人防宣传活动，发放宣传资料200余份。

（撰稿：邵佳盈）

（本分目图片由区民防局提供）

责任编辑：王英伟

农业　农村

Agricultural Economy

华晟牧场（陈炳群/摄）

社会主义核心价值观

国家　富强、民主、文明、和谐

社会　自由、平等、公正、法治

公民　爱国、敬业、诚信、友善

综 述

2019年，全区农渔业总产值18.85亿元，同比增长2.5%；农渔村常住居民人均可支配收入36825元，同比增长8.6%。粮食总播种面积4.69万亩，比上年的4.61万亩增加1.70%；粮食总产量1.81万吨。建成放心菜园380亩，其中基地提升290亩，蔬菜播种面积5.09万亩，比上年4.99万亩增加2%。全区生猪饲养量4.27万头、家禽饲养量26.90万羽。是年，经济林面积达75829亩。茶叶种植面积2600亩（采摘面积1100亩）。

种植业

【概况】 是年，全区农作物播种总面积12.61万亩，比上年的12.41万亩增加1.61%，粮食总播种面积4.69万亩，比上年的4.61万亩增加1.70%；粮食总产量1.81万吨。其中晚稻2.82万亩，比上年2.74万亩增加2.62%；小麦310.96亩，产量80.27吨，比上年519.87亩减少-40.19%；油菜6390亩，产量873吨，比上年6015亩增加6.23%；豆类8095亩，较上年7960亩增加1.70%。蔬菜播种面积5.09万亩，比上年4.99万亩增加2%。

【农业水环境治理】 示范推广商品有机肥、病虫绿色防控技术和作物水肥一体化灌溉技术，减少化肥农药使用量，保护农业生态环境。全年全区推广测土配方施肥技术面积11.2万亩，减少不合理施用化肥量10.2吨，推广应用农作物绿色防控技术面积2.1万亩次、减少农药使用量2.2吨，农药废弃包装物回收处置25.3吨，处置率195.75%。

【“菜篮子”基地提升】 2019年，改造提升蔬菜基地2个，建设放心菜园2个，总面积730亩，分别为：龙荫蔬菜基地提升项目290亩，白泉蔬菜基地提升改造项目350亩，双桥朔源放心菜园40亩，马岙梁富亮放心菜园50亩。

【农业三项补贴】 是年，完成耕地地力保护补贴，涉及农户37255户，受益面积54889.89亩，发放补贴资金3347024.93元。规模种粮大户61户，面积9280.03亩，发放补贴资金928003元。社会化服务作业10035.79亩，补贴金额401431.6元。

【优良品种、高效栽培模式推广】 引进推广浙樱粉1号番茄、越心草莓、浙秀3号黄瓜、浙粉706大番茄、甬甜5号甜瓜、杭茄2010、嘉丰优2号水稻等新颖优质良种。继续推广应用水稻两壮两高栽培技术、水稻全程机械化、水稻绿色综合防控技术、化肥农药减量技术、水肥一体化技术等。

【无公害蔬菜瓜果病虫害综合防治】 强化对“菜篮子”基地蔬菜瓜果用药指导和监管，严格规范产品上市前的检测。是年，全区抽检蔬菜样品8604批次，合格率99.9%。应用杀虫灯、色板、性诱剂和无公害生物农药等绿色防控技术防治病虫害，减少农药使用量，保护农业生态环境。

【农产品质量安全工作】 深化区级、乡镇、村（社区）三级监管、三位一体、互联互通、信息共享、实时联动的农产品质量安全“智慧监管APP”网格化体系，明确村（社区）协管员工作职责、管理目标、考核机制，打造全区农产品质量安全管控一张网。开展全区智慧监管协管员绩效考核，全年开展巡查2057次，确保农产品质量安全。

【农产品合格证追溯管理】 2019年，深化全区农产品生产主体追溯建设工作。新建设追溯主体7家，全部做到制度上墙，产品可追溯。

【农产品质量安全监管】 加强抽样检测工作，制订《2019年度监测计划》，针对全区重点农产品、上市农产品开展大抽检和重点抽检、快速检测。全区开展快速检测8604批次，合格率99.9%；定量检测189批次，合格率100%。

【农产品质量安全检测体系建设】 召开全区农产品

质量安全检测体系提升建设工作会议暨2019年农产品质量安全风险会商会议，全区12个农残检测室进行统一升级建设，更新检测设备，整洁化检测环境，确保完善基层检测体系。

【开展农技推广】 完成5个省级高品质绿色农业科技示范基地建设。组织做好全区、镇街2级64名农技人员集中知识更新培训。开展集中式为农服务和宣传活动。围绕全区春耕备耕“五送”服务月集中行动，举办专题知识讲座、农产品安全宣传活动、科技周宣传活动、“三下乡”宣传活动等，科技下乡和专题宣传10次，赠送科技书册资料1000余本，赠送种子农资1200包。

“三下乡”宣传活动

【农产品出岛行动】 组织11家企业参展浙江省农博会，浙江大洋世家股份有限公司的金枪鱼罐头获优质奖。通过农民信箱发布“每日一助”销售信息，助农销售60万元。

【打造美丽农业】 以全区主要道路沿线为重点，向各镇街道发放油菜、紫云英等冬绿肥种子补助和产业化政策性补助，发动农户种植油菜、紫云英等观光与效益相结合的农作物，引进彩色油菜品种，适度打造大田农业景观点。引导、鼓励有能力的规模生产主体，改善基础服务设施，以特色水果种植、现代设施栽培、农耕文化展示等为主，重点发展休闲采摘、农事体验、农业观光等项目，拓展产业功能，提升农业效益，增加农民收入。

【农产品“三品一标”认定】 做好农产品“三品一标”（三品：绿色、无公害、有机农产品；一标：农产品地理标志。）认定工作。新申报绿色产品3个、面积328亩，无公害产品6个、面积123亩；全区有效期内“三品一标”产品69个，总面积5.4万亩。

【农业产业发展】 做好省级“一区一镇”（一区：现代园区；一镇：特色农业强镇）建设，全面开展省级定海区现代农业园区建设，围绕“一村一带两基地”规划目标，完成建设任务的90%。建成马岙省级特色农业强镇。推进马岙、小沙市级重点农业乡镇建设，完成当年建设任务量。做好市级农业龙头企业监测工作。新增农业产业化国家重点龙头企业1家。

【现代生态循环农业】 建成岑港省级区域性现代生态循环示范区，总投资1217万元。开展绿色先行区建设，建成岑港省级绿色先行区，建成市级绿色先行区3个。

2019年茶叶和水果生产情况一览表

表6

指标名称	计量单位	数量	指标名称	计量单位	数量
一、茶叶生产			8.猕猴桃园	公顷	13
(一)茶园总面积	公顷	173	9.其他果园	公顷	328
本年新增面积	公顷	0	(二)水果总产量	吨	29780
本年采摘面积	公顷	70	1.柑桔	吨	11510
(二)茶叶总产量	吨	5	柑	吨	510
1.春　茶	吨	5	桔	吨	9000
2.夏　茶	吨	0	橙	吨	
3.秋　茶	吨	0	柚	吨	2000
二、水果生产			2.梨	吨	800
(一)果园面积合计	公顷	4692	3.桃子	吨	900
1.柑桔园	公顷	879	4.杨梅	吨	6500
2.梨　园	公顷	60	5.枇杷	吨	180
3.桃　园	公顷	76	6.柿子	吨	460
4.杨梅园	公顷	3100	7.葡萄	吨	2000
5.枇杷园	公顷	47	8.猕猴桃	吨	30
6.柿子园	公顷	56	9.果用瓜	吨	4400
7.葡萄园	公顷	133	10.其他水果	吨	3000

【农业特色产业建设】　是年，新发展果园361亩。定海山农产品区域公用品牌管理，宣传册的印制等工作，开展传统名果品质提升，定海山线下体验店布局工作。3个舟山市现代农业发展专项资金——水果茶叶发展项目的立项和实施工作。

【定海优质水果全省获奖】　舟大农产品专业合作社选送杰然牌桃，获得浙江省知名品牌，在农产品展示展销会时令农产品推选中获金奖。浙江舟山龙荫农业专业合作社、舟山市定海区和盛果蔬专业合作社获2019年 浙江精品西瓜评选金奖。

【开展高标准农田建设工作】　是年，完成干碰镇青龙社区、龙潭社区高标准农田建设项目等8个项目，涉及高标准农田建设任务9196亩，其中包括高效节水灌溉任务1300亩。

【农业贷款工作】　是年，发文《关于上报定海区2019 年农业综合开发产业化发展贷款贴息项目财政贴息资金结算审核的报告》并上报定海区2019年农业综合开发产业化发展贷款贴息项目。至年底，完成报账资料审核以及资金下拨。

畜牧业

【概况】　是年，把发展畜牧业作为农业结构战略性调整、农民增收的重要途径来抓，拓思路、出措施，推进畜牧业转型升级。是年，全区畜牧业总产值1.20亿元，同比上升9.10%,其中，生猪存栏1.80万头、出栏2.47万头；羊存栏0.30万头,兔存栏0.21万只,牛存栏282头。家禽存栏12.60万羽，出栏14.30万羽。全区生猪养殖户10户，存栏规模均1000头以上，规模化率100%；禽类养殖户393户，规模以上（鸡、鸭

2019年畜牧业生产情况一览表

表7

指标名称	计量单位	数量	指标名称	计量单位	数量
一、生猪			(3)鹅	万羽	1.70
1.生猪年末存栏头数（含未断奶小猪）	万头	1.80	五、兔		
繁殖的母猪	万头	0.34	1.兔年末存栏只数	万只	0.21
其他生猪	万头	1.46	(1)皮肉兼用兔	万只	0.01
2.年内肥猪出栏头数	万头	2.47	(2)长毛兔	万只	0.20
3.猪全年饲养量	万头	4.27	2.兔年内出栏只数	万只	0.06
二、牛			六、养蜂年末箱数	箱	0
1.牛年末存栏头数	头	282	七、畜禽产品产量		
其中：良种及改良种乳牛	头		1.肉类产量	吨	2079.90
2.年内牛出栏头数	头	30	(1)猪肉	吨	1727.60
三、羊			(2)牛肉	吨	6
1.羊年末存栏只数	万只	0.30	(3)羊肉	吨	47.40
2.年内羊出栏只数	万只	0.32	(4)兔肉	吨	0.70
四、家禽			(5)禽肉	吨	256.20
1.家禽年末存栏只数	万羽	12.60	(6)其他	吨	10
其中：肉禽	万羽	5.49	2.禽蛋产量	吨	961.60
蛋禽	万羽	7.11	3.蜂蜜产量	吨	0
2.家禽年内出栏只数	万羽	14.30	4.蜂皇浆产量	公斤	
鸡	万羽	8.50	5.牛奶产量	吨	
鸭	万羽	4.10	6.兔毛产量	吨	1.59

存栏2000羽，鹅存栏500羽）养殖户5户，占总户数的1.77%。肉类、禽蛋分别达到2049.90吨和961.60吨。

【建成畜牧业绿色发展示范县】 经过持续3年的美丽牧场创建、数字畜牧业示范、畜牧投入品科学使用、动物疫病综合防控和畜禽粪污资源化循环利用，建成3家省级和7家市级美丽生态牧场、1家数字农业示范场。基本实现“绿化、美化、洁化”的养殖业生态环境，确立第三方专业公司治理养殖废水和畜禽粪便生产有机肥循环利用的资源化利用模式，建立保险联动、市区联合监管的病死畜禽无害化集中处理体系。是年，全区畜牧业绿色发展新格局基本形成，获评第三批浙江省畜牧业绿色发展示范县。

【生猪产能潜力扩大】 是年，完成华晟牧场改扩建项目，完成繁育区1.8万平方米和育肥区3万平方米猪舍建设工程和自动喂料、环境控制、粪污处理等设施的安装，数字化各模块完成开发并应用。引进能繁种猪2500头，配怀工作顺利进行。预计达最大产能后，能增加生猪出栏6万头，自给率由2018年的44%增长到144%。规模生猪养殖场生物安全水平提升。通过改造兽医室、浴室、消毒室和猪舍，购置消毒机械，完善场区、车辆管理等制度，5家生猪规模养殖场全面提升猪场生物安全水平。

【动物疫病防控】 2019年，推广政府购买动物防疫服务，形成政府组织、部门监督指导、社会力量具体承接落实动物防疫公共服务的工作模式，健全基层动物防疫工作长效机制，稳定基层动物防疫力量。

开展重大动物疫病日常免疫和春秋两季集中免疫 做好禽流感免疫19.48万羽，口蹄疫6.43万头次，规模养殖场的免疫密度、牲畜二维码佩戴率、免疫档案建档率均达到100%。

H7N9亚型流感病毒应对 抽检禽类血样358份，牲畜血样418份，抗体检测合格率均在70%以上。

非洲猪瘟防控 落实规模生猪养殖场封闭饲养、场区消毒、出入人员管理、禁止泔水饲喂行为等措施。是年，设立定海区调入动物产品报验点，负责省外调入定海的动物产品的检查工作，开展省外调入生猪非洲猪瘟检测，累计采集猪肉样品156批次，采集样品3391份。

【畜产品安全监管】 是年，实施规模养殖生态畜牧业发展、动物疫病防控、畜产品质量安全监管的“三元合一”管理模式，加强瘦肉精等违禁药物检测。加大生猪尿液“瘦肉精”检测抽检力度，抽检养殖环节盐酸克伦特罗、莱克多巴胺、沙丁胺醇490份，检测结果均为阴性，合格率100%。开展多项畜牧业投入品及肉品专项检查，检查兽药经营店和养殖场120家次，出动执法人员240人次，未发现违规行为。狠抓动物流通监管与检疫管理，严格调入备案和调入地报验制度，实施家畜产地检疫2.45万头，家禽产地检疫7.40万羽，签发《浙江省调入动物和动物产品备案单》806份。实施猪肉产品跨县分销检疫制度，开展动物产品检疫1404批次，检查1215.98吨冷鲜猪肉及猪副产品。打击动物卫生违法行为，办结运输未附有有效检疫证明的动物产品案和未经兽医执业注册从事诊疗活动案各1件，处罚罚没款7710元。

农业机械装备

【概况】 是年，全区机械总动力101206千瓦，其中柴油机83745千瓦，汽油机3111千瓦，电动机14350千瓦。拥有耕作机械876台，7740千瓦；种植机械70台，595千瓦，其中水稻插秧机65台；收获机械120台，5524千瓦，其中联合收割机120台，5524千瓦；农产品初加工机械368台，3357千瓦；植保机械332台,959千瓦；排灌机械2020台，7945千瓦；运输机械97台，1415千瓦；其他机械379台，5934千瓦。全区粮食生产综合机械化水平达到80.21%，农业机械化程度显著提升。

【农机购置补贴政策】 部署农机各项补贴宣传活动，依托浙江农机补贴APP，方便购机者办理补贴手续，农机补贴政策实施顺利。是年，全区购置补贴机具90台，建设连栋大棚26048平方米，享受各级财政补贴资金1254474元，其中中央补贴资金1114974元，省级补贴资金69650元，县级补贴资金29852元。

【农业领域“机器换人”】 部署落实农业领域“机器换人”示范乡镇、示范基地创建工作。马岙街道创建省级农业领域“机器换人”示范乡镇；文法家庭农场（水稻）、飞舟农机专业合作社（水稻）创建省级农业领域“机器换人”示范基地。

【农机安全专项整治】　加快上道路行驶拖拉机清退工作进程，通过电视新闻媒体宣传等方式作普遍宣传，采取进村入户、集中开会、面对面宣讲、发放告知书和流程图等方式作针对性宣传，确保每个拖拉机机主知晓报废政策、知晓报废流程。组织人员开展拖拉机集中报废工作，现场办理申请、监管报废、补贴手续办理、资料收集等全部手续。至年底，全区区解体拖拉机363台，其中提前淘汰228台，正常报废135台，全年指标完成率100%。强化源头管理，严把拖拉机年度检审验关，全年检验上道路行驶拖拉机97台。

拖拉机退市宣传

农业经营管理

【社区村体制改革完善工作】　是年，完成社区村体制改革完善工作，全区由原先的80个行政村142个经济合作社，经规模优化、并社调整、村改居等多种方式，变为80个行政村84个经济合作社，其中庆丰、长岗山、小洋岙、桃花苑撤村保留合作社。80个行政村平均户籍人口规模2366人，实现完全融合的74个村，实现协商融合的6个村。

定海区社区村体制改革完善工作会议

【农渔村集体“三资”监管】　加强农村“三资”监管，试点推进村集体资金支付网上审批和使用村务卡工作，通过村级资金“非现金”结算和往来的可留痕、可查询、可追溯，实现“无纸化审批”“非现金支付”以及村集体资金支付事前监督的目标。开展村级财务管理规范年活动，按照“三年一轮审”要求，对全区合并前的142个股份经济合作社展开新一轮财务专项大审计，全面掌握村级集体资产运营和财务运行情况。

“三资”管理培训

【壮大农渔村集体经济】　是年，全区农渔村集体经济稳步发展，村级总收入、经营性收入稳步增加。至年底，全区村级集体经济总收入15332.93万元，比

现场检查村级集体经济发展项目

2018年底增加2893.08万元，增幅23.26%。其中经营性收入7681.64万元，比2018年底增加1314.65万元，增幅20.65%。年收入30万元以上、年经营性收入15万元以上村达到72个，占比90%，其中年收入达到60万元以上、年经营性收入30万元以上村57个，占比71.25%。全区立项的71个村级集体经济发展项目完工并通过区级验收44个，总投资金额9660.46万元，区级下拨补助资金3319.60万元，年均产生经济效益400余万元。

【开展土地集中连片长期流转工作】 开展农村土地集中连片长期流转工作，引导农村土地流转向10年以上期限、20亩以上规模经营户方向发展。是年，马岙、小沙、双桥、岑港、白泉、金塘6个重点镇、街道完成土地集中连片长期流转面积2118.72亩。

【农村土地承包经营权确权登记颁证工作】 是年，继续开展完善农村土地承包经营权确权登记颁证工作，按照省确权办要求，开展查漏补缺及整改工作，做好相关来人来访的接待、解答工作。

土地确权验收

【培育扶持农村新型经营主体】 是年，提升农民专业合作社的运行质量，培育扶持农民专业合作社、家庭农场建设。全区创建省级规范性家庭农场3家，农旅休闲采摘基地2家，规范提升农民专业合作社8家，创建市级规范性农民合作社1家，规范性家庭农场3家；创建区级规范性农民合作社3家，规范性家庭农场4家。

走访新型经营主体

【加强农民负担监督管理职责】 是年，加强农民负担监督管理，印发全区减负工作要点，推进涉农收费项目及强化各项减负、惠农政策等信息公开。依照一事一议筹资筹劳办法，推进乡村公益设施项目建设。

册北村一事一议项目

【开展宅基地“三权分置”改革及闲置农房盘活】 是年，探索开展宅基地“三权分置”改革及闲置农房盘活工作，对全区各镇（街道）、农渔村闲置农房开展摸排，初步掌握其农房资源的面积、结构、所有人基本情况以及具体的地址、建设时间、出租方式及意向等，并对符合条件的闲置农房资源建立“一房一档”，上传闲置农房资源至市渔农村闲置农房信息发布平台201套，盘活77户。

农业行政执法

【农资信用体系建设】 是年，根据《定海区农资信用体系建设实施意见》和《定海区农资信用体系等级评价办法》，联合市市场监督管理局定海分局、区供销联社组成区农资信用体系等级考评小组，对全区33家农资企业进行信用等级评定；完善“三网三制”（农资现代流通网、农资监管监督网、农资信用信息网和农资企业生产经营诚信制度、农资企业信用评价制度、农民利益受损补偿制度）。

农资信用等级评定

【“绿剑3+X”系列执法行动】　是年，相继开展以元旦、春节期间农产品供应安全为中心的“绿剑”冬季集中执法行动，以种子、种苗、农药、肥料为检查的“绿剑”春季集中执法行动，以农药产品（包括卫生杀虫剂）为检查重点的“绿剑”夏季集中执法行动，以保障“中秋”“国庆”两节农产品质量安全的“绿剑”保安全专项行动，以兽药、饲料及饲料添加剂产品、种畜禽以及农产品种养殖基地为检查重点的“绿剑”秋季集中执法行动以及茶叶、杨梅等专项执法检查行动。全年出动农业执法人员492人次，检查农资经营单位460家次，检查种养殖基地220家次；

“绿剑”执法行动

监督抽样农业投入品43批次（农药22批次，肥料6批次，种子7批次，饲料及饲料添加剂5批次，兽药3批次），农业投入品抽样合格率达100%；抽样农产品21批次（监督抽样10批次），抽样合格率达100%。全年持续加强对辖区内各农资经营企业的监管、巡查和宣传教育，使辖区内农业违法案件明显下降。全年办理农业行政处罚案件一起，涉案金额900元，罚没款2000元；启动现场快速调解机制，针对一些小农资纠纷，开展各种灵活机动模式，及时化解纠纷。

【农资打假联合执法行动】　是年，由舟山市农林执法支队联合市公安局、市市场监管局、区农林执法大队组成农资打假联合执法组，突击检查定海辖区内农资经营企业。行动围绕保障春耕生产和农产品质量安全，坚持“问题导向、部门联动、打防结合、标本兼治”的原则。严格查处销售过期、失效、变质和标签不全、未达到有关要求及国家禁用农资产品；以及销售掺杂使假、以次充好等假冒伪劣农资产品的违法违规行为，确保广大消费者放心购买和使用农资产品。

农资打假联合执法行动

【放心农资下乡活动】　是年，联合区供销联社、乡镇农办和局相关科室，在马岙、干䃡等地开展“2019放心农资下乡保障春耕生产”服务活动，为农民送去质优价廉的农资和内容丰富的农业耕作技术。活动接待群众2200余人，接受咨询50余人次，免费发放小包装种子2000包，小包装农药400瓶，让利销售化肥4吨、发放各类宣传资料1000余册。

放心农资下乡

【农药实名制购买】　是年，落实省厅部署，推进农药实名制购买工作。召开全区农药经营企业专题会议，签订承诺书，在农药店内张贴公告、公示牌，提升经营主体和购买者的实名制销售意识；向所有农药经营业主讲解农药管理经营的法律法规、农资监管与服务信息化平台操作等内容，推广农资监管与服务信息化平台，对农资进货、实名制销售和商品库存实行规范化管理，提升信息化系统操作水平。7月1日起，全区33家农药经营企业全部实行农药产品实名制购买。

农药实名制检查

【加拿大一枝黄花防除】　是年，根据省、市重大农业疫情防控指挥部文件精神，全区动员，围剿一枝黄花。全年加拿大一枝黄花发生面积达5155亩次，除治面积为5155亩次，除治率达100%。除治分春季和秋季两阶段进行，春季以化学防治为主（即喷洒化学除草剂），除治面积为2670亩；秋季利用药方防除和人工割除，防治面积为2485亩。春秋两季总用工数为3603工（日），市、区、乡三级累计投入资金约60万元。

整治一枝黄花

新农村建设

【乡村振兴工作】　是年，完成《2019年定海区乡村振兴任务清单》中的89项重点任务。完成部省共建乡村振兴示范县申报工作，完成编制《舟山市定海区新马线乡村振兴示范带建设规划》。通过主要共性类、创优示范类、提档晋级、改革创新类四大类10个项目进行打造。着手创建定海区一二三产融合先导区，以国家远洋渔业基地为依托，精选基地一二三产25个项目重点打造，累计投入7.9亿元，完成总进度的80%。

创建一二三产融合发展先导区

【美丽乡村建设】　是年，根据《定海区深化美丽乡村建设三年行动方案（2018—2020）》，累计投入约7300万元，创建马岙街道马岙村及干䃎镇西码头村等2个省级美丽乡村精品村，小沙街道庙桥村、岑港街道南岙村及盐仓街道新螺头村3个市级美丽乡村精品村，环南街道五联村、小沙街道前湾村、后岸村、毛峙村、岑港街道册北村、马目村、马岙街道三江村、双桥街道临港村、浬溪村、金塘镇仙居村、新丰村、沥平村、白泉镇白泉村、金山村、繁强村、干䃎镇青龙村16个区级美丽乡村，创建美丽庭院1000户。

马岙省级精品村

【巩固洁净乡村建设成果】　是年，对2018年创建的62个洁净乡村进行常态化管理，巩固创建成果；全年新创建的11个村累计投入资金196.5万元，治理公厕36个，清理露天粪缸112个，整治家禽放养104处，清理陈年垃圾605吨，整治占道经营146处，整治乱堆乱放487处，整治乱贴乱画325处，生活污水治理新增123户，整改33户，更换窨井盖47个，新增垃圾箱2009套，更换垃圾箱224套，新增绿化37处，日常保洁人员106个，集中整治参与1274人次，其中群众参与824人次。

【渔农村垃圾分类】　是年，深化全区所有行政村农村生活垃圾分类处理工作，小沙街道后岸村申报省级农村生活垃圾分类高标准示范村创建。结合“创城”“洁净乡村”工作不定期对镇街开展检查指导；根据全市垃圾桶分类标识最新标准，对农村所有不符合规范的分类垃圾桶进行全面更换；推进“健康定海”“美丽定海”“深化改革”等各项工作，开展设摊宣传、向机关干部和农渔民发送宣传短信、通过微信公众号推送垃圾分类知识、参加政协“请你来协商”专题活动等方式，做好省民生实事项目督查系统填报。

【美丽风景示范线建设】　是年，马岙街道以“海上河姆渡　千年稻香村”为主题打造千年稻香主题风景线，投入资金270万元，完成主干河道两岸绿化工程、河塘道路硬化工程，完成稻香主题风景线沿线田园整理和景观节点打造。

千年稻香风景线

【开展指导员工作】　是年，全区有78名农渔村工作指导员派驻村，其中市派指导员26名，区派指导员52名。78名指导员中留任的指导员24名，其中市派5名，区派19名；军转干部指导员35名，其中市派13名，区派22名。指导员在驻村期间，发挥自身优势，走村入户，为村里出谋划策，为百姓排忧解难。期间，走访农渔户3258户，调处矛盾纠纷321次，落实基础、公共服务、经济项目45项，落实扶贫资金226.45万元，捐赠物资17.39万元，指导党组织生活172次。

【扶贫开发工作】　是年，全区慰问走访结对户1280户，发放慰问金206.6万余元。完成2018年度3381户低收入农户（包括低保、低边）建档立卡简表的核查、更新、补充及电子档案导入省扶贫信息系统的工作。完成本年度新一轮低收入户中其他经济困难户的更新认定工作，年初脱贫、纳入低保、低边、死亡等172户，新增59户，经民政经济审核、三级公示等程序，将包括低保户和低保边缘户的2708户、3959人纳入省扶贫信息系统,并做好台账归档工作。完成扶贫基地申报工作。做好对基地的现场检查和电话抽查，全年申报扶贫基地12家、扶贫实体1家，其中2家基地不符合申报要求，调整后公示扶贫基地10家、扶贫实体1家，吸纳低收入农户44人。完成2018年度20个扶贫基地、5个扶贫实体、8个星火计划资金的分配、公示，补助，补助资金960875元。

【就业培训】 是年，做好省级培训人员信息核对工作,与省经贸学院、省农林大学、省农广校等6家学院完成对接、核对，与相关学院完成2018年度省级培训资金结算工作。做好就业培训各类台账资料整理、归档工作。按计划完成培训任务，全年完成实用人才培训650人，新型职业农民100人，转移性就业150人，普及性培训850人。

【农渔村历史文化保护】 是年，柳行省级历史文化村落保护利用项目建成垃圾分类投放站点3个、新增垃圾桶300只；建成生态停车场1000平方米，34个车位；改造公厕2座、新建1座；建设休闲健身场地约3400平方米；金井庙东侧景观打造，增加绿化200平方米；金井庙墙体绘画，李子基地墙体绘画，党建墙体绘画约7000平方米；结合“普济寺”原貌完成大柳公园建设和景观打造；基本完成柳行历史建筑保护工程古民居、天一房、司马第亲系、19#～23#古居民、陈家小院、司马第、天佑堂整体改造工作。

柳行历史文化重点村鸟瞰图

【农(渔)家乐创建】 是年，新增农家乐经营户9家，新认定二星级农家乐经营户7家，投入3280万元，完成市级精品民宿创建5家。其中，盐仓街道黄沙民宿集聚村，投入2000万元，完成35套闲置民房的租赁手续和四栋房的改造装修，完成周边绿化景观提升以及停车场、秘境大道一期等基础设施建设。至年底，全区有农家乐82家，床位数790个，餐位数7250个。

黄沙民宿集聚村

（撰稿：裘晶晶）

（本分目照片由区农业农村局和区海洋渔业局提供）

责任编辑：鲁学伟

海洋渔业

Ocean Administration and Fishery

远洋渔业小镇(陈炳群/摄)

社会主义核心价值观

国家　富强、民主、文明、和谐

社会　自由、平等、公正、法治

公民　爱国、敬业、诚信、友善

综　述

2019年，区海洋渔业局紧扣“十三五”海洋与渔业工作任务，以深化供给侧结构性改革为主线，推动海洋与渔业工作转型升级，完成各项目标任务。是年，全区水产品总产量161613吨，总产值21.46亿元，分别比上年增加1.10%和5.11%。其中捕捞总产量28478吨，总产值25682万元，比上年减少5.04%和增长0.82%。；远洋捕捞总产量129760吨，总产值176556万元，分别比上年增加2.58%和5.39%；水产养殖3375吨，实现产值11700万元。

海洋捕捞

【概况】　至年底，全区有机动渔船418艘，比上年末减少10艘，总功率235473千瓦，总吨位146287吨。捕捞总产量16.1613万吨，比上年增加1.10%，总产值21.4565亿元，比上年增长11.18%。其中国内捕捞渔船211艘，主要以拖网为主，占国内捕捞总产量的49.29%。捕捞作业类型有拖网（包括双拖、单拖和拖虾）、张网（包括张网和帆张网）、围网、刺网和蟹笼等，主要分布全区7个镇、街道。国内捕捞总产量28478吨，比上年减少5.04%；总产值25682万元，增长0.82%。远洋捕捞渔船166艘，比上年末增加15艘，主要以鱿钓作业为主，总产量129760吨，总产值176556万元，分别比上年增加2.58%和5.39%。

【渔船卫生设施改造】　推进渔船卫生设施改造，完成9艘国内捕捞渔船卫生设施改造。

【油价补贴发放】　落实国家成品油价格补贴政策，发放渔业油价补助资金15209万元，362艘渔船受益，其中发放国内捕捞生产成本补贴资金1993万元，远洋捕捞资源开发利用补助资金13216万元。

【传统海洋捕捞渔民养老保障】　是年，认定传统海洋捕捞渔民数4064人，认定传统海洋捕捞渔民遗孀总数836人。2019年6月，完成传统海洋捕捞渔民个人参保缴费补助工作，补助人数1403人，发放资金158744万元。

【国际渔业资源开发利用补助资金发放】　是年，落实国际渔业资源开发利用补助政策，发放国际渔业资源开发利用补助资金17381万元，涉及远洋船只140艘。

【引导行业自治】　6月18日，正式成立舟山市定海区远洋渔业协会，会员单位33个，理事单位12个，配备会长1名、副会长6名，秘书长1名，秘书处专职工作人员5名，协会工作场所设在舟山国家远洋渔业基地。协会以“服务成员企业、辅助行政决策、加强行业自律、推进产业发展、促进交流合作”为宗旨，加强远洋渔业行业协调、服务和管理，在政府和远洋渔业企业之间发挥桥梁和纽带作用，促进全区远洋渔业持续健康发展。

定海区远洋渔业协会成立

【建设远洋渔业安全监管服务平台】　是年，首创建设远洋渔业安全监管服务平台，实现海上交通安全运输的智能化、船岸一体化和海上信息共享，可达到保障船舶航行安全、提高航运效率和保护海洋环境的目的。

【开展远洋渔业从业人员培训】　开展远洋船员行前培训工作，辅导相关法律法规、安全生产、心理辅导等内容，提升船员应急应变能力，改善船员心理素质。是年，组织11批次远洋渔业从业人员培训，培训677人次。

普通船员实操培训

【做好远洋渔业安全生产管理】 督促企业履行生产安全主体责任，建立每季度一次的行业常态化安全巡查制度，从安全台账检查、船员行前培训、登船实地检查安全设备等方面筑牢企业安全生产红线。是年，开展安全台账检查70次。

防台防汛检查渔船回港避风情况

水产养殖

【概况】 是年，全区有水产养殖面积5277万亩，水产养殖产量3375吨，实现产值1.17亿元。其中海水养殖面积5000亩，产量3254 吨，产值1.13 亿元；淡水面积277亩，产量121吨，产值353万元。

【虾、蟹养殖】 是年，南美白对虾高位池精养面积达3793亩，大棚养殖面积47万余平方米，有20家单位从事南美白对虾高位池精养，有17家单位从事钢质塑料大棚工厂化养殖。年度放南美白对虾苗2.7亿余尾，产量2761吨，产值9482万元。南美白对虾大棚设施精养年均亩产达2500公斤，亩效益7.5万元； 高位池精养亩产1000公斤左右，亩效益3万元；三疣梭子蟹底增氧高产精养亩产 50公斤，亩效益达6000元，较一般养殖户亩增产25公斤，亩效益增收3000元。

【推广绿色生态养殖】 推广海水生态养殖模式，开展梭子蟹配合饲料替代行动，发放配合饲料5.7吨，完成500亩梭子蟹养殖为配合饲料推广示范点任务。

【健康养殖示范场创建】 是年，完成舟山市定海区开心水产养殖场、舟山市定海区冈谷水产养殖有限公司和舟山市应博水产科技有限公司等3家养殖场省级水产健康养殖示范场创建，获得省农业农村厅授予“浙江省水产健康养殖场示范场（第一批）”称号,完成农业部绿色健康示范养殖场创建复评通过2家。

【养殖尾水治理试点】 是年,开展舟山冈谷水产养殖有限公司、舟山市定海盘峙水产养殖场、舟山市定海区长白大满养殖场、舟山市定海旭旺养殖场和浙江广丰农业开发有限公司5个养殖尾水治理示范点建设，委托浙江省海洋水产研究所对5家示范点开展尾水监测和试点效果评估，形成《定海区尾水治理示范点效果评估报告》。

盘峙水产养殖场尾水治理示范点

【水产养殖生态化改造】 是年，开展水产养殖尾水治理工作，完成水产养殖塘尾水改造1097亩。开展渔业水质和底质常规监测25批次。

【标准化养殖】 是年，推广标准化养殖模式，全区省级标准化示范养殖面积达到5483亩。通过认证的无公害产地11家、产品11个，面积241.592公顷。新换证无公害产地3家。

【开展病害测报】 是年，做好全区水产养殖病害测报工作，开展渔药店零售监测、南美白对虾流行病学调查和苗种病害检疫工作。设立13个水产病害监测点，其中南美白对虾11个，三疣梭子蟹2个，监测面积1456亩，监测品种2个。

【水产品质量安全】 是年，开展初级水产品质量安全抽样73批次，初级水产品质量安全宣传培训10场次、366人次，发放宣传资料1200余份，媒体宣传5次。

【公益性增殖放流】 是年，开展公益性增殖放流活动，投入资金50万元，5000万尾海蜇幼苗,12.8万尾黑鮸鱼和42万尾黑鲷幼苗分别放流到灰鳖洋和环南诸岛海域上。

渔业资源增殖放流

渔港建设

【概况】 是年，全区在建渔港项目一个，即定海区西码头中心渔港扩建工程。该工程由定海区渔港建设开发有限公司申报并实施。2016年4月，省发改委明确其建设内容及规模为：新建渔业码头6座，其中5000吨级1座(码头平台长140米、引桥长105米)、1000吨级3座（码头平台总长260米、引桥总长364米)、500吨级2座（码头平台总长100米、引桥总长316米)；建设护岸550米，港池航道疏浚25万立方米，炸礁10.59万立方米；陆域回填8.2万平方米以及水电、通讯等配套设施，投资概算17503万元。至年底，工程累计完成投资11818.39万元。

【渔港项目进展】 护岸回填项目完工；港池疏浚及炸礁项目完成所有开工前的准备工作；500吨级浮码头项目完成施工、监理招投标工作，签订合同，完成进场准备；上园山建筑用石料（凝灰岩）矿地质灾害及生态恢复治理工程完成工程建设。

【渔港经济区建设】 7月24日，召开定海区渔港经济区建设工作座谈会，委托上海海洋大学编制《舟山市定海区渔港经济区建设规划》，完成该规划的初稿编制并征询各部门的相关意见。

【渔港环保设施建设】 是年，西码头中心渔港完成定制油污水手机桶、垃圾收集筒、标识标志牌等，长白二级渔港、沥港二级渔港放置分类垃圾桶。

【海岸线整治修复】 根据《浙江省海洋与渔业局关于要求明确2018年整治修复海岸线岸段位置的通知》，实施大猫岛和里钓岛海岸线整治修复。12月31日，通过省级验收。

渔业安全

【概况】 是年，全区渔业安全生产形势总体平稳，未发生等级以上事故，无人员伤亡。

【落实安全责任】 对各镇、街道渔业安全责任书落实情况进行检查考核，并对安全生产责任书内容进行细化、修改和完善。要求各镇（街道）按照属地管理和船籍港管理原则，对各自辖区内渔船、船员以及各项制度落实情况进行自查，按要求填写渔船安全基础管理排查表。督查各镇街道及渔业管理组织，主要检查渔业安全管理各项制度落实情况、“一船一档”建立情况、《渔船安全管理八项规定》落实情况、渔船动态点验和编组等情况。落实好渔船编组生产、渔船了望、锚泊值班、船长管理“三项制度”、渔船动态管理制度、二套系统正常使用开机制度、定人联船、防台联络等各类制度。开展脱管、挂靠渔船排查，明确安全管理责任，消除管理盲点。定期召开渔业安全生产例会，针对全区渔业现状，分析管理漏洞，提出应对措施，形成管理合力。加强节假日和汛期、雾季、大风等特殊时期的渔业安全管理，落实人员值班督促渔船落实安全防范工作，做好渔船动态管理，通过单边带、信息系统督促渔船落实安全防范工作。

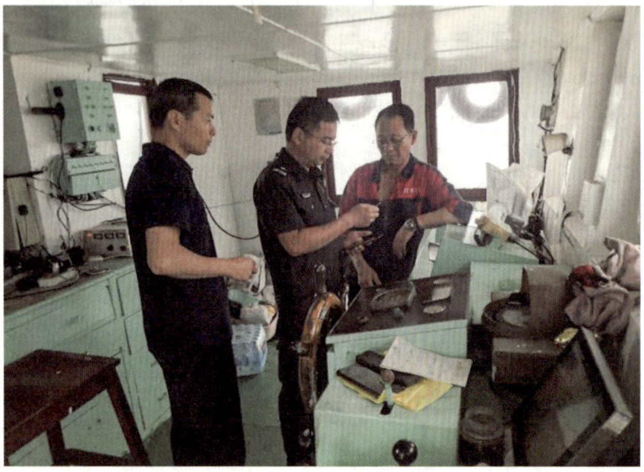

海上春季安全检查

【宣传教育和安全演练】 利用伏季休渔时机，组织开展渔民安全教育，伏休期间组织船东船长安全教育5场、120人次；开展渔民证书培训工作，伏休期间组织渔业证书学习培训8班、370人次。伏休期间，督促各涉渔镇（街道）开展渔船单船安全演练工作，重点演练渔船消防、应急逃生等课目。

【安全铁拳整治行动】 成立渔船安全铁拳整治行动领导小组，开展以帆张网、蟹笼、深水流网、渔业辅助等10人以上作业渔船为重点的渔船安全生产大检查。开展渔业安全执法检查18次，出动执法人员65人次，检查渔船54艘，查处涉嫌违规渔船4艘，其中查获“三无”渔船2艘，发现存在安全隐患渔船6艘（现场整改6艘）。

【开捕检查】 是年，全区有应休渔船231艘。对照开捕检查要求，逐一排查，能当场整改的问题立即整改，存在信号弹、灭火器缺失等问题的，于开捕前整改完毕。

【基层渔管组织规范化建设】 根据舟山市加强基层渔船管理组织规范化建设的指导意见，定海区推进基层渔管组织整合，基本完成白泉镇和干礅镇渔管组织整合。制定定海区渔港“港长制”实施方案，全区3个二级以上渔港设立渔港综合管理站。

【海事调处】 规范渔船海事调处工作程序，加强与其他县区海事调处部门的沟通协调，加大海事渔事纠纷调处力度，按照“四不放过”原则处理每起渔业海上交通事故，且做好事故原因分析。是年，调处海事纠纷5起，结案率100%。

【渔船受理检验发证工作】 落实登船检验，验船师做到每艘渔船登船检验次数必须不少于2次，加强对高危渔船的检验；做好检验记录，将重要安全设备配备情况、摆放位置拍照留存。是年，检验渔船490艘。

【渔船专项整治工作】 是年，落实省、市开展的各种专项整治活动，主要是对“船证不符”和“证业不符”的整治、救生设备与防污染设备的专项整治。对“船证不符”渔船应报告局执法中队处理，并做好记录；要求渔船作业方式不得擅自更改，对擅自改变作业种类的渔船，若是外地渔船则拒绝受理检验，若本地渔船则交局里统一处理；检查受检渔船的救生设备，要求全面更换不符合要求的救生衣，配备符合新标准的救生衣，整治375艘；开展渔船号灯设备专项整治，逐条排查受检渔船号灯安装不规范、缺失、损坏、老化、照距不足、线路不通等问题，有240艘渔船更换号灯，消除渔船碰撞事故隐患，；对部分渔船进行防污染设备整治，完成船长≥35米国内海洋渔业船舶的防止油污染设施配备，完成总吨≥400或人数≥15人的渔船防止生活污水污染装置配备，要求所有船长≥12米的渔船配备垃圾公示牌和标准垃圾桶。

【渔船建造企业管理】 结合省局新的渔船建造企业评价管理办法，加强渔船建造企业管理，杜绝渔船建造“未批先建”行为；加强开工前检查，重点检查技术力量是否满足规定要求、场地是否能容纳建造船只数量；要求渔船建造企业做到申报程序规范、质量管理体系及制度完整、建造施工规范、档案资料齐全。

【渔船信息化建设】 至年底，全区渔船安装同博固定式北斗船舶示位仪示99套；60马力以上渔船安装AIS防碰终端167艘；更新安装飞通AIS智能终端143

套；185马力以上渔船安装普适北斗卫星终端139套，北斗星通卫星终端2套；安装中电科海洋通信技术有限公司等海洋Wi-Fi产品设备100套。做好信息系统工作月度上报、离线渔船核查、终端设备年检等工作。每天对平台渔船在线情况进行检查并台账记录，对离线渔船、脱离编组渔船及时查清原因，跟踪设备故障渔船，督促其到港后及时维修。另外对省信息系统工作管理平台中离线渔船的信息进行核实反馈并跟踪，直至设备故障处理完成。做好新建、转让、更新、报废渔船的终端设备入网、变更或注销手续，办理13艘渔船注销、181艘渔船入网；做好24小时应急值班工作，全年通过信息系统短信平台、单边带电台、海上Wi-Fi、老大手机发布宣传、警示、扫黑除恶以及气象等各类短信126300条，安全救助信息系统平台接收渔船位置信号丢失超过2小时报警192起，接收渔船终端报警9起；接受“12345”原“967201”海洋与渔业违法行为举报电话的接听受理2次；加强舟山渔船动态点平台管理，督促各镇（街道）及时完成渔船点验工作。

【渔船、船员保险】 是年，全区投保渔船167艘，渔民1521人，收取渔业互保费571.01万元，发生理赔案件63起，赔付261.99万元，其中渔船案件34起，赔付52.49万元；雇主案件29起，赔付209.50万元。浙江省渔业互保协会定海办事处为定海区渔船修造厂和水产养殖场提供雇主责任互助保险，分担船厂和养殖场的风险压力。渔民的保险意识不断提高，渔民的雇险主险保额均达70万元以上，部分保险意识强的会员达到150万元。

渔业、海洋执法管理

【概况】 贯彻落实省市海洋与渔业工作会议精神，开展“三战”——幼鱼资源保卫战、伏休成果保卫战、禁用渔具剿灭战，将“一打三整治”工作进行到底，促进渔业资源可持续利用，推进辖区海洋行政执法工作。全年开展渔业执法检查400次，出动执法人员2100人次，执法车298车次11654公里，执法船只145航次8297海里。检查渔船917艘次，办案渔业案件84宗，罚没款79.53万元，查扣并拆解三无渔船18艘，清理禁用渔具2043顶。开展海洋执法检查98次，派出执法人员241人次，出动船艇17航次，航程820海里，检查用海单位及用海项目等142个，检查海岛117个次，立案查处各类海洋违法案件17 起，办结16 起，收缴罚款87278元。

【营造“三战”氛围】 是年，制定《定海区2019年度违禁渔获物执法检查工作方案》，明确海洋渔业、市场监督、公安交警、城市管理等各部门职责，建立常态化执法巡查和联合执法巡查机制，覆盖全面伏休期间违禁渔获物流通各个环节，实现“沿岸不见绝户网、海上不见应休船、市场不见违禁鱼”目标。制定《定海区2019年度舟山渔场修复振兴暨“一打三整治”行动宣传工作实施方案》，组织新闻记者紧跟执法船一起出海巡航，进行现场跟踪报道。以“幼鱼保护”“伏季休渔”“禁用渔具”剿灭为主题的多篇信息及专题被市、区相关新闻、报纸媒体报道，营造良好社会氛围。注重对重点“涉渔”人员的直接宣传。联合乡镇街道，对渔民老大及滩涂串网、地笼网的传统作业渔民进行入户宣传，发送《关于2019年浙江省海洋禁渔休渔的通告》《保护幼鱼资源振兴浙江渔场倡议书》等相关宣传资料；联合市场、综合行政执法等单位对全区各大农贸市场、夜排档、宾馆饭店发放禁渔期宣传资料，发放相关宣传资料6900份。

向“涉渔”人员宣传禁渔资料

【把好渔船休渔和开捕关】 是年，成立定海区伏休渔工作领导小组，按层级管理要求，逐级签订“伏休责任状”。伏休期间设置岸上管理组和海上检查组，建立渔政船艇日常巡航机制，落实涉渔乡镇、街道开展对应休渔船的梳理工作。对应休渔船进行“三重确认”，即镇（街道）自查确认、渔船动态监控系统确认以及渔业执法部门现场排查确认。按照 “船进港、人上岸、网入库、证集中”目标，做好伏休管理四项集中。伏休前期间，全区231艘应休渔船按时休渔。落实渔船“定人联船”制度，更新2019年定海区渔船“定人联船”联络表，进行电话抽查和船位核实。8月1日，对尚未开捕的部分渔船再次核查确认，严查提前开捕或擅自改变作业开捕行为。

【严查非休渔渔船】 是年，全区有休闲渔船3艘。伏休期间，信息中心进行24小时船位监控，一经发现有未经申报的异动船舶，立即进行核实，确保监管到位。对参与各类护航、警界的船舶（全区有各类警界护航船5艘）落实监管责任，确保按申报备案时间、区域开展任务，同时要求镇街落实这类船舶的伏休监管，严禁携带渔具、网具入船及违规作业。落实港口、码头日常巡查，严查各类伏休违法违规，确保伏休渔船管理监督到位。

【开捕节点管理工作】 开捕当天，安排4艘执法艇在金塘、长白、西码头、盐仓、册子等渔业码头海域定点巡查、紧盯渔船提前出海，严防出现“抢跑道”现象。执法人员再对渔船船老大进行宣传教育，要求渔船在航行生产期间加强值班瞭望，确保航行和生产安全。

【强化执法检查】 省“三战”视频工作会议后，派出渔政33110执行东极定点值班及幼鱼比例联合执法检查工作。4月1日至5月1日，利用帆张网渔船集中回港的时机，在黄大洋及西码头海域进行海陆联动的执法检查。重点检查重点查处非法捕捞、销售、经营幼鱼，非法使用禁用渔具和严重违规渔具等滥捕幼鱼行为、捕捞日志填写、渔船安全设备配备、网目尺寸、网具超载等各项内容，检查渔船125余艘，查处涉嫌违规渔船19艘。5月1日至8月1日，全面伏休期间，统编护渔人、护渔船力量，巡查东福山一带海域的，形成对伏休偷捕、跨界捕捞等各类滥捕幼鱼行为的高压严打态势。8月1日至9月16日，渔船陆续开捕期间，做好海上、港口、码头等场所对捕捞渔船及捕捞辅助渔船检查，重点查处渔船违规出海、擅自改变作业类型等各项违法行为，检查渔船183艘，查处违规渔船16艘。

【渔具整治工作】 伏休期间，开展一电四网清理大整顿。部署海上电捕鱼打击和滩涂地笼、串网清除两项行动，实现监管到位。7月，开展打击海上电捕鱼专项行动，集中力量开展以打击小型玻璃钢、泡沫阀为主的专项电鱼行动。全区4艘渔政船和2艘护渔船分别在西码头、定海港、金塘、岑港等地驻点巡查，排查滩涂、岙口的可疑船只，搜集电捕鱼等违法行为的线索。落实滩长制，确保专人对辖区内沿岸地笼网、滩涂串网等进行分片包干清理。根据渔政船巡查计划，对全区海域进行每日巡查，对滩涂串网、地笼网，发现一处，取缔一处。全年组织次清理行动24次，累计清理滩涂地笼网、串网2043顶，并督促渔民自行清理，确保实现沿岸滩涂不见“绝户网”。

【严查市场违禁鱼】 制定违禁渔获物执法检查工作方案，重新明确各成员单位的职责和分工：海上捕捞环节以海洋渔业为牵头负责，市场经营厂点以市场监督牵头负责，马路流动摊贩以综合执法牵头负责。成立3个联合执法组，由公安、市场监督、综合执法、经信、运管、高速交警和渔业组成，确保各个环节对违禁渔获物的全面查处。加大宣传力度，投入7万元宣传费用，通过电视、微信公众号、报纸、印发宣传资料、张贴公告等形式进行宣传。5月7日始，每天对各类市场、主要的渔港码头开展巡查，全区陆上联合执法检查市场农贸市路边摊5502家次，餐饮802家次，查扣违禁渔获物822.5公斤。海洋与渔业执法组开展高速路口检查7次，查扣违禁渔获物441公斤。综合执法部门结合全区创城工作切实开展针对性监管，全区基本未见贩卖违禁渔获物的流动摊点。市场

禁渔期联合检查市场非法渔获物

监督部门对区内大型市场实行驻场监管加联合执法组每日巡查的模式，落实渔获物索证索票制度，对于无法证明合法来源渔获物的一律予以没收。市场监督部门还对一起冻品冒充冰鲜的虚假宣传商户予以罚款5000元；商贸集团也依合同法的规定，对一起销售新鲜渔获的商户予以扣除300元保证金。

【海上执法工作】　根据全区渔业工作实际和《定海区清理取缔“三无”小型渔船工作方案》要求，确立以打击“三无”渔船为主线，建立长效常态化管理机制为重点的打击取缔工作目标。5月1日开始，开展每日巡查，要求各镇街落实责任人，关注辖区港口码头岙口，一经发现“三无”渔船，立即上报。“三战”期间，根据前期信息摸排情况，采取常规巡查、蹲点执法，错时执法等方法，提升执法行动效率。7月20日，海蜇专项捕捞开始后，重点加大对小型“三无”渔船的打击取缔，一经发现一律予以没收拆解。查处涉渔“三无”船舶18艘，全部拆解。组织开展渔船隐患大排查和安全执法大检查行动，制定行动方案，重点检查帆张网等10人以上高危渔船、以及救生、消防、通导设备和机器的安全隐患大排查，聚焦“五超行为”（超员、超载、超高、超航区、超抗风力航行生产）的处罚力度，防范渔船“带病”出海生产，对隐患排查和执法检查中发现主体责任落实不到位的渔船，严格实施“五个不准”，坚决执行“五个一律”。排查安全隐患16次，全部整改完毕。

拆解“三无”渔船

【强化初级水产品安全监管】　重常态，严把初级水产品质量安全执法防线。检查水产养殖场（苗种场）是否储存、使用国家禁用药物，包括药房、饲料仓库、容器、池壁、遗弃物和记录中的可疑迹象；是否使用或存储有人用药、原料药；三项记录（特别是养殖用药记录）是否真实完整。全年检查水产养殖单位32家次，抽样29批次,未发违规用药等行为。检查过程中，运用掌上执法平台对企业进行督查，确保检查、监管落实到位。

【抢险救灾】　根据省局春雾季和冬季定点值班任务的要求，全年渔政33110开展值班8航次、88天。开展抢险救灾9次，救助人员8人。

开展海上安全救援

【打击海上黑恶势力】　加强宣传，在主要渔港和渔船开展扫黑除恶宣传30余次，悬挂宣传横幅10副，张贴宣传栏、海报24份、发放宣传手册500份。摸排涉黑线索，镇（街道）上报2起涉黑线索，按规定上报区扫黑办。

扫黑除恶宣传横幅

【落实环保督察“回头看”工作】 根据国家环保督察组的整改要求，按照市委、市政府统一部署，制定方案、明确责任，完成2宗围填海案整改工作。建立违法围填海监管执法长效机制，组织开展“回头看”行动和围填海大排查行动，贯彻落实《浙江省岸线分段包干定期巡查制度》，对辖区内的海岸线每月组织巡查一次，查处污染海洋环境、非法围海填海等违法行为。

海岸线巡查检查企业用海情况

【完成围填海历史遗留问题的处置工作】 根据国家海洋督察舟山市整改工作协调小组要求，加快围填海历史遗留问题处理，针对全区12个尚未确权已成陆的围填海项目开展调查，对其中9个项目进行立案查处，下发《处罚决定书》。另外3个项目由于违法面积较小，责令业主自行整改，恢复海域原状。

【“海盾2019”专项执法工作】 加强区域用海规划实施情况的监督检查。对金塘北部区域建设用海规划实施情况，查清审批情况和实施现状，并加强监管，重点检查未取得海域使用权证进行的围填海行为，防止发生违法用海情况。以全省围填海大排查专项行动为契机，梳理定海区用海项目用海情况，开展违法围填海大排查专项行动16次，出动执法人员45人次，车程1660公里，检查涉海项目70个，发现涉嫌违法行为3起，其中责令停止违法行为3起，责令后现场消除违法行为3起。加强区域岸线巡查。配合中央环保督察和国家海洋督察反馈问题整改工作，以每周一次的频率对区域海岸线进行巡查，并加强对用海企业宣传教育，确保无新增非法围填海情况发生。

【“碧海2019”专项执法行动】 加强海洋工程建设项目监管 跟踪检查辖区内的海洋工程建设和运行情况，重点对交通码头等新建的用海项目进行多次现场监察，掌握工程进度，要求用海企业按环评要求做好废弃物和污水处理。

加强海洋倾废管理 对定海港一带海岸线开展海洋生态环境巡查，重点对定海南部海域临时倾倒区开展多次海上巡查管控，打击船舶海上倾废等违法行为，开展检查12次。

加强海洋保护区检查 每月一次安排执法船只对省级自然保护区五峙山列岛开展专项巡航，严防未经批准违法用海、未经允许登岛、非法采集鸟蛋等破坏海洋生态环境的违法行为发生，并建立专项执法台账。

【“护岛2019”专项执法行动】 是年，全区有岛屿140.5只，其中无居民岛屿101只，有居民岛屿39.5只。根据“护岛2019”方案的要求，联合海域科，对全区的海岛按季度、分区域开展巡查。检查岛屿90个，拍摄照片320余张。重点对团鸡山等四个省第一批可开发利用的无居民岛屿及五峙山鸟岛自然保护区、定海南部诸岛、金塘北部岛群等岛进行环岛巡查，对五峙山鸟岛自然保护区等岛屿开展登岛检查，未发现违法用岛行为。

渔业科技与服务

【渔业科技示范基地】 是年，完成渔业科技示范基地2家，舟山市定海盘峙水产养殖场完成金刚虾试养，舟山富田海洋生态科技发展有限公司完成梭子蟹防残试验。

【开展渔业科技服务】 是年，发布推介定海区渔业主导品种2个，主推技术4种。进场入户开展养殖技术服务，着重做好进水消毒、用药、换水、饲料投喂及病害防治等方面技术指导，全年开展服务250余人次，发放技术资料1000余份，确保技术服务覆盖全区所有养殖基地。

（撰稿：裘晶晶）

（本分目照片由区农业农村局和区海洋渔业局提供）

责任编辑：鲁学伟

工业经济和信息化

Industrial Economy and Informatization

新奥能源（陈炳群/摄）

社会主义核心价值观

国家 富强、民主、文明、和谐

社会 自由、平等、公正、法治

公民 爱国、敬业、诚信、友善

综　述

2019年，区经信局（区科技局）贯彻落实党的十九大、十九届三中、四中全会精神和“不忘初心、牢记使命”主题教育要求，应对复杂的宏观形势，抵御经济下行压力，加快项目建设、产能释放和科技创新，推进定海经济、科技高质量发展。是年，区经信局被评为2016—2018年度全省科技工作成绩突出集体，2019年全省经信先进集体。

是年，全区规上工业产值同比增长4.6%，其中区本级规上工业产值同比增长4.5%；全区规上工业增加值同比增长8.0%；其中区本级规上工业增加值同比增长7.8%；全年完成工业总投资30.19亿元，同比增长-3.8%；完成工业技改投资19.9亿元，同比增长19.7%。

是年，定海区信息化指数为96.36，两化融合总指数为70.95，数字经济综合评价指数为75.3，均居全市四县区第一、全省中等水平。

工业经济

【重点项目建设】　全区投资5000万元以上项目近40项，新开工投资舟渔明珠工业园、圣吉豪水产品精深加工、岑港大皇山开发等5000万元以上项目13项。完成技术改造项目备案（核准）61项，其中零土地技改备案55项。46个项目列入省5000项重点技改项目名单，20个项目完成省级新产品（新技术）备案，6个项目完成鉴定（华业塑机、增洲造船、琦盛船舶、金星螺杆、金太阳塑机、天一电器）。太平洋海工“26000立方米天然气储存（独立C型罐）和再气化驳船”项目认定为2020年浙江省首台套项目。累计争取省、市级技改及相关补助资金2000余万元，涉及船舶、机械、水产等各领域项目（企业）50余项（家）。

企业合作重组　中集集团与长宏国际增资4.7亿元，合作成立中集同创长江贸易公司；华丰船舶收购金海船业5亿元资产；宁波友邦出资8.8亿元资金与豪舟集团兼并重整；浙江和海集团通过拍卖接盘正和3.5亿元资产,开发制砂项目；宁波润科出资2.5亿元收购宇锦水泥。

小微园区建设　全区3个园区（西堠工业集聚区、伍玖文化创意中心、区海洋科技创业园）被评为省级首批小微企业园区；1个建成园区（区海洋文创产业园）、2个在建园区（工业园区中小企业孵化基地、区电商园）、2个规划园区（金塘螺杆小微企业园、区海洋科技创业园二期）列入市小微企业园高质量发展五年规划。区海洋科技创业园获评市小微企业园建设运营考核A级，西堠工业集聚区获评B级。

2019年定海区重点项目建设情况一览表

表8　　　　单位：万元

项目名称	计划总投资额	是年累计投资额
浙石化炼化一体化项目原油储运系统（一期）马目油库-鱼山管道工程	77000	5117
浙石化炼油一体化项目配套马目原油库工程项目	300000	32282
岑港大皇山矿山开发项目	30000	21904
中天重工海工装备及配套设备项目	100000	1513
东方印染厂区整体搬迁项目	13800	10433
浙江交工大桥配套设备生产基地项目	25000	0
森森集团水泵生产车间项目	13140	0
大洋世家海洋食品制造产业园项目	120000	0
舟渔明珠工业园项目	36000	0
华丰船舶10万吨以下造船及海工准备制造项目	140828	11301
良海粮油年加工120万吨油料及储运基地项目一期	57700	12789

【腾笼换鸟】　是年，定海区获得省级“腾笼换鸟”考核先进区称号，为全市唯一上榜县区。“定海海洋农副食品产品改造升级”和“金塘塑机螺杆行业智能

化技术改造”列入2020年全省传统产业转型升级重大项目。

闲置厂房整治　完成7.5万平方米闲置厂房整治，整治率69.3%为全市各县区第一。关停规下“低散乱”修造船企业12家、整改提升19家。完成“低散乱”整治企业22家（其中10家为淘汰落后产能企业）。

“亩均论英雄”综合评价　完成2018年度规上和用地面积3亩以上规下工业企业综合评价，除去公益类以及新上规、新投产企业等不参与分档，全区评出规上工业企业A档25家，B档43家，C档26家，D档7家，用地面积3亩以上规下工业企业A档63家，B档123家，C档78家，D档55家。配合市里做好差别化用能、用电等政策的执行，全年全区针对A、B档企业财政资金奖励2344万元。

落后产能淘汰　全年完成“低散乱”整治企业47家，其中10家为淘汰落后产能企业（5家涉及中频感应电炉淘汰）。

2019年定海区规上工业产值分镇（街道）情况一览表

表9

镇（街道）名称	规上产值完成情况	
	累计产值（万元）	累计同比（±%）
合　计	3660296	4.6
区本级	3207688	4.5
金　塘	220217	5.2
小　沙	398518	1.5
岑　港	170856	-8.5
双　桥	475984	7.8
白　泉	277829	7.3
干　碳	258750	6.7
马　岙	1059749	5.9
盐　仓	190743	-4.1
环　南	155044	2.8
昌　国	—	—
城　东	—	—
临　城	452608	11.1

2019年定海区工业分行业产值情况一览表

表10

行业分类	累计产值（万元）	产值累计同比±%
机械制造业	351977	-2.7
其中：塑机螺杆	210288	-6.1
水产品加工业	314470	8.4
船舶工业	558067	-3.0
纺织服装业	89509	-6.5
化工业	884831	-1.5
建材业	208492	1.6
电子电机业	47814	0.4
电力生产供应业	511378	5.5
粮油加工业	453809	1.8

【安全生产】　制定民爆行业安全生产责任书，将责任层层分解落实到基层企业。组织开展“安全生产月”活动，开展安全生产法律法规宣讲学习、安全生产知识竞赛活动，增强企业员工安全生产红线意识和法制观念心中。督促企业建立健全生产责任制，完善安全生产规章和操作规程。是年，开展民爆企业安全生产大检查、防高温暨大检查、无动力船舶防台风专项检查等各类安全检查40余次，检查工业企业60余

2月27日，何斌带队对浙江顺源化工有限公司开展安全生产检查

家。全年未发生因应急救援不及时或处置不当导致事故次生灾害扩大的情况。

【无动力修造船舶防台风工作】 修订年度无动力修造船舶防台风工作应急预案。更新完善无动力修造船舶防台风安全管理网络，督促企业做好对无动力船舶防台应急预案。台风来临期间，多次赴重点船舶企业开展现场检查，加强对大桥沿线船舶企业检查指导。是年，参与舟山市无动力修造船舶监控信息平台演练。根据市经信局演练指挥部指示，演练模拟防台各个阶段的工作流程，模拟处置无动力修造船舶各类险情的发生。

8月8日，台风利奇马来临前对大桥沿线重点船舶企业防台检查

信息化建设

【数字经济发展】 成立区发展数字经济领导小组，规划编制《定海区数字经济发展行动计划（2019—2022年）》。制定数字经济工作年度目标任务考核办法，首次对镇（街道）、产业平台分解下达年度数字经济发展考核指标任务。

政策支持 制定《舟山市定海区人民政府关于促进民营经济高质量发展的实施意见》（定政发〔2019〕15号），支持加快数字经济发展。

宣传培训 组织全区领导干部、企业家等参加数字经济专题讲座、数字经济培训班、企业首席信息官培训等各类数字经济领域学习活动6场，累计参与近200人次。

定海数字经济培训班参观杭州海康威视数字技术股份有限公司

【数字产业化】 是年，全区新增数字经济核心产业规上企业7家。定海海洋科学城、定海工业园区定海科技创新培育中心等产业承载平台新引进九梭大数据、巨光新材料、中润智能装备等20余家（个）海洋电子信息企业或项目。定海区海洋科技创业园入选全市唯一浙江省首批数字化试点园区，舟山国家远洋渔业基地入选全市唯一浙江省首批数字化小微企业园创建名单。加强“移动支付之城”建设，全区重点领域重点事项基本实现移动支付全覆盖。

【产业数字化】 在全市范围内率先且唯一实质启动工业互联网平台试点建设（塑机螺杆行业），确定华业塑机、德玛吉实业等5家试点企业。实施华业塑机工业互联网+数据可视化信息管理等8个数字化改造项目。

两化融合 实施完成华和热电设备智能集中控制管理等重点示范试点项目14个，创建荣森家私、良海粮油等4家两化融合管理体系贯标认证企业。

企业上云 继续实施“企业上云”行动计划，全区新增上云企业754家。

数字海岛 编制《舟山市定海区“数字长白岛”建设实施方案》，在长白岛打造“数字浙江”示范岛屿和样板工程，年底前实现基本功能。

5G建设 围绕定海城区及重点镇（街道），推进5G站址配套改造建设，覆盖率和投资额占全市50%以上。推进大洋兴和“5G+智慧水产”、华业塑机“5G+智能制造”应用等5G应用试点建设。

生产服务

【示范企业培育】 是年，华业塑机入选全国首批专精特新"小巨人"企业，7412工厂被评为省级先进质量管理孵化基地；光明塑机、精劲机械认定为市级企业技术中心；佳璐水族、嘉丞机械2家企业列入市级第六批"三名"培育试点企业。

【服务企业】 结合"不忘初心、牢记使命"主题教育，围绕推进工业项目建设、减轻企业税费负担、破解企业融资难融资贵问题、助推企业创新转型，主动当好企业的"店小二"，累计发放服务券61.5万元，走访服务企业（项目）200家次，收集问题60余条，解决20余条。牵头开展清理民营企业账款工作，完成全部1.6亿元账款。牵头起草《舟山市定海区人民政府关于促进民营经济高质量发展的实施意见》。通过网络公布、材料发放、媒体采访等方式宣传惠企政策，向规上工业企业寄送《定海区惠企政策选编》。

电力工业

【概况】 2019年，定海供电分局营业区域内总用户数28.0万户，完成售电量34.7亿千瓦时，其中鱼山石化电量7.4亿千瓦时，同比增长31.5%。应收电费24.4亿元，电费回收率100%。最高负荷53.4万千瓦，同比上升6.5%。综合线损率2.5%。完成新装、增容业扩报装容量容量204.1万千伏安，其中鱼山石化新增容量171.0万千伏安，同比增长387.45%。

是年，定海供电分局贯彻落实省市公司各项工作要求，各项工作取得成效。全年建设配网技改项目49个，大修项目9个，总预算资金1.59亿元；完成历次抗台任务，开展涉电公共安全隐患排查，助力舟山全国文明城市创建，提升电力营商环境。

【加强电网建设】 按照"网格化"规划建设运维新模式，推进城市建成区目标网架"一步到位"。完成新设及增容公变93台，新设及调换环网单元65台，柱上开关152台，新放10千伏线路118.2公里。完成329复线配套电网工程、新城大桥复线、富翅海缆等10千伏新建工程。辖区10千伏环网率81.0%，同比提升2.8个百分点。10千伏线损达标率由89.09%提高到98.52%。城网供电可靠性累计指标99.9723%、农网99.9498%。完成66个开关站、29个配电室的自动化改造工作，安装架空线路智能开关258台、台故障指示器1187套。新城区域基本实现配电自动化全覆盖。

329国道电力配套工程

【优化营商环境】 配合政府打造"无证明"城市。低压居民实行无产权承诺制，客户经理现场实时收资，减少客户跑腿次数。完成4个营业厅"三型一化"改造，设立3个"水电气网一窗通办"点。完成6个营业厅和3个办证中心政府数据共享平台建设，实现"一证受理"和材料"四免"服务。全面整合高、低压业扩办电环节，高低压业扩时长同比下降14.7%和27.1%。城区、农村低压接入容量标准分别开放至160千伏安和100千伏安。通过调价、需量政策调整和开展301家企业直接交易，降低企业电费支出1.17亿元。

三型一化营业厅建设

【抗击台风】 是年，定海迎来“利奇马”台风、“米娜”台风和三次雷暴天气等重大考验。期间，分局累计出动抢修力量2530人次，车辆918车次，发电车8辆、应急照明车4辆、应急抽水车2辆、应急发电机8台发电车2辆，大型设备1台；修复10千伏故障103起，协助处理用户故障23次；参与“利奇马”台风台州抢险救援照明工作；对现有配电房进行防淹设计改造，2020年安排对24个配电室、5个环网单元进行改造，计划投资2300万元。

台风中抢修

【排查公共隐患】 联合区安委会出台《关于督促落实老旧房屋翻新中电力安全工作的通知》,明确各方安全职责，对189处老旧房屋施工区域常态化安全巡查，整改隐患812处。联合区府办下发《关于进一步加强农排线路“拆、改、停”工作的通知》，完成116台接带农排线路公变、194公里农排线路、3940基电杆的普查，整改46处。促成区安委会下发《关于开展弱电线缆违规搭挂集中治理行动的通知》，整改三线搭挂隐患59处。拆除线路废弃设备19处，整改路灯广告牌隐患46处，带电消除低压绝缘隐患1119处。

金塘供电所员工检查农排保障用户农耕

【创建文明城市】 配合文明城市创建，美化电力设施，累计完成集中表箱面板更换515只，面板喷漆1142只，整改修复非电力公司产权表箱1438只，累计清除小广告1265处，累计完成废弃表箱处理及墙面维护2000余处，完成破损电力表箱整改及美化5000余户。

配合创建文明城市

（撰稿：李乘风）

（本分目照片由市电力局定海分局提供）

定海工业园区

【概况】 2019年，定海工业园区优服务、促转型、抓项目、提形象，开展各项工作，确保园区经济社会持续稳健发展。是年，完成固定资产投资8.1亿元，同比减少17.3%；其中工业投资7.5亿元，同比减少8.3%;技改投入3.3亿元，同比增加3.4%;基础投入0.7亿元。实现规上工业产值109.6亿元，同比增加4.5%;实现规上工业增加值14亿元，同比增加8%。

【项目推进】 2019年，园区以滚装物流、中集长宏、浙石化、浙交工等9个重点项目为核心，以“三服务”为抓手，帮助企业解决项目报批、融资等方面的困难和问题，加快推进重点项目的报批进程、落地开工及产能释放，增强园区发展后劲。是年，新开工项目5家，新投产项目5家。

【招商引资成效明显】 2019年，园区明确招商思路，立足园区主导产业，结合大交通、绿色石化、海洋智能制造、新材料等，推进招商引资工作。加强宣传推介，依托区招商局力量，参加招商推介活动，与区人社局、区经信局共同承办第三届全球海洋经济创业大赛·蓝海智造行业赛上海城市赛。发挥省级工业园区、省级船舶装备高新园区的优势，围绕长宏国际、增洲造船、科鑫重工等大型龙头企业，以商引商，引导上下游相关配套企业集聚，引进中信重工智能制造、优众二期、海富海洋生物科技、江苏海利源压载水等项目。是年，新引进项目5家，实际到位市外资金14.26亿元,合同利用外资1099万美元，实际利用外资873万美元。

【完善规划和硬件配套】 园区围绕企业发展，确保水、电、通信、路等要素保障到位。完善局部规划，完成园区东拓展区（马岙区块）控制性详细规划修编、东大塘区块规划修编、三评合一方案论证，完成园区19#道路工程设计及招投标工作，完成14#道路工程II标段设计及规划选址、土地预审等手续，开展定海区西北片污水处理厂改造工程初步方案编制工作。加快基础设施建设，完成创园大道景观工程、马目油库配套道路延伸段工程，完成园区中小企业科技孵化基地项目、西北污水处理厂绿化工程以及短了尚山咀整平工程全部工程量。

【环境综合整治】 深化生态园区建设，完成园区紫窟支河品质河道提升工程，完成园区“污水零直排”创建工作。推进平安园区建设，落实安全生产企业主体责任，组织企业参加安全生产教育培训，加强安全生产执法监管，推进船舶企业安全管理规范化班组建设及职业卫生工作，做好企业欠薪排查处置工作，开展扫黑除恶工作，确保园区安全和谐。持续推进五水共治、清洁园区建设，健全治理“脏、乱、差”现象的长效管理机制，全力做好园区主要道路、河道的日常保洁工作，确保园区环境整洁有序。

【资金和用地保障】 是年，加大融资力度，完成净增融资1.97亿元，保障园区发展建设；提升资金运作水平，配合国资做好发债相关工作；稳步推进园区土地征用工作，完成舟山—鱼山220千伏电力线路改迁工程政策处理，做好园区公墓地、祖堂移交工作，加大土地报批力度，盘活存量土地资源。

【“三服务”活动】 是年，出台《定海工业园区2019年度“区域化管理 团队式服务”工作实施方案》，落实委班子领导带队走访企业机制，召开意见征求会，听取企业的意见和建议，上报“三服务”活动现场解决问题清单30件，处理完毕区三服务办公室督办单2件。针对企业所需，提升创园大道长丰盐场段整体环境，新增绿化8000余平方米，新增停车位130余个，增设入园企业指示牌和标志性景观小品，协调市公交公司完成64路公交站点延伸，打通出行“最后一公里”。

（撰稿：张静琼）

（本分目照片由区工业园园区提供）

定海海洋科学城

【概况】 2019年，舟山市定海区海洋科技产业园管理中心围绕区委、区政府中心工作，以建设“一城三园”为目标，落实《中国（舟山）海洋科学城定海园区建设实施方案》《定海区加快发展三年行动计划》《中共舟山市定海区委办公室关于开展“服务企业服务群众服务基层”活动的实施意见》等文件要求，真抓实干，各项工作取得成效。

至10月底，园区引进企业88家，其中海洋电子信息类企业22家、文化创意类企业19家，三大产业占比超50%；企业注册资本金15.7亿元，实际到位市外资本金1.3亿元，完成年度目标86.7%，预计年底完成1.5亿元；合同利用外资0.5986亿美元，完成年度目标199.5%；实际利用外资0美元，预计年底完成500万美元；实现主营业务收入1.6亿元，同比增长60%，预计年底完成2亿元；实际缴纳税收628万元，同比增长69%，预计年底完成700万元；新增科技创业领军人才企业5家、国家高新技术企业2家、浙江省科技型中小企业4家；新引进高层次人才博士7人、硕士6人；新增知识产权60项，其中：发明13项，软著37项。

至10月底，园区累计注册企业218家，其中海洋电子信息类企业54家、文化创意类企业41家；落户舟山市科技创业领军人才企业17家，培育国家高新技术企业5家、浙江省科技型中小企业17家；拥有知识产权203项，其中发明专利32项、软件著作权64项。

【组织建设】 因地制宜建立“两新”组织 加强园区党建阵地建设，提升企业凝聚力和战斗力，成立浙江易航海信息技术有限公司、浙江璟辰文化发展有限公司党支部，对不具备建立党支部企业，将企业党员纳入海洋科技创业中心联合党支部，实现党组织覆盖。明确园区“两新”党建工作由盐仓党工委属地管理，园区党组协助管理相结合新模式。通过市委派驻园区党建指导员，指导企业开展党建工作和党员发展，促进企业健康快速发展。

搭建平台建立支部共建 进一步增进园区企业与金融机构交流对接，与舟山建设银行定海支行党支部建立党建共建单位。加强党员活动室、党员图书角等党建阵地建设，满足服务党建工作、企业发展、凝聚人才和创新管理等需求。

恪守清廉加强廉政建设 明确“一把手”负总责、班子成员各司其责的分工格局，根据领导班子成员责任分工，落实“一岗双责”，签订《党风廉政建设责任书》，逐级落实党风廉政建设工作职责，确保党风廉政建设和作风建设工作落到实处。

【项目招引】 “产业提质” 突出园区特色，发挥企业资源优势，通过上下游配套合作，产业资源整合，科技型企业数量和质量均实现提升。全年落户40余家科技研发类项目运营情况良好。李志华“海洋多通道电法勘探系统成果转化及产业化”、刑博闻“大水域智慧渔业系统”等5个高层次人才项目完成公司注册并即将投入运营；海洋文创产业园引进子粒文化传媒、璟辰动漫等19家文创企业并开始运营，海洋文创产业园招商入驻率超60%。

“政策提效” 强化政策引导，加大项目扶持和精准指导，企业培育工作成效明显。舟山巨洋技术开发有限公司与航天科工三一〇研究所共建航天涉海技术研究所，浙江国星北斗与振芯科技、航天五院协议共建卫星通信研究院等；北鲲智能“百吨级无人船研发、试验、产业化”等10个项目申报市科技创业领军人才项目；易航海推荐省级科技项目，英特讯推荐市级科技计划项目等；麦克斯韦、中电海通、巨洋等3家企业列入2019年舟山市“专精特新”培育企业名单；易航海公司海e行智慧版等软件相继上线，累计总用户数21万人；海慧海洋公司新型海洋环境在线观测设备，现推广至海洋牧场监测等多个应用领域，在海洋牧场海域布放26套；支持英特讯等3家公司申请上规入库；至控智能公司“船舶自主可控实时监控软件平台研制”3个项目被列入2019年省软件创新能力产业化项目，亨通海洋公司“湿插拔电连接器”获“创客中国浙江好项目·2019舟山工业和信息化企业创新大赛”总决赛二等奖，蓝城印象公司总经理缪圆圆获2019年舟山市“大学生创业之星”称号。是年，园区被认定为市级海洋电子信息特色小镇、市级科创园区、省市级大学生创业孵化基地、舟山市高校毕业生见习基地、海洋文创园众创空间等，争取项目资金近400余万元。

“人才提优” 针对舟山人才储备不足，高端人才招聘难问题，不断创新人才引进模式，加快高层次科技人才集聚。不断完善园区企业入驻和人才引进政策，联合区人才办、区退伍军人事务管理局完成《定海海洋科学城“飞地“政策》和《随军家属创业扶持政策》初稿。实施“5313”行动计划升级政策，推进以赛引才活动。吸引袁博博士“物联网污水泥位自动监测系统”等8个2019年蓝海智造行业赛项目申报市“5313”行动计划项目。

“管理提速” 紧扣产业定位，重点把好注册、入驻企业质量关，明确专人加强对接，开展项目引进事前评估，对重大招商引资项目在产业发展、环保、规划等方面与相关职能部门对接；对需要实地考察论证的项目，实地考察或者通过文字视频资料及面谈等方式进行解，确保园区企业质量。定期对落地项目落地推进情况进行走访，协助企业解决实际问题。主动加强与区人才发展中心、区经信局、区投促中心等相关职能部门沟通协调，及时对接人才项目落地需求，实现多部门联动服务招商引资项目。

【配套服务】 针对科创类中小微企业因资信等级较低、缺乏抵押资产等原因导致融资难问题，开展融资调研，及时掌握企业融资需求信息，反馈合作银行。与定海海洋农商银行、工商银行定海支行、建设银行定海支行、民泰银行定海支行等多家金融机构开展合作，专门推出符合园区中小科技企业特性的“科创贷”“业务贷”“税务贷”等审批快，放款快融资产品。组织银企对接会10余次，麦克斯韦、宏诚伟业、中安海洋电力、舟远实业、北鲲智能、中生智联、溶汏安防等40多家企业达成融资意向1500余万元，实际发放贷款1100余万元，比上年同期增长逾2倍。推动优秀企业债券融资，巨洋、英特讯、麦克斯韦、融冠4家企业在省股交中心挂牌展示。

【设施建设】 对接市自然资源与规划局定海分局，初步对核心建设地块开发方案、土地成本、配套成本进行核算。根据盐仓街道整体规划与需求，结合产业导向和地块现状，拟对原盐仓南单元片区控规方案和城市设计进行调整：土地性质，下半区规划土地性质为工业土地，计划出让给第三方进行投资建设运营。上半区规划土地性质为商务金融，为高新技术产业园和整个盐仓街道片区做配套。规划方案，拟打造工业2.5产业园，配套高端研发制造业、小微集聚企业等。由定海海洋科学城、盐仓街道、意向投资建设单位根据实际情况修编规划方案和城市设计方案。

【党建及文化活动】 6月29日，组织园区党员干部赴四明山开展七一红色之旅主题党日活动。10月29日，党组书记讲党课。全年先后举办职工插画活动、趣味运动会、羽毛球比赛等系列活动。

羽毛球比赛第一名获奖留念

（撰稿：俞 超）

（本分目照片由区海洋科技产业园提供）

舟山国际粮油产业园区

【概况】 2019年，舟山国际粮油产业园区累计开发2.3平方公里，集聚粮油加工仓储物流贸易企业11家，主要涉及大豆加工及深加工、大米深加工，以及粮油仓储、贸易等产业。

是年，园区完成规上企业工业产值11.08亿元；完成固定资产投入5.08亿元；粮油吞吐量760.76万吨，加工量103.73万吨；完成国内贸易额32.59亿元，进出口额3.21亿美元；实际到位市外资金投资额5.05亿元；实现税收约2876.43万元。

【抓国家战略项目】 以国家战略项目为目标主动出击，招引投资总额约20亿元的中储粮浙江粮食仓储物流项目。为确保一期项目落地，园区实行倒排工期、“挂图作战”，对地块内的电力、供水、弱电（电信、移动、联通、广电）等6种管线迁改实行“三同步”，即方案同步编制、预算同步审定、施工同步进行。

【企业产能释放】 克服内外多重不利因素影响，确保重点粮油企业产能进一步释放。保供汽，热电联产（一期）项目正式投运确保企业稳定用汽，至11月底，实现供汽约25万吨、发电约1331万千瓦时；保投入，良海粮油9万吨、省库三期项目至11月底完成投资10331万元，园区整体完成工业性投入3.66亿元，较去年同期增长3.68%；保生产，园区中海、良海两家重点粮油企业至11月底完成工业产值41.23亿元，同比增长5.83%。

【立体物流体系】 是年，两横六纵内部路网基本建设完成，公用码头和三期至五期码头段散粮输送带的投入使用，园区涵盖从散粮中转装卸到全自动入库入企的全流程立体物流体系初步建立。9月，宁波—舟山港入选首批国家物流枢纽建设名单，粮油产业园区作为港口物流枢纽的重要组成部分，进一步夯实进口粮食集散中心地位。

【化解企业服务难点】 以“三服务”为抓手，将企业实际需求作为服务工作的出发点和着力点，全面化解企业服务难点。巩固治水治污成效，被评为2018年度全省“污水零直排区”建设考核优秀集体（全市唯一工业平台类）。加大粮食安全宣传，被评为首批浙江省粮食安全宣传教育基地。至11月底，帮助8家企业完成一站式入园注册服务，注册资金计1.42亿元；协助企业向中央、省、市、区各级争取资金补助3840余万元。

【化解陆港融合难点】 贯彻落实“甬舟一体化”重大战略决策，进一步密切陆域与港口合作，推动陆港一体化运行、统筹发展，加快推动宁波舟山港老塘山港区与园区的合作步伐。确立合作方向，落实双方按照合资可认可的净资产情况或者按照港口货物吞吐量分成装卸费用的形式确立合作模式。

（撰稿：李　远）

舟山国际水产品产业园区

【概况】 2019年，舟山国际水产品产业园区围绕基地全产业发展、重点项目建设、基地产业培育、精准招商等方面，对照落实年度各项重点工作任务，以全产业链融合协同发展和基础设施建设为总抓手，持推进舟山国家远洋渔业基地和定海远洋渔业小镇建设，实现快速发展。全年完成区块内总投资18.45亿元，同比下降26.21%，规上工业总产值6.94亿元，同比增长-9.2%。

【重点项目建设】 是年，安排重点建设项目41个，各项目按计划节点顺利推进，完成投资18.45亿元，其中基础类项目3.11亿元，产业类项目15.35亿元。经过前期开发建设，供电、供热、道路、污水、河道治理等基础配套设施建设项目全面推进，累计投入近10亿元，完成建设干𥕢污水处理厂改扩建工程、污水管网及纳管工程、集中供热管网工程、天然气管道工程、基地内主要道路等，目前正常运营供热管网，替代锅炉供热，完成并投产使用天然气管网提供清洁能源，有效促进基地生产、生活、生态协同发展。深入大洋世家、欧亚圣吉豪、舟渔明珠工业园等企业调研，帮助企业解决生产发展过程中遇到的难点问题，保证项目能够按时建设、准时投产。

【精准招商】 紧密结合产业链发展实际，按照“精准化、精细化”要求，分析产业结构和市场导向，强化科技含量高、市场前景好、投资见效快、产业关联度高、辐射带动作用明显的优质项目储备。指挥部领导带头“敲门招商”，多次赴上海、杭州、宁波、山东、福州、厦门等地，落实专人盯项目，“点对点”联系，跟进招商落户企业，实时听取企业诉求，帮助招商企业项目尽快落地，释放产能。利用各类展会、论坛、网络等平台与行业协会、行业龙头企业建立友好合作机制，拓宽招商引资平台和渠道，加强以商引商。组织参加舟山市乡村振兴产业招商大会、北京国际渔博会、第一届中非经贸博览会、厦门国际投资贸易洽谈会、上海进博会、世界舟山人大会等重大会议，多形式、全方位、高密度、广覆盖地推介项目，提升基地影响力及舟山远洋水产品知名度。是年，实现实际利用市外资金8.06亿元，新增注册企业16家，签约项目10个，计划总投资超9亿元。

【融合发展小镇特色】 围绕乡村振兴战略“产业兴旺、生态宜居、乡风文明、治理有效、生活富裕”总要求，坚持做优远洋渔业小镇，彰显新特色。常态化运营阶段，整合区域内旅游资源，丰富小镇业态，探索全域旅游模式，开辟延伸全新研学采风路线。结合渔人广场文创街区、鱿鱼科普馆、小镇驿站、青年旅社，丰富小镇研学内容，增强学生互动体验，以多元化要素助力特色小镇游学产业融合发展。联系省、市、区多家媒体，联合政务、网络、社交等宣传平台，对小镇活动进行宣传推广，辐射国内区域，实现小镇经济效益和社会影响双促进。布局全市首个“远洋之星”大型儿童游乐园新业态，举办10余次各类节庆活动，提升人气、集聚商气。加强建设智慧小镇，利用信息化技术，将区域整体资源深度融合，全面提升小镇人居品质。2016—2018年底完成超50亿元投资，特色产业投资完成约40亿元，完成省特镇办对小镇创建的投资要求，于5月完成省发改委组织的小镇复检工作。9月26日，全省重大项目暨特色小镇现场推进会公布小镇考核结果，定海远洋渔业小镇获评良好小镇。全年累计吸引游客33.5万人次，同比增长5.7%，创造旅游收入2700万元，同比增长8%，基本达到创建命名验收要求，启动创建命名验收工作。

【强化远洋捕捞】 采取船队整合、更新改造、招商引入等方式，扩大远洋渔业捕捞规模，围绕整合提升远洋渔业捕捞规模，投入7.15亿元，完成30艘远洋渔船现代化更新改造，41艘远洋渔船卫生设施改造，100余艘远洋渔船完成或正在申请欧盟卫生注册。推进南极磷虾捕捞加工一体化项目，完成《高效南极磷虾捕捞装备总体关键技术及应用研究》项目申报。组建秘鲁南美服务中心，对市海洋与渔业局南美办事处、舟山远洋渔业基地南美服务公司和海上生产指挥船“普远801”三方力量进行整合，完善中心与海上生产指挥船运作机制，为远洋船队提供更有力的服务保障。推进安哥拉、基里巴斯、阿曼、阿根廷、伊朗等重点过洋性项目建设，探索远洋渔业服务从境内向公海延伸的路径和办法。

【优化冷链加工】 围绕渔港经济区建设，依托国家级中心渔港，打造升级远洋渔业现代母港，打造智能化、信息化、现代化港口，实现基地港口功能多样化、规模化，根据省物流协会意见，筹建省物流协会冷链分会。完成基地万吨级远洋渔业专用码头对外启用验收工作。基地3号万吨级远洋码头投运，全年实现27万吨，同比下降25%，靠泊船只110艘，全年130艘，与去年持平。探索建立“小升规”工作长效机制和培育体系，促进创新与产业升级发展，协助基地内2家企业跻身规上企业，增至11家，协助3家企业开展2019年高新技术企业的申报工作，加快推进基地内盛达海洋公司上市工作，为基地产业经济高质量发展注入新动力。

【拓展交易贸易】 推进舟山国际远洋水产品贸易中心，加强与舟山港综合保税区、展茅工业区、舟山国际水产城、浙台经贸合作区等四个区块的相互沟通，实现全市远洋水产品贸易互惠、共融、协调、健康发展布局。建成舟山国家远洋渔业基地电子商务产业园平台，全国首个远洋水产品价格指数平台试运行，实时发布远洋水产品价格指数。完成集金融服务中心、电子交易中心、现货交易中心、渔需物资补给中心等于一体的浙江国际农产品（水产品）贸易中心建设，进一步开拓远洋水产品线上线下业务。凭借全国最大金枪鱼半成品加工能力，对接菲律宾、巴布亚新几内亚等国家，拓展原料渠道，并销售到欧美、阿拉伯等市场，满足国际市场需求。举办“中国农民丰收节·舟山渔场丰收节”，吸引165家市内外水产企业参展，4天实现交易贸易额破亿元。

“远洋渔业梦 丰收新华章”
——中国农民丰收节·舟山渔场丰收节开幕

【创优争先】 是年，舟山国家远洋渔业基地获批全国农村一二三产业融合发展先导区、省农村产业融合发展示范园、省现代服务业与先进制造业深度融合试点、省创新创业示范基地等多项国家战略和省级园区。完成《定海（西码头）渔港经济区规划》编制工作，拟定新一轮《远洋渔业发展扶持政策》，优化产业融合发展环境。

【科技支撑】 实施创新驱动发展战略，协助推进“上海大远洋渔业工程技术研究中心舟山分中心”入驻和试运营工作，加快引进海内外高层次创业创新人才和团队，申报4项“5313”科技创业领军人才项目，其中浙江新鸿海洋生物科技有限公司实施的“真空下菌酶协同处理低值水产品制备高效饲用肽产业化项目”入选“5313”行动计划。

【各级领导调研】 3月，省商务厅总经济师朱军一行开展“三服务”活动；6月，省商务厅副厅长徐高春一行调研供应链试点开展情况； 9月，全国人大常委会副委员长曹建明带领全国人大常委会渔业法执法检查组开展执法检查，实地考察基地远洋渔业专用码头、浙江国际农产品（水产品）贸易中心等地。

（撰稿：朱建栋）

（本分目照片由舟山国际水产品产业园提供）

责任编辑：鲁学伟

商　务

Business Affairs

一二三产业融合发展先导区（陈炳群/摄）

社会主义核心价值观

国家 富强、民主、文明、和谐

社会 自由、平等、公正、法治

公民 爱国、敬业、诚信、友善

综　述

2019年，全区商务工作围绕定海现代化建设战略目标，加强管理服务，加快创新驱动，加大业态培育，推进商务工作再上新台阶。是年，全区完成社会消费品零售总额233.7亿元，同比增长7.6%；完成限上批发零售业销售额2122.4亿元，同比上升13.8%。全区累计完成进出口 448.9亿元，同比增长35%，其中，出口89.9亿元，同比增长2.7%，进口359.0亿元，同比增长46.5%。全区完成合同使用外资25190万美元，完成年度目标任务的114.5%；实际使用外资8035万美元，完成年度目标任务的100.4%。

商贸经济

【招商引资】　引进华联超市，7月开业，成为全区新的消费增长点。对接宁波杉杉集团开发太平弄地块古城项目，至年底，完成详细规划，正等待土地招拍挂。对接浙江璟辰文化发展有限公司、盐田港集团收购光汇项目等企业（项目）10余个，为明年的招商工作打基础、夯基石。突出外资招引，年初制定存量外资项目到资计划表、在谈外资项目推进跟踪情况表，挂图作战，倒排进度，抓好重点外资企业精准帮扶，至年底，超额完成年度目标任务。

【商贸流通】　是年，新设天猫小店4家，罗森、快客等24小时便利店3家。推进老字号振兴工程，制定出台《振兴定海老字号实施意见》《定海老字号认定办法》，建立健全保护和促进老字号发展管理体系。加快推动农产品供应链体系创新发展，3家企业申报农商互联农产品供应链项目，获得中央专项扶持资金1650万元。推进电子商务新发展，接洽阿里旗下新零售平台——盒马鲜生，推动3家水产企业与盒马达成合作；发挥电商企业示范引领作用。是年，定海区电子商务创业园、国际水产品电子商务园区2个电商园区被认定为浙江省电子商务产业基地，舟山市樱爱儿服饰有限公司被认定为省级电子商务实践基地，推荐虹桥村申报省级电子商务示范村，森森集团、大洋世家等8家企业被认定为市级电子商务优秀企业。

市领导调研定海区商务工作

【外贸发展】　依托农村淘宝项目促全区农产品“触网”。组织阿里巴巴、供销社、电商企业等多方开展对接交流，探讨全区农产品上行可行性及营销模式。开展2017年度电商专项资金申报工作，有水产品产业园区、大洋世家、鲜达等3家企业申请补助资金45万元。推荐森森、网加科技两家企业为浙江省电子商务实践基地，提升全区电商企业知名度；为进一步发挥园区集聚带动功能，启动电子商务园区二期工程建设，面积约10000平方米。

网红直播带货，推销本地农特产品

涉外经济

【调研外贸发展短板】 针对外贸发展中的“短板”，积极开展调研。走访世纪太平洋化工、中化兴中石油转运有限公司、大洋世家、兴业集团等重点进出口企业，挖掘外贸新增长点，关注生产经营情况及企业需求，协调解决相关困难问题。

【组展参展】 助推外贸企业拓市场，组织35家企业参加第二届中国国际进口博览会、27家企业参加中国—中东欧国家博览会暨国际消费品博览会，组织太平洋海工、增洲造船2家船舶修造企业参加2019年上海国际海事展。是年，全区企业参加境外展130余个，境内国际性展会20余个，补助金额160余万元，受益企业50余家。加强政策宣传，扩大中小企业出口信用保险覆盖面，投保企业50余家。开展企业社保费返还工作，60家外贸企业返还2137.07万元。完善商务运行监测预警机制，完成外贸企业“订单+清单”监测预警管理系统全覆盖。

定海区商务局运行调查监测暨培训会议

【应对中美贸易摩擦】 开展“应对中美经贸摩擦全面推进精准服务外贸企业专项行动”，建立涉美贸易重点企业库，加强跟踪指导服务；指导金鹰公司、森垄木业等贸易摩擦涉案企业申报舟山市对外贸易进出口公平贸易专项资金项目。落实准入前国民待遇加负面清单管理制度，实现外资企业商务备案“一日办结”；加强谋划，首次设立区级外贸扶持资金近100万元，扶持外贸企业境外参展、出口名牌培育等。

【创建文明城市】 推出商场超市购物环境文明指数测评，每月在媒体上公布综合评定结果，激发商场超市创城积极性。强化企业创城主体责任，督促企业加大公益广告、硬件设施等投入。强化企业对经营户的日常宣传与“门前三包”等管理。落实点位责任制，细化分解目标任务，确保每项工作有人管、每个问题有人抓。

联合各单位对商超进行每月检查并排名

（撰稿：陈群武）
（本分目照片由区商务局提供）

招商引资

【概况】 舟山市定海区投资促进中心是区政府直属公益一类事业单位，为正科级。中心核定事业编制10名，设主任1名，副主任3名，正股3名、副股1名。内设综合科、招商一科、招商二科三个科室。下属一个正股级事业单位舟山市定海区产业服务中心，设有舟山市定海区产业服务中心昌国分中心。区投资促进中心负责全区各招商机构的统筹协调和业务指导工作。

是年，完成实际到位市外资金45.78亿元，完成市下达年度任务（45亿元）的101.7%；合同使用外资23626万美元，完成年度目标任务（2.2亿美元）的107.4%；实际使用外资8035万美元，完成年度目标任务（8000万美元）的100.4%。引进10亿元以上重大产业项目2个，为舟山液化天然气（LNG）接收及加注站连接管道项目（24.76亿元），中储粮浙江粮食仓储物流项目（20亿元）；引进5亿元以上重大产业项目2个，为中信重工开诚智能装备有限公司舟山智能装备制造项目（先进制造业项目，5亿元），舟山青龙山康养中心项目（5亿元），完成年度任务指标。

【签约项目】 中心组织招商小分队相继赴上海、北京、江苏、天津、长沙、西安等地拜访对接中信重工、中国中车、中氢科技、西安九索数据、上海达泰资本等重点企业，取得较好成效。是年，新签约落地项目12个，其中，宁波友邦仓储物流、浙江润柯建材投资项目为甬舟一体化签约活动项目；大型海洋潮流能并网发电厂、舟山青龙山康养中心项目为世界舟山人大会签约项目；远洋渔业基地创新产业示范园区、上海鲲擎海洋生物科技项目为乡村产业振兴大会签约项目；中信重工舟山智能装备制造、中储粮集团浙江粮食仓储物流项目为市、区主要领导见证签约项目。

考察西安九索数据技术股份有限公司

新奥LNG项目签约仪式

【机制体制创新】 加强招商考核，制定《2019年定海区招商引资绩效考核实施细则》，根据机构改革实际对第三类考核成员单位进行相应变动，调整考核期限和考核指标，剔除浙商回归到位资金指标，适当增加重大项目引进和使用外资分值。

完善招商引资实绩亮相评价标准　对新注册项目实到市外资金额和引进重大项目的标准进行合理调整。常态化开展每月招商实绩亮相和数据通报，倒逼考核责任单位加大招商力量投入。

建立中心重大招商项目联系对接机制　将氢能源等7个谋划类重点项目和新奥天然气管道等13个任务指标可落实项目的推进职责落实到每个班子成员身上，明确具体跟踪项目和任务。

压实项目推进责任　3月21日，召开全区招商引资大会，签发2019年度招商引资责任状，下达2019年招商工作任务，把工作任务层层分解到全区相关部门及镇（街道），实行上墙实绩亮相，各级各部门主要领导带头抓好落实。

3月2日，宁波招商推介会

【落实招商“三服务】 多次到远洋渔业基地、粮油产业园区、定海海洋科学城、产业服务中心等产业平台及重点镇（街道）召开座谈会，实地调研招商工作推进情况；开展“调研解难题、深化‘三服务’”活动，实地走访新奥（舟山）天然气管道、舟山中润智能装备等一批重点企业，详细了解项目建设、企业经营等情况，围绕项目环评、立项审批、融资等方面倾听问题、困难，牵头协调各相关部门予以跟进，相关诉求得到妥善解决。不定期召集发改、经信、环保、应急管理和项目落地单位、投资商，召开项目投资评估会，开展项目评估、研判，把好项目质量关，加快项目落地进程。召开全区招商引资工作例会暨三服务工作推进会，研究部署项目招商服务工作，提高各单位服务项目的主动性。

海洋潮流能并网发电场项目协调会

【二次招商】 从资源存量上寻求突破，将闲置土地（厂房）二次招商工作纳入实绩亮相。至年底，累计盘活378.8亩土地、58100.7平方米厂房，分别完成闲置总量的16.4%和40.3%。完成年度任务指标。常态化开展与重点镇（街道）、产业园区的信息互通，持续更新闲置土地厂房信息，落地企业人脉资源开展以商引商，多渠道进行对外宣传推介。

【完善招商资料】 结合定海招商工作实际，对宣传资料进行及时更新。重新修编制作新一轮招商项目库、投资指南、招商地图、招商推介PPT、招商折页等，整合推出全区重点招商项目20个；对招商宣传片进行更新修改制作，契合舟山、定海当前实际；及时做好来访客商登记库的更新整理。

【党建引领】 坚持用习近平新时代中国特色社会主义思想为指导，落实“三会一课”、党组中心理论组等制度。组织党员干部赴中共一大会址、舟山革命烈士陵园等地开展红色革命教育，重温入党誓词。履行一岗双责，落实党风廉政建设责任分工，签订党风廉政建设责任书。开展“警示教育月”活动，组织专题党课、专题民主生活会、廉政谈话等，营造廉洁从政、激情干事氛围。根据区委巡察办反馈意见，多次召开领导班子会议研究，完成各项整改内容。开展“不忘初心、牢记使命”主题教育，制定实施方案，按照上级部署落实各项工作；组织党员干部开展“勇于担当作为、推动定海高质量发展”大讨论。认真开展全国文明城市创建志愿服务活动，组织干部职工开展马路巡逻、路口站岗值勤、社区志愿服务等活动。

（撰稿：顾春佳）

（本分目照片由区投资促进中心提供）

市场服务

【概况】 2019年，舟山商贸集团有限公司定海分公司（以下简称为定海公司）内设3个科室，基层设直属市场18个，按行业划分：农贸市场16个，日用品市场2个；按区域划分：城区10个，农村8个。至年底，公司有公务员1名，事业编制职工33名，合同制员工87名，退休职工19名，各类勤杂人员100名。

【菜篮子工程建设】 定海公司基层总摊位3419个，为全区80%左右的居民提供日常生活保障，为近3000名城乡居民搭建就业平台，社会效益和经济效益良好。全年市场交易额约为17.7亿元。配合执法部门做好家禽“杀白上市”工作，加强对“一证两标”的检测，确保市民吃上放心禽肉；配合渔政和市场监督部门做好禁渔期宣传和检查工作，建立冰冻鱼凭证索取制度并纳入台账管理，发放宣传资料500余份，张贴宣传画30余张。450余户水产经营户签订承诺书。规范商品供应价格评价体系，要求数据采集员责任落实到位、价格询问到位、数据统计到位，提高数据采集质量，方便公司决策和公众监督。引导经营户降低销售价格，努力做到菜场最高售价控制在不高于白沙市场菜价的5%以内，对春节期间商品价格加强监控，做好春节限价蔬菜的供应工作。

【创建全国文明城市】 助力文明城市创建 召开7—8月创城标兵颁奖大会暨志愿服务授旗仪式，成立志愿服务队，发挥经营户党员、行业委员作用。各市场根据公司“定人、定岗、定责”要求，做好人员分工，确保每一个摊位、每一处卫生都有人负责。加强市场巡查力度，从原来不间断巡查菜场摊位向具体巡查到某一个点或关键区域转变。采取监控大屏幕监督巡场工作，保障两次巡场间隔时间不超过15分钟，巡场情况与市场规范化管理考核挂钩。分派保安到各市场，参与市场管理与秩序维护，加强管理力量。

加强市场自查自纠 街道巡查人员和市民巡访团组成“市场监督员”，对市场内存在的问题进行“找茬”，发现问题及时上传、及时反馈。根据市文明办检查组暗访和文明县区复评邀请第三方测评等反馈结果，查找问题根源督促下辖各市场有效整改。

优化考核机制 结合“创城”工作和星级经营户

评选，优选出讲诚信、懂经营、守规矩的“星级经营户”和“创城标兵”，以点带面，提高市场经营户队伍素质。

【“经理接待日”活动】　3月起，公司领导班子成员带领相关科室负责人，每月到所属城乡16个市场开展“经理接待日”活动，现场接待经营户和消费者，听取他们对市场管理服务的意见和建议。多次组织召开行业组长、行业委员座谈会，发现和解决市场管理中的短板，改善市场服务。

开展“经理接待日”活动

【安全生产工作】　狠抓安全生产监督管理　制定《安全生产应急预案》《施工前的注意事项》等文件，与下属各场签订消防安全工作和食品安全工作责任书。全年召开安全生产会议8次，开展“大排查、大整治”专项行动15次，开展安全生产培训3次。“3·15”消费者权益日期间，开展“食品检测开放日”活动，为消费者提供免费检测服务，宣传食品安全知识。加大光禽“一证二标”的查验力度，做好食品检测工作，对农药残留、添加剂等进行每日检查，第一时间公布检测数据和结果。全年所属市场抽样定性检测上市食品132714批次，检测出不合格食品39批次，总合格率为99.97%，监督经营户自行销毁检测出的134.72公斤不合格商品。

响应扫黑除恶工作　广播宣传500次，挂横幅33条，贴海报60张、5块电子显示屏固定或滚动播放标语，座谈会54场次，发放宣传单1280份，设立举报箱17只并坚持每天巡查。

【各类创建、整治工作】　是年，经省市场监督管理局验收、评审、考核，昌东菜场通过2019年度浙江省放心农贸市场复评工作，岑港、马岙、西码头农贸市场被评为2019年度浙江省放心农贸市场。开展省级放心市场创建（复评）工程、部分市场顶部维修改造工程、城区部分农贸市场摊位下水道改造工程和定海商城无障碍公厕改造工程等创建、整治工作。南珍菜场设置猪肉临时分割点，解决猪肉摊位噪音扰民问题。完成13个市场高清监控系统的整体更换，确保市场公共区域监控无死角，视频播放画面流畅清晰。桔园菜场被授予舟山市“巾帼文明岗”、舟山市“工人先锋号”称号；全市首间农贸市场母婴室在桔园菜场投入使用。

桔园巾帼文明岗协同经营户开展应急救援能力培训会

【智慧农贸市场建设】　响应政府提出的“移动支付之城”建设，在定海海洋农商银行的支持下，安装林鲲智慧农贸管理系统，该系统包含放心农贸触摸查询系统和经营户信用公示系统，囊括经营户摊位号、信用等级、菜价公示和二维码支付信息。至年底，桔园、东门、北门和昌东4家市场完成智慧市场创建。南珍菜场试点启用智能巡更管理系统，为全市农贸市场首家，通过市场管理人员配备的GPRS巡更机，公司业务科能实时监控各菜场的所有摊位情况。完成西码头、白泉、桥头施、马岙、岑港农贸市场IC卡有偿使用自来水设施安装，计19套，结束以往农村农贸市场经营户无偿、无序用水导致浪费的现象；在南珍、东门、西园、城西、北门、昌东、马岙、道头和白泉安装使用三相IC卡热水供应器。

【服务新农村建设】　是年，加强与农林部门及有关镇（街道）市场商品供应消息的沟通，便于农户根据市场需求，适时调整农作物种植结构，提高经济收益。继续落实自产自销的审核权下放到镇（街道）的做法，解决农产品销售的后顾之忧。整合市场摊位资源，增加自产自销摊位，满足渔农民的销售需求，保持自产自销摊位850个，对城区所有农贸市场零星自产自销摊位零收费，为农业增效、农民增收创造条件。

【社会公益活动】　是年，公司做好困难职工和生病职工、困难党员的慰问工作，对市场一线员工和各场经营户进行高温慰问工作；继续做好结对帮扶工作，为双桥镇3户残疾人家庭送上慰问金4500元；组织党团员参与无偿献血活动献血2500毫升；组织做好“慈善一日捐”活动，党员干部带头，员工、经营户一起参与，募捐善款2.2737万元；开展拥军活动，对定海区消防大队和奋战一线的派出所民警进行慰问；每月组织“党团同心·周末公益”志愿服务活动，进行创城、反诈骗和垃圾分类宣传。

南珍菜场开展垃圾分类宣传活动

【队伍建设】　4月，经过演讲、现场提问、民主测评、总支评议、公示等环节，9人被确定为定海公司2019—2020年度中层副职后备干部。选出新一届经营户行业委员会正副会长，定期召开行业委员、行业组长座谈会；开展党员上墙活动，组织经营户党员红色教育活动，通过座谈会、分发党建书籍等方式，确保党建教育全覆盖；召开2019年度经营户队伍建设工作会议，要求经营户队伍齐心协力，攻坚克难。组织食品安全检测培训、办公类固定资产录入培训、财务操作培训、消防安全培训等各类培训会，参加300余人次。倡导经营户参与“包诚信、包秩序、包安全、创文明星级经营户”（“三包一创”）评选活动，经民主推荐、评选、公示和征求有关部门意见，186户经营户被评为2019年度文明星级经营户。

【企业文化建设】　开展“关爱员工，走近自然”工会会员乡村体验活动，共享家乡的山水风情。参加舟山商贸集团党委、工会主办的献礼祖国——“峥嵘七十载，商贸与国同梦”70周年文艺晚会“悦读·阅青春”读书交流会、“我与团徽团旗合个影”主题活动、“商贸杯”文体比赛和食品检测员培训暨技术竞赛。组织公司党团员和经营户党员走访秋瑾、鲁迅故里、中共定海县工委旧址，参加海山烈士陵园祭扫活动、“红动舟山志愿创城”活动。

“峥嵘七十载，商贸与国同梦”70周年文艺晚会

（撰稿：林家宇）

（本分目照片由舟山商贸集团有限公司定海分公司提供）

供销合作

【概况】　2019年,区供销社系统持续深化“三位一体”农合联改革，健全运行制度和服务功能；强化为农服务能力建设，提升农资经营服务、农村金融服务、生产环境服务，提升发展农民专业合作社；抓好社有资产管理及基层供销社建设；强化全面从严治党，推动“两学一做”学习教育常态化制度化，抓好巡察反馈意见整改落实，立足部门实际和行业特点，落实党风廉政建设责任制，各项工作取得进步。

是年，全区供销社系统有法人机构23个，干部职工145人，实现总经营收入42472万元，同比减7.3%；至年底，资产总额10603万元，所有者权益8355万元。获2019年度全省供销社系统综合业绩考评优秀单位，是全市供销社系统唯一一家获评单位。

2019年定海区供销社系统机构、人员情况表

表11　　　　单位：人、个

项目		合计	区公司	基层社	区联社机关
经营网点总数		121	71	50	
其中	批发网点	7	7		
	零售网点	93	50	43	
	批零兼营网点	10	7	3	
	废旧物资收购	11	7	4	
干部、职工总数		145	106	27	12
其中	行政	10			10
	合同制	69	45	24	
	离单位留劳动关系职工	64	61	3	
	编外用工	2			2
离退休、退职人员总数		548	307	219	22
其中	离休	2	1		1
	退休	546	306	219	21

2019年定海区供销社系统主要经济指标完成情况表

表12　　　　单位：万元、个

指标	合计	区公司	基层社	农民专业合作社
总经营收入	42472	19628	15036	7808
总购进额	32909	12905	13353	6651
利税总额	−118	−11	−107	
其中：利润	−116	−10	−106	
亏损企业个数	9	3	6	
亏损企业亏损额	133	29	104	
固定资产总额	5159	494	4665	

【“三位一体”农合联改革】 强化农合联农业生产服务中心为农服务能力提升　是年，区、镇（街道）农合联7家农业生产服务中心为农户及会员提供农技咨询及庄稼医生服务40725人次、小额存取款及转账等服务9062人次、蔬菜等农产品农残检测1000余批次、农信担保及农民资金互助会贷款238万元，举办农业经营管理人员高级培训班一期。依托农合联农业技术专家组，开展农作物生产、病虫害防治等农业生产综合服务。区农合联被省供销社、省农合联执委会授予全省“三位一体”改革成绩突出集体称号。白泉镇农合联农业生产服务中心被省供销社认定为第三批省级现代农业综合服务中心。

推进“海山农汇”农产品电子商务平台建设　开展“海山农汇”区域公用品牌培育，新建仓储式冷藏库，购置配送车辆，印制“海山农汇”农产品通用包装。通过线下实体体验及线上微商销售，促进本地优质农产品的产销对接，全年销售额147万元，同比增长85%，其中本地农特产品占60%。举办农产品展示展销活动6次，组织参加省农博会等农产品产销对接会3次，助推本地农产品的推广和销售。举办宣汉县名优农特产品展销活动，通过活动展销、电商营销、宣传推销等方式推动东西部消费扶贫工作深入开展。

推进农业生产社会化服务功能建设　是年，投入资金160余万元，完成区农合联农机服务中心和大沙粮食产业农合联组建。区农合联农机服务中心依托定海飞腾农机专业合作社进行具体运作，由区农合联负责监管及指导，按照“服务专业化、管理标准化、运作市场化”的要求进行运营，可为小沙、金塘、马岙等地的种粮大户提供田地耕作、育（插）秧、机割机收、粮食烘干、碾米加工等系列化服务。试运行以来，提供田间耕作服务约1500亩，谷物烘干服务约1200吨，碾米服务约600吨，降低专业合作社及农户生产成本，受到农合联会员及农户好评。大沙粮食产业农合联被省农合联执委会认定为全省第一批产业农合联。

【推进乡村振兴】 规范提升农资经营服务网络及庄稼医院　依托市、区农资公司及基层供销社所辖农资连锁网点，抓好农资采购、供应和储备。全年农资供应总额1725万元，同比减少8%，其中供应化肥3926吨、农药249吨、农用薄膜69吨，未发生一起损农、坑农事件及农资商品断档脱销现象。是年，新建庄稼医院1家。至年底，全区供销社系统建成规范化庄稼医院16家。强化农资技物结合的一体化服务模式，依托市、区两级农资企业技术服务力量、农资连锁门店、庄稼医院等服务主体，为农户提供新肥新药试用、农作物病虫害专业化防治等专业化和个性化服务。

推进农村金融服务　规范运作区农合联农民资金互助会，按照会员制、封闭性原则进行运营。继续巩固发展农信担保平台，在控制风险的前提下，扶持农民专业合作社和农业种养大户发展生产。是年，提供农信担保贷款158万元，农民资金互助会贷款70万元。定海为民农信担保公司运营以来，累计提供贷款担保8034万元。与省农业信贷担保有限公司衔接，设立省农担公司定海代办点，推进农合联系统政策性农业担保体系建设和业务发展，助力乡村振兴。

提升发展农民专业合作社　按照发展壮大一批、规范提升一批和整顿清理一批要求，对全系统参办农民专业合作社进行分类梳理，拟对8家农民专业合作社逐步进行整顿清理或转型，促进规范提升。是年，新领办农民专业合作社一家，全区供销社系统参办、领办农民专业合作社28家，入社社员1220户，入社股金3548万元，种植养殖基地面积9915亩，专业合作社销售额7808万元，帮助农民实现收入4779万元。

提升生产环境服务　坚持“保本土、保安全、全回收”原则，做好废弃农药包装物回收。是年，全区41家废弃农药包装物回收点回收废弃农药包装瓶（袋）232.2万余只、废弃农用薄膜3327公斤，占全市总回收量的60%以上，回收费用628459.37元，实际焚烧处理41.34吨，处置率100%，助推农村生态宜居建设。

【社有资产运营及企业监管】　制定下属企业年度工作目标责任制考核办法，提高反映质量和效益的指标权重，鼓励社有企业强化经营和社有资产运营。是年，抓好社有资产征收拆迁工作，城郊供销社义桥路资产征收调换安置方案顺利签订，临城供销社与拆迁指挥部协商达成意向性的资产征收协议。强化社有企业监管，对2011年以来的40项制度进行废、立、改、并，新出台各类制度34个，堵塞制度漏洞。规范下属企业财务审批、资金管理等事项，对下属企业进行财务清理，组织开展财务内审，确保基层企业规范有序运行。

【主题教育】　开展“不忘初心、牢记使命”主题教育。9月起，党委及所属13个基层党支部参加第二批主题教育。把握“守初心、担使命，找差距、抓落实”的总要求，突出问题导向、目标导向、效果导向，抓好各项工作落实。党委班子成员参加区委集中学习4天，组织集体学习8天，开展八个专题研讨2次；党委所属13个党支部组织学习117次、观看视频学习资料65次，参观见学113人次，支部书记上党课15人次，推动学习走深走实。结合“三服务”活动，把解决问题、推动工作作为出发点和落脚点。党委班子成员累计开展调研26次，征集各类意见建议14条，为民办实事13件，形成调研报告4篇。围绕供销社改革发展，在全系统开展“我为供销献计策大讨论”活动，收到干部职工“金点子”63条，各类调研文章17篇。开展“五对五查”，梳理形成检视问题和整改清单。党委班子检视梳理问题15条，制定整改措施35条；班子成员检视梳理问题39条，并制定整改措施。

【从严治党】　夯实“主体责任”，立足部门实际和行业特点，落实党风廉政建设责任制。加强社有企业党建工作，严格落实“三会一课”制度，把推进学习教育常态化制度化纳入管党治党责任清单。组织开展全区供销社系统基层党组织“迎七一”党史知识竞赛、“党建引领谋发展·凝心聚力促振兴”主题党日活动。开展警示教育月活动，通过警示教育，提升党员干部依法办事、遵规守纪的意识。化解各种信访矛盾。稳妥劝解盐仓供销社转制买断职工的上访问题，妥善处理浙江天天惠超市有限公司小股东有关利益诉求问题，指导集体商业企业定海区佳欣日用杂品商店完成资产被法院拍卖后的职工安置及企业登记注销等工作。是年，未出现因信访问题处理不及时或不妥当而影响社会稳定的事件。

（撰稿：陶鲁华）

责任编辑：鲁学伟

旅　游

Tourism

新建村·阳光普照（陈炳群/摄）

社会主义核心价值观

国家　富强、民主、文明、和谐

社会　自由、平等、公正、法治

公民　爱国、敬业、诚信、友善

综　述

2019年，定海区旅游工作依托“山、海、城”比较优势，以改革为动力，聚焦文旅体深层次高水平融合发展主线，开发定海旅游新业态，开展立体营销，坚守行业生命线，全区旅游事业发展稳中有进、稳中提质，为花园式国际人文港城建设提供支撑。全年接待国内外游客1483.1万人次，实现旅游总收入210.86亿元，比去年同期增长10.26%、11.51%；其中国内游客1473.22万人次，实现旅游收入206.99亿元，均比去年同期增长10.28%；入境游客98865人次，创汇5635.31万美元，均比去年同期增长6.74%。

机构设置变更

【机构设置】　1月，因机构改革，定海区文化体育新闻出版局与定海区旅游局合并，于1月15日挂牌成立定海区文化和广电旅游体育局，内设办公室、文化事业科、产业规划科、行业管理科、广电体育科、市场开发科6个科室，下属区文物保护所、区文化和市场行政执法大队（区文物监察大队）、区旅游服务质量监督中心、区旅游市场营销中心、区非物质文化遗产保护中心、区体育发展中心、区文化馆、区图书馆8家单位，其中区文物保护所机构规格调整为相当于副科级。

【机构改革】　成立局党总支，下设2个党支部；组建完成局工会，撤销原区旅游局工会、区图书馆工会、区文化馆工会，和区委宣传部（区文体局）工会的原区文体局工会会员合并组建舟山市定海区文化和广电旅游体育局工会。8月，完成定海区国企改革，舟山市定海旅游发展集团有限公司与局正式剥离。12月，初步完成文化市场综合行政执法改革，区文化和市场行政执法大队（区文物监察大队）、区旅游服务质量监督中心合并成立定海区文化市场综合行政执法大队，隶属于舟山市文化市场综合行政执法队。

项目开发与宣传促销

【聚焦项目抓产业】　加强项目投资引商，累计完成鸦片战争遗址公园提升工程、南洞艺谷美丽乡村项目投资 960万元，重点项目盐仓黄沙观海秘境民宿完成投入2420万元。开展招商推介和服务工作，共计接待桐庐秘境、上海二十冶建设有限公司、上海见知文化发展公司等客商10余批次，重点推介许氏民居、吴家大院、东岠岛、册子岛等项目，编制完成《定海岛屿》招商手册。黄沙秘境观海民宿集聚建设项目完成1号建筑主体工程。

接待客商推荐招商项目

【聚焦宣传抓人气】　制作并推介“印象定海”古文化旅游手绘地图、微电影《再遇·定海》，扩大定海

参加2019苏州国际旅游展

文旅知名度。组织旅游企业参加2019苏州国际旅游展、第11届中国国际旅游商品博览会、2019浙江（江苏）旅游交易会等各类营销推广，通过专题推介、发放宣传资料、微信有奖互动，集中宣传推介定海旅游产品。及时发布景区、酒店优惠信息和“5·19”中国旅游日相关惠民政策，让群众享受旅游红利。

【聚集营销抓形象】 提升“定海文旅”微信公众号服务功能，增设微信店铺支付功能、开通“微信小店”小程序，供给集导览、解说、咨询、购物等于一体的服务。建立信息发布常态机制，开通局抖音号，联动微博、微信等新媒体发布定海文旅图片和视频，进行品牌宣传推广。在上海高校、蜈蚣峙码头发布硬广，全面铺开定海文旅点位基础咨询推介。

蜈蚣峙码头硬广

行业建设与规范化管理

【重行业规范标准】 开展星级饭店、品质旅行社新评、复评工作，指导行业争先创优和特色化发展，喜度山庄获评2019年度“岛居舟山”最具温度民宿奖。推行行业规范化建设，指导旅行社优化梳理“一团一档”，旅行社电子合同和电子行程单使用率达到100%。加强行业培训服务，组织旅游企业、从业人员参加市旅游饭店服务技能大赛、旅行社星评员培训，解决城区旅游大巴停靠难问题，在柳永广场周边开辟旅游大巴专用停车场。

【重行业安全生产】 强化安全生产和应急管理，开展2019年旺季旅游安全工作会议和安全培训、3·18文化和旅游市场安全日宣传活动等，提升安全生产和防范意识。开展2019年今冬明春火灾防控工作、“防风险保平安迎大庆”消防安全检查等专项安全专项排查整治活动及平安护航70周年春季夏季旅游市场专项整治等旅游质监执法，查处问题30余个，责令企业完成整改。针对突发社会治安事件、攀岩项目跌落事件开展2019定海区文化旅游体育系统应急演练，围绕消防安全开展消防安全大宣传大培训大体验大警示大提示活动，提升部门及行业应急处理水平。全年受理各类投诉25件，办结率100%。

开展旅游行业消防安全大宣传大培训
大体验大警示大提示活动

景点拓展与重大节庆活动

【提升景区品质】 全面推进旅游基础设施品质化建设，开展“万村景区化”工作及A级旅游景区、A级旅游厕所创建工作，南洞艺谷景区基本完成AAAA景区质量标准基础设施和服务设施建设，创建庙桥社区村AAA级景区村庄1个，司前社区、余家村AA级景区村庄2个，完成A级旅游厕所12座，指导马岙旅游区开展AAA景区品牌创建。提升旅游价值内涵，以古

蓝理纪念馆

城旅游产品开发、文化体验为主轴,新增蓝理纪念馆、中大街“十九铺”海岛民俗文化体验中心、刘鸿生故居等文旅地标。

【丰富旅游体验】 招引旅游新业态，新增南洞艺谷景区房车露营基地、青少年素质拓展基地、刺山岛海岛户外露营基地等新项目，南部诸岛列入省“十大海岛公园”并步入谋划阶段。创新设计旅游线路，打造“乡村微旅行”品牌，结合传统节庆、地域资源，设计推广“美丽乡村”生态游、“两黄文化”国学游、“红色印记”研学游等多条精品线路。打造定海古城“馆群链”，串线各场馆推出古文化体验游线。

乡村微旅行

【开展节庆活动】 结合热点事件，策划并宣传报道各类旅游节庆活动，打造定海文旅新亮点。全年策划开展南洞艺谷第四届油菜花节、“百县千碗·舟山味道”等节庆活动7场，其中“三毛粉丝寻根之旅” 征集20位来自全国各地的三毛粉丝、文学爱好者与10位主流媒体平台记者、3位新媒体达人共同参加，在主流媒体、新媒体同步发布报道，累计阅读量破百万。

百县千碗·舟山味道

（撰稿：方优维）

（本类目图片由区文化和广电旅游体育局提供）

责任编辑：王燕迪

定海生活习俗之居住

建屋 旧时建造新屋必先择地定向，再择吉日破土、定磉、上梁，且均须设祭祀神。定向多选朝南坐北，俗话“有吃呒吃，切勿朝西朝北”。竖屋上梁日，房主向木作师傅敬送“红包”，梁上挂红布，两头各挂内盛谷物种子麻袋一只，栋柱上张贴绿纸对联，忌红纸，免“引火上屋”。祭毕，按时辰上梁，放鞭炮，将盛放谷物的麻袋抛下，由子孙接住，寓意“传宗接代”。上梁之日要办“竖屋酒”，筵请工匠、帮工、亲友。宴后分发“竖屋馒头”。一家建屋，四邻必在自家屋脊上披挂红布，以防“拔福”。

租房与典屋 旧时定海城镇除少数富贾人家自建住宅居住外，多数居民则是租房居住，由房主（房东）与租房者商定租金与期限。有的租房者租得房子后，再出租给他人，从中牟利，叫做“转租”，转租者即为“二房东”。也有一次性付款给房主，取得居住权，双方约定居住期限（一般年限较长），期满房主退款，收回房屋，称为“典屋”。如果期满房主未能按时退款，则该房屋归对方所有，即“典没”。

客居契约 旧俗凡客居亲友家，夫妻不可同居。女婿与女儿到岳父家作客过夜也须写好“客居租屋契约”，压于枕下，夫妻方可同眠。解放后，此俗渐止。

城区管理与城乡建设

Urban Adminstration and Municipal and Rural Construction

黄沙民宿集聚村（陈炳群/摄）

社会主义核心价值观

国家　富强、民主、文明、和谐

社会　自由、平等、公正、法治

公民　爱国、敬业、诚信、友善

综　述

2019年，区住房和城乡建设局（简称区住建局）设办公室（法规科、信访室）、建筑业管理科（建筑工程招投标管理办公室）、城市与村镇建设科、行政许可服务科、住房保障和房产市场管理科、人防科；辖区住房保障和房产管理中心、区建筑工程管理中心、区城建档案馆、区建设工程消防设计审查验收中心。

是年，完成机构改革调整。4月1日，承接消防设计审查验收职责，全年办结消防设计审核验收项目186个，其中消防设计备案审核91个，合格率100%；消防竣工备案验收97个。通过强化监管、完善服务等方式确保建筑业、房地产业平稳发展。建筑行业市场秩序持续良好，工程质量安全态势平稳。优化工程建设项目审批流程，实现审批事项“全流程、全覆盖”。完成提案议案办理和信访工作，解决各类与城乡建设有关群众诉求。加强对住建系统干部职工培训教育，完善机关各项制度。

建筑业管理

【概况】　是年，经过建筑业资质换证，全区有建筑企业78家，包括48家建筑施工总承包企业，30家专业承包和劳务分包企业。全区具有一级资质的建筑施工总承包企业7家。是年，全区建筑业增加值74.78亿元。

表13

序号	企业名称
1	浙江舟山广宇建设有限公司
2	舟山市大沙建筑工程有限公司
3	浙江博宇建筑有限公司
4	弘业建设集团有限公司
5	隆图建设集团有限公司
6	浙江广盛环境建设集团有限公司
7	浙江和海建设科技集团有限公司

【建筑市场监管】　招投标管理　加强对定海区重点工程建设项目的管理，严格“三价”公开报送制度。2019年，招投标实际开标100个，实际开标总控制价11.59亿元；办理施工许可证62份、竣工备案27项。

安全宣传　结合专项整治，开展以施工现场为主的安全宣传工作，安排相关防火应急演练，根据工作实际制订相应的实施方案，发放横幅60条、宣传画200张、宣传资料200份。组织开展“科技宣传周”“全国安全生产月”等活动。

人员培训　组织开展初级技术人员培训班1期，培训人数176人，申报并评审通过中级工程师80人，高级工程师32个。加强浙江省建设市场监管和诚信系统建设，完善建筑企业信息库，审核入库企业114家（包括咨询企业），注册建造师2212人。

“无欠薪”工作　加强全区房屋建筑和市政基础设施工程项目监管，开展定海住建领域的“无欠薪”创建工作，推进农民工实名制和工资支付分账制建设，督促在建工程的建设、施工、监理单位全面落实施工现场作业人员实名制管理、农民工工资和工程款分账管理、按月结算农民工工资、按月足额支付工资、银行代发工资、施工现场维权信息公开6项制度。

扫黑除恶专项斗争工作　以全国文明城市创建、“平安工地”创建、建筑工程质量安全综合执法大检查等活动为载体，对全区73个在建工地的建筑工程质量安全和建筑领域扫黑除恶专项行动进行检查。针对全区2014年到2018年五年内所有建设工程招投标项目的“五类主体”，是否存在串通投标、涉黑涉恶等违法犯罪行为开展线索排查，排查招投标项目904个，其中存在围标串标情况的3个项目由相关部门处理。是年，悬挂横幅163条，张贴宣传海报245张，宣传资料3758份，LED电子屏固定播放25条，短信宣传20000条，新增集中宣传（宣传阵地）160个。

【质量安全生产大检查】　贯彻落实相关技术标准，开展工程质量大检查大整治活动，消除质量隐患，治理质量通病。落实五方主体项目负责人质量终身责任制，打击建筑施工转包违法分包行为，健全工程质量监督机制。抓好基础设施、公共工程和住宅工程，保障性住房施工质量安全监管工作。与64家建筑企业签订安全生产责任书，把安全责任贯彻落实到各企业负责人、各项目部负责人，完善安全生产责任制度。推进工程质量安全治理提升三年行动、安全隐患大排查快整治严执法行动和全区建筑施工安全生产大检查工作。是年，有在建工程 88个（房建77个，建筑面积2786124.44平方米，造价79.65亿元；市政11个，造价0.65亿元），发放工程质量安全抽查记录185份，限期整改通知单27份，停工通知单1份，办理建筑起重机械备案登记916次。处理投诉158件，满意率100 %。全年未发生建筑施工安全伤亡事故。

【建筑行业协会工作】 发挥协会技术优势，开展建筑新工艺观摩培训。指导区属建筑业企业开展各项安全教育活动。鼓励建筑企业建设优质工程，开展全区标准化工地评审工作，评出区级标准化工地6个，市级标化工地6个；海山杯奖（优质工程）获奖工程承建企业7家，舟山市房屋建筑“优质结构”和市政工程“优质城镇道路”工程承建企业6家。

2019年定海区建筑工程安全文明施工标准化工地一览表

表14

序号	项目名称	施工单位	项目经理
1	广盛·邻里广场项目	浙江广盛环境建设集团有限公司	毛增辉
2	定海区海滨小学拆建工程	中鑫建设集团有限公司	潜吉钢
3	国网舟山供电公司城西变电所配套设施用房（国网浙江舟山供电公司物资周转库）项目	浙江万恒建设有限公司	徐璐玟
4	大陆引水三期拆迁安置小区–岑岙塘地块项目	舟山市大沙建筑工程有限公司	韩志刚
5	艾格拆迁安置小区（一期）工程	浙江凯隆建设有限公司	陈　波
6	盐仓大河路（盐经五路）道路工程（Ⅱ标段BT工程）	弘业建设集团有限公司	王　健

住房保障和房地产业管理

【概况】 是年，原区房管局进行机构调整，改名为定海区住房保障和房产管理中心，在职在编职工29人，退休职工1人，编外用工24人。为副科级全额拨款事业单位，隶属区住建局管理，负责全区住房保障和房产管理工作。中心下辖7个职能科室，1个基层房管所。

【房地产市场】 销售新建商品房2969套，面积28.89万平方米,销售金额44.78亿元。其中销售新建商品住宅2415套，面积25万平方米，销售金额39.20亿元。二手商品房交易3980套，面积41.50万平方米，成交金额34.41亿元。审核透明售房网预售项目公示信息，计34个项目。完善退房公示制度，完成104次套房源公示，并对2人以上报名的房源再销售直接监管。提高中介从业人员的业务素质，举办第四期房地产经纪机构从业人员专项培训班，26家中介机构50余人参加。推广2018年新版商品房买卖合同使用，提前介入全装修样板房现场指导，推进全装修住宅样板房制度建设，建立新版商品房买卖合同三方联合会审制度，全年会审6个新项目的合同。改革新建商品房合同备案为线上无接触备案新模式。增设周六房产交易特需便民窗口，解决服务群众“最后一公里”的问题，实现存量房交易完结领证须从几个工作日提速到“一小时”立等可取的跨越。

开展预售前工程形象进度检查

【保障房管理】 新开工城镇保障性安居工程住房2137套（含货币安置576套），面积13.53万平方米。

其中昌州大道北侧棚户区拆迁改造项目完成货币征收576套。阳光分配公共租赁住房，完成379人次的入住、分配、管理工作，未出现一例投诉现象；承担廉租住房申请审核工作，享受廉租住房实物配租561户，享受廉租租金补贴1002户，发放补贴548.15万元；维修直管公房237处，完成砖木结构直管公房安全排查工作，检查677户，发现问题隐患62处，并逐一解决。在抗击“利奇马”“玲玲”“米娜”台风中，组成应急小分队日夜巡查，做好旧城区低洼地段排涝工作。

应急小分队抗击台风“利奇马”

【住房补贴发放】 审核因职务提升享受面积补差人数30人，补贴金额28.54万元，审核享受20%住房公积金补贴人数141人。协助区人才办办理人才购房补贴及人才公共租赁房105人次，查询房改证明1627份。

【物业市场监管】 联合消防部门对25个物管小区（商务楼）136幢高层建筑开展抽样督查。组建互查专项组，对物管小区落实日常巡逻督查，包干巡查重点小区；每月每场量化考核不少于40个开放式小区、物管小区，通报排位后4个物业服务企业。以香园小区、金海地小区等为先行先试点位，逐步开展电瓶车充电桩推广应用工作。

【城市小区物业管理】 完成定海区业主委员会选举流程和物业管理培训；起草《关于规范定海区物业服务企业合同备案管理的通知》，启动舟山市物业企业信用信息平台系统，规范合同备案制度；完成对全区147个物管项目，本地注册公司26家（其中拥有在管项目的公司有21个）的项目和县区审核；落实《定海区居民小区物业服务企业监督考核办法》意见征求。起草《关于贯彻《舟山市物业管理条例》的实施意见》和《条例贯彻落实职责分工表》，实现信息互联、数据共享，深化“最多跑一次”改革。

【老旧小区综合整治】 对16个小区、189幢住宅开展老旧住宅小区改造，改造内容包括防盗窗拆除、屋顶补漏、管线整治、绿化提升等，总投资约2.1亿元。组织实施西园新村、金海地家园、顾家桥新村二期、东园新村和东管庙张家弄1—8号5个老旧小区改造，完成投资630万元。

改造后的东港浦新村

【城乡危房改造】 通过公开招标方式重新确定专业监测单位，对城区600幢C级危房实施房屋沉降、倾斜、裂缝等专业监测，定量掌握危房变动情况；新增141幢C级危房纳入专业化监测；全年监测数据报告累计22106份。完成第二轮城镇房屋安全排查出的23幢城镇非住宅危房改造治理工作，其中腾空7幢，拆除1幢，加固1幢，专业监测13幢，1幢C级非住宅危房和社区置换。推进危房加固工作，完成城区6幢危旧房进行维修加固，安置住户131人。推进桔园南区12幢危旧房改造项目，主体结构完成，累计拨付约4378万元。

【物业资金管理】 归集专项维修资金580.66万元，保修金413.32万元，修缮完工验收核准拨付项目294个，涉及用户15113户，建筑面积151.99万平方米，拨付维修资金764.09万元。

【白蚁防治】 全年签订《新建房屋白蚁防治公共服务受理单》60份，面积约141万平方米，完成预防施工面积约102万平方米，完成单位与个人白蚁灭治478户，面积约6万平方米。并完成“中国传统村落——金塘镇大鹏村”“浙江省级历史文化名城——定海区”“浙江省级历史文化名镇名村——马岙街道、岑港街道里钓山岛村”的古建筑、古民居、古树等白蚁危害情况调查。

城建档案管理

【概况】 区城建档案馆负责定海区城市建设档案的收集、整理、归档、保管和利用工作，为全额拨款股级事业单位，在职在编4人，编外用工2人。是年，全面推进建筑工程全流程全覆盖审批制度改革，加强队伍建设，强化业务管理，优化服务流程，做好工程档案和综合档案管理工作。

【优化服务】 配合做好全区建筑工程项目联合竣工验收，通过信息平台提交城建档案认可意见书，精简环节，加快工程档案预验收进程。

【档案室建设】 从队伍建设、档案收集、信息化建设、库房建设、档案数字化、省级管理目标、声像档案、编研科研及查询利用等方面完成省2019年度城建档案工作考核，考核结果优秀。

【档案管理】 巩固数字化城建档案馆，推进建设工程纸质档案、电子文档、声像档案三位一体接收工作；加快档案信息化建设，完善城建档案规范化管理。是年，27个备案工程全部接收进馆；入库档案1254卷，照片1459张，数字化率100%，电子原文挂接1078卷；数字化扫描业务档案 99卷，数字化成率100%；工程档案对外利用 27 人次，252 卷，为城乡建设、工程备案、房产办理、司法取证等提供凭证依据，取得良好的社会效益。

（撰稿：邵佳盈）

（本分目照片由区住建局提供）

综合行政执法

【概况】 2019年，机构改革后，区综合行政执法局挂区城市管理局牌子，下设办公室（挂人事教育科牌子）、政策法规科（挂行政许可服务科牌子）、综合协调科、督查信访科、公用事业管理科等职能科室5个。区综合行政执法局设城区执法一中队、城区执法二中队和定海工业园区执法中队3个直属股级派出机构。派出机构10个，除白泉分局为副科级派出机构外，城东、昌国、环南、盐仓、马岙、小沙、双桥、岑港、干礅均为股级派出机构。在编职工87名，其中行政11名，参公45名，全额事业31名。编外用工人员21名，新招录公务员1名、事业2名。有执法证人员75人，持证率86.21%。

是年，区综合行政执法工作开展文明城市创建、城乡环境综合整治大会战等重点工作，以文明城市创建省测、国测，国家园林城市创建考核等阶段性工作为标志，完成各项工作任务,获2019年度市级优秀单位、2019年度区级社会综合发展管理类一等优秀、2019年度区级优秀机关党建工作品牌和最佳主题党日活动、2019年度区政协提案办理工作先进单位、2019年度承办区人大代表议案建议先进单位等荣誉。

【城乡环境综合整治】 背街小巷整治 营造“秩序良好、设施完备、管路整齐、车辆有序、环境整洁、绿化优美”的街巷环境。累计查纠跨门占道经营9412起,清理乱堆放311车，426吨,拆除广告招牌580块，清理乱贴乱挂2092处,拆除违章搭建225处，24366平方米,机动车人行道贴单6312辆，非机动车违停拖离1487辆。

社区菜店整治 严格把控社区菜店准入关，提升经营秩序和周边环境。累计出动执法人员2224人次 ，纠正跨门占道经营4444起，制止乱排污水179起，清理垃圾47吨，清理乱堆物964起，扣押经营物品256件。社区菜店总体存量由整治前的203家变为159家，减量44家。

【不文明行为整治】 启动乱丢烟蒂、乱扔垃圾执法行动 4月起，联合公安部门在人民路、解放路、海山公园等重点公共场所开展乱丢烟蒂、乱扔垃圾专项执法行动。至10月，发放通告、倡议书2500余份，发放便携式烟袋4000余个，立案查处乱丢烟蒂行为56起，罚款1120元。

乱丢烟蒂整治宣传

开展城市“牛皮癣”清理行动　至10月，向市城管局处置平台上传小广告停机号码227个，立案处罚23起，基本杜绝城区主次干道和背街小巷“牛皮癣”；清理整治沿街店铺外贴小广告，出动人数400余人，清理各类店铺外贴小广告3713处，清理率达95%。

治理不文明遛犬行为　在专业捕犬队抓捕的基础上，与街道（社区）同步联动，减少城区流浪犬数量；联合公安部门，对各大公园广场等重点区域内未牵绳遛狗行为实施突击执法，对狗主人实施行政处罚。累计收捕流浪狗3974只。

开展景观河道禁钓行动　将定海9条景观河道列为禁止垂钓区，设立170块禁止钓鱼警示牌，至10月，查纠非法捕鱼4013起，暂扣各类工具535件。

查纠非法捕鱼

规范人行道停车秩序　修复、施划机动车泊位5592个，非机动车泊位523处，可供2.5万辆非机动车停放，增设、修复隔离栏1.5公里，隔离桩200米，施划道路标线5000余平方米。强化执法，联合交警部门加大人行道机动车违停处罚力度和车辆强制拖离工作强度。

【排水 供气】　排水　在继续推进排水许可管理日常工作的基础上，以洗车行业整治、污水零直排区创建为契机，与行业管理部门及属地管理部门合力推进排水许可证的办理。至年底，完成排水许可证发放359本。

供气　联合市场监管、消防大队重点对26家燃气企业及经营网点用气安全进行检查，对严重违规现象立案查处，立案6起。约谈4家燃气企业，落实燃气行业安全监管主体责任，签订承诺书，督促燃气企业建立落实户内安检制度。

燃气安全检查

【国家园林城市创建】　按照《舟山市定海区创建国家园林城市实施方案》，全区涉及绿化攻坚项目13项，完成3座公园新建、1座公园改建以及4座山体公园改造提升，完成3块公园绿地的改造和10条道路行道树补种，完成47处公园绿地补拍，采集7类涉及公园绿地、附属绿地等信息413条。是年10月，通过国家园林城市创建专家组对舟山市国家园林城市创建工作的考核。

【三改一拆】　全区完成“三改”总面积41.72万平方米，占市下达任务指标数的191.37%，其中旧住宅区改造24.90万平方米，旧厂区改造6.12万平方米，城中村改造10.70万平方米；完成“一拆”33.83万平方米，占市下达任务指标数的187.96，拆后利用率达87.07%。

【队伍建设】　党建　以“不忘初心、牢记使命”主题教育为重点，强化执法队伍政治思想建设。制订党委年度理论学习计划，建立和完善党支部集体学习制度，组织80余名机关党员干部分两批赴淳安县下姜村开展主题党日活动，组织30多名党员干部赴中共定海县工委旧址开展“初心之行”活动，开展庆祝新中国成立70周年暨“不忘初心、牢记使命”主题党日活动。开展集中学习20次，班子成员、支部书记讲党课11次，观看专题教育片16次，先进事迹宣讲1次，专题研讨会2次，确保主题教育时间内容效果的落实；强化巡察问题整改，实施党支部“堡垒指数”考评和党员“先锋指数”考评工作。

赴淳安县下姜村开展主题党日活动

“三化”队伍建设　按照《关于开展全区综合行政执法队伍“三化”建设的实施意见》，参与“三化”建设达标的城东、双桥、岑港三个中队完成硬件设施规范统一和内部管理各项制度的建立，基本达到“三化”建设标准。

【依法行政】　综合行政执法系统执法行动年　立案案件数量上升，结案案件数量提升，涉案范围扩大。是年，一般程序类行政执法案件立案数计953件，办结案件770件，结案率80.80%。

城管巡回法庭实质性运行　根据“城市管理巡回法庭”试点方案，区人民法院和综合行政执法局按照“各负其责、协调配合、快速反应、长效管理”原则，建立“城管+法院”二位一体联动机制，开展舟山市“城市管理巡回法庭”实质性运行工作。是年，申请非诉行政执行案件22件，结案21件，准予执行21件。

【议案、提案办理】　是年，收到人大议案8件、建议9件，政协提案29件，旁听公民座谈会意见建议3件，其中主办36件，协办13件，49件议案、提案均按时办结。

【办理群众投诉】　是年，受理各类信访投诉1491件，全部办结。做好领导接访工作，党组成员每月1次协调处理信访问题，每半年1次接待来访群众，主要领导全年参与接访27起；根据投诉信访办理现状，参与现场调解。落实信访问题处置公开化，全年录入省信访网案件1057件。

【公共自行车】　至年底，全区81个站点、1965余辆自行车，日均服务达1559余人次。

市政园林管理

【概况】　机构改革后，原区城市管理局下属事业单位成建制划入区综合行政执法局。舟山市定海区市政园林管理中心隶属区综合行政执法局，为副科级全额拨款事业单位，主要负责城区市政、园林绿化、公园广场建设管理、城区河道管理和全区园林绿化管理工作的业务指导工作，在职员工32人。下设办公室（计划财务科）、市政设施管理科（河道管理科）、公园广场管理科、园林绿化管理科4个职能科室。

【城市建设】　完成环城东路改造，定海公园整体改造、昌国路危房解危小公园改造工程、三条白改黑改造工程（完成甬东路及檀枫路、昌国路2020年进行）、公交车候车厅改造、精品示范街（芙蓉洲路至环城东路）、老旧小区低洼点改造等。对城区沿街道路公共设施进行整改，增设约5560米各类型护栏及1090余

檀枫路改造

根警示桩、挡车杆。修复混凝土路面、沥青路面、人行道路面约2.85万平方米，修复城区污水管网约2公里，零星调换（升高、降低）窨井座盖1800套。

【市政园林绿化与景观带建设】 以“园林城市大家创，绿化美景人人享”为主题，向市民赠送草花3000盆。完成春秋两季城区绿化补种。完成补种道路、公园广场绿地约8000平方米。在城区主次干道绿化带，计安装温馨提示牌120个、烟蒂箱20个；对解放路、海滨公园进行花箱更换或新设约50个。完成对玫瑰园围墙外、城西河东侧、东河南路、双拥路三角绿地、城西幼儿园、文化路高架北侧、海洋学院东侧公园绿地进行绿化提升改造，8月，完成海之歌景观提升工程和昌国路危房解危小公园改造工程。

东河南路绿化带提升

【申报受理公益性活动】 公园广场管理科受理申报公益性活动活动129次，100人以下公益性活动56次，100人以上500人以下公益性活动68次，500人以上公益活动5次。

【信访投诉与网络问政】 办理信访、网络问政等案件1083件，其中涉及市政类584件，公园广场类368件 ，园林绿化类131件。

环境卫生管理

【概况】 机构改革后，原区城市管理局下属事业单位成建制划入区综合行政执法局，其中舟山市定海区环境卫生管理处更名为舟山市定海区环境卫生管理中心，为区综合行政执法局下属差额拨款事业单位。是年，在职在编职工49人，退休职工87人，临时用工795人，内设7个科室，下设4所1场。

【道路公厕保洁管理】 是年，道路清扫保洁面积173.1万平方米，绿化带保洁面积90万平方米，实现城区65%道路保洁18小时以上。公厕革命持续推进，现有管理公厕93座，其中 12座公厕配置第三卫生间，23座公厕配置独立的无障碍卫生间，43座公厕在男女厕位间配置坐便器,公厕均实行24小时开放，保证非管理公厕一日三清，并按人流量提高保洁频率。粪便清运1.66万吨，粪便厂无害化处理率达100%。

【各类垃圾清运】 生活垃圾经压缩后跨海运输量15.56万吨。完成1.06万只垃圾筒（箱）和906只果壳箱的清洗清运。垃圾清运机械化率达76%，公共区域以机械清运为主。

【分类收集收运体系完善】 易腐垃圾收集扩面进一步推进。是年，有298家大中型餐饮饭店、食堂的易腐垃圾通过易腐专用车直运至团鸡山餐厨垃圾处置中心。有害垃圾通过服务采购配置专车，在城东环卫所畚金站设立有害垃圾分拣中心(暂存点)，与生态环境局合作建立有害垃圾收运处置渠道，在舟山市纳海固体废物集中处置有限公司处理有害垃圾16.44吨。可回收物收运对接落实，与商务部门一起推进“垃圾分类+资源回收”两网融合体系试点建设，确定由商务部门招标引进企业对试点小区进行可回收物单项收运。对果壳箱收集车进行改造，设置可回收物收集袋。

【垃圾资源化利用】 持续推进垃圾分类全覆盖。定海城区有209个小区61000余户、275个机关事业国有企业单位、16个学校开展生活垃圾分类工作。车站、码头、影院、超市、医院、银行等也在交通、文体、商务、卫计、发改等部门牵头下开展生活垃圾分类工作，分类覆盖面达92.85%以上。全年新增6个省级高标准小区，6个省级高标准示范小区创建进入实施阶段。“好嘞”垃圾上门回收模式继续推进，新桥公寓、檀枫新苑通过上门回收可回收垃圾1074次，智能回收箱453次，回收垃圾6200公斤，分别为废旧纸箱、快递包裹、塑料瓶、金属、家电等。

智能垃圾回收箱

【环卫设施建设】 完成烈士陵园公厕翻建装修改造及室外污水管道改造工程、环城南路兴中路公厕内部装修改造；城区开放式小区化粪池疏通改造工程稳步推进，本年度清理化粪池1028个；9月底，环南垃圾中转站完成改造并投入运营，12月中旬，昌国垃圾中转站投入使用，城区4个垃圾中转站完成箱体由立式改卧式的提升改造，真正做到密封、环保、高效。

垃圾中转站提升改造

【青岭环卫综合服务中心工程】 该项目总征地面积约80亩，总用地面积约2.78万平方米，预计总投资约8500万元。项目包括中型垃圾中转站、垃圾渗滤液处理设备间、生活垃圾临时堆场、汽修厂机修车间、辅助用房以及停车场。根据年度计划，完成垃圾中转站一层二层砖墙施工；辅助用房屋面施工，门窗安装；零星粉刷施工；机修车间屋面施工，一层二层砖墙施工；天桥开始施工。全年完成投资2550万元，完成工程量85%。

【环卫市场化作业】 明确以政府采购服务模式推进环卫市场化。7月4日，区政府常务会议审核通过城区环卫作业市场化购买服务相关事宜。制定完成《定海城区环卫市场化购买服务建议书》。

【提高工人福利待遇】 1月24日，定海区环卫工人慈善年饭在怡东凯丽举行，中心200名一线工人参加；3月8日上午，30多名女性职工前往白泉镇传奇山庄做青饼，庆祝“三八”妇女节。

（撰稿：王裕芬）

（本分目照片由区综合行政执法局提供）

住房公积金管理

【概况】 2019年，舟山市住房公积金管理中心定海区分中心以习近平新时代中国特色社会主义思想为指导，贯彻落实党的十九大精神，围绕新中国成立70周年开展廉政思想建设，创新服务模式，完善资金安全保障体系，住房公积金事业发展态势良好。

【住房公积金归集和提取】 全年归集住房公积金4.49亿元，比上年同期增加8076万元，增长21.93%，完成年度计划112.24 %。累计归集余额9.49亿元。至年底，全区正常缴存单位506家，缴存职工16573人。其中新增单位85家，新增缴存人数533人，比去年缴存人数净增1500人，缴存人数增长9.95%。全年职工提取住房公积金3.23亿元，比上年同期增加4481万元，增长16.13%，提取额占同期归集额的71.94%，完成年度计划97.76%。从提取公积金构成分类看，全年购房提取8422万元，偿还贷款提取17892万元（其中为职工按月冲抵公积金及商业按揭贷款12265万元），离退休提取3196万元，支付房租提取640万元，户口迁出或出境定居提取81万元，其他提取2029万元。

【住房公积金贷款发放和收回】 全年为274户家庭发放个人住房贷款9642万元，比上年同期增加1766万元，增长22.42%，完成年度计划96.42%。全年收回贷款11138万元，比上年同期增加286万元，增长2.64%，完成年度计划101.25%。目前贷款余额7.61亿元，贷款余额占归集余额的80.19%，贷款逾期率为零。至年底，累计向5084户职工家庭发放个人住房公积金贷款15.16亿元。

2019年定海区住房公积金归集和支取情况一览表

表15

项　目	完成情况	项　目	完成情况
缴存单位数（家）	506	支取金额（万元）	32260
正常缴存人数（人）	16573	其中：购建翻建大修自住住房	8422
新增单位数（家）	85	偿还购房贷款本息	17892
新增缴存人数（人）	533	离休、退休	3196
归集额（万元）	44895	户口迁出或出境定居	81
累计归集余额（万元）	94914	支付房租	640
缴存比例（%）	12	其他支取	2029
比年度计划增长（%）	5.20	比年度计划增长（%）	−2.24
比上年增长（%）	12.24	比上年同期增长（%）	16.13

2019年定海区住房公积金贷款使用情况一览表

表16

项　目	完成情况	项　目	完成情况
贷款发放数（户）	274	贷款回收额（万元）	11138
贷款发放金额（万元）	9642	比年度计划增长（%）	1.25
比上年同期增加（万元）	1766	贴息贷款发放数（户）	0
比年度计划增长（%）	−3.58	贴息贷款发放金额（万元）	0
比上年同期增长（%）	22.42	年末贷款余额（万元）	76113
历年发放贷款数（户）	5084	年末存贷款占比（%）	80.19
累计发放贷款金额（万元）	151651	年末贷款逾期率（%）	0

【主题教育】 召开“不忘初心 牢记使命”主题教育专题研讨会，召开教育集中学习会，学习习近平新时代中国特色社会主义思想。组织观看廉政警示片及参观廉政教育基地普陀看守所，增强党员干部廉洁自律的自觉性。加强公积金廉政风险防控工作，有效控制公积金管理和资金风险。利用休息时间组织全体党员学习《中国共产党章程》《中国共产党党员教育管理工作条例》和十九届四中全会精神和省委十四届六次全会精神等各种精神；召开“一把手”讲党课活动，提高党员政治觉悟；组织全体党员观看红色电影及微视频，开展爱国主义教育；参观市档案馆“红色记忆”教育基地，深化主题党日活动；参加社区“树先锋标杆，做合格党员，助力创城”相关活动，全体党员向居住地所在社区报到，参加兼合式支部活动；通过学习强国平台、共产党员E家，营造浓厚的学习氛围；参加市中心举办的“我和我的祖国”庆祝新中国成立70周年文艺会演，激发爱国主义热情。

【开展扫黑除恶专项斗争】 通过多种形式开展扫黑除恶专项整治活动，打击公积金领域“黑中介”。工作人员跟随市中心前往宁波学习开展扫黑除恶活动的各类经验；利用双休日组织全体职工开展扫黑除恶学习培训会，提高干部职工对扫黑除恶专项斗争工作的知晓率；上街开展“扫黑除恶，公积金在行动”专项斗争宣传活动，对民众普及公积金领域扫黑除恶专项斗争；组织全体职工进行扫黑除恶专项斗争知识测试，加强全体职工对公积金领域扫黑除恶相关知识的掌握和理解。

开展“扫黑除恶，公积金在行动”集中宣传活动

【摸排各类违规骗提支取】 上半年摸排各类个人住房公积金市外购房提取及归还纯商业贷款个人住房公积金提取，查出两笔违规骗提支取；下半年摸排市外偿还贷款本息的提取，并重点审核该类提取的相关材料和提取环节，遇到有疑点类的提取与市中心沟通。

【推出“公积金智能客服”】 是年，配合市中心，抽调业务骨干，与市“12345”公共服务管理中心共同组建工作小组，逐条录入知识库，对每一条内容进行准确性校验，在全省率先推出“公积金智能客服”服务。

【“最多跑一次”改革】 继续有序开展住房公积金服务向乡镇延伸工作，在原有12个延伸网点的基础上，新增四个服务延伸网点，做到乡镇街道延伸网点全覆盖，解决乡镇单位公积金业务办理不方便问题；4月与9月，分中心主任两次走访乡镇银行各公积金延伸服务网点，查看人员、硬件配备情况，了解各项工作开展情况。继续开展局长主任坐班“最多跑一次”活动，由屠燕君主任和金燕副主任每月轮流亲临窗口一线坐班，解决群众办事难点、堵点。为定海区行政事业及企业的相关单位进行政务服务网对公业务操作培训，方便缴存单位网上办事，提升服务水平；推出提取部分材料“无证明”措施、退役军人提取及贷款优惠措施等一系列惠民政策，助力“最多跑一次”。

【“三服务”活动】 是年，走进浙江华业塑料机械有限公司和森森集团股份有限公司，开展服务企业活动，推进扩面工作。至年底，两家企业为300余名职工开设公积金帐户；配合市中心开展“交通建设大会战”活动，走进区公路管理局等两家单位，开展公积金政策宣传工作；支部书记带领党员干部下乡镇、进企业，宣传公积金惠民政策，将“三服务”工作落到实处。

赴马岙森森集团股份有限公司开展“三服务”活动

【助力创建全国文明卫生城市】 以“诚信建设万里行 舟山在行动”为主题，走进商场、社区、房地产公司，开展“六进”诚信宣传活动，增强群众诚信意识。组织职工志愿者开展打扫小区环境卫生、实施垃圾分类、上街捡拾烟蒂等活动，践行职责，助力全国文明城市创建。

走进海悦府房地产公司开展“六进”诚信宣传活动

（撰稿：章崇）

（本分目照片由舟山市住房公积金管理中心定海区分中心提供）

旧城改造

【概况】 2019年，区旧城中心以“全面推进花园式国际人文港城建设”为工作主线，稳步推进定海区城中村（旧城）区块改造，完成各项年度既定目标任务。

【“最后一平米”清零】 成立“最后一平米”专项攻坚组，按照一案一策、先易后难原则，攻坚克难，加快做好“最后一平米”工作。至年底，完成云枫苑东侧、工农路、城南学校、白虎山路、西山路、东河家园等6个区块剩余房屋拆除工作，推进义桥、太平弄、舟胜（蔡家墩）3个区块剩余房屋的拆除工作，确保安置房建设或土地出让推进。

【推进安置房规划建设】 按照年初工作目标，完成西山路西侧、新泰三期等项目的前期报批工作，确保按时开工建设。秉承“品质城市”的服务宗旨，委托有资质、有实力的设计单位对东湾安置项目、周家塘安置项目、长岗山安置项目、廷佐小学南侧项目、邬家塘安置项目、义桥安置项目等7个安置项目进行方案设计推进，涉及总建筑面积约67万平方米。在建16个工程项目（新开工5个）全面推行安置小区品牌代建模式，涉及总建筑面积111万平方米。至年底，累计完成投资21.5亿元。

【规范资产处置工作】 实行“阳光安置”，完成馨港苑住宅安置455套，总安置建筑面积15.2万平方米，完成东门交通综合体、海城雅苑、蓉锦商务楼等商业用房安置1.1万平方米。解决老年人安置房过渡问题，完成惠舟新村115套租赁续签。加强定海区安置房统筹管理，完成昌州花苑等84套住宅的移交、安置交付及产权过户。

（撰稿：陈博闻）

农渔村住房建设管理

【概况】 2019年，区农房管理中心围绕“人口集中、农房集聚、土地集约、服务集成”工作目标，坚持规划引领，完善政策体系，加快项目建设，做好后续物业管理，使全区农渔村群众居住环境得到较大改善。是年，全区通过实施农房改造建设，累计完成农渔村住房改造建设880户，完成全年计划建设任务812户的108%，完成改造建设面积18.4万平方米。

【推进农房集聚项目化建设】 是年，全区启动实施农房集聚建设项目14个，开工建设项目12个，其中白泉镇农民安置房项目（北蝉地块二期）为新开工项目，累计完成项目总投资约14.7亿元（年初以来完成投资额约6.1亿元），至年底，有白泉金山移民安置小区二期、白泉叶家山搬迁安置项目、白泉北蝉片镇级农居公寓项目（一期）西片区、盐仓朱家山嘴拆迁安

东林尚苑农民公寓房

置小区、盐仓虹桥小船岙农民公寓和金塘大浦社区油车桥地块安置小区B地块6个项目基本完工，建成住房1459套。

【小洋岙区块建设】 定海小洋岙区块三期东面南面为建东林雅苑小区，北面为刘家嘴二期小区，西面为双洋路从南到北道路地势增高。规划总用地面积约为1.2万平方米，总建筑面积月2.6万平方米，其中地上建筑面积约1.7万平方米，地下建筑面积约0.9万平方米。地上共5栋建筑组成，包括住宅及配套公建、养老服务、物业、设备、垃圾等用房。四期北面为已建东林雅苑小区，西面为双洋路，东面为山体，南面为待建小区，规划总用地面积约为1.5万平方米，总建筑面积约3万平方米，其中地上建筑面积约2.1万平方米，地下建筑面积约0.9万平方米。地上由5栋建筑组成，设有一层沿街的配套用房，物业、附属人才公寓配套用房、设备用房设置在区内。

定海小洋岙区块三期项目鸟瞰图

【农居小区首个业委会成立】 白泉新泉家园第一届业主委员会正式成立，小区后续管理工作移交后，将以业委会和物业公司为主，共同管理小区日常设施设备和各类重大事项，政府部门正式从农居小区后续管理中"解绑"。"社区+业委会+物业"三方协同治理模式正被推广到全区条件成熟的农居小区，为社区或物业增强自身"造血"功能。

【新泉华府创省最高奖项】 该项目继获得市级"建筑安全文明标准化工地"称号及"舟山市建设工程海山杯优质工程奖"后，又捧得"2019年度浙江省建设工程钱江杯奖"。

【农房项目融资工作】 发挥区农村住房建设投资开发有限公司和区新农房建设开发有限公司这两个农房项目建设融资平台的作用。是年，通过对接农发行舟山分行，小洋岙刘家嘴农民公寓房二期到位银行放贷资金7500万元。至年底，累计到位银行放贷资金25500万元，该项目实际投入资金25759万元，其中，2019年投入4045万元。

【完善农房改造政策体系】 完成《舟山市定海区东林尚苑农民公寓房申购办法》，考虑房源情况和实际需求，在确定申请对象与条件、申请面积与价格等方面作出调整，并进一步明确申请程序与要求。

【加强农房分配管理】 公开农民公寓房申购条件、房源情况等相关信息，方便群众了解相关；把牢农民公寓房准入关，对申购户及其配偶、父母、祖父母的住宅情况进行现场踏勘，并确认非财政供养人员及未享受其他住房保障政策，最终审定资格并及时公开符合条件申购户的户内可计人数、标准申购面积等信息，全程接受社会监督；加强分配现场监管，通过舟山市广播电视中心电视直播摇号，现场邀请区纪委、区住建局、白泉镇政府工作人员、社区工作人员、村民代表、申购户代表及新闻媒体全程参与和监督。是年，完成新泉华府农民公寓房剩余房源50套住房分配工作。

新泉华府农民公寓房电视台摇号现场

（撰稿：余姣姣）

（本分目照片由区农房管理中心提供）

责任编辑：鲁学伟

水利水务

Water Conservancy and Waterworks Administration

小展泵站（陈炳群/摄）

社会主义核心价值观

国家　富强、民主、文明、和谐

社会　自由、平等、公正、法治

公民　爱国、敬业、诚信、友善

水 利

【概况】 2019年，定海区水利局全年实施水利项目48项，累计完成水利投资5.2亿元，完成年度计划的108%。水利工作综合考评成绩位列全省县级单位第五名，连续六年获评全省水利工作综合绩效考评优秀单位。获全国第二批节水型社会建设达标县（区），省级农业水价综合改革工作绩效评价优秀县，省级实行最严格水资源管理制度成绩突出集体，市级安全生产目标责任制考核优秀单位等。在全省农村饮用水达标提标行动工作中排名第五，获得成绩突出县称号；市内率先完成全域县级以上河道“无违建”目标，两条水系获省级“美丽河湖”称号等。召开“定海区水利强排工程新闻发布会”及“定海区美丽河湖建设情况发布会”。列入省深化小型水库管理体制改革示范县、省河湖标准化管理示范县、省农业水价综合改革示范县和省水资源强监管综合改革试点县。

【机构改革与内设机构情况】 根据《舟山市定海区机构改革方案》（定委发〔2019〕2号）、《舟山市定海区水利局职能配置、内设机构和人员编制规定》（定委办发〔2019〕37号）等文件精神，2019年，原“定海区水利围垦局”正式更名为“定海区水利局”，原局办职能，如农田水利建设项目的管理职责整合至定海区农业农村局，水旱灾害防治和三防相关职能划转至定海区应急管理局，水利工作职能发生相应的变化。机构改革后，定海区水利局重新调整下设五个内设机构：办公室、 规划审批科水资源管理科（挂节约用水办公室牌子）、 建设管理科（挂水利工程招投标管理办公室牌子）、运行管理科、水文工作。

【重点水利建设提升项目】 强排工程 是年，实施沿塘配套泵站建设10座、水库清库扩容治理3座，年度完成投资1.77亿元。分别为干礁养殖闸泵站、岑港老塘山1号闸泵站、岑港马鞍山闸泵站、岑港高平岗闸泵站、岑港西江咀闸泵站、金塘和建中闸泵站、干礁西闸泵站、小沙毛峙东闸泵站、双桥西山闸泵站、马岙胜利泵站；金塘龙王堂水库清库扩容、小沙东岙弄水库清库扩容和双桥蚂蟥山水库清库扩容。

中小流域综合治理工程 是年，实施河道综合治理项目4项，治理河长7.661千米，年度完成投资7242万元。其中续建项目2项，为白泉潮面至老碶头河段综合治理工程、金塘中弄至物流园区河段综合治理工程；新建实施项目2项，为岑港烟墩片河库连通综合治理工程、大沙片河库连通综合治理工程。

海塘除险加固工程 是年，实施海塘除险加固工程1座，年度完成投资1850万元。为马岙小舟黄岩涂塘除险加固工程。

水闸除险加固工程 是年，实施水闸除险加固工程2座，年度完成投资101.19万元。分别为庵基岗海塘水闸除险加固工程、长坑塘水闸除险加固工程。

白泉大闸

水库除险加固工程 是年，实施水库除险加固工程5座，年度完成投资5002万元。分别为昌国街道红

南洞水库

卫水库除险加固工程、金塘镇龙王堂水库除险加固工程、白泉镇唐家岙水库除险加固工程、岑港街道涨茨水库除险加固工程、小沙街道东岙弄水库除险加固工程。

山塘综合整治工程　是年，实施山塘综合整治8座，年度完成投资623.4万元。分别为干䃎镇半山陈山塘综合整治工程、马岙街道杨家弄山塘综合整治工程、马岙街道后田弄山塘综合整治工程、马岙街道三园里山塘综合整治工程、马岙街道官田弄山塘综合整治工程、岑港街道后沙头山塘综合整治工程、小沙街道大坑山塘综合整治工程、小沙街道烟墩岭下山塘综合整治工程。

河湖库塘清污（淤）工程　是年，实施河湖库塘清污（淤）工程，清淤45.21万立方米，年度完成投资2528万元。

水质提升综合治理工程　是年，对金林水库、长春岭水库、虹桥（叉河）水库等3座饮用水水源水库进行水质提升综合治理工程，年度完成投资1279万元。

【水资源运行管理】　县域节水型社会达标建设　是年，创建节水型企业3家、水平衡测试3家、节水型居民小区2个、节水型灌区1个，企业清洁生产审核2家。通过水利部节水型社会创建复核，获全国第二批节水型社会建设达标县（区）。重点加强对高耗水企业的节水管理，实行建设项目水资源论证制度、加强取水许可管理，鼓励企业研发或引进先进节水技术，淘汰高耗水、低效益的工艺、技术和设备，全区节水型企业覆盖率达到43%，万元工业增加值用水量下降率达到24.2%。选取具有代表性的农业灌区，重点整治提升泵站、明渠、灌溉阀门、河道等配套设施设备，同步建立生态环境监控系统，开展高效节水灌溉系统建设，农业灌溉用水有效利用系数达到0.6804，处于全省先进水平。制定完善节水型水价机制，对居民用水实行阶梯水价制度，对非居民用水实行超计划、超定额累进加价制度；推进公共供水管网改造，控制供水管网漏损率，城市供水管网漏损率仅为5.48%；推广生活节水器具，节水器具普及率高达100%。

渔农村饮用水达标提标　是年，完成改造及新建管网30千米，新建自来水增压泵站6座，新建单村供水站5座，安装一户一表1512个，完成投资4711万元，受益人口4.27万人。在全市范围内率先落实县级统管。建立主要材料供应商名录库、集中采购主要材料、落实工程质量终生责任制，确保农饮水工程所用材料质优价平。创新提出“1+1+X”的管理模式，即主城区饮水工程由区自来水公司全权专业化统管；各村级供水站的制水、水质化验及检测等技术含量较高工作由县级统管主体落实专人管理；各村级水厂的供水管网维修养护等日常管护工作由镇街道、村分头负责。构建起“集中、统一、专业”的统管体系，发挥镇村属地协管主体的主观能动性。落实水费政策。出台《定海区渔农村饮用水价格管理的指导意见》，按照“补偿成本、公平负担、合理受益、节约用水”原则实行政府指导价，确立统一水价、统一抄表、统一核算和水量公开、水价公开、水费公开的“三统一、三公开”制度；对经民政部门认定的五保、低保等特困户生活用水，实行限额免征水费，具体标准5吨/每户·每月；水费可通过支付宝平台完成缴费，提高便利性。

农业水价改革　是年，完成4.08万亩的年度农业水价改革任务，年度投资120万元。累计实现全区有效灌溉面积高达10.38万亩，覆盖11个镇（街道）。编制完成定海区农业水价综合改善示范县建设方案，以岑港烟墩村、金塘柳行村等5个行政村为示范引领，重点围绕“八个一”（即“一个用水组织、一本产权证书、一笔管护经费、一套规章制度、一册管护台账、一条节水杠子、一种计量方法、一把锄头放水”），推进全区村级农业水价综合改革。

规范取水许可和取用水管理　是年，按照相关法律法规要求进行取水许可审批，做好对取水户取水申请、水资源论证等工作的指导。规范开展取水设施核验、计划用水管理、延续评估、水资源费征收等日常工作。下达《2019年度取水计划指标》，自备水取水户用水计划641.15万立方米，所有取水许可均严格按要求审批并编制水资源论证报告书（表）并形成一户一档，年取水量5万立方米以上取水户全部纳入省水利厅实时监控。全年征收水资源费92万元。

开展水行政监督检查工作　是年，开展涉水许可检查32次，发出责停通知书11份，水政巡查整改单6份。开展“互联网+监管”专项检查12次涉及83个检查对象；开展双随机检查12次涉及58个检查对象；开展日常检查94次。开展水土保持执法监督，发放书面整改意见36份；完成0.3平方千米的水土流失治理年度目标任务。

实施“河湖清四乱”专项行动　是年，整改完成“四乱”问题6处。创建“无违建河道”，拆除7处违建物41平方米，整改1处临时桥20平方米，清理堆积物3处，拦网养鸭1处，实现县级及以上河道“无违建”。

【水利工程运行管理】　水利工程标准化管理　是年，完成水利工程标准化创建54项，水利工程安全鉴定13项。开展水域调查工作，完成15米宽及以上河道水域调查工作；启动15米宽以下河道、水库、山塘和重要池塘等水域调查前期工作。建立水库（海塘）草皮养护三级考核制度，完善水利工程巡查管理常态化机制。

水旱灾害防御工作　是年，及早部署开展汛前、汛中、汛后水利工程安全检查工作，组成服务组开展防汛指导工作，协助区三防办和区应急管理局做好台风防御工作。提高防汛预报预警水平，投资230万元完成定海区防汛防台群测群防整体提升项目，新建26个水文站点，基本实现全区雨情的实时掌握。

台风夜大浦闸排涝

“美丽河湖”建设　是年，完成盐仓大河水系和大沙中心河水系的省级“美丽河湖”建设任务，完成投资3000万元。其中，盐仓大河水系流域面积3082平方米，主要河流有盐仓大河、虹桥河、坝桥河、定胜河、林家湾河等，总长12.1千米，以“煮海流韵，毓秀盐仓”为主题打造“美丽河湖”。河道水质达到Ⅲ类，河道面宽达到10～30米，部分河段布置步道、绿化带、便民廊架等。大沙中心河水系流域面积20920平方米，主要河流有大沙中心河、大沙中心河支河、大沙横河、马路河、新桥河等，总长11.13千米，以“诗和远方，温润小沙”为主题打造“美丽河湖”。河道水质已达到Ⅲ类，并结合周边已有驳岸、机耕桥等打造桃源桥亭、大沙印象等节点。

“河长制”工作　是年，落实“三级河长责任”，全区设区级河长16名，镇级河长175名，村级河长185名。区镇村三级巡河率均达到100%，完成率为全市第一。建立河道保洁四级考核奖惩机制，落实巡查保洁员311名，网格巡查员81名，河道警长67名，小微水体警长40名，配备保洁船111艘。全区每年河道巡查保洁经费投入约1000万元。

河面保洁

水利事项审批　是年，办结79起行政许可事项，其中水保52起、取水2起、涉河涉堤25起；完成三个园区的区域三评合一工作。“最多跑一次”实现网上办 100%，掌上办实现100%，跑零次实现 100%，即办件实现83.3%，压缩时限比例实现 99%。

质量监察工作　是年，由定海区质监的在建项目共17项，基本按照3月一次的监督检查频率对每个工地进行检查，在台风前后，节前后等重要时间节点，加强检查，确保工程质量与安全，累计检查工地60余次。抽查在建的各分部工程现场施工质量情况，质量检验资料审查及工程施工安全检查；检查工程建设、监理、施工、设计单位对质量安全管理、施工组织、工程进度计划等的落实情况。

安全生产工作　是年，组织召开安全生产会议，邀请专家就安全生产管理方面进行培训。开展“安全生产月暨安全生产万里行”活动，对在建水利工程和投入运行的工程进行安全隐患排查。开展有限空间作业专项检查工作，要求各参建方做好预案、规范施工。做好水利领域扫黑除恶工作以及无欠薪工作。

【党的建设】　党风廉政建设和反腐败工作　是年，下发《2019年区水利局全面从严治党工作要点》《2019年局领导党风廉政建设组织领导与责任分工》，把全面从严治党各项工作纳入重大议事日程。召开党风廉政建设工作部署会，对党风廉政建设重点工作进行任务分解，签订党风廉政建设责任书。每季度一次召开专题会议，研究、部署、督查党风廉政建设各项工作。落实“两个责任”，围绕“一岗双责”的要求，加大重点领域的监督力度。

“不忘初心、牢记使命”主题教育　是年，推进“不忘初心、牢记使命”主题教育具体落实。开展学习与研讨，开展“五个一”活动。推出“我与国旗合个影”系列活动，包括迎大庆水利工程安全大检查、促节水知识竞赛、前往海山公园重温入党誓词等，该系列活动获评区级“最佳主题党日活动”。

“清廉水利”项目　是年，建立水利工程廉政风险防控工作机制流程图，加大对水利工程建设、水利资金拨付使用、水利项目审批等方面的监督管理力度。制定《强监管防水利腐败、扎笼子守一方清水》的“清廉水利建设项目书”，规避水利工程设计变更过程中出现的廉政风险。制定《加强水利工程建设管理、推进“清廉水利”建设》的“清廉水利建设项目书”，开展2018—2019年水利专项资金年度检查，对各镇人民政府（街道办事处）、项目执行机构在项目资金的投入、落实和执行过程中，各自承担的责任和任务完成情况进行检查。完善水利工程质量安全、工程变更等程序，形成资金和项目管理长效机制。

机关组织文化建设　是年，深化落实党支部“日志式”管理，健全完善干部职工管理考核体系。对局中层干部进行重新聘任，重点加强年轻干部，特别是90后干部的培养。创建“三型”党组织，突出特色开展主题党日活动。关心退休老党员生活，全年走访慰问退休老党员12人次。拓展创建载体和工作内容，新成立“老干部督导服务队”，不定期开展水利工程督导检查，让退居二线的老干部发挥余热。成立“党员技术服务先锋队”，开展志愿服务和节水护水等现场宣传服务，提升干部服务水利、服务基层的能力。倡导“水利情怀”，全面打造“忠诚、清廉、敬业”的水利文化，建设一支清正廉洁、务实干事、坚强有力的水利铁军。

志愿者护水运动

（撰稿：洪琦妮）
（本分目图片由区水利局提供）

水务管理

【城区制供水】　全区现有市属水库4个，不定期多次安排实地检查，确保供水安全。全年供原水8927万立方米（其中大陆引水2674万立方米，本地供水6253万立方米，分别占总量的30%、70%），同比增加189万立方米，增长2.2%。全年自来水供水量20306千吨，售水量18398千吨，管网水综合合格率100%，有效保障城乡用水需求。

2019年全区市属水库供水情况一览表

表17　　单位：万立方米

库　名	正常库容	年底总水量	年底可供水量	年供水量
虹桥水库	1015	792	652	1865
黄金湾水库	851	393	293	2995
岑港水库	627	334	284	590
城北水库	111	50	30	344

【大陆引水二期工程】　概算总投资146340万元，调整概算为172520万元，2009年9月开工建设，至2019年10月底，完成工程总投资177020万元，二期工程累计引水量20291万立方米，2019年1—11月引水量2015万立方米。至12月20日，黄金湾水库蓄水位4.6米，相应库容321万立方米。是年，组织通过档案验收，做好安置房小区销售及其他各项验收工作。

安置小区　陈家地块

【大陆引水三期工程】　由“一库八线”组成（“一库”指大沙调蓄水库，“八线”指宁波至舟山本岛引水三期工程、输配水工程、金塘岛引水工程、岱山引水二期工程、衢山岛引水工程、秀山岛引水工程、六横岛引水工程和普陀山引水工程）。建设内容包括宁波至黄金湾水库引水三期工程、舟山本岛输配水工程、岛际引水工程、大沙调蓄水库工程以及水务调度信息化管理系统。至年底，本岛输配水工程先行建设完成。镇海至马目段跨海输水管道工程2017年11月完工并通过单位工程暨合同工程验收，正在开展工程结算工作；大沙调蓄水库工程累计完成38个分部验收，园区绿化及库底清表完成进度至63%，库区坟墓累计迁移2046穴，完成率99.8%，安置小区基本完工，正在开展雨水、污水、电力等市政管网施工；金塘岛引水工程陆上段：管道累计敷设9.318千米，完成率79%；水务调度信息化管理系统已开工，开展水库大坝安全监测设备安装及指挥中心装修，完成通信系统和云中心招标，工程投资进度至31.1%。

大沙水库坝顶浇筑

至年底，土地征收全部完成，实际征收土地1485.9165亩（99.06公顷），其中红线内980.24亩

(65.35公顷),红线外505.6765亩(33.71公顷)。坟墓迁移细分11个区块,坟墓总量至2050穴,至10月底坟墓迁移累计完成2046穴,完成率99.8%。是年,主要完成王家祖堂、余家祖堂搬迁,完成水库进出水管线政策处理,集体资产分配方案拟定等工作,迁移坟墓136穴。政策处理工作尚需完成祖堂搬迁12处、坟墓迁移4穴。

截至11月底,实际累计到位资金239623万元,其中中央资金1179万元,省级资金27443万元,市财政资金12901万元(其中5000万元为政府债券),银行贷款116000万元(国开行项目贷款),浙银租赁借款22000万元(暂时垫付,5月还款8000万元),国开行发展基金30500万元,其他资金借款29600万元(地方债券置换24000万元,县级资金5600万元)。

至12月底,工程累计完成投资208276万元。是年,累计完成投资18418万元,年投资完成率175.4%。

【引供水安全管理】 抓好水库管理运行工作 上半年完成3座中小型水库控制运用计划编制及批复,并严格按照计划执行。落实市级库长制,按照市级库长指示精神,落实各项管理工作,全年完成库长制季报4期,专报2期。落实标准化管理,总结经验,进一步规范相关管理和台账记录,10月28日通过省级“回头看”考核。落实人员培训和经费管理,组织水库管理人员参加水库安全培训,落实水库监控、遥测等设备维修养护经费,完成设备定期养护。

做好泵站管理工作 对大陆引水及重要供水泵站分阶段进行停机维修养护,全年进行设备改造安装任务10余次,保养维修任务31次,主要完成马目预处理厂取水泵房两台250千瓦立式斜流泵安装调试。

落实管线管理工作 全年完成供水管道应急抢修30余次,管道改道4次,流量计更换10次,管线排污6次,同时按计划开展原水管线巡查工作,全年巡查20余次。

继续保护水源环境 4月8日,制定下发《关于做好省生态环保督察迎检工作的通知》,进一步规范各项迎检措施,明确职责分工,通过4月中下旬省级环保督查和年底中央环保督查复查。水源巡查队全年劝阻、驱离垂钓、放生、野餐及游泳人员862余人次,清理移交执法部门渔网具88套,与城管、环保等执法部门联合执法10次,同比下降近22.2%。完成《水源地巡查简报》3期,做好水源保护相关宣传工作。各管理处根据自身情况落实放养鱼苗生物净水、周边绿化环境改造、垃圾打捞清运等各项措施,有效保护饮用水水源地环境。

【黄金湾水库物理隔离栏安装工程】 概算投资300万元,安装三座水库物理隔离栏约10千米。10月22日开工,12月底完成建设任务。

【城北水库美丽河库建设】 4月开始美丽河库实施方案编制,至10月完工,11月验收,按方案要求完成建设。

【白泉流域河库水系连通生态综合整治工程】 总投资约2300万元,2018年10月开工,2019年7月完工,9月验收,生态综合整治进入运行阶段。

【维修养护、零星工程】 全年按计划推进管理房修缮、泵站改造、管道养护等工程建设,完成化验室、岑港水库管理房综合维修,马目、蚂蟥山、李溪渡及岚山等泵站渗漏修复,大陆引水钢管防腐,DN800芦塔线输水管线改建等工作,进一步夯实原水保障能力。

【城市节水】 计划用水管理 年初对管辖范围内的本岛工业企业和全市D级企业下达年度用水计划,并对要求适当增加用水计划的企业安排人员实地走访复核。上半年收取超计划加价及居民阶梯式水费211.89万元,下半年因居民阶梯式水费托收方市自来水有限公司需要节水中心支付手续费,相关收费暂时未移交。

节水器具改造 5—6月份,安排人员对2018年度居民家庭节水器具改造工作进行串家入户式回访,主要针对白泉社区的安装类型和数量的核对及安装质量和节水效果。回访结果改造的器具类型和数量均与原始安装单一一对应,节水效果良好。启动2019年居民家庭节水器具改造工作,定海区在岑港镇进行,11月底开始,12月26日全部完成。

节水宣传 在“世界水日”“中国水周”宣传活动期间,以节水法规和节水常识为本,以宣传活动为载体,注重实效,运用报纸、展版、传单、横幅、座谈会等手段进行宣传,增强市民节水意识和水资源观念,提高节约用水、共建节水型社会的自觉性。

水平衡测试及节水型载体创建　4月份，联合市水利局（市节水办）、市经信局、市机关事务管理局等职能部门，对2018年度的10家水平衡测试企业、5家节水型企业、10家节水型单位、5个节水型居民小区进行资料审查和现场验收，已经由市水利局牵头上报省厅。因2019年节水专项资金下拨较晚，2019年水平衡测试及节水型载体创建于12月9日招标完成，至年底测试机构进行现场测试与资料汇编。

【城区污水处理水平不断提高】　全年(区本级2座污水厂—定海污水处理厂和西北污水处理厂）处理污水总量2104万吨，同比增长10.28%；污染物COD削减量3494.25吨，同比减少8.58%；氨氮削减量445.49吨，同比减少26.38%；总磷削减量74.14吨，同比减少31.74%；处污泥14399.29吨，同比增长42.17%；处理再生水10594142吨，同比增长1.78%。各污水厂负荷率、达标率基本达到下达的污染减排计划和指标要求。

【舟山国家远洋渔业基地（干𥔲镇）污水临时处理调配工程】　该工程概算总投资4800万元，主要建设1条长约7.8千米的污水管线和2座污水提升泵站。2017年7月进场施工，2017年底完成全部管线工程，2018年三江污水泵站完成土建施工及设备安装，干𥔲泵站完成土建施工，完成投资1600万元，累计完成总投资4800万元。至2018年底完成全部泵站建设内容，通水进入调试。2019年4月12日，通过初步验收。

【舟山市污水处理厂配套主管网工程】　该工程概算总投资54919.21万元，主要新建一座20万立方米/日临城污水总泵站，新建一条长约14.6千米的污水管网。根据《舟山市2019年海上花园城市建设攻坚行动实施方案》，该项目年度投资计划为2000万元。5月10日，市政府专题会议纪要明确项目选址路由规划进行调整，项目进度与计划有所变化。截至12月底，完成施工招标工作，完成投资2000万元。

【舟山市岛北污水处理厂二期工程】　初步设计概算投资额2380.16万元，新建1.5万吨/日污水处理规模的反硝化池、滤池等构筑物以及相关工艺设备，建成后，岛北污水处理厂处理能力达到3万吨/日，该工程于2018年3月启动，10月31日进场施工，至2018年底完成主要设备安装。2019年7月8日完成初验，9月2日通过竣工验收，进入工程结算编制阶段。

【定海污水处理厂清洁排放标准技术改造工程】　根据浙建城发〔2019〕108号（关于下达2019年度城镇污水处理厂清洁排放技术改造任务的通知）与舟建发〔2019〕121号（舟山市住房和城乡建设局关于下达2019年度城镇污水处理厂清洁排放技术改造任务的通知）的文件精神，要求定海污水处理厂在现有运行工况下通过厂部内部技术改造，不通过工程类措施实施，以工艺改进项目来完成提标工作，改造工程预算资金400万元。该工程于7月完成技术改造方案的专家评审，8月确定最终方案，9月开始工艺调试。工艺改进方案于10月11日完成环保备案，10月中旬确定施工单位进场改造，12月17日进行清洁排放工艺改进项目专家评估，年底完成改造任务，完成投资320万元。

（撰稿：童飞凤）

（本分目图片由市水务集团提供）

责任编辑：王燕迪

定海生活习俗之出行

包乡土 旧俗定海居民外出远游或探亲、谋生，必用红布包上一包故乡的泥土带走，以示不忘故里，也才能到了外地后不犯“水土不服”。

礼让 海岛的定海人出门见海、出岛乘船，船是定海的主要交通工具。隔港过渡的是渡船，距离较远又规定线路的叫航船；专门运输货物的谓之运输船，用作收购鱼货的则是鲜船，除此，用以渔业生产的还有渔船。定海人有着海上航行互相礼让的良风厚俗。两船如在海上相遇，习惯是大船让小船，顺风船让逆风船；同是逆风船的则橹前船让橹后船。晚上行船或停泊，必要亮船灯。航行的船要让正在捕捞的船；后下网的渔船应礼让先下网的船等。陆上行路，定海人也有“轻担让重担”、“空手让挈篮”、“后坐让老人，妇女让男汉”、“挑担让车轿”、“车轿让棺材”等礼俗。

搭便船 岛上群众过渡或出岛，除固定的职业性航船、渡船外，其他的顺路货船、运输船常常让人搭便船过海，不仅费用分文不收，若是航程较远的还供吃供住。惟有渔船多不让女客搭乘。现时海、陆交通日益发达，大小岛屿都开通正常航渡，此俗已少见。

修桥铺路 修桥铺路造凉亭历来被公认为“功德无量”的善事，是定海民间流传久远的良风厚俗。有近邻街坊、村庄居民以丁口摊派集资或分派劳务民众修建；有当地慈善团体或庙会、祀产收入作功德修建；有商界、富户捐资建造；有酬神“还愿”而捐助或损公德被罚款建造等。除罚款者外，其余修建的道路、桥梁、凉亭等均刻石立碑，铭记捐助者功德。仅定海城关，旧时就有龙首桥、状元桥、解元桥、南珍桥、观音桥、将军桥、平政桥、东江桥、北安桥、上荣桥、虞家桥、大余桥、小余桥、带月桥、青龙桥、孝娘桥、水门桥等各种木石结构桥梁50多座，凉亭几十处。

环境保护

Environmental Protection

五峙山列岛鸟类省级自然保护区（区自规局供图）

社会主义核心价值观

国家 富强、民主、文明、和谐

社会 自由、平等、公正、法治

公民 爱国、敬业、诚信、友善

综　述

2019年1月，根据《中共舟山市委办公室 舟山市人民政府办公室关于印发<舟山市定海区机构改革方案>的通知》，市生态环境局在定海区设立生态环境分局，作为市生态环境局派出机构。从职责上，将区环境保护局的职责，以及区发展和改革局的应对气候变化和减排职责，市国土资源局定海分局的监督防止地下水污染职责，区水利围垦局的编制水功能区划、排污口设置管理和流域水环境保护职责，区农林与海洋渔业局（区委渔农村工作办公室）的监督指导农业面源污染治理、海洋环境保护职责划入舟山市生态环境局定海分局。不再保留区环境保护局。

是年，生态环保工作秉持“绿水青山就是金山银山”发展理念，开展“蓝天碧水净土清废”四大行动，打造宜居宜业的良好生态。打好蓝天保卫战，开展工业废气治理等十大专项行动；打赢治水治污大会战，落实“河湖长”“湾滩长”制度；打好净土保卫战，加强重点企业、重点区域土壤污染管控力度；推进清废行动，加强危险废物全过程监督管理；加大中央和省级环保督察反馈问题、突出环境问题解决力度，改善生态环境,提升绿色发展质量。至年末，未发生因环境问题引发的具有较大社会影响的公共事件，未因监管不力、失职渎职造成重特大环境污染事故和因环境问题引起的重大群体性事件。

是年，实施生态环境状况报告制，完成区级、11个镇（街道）向本级人大报告本级或区域生态环境状况。坚持“资源有价、损害赔偿”原则，健全环境损害赔偿机制，完成2个生态环境损害赔偿案件。

是年，中央第一轮环保督察反馈的10项具体问题，6个完成整改销号，其余4个均按照时序推进。是年4月，浙江省环境保护督察组进驻舟山，定海区接受省级环境保护督察，报送资料146份，收到转办信访19件（重点件6件）。省级督察反馈的24项具体问题，制定《定海区贯彻落实省级环境保护督察反馈意见整改方案》，按计划完成10项问题整改。深化突出环境问题“挂账销号”行动，强化“高位推动、责任明晰、督办有力”的突出环境问题化解机制，全区20个突出环境问题销号10个。

是年，推行“星期三生态环境咨询服务日”“服务超市”+“区域组团服务”等新举措，不断拓展服务基层深度与广度，群众环境质量满意度连续四年保持提升，2019年度在全省89个县（市、区）中排名第28名，位列全市第二，连续三年获美丽舟山建设工作考核优秀县（区）。

环境状况

【水环境】 全区10个市控以上地表水Ⅰ－Ⅲ水质比例为90%，同比上升12.2个百分点；100%全面达到水环境功能区目标水质要求，同比上升11.1个百分点；县级以上饮用水源达标率持续保持100%。

【海洋生态环境】 实施监测面积3204平方千米，水质与上年持平。

【大气环境】 环境空气质量保持优良，城区日空气质量优良率为96.6%，城区二氧化硫、二氧化氮和一氧化碳、和细颗粒物（PM2.5）日均浓度平均值达到一级标准，可吸入颗粒物（PM10）日均浓度达到二级标准，臭氧日最大8小时滑动平均浓度达标率为98.1%。降水样品中酸性水样（pH<5.6）占总样品数的93.3%。

【声环境】 声环境质量总体较好，全区环境噪声平均等效声级51.1dB（A），交通噪声平均等效声级65.1dB（A），达到国家控制标准。

环境污染整治

【大气污染治理】 加强“工业废气”治理，出台《定海区2019—2020年度蓝天保卫战行动方案》，开展涉气行业专项整治，关停“散乱污”企业5家，整治“散乱污”企业（作坊）15家，淘汰落后和过剩产能企业10家，规上船舶修造企业推行密闭喷涂和高压除锈清洁生产工艺。完成大洋汽车同步带、奥斯特汽车配件、森垄木业、爱迪亚、天汇电镀5家企业VOC治理，6台燃气锅炉低氮改造和1台超低排放改造，关停神华国华1台420吨/小时燃煤锅炉，中海石油码头油气回收项目建成。加强矿山粉尘治理，完成北蝉蛏子湾矿等3座绿色矿山建设。推进“集中供气”建设，国际粮油产业园区集中供热项目建成投运，园区其他锅炉全部淘汰。实施辖区臭气治理，完成和泓纸业、百达石化、恒安水产污水、干礁污水厂加盖除臭系统建设。

【水污染治理】 持续推进剿除劣V类水工作，推进“美丽河湖”“品质河道”建设，定海区成功列入首批省级河湖标准化管理区，盐仓大河、大沙河库水系荣获省级“美丽河湖”。打造“污水零直排区”，推进小沙、岑港、双桥3个镇街道的“污水零直排区”建设，完成定海工业园区零直排区创建。15个入海排污口完成整治提升，其中削减7个，规范化整治8个，2017—2019年累计完成整治入海排污口36个，其中削减14个，规范化整治22个，均安装在线监控设施并与环保部门联网，实时公开排污数据，接受社会监督。

【土壤污染防治】 开展土壤污染详查，累计筛查重点单位52家，开展11个工业地块土壤详查。开展重点土壤监管企业土壤检测，完成2家重点企业土壤监督性监测、10家重点企业土壤自行监测工作。完成天汇热镀锌疑似污染场地排查和华业公司老车间场地修复。推进危废处置项目建设，东方环保3100吨/年迁建工程、旺能垃圾焚烧600吨/天三期工程已投运，纳海固废6万吨/年含油废物处置技改项目完成主体工程，全市危险废物填埋场一期项目实施桩基工程，同舟油泥包处置项目完成前期工作。全区重点危废监管单位全部纳入浙江省固废监管平台，实现企业固废产生、转移、储存及处置环节一站式监管。开展禽畜养殖规范化管理，完成制定《定海区畜禽养殖禁养区划定调整方案》。

【重点行业整治提升】 开展矿山、电镀、塑料造粒、畜禽养殖、沥青、混凝土、船舶、铅蓄电池、镕炼铸造、汽修10个行业污染整治。定海辖区内塑料造粒企业全部取缔，47家船舶修造企业已按照全市统一的船舶行业环保整治标准全面实施整改，主要实施作业场地硬化、含油废水污水收集处理、固体废物规范化整治工作，对规上企业推行密闭喷涂和水砂除锈等工艺，减少对海洋生态环境等外环境的影响。2019年底，造纸企业入园投产，印染、电镀行业开始整合入园工程建设，沥青行业全面完成规范提升。

【刷卡排污及排污权制度】 累计建成污染源刷卡排污系统25套。落实新、改、扩建项目排污权有偿使用分期缴纳制度，21家企业缴纳排污权有偿使用费323.39万元。是年，根据《舟山市储备排污权出让和竞价管理规定》（舟环发〔2019〕38号），所有涉总量项目除符合竞价豁免情况外，政府储备排污权出让均通过全省统一的浙江省排污权交易网进行电子竞价形式公开拍卖。

环境基础能力建设

【队伍能力建设】 以围绕“铸造生态环保铁军”为主线，开展“不忘初心、牢记使命”主题教育，搭建“党建+业务”“机关+系统”“线下+线上”三大学习平台，开展国庆主题党日、知识竞赛、研讨交流、集中学习、志愿服务等活动，把学习教育常态化，提升教育效果。“党旗下·诉心声”主题党日活动获全区2019年度最佳主题党日活动案例。深化“执法为民、绿色发展”党建服务品牌，精心设计“我在基层察实情”大调研、“我在基层守绿色”大整治、“我在基层促发展”大提升三大主题活动，将党建工作与业务工作深度融合。落实党风廉政建设责任，开展党风廉政警示教育月活动和廉政风险排查防范工作，落实党员管理“十条红线”，牢筑廉政风险点，推进党风廉政责任制落实，打造忠诚、干净、担当的生态环保铁军队伍。

【提升监测监控能力】 开展环境质量监测工作，掌握环境质量状况及发展趋势。加强污染源监督监测，定海区重点排污单位监测结果公布率100%，达标率100%。推进数字环保工作，重点排污单位自动监控系统安装率100%。完成党政网与专网整合，在线监控网络、监测专网畅通，网络设备均安全稳定运行。

【环境信息全面公开】 执行环境信息公开制度和工作制度，加强政府环境信息公开，日常维护“中国定海”分局门户网站，督促重点企业在信息公开平台及时公布并更新环境信息，做到信息按要求公开、按时公开、应公开尽公开。全年公开环境信息数量共计约1325条。

【提升环境应急管理能力】 加大重点行业、重点企业及环境敏感领域的环境安全隐患检查力度，重点对24家涉石油化工、重金属、危险废物等重点环境风险源企业开展排查与防控，及时排除环境安全隐患。全年辖区范围内未发生一般及以上突发环境事件。完善应急预案体系，完成76家风险源企业急预案编制（修编）工作。加强应急资源社会化共享，与百达石化有限公司、中海油舟山石化有限公司、欧莱克新材料科技有限公司签订协议。

环境监管与执法

【加大执法监管力度】 保持环境违法行为严打态势，结合“蓝天保卫”“护水斩污”“清废净土”等专项执法行动，综合运用查封扣押、限产停产等手段，严厉打击环境违法行为。是年，下发责令改正违法行为决定书88份，立案查处各类环境违法案件60起，处罚款557万元。推进行政执法与刑事司法对接，落实联动执法、信息交流、定期协商、联合办案和案件移送等工作机制。全年向公安机关移送涉刑环境污染案件1件，行政拘留2人。实施查封、扣押9家次，限产9家次。

【严格环境准入】 严守生态红线，对不符合的项目坚决不予审批；严格执行“空间准入、总量准入、项目准入”的环境准入制度和专家评价、信息公开结合的环境决策咨询机制，规范项目审批流程，严把环境准入关。

【环境信访调处】 是年，调处各类环境信访案件88件（包括重点信访28件），同比下降22.1%。信访处理率为100%，反馈率为100%，结案率100%，满意率为85%以上。

【政务服务建设】 提升“互联网+政务服务”一体化事项指标，深化“最多跑一次”改革，做好“减事项，减次数，减材料，减时间”“四个减”工作，推进网上办，集中办，网办掌办实现率100%，跑零次实现率100%。2019年办理各类事项533件。巩固落实定海工业园区、定海远洋渔业小镇“区域环评+环境标准”改革举措，加强宣传与指导，提高政策知晓度、执行力。建立完善审批代办制度，利用环保基层所优势，打通环保审批服务“最后一公里”。

生态建设和环保宣传

【生态建设】 是年，开展“美丽定海”建设行动，制定《2019年美丽定海建设工作要点》，推进美丽定海建设各项目标任务完成。污染防治、绿色生态经济、生态修复、城乡一体化、美丽定海制度建设等工作稳步推进，城市生活品质和环境风貌全域升级。推进省级生态文明示范区创建，定海区52个重点项目建设顺利进行。推进生态示范乡镇创建，马岙街道、双桥街道、干𥔲镇、白泉镇等7个镇（街道）启动实施国家生态文明建设示范乡镇创建，盐仓街道、环南街道规划编制已经区政府发布实施。开展五峙山鸟类省级自然保护区管理，实施保护区监控网络“5G+4K”升级改造，“智慧鸟岛”建设深入推进，珍稀鸟类栖息数量创新高。

【环保宣传】 是年，围绕生态环境保护主题，开展“美丽定海 我是行动者”系列主题实践活动，累计开展生物多样性、浙江生态日主题宣传、媒体采风五峙山、海洋保护进校园、“三地同心护海洋”等50余场大型活动，上千名生态环保志愿者及群众参与活动。提升公众环境保护参与度，推进生态环境建设深入，逐步形成全民共建共享的生态文明宣教大格局。

2019年舟山市重点排污单位名录（摘录）

表18

一、水重点排污单位名录

企业名称	街道（镇）
浙江金鹰股份有限公司	小沙
舟山东方印染有限公司	白泉
舟山干览镇污水处理厂改扩建工程	干览
舟山市定海区东港电镀厂（普通合伙）	盐仓
舟山市定海区康平电镀厂	盐仓
舟山市肉联加工有限公司	白泉

二、大气重点排污单位名录

企业名称	街道（镇）
神华国华（舟山）发电有限责任公司	白泉
浙江华和热电有限公司	双桥
中海石油舟山石化有限公司	马岙

三、土壤重点排污单位名录

企业名称	街道（镇）
中海石油舟山石化有限公司	马岙
舟山市纳海固体废物集中处置有限公司	岑港

四、其他重点排污单位名录

企业名称	街道（镇）
浙江天禄能源有限公司	岑港
中国石化集团石油商业储备有限公司舟山分公司	岑港

（撰稿：王　婧）

责任编辑：王燕迪

交通运输

Transportation

长白接线桥（陈炳群/摄）

社会主义核心价值观

国家 富强、民主、文明、和谐

社会 自由、平等、公正、法治

公民 爱国、敬业、诚信、友善

综 述

2019年，区交通运输部门高举中国特色社会主义伟大旗帜，以十九大精神和习总书记新时代中国特色社会主义思想为指引，根据年初制定的各项目标任务，以“五大会战”“四个舟山”和“浙江省综合交通三区建设”为抓手，结合“不忘初心、牢记使命”主题教育工作，推进综合交通建设，提升道路运输服务能力，高水平打造全国“四好农村路”示范县，全面落实民生实事项目，为新区建设提供保障。

是年，针对节日期间可能出现的高峰客流等情况，会同相关镇（街道）、水陆客运企业等共同研究部署运输方案，落实应急运力，全年未发生一起重大安全事故及旅客滞留事件。对全系统行业各单位、各部门职责任务进行分工布置，将各项工作予以具体落实，确保工作到位、责任到位、人员到位。督促各单位要形成隐患排查、治理、复查、销号闭环式管理，确保隐患排查治理取得实效。至年底，全系统排查隐患669项，整改644项，整改率96.2%，根据下达的4处省、市、区级挂牌隐患，按照整改内容及时间节点，及时落实整改责任，督促区公路局按期保质完成整改，省级挂牌隐患点329国道东皋岭段完成整治。

交通基础设施建设

【嵊泗至定海公路马岙至定海疏港公路工程】 该工程起点位于马岙港区规划园区道路与马北线交叉处，终点位于文化路与昌洲大道相交处，途经马岙、盐仓、昌国三个街道，路线全长约11千米。项目按双向四车道的一级公路标准设计，设计时速80千米/小时(部分路段60千米/小时)，路基宽度由12米拓宽至24.5米—29.5米。工程概算总投资约6.7亿元。工程第一段（定海文化路至虹桥互通段）先行实施。2018年9月开工建设，年底完成除老隧道改造外道路部分主体工程。2019年度完成投资约1.5亿元。

【S321省道至盐仓段调整工程】 该工程为旧路改建项目，对原项目进行重新调整。路段西起茅岭墩，桩号K3+514，沿现状道路向北展线，至茅岭线与S321（72省道）交叉口处继续向北，沿茅叉线连接至原329国道，终点桩号为K4+801.808，路线全长约1.288千米。项目按双向四车道采用一级公路兼顾城市道路功能标准，设计时速60千米/小时。项目概算总投资约2.8亿元。11月完成工可批复，年底进入设计阶段。

【五山生态旅游带东山段建设工程】 该工程设计起点为东山庆丰，终点为葆山公园。项目主要建设一条生态景观道路，包括绿道游径、服务系统、重要节点、基础设施、标识系统，路线全长约4.12千米，总投资约0.98亿元。6月完成工可批复，10月完成施工招标工作，年底进场开工建设。

【东岠交通码头工程】 该工程位于东岠岛东岙现有海塘外侧，建设规模为新建500总吨级泊位1个及相应配套设施，设计年通过能力为客24.8万人次。项目新建一座70米×12米靠泊平台平台后方通过钢引桥、跨海塘栈桥和涵洞连接至陆域。其中钢引桥平面尺寸21.8米×6米；栈桥平面尺寸46米×8米；涵洞平面尺寸8米×8米。项目概算约为1865万元。2018年底完成码头主体，2019年主要建设一座客运管理房，是年6月完工，11月完成验收工作。

【大猫车渡码头工程】 该工程位于大猫梅湾村，在距离原有交通码头西南侧42米处新建一座60米×15米接岸平台，新建栈桥长44米，宽10米，与后方陆域连接，接岸平台与栈桥呈“L”形布置，在接岸平台西南侧15米处新建一座73米×12米靠泊平台，后方陆域布置在栈桥后方，通过新建护岸129.7米后形成陆域面积约3872平方米，新建一座建筑面积700平方米的候船楼及相应配套设施。项目新建1000总吨级车渡泊位1个及相应配套设施，设计年通过能力为客25万人次、车2.2万辆次。项目概算投资为3421万元。2018年9月开工，2019年11月底建成。

【岑港钓山交通码头扩建工程】 该工程位于岑港街

道，在岑港和钓山侧各新建一座300总吨级客运码头泊位及相应的配套设施，设计年通过能力为7.44万人次，另配建一个候船室，建筑面积约为80平方米。项目用海面积3851平方米，使用港口岸线96米，用地面积231平方米。趸船长48米，宽9米，2艘。趸船通过钢引桥、桥台墩、栈桥连接至后方陆域。项目概算约为1871万元，4月取得初设批复，10月完成工程招标工作，年底进场开工建设。

【大猫合兴交通码头工程开工建设】　该工程位于大猫岛北部原合兴车渡码头处，新建500总吨级客运码头一座（1个500总吨级客运泊位）及相应的陆域配套设施，拆除现有交通码头，在原交通码头外侧新建一座60米×12米的靠泊平台，新建一座15.5米×8米的栈桥和一座总面积580平方米的架空平台与后方陆域链接。项目概算为1571万元。4月取得初设批复，9月底完成前期工作，年底完成工程招标工作。

【册子交通码头工程】　该工程位于册子岛南岸，现货运码头外侧新建500总吨级交通码头1座及相应的陆域配套设施，码头通过能力11.7万人次/年。项目总用海面积0.3858公顷，使用岸线60米。项目拟对现有码头进行改造后在其前沿新建一座码头靠泊平台，改造后的栈桥22.1米、宽8米，有码头平台改造后长47.6米、宽10米，新建靠泊平台尺寸为60米×10米。项目概算约为1517万元。4月取得初设批复，9月底完成前期工作，年底完成工程招标工作。

【通村联网公路】　2019年，定海区通村联网公路工程开建。该工程涉及3个镇（街道）6个社区村，8条村道，建设里程9千米，总投资654万元。项目实施由各镇（街道）落实，区交通运输部门负责项目计划申报，工程质量监督和行业技术指导、项目验收、资金补助等工作。11月底全部建成，完成投资654万元。

【干磁镇天籁路及澜港大道道路改造工程】　该工程大致呈东西走向，道路西起于鸭东线，东止于兴港路，沿线除与起终点道路交叉外，与揽洲路（西岑线）、兴隆街、振兴路、金港路、金龙路等道路相交，全长约1.36千米。项目内容主要包括挖除原沥青混凝土路面及水泥混凝土路面，填筑路基及软土路基处理；混凝土排水管铺设、砖砌检查井砌筑及水稳和沥青路面的铺设；涵洞箱涵的设置、路线交叉、安全设施、路灯及管线安装工程等。项目投资约1489.25万元，2018年12月5日开工，2019年全部完工。

干磁镇天籁路及澜港大道道路改造工程

【外獭洞岭海防执勤道路工程】　该工程主要施工项目：路基挖方：984立方米；路基填筑：928立方米；排水工程：边沟658米；路面工程：15厘米水泥稳定碎石基层+18厘米水泥混凝土路面3784平方米；交通安全设施：波形梁钢护栏601米；柱式交通标志26个及其他附属设施。3月26日开工，6月20日完工，11月12日通过交竣工验收。

海防基础设施建设项目

【农村公路提升改造工程】　该工程提升改造路段：岑柴线、应野线、三洪线、马北线，总长8.439千米。9月15日开工。至年底，完成总工程量的85%左右。其中岑柴线完工，应野线完成土路肩硬化，马北线完成培植土的铺设，三洪线完工。

【农村公路大中修工程】 该工程包含9条公路：干平线、万浪线、三华线、马北线以及定北线为县道；雅联线、蛟后线为乡道；白浪线为电厂专用道；平三线为村道。干平线K1+000—K1+800、万浪线K0+000—K1+000、马北线K2+336—K4+329、三华线K8+260—K10+000、定北线K11+875—K12+675、雅联线K0+000—K3+572、蛟后线K0+000—K5+602、白浪线K0+000—K3+435、平三线K0+000—K3+783。项目主要工程内容包括挡土墙修复、基层换填、水稳铺设、沥青面层铣刨铺设、水泥混凝土路面铺设与灌浆修复、沿线波形护栏修复、路侧植被修建等。项目工程造价约1020万元。9月10日开工，12月19日完工。

农村公路大中修工程

【金塘镇农村公路大中修工程】 该工程包括6条路线，分别为穆西线K1+200—K2+600、K3+650—K4+550，东西线K0+700—K1+100，万柳线K0+800—K1+200，新侨线K0+000—K0+500，乱外线K0+000—K1+000，沥小线K0+000—K1+000，路线总长5.1千米。

金塘镇农村公路大中修工程

项目主要工程内容包括新建边沟、窨井升高、基层换填、水稳铺设、沥青面层铣刨铺设、水泥混凝土路面铺设与灌浆修复、沿线波形护栏修复等。项目工程造价约490万元。9月10日开工，12月10日完工。

交通工程质量监控

【概况】 是年，区交通工程管理中心主管监督项目13项（交通局3项，金塘3项，公路局3项，远洋渔业基地2项，粮油园区2项），新增新建公路工程2项，大中修项目5项，水运工程1项。工程总投资约3.01亿元，未发生一起重大质量、安全责任事故。

【公路水运工程监督】 是年，对全区公路水运工程开展质量、安全、合同、监理、检测等监督检查80余次，实现工程监督覆盖率100%。完成全区公路水运工程交（竣）工检测5项，交（竣）工检测机构及方案备案3份；公路工程交竣工质量评定备案3项；水运工程交竣工质量评定备案2项；大中修竣工质量评定备案11项，合格率100%。

【水路运输】 是年，全区水上客渡运企业、乡镇渡口4家，客渡船舶13艘，2167客位，30车位，航线10条，输送旅客162.754万人次，运送车辆11.105万辆次，分别比去年减少20.2%，增加71.1%。

【质量安全监督活动组织】 是年6月，组织开展安全生产月有奖知识竞赛活动、安全宣传咨询活动等，悬挂横幅15条、张贴标语和宣传画15份，发放安全生产宣传手册150余册，并为高温下作业的民工兄弟送去防暑药品。7月，组织开展辖区内在建公路水运工程监理合同履行情况的专项检查，对检查结果进行通报，要求各监理办对检查中发现的问题高度重视、及时整改。8月，组织安全生产百日整治行动，对辖区内的定海东岠交通码头工程、定海大猫车渡码头工程和金塘沥港茶叶山至沙塘公路工程进行全面的安全生产风险、隐患排查行动。

【加强原材料及工程实体监督抽检】 部署开展全区在建项目质量监督抽检专项行动，包括工程实体质量、原材料的监督抽检，进一步强化工程质量源头控制。是年，抽查原材料17组，合格率100%；回弹检测30个测区，合格率100%；保护层厚度检测28个测区，280个测点，合格28个测区，250个测点，合格率89.3%，沥青路面压实度5点，合格5点；厚度6点合格6点，混凝土强度2个构件，合格2个构件。

交通运输管理与规范

【运输服务保障】 全区营运车辆拥有量5455辆，其中营运货车4777辆，客运出租车556辆，客运车辆105辆。出租车公司6家，普通货运业户789家，危险品运输企业16家（危货车辆235辆，其中危险品罐车123辆，普通危运车112辆），集装箱运输企业150家（集装箱挂车1344辆，牵引车1556辆）。辖区内注册驾校2家，中宇驾校、舟山市汽车职业学校分别为一级驾校和二级驾校；辖区监管场地4个，分别为舟山市汽车职业学校和圣岛驾校的3个分场地。其中教练员107人，教练车103辆。全区122家机动车维修企业，其中一类维修企业3家，二类维修企业34家，三类维修企业71家，摩托车修理1家，快修13家,汽车4S店16家。

【运输市场行业监管】 *落实客、货运实名制* 联合区反恐办对辖区内10家租赁企业和22家货运代理点进行检查，对未达标企业按照要求严格落实客、货运实名制登记，无证经营的货运代理点要在规定时间内做好备案登记工作。召开网上租赁实名制填报培训会，要求辖区内17家租赁企业通过手机端口进行实名制信息的网上填报。

加强道路危险品运输安全监管 辖区内危险品运输企业16家（爆炸品运输企业2家），危险品专用运输车辆235辆，全部安装并有效使用卫星定位装置。开展安全生产大检查、隐患排查、百日行动、专项整治、联合交警路面稽查、信用考核等方式进行严格管理。全年检查16家危险品运输企业58次，发现问题8条，排查隐患134项，全部整改落实。

开展危运企业安全生产大检查

开展集装箱企业专项整治 是年，抽查辖区内73家集装箱运输企业，检查发现部分集装箱企业存在安全台账制作不规范、企业上墙制度不全、未按规定制作车辆人员档案、未落实动态监管平台和监管人员等问题，督促企业落实整改。对安全管理不到位的8家集装箱企业进行约谈，并对落实整改不到位的17家集装箱企业下发《安全事故隐患督查通知书》。对多次督促不落实整改的20家企业进行处罚，处罚金15600元，核实注销8家达不到许可条件的企业。

加强“两客一危”企业、货运企业安全监管 落实综合监管平台相关工作，强化危险货物道路运输和道路旅客运输的源头管控及动态监控，了解企业车辆动态及货物运送情况。派发工单54条，其中危运企业25条，客运企业8条，普货企业21条。通过工单处罚案件40起，处罚款65600元。

做好老旧营运车辆淘汰工作 根据省、市相关文件要求，推进加快淘汰采用稀薄燃烧技术和“油改气”的老旧燃气车辆工作，打好营运柴油货车污染治理攻坚战。制定相关工作方案，及时向区领导汇报，同时向各相关单位对接联系，尤其是与区财政部门制定定海区老旧营运车辆提前淘汰财政奖励补助政策，落实到位财政补助资金。辖区淘汰国三及以下排放标准营运柴油货车510辆，完成全年淘汰目标（422辆）的120%，发放补助资金605.6万元。

完成道路货物运输专项调查 配合做好全国第四次经济普查和地区生产总值统一核算改革工作，开展2019年道路货物运输专项调查。按文件精神，规上企业全面调查，规下企业个体户抽查的原则，全区16家规上企业，76家规下企业和个体户参加调查，车辆抽中147辆，调查全面完成。

开展扫黑除恶专项斗争 贯彻落实党中央和国务院决策部署的扫黑除恶专项斗争，开展扫黑除恶学习会，通过学习扫黑除恶应知应会知识，掀起学习教育热潮。召开扫黑除恶工作推进会，部署下阶段扫黑除恶工作重点。结合自身职能，深入全区道路运输企业讲解扫黑除恶专项斗争相关政策，发放宣传资料、张贴相关宣传海报，营造全行业“扫黑除恶”的良好氛

围。同时要求各道路运输企业于每月报送扫黑除恶相关线索，向市运管局与区交通局上报3条扫黑除恶相关线索。

【汽车维修行业管理】 整治汽车美容店 会同市场监督局等五部门联合整治汽车美容店。根据三类汽车专项维修业户（汽车美容装潢）的开业条件逐户进行核对，在51家经营户中，发现符合开业条件且取得道路运输经营许可证（还在有效期内）或已备案的经营户19家，属于纯洗车服务而不在机动车维修行业管理范围内经营户22家，未经备案擅自进行汽车美容装潢业务经营户10家。针对未备案擅自营业的10家经营户，逐门逐户进行现场勘验，对经营户们按开业条件提出改造建议。4家完成改造并备案，5家因为改造成本高不能承受承诺放弃美容装潢业务，1家经营户关闭。

做好汽车维修电子数据上传工作 加强对维修电子数据上传工作的监管，做到与第三方技术部门密切配合，及时监控各企业上传的数据质量，将第三方发布的不合格数据汇总，第一时间反馈给企业。是年，全区38家一、二类汽车维修企业的汽车维修电子数据上传率达到100%，上传数据质量达到90分以上。在三类快修行业中选出3家硬件设施较好的汽车快修店，邀请第三方技术专家开展专门的培训，使其在三类快修企业中率先开展维修电子数据上传工作。

实施机动车排放维护制度 加强机动车排气污染防治，提高机动车排气污染治理能力，实施机动车排放维护制度。将此项工作及时传达到二类以上维修企业，鼓励符合条件的二类以上维修企业申请成为机动车排放维护单位M站。根据M站认定标准及流程，对申请企业的资质、人员、设备、制度等方面进行审核，认定6家企业为定海区机动车排放维护单位M站。

【规范汽车驾培业】 维护驾培行业经营秩序 “计时培训、计时收费、先学后付”模式逐渐成熟，驾培行业正健康、有序发展，按照属地管理的原则，舟山市圣岛驾校在定海区有三个分训练场地，与该校签订安全责任书，将安全工作落到实处。舟山市中宇汽车驾驶培训学校由舟山市圣岛驾校托管经营，该校教练车分布在圣岛驾校的各分训练场地中。制订专项检查活动计划，形成长效机制，杜绝各类各种违规行为。是年，全区范围内开展专项或是突击检查10余次。

加强驾培机构人员培训 对教练员及驾培机构管理人员进行继续教育培训，重点加强其道路交通法律法规、职业道德、驾驶新知识、新技术以及相关业务知识，全面提升教练员队伍素质。

【出租车行业管理】 加强规范化管理 做好主要站场、码头出租车经营规范化的管理工作。在三江码头、舟山市汽车客运中心（盐仓）通过管理人员长期驻点管理，杜绝以往出租车在客运站场强行拉客、挑客、拼载等违规现象，做到打表计价，依次排队侯客，确保站场出租车经营规范化。

做好网约车相关工作 做好网约车车辆运输证许可前期工作，严格审核预从事网约车经营车辆的使用性质、相关材料等是否符合网约车经营要求，把好网约车准入第一关。对164辆预从事网约车经营的车辆做好前期审核工作。

维护行业健康稳定发展 走访、约谈企业管理人员及部分出租车驾驶员，了解行业动态，确保行业稳定。负责人及工作人员多次走访海上大众汽车出租有限公司（下称海众公司），调查海众公司无力偿还贷款、生产经营陷入困难事宜。协调完成海上大众出租车公司车辆由辖区千岛之行公司托管事宜，确保海上大众出租车能正常运行，并引导个体投资人（出租车驾驶员）走法律渠道，解决经济纠纷。海众公司债务纠纷未引起群体性事件发生，行业总体稳定可控。

提升出租车驾驶员综合素质 完成定海区出租车驾驶员综合素质大比武工作。辖区30名优秀出租车驾驶员参加此次比武，经过理论与实操的竞赛，对定海区出租车驾驶员综合素质进行检阅，展现定海区出租车驾驶员良好精神风貌，以点带面促进整体水平提升，助力创城工作的开展。

开展出租车驾驶员综合素质大比武

【行政执法工作】 “打黑”专项行动 定海辖区三江、海丰等客运码头地处偏远、客流量大，容易滋生客车非法营运、违规经营等现象，执法人员对此采取日常监管与突击检查行动相结合的方式，每日赶赴三江、海丰等地开展日常监管，对疑似“黑车”进行重点监控、检查，并不定期开展突击检查。全年查获车站码头非法营运案件15起，维护旅客集散地客运市场秩序。

凌晨开展“打非治违”专项行动

打击网约非法营运车辆专项整治 辖区内网约车从业者未取得网约车驾驶员证、网约车辆未取得运输证的情况仍较为普遍。根据市运管局统一安排部署，组织开展打击网约车非法营运专项整治，出动执法人员280余人次，出动执法车辆70余辆次，通过交通集散地监督检查和群众举报等形式，查处网约车非法营运35起。

舟山市汽车客运中心（盐仓）出租车专项整治 针对市汽车客运中心部分出租车驾驶员在旅客出口通道进行违规揽客的行为，采取现场突击检查与调取通道监控视频相结合的手段提高案件查处率，查获出租车驾驶员违规揽客案件3起。

开展工程车辆超限超载、无证营运专项整治 4月起，新组建的交通综合执法队伍联合区交警大队，在白泉、北禅等建设工地较多的区域开展查违治超联合整治，维护辖区道路货运市场的安全与秩序，。出动执法人员690余人次，检查工程运输车辆430余辆次，现场查处超限车辆56辆次，卸货840余吨；查获工程车辆无证营运、驾驶员未持货运从业资格证等案件34起，其中32起完成处罚。

落实浙江省行政执法监管平台掌上执法试点工作 由省市场监督局牵头推广的浙江省行政执法监管平台掌上执法系统进入中期试点工作，区交通运输局被列为区县执法试点部门之一。由运政稽查大队牵头，推进行政执法监管平台及浙政钉掌上执法系统试点任务，落实执法人员账号权限开通、人员培训、实施检查任务等试点工作。完成局所有执法人员的账号权限开通，设置并下派涉及辖区内7个子行业的双随机检查及专项执法检查任务，检查企业176户次，发现问题数153家次，问题检出率72.58%，均要求企业现场或限期整改。

做好道路运输企业违规经营工单处置工作 执法人员及时开展调查工作，核实企业是否针对工单涉及的疲劳驾驶、超速行驶等进行及时有效的处理，发现企业存在未按规定落实动态监管责任、未按规定上传车辆动态信息等违规行为的要求企业及时整改，达到行政处罚标准的按相关法规对企业进行处罚。是年，运管部门处罚案件173起，处罚金额1165850元，其中：客运违规案件68起，货运违规39起，危运违规12起，维修行业6起，出租车行业3起，通过工单处罚安全案件45起。

公路养护与管理

【概况】 2019年，全区公路管养里程为793.591千米，其中国道103.497千米、省道29.281千米、县道256.494千米、乡道112.263千米、专用公路13.391千米；桥梁212座计51614.76延米；隧道69道计59232.26延米。是年，完成人工清扫路面11737千米、机械清扫32700千米、人工绿化除草299398平方米、绿化修枝18900株、绿化补植44115株、绿化修剪295280平方米、绿化保洁520200平方米、绿化除虫288000平方米、修补坑洞11005平方米、路面灌缝26000米、清理边沟94505米、清理堆积物3515立方米、清理路肩73840平方米、排水94650米、化学除草1760千米、疏通桥梁泄水孔720个、清理桥梁伸缩缝37800米、隧道清扫754150平方米、护栏警示桩补全1580根、油漆护栏警示桩420根、桥栏刷白1800平方米。新装及修复钢制护栏365米；安装示警桩921根；安装矫正标志标牌101套；划制热熔标线2820平方米。

【G329鸭蛋山至皋泄段大中修工程】 该工程对G329国道部分路段进行大中修，路面病害处治后加铺5厘米AC-13C沥青混凝土并完善沿线防护、排水及标志标线等附属设施。实施里程单幅计2.254千米，对东皋岭隧道左幅病害进行处治，工程投资348万元。

G329定海鸭蛋山至皋泄段2019年公路养护大中修

【S321坝桥至海口段大中修工程】 该工程对K4+470—K15+300逐段，计6.06千米。其中K4+470—K5+320段，计0.85千米。铣刨原先行车道上面层并病害处置后加铺3厘米AC-13C沥青混凝土；对K5+400—K6+950段，计1.55千米。原路面病害处治后加铺4厘米SMA-13沥青马蹄脂碎石磨耗层；对K10+200—K10+500、K11+000—K12+500、K13+570—K15+300、K14+380—K15+300段，计3.66千米。行车道病害处治，计5112平方米。修复和完善公路养护大中修路段排水、安全、标志标线等附属设施，总投资672万元。

S321定岑线公路养护大中修

【S231定北线路口至柯梅岭段大中修工程】 该工程对K7+821—K10+028段，铣刨原沥青路面上面层并病害处治后加铺5厘米AC-16C沥青混凝土。实施里程计2.207千米，总投资130万元。

S231定西线公路养护大中修

【S201岑港至柯梅岭段大中修工程】 该工程对K12+000—K33+800段，实施安全生命防护工程，包含平交口改造、中分带开口改造、沉陷路基修复以及隧道洞内外安全设施增设等；修复和完善公路养护大中修路段排水、安全、标志标线等附属。实施里程计21.8千米，总投资2944万元。

【G329老塘山隧道维修加固工程】 该工程对老塘山隧道位于G329定海区境内，隧道全长408米，总宽12米，建于2004年。修复隧道机电设施，对隧道照明灯具进行LED节能改造，完善隧道入口交通安全设施等，总投资206.3万元。

【农村公路大中修工程】 该工程由舟山宏道公路养护工程有限公司实施，北京中交安通工程技术咨询有限公司监理，中交通力建设股份有限公司设计，投资1174.9726万元。主要实施内容为：干平线、万浪线、三华线等5条县道和马黄线、东海线等3条乡道和白浪线专用公路以及平三线村道进行路面大中修工程，路程全长24.635千米，局部路段病害基层处理、水泥稳定碎石基层、水泥路面病害进行处治、更换破碎板等安全设施。

【隧道亮化提升工程】 该工程由舟山宏道公路养护工程有限公司实施，北京中交安通工程技术咨询有限公司监理，舟山市交通规划设计院设计，投资300万元。主要实施内容为：对小龙山一号隧道、小龙山二号隧道、大岭隧道、东南隧道、老虎山隧道5座隧道设施进行贴常温固化柔性纯瓷涂层；无极灯改为LED灯；进出洞口增设波形护栏过渡提升改造。

隧道亮化提升工程

【超限管理】 是年，定海区公路路政管理大队联合交警部门在鸭东线马岙公路超限检测点卡治超110余次，出动执法人员1056人次，交警672人次，检测车辆833辆，查处车辆92辆，路政卸载1273.05吨，扣分和罚款均由交警处理。处理667件非现场处罚案，罚款1380800元整。

【保护路产路权】 是年，赔（补）案件均为车祸损路产，累计130件案件，收取公路路产赔（补）偿费333814元整。对相关的抛洒滴漏实施行政处罚3起，保证公路通行整洁、安全。

交通战备保障

【民兵整组】 根据2019年定海区整组工作大会，结合《民兵组织整顿工作实施办法》，区交通运输局人武部树立和贯彻落实科学发展。新组建本级交通运输连1支和区应急连交通运输班1支。

【理论研究】 贯彻落实新时代党的强军思想，按照平时服务、急时应急、战时应战的原则，按照国防建设的要求，高质量地做好交通战备工作。区交通运输局撰写《关于基层民兵队伍建设问题及对策的研究》，反映基层民兵干部队伍建设存在的问题以及提出如何加强民兵干部队伍建设的对策。

【人事任免】 经定海区人民武装部批复：定交武（2019）3号《舟山市定海区交通运输局人民武装部关于傅明同志职务任命的请示》，建议傅明担任定海区交通运输局人民武装部副部长一职，免去其定海区交通运输局人民武装部干事职务；免去周家友定海区交通运输局人民武装部副部长职务。定交武（2019）4号文件《舟山市定海区交通运输局人民武装部关于王平等同志职务任免的请示》，建议王平担任定海区交通运输局人民武装部部长一职；免去乐科军定海区交通运输局人民武装部部长职务。

（撰稿：王乙栋）

（本类目图片由区交通运输局提供）

责任编辑：王燕迪

港　航

Harbor and Shipping Affairs

西码头·靠泊（陈炳群/摄）

社会主义核心价值观

国家 富强、民主、文明、和谐

社会 自由、平等、公正、法治

公民 爱国、敬业、诚信、友善

综　述

2019年，市港航管理局定海分局围绕中心工作，坚持以区域港航经济高质发展为先导，以安全长效管理机制建设为抓手，以内控建设为保障，不断创新工作思路，完善工作机制，扎实工作作风，提升港航监管水平，各项工作取得成效。

至年底，辖区内有运输船舶634艘，运力261.1万载重吨，较2018年底，船舶减少46艘，运力增加10.01万载重吨。万吨级以上船舶72艘，运力152.1万载重吨；特种运输船舶占总艘数、总运力的27.8%、29.1%，万吨以上船舶占总艘数、总运力的11.4%、58.3%。水路运输总周转量增长13%。

全年完成货物吞吐量10837.37万吨，完成计划的100.34%。其中外贸货物吞吐量完成4119万吨，同比增长42.02%；油品吞吐量完成0.36亿吨，同比增长64.38%；江海联运量完成808万吨。

全年累计完成投资14.28亿元，其中，水运建设投资完成7.2亿元，航运业固定资产投资完成7.08亿元。

全年查处港航行政处罚案件36件，其中运政案件28件，港政案件8件，处罚没款74.93万元。

港口建设

【推进港口项目建设】　是年，累计完成投资11.65亿元。册子实华45万吨原油码头、招商国际汽车滚装码头、良海粮油5000吨级粮食码头完成竣工验收；新奥LNG码头建成运营；宁舟2000吨级码头基本建成。新奥舟山LNG接收站二期项目扩建工程、中际化工储运项目、产业聚集区5000吨级公用码头等项目有序推进。大洋世家产业园码头工程、港口环保配套工程——舟山同舟环保油泥包综合处置项目前期工作稳步推进。外钓应急公司拟建本地区单体最大事故应急池项目。

外钓油品30万吨级码头投入试运营

【港口转型升级】　是年，分局进一步优化布局港航产业，按照“岸线效益论英雄”改革要求，督促“低小散”港口企业通过招商引资股权优化、扩大产能改造升级等方式进行重组提升，实现规模化发展。优化资源要素配置，推动全区港航产业转型升级。是年，宇锦水泥、豪舟仓储完成破产重整。对部分港口经营企业普货超吨位靠泊问题，通过设置过渡期和加强现场监管的形式，打通产业升级改造通道。

【江海联运服务中心建设】　以首制船投运为契机，依托定海大项目的物流需求，引导新一海等有条件海运企业拓展直达运输市场，做好海进江、江出海运输组织。是年，首制船投产效益稳步提升。践行交通运输供给侧改革，辖区老塘山、综保区两个码头实现联动，完成首单粮食“散改集”多式联运。是年，多单“散改集”进口散装大豆在辖区卸货。探索“江海联运”发展专项资金申报新模式，通过采取“反向”服务模式，提升江海联运企业申报效率。

【海事服务基地建设】　是年，定海市单体最大矿产开采项目——省交投资源公司舟山分公司综合配套码头优化工作推进；灌门航道交工后40万吨超大型空载船舶通过实船试靠；中天重工、正和船厂续建、改建工作在政府的引导下开展有益探索；册子潮流能发电项目引进，为海洋工程产业的发展提供想象空间。

第一批重大项目集中开工

区委书记庄继艳调研中天重工船厂

【招商引资】 是年，分局开展招商引资工作，为综保区新奥能源配套的浙江集兴海运有限公司和浙江自贸区新奥海事服务公司开业、运力批复提供服务保障。浙江自贸区新奥海事服务公司8500立方米液化天然气加注船获省内运力批复，于9月底开工建造，预计2020年底投入营运。

招商局港口滚装码头完成首船试靠

港口管理

【港航安全管理】 以港航安全生产专项整治活动作为推进行业安全管控的抓手,通过转变检查方式、抓住检查重点、强化隐患分析研判、落实闭环管理等工作模式，开展港口危险货物企业岗位职责落实情况专项检查、小型普货港口企业关键制度和操作规程落实情况专项检查、海务机务专职管理人员履职情况检查、自卸运砂运石船舶和滚装运输船舶专项整治、小型光租船舶等专项整治。是年，监督检查发现问题隐患539项，完成整改504项，其中对1处重大隐患实施挂牌督办，完成复查验收销号。是年，定海辖区内未发生纳入市政府考核统计口径的港航生产安全事故和险情事故，事故起数和死亡人数同比分别下降87.5%和93.7%。

局长徐全昌到定海分局督查冬季安全生产专项整治行动和春运安全工作

【深化港口经营资质管理】 加强港口经营资质日常监管。是年，发放各类预先告知书13份，完成港口经营许可证新增、延续、变更、设施备案等事项29

舟山老塘山港区举行溢油应急演习

家，完成港口危货安全评价备案4家，应急预案备案19家，完成港口服务企业年度经营资质检查23家。

【规范船舶检验服务】 强化船舶检验质量，提高受理船舶的程序质量、检验质量、证书文字质量、档案质量和服务质量；降低定海籍船舶的滞留率。是年，完成变更机构检验船舶48艘，组织验船人员到现场验船84次。做好辖区内登记船舶整治专项工作，完成整改船舶60艘。完成辖区内登记营运客船救生设备更新。检验各类营运船舶578艘，计20.1万总吨，未发生一起安全事故。

行业安全管理

【建设完善港航安全管理长效机制】 梳理年度安全管理重点工作清单和企业隐患整改清单，深化风险辨识管控。重点督促企业对每个岗位、场所进行全方位辨识、评估，按岗位和场所编制风险管控手册，基本完成港口危货企业的风险辨识工作。

新港5万吨级多用途公用码头危险货物集装箱作业试运行

【细化事中事后监管】 是年，分局以运政监管平台和港口综合信息系统为载体，强化港航企业资质动态监管力度；深化分级分类监管工作机制，注重航运管理制度建设，出台《定海辖区航运企业海务机务管理人员管理办法》，建立管理人员诚信体制建设。评定出A类企业51家、B类企业30家、C类企业13家。加大危货运输领域“僵尸企业”处置力度，清除“僵尸企业”6家。完成掌上执法数据考核要求，检查457次，其中即时检查136次，专项检查264次，双随机检查57次。

【深化水路货运船舶安全专项整治】 按照巩固整治成效、综合治理长效机制的工作新要求，持续推动舟山水路货运安全综合治理联合执法工作。强化政府定点装卸作业点的管理，编写《港口经营企业纳规临时砂石作业点条件和管理要求》，重点明确港口经营企业纳规临时砂石作业点的基本要求、纳归后安全管理要求和退出机制。继续强化陆海联动联合执法，保持联合执法高压态势。是年，全区港航执法出动检查人员362人次，执法车96车次，港航艇40艘次。重点关注黑名单船舶的跟踪处置，成功处置辖区剩余2艘“黑名单”船舶。

召开全区水路货运安全综合治理工作会议

【固化信息化对港航各项工作的支撑作用】 完善《外部信息处理办法》，细化指挥分中心外部信息处置流程，凸显港航指挥分中心作用，新增行业反走私监控工作内容。是年，开展电子巡查76187次，危货电子监管48948次，启动恶劣天气二级以上响应88天，抗台15天，巡查发现问题30起，市指挥中心下发问题处置工单50单。

水运市场管理

【运力规模】 是年，辖区内有运输船舶634艘（比上年底净减46艘），运力261.1万载重吨（比上年底增加10万载重吨）。辖区有油船144艘，589363载重吨（比上年年底增加3艘，增加85196载重吨）；化学品船24艘，84059载重吨（比上年年底增加6艘，运力增加17786）；集装箱船8艘，6085箱位，85629载重吨（比上年年底减少3艘，减少1283箱位，减少23686载重吨）；拖轮36艘，121486千瓦（比上年年底减少3艘，减少5424千瓦）。辖区万吨以上船舶共计72艘（比上年底增加1艘），有152.1万载重吨（比上年底增加约5.5万载重吨），特种船舶比上年年底净增79296载重吨。

新一海化学品公司5500吨化学品兼成品油船成功上水

【航运业转型发展】　出台制定《定海辖区航运企业营运船舶操作指南》和《定海辖区水路运输企业海务机务管理人员管理办法》。采用预警手段，实行对小型光租船舶和异地船舶的准入限制。针对船员调配和培训、重点航区和时段、装卸货管理等核心工作环节，强化海机务专职管理人员履职情况监管。

是年，辖区内小型货船不断减少，500总吨以下船舶艘数由年初的397艘下降到331艘，净减66艘。通过引导、帮扶、促动等举措，新增中大型货船25艘，运力结构优化呈现良好态势，船舶平均吨位持续上升，达到0.41万载重吨，创历史平均运力最高水平，实现近五年来单船平均运力首次增加。

【支持骨干航运企业发展】　开展重点航运企业培育和帮扶工作，9家企业被评为2019年度市级航运重点骨干企业，获得财政奖励资金223.12万元；做好舟山市航运业临时周转资金的使用工作，全年安排航运企业转贷 7次，7家航运企业受益，使用资金规模达到1.36亿元。完成第二批单壳油轮改造补贴工作，发放改造补贴552.4万元。加快推进绿色交通建设，全市新建船舶普遍应用新型螺旋桨等节能技术。

【深化航运经营资质管理】　开展水路运输经营资质年度核查工作，核查航运企业97家，辅助企业41家，营运船舶631艘。有序开展水路运输企业整改清理工作，督促9家企业完成运力整改；1家企业主动注销水路运输经营许可；6家企业被依法撤销经营许可。

行政监管执法

【强化执法综合治理】　执行行政执法案件内部移送制度，提升非现场执法水平，建立港航行政处罚信息通报机制。是年，出动执法人员362人次，执法艇40艘次，执法车96辆次。组织开展“清港除险”“扫黑除恶”“禁毒”“国庆安保”等专项行动10次，执法检查港航企业126家次，检查船舶55艘次。查处案件36件，结案36件，其中港政8件，运政28件，罚没74.93万元;集中约谈企业13家，发放责令停产停业通知书4份。开展海上联合执法行动86次，查处违法违规船舶12艘次。

扫黑除恶专项斗争工作督导组到定海分局指导工作

【优化审批服务环节】　实现“最多跑一次”覆盖率100%，完成3个100%，即网上申报率100%，电子印章使用率100%，对外公示率100%。注重“最多跑一次”网上申办事项，在“两证合办”“上门服务”等便民服务项目上寻找新的突破口。是年，窗口全部事项在网上开通，完成受理事项1271件，同比2018年办件量上涨9.2%，其中运政审批事项807件，港政审批事项72件。提速率80%,提前办结率100%。

开展“三服务”工作

（撰稿：徐　颖）

（本类目图片由市港航局定海分局提供）

责任编辑：王燕迪

海　事

Maritime Affairs

长宏国际码头（陈炳群/摄）

社会主义核心价值观

国家 富强、民主、文明、和谐

社会 自由、平等、公正、法治

公民 爱国、敬业、诚信、友善

综　述

2019年，舟山定海海事处以“三化”建设为统领，围绕“走在前列”的目标,立足舟山海事局“十三五”期间“六个着力点、六个显著提升”的总体目标，抓好辖区“高大上”和“低小散”监管并存的关键环节，确保辖区安全形势和执法队伍持续双稳定。

是年，辖区船舶进出港18.82万艘次，其中客船8.27万艘次，危险品船舶 16884艘次（不含集装箱船）；货物吞吐量15370.16万吨（其中外贸4014.82万吨），其中危险货物4054万吨。集装箱货物吞吐量127.8万TEU，旅客吞吐量207.2万人次。开展执法巡航725次，巡航时间1838.28小时，巡航里程15116 海里。实施船舶安检394艘次，平均缺陷6.72项/艘，滞留20艘，滞留率5.08%；其中重点关注船舶、“黑名单”船舶到港52艘次。受理危险货物进出口申报审批16884艘次，涉污作业报2180艘次。实施危险货物现场监管1458艘次，其中到港作业散装危险品船舶检查759艘次，检查率为20%；油品装卸作业船舶检查722艘次，检查率为20%；散化装卸作业船舶检查39艘次，检查率为35%；实施涉污作业现场检查194次，检查率为10.6%；客运船舶现场检查2052艘次；水工作业现场检查545次。实施行政处罚立案844起，结案856起，罚款436.58万元。规费油污基金收入11.67万元，港建费直收收入1454.19万元。

安全监管

【稳固水上客运安全监管局面】　*构建安全监管体系*　落实浙江海事局客渡运“一规定”“一手册”要求，推动“钓山渡1”纳入环南鑫岛轮渡服务有限责任公司管理。落实客船“1+1”安检工作法，累计向企业发放安全管理建议书26份并对跟踪落实整改措施。推进定海港内南部诸岛客渡运公交化工作。针对定海辖区岛际客运船舶多的特点，强化客渡运船舶现场监管，按要求完成辖区客运企业水上客渡运安全领域信用承诺书签订工作；监管前移，实施辖区客船首班开航前信息报送制度，严把客船超抗风等级或超能见度视距开航“两个禁令”；按照全面覆盖、重点突出、风险分级的原则，合理调整客渡运船舶现场监督频次，推进构建科学高效的客渡运综合安全监管体系。

强化沟通　通过客运企业安全例会、季度网格化检查和微信、网络平台等载体，定期向客运企业传达相关文件精神，通报日常监管中存在的问题，听取企业意见和建议，督促安全管理主体责任落实，实时掌握辖区客运动态。

联动协同　联合兄弟海事处开展客船交叉安检行动；联合海峡轮渡公司开展“鸭白线LNG专渡”LNG槽罐车液相泄漏事故船岸应急演习；联合港航、街道等部门开展港内小船专项整治行动，立案查处1起港内小船超载违法行为，提升港内小船规范化水平。

加强船员应急能力　持续开展船员知识培训，强化船员应急实操能力和实操检查，全年完成对所有172名船员的安全知识培训。

【强化涉危涉污作业安全监管力度】　*突出危险品码头监管*　抓好烟墩港区集群的4家危险品码头监管，针对其所处位置极易受大风影响的特点，按企业自律标准对到港作业的散装危险品船舶进行作业把控。

强化船舶涉危涉污作业监管　是年，查获各类涉危涉污违法行为70起。其中不按规定排放船舶污染物6起，燃油质量不合格5起，对港口浦码头、烟墩4家危险品码头开展4次无预案应急演习抽查提高应急能力。

强化船载易流态货物监管　实施现场检查与易流态含水率检测报告核实相结合，严格安全管控，检查10艘次，发现问题5项，雨天装卸责令停止作业2次。

抓好船舶污染排放控制　抓好船舶载运危险货物整治、船舶污染排放控制等专项行动。实施船舶排放控制区检查185艘次，燃油抽检185艘次，发现燃油超标5起，立案处罚5起。

加强船载危险品检查　采用静态审核与现场抽查相结合的形式，加强对金塘大浦口集装箱码头船载危险品集装箱班轮的检查，查处危险货物谎报瞒报行为6起，责令整改6起，立案6起。

抓好舟山国际海事服务基地建设　走访保税油加

注企业，便利保税油申报审批程序，打造高效、安全的保税油加注环境。是年，辖区保税燃料油加注作业累计182次，计5.7万吨。

保障西部国际油品储运基地作业平安

【推进专项整治行动】 针对2019年各类专项整治活动多、任务重的情况，抓住“两会”“安全生产月”“70周年大庆”等重点时段，做好水上交通安全专项治理、内河船涉海运输整治、防治船舶水污染专项整治、船舶载运危险货物安全综合治理“回头看”“海上交通安全铁拳整治行动”“猎潜”“猎狐”等各类专项整治活动，提高监管效能和执法威慑力。是年，开展各类检查行动1498次，其中联合执法96次，出动执法人员3756人次，执法船艇601艘次，开展错时检查53次，向金塘宏运码头等砂石宕口码头发放安全管理建议书6份，查处船舶防污文书未配备、污染物接收未如实记录等违法行为64起。全年查获各类违章船舶485艘次（其中查处砂石船108艘次，内河船3艘次），强制卸载超载行为20起，留滞船舶12艘次，移送海警拘留无证驾驶人员4人。

推进辖区涉海运输内河船舶打击行动

【加强安全隐患排查治理】 按照《定海海事处水上交通安全风险管控和隐患排查治理双重预防工作须知》要求，立足辖区“高大上”“低小散”并存的监管格局，开展辖区客、危、桥、通航环境等隐患排查治理和危险源布控，摸清辖区隐患现状和底数，推进风险管控和隐患排查整改落实。针对砂石出运、危险品运输、临界条件作业、码头和公司管理等重点环节存在的风险隐患，定期开展危险源和隐患分析评估并跟踪落实治理。全年排查出安全隐患10项，其中重大安全隐患2项，整改完毕4项。

推进“海上的士”规范化管理

【落实“四季七节”安全预警预控机制】 强化重点时段安全监管 健全安全预警机制，强化预警效果的抽查与跟踪核实、重点水域通航秩序整治、开展安全警示教育等措施，抓好恶劣气象海况条件下的水上安全防控工作，特别是春季浓雾、冬季寒潮大风等恶劣

开展节前客渡运检查

天气以及端午、暑期、中秋、国庆等重大节假日期间落实“站高峰”机制，加强对岛际客运船舶、港内小船进行动态核实和跟踪。全年发布安全预警信息38756条，开展“站高峰”82次。

做好防抗台工作　针对2019年台风数量多、影响广的特点，坚持“全天候值守、多方式预警、全方位摸排、高密度点验”原则，强化动静态协作。召开2019年辖区防台工作会议、防御台风专题部署会等，传达上级部门要求，明确防抗台责任；开展24小时“盯屏”行动，对船舶密集的锚地锚泊船舶进行实时动态监控和点对点值班安全点验提醒，确保800余艘避台船舶安全避灾；联合大桥管理局、定海区经信局等单位，开展防台隐患排查工作，对台汛区可能存在的隐患要求责任单位落实预警预案；加强对重点水域的排摸，掌握无动力船舶、法院扣押船舶、长期锚泊船舶、重载液货船等防台重点船舶情况，并处置撤离在桥区水域的无动力修理船舶和在桥区水域锚泊的无动力施工船舶，保障大桥的安全，保障辖区防抗台形势稳定。

强化应急演练　深化企业、船岸协作机制，提升危险品码头、客企的应急处置能力，组织开展2019年老塘山港区溢油综合应急演习、舟山跨海大桥防台防触碰应急处置演习，联合舟山消防部门开展2019年“鸭白线LNG专渡”LNG槽罐车液相泄漏事故船岸应急演习，督促整改演习发现的问题及时进行，提高岸基、船舶险情应急处置水平和反应能力。

舟山老塘山港区举行溢油应急演习

【完善“五化”工作机制】　推动值班室“标准化”建设，建立值班室“五化”机制（工作基础保障化、制度流程规范化、电子巡航深度化、督查整改常态化、执勤应急加强化），发挥值班室“三中心”定位功能，结合工作实际，创新出“X”项（工作任务清单化、进出港报告删选智能化、关键要求手册化、VTS地缘优势联动常态化等）具有辖区特色的工作方式，优化工作流程、共享执法信息、动态跟踪执法动态、实现执法任务闭环管理，形成值班室“5+X”新模式，推动现场综合执法精准化水平提升“走在前列”。全年下达任务7076次，出动执法单元2592组，出动执法人员5987人次，检查船舶4315艘次，立案732起，其中联动VTS立案查处15起，现场综合执法精准化水平得到提升，基层执法模式改革工作取得成效。

【打造联合登临“定海模式”】　做好内部培训　汇总、调整、完善形成《定海口岸国际航行船舶联合登临检查记录单》，制定联合登临计划并逐步落实为常态化工作机制。及时收集系统操作使用过程中发现的问题和相关建议，每半个月一次以书面形式反馈系统应用情况，完善系统模块和流程设置。

提升联和登临频度　按照“高频次、高效率、高质量”的标准主动牵头口岸单位实施联合登临检查，落实“信息互换、监管互认、执法互助”的通关实践要求。是年，基本实现“1周/1次”的登临频度，开展联合登临39次，查处各类缺陷36项，外轮行政处罚立案8起。

首艘外轮联合登临检查

借助数字化支撑平台　借助“可沟通协调、可执法留痕、可统计查询”的数字化支撑平台，做好现场申请的国际航行船舶进出口岸审批、查验和现场检查，加强船舶进出口岸数据共享、推进区域通关一体化。5月8日，推出“船舶联合登临检查”手机APP并进行实单测试，PC端和APP结合使用，便利船代应用操作和监管单位监管。

宁波舟山港添国际新航线

【开展安检“量”“质”双提升工程】 加强船舶安全检查队伍建设，2019年初正式运行船舶安检小组工作机制，形成机制化的工作方式，促进全处安检“量”“质”双提升。开展“七日谈”研学、“精品课堂”等特色安检交流活动，营造“比、学、赶、超”的良好氛围，提升全处执法人员的安检技能水平。统筹安检力量，优化资源配置，采用“1+1”团队运作模式，即一名资深检查员，与一名实习检查员共同实施登轮检查，推动人才孵化。是年，安检初查船舶343艘，复查255艘，滞留19艘，滞留率同比由去年2.6%提高至5.5%，上报船检质量缺陷4项，滞留船舶覆盖客船、油船、散货船等各种船型。

服务地方

【服务辖区建设】 强化现场监管，运用安全约谈、通报整改、安全预警等多种形式及时消除各类安全隐患，保障富翅门大桥、新城大桥复线等重大水工项目的顺利完工，甬舟铁路铁桥勘察施工作业梳理推进以及“鸭白线”LNG滚装运输平安运营。全年进行水工作业现场检查487次，查处违法违规行为7起。

保障新城大桥复线成功通车

【保障舟山跨海大桥平安运营】 围绕“一流大桥、一流监管、一流服务”的理念，构筑科学监管网络，形成协调联动、齐抓共管的良好局面。累计开展海上巡航13万余海里、出动执法人员1.4万余人次、监控过桥船舶34万艘次，实施交通组织130余次、交通管制70余次，检查船舶8000余艘次，纠正处置违章2000多次，化解桥区水域各类险情11次，救助遇险船舶47艘次，遇险人员320人次。开展各类涉桥应急演练300余次。走访企业932次、船舶538艘次、发放宣传资料3.2万份。累计发送桥区预警信息超24600余条，启动气象预警控制70余次，实现舟山跨海大桥运营十周年安全零事故。

创建“平安大桥”宣传活动

【助力甬舟集装箱码头吞吐量增长】 完善与海关合作备忘机制，促成信息共享、监管互认,联合海关查获

外钓30万吨油品码头运营常态化

危险货物谎报瞒报6起；推进“单一窗口”建设，助推金塘大浦口集装箱码头国际航行船舶进出境通关全流程无纸化，降低船舶进出港延误时间，助力金塘大浦口集装箱码头全年货物吞吐量达112.6万标箱。

锤炼“蓝色铁军”队伍

【党建引领】 推动“不忘初心 牢记使命”主题教育 成立主题教育领导小组，围绕习近平新时代中国特色社会主义思想、习近平总书记关于交通方面重要论述、《交通强国建设纲要》等内容，贯彻《关于新形势下党内政治生活的若干准则》《中国共产党支部工作条例（试行）》要求。开展支部书记上党课3次，处兼职纪检员上廉政课1次，支部主题党日活动20次；开展领导班子专题学习周活动；开展各类学习50余次。普及推广“学习强国”“舟山共产党员E家”等学习、管理平台，开展“警钟长鸣不忘初心”为主题的党风廉政教育活动，学习张富清等重大典型和其美多吉、牛百龙等“时代楷模”“全国优秀公务员”的先进事迹和全国海事系统。开展“七一”全体共产党员“同庆政治生日牢记入党初心”主题活动，为党员同志送上入党周年纪念贺卡，带领党员干部重温入党誓词、牢记入党初心。全体党员干部赴海山公园烈士陵园开展“缅怀先烈、不忘初心、牢记使命、砥砺前行”主题活动。党员领导干部组织以“不忘初心、牢记使命”为主题的党内谈心谈话。围绕习近平总书记关于“四个对照”“四个找一找”的要求，组织党员开展“党性分析”和“不忘初心、牢记使命”专题民主生活会。

开展精品支部建设 推进“三亮三比三评”，发挥基层党组织在保障春运、“两会”“安全生产月”“70周年大庆”等重点工作任务中的作用。完善党建与业务深度融合机制，推进“五好党支部”建设，落实“两个办法”“三会一课”“党日”活动、党员联系客船等制度，结合“双联系双服务”，把基层党建工作融入到具体海事中心工作。

强化政风行风建设 开展“最多跑一次”“就近跑一次”等活动，服务行政相对人。开展政风大走访活动，处领导带队深入辖区企业、码头、船舶开展实地走访，1—10月累计实际走访船舶25艘，实际走访港航企85家，其中领导带队走访20次，收集受访人提出意见、建议2条，解决2条。

深化党风廉政建设 抓好主体责任落实，督促落实党风廉政建设“两个清单”，深化廉政承诺，逐级签订廉政责任书，落实“一岗双责”“三谈两述”等廉政长效工作机制。贯彻落实中央八项规定精神和海事系统“五个禁止”规定，开展危管防污、通航领域专项活动，推进实施防范外部“不诚信行为”工作以及防范外部“不诚信行为”系统使用。加强廉政警示教育，通过观看廉政警示教育片、学习廉政典型案例、微信工作群发廉政提醒、廉政谈话等多种形式开展专题教育，重点抓牢春节、端午、中秋等传统节假日廉政提醒监督，筑牢干部职工廉政防线，开展各类廉政教育、廉政提醒20余次。1—10月全处执法人员拒收礼金物品48次/97人次，累计拒收价值金额人民币1.8万元。加大“不诚信行为”函告力度，1—10月发放不诚信行为函告书30份，函告书发放比例62.5%，防范“不诚信行为”工作有显著提升。

【精细管理】 深化“五好班子”建设 以理论中心组学习、支部学习、集中学习和网上学堂为主要平台，学习贯彻习近平新时代中国特色社会主义思想，强化落实班子成员双重组织生活、“三重一大”等各项制度。开展处理论中心组学习10次，进一步增强理论水平。

深化干部职工素质提升 强化内部制度建设，提高队伍执行力，完善半军事化管理等各项规章制度，开展2019年干部职工集中军事化训练和每月常态化5S检查，精细化管理水平提升明显。强化海事文化建设，提高队伍凝聚力，丰富文化走廊、职工小家、主题党日活动及新闻宣传等文化平台，开展“跨海大桥平安运营十周年”“安全生产月”“老塘山港区溢油应急演习”“防抗台风”等各类宣传活动，凸显集体意识和团队荣誉意识；强化整体能力提升，提高队伍战斗力，通过多岗位轮岗、内外部培训交流、业务研讨等多种渠道，提升队伍综合执法能力。开展与嵊泗海事处、舟山海关、舟山市检察院等单位的学习交流，承办舟山海事局优秀青年走基层定海片区活动，开展或参加各类培训86次，培训参与684人次。

深化青年培养举措 搭建青年同志广泛参与的新型“研讨式”学习平台“七日谈”和安检学习交流平台“精品课堂”，以“点”带“面”，以“专”促“博”，提升青年学习掌握系统化知识的能力；挖掘辖区大型码头集群、金塘集装箱码头等监管特色亮点，开展组团课题式研究及现场比对式验证，促进青年业务能力水平提升。

“新时代新担当新作为”优秀青年走基层话担当活动圆满收官

【规范化管理】 做好基层执法机构建设工作 成立处达标验收工作小组并多次召开验收推进会议，开展处内部达标验收专项自查，形成问题清单，明确分工，自查整改，通过基层海事执法机构达标验收各项工作。

推进综合管理体系运行 每季度开展综合管理体系运行情况自查评估分析，查漏补缺，优化完善，提高系统化、规范化、科学化管理效能。完善常态化综合督察机制，拓展督察的深度和广度，以查促改，提升管理绩效水平。

培树优质服务品牌 以“海莲花”全国巾帼文明岗和“海鹰”青年服务队为主要载体，开展“3·5”学雷锋日、常态化“创城”志愿服务、舟山市“安全生产月”主题宣传日、“海事知识进校园”等活动，增强海事影响力。开展防抗台宣传，在央视新闻直播间播出；组织开展老塘山溢油应急演习和大桥防碰撞演习，在浙江卫视和《浙江日报》上线。

“海莲花”全国巾帼文明岗创岗一周年

水上交通事故

【概况】 2019年，定海辖区发生水上交通事故4起，其中一般事故1起、小事故3起，死亡1人，沉船1艘，直接经济损失约人民币135万元，与去年同期相比，事故四项指标2降2升（直接经济损失下降55%、事故起数下降20%、死亡人数净增1人、沉船艘数净增1艘）。未发生有直接海事监管责任的水上交通事故及船舶污染事故。发生险情10次，遇险人数74人，获救人数73人，人命救助成功率99%。

【事故选介】 2019年3月9日10：46时，连云港籍干货船“达丰源88”轮装载渣土约2196吨，由定海青垒头驶往金塘北部围垦水域，航经五奎山锚地时，与锚泊在该水域的舟山籍空载油船“中达油7”轮发生碰撞（概位29°59′.5N/122°06′.0E），事故造成“达丰源88”轮机舱进水后倾覆并倒扣海面；“中达油7”轮球鼻首局部凹陷开裂。直接经济损失约人民币95万元，构成水上交通小事故。

2019年8月7日14：19时，临海市海河船务有限公司所属的“浙临机589”轮装载散装水泥470吨由宁海开往鱼山，途经外钓水道时（概位30°03′.7N/121°58′.3E），与从外钓应急公司斜坡码头开往岑港的“无名小船”发生碰撞，造成“无名小船”严重倾斜，船上2人中1人获救1人死亡，构成一般等级水上交通事故。

2019年11月30日07：05时，连云港兴发船务有限公司、陈方炳所属的“兴发19”轮从豪舟码头装载黄沙1098吨计划开往宁波，航行至定海百亩暗礁时触礁（概位：30°01.9′ N/121°58.0′ E），船舶左舷空气舱破损进水，船上7人获救。事故直接经济损失约人民币10万元，构成水上交通小事故。

2019年12月12日14：10时，舟山邦宏海运有限公司等所属的干货船“盛峰68”轮，由普陀湖泥岛驶往金塘鱼龙山出运点途中，航经大菜花山南面附近水域时触礁（概位30°06′.4N/121°51′.7E），事故造成“盛峰68”轮右舵、右螺旋桨丢失，第三压载舱舱底局部破损、机舱进水。直接经济损失约人民币30万元，构成水上交通小事故。

（撰稿：王 琦）

（本类目图片由定海海事处提供）

责任编辑：王燕迪

邮政　电信

Postal Service and Telecom

金塘·和建村（陈炳群/摄）

社会主义核心价值观

国家 富强、民主、文明、和谐

社会 自由、平等、公正、法治

公民 爱国、敬业、诚信、友善

邮　政

【概况】 2019年，中国邮政集团公司舟山市分公司（以下简称邮政舟山分公司），有从业人员708人，男性员工321人，女性员工387人，其中含管理类人员28人，技术类人员18人。设有各类邮政网点70个，其中邮政营业所55个，邮储网点35个；位于城区的各类网点16个，农村网点74个。

【总体业务收入】 舟山邮政全年累计完成业务收入17699.12万元，同比增长5.53%，增长率列全省地市分公司第9位，完成率列全省第4名，金融业务收入增长2.94%。

【业务发展】 代理金融　全市全年累计实现金融业务收入9356万元，同比增长2.94%。全市储蓄余额达到61.65亿元，12月日均61.12亿元，全年日均59.70亿元。全年余额新增2.97亿元，年同比多增3.35亿元。完成保险业务收入2127万元，同比增幅25.94%，全省排名第一。

农村电商　电商分销业务累计收入837万元，完成省公司计划99.64%。其中分销收入736.7万元，同比增长57.07%，完成省公司年计划105.24%。“粽情端午”和“思乡月”业务收入分别为67.24万元和111.43万元。活动方面通过“邮惠盛夏大回馈”“清爽夏日”“919”“年货节”等专题营销活动带动，实现全年批销规模累计1277.88万元。全市累计建设“邮乐购”年度优质站点数215个，完成年度目标107.5%，其中41个优质站点参加省商务局组织评选，全部获评舟山市农村电商示范服务站。

电商扶贫　市公司与舟山龙荫专业合作社签订万单扶贫农品项目合作协议，把扶贫产品达州西瓜红番薯上架邮乐平台，累积销售1万单，下单金额20万元。全市18个邮善邮乐站点，除为低保户领取米油等物资外，还受区民政委托开展“重阳节爱心助老”活动，销售大米400余袋，销售食用油近200余桶，惠及老年人约500多位；在金塘留守儿童之家开展“邮善邮乐”爱心捐助活动，得到社会公众的关注与好评。

快包业务　做好“海”字文章，强化虾干、鱼片干等海鲜干货收寄市场培育，经营市场与培育市场同步推进，12月日均发件量突破8000件，12月业务量行业市占率15.83%，较2018年12月11.57%提高逾4个百分点。

极速鲜类　加大资源投入极速鲜（海鲜配）项目实施，全线对标顺丰快递，生鲜梭子蟹配送杭宁朝发夕至，从8月运营以来累计发货2.86万件，业务收入突破60万元，打造舟山邮政寄递的特色项目和拳头产品，实现从单一干货向生鲜、干货综合收寄转变。

物流业务　物流业务积极寻找源头项目，赢得2019—2021年度市烟草公司烟草配送项目竞标，合同标的243万元。全年累计实现寄递业务收入3166万元，同比增长6.02%。

集邮传媒　发挥协同优势，结合渠道部邮乐购年货节，金融网点生肖邮惠购等活动开展宣传推广，实现全市生肖季收入314万元，完成省公司生肖季计划161.5%。全市全年实现集邮业务收入521万元，同比增幅15.74%。

报刊业务　报刊业务在抓好日常企事业和校园报刊征订工作的基础上，充分重视政务图书发行营销，全市共计销售《习近平在正定》2716册，完成计划目标129.3%，销售“七进图书”党建套餐12套。全市全年共实现报刊收入969.34万元，同比增长5.44%。

数字媒体　普陀分公司成功开发舟山海洋与渔业局有声党建墙、普陀山客运站有声图书墙业务；岱山分公司开发农商银行有声图书馆，实现业务收入2.6万元。

邮务业务　抓住舟山“创城”的契机，开发市文明办文明手册项目，实现业务收入45.4万元；岑港街道坞邱村文化礼堂、小沙街道风景线、白泉街道新时代文明实践站等建设项目，实现收入40余万元。全市全年函件业务收入1263万元，同比增幅10.74%。

【经营改革】 根据全省准加盟制指导意见，采取不同的定位标准，签订新城东区、新城西区和快包经营部3家准加盟制协议书。新城准加盟单位快包投递单价从原先的2.3元/件降至1.5元/件。

【能力建设】 精简人员 安排优秀大学生、网点骨干和金融业务管理人员担任网点见习所主任等方式，通过配置自助设备精减台席人员，抽调精兵强将，配强金融理财队伍。全市30个8000万余元以上网点配备专职理财经理35名，市本级实现每个网点2名理财经理。

普遍服务 普服邮件全程时限达标率、同城互寄次日递、T+2日递率、平信丢损率、无着邮件管控率，客户投诉处理满意率，邮件收寄验视安全等重点指标纳入责任制考核，全市二级责任书签订率100%。全市邮政通信服务质量各项指标完成良好。

服务质量 全年累计受理用户投诉咨询295件，比去年同期下降68件，工作效能进一步提高。全年未出现邮政服务新闻媒体曝光事件。

人力薪酬 优化县区分公司领导班子年龄结构。实行优秀年轻干部基层调研工作，年轻干部储备人才。安排大学生到网点从事普柜和见习所主任工作，管理人员到县区分公司金融一线交流，促进年轻员工淬火成长。强化员工履职考核，出台员工营销积分管理办法等办法。

财务管理 完善“利润导向”的管控考核体系，结合企业实际做好各项预算工作，加强预警分析和提示,引导经营单位提高投入产出率和利润贡献率。

金融风控 邮银联动，制定案件警示教育活动细化实施方案，开展一系列典型案例剖析学习、风险提示发布、专家讲座、内控合规知识考试、参观警示教育基地等活动，防范不良行为滋生风险，全年无金融案件发生。

寄递安全 落实全国两会、北京第二届“一带一路”国际合作高峰论坛、世界园艺博览会、亚洲文明对话大会等重大活动期间邮政安全服务保障工作，严把邮件安全关，打黄扫非、禁毒堵源截流，用远程集中监控和突击检查、暗察暗访等综合形式，落实闭环管理，保障生产运行安全，企业和谐。

【文明建设】 文明创建 省级劳模孙杞先进事迹被“学习强国”宣传报道。“寻找身边典型、讲好邮政故事”，组织先进事迹报告会，六名员工讲述先进事迹，弘扬了邮政薪火相传、一脉相承的初心使命。

岗位技能 员工岗位练兵、技术比武、提合理化建议等活动。完成年度职业技能鉴定工作，职工参赛率、合格率均为100%。全年有11个集体和18位个人在省分公司十多项劳动竞赛中获得奖励和荣誉。

互助保障 全市邮政729名员工参加全省邮政职工医疗互助保障会，有813名员工参加地方工会组织的职工住院医疗互助保障会，受助职工27人次。

工会组织 举办各类员工文娱体育活动，开展全市一线员工降压特训，有176名职工分批次完成疗休养工作。通过“妈咪暖心小屋”建设，保障女员工权益；全市邮政“职工小家”标准化上墙和满意度测评，让员工感受企业大家庭的温暖。

（撰稿：胡建军）

中国电信股份有限公司舟山市定海区分公司

【概况】 2019年，电信定海分公司落实“全面深入贯彻学习党的十九大精神，坚持党建统领，深化转型升级，推动质量变革、效率变革、动力变革”的年度工作思路，统一认识、知行合一、全力执行。9个支局，4个部门，235名员工深入拓展市场，应对竞争。

【开展党建和党风廉政建设】 贯彻“创城”行动，全体党团员响应政府号召，参与文明劝导活动；邀请新四军老革命家上党课，弘扬爱国主义精神；实践“不忘初心、牢记使命”主题教育，把党的十九大精神落到实处；开展“党建翼联”活动，创新基层党建工作新模式。落实“一岗双责”，开展四个专项治理工作(针对领导人员及其亲属围绕企业经商治理、针对“小金库”专项治理、针对选人用人专项治理、采购业务合作领域专项治理)，组织完成关键岗位人员廉洁从业情况自评和检查。警钟长鸣，节假日提前做好廉政短信提醒，推动党风廉政工作建设。

【加快智慧城市建设】 打造首个5G基站，先后实现热点旅游区域、重点商务区5G信号覆盖，打造5G+船舶、5G+旅游、5G+金融、5G+园区、5G+海岛等多行业智慧应用，5G应用园区在金塘螺杆龙头企业华业集团开通。“智慧养老”作为“智慧社区”的重要部分，为老年人提供紧急救助、亲情定位、亲情通话、一站式居家服务等养老服务。在白泉镇打造首家“智慧养老完美联盟”信息化养老院，用科技手段推动舟山市老年人从“生命养老”到“品质养老”的转变。推广“天翼云”业务，打造数字化智能平台；推出“全屋Wi-Fi”，解决宽带用户家中Wi-Fi覆盖问题；借助天翼高速宽带，以“天翼看家”为切入点，推进视频监控业务的发展，助推平安定海建设。

【精确管理促发展】 落实五级划小承包，优化人员结构，深化市场前端改革。推行支局“四大员”管理办法，完善激励分配，构建倒三角管理体系。做好网络和信息安全。配合“小城镇”改造工作，协调整治全区通信“蜘蛛网”，提高处置和服务响应速度，打造文明市容。

【推进服务工作】 以强化客户感知为核心，聚焦宽带和融合，通过“VIP内购会”“天翼年货会”“浪漫情人节”“感恩母亲节”“星级客户健步走”等俱乐部活动，全面提高客户服务满意度，促进公司服务形象的提升。宽带业务围绕受理、装维、使用、投诉等关键环节进一步夯实基础服务能力。以标杆厅建设为核心基础，加强营业厅服务人员服务能力以及营业厅管理水平。提升装维快装快修服务，借力微信客户端推广服务。

【打造“建家3.0”团队文化建设】 推进“四小品牌”建设，把党建融入到“一家人”建设中。从团队、目标利益、管理、渠道、文化融合五个方面，细化标准、稳步推进“一家人”文化建设，真正让“一家人”文化渗透到实际工作中，通过文化引领和运营机制的落地，发挥市场化推进对提升企业内生动力、销售服务能力及基础运营管理能力的重要作用，成为加快转型发展、实现规模突破的有效举措。

（撰稿：李　晶）

中国移动通信集团浙江有限公司定海分公司

【概况】 2019年，中国移动通信集团浙江有限公司定海分公司（以下简称公司）下设综合部、市场经营部、政企客户部和网络部四个部门，设临城、白泉、金塘、盐仓、昌国、环城、马沙7个网格及16家营业厅。

是年，公司总体运营情况保持稳健增长态势，长期开展创新争优活动，公司下属班组先后被评为舟山市“四红”党组织、舟山市文明单位、舟山市诚信单位、省公司级EAP职业幸福感最佳建设班组、市公司级“六好”党支部。

【协助社区强化消防安全建设】 组织员工参与留方社区消防安全志愿活动，深入社区巡逻检查，对于存在的可燃物、易燃物、堆积物等进行先创处理，同步检查消防设备配置情况，提醒居民做好整改，消除隐患确保消防安全。

志愿者检查社区消防设备配置情况

【强化员工消防安全教育】 6月29日，为强化员工及家属消防安全意识，定海移动组织员工前往舟山市消防队开展体验式消防安全培训，通过“看一看、听一听、摸一摸”，了解消防器械和消防安全知识。其间，在消防大队的组织下，观看消防安全宣传纪录片和展览馆中舟山消防员英雄事迹，听取各类消防专用装备的功能和使用方法。开展体验式安全教育，提升消防安全意识。

【金塘“李花节”通信保障】 提前对保障区域开展网络扩容，专项优化，在活动期间克服市电停电影响，采用应急油机发电方式保障通信车正常运行。3月23日“李花节”，网络通信各项指标运行正常，客户使用体验顺畅。

【党团联动参与社会公益活动】 7月27日，组织部分党员、团员参与“初心不忘，情暖昌国”党建联盟志愿服务活动。通过“慈善义卖”情暖社区、“旧机回收”地球减负、“节能环保”绿色出行、“垃圾分类”公益宣传、反诈骗宣传等活动，将公益活动融入社区服务；同步做好移动业务现场答疑，提升公司“服务品质”，帮助社区群众更便利地参与公益活动。8月25日，组织部分党员、团员共同参与团区委组织的“红动舟山，志愿创城”志愿服务活动，助力文明城市创建。通过移动业务现场答疑、电信反诈骗案例宣传、旧机回收环保宣传、电话骚扰拦截设置讲解等，为市民开展志愿服务。

“红动舟山，志愿创城”活动现场

【中标定海城中村改造智慧管理系统项目】 1月17日，中标定海城中村改造智慧管理系统项目。该项目通过运用大数据分析、云计算、物联网等优势技术来实现土地征用、拆迁、安置补偿等业务图文一体化管理，征迁安置业务流程的网络化运行机制，减轻政府机关部门人员的业务流程量，达到杜绝不良作风蔓延、加强廉洁从政的核心需求。

【“不忘初心、牢记使命”主题教育】 落实“守初心、担使命，找差距、抓落实”要求，结合公司实际，全面推进“不忘初心、牢记使命”主题教育活动，“看、听、学、做”四位一体，筑牢基层一线思想防线，进一步提高支部党员反腐倡廉意识。

【与区经信局开展“党建和创”】 定海移动党支部与定海区经济和信息化局机关党支部签订“党建和创”合作书，明确“理论同学”“组织同建”“品牌同筑”“服务同行”“成效同享”五大合作项目。约定以“党建和创”为纽带，创新党建活动模式，整合优势资源力量，落实党建引领，助推定海区5G信息化建设健康发展。

【与广安医院开展医疗信息管理合作】 与舟山广安医院有限责任公司签署医疗信息管理系统项目合同。项目实施内容包含广安医院LIS系统、电子病历系统以及LIS系统的全线改造。通过本次系统的改造，医院的医疗管理信息系统使用更加简洁，病人信息的登记更加完善。

【抗台抢险保障通讯】 重视防汛抗台工作，做好抗台抢险保应急保障。强化会议部署，组织召开抗台专题会议，就抗台值班、物资准备、巡视检查、安全事项等进行重点部署。完成险情排查，针对本岛、外岛的所有基站、机房、天线、杆路以及综合大楼通信设备等做好险情排查，第一时间针对存在的问题做好现场整改。做好应急对接，针对排查结果，联合中邮建公司在本岛及金塘、册子、长白三个重要岛屿做好应急保障人员驻守，24小时值班，全面做好应急通信保障准备。落实物资保障，完成应急发电柴油机、抽水泵等自检工作，并准备雨衣雨具、防水强光手电筒、沙袋等防汛抗台物资。明确人员责任，由公司负责人牵头，根据防汛抗台要求，每日安排各部门、区域具体值班人员，并做好车队、食堂、保安等后勤保障，要求值班人员24小时保持通信畅通。是年，防汛抗台攻坚组全力完成“丹娜丝”“利奇马”“玲玲”“米娜“等多个台风的抗台通信保障，未造成重要汇聚业务中断。

防汛抗台通信保障现场

【电力物联网合作】 4月3日，与舟山电力局定海供电分局开展座谈交流。为协同促进打造国网“三型两网、世界一流”企业，就党建融合、标杆党员、攻坚课题等亮点领域进行沟通，并对公司营业厅管理、客户经理管理等体系进行互动交流。

【“和教育”智慧园区】 联合“和教育”合作伙伴，与定海区城北幼儿园开展合作，把日常应用与人脸识别闸道考勤、智慧班牌、智慧园牌等智能硬件相结合，打造“和教育”示范园区，提高“和教育”产品效能。

【助力政府扫黑除恶专项斗争】 紧跟政府工作动态，挖掘政府扫黑除恶专项斗争宣传需求；从扫黑除恶专项斗争牵头部门入手，乡镇街道逐一摸排走访，通过以点带面、举一反三的方式，加快推广复制。

【爱心助学】 发挥基层支部战斗堡垒作用，落实党员联系群众制度，助力定海区精准扶贫。组织全体党员、入党积极分子开展“针对性、长期性”爱心助学结对活动，与家庭困难的优秀学子黄智豪一家开展“一对一”爱心结对，定期组织党员开展慰问走访，做好暖心关怀，助其健康成长。

定海移动爱心助学优秀学子

【慈善一日捐】 9月5日，组织“慈善一日捐”活动，

“慈善一日捐”活动现场

收集善款5530元，将款项交给区慈善总工会。

（撰稿：乐玲玲）

（本分目图片由中国移动定海分公司提供）

中国联合网络通信有限公司舟山市定海区分公司

【概况】 2019年，中国联合网络通信有限公司定海区分公司（下称定海联通）贯彻习近平新时代中国特色社会主义思想和党的十九大精神，以高质量发展为主线，坚持互联网化转型，践行新发展理念，推进战略落地、深化创新合作，推动公司稳步发展。是年，完成主营业务收入5367.11万元，全年手机出账用户数近1.35万户，宽带出账用户近0.6万户。

【党建统领】 坚持把党的政治建设放在首要位置，推动各项工作全面进步。学习贯彻落实习近平新时代中国特色社会主义思想，贯彻落实党中央和上级重大决策部署，以落实集团公司党组和省公司党委相关要求为主要抓手，推进三大攻坚战、网络强国战略、提速降费、携号转网等重点工作落实到位。开展“不忘初心、牢记使命”主题教育活动，以主题教育专题生活会和“三个一切”大讨论为重要抓手，开展调研活动，全面听取一线群众意见建议，以基层满意度为检验标准，推进整治整改，推动突出问题按时按质解决。基层党组织战斗堡垒作用显著增强，打造新时代“标准化支部”，发挥“关键少数”的头雁效应。履行央企责任，在打赢脱贫攻坚战上持续发力。

【经营业务】 坚持移动用户发展和用户规模导向，以互联网化转型为核心，发展取得新突破。以产品互联网化为核心，创新场景运营，全年累计发展手机用户3.4万户；聚焦家庭互联网，坚持宽带融合发展,线上线下一体化运营，全量宽带融合渗透率62.1%。聚焦重点行业，紧抓百万级大项目、百县千家大项目和5G项目的拓展。百万元以上项目突破4个；创新业务方面，在医疗、教育等方面取得突破。在大数据方面，金融大数据三合一验证项目取得实质性进展。

【客户感知】 开展“你提建议我改善”活动，线上线下多渠道采集客户建议，提升客户服务感知。客户通过识别获得二维码，在线提交建议或意见，反馈日常在接受服务中遇到的问题。结合定海NPS现状，重视服务质量分析，落实各项工作，提升解决问题效率，对涉及的问题做好分析并提出改进建议。建立NPS提升工作联络体系，加强日常协调沟通，落实首问负责制，推动问题解决。分公司研究提升客户服务质量工作流程，履行职责，发挥应有作用，协同做好分公司NPS提升工作，实现客户利益最大化。

【匠心网络】　聚焦重点区域、重点场景，前后台联动，通过建维一体化协同，提升网络保障能力，建立网络建设快速支撑响应机制，打造“匠心网络”。

【远洋小镇项目】　3月27日，中国联通定海分公司中标舟山国家远洋渔业基地远洋基地智慧安防一期、智能Wi-Fi、小镇污水管控平台三个项目。至年底，定海联通与远洋渔业基地合作签订17个合作项目，其中百万级以上项目4个。做好洋渔业基地远洋基地信息化建设和运营工作，用优质服务为远洋信息化建设提供一流的网络与信息安全保障支撑，为实现远洋渔业的全面信息化保驾护航。

【5G应用】　9月19日，“中国农民丰收节·舟山渔场丰收节”举办。定海联通在舟山国家远洋渔业基地设立5G场景体验会，聚焦泛智能家居、5G手机终端、无人机、VR应用等多项5G创新成果及应用，展示5G前沿科技和未来趋势。舟山市委书记俞东来，市、区等多位负责人亲临现场，体验5G应用。“4G改变生活，5G改变社会”，推动双方密切合作，加深舟山市民对中国联通5G能力的了解，为定海联通进一步落实好5G发展政策，推动优势互补，惠及大众生活奠定基础。

渔民丰收节现场

【社会责任】　是年，与小沙街道张家社区王满根家庭及长白街道后岸社区扶贫对象李水仙家庭结对帮扶，定期进行慰问。成立创城志愿者队伍，开展“文明出行”交通协管员、“烟蒂不落地”捡烟蒂、“让城市更美”卫生服务等活动，参与创建文明城市。

垃圾分类宣传活动

（撰稿：傅玲玲）

（本分目图片由中国联通定海分公司提供）

责任编辑：王燕迪

财政　税务

Finance and Tax

建成的园区中小企业科技孵化基地（潘镇舟/摄）

社会主义核心价值观

国家 富强、民主、文明、和谐

社会 自由、平等、公正、法治

公民 爱国、敬业、诚信、友善

财　政

【概况】　2019年，全区实现地区生产总值564.46亿元，按可比价计算，增长6.7%。按户籍人口计算，人均地区生产总值141655元，增长6.0%。第一、二、三产业增加值分别为10.75亿元、220.62亿元、333.09亿元，分别增长2.0%、8.1%、6.0%。三次产业结构比为1.9：39.1：59.0。全区财政总收入53.58亿元，增长0.4%，一般公共预算收入33.08亿元，增长4.1%，一般公共预算支出48.45亿元，增长7.0%。是年，区财政局争取上级补助，加强税收征管，全年实现收支平衡。

【打好三大攻坚战】　*加强债务风险防控*　按月确认地方债务，全面掌握全区债务总量及变动情况；组织实施防范化解政府隐性债务风险专项行动，超计划完成年度政府隐性债务化债目标；向上争取政府债券，获得再融资债券17.20亿元，首获新增专项债券7.00亿元，缓解基础设施建设融资压力。

强化精准扶贫资金保障　投入东西部扶贫协作、援疆援藏资金1107万元，落实对口支援、东西部扶贫协作的决策部署。加大对口扶贫资金保障力度，投入5964万元支持消除集体薄弱村，增强村集体自我发展能力。

推进生态文明示范创建　加快治水治污、环境监管能力建设，落实主要污染物排放财政收费制度，助力蓝天、碧水、净土、清废四大行动。

【组织财政收入】　2019年，一般公共预算收入占财政总收入的比重为61.7%，地方税收收入占一般公共预算收入的比重为78.6%，财政总收入占全区生产总值的比重为9.5%。成立区综合治税联席小组，定期组织全区治税联席小组工作会议，测算全区税收情况。加强对重点税源行业的财源建设分析，挖掘收入潜力。强化财政票据管理，完成财政票据“双随机、一公开”检查工作，提高非税收入质量与征管效率。全年完成非税收入7.29亿元，其中纳入一般公共预算管理的非税收入7.08亿元，增长13.3%。

【助力经济发展】　*梳理制定扶持政策*　围绕全区经济社会发展战略和产业政策导向，梳理分析现行政策中存在的困境，加强对重点招商引资企业扶持力度，制定出台《关于促进民营经济高质量发展的实施意见》等新政，支持税源企业做大做强。

加大稳商资金扶持　加大对企业的政策兑现力度，全年兑现实体经济发展扶持资金1.87亿元。落实涉及小微企业及重点群体减税降费政策，累计减免各类税费6.05亿元。

培育发展新动能　推进全区招商引资工作，投入145万元用于招商引资奖励，落实《定海区招商引资绩效考核办法》政策。扶持企业上市和并购重组，完成沪航物联新三板挂牌。支持定海海洋科学城、海洋文化产业园、粮油产业园区建设，提升区域核心创新力和成果转化率。

缓解企业融资难　发挥区级转贷资金作用，全年为464家企业提供应急转贷60.86亿元。健全政策性融资担保体系，改善小微企业和“三农”融资环境。继续实施“定海蓝海育苗基金”合作计划和“兴业育苗基金”信贷合作项目，推进海洋农商银行、杭州银行等金融机构向全区13家中小企业发放贷款5165万元。

【重点保障民生】　*兜牢民生底线*　社会保障支出2.73亿元，投入7231万元帮扶困难群众、残疾人等特殊群体。保障城乡居民及被征地农民养老保险金，提高保障支出标准。健全养老服务体系，打造示范型居家养老服务中心3家。

提升医疗保障水平　医疗卫生支出2.77亿元，提高城乡居民基本医疗保险筹资标准及基本公共卫生服务水平，实施困难群体医疗救助。支持优质医疗资源下沉，推动区域医共体建设。

支持教育事业发展　教育事业支出6.30亿元。支持定海六中等现代化校园建设。提高生均公用经费标准，加大教育保障力度。

推进乡村振兴战略　农林水事务支出8.73亿元。强化农村基础设施建设，提升防洪排涝和供水能力。

完成“一事一议”财政奖补项目立项41个，推进美丽乡村建设。入选 2020年度全省农村综合改革试点。

支持构建公共文体服务体系　举办“唱响定海”“神行定海山”等文体活动，提升全区文化软实力。是年，全年财政民生支出32.09亿元，增长2.4%。

定海区区长侯富光赴区财政局调研市区财政管理体制

【深化财政改革】　推进政府购买服务改革，推动资产云上线，优化“政采云”应用，全线贯通政府采购电子交易平台系统，全年受理、审核各类政府采购建议书4190起，政采云交易额2.46亿元。完善财政体制机制改革。构建集中财力办大事财政政策体系，完善市区财政管理体制。健全镇街财务预算管理制度，健全街道预决算工作机制，城东街道、马岙街道预算首次提交区人代会审议。一般公共预算等四本预算草案功能科目全部细化到项级，提高预算编制精细化水平。全区11个镇街全部达成省级规范化乡镇财政所评定。

【精细财政监管】　活化财政存量资金，定期报告财政存量资金，加快预算结转结余资金的执行进度，全年盘活存量资金12.17亿元，盘活率97.4%。硬化政府投资项目管理。完善造价编审方面系列规章制度，规范社会中介机构参与。自主研发网申系统市内率先运行，初步实现送审资料无纸化。全年完成审定项目1345个，送审金额56.86亿元，审定金额53.27亿元，净核减3.59亿元，核减率达6.3%。细化专项检查和绩效评价。开展会计信息质量专项检查4次、残疾人两项补贴等专项检查6次。开展农渔业产业化扶持专项资金等项目绩效评价工作23项，涵盖项目事后绩效评价。落实新《政府会计制度》实施。做好全区行政事业单位财务人员业务培训工作，实现新旧政府会计制度转轨。

【加强队伍建设】　抓好巡视整改，建立整改清单，明确责任人员和整改期限，落实巡视反馈提出的6个方面16个问题。推进主题教育。通过自学、领学、视频学等形式深入学习贯彻习近平新时代中国特色社会主义思想，组织召开专题学习会、专题党课、民主生活会，确保主题教育入脑入心。打造学习型机关，提高干部素质。制订实施年度干部培训计划，组织开展高校集中培训、财政干部论坛等活动。加强干部梯队建设，提拔年轻中层副职6名。局班子成员开展课题调研，牵头完成调研报告6篇。落实党风廉政建设。全面落实从严治党主体责任，开展勤政廉洁谈话，签订廉政责任状，实行一岗双责制度，抓牢抓实作风建设。

区财政局“不忘初心、牢记使命”主题教育工作会议召开

2019年全区财政收入情况一览表

表19

单位：万元

项目	2019年	2018年	2019年为2018年%
财政总收入	297616	295,663	100.66
一、一般公共预算收入总计	195103	180,268	104.00
1.增值税	46327	49112	94.33
2.营业税		4	
3.企业所得税	21373	20176	105.93
4.个人所得税	6026	9707	62.08
5.城市维护建设税	8402	7456	112.69
6.资源税	6119	3835	159.52
7.城镇土地使用税	10935	5353	204.28
8.契税	8943	15323	58.36
9.其他地方各税	21877	14146	154.65
11.行政事业性收费收入	1031	1662	62.03
12.专项收入	10345	9472	109.22
13.其他收入	53725	51362	104.60
二、上划中央四税收入	102513	108055	94.87
1.消费税	15088	14115	106.89
2.增值税	46327	49112	94.33
3.营业税		4	
3.企业所得税	32060	30264	105.93
4.个人所得税	9039	14561	62.08

2019年全区财政支出情况一览表

表20　　　　单位：万元

科目	2019年	2018年	2019年为2018年%
一般公共预算支出合计	484502	453016	106.95
1.一般公共服务支出	42866	36,231	118.31
2.国防支出	430	165	260.61
3.公共安全支出	28960	27946	103.63
4.教育支出	62986	61,590	102.27
5.科学技术支出	11486	12,158	94.47
6.文化旅游体育与传媒支出	7328	6,850	106.98
7.社会保障和就业支出	27306	31,516	86.64
8.卫生健康支出	27698	26,480	104.60
9.节能环保支出	3671	3,736	98.26
10.城乡社区支出	64206	53,226	120.63
11.农林水支出	87253	89,256	97.76
12.交通运输支出	28014	27,239	102.85
13.资源勘探信息等支出	8784	10451	84.05
14.商业服务业等支出	3103	1531	202.68
15.金融支出	50	50	100.00
16.自然资源海洋气象等支出	3200	5,073	63.08
17.住房保障支出	42546	23,670	179.75
18.其他支出	34615	35848	96.56

注：2018年全区财政支出作与2019年度同口径调整。

（撰稿：王哲烨）

（本分目图片由区财政局提供）

税　务

【概况】　2019年，定海区税务局把握组织收入主线，贯彻落实国家减税降费政策，实现“减税费”和“稳增长”协调并进。开展“不忘初心、牢记使命”主题教育活动，改善纳税缴费服务和税收营商环境，推进征管体制改革，加强税务干部队伍建设，各项税收工作取得新成效。是年，何艳获评全省税务系统“十佳共产党员”，石富华、何艳所在家庭获评定海区“最美家庭”荣誉称号，邵海霞、桑叶被选拔到市局工作，何艳被推荐为青年才俊培养对象。

是年，定海区税务局组织各项收入75.70亿元，增长7.68%；其中税收收入49.00亿元，减少1.34%，完成全年目标任务的100.00%；社保基金收入24.97亿元，增长31.66%；两项教育费附加收入1.26亿元，增长12.31%；残疾人就业保障金收入4196万元，减少14.35%。实现共享区域地方税收收入26亿元，增长3.91%。

【税费收入呈现新特征】　减税降费政策落地成效显著：全年累计新增减免税费7.35亿元，其中税费6.05亿元，社保费1.30亿元。非即期税收及政府性项目税收贡献大：全年入库非即期税收和政府性项目税收共5.38亿元，占全部税收的10.97%。社保费大幅度增长：受工资增长、集中缴纳征收及一次性政策因素等原因，全年入库社保费24.97亿元，增长31.66%。

【开展"不忘初心、牢记使命"主题教育】　围绕"守初心、担使命、找差距、抓落实"的总要求，将主题教育与税收任务融会贯通，坚持把学习教育、调查研究、检视问题、整改落实四项重要措施衔接起来，分11批次实地走访地方党委政府部门、企业和基层，收集汇总意见建议18个，研究解决问题14个。先后开展中心组成员主题教育专题读书班3次、庆祝中华人民共和国成立70周年主题文艺会演、各级党员领导干部亮明初心感言54人、"不忘初心跟党走、牢记使命勇担当"主题演讲比赛、评选理论学习标兵，区局党委和基层党支部开展专题研讨交流4次，自发撰写心得体会420余篇，确保主题教育高质量推进。

【落实减税降费政策】　贯彻落实国务院更大规模减税降费政策，推进个人所得税改革、小微企业普惠性减免、深化增值税改革、社保费降率等减税降费政策

4月19日，区税务局召开"落实减税降费　促进经济高质量发展"税企座谈会

措施落地生根。加强减税降费政策宣传和舆论引导，创新宣传模式，拓宽辅导渠道，普及优惠享受指引，帮助纳税人、缴费人应享尽享政策红利。是年，新增减免税费7.35亿元。

【推进改革创新】　全省首推"税务服务长"制度，组建服务专班16组，与全区11个镇（街道）、5个产业园区签订《"税务服务长"服务合作协议》；吸纳中介服务机构、基层会计和社区街道办事员等社会协税员，充实"服务长"团队，深入一线摸清税情，服务招商涵养税源，精准帮扶援助企业，协税护税掌握信息，形成摸实情、破难题、谋发展的浓厚氛围，把纳税征管服务落到企业、群众急需处。

8月22日，区税务局赴长宏国际船舶修造有限公司开展税务服务长结对活动，为企业纾困解难

【加强税收征管】　推行实名办税制度，深化税源专业化管理，提升税收服务和管理质效。开展欠税管理，全年清欠税款9943万元。建立纳税评估团队，补缴税款、滞纳金516万元。深化增值税改革各项工作，进行减税效应测算。落实新个人所得税法和专项附加扣除管理办法，实现申报率、准确率"双百"目标。完善房地产税收一体化，在全市范围内最先启动辖区存量房新的价格核定系统和动态调整机制，实现新增税款2000余万元。加强环保税税源管理，新增环保税纳税人172户。加强与国土、财政等部门的配合协作，催缴入库耕占税6731万元。完成城乡居民两费和非税收入的征管职能划转，推进城乡医保现金改卡工作，实现100%"零现金"收缴，100%签约卡扣。加强"虚假迁移"企业的管理，34户企业通过回迁、减少关联业务等方式增缴税款1212万元。加强对单船的管

理，有14艘单船单独登记注册。关注外来建筑企业税收情况，入库税款1.11亿元。

【优化税收营商环境】　开展“便民办税春风行动”，推进办税事项“最多跑一次”，实现140个事项100%落实、100%实现网上办理。推进自助办税专厅建设，创新建立“321”导税团队，办税服务厅平均等候时长减少3分钟。打造“离岛办税”模式升级版，形成“1+3+N”具有海岛特色的办税服务圈，在全区乡镇街道配备自助办税服务设备。完善服务宣传平台，建立17个税企征纳沟通平台，在线开展各类涉税培训，远程辅导纳税人网络学习。加强纳税信用管理，强化联合奖惩机制，与多家银行达成“银税互动”长期合作机制，为纳税信用B级以上纳税人发放贷款9500万元，惠及153家小微企业。推广“互联网+便捷退税”系统，推行出口企业“无纸化申报”，出口退税速度压缩至5个工作日。全年办理出口退（免）税6.24亿元，同比增长7.56%。

【开展党风廉政建设】　落实全面从严治党责任，开展全面从严治党不力问题集中整治活动。落实中央八项规定及其实施细则精神和反对“四风”情况，严格控制“三公”经费支出。开展扶贫领域腐败和作风问题专项治理、办公用房使用情况的监督检查等专项整治活动，贯彻落实出国（境）管理、婚丧喜庆报告等制度，全年发送廉政提醒2100条。定期开展行风效能监察，开展检查12次，继续保持“零投诉、零违纪、零事故、零舆情”。深化廉政教育活动，学习违法违纪典型案例，观看警示教育片，参观普陀区看守所，

8月7日，区税务局全体党员干部向党旗郑重宣誓

编印《廉政法规制度知识学习手册》，筑牢税务干部“崇廉”心理。持续开展违规接受吃请及娱乐活动、违规收受礼品礼金礼卡等专项治理工作，增强税务人员作风意识、纪律意识以及廉洁意识。

【强化队伍建设】　深化干部日常管理，推行数字人事系统，把握绩效考评体系。实施电子化人事管理，依托“钉钉”等软件平台，完善日常考勤管理，进一步规范劳动纪律。推进基层单位“五小”建设，同步完成办税服务大厅升级改造和硬件软件设施的改造升级。研究制定岗位交流管理办法，通过基层调研、干部座谈会等形式，多渠道征求意见，先行开展35周岁以下干部为主的基层交流办法，调动干部工作能动性。完善干部业务能力提升培训管理办法，采取分类培训、集中培训和个人自学等方式，实施“培训+测试”模式，开展业务能力专业知识提升和素质拓展，累计组织和参与培训80场，2400人次。提倡“快乐工作，健康生活”理念，助力队伍建设走向“和合与共”，开展“凝心聚力促改革、趣味生活展风采”沙滩趣味运动会、“税务精神，薪火传承”传承活动、“税务志愿在行动，文明芬芳绽满城”志愿行、微型党课比赛、工会兴趣小组等活动，激发干部干事创业精气神。

11月5日，区税务局开展“税务志愿在行动，文明芬芳绽满城”志愿宣传活动

（撰稿：赵旻雯）

（本分目图片由区税务局提供中）

责任编辑：王英伟

银行　保险

Banking and Insurance

金塘·大柳河（陈炳群/摄）

社会主义核心价值观

国家　富强、民主、文明、和谐

社会　自由、平等、公正、法治

公民　爱国、敬业、诚信、友善

定海海洋农村商业银行股份有限公司

【概况】 2019年，定海海洋农商银行按照高质量发展要求，以农信系统“普惠金融年”“合规经营年”主题活动为抓手，围绕“做业务最实、与民企最亲、离百姓最近”定位，不忘普惠初心、牢记农信使命，不断增强金融服务乡村振兴和支持实体经济能力。至年末，全行各项存款余额171.87亿元，各项贷款余额129.25亿元，五级不良贷款余额占比1.05%。

【坚持党建引领】 建立党建联盟，推动组织共建，与13个乡镇（街道）党委建立党委协作联盟，下辖18个党支部与辖内122个行政村（社区）党组织建立支部共建联盟，与23个企业党组织建立党建联盟；创新载体打造“党建+”品牌，以“党建+业务拓展”“党建+合规建设”“党建+企业文化”“党建+科技支撑”四大载体，促进党建工作和全行工作融合；开展主题教育活动，抓好学习教育、调查研究、检视问题、整改落实四方面内容；推进清廉浙江农信建设，同时以“四种形态”为抓手，开展自查自纠，强化监督执纪问责，严防“四风”问题，持续推进清廉银行建设。

【服务乡村振兴】 持续推进乡村振兴战略服务工程，跟进社区村体制改革、联合推进“三资”监管机制，加大美丽乡村、消薄、绿色信贷等重点领域信贷支持；进一步夯实普惠金融基础。连续第11年开展走千访万活动，持续推进整村授信、普惠签约等基础性工作，以富民贷、市民贷、浙里贷等产品为载体，全力打造“信用舟山”产品新体系；开展“金融服务进网格”工作，深度参与社会治理，持续扩大普惠覆盖面。截至年末，全行涉农贷款余额73.06亿元，比年初增加12.37亿元，增幅20.38%；普惠签约数达到65030户，比年初增加21185户；普惠签约覆盖率43.19%，比年初上升14.02个百分点。

【帮扶小微企业】 围绕融资畅通工程，把信贷资源优先投向民营小微企业，科学安排合意贷款，全年向人行申请支小再贷款2亿元，投放给辖内70户单户授信1000万元及以下小微企业和单户授信3000万元及以下民营小微企业；根据“三服务”工作要求，创新推出“续贷通2.0”无还本续贷产品，破解民营小微企业转贷难题。至年底，向161户民营小微企业提供无还本续贷10.97亿元，为小微企业减轻转贷成本约1000万元；结合“百名行长进民企”“千家民企百日行”等活动，建立优质企业、帮扶企业、关注企业“三张名单”和企业融资问题清单、落实清单、责任清单“三张清单”，分类实策、精准帮扶。截至年末，小微企业贷款余额89.23亿元，比年初增加17.11亿元，累计走访企业2079户，解决企业问题250余个。是年，定海海洋农商银行在浙江省万家民企评银行活动中获“民企最满意银行”称号。

【推进“最多跑一次”】 推进医保代扣代签，在环南街道海滨社区、岑港街道桥头和桃夭门社区开展十点工作，全区启动“城乡居民医疗保险代扣代缴”签约业务。截至年末，为居民完成代扣签约11.92万户；推进智慧系列场景建设，先后完成朱家尖慈航广场、松帽尖禅意小镇停车场等8个智慧停车项目建设，金岛、绿岛等城区11个菜场以及34个菜篮子直供店智慧菜场项目建设，三江、长峙、海丰等码头线上智慧支付项目建设。对接并开展航海学校、田家炳中学的智慧校园项目建设；推进丰收缴费通业务，实现辖内幼儿园及中小学校线上缴费全覆盖，完成青少年宫、红黄蓝早教等机构缴费项目。截至年末，全行拓展缴费通合作单位213家，比年初增加34家，累计交易笔数6.29万笔，交易金额2188万元。

【抓好风险防范】 严把授信准入关口，推行红黄线授信准入管理机制，组织开展“百日清非”不良贷款专项清收活动，加快抵押财产拍卖处置进度,加大潜在风险贷款排查，针对关注类客户进行定期风险排摸，全面揭示风险预警信息、研究具体防控措施，对高潜在风险客户按照不良贷款管理要求，制定“一户一策”的风险化解方案，掌控风险资产底数。截至年末，全行五级不良贷款余额1.35亿元，不良率为1.05%；不良贷款余额比年初减少0.02亿元，不良率比年初下降0.26个百分点，继续保持不良贷款“额率双降”的良好局面；加强客户身份信息治理，上线客户人脸识别系统，开展反洗钱业务培训，提升全行反洗钱工作水平，增加员工洗钱风险意识；全面深入开展扫黑除恶专项斗争，加强督促与检查，建立长效管理机制。

【强化内部建设】 调整机关部室架构，将办公室后勤相关职能划归保卫部，成立保卫保障部，单独设立消费者权益保护办公室、纪检办公室和监事会办公室。按照社区银行转型建设要求，结合政府统一规划与区域经济变化，将石礁分理处和小沙分理处升格为支行，撤销两家分理处，搬迁4家营业网点；推进强化安保管理，围绕新中国成立70周年等重要时间节点，落实营业场所、自助设备、自助银行案防要求，开展消防安全隐患集中排查整治行动。加快网点新标改造，做好第六轮安全评估工作，被评为“全市银行业金融机构第六轮安全评估先进集体”；参与全国文明城市创建活动，定期开展困难党员慰问、“慈善一日捐”等活动。

（撰稿：刘承南）

中国工商银行股份有限公司舟山定海支行

【概况】 2019年，定海支行不忘初心、牢记使命，坚持党建为统领，围绕上级行经营绩效考核办法和综合经营计划，抓住客户、存款、效益这三个关键要素，按照“考核引领、效益优先、活力释放、协调发展、质量可控”五个原则，科学发展，各项工作取得进。是年，定海支行被评为总行级优秀基层党支部，被市政府评为抗疫先进党总支，连续15年获得“定海区先进集体”称号、连续12年被评为省级“文明单位”称号。

【基础管理】 以“党建+”为引领，实现党建工作和业务工作同布置、同落实，“唯客户、唯市场、唯服务”，确立以“营业贡献”为核心的价值导向，全面推进业务规模、质量、效益、风控的有机统一。压实经营责任，开展竞赛活动，强化激励问责，加强队伍建设；强化各专业条线的人才梯队培养，打造高素质专家人才队伍，不断提高支行整体实力；弘扬“大干、实干、苦干、巧干”的工作作风；开展“压实责任年”等各类主题活动，加强对重要人员风险管控，紧抓内控合规不放松，打造廉洁银行、平安银行。截至年底，支行下辖支行营业部及11家二级支行，拥有一类网点2个、二类网点4个、三类网点6个。

2019年底支行有员工168名，平均年龄34周岁，男女员工比例为1∶3.57，35周岁以下青年员工有106人，占比69.10%；本科及以上学历员工人数150人，占比88.29%。

支行管理类员工19人（其中中层管理干部14人，公司部1人、综合管理部1人、网点负责人12人）、占比11.31%；非管理类副职18人（公司部2人，个人业务部1人，综合管理部1人，网点内部副职12人），占比10.71%；营销人员52人，（含个人客户经理38人、公司客户经理12人、产品经理1人、95588远维1个）、占比30.95%；专业类人员10人（综合部人员10人）、占比5.95%；运营类人员5人（现场经理5人）、占比2.97%；客服类人员64人、占比38.09%。

举办2019年年会

【业务指标】 经营效益 截至年末，支行实现拨备前利润2.84亿元，增幅5.97%；净利润2.46亿元;负债业务；本外币各项存款余额110.67亿元，较年初增加6.15亿元；从日均情况来看，本外币各项存款日均109.14亿元，较年初增加1.22亿元。

资产业务 至年末，支行本外币各项贷款77.23亿元，较年初增加5.52亿元；审批项目5个，审批金额8.7亿元，新发放项目贷款3.26亿元。

客户发展　是年，支行个人有效客户数453683户，较年初增加19131户；公司有效客户数4247户，比年初增加412户。

资产质量　2019年，支行清收不良贷款1.53亿元，不良贷款余额0.16亿元，不良率0.23%，实现双降，资产质量达近三年最好水平。

【客户战略】　对公方面　继续推进客户的“三大工程”，推动全量客户持续、稳定发展。注重源头营销、客户提质和联动营销；抓住政府机构改革的契机，对接政府部门，落地一批基本户、专户和定期户；完善客户分层分包的营销机制，明确无贷户客户经理和网点的相关职责，推动有效户及中高端客户的发展；成立外拓服务柔性团队，推进职场营销，累计开展近百场职场营销，加深客户之间的黏性。依靠行部联动，发挥网点的辐射作用，挖掘开户源头，提高公司有效户及中高端客户数。

个人方面　持续落实“高层营销高端”精准拓户活动，完善客户拓展维护机制，通过分层维护，打造私人银行行长圈；不断拓宽营销思路，抓住专享个人大额存单产品投放的契机，精准营销潜在客户；与外部机构开展合作，举办讲座、中医养生、品酒会等多场活动，根据客户的需求提供普惠贷款服务。

【负债业务】　储蓄存款方面　强化各网点、部门储蓄存款旬任务的考核，坚实存款基础；从拆迁项目资金发放、联动团队组建、营销切入点、资源支持、产品配置等方面下功夫，提前部署业务营销工作，争取到更多的拆迁补偿款，协助网点一起做好电话营销及留存工作，提升支行的储蓄存款稳健增长。加强代发工资工作，通过远程协助，上门服务等方式对新增代发工资客户进行维护，明确责任人与预计走访时间，通过分层营销，力争份额和金额进一步提升。实施缺口管理，每日发布储蓄存款战报，进一步加大对辖内网点的跟踪督导力度，实时监督查找差距、找准根源，改进工作方法和措施。

机构存款方面　借助上级行支持，标得4个账户，包括基本户账户、零余额账户、党费账户及工会账户。对机构客户大额资金流向进行有效跟踪管控，实现资金闭环管理目标，贯彻每个时点就是日均的揽存理念，通过大额资金的截流实现日均存款的增长。支行与市财政、区财政、土管、旧城办沟通、协调预拔地块土地返回成本。

公司存款方面　紧抓存款大户源头和新拓展客户，运用流量资金尽量早进晚出、信贷资金行内封闭运行、异地资金挽留管理、注册资金争取尽早到位等策略，建立对公潜力客户营销机制，发挥存款与法人理财互补优势，实行对内加强督导、对外针对性特色营销。

【资产业务】　2019年，支行将巩固公司贷款和个人贷款“两个基石”、提升信贷驱动发展能力作为支行的重点工作。

公司贷款方面　成立项目专项营销组，持续推进项目营销，以做大中长期项目贷款规模，推动信贷结构优化调整。上半年发放项目贷款1.1亿元，四季度完成审批项目1个，新投放项目2个。

个人贷款方面　每季分析市场动态，合理制定个贷专项方案，推进全年个贷指标的落地，多次开展针对个贷扩容增量的竞赛活动，实现个贷全年收单12亿。对行内所有个贷经理的指标完成情况进行分析，提升个贷经理的营销积极性，推进支行与重点项目、重点中介的长期合作关系，为扩大市场做努力。丰富贷款品种，扩大非按揭贷款业务。通过对辖内非按揭市场的分析和走访，在年初就锁定2个目标项目，受理个人商用房按揭贷款近1312万元。发放全市首笔年审制个人抵押经营贷款，提升个贷业务市场竞争力，促进个贷业务持续发展。

组织党建共建活动

【普惠金融】 将普惠金融业务的发展提高至全行战略。组建团队，选拔组建了专业的业务团队，专职发展普惠金融；发动全员，在网点负责人的考核中加入普惠考核指标，通过集中会议传导、目标任务分解、每天通报业绩、行领导下基层推动等方式，形成普惠金融全行办的浓重氛围，推进业务快速发展；找到抓手，依托总行产品的竞争力进行营销；对外参加各类行业协会的会议，开展普惠金融扩面宣传；取得纳税客户的清单进行精准营销；对内通过客户推荐客户、挖掘产业链和客户朋友圈等方式，获得一批客户。

【风控根基】 开展主题教育 2019年，定海支行以创建省行合规文化建设与发展实践“联系点”为契机，将合规文化建设作为提升内部管理和风险防控水平的重要载体，多方位推进，压实责任。支行行长及分管行长以正面教育引导和案例警示相结合方式开展各层面的内控案防教育课，提升全员思想认识，强化合规意识；设立合规文化展示区，以“发展与合规同心、同向、同行”“压实责任、提升能力”为主题，展现公司合规文化建设发展和创新成果，营造浓郁的合规文化气息和氛围；制作个贷合规教育视频、开展禁令学习教育、开展“牢记合规红线 提升履职能力”大讨论等各种方式的培训，进一步提升各级人员内控案防工作履职能力。

加强合规治理 开展重点领域、重要风险点专项治理，保持内控案防高压态势。开展“三大提升专项行动”“巩固治乱象成果 促进合规建设”工作；比对上年度问题清单，重点开展对理财“双录”、贷款用途管理、中间业务收费等管理薄弱环节的针对性治理，对贷款资金回流、受托对象不合规等检查发现问题和系统反馈预警进行分析，制订整改计划，提高整治效果。

强化安保工作 细查隐患，补齐短板，成立支行大楼安全管理工作领导小组和安全管理小组，签订支行大楼安全管理责任书，明确安全管理责任；开展全面消防安全检查，完善安全硬件配备大楼应急逃生通道落地，大楼楼层过道安装监控摄像，实行门禁管理，门禁现发卡阶段，年初正式投入使用；加强消控室管理，对消控室进行重新装修，修订消控室管理制度，组织开展消控设备处置、楼道消防设备管理与使用的集中培训。

处置风险贷款 落实专人开展相关工作，综合运用现金清收、呆账核销、批量转让等方式处置不良贷款。持续化解潜在风险贷款，落实分层会诊分析制度，抓住客户的风险点和现金流，综合采取利率上浮、期限贷款缩短、贷款压降、品种转换等方式，化解潜在风险。

组织员工踏青活动

【党风廉政】 开展“不忘初心、牢记使命”主题教育 按照“四个全程贯穿”和习近平总书记“四个到位”要求，开展主题教育，取得成效。组织党员干部精读选编、通读纲要、逐段逐句学习党章准则、条例、对照实际工作找差距、抓整改。

把握党的政治建设这个根本性建设 树牢“四个意识”，坚定“四个自信”，做到“两个维护”，落实意识形态工作责任制，加强意识形态阵地的建设和管理，强化责任意识、阵地意识、旗帜鲜明开展意识形态领域斗争，定期开展党员干部思想动态分析。开展党的政治纪律和政治规矩学习教育，净化政治生态，弘扬忠诚老实、公道正派、实事求是、清正廉洁等价值观，引导广大党员干部始终作政治上的明白人、老实人。

强化责任落实 把落实全面从严治党主体责任作为分内之事、应尽之责，作为一项重要政治任务，负好总责、负好主责、负好全责，严格落实“一岗双责”，推进党风廉政建设和反腐败斗争，以零容忍态度惩治腐败，在整治形式主义、官僚主义，纠正“四风”问题上加压发力，以永远在路上的执着把全面从严治党引向深入。

狠抓党风廉政建设 落实主体责任，年初与班子成员和各支部书记、各网点负责人、各部门负责人签订党风廉政责任书，执行廉洁自律规定，坚持谈心谈话、述职述廉和重大事件报告制度，及时报告廉洁自律执行情况，发挥群众、职工和舆论监督的综合作用，确保做好各项工作。

举行“青春，奋进”行长对话青年座谈会

【疫情防控】　加大重点企业信贷支持　疫情爆发初期主动摸排辖内的客户资源，对医疗企业特别是疫情相关的客户，按照特事特办、急事急办原则，提高信贷业务办理效率，适当给予利率优惠，提供优质高效的综合金融服务。

做好受疫情影响企业的融资安排　对受疫情影响较大的批发零售、住宿餐饮、物流运输、文化旅游、公共交通等行业，以及发展前景好但暂时受困的企业，不盲目抽贷、断贷、压贷；对受疫情影响严重的企业存在到期还款困难的，通过展期、续贷、再融资等方式做好融资接续安排。

提升疫情防控金融服务质效　开辟绿色通道，与疫情相关的业务特使特办，满足特邀预约、特殊金融服务需求。支行为保障财政局及各局办抗疫期间资金需求，安排员工在财政局核算中心驻点服务，保障客户金融需求。

加强各类场所管理　强化卫生防疫管理，采取通风、消毒等必要检控措施，重点区域、高峰时段要增加消毒次数，配备必要的防护物品和设施；按照“三询问三管理三引导”要求做好员工和到店客户的体温检测和信息登记，增加员工和客户的自我防护意识，要求网点员工务必佩戴口罩上岗；倡导客户使用手机银行、电子银行等离柜服务。

疫情期间支行领导深入一线

【服务社会发展】　为客户提供最优质的服务，让“最多跑一次”变成“一次也不用跑”。组建“机构服务小分队”“部队服务小分队”“商户信用卡外拓小分队”等各类服务类、业务类小分队5队，领取设备和物资后出发，秉承“您身边的银行、可信赖的银行”理念，为客户提供更优质的服务，全年开展各类外拓80余次，缓解企业燃眉之急。响应定海区慈善总会的号召，每年开展“慈善一日捐”活动；坚持慰问走访叉河社区的结对困难户家庭，履行社会职责；组织员工参与创建全国文明城市社会志愿服务活动，开展文明交通劝导志愿服务活动；组织开展“3·15”消费者权益日上街宣传活动等活动。疫情期间支行员工响应政府号召，参加志愿活动主动援助舟山高速收费站，检查进出车辆。

青年志愿者履行社会责任

（撰稿：韩　杰）

（本分目图片由工行定海支行提供）

中国农业银行股份有限公司舟山定海支行

【概况】 2019年，定海支行以习近平新时代中国特色社会主义思想为指针，贯彻落实党的十九大、十九届四中全会精神，推进国家文明城市建设，完善行业规范，提升客户服务标准，强化客户服务意识，争创高质量发展。是年，定海支行有内设机构5个，辖属7个二级支行和1个支行营业室，在编员工158人。截至年底，全行各项存款余额67亿元，各项贷款余额31亿元,不良贷款余额331万元，不良率0.11%，不良贷款额和不良率继续“双下降”，实现营业收入1.6亿元。企业文化建设持续推进，连续32年没有发生经济案件，全年无重大违规事项、无重大经营风险和无重大负面舆情。是年，支行继续保持“省级文明单位”称号，被定海区政府评为2019年定海区先进集体。

【发展核心业务】 *发展各项存款* 至年末，各项存款余额67亿元，其中个人存款35.2亿元，比年初增加4.57亿元，增量创历史最高点。对公存款余额34.41亿元。

投放各项贷款 至年末，全行各项贷款余额31.3亿元，其中法人贷款余额7.2亿元，个人贷款余额24.1亿元，比年初增加3.2亿元，总量持续保持系统内全市第一。普惠金融个人贷款增量完成任务的108.44%，新增人行口径普惠金融领域农户贷款1599万元，新增普惠型小微企业法人贷款2589万元，投放数字化生猪养殖三农项目余额9600万元。

坚守风险底线 截至年底，全行不良贷款余额331万元，比年初减少3488万元，不良贷款率0.11%，比年初下降了1.26个百分点，实现不良贷款绝对额和不良占比双下降，无法人不良，无三新不良贷款产生，完成不良贷款率指标200%，完成关注类贷款余额控制指标106%，完成拨备覆盖率指标947%。累计处置不良贷款本息合计4191万元，其中现金清收本息1238万元，呆账核销2953万元，完成净表计划的111.17%。

提升创利能力 实现拨备前利润10623万元，完成任务的100.56%；拨备后利润10561万元，同比增加1056万元，完成任务的106.43%,净利润8162万元，同比多增1524万元，完成任务的109.66%。实现营业收入15725万元，完成任务的102.28% ，中间业务收入2370万元，同比多增109万元，完成任务的103.04%。

营销重点产品 零售方面，私人银行客户数35户，比年初净增12户，完成任务120%；新增互联网产业链42户，完成任务的113.51%；微信银行净增6015户，完成任务的105.53%；商易通业务422户，完成任务的103.43%；乐分易业务6636万元，完成任务的94.26%；对公商户47户，完成任务的188%；ETC客户新增4150户。对公方面，对公人民币结算户新增673户，完成率106.83%；交易银行折效客户新增373.5户、完成率162.39%；日均5万～50万客户净增54户，完成率270%。三农方面，惠农卡有效客户增量1396张、完成率186.1%；完成村民信贷有效建档客户2968户，完成率118.7%；新增专业大户19户。

【坚持从严治行】 把主题教育贯穿始终，坚持从严治党从严治行，提高政治站位，紧扣中心工作，将党建工作与经营管理同谋划、同部署、同推动。

决基层难题 按照“十二字”总要求，紧扣“五句话”目标，把四项重点措施贯穿始终，全行组织集中学习、主题党日活动现场学、红色观影学等多方式传导，班子成员以推动工作为要务、以群众利益为导向、以党的建设为根本，深入基层摸实情，紧扣“21个是否”检视问题，制定专项整治和立行立改方案，明确责任部门，限时整改。

履职一岗双责 落实“第一责任人”责任，召开党委会专题研究学习落实党风廉政建设工作，班子其他成员根据工作分工，对职责范围内的党风廉政建设承担主要领导责任；各内设部门、二级支行负责人，对职责范围内的党风廉政建设承担主要领导责任。健全机制建设，制定出台《中国农业银行舟山定海支行党建工作领导小组工作细则》《中国农业银行舟山定海支行2019年党建工作要点》，将加强党风廉政建设、落实主体责任纳入党委重要议程。制定党委班子成员个性化党风廉政建设责任清单和《中国农业银行定海支行2019年党风廉政建设责任制考核办法》，把党建纳入绩效考核，层层签订党建和意识形态工作责任书，分解落实布置市分行党委年初工作会议要求，把党风廉政建设融入到各个岗位。

支持纪委工作 强化监督制约，压实案防管理，根据纪检监察机构改革实施方案明确纪委监督责任，

履职监督支行班子落实全面从严治党主体责任、遵守党章党规党纪、重大决策部署、中央八项规定精神、坚持民主集中制、选拔任用干部、党风廉政建设和反腐败斗争及廉洁自律等情况；持续强化问责处理，党委“一把手”强化履职管党治党第一责任人的职责，持续强化问责，成立责任追究委员会，严肃查处违规违纪行为。2019年，对自律监管、上级行移送的处理问题进行研究，处理相关责任人16人，其中警告1人次，诫勉谈话且经济处理1人次，单纯经济处理13人次，批评教育1人次。

【强化市场拓展】　抓负债业务，提升市场份额　结合客流和资金流，利用好客群系统，开展“走出去”营销，做大商户收单流量，做好大额资金流向监控和管理，重点争取机构和部队客户资金，以辖内财政部门、部队和六大类基础客户为目标，以做优服务方案为切入，对接财政、部队公款竞争性存放动态。加快公司客户扩面提质，分户到人，逐个落实维护方案，提高存款派生和综合回报。

加强信贷支持，提升经营能力　重视发展普惠业务考核，发挥重点产品优势，推广“抵押e贷”，推广中期流贷和连贷通、年审贷等无还本续贷业务，支持民营企业转型升级。根据区域重点项目，申报投放浙江交投矿业有限公司凝灰岩矿项目、舟山市纳海固体废物集中处置有限公司油泥处置技改项目、新奥（舟山）天然气管道有限公司液化天然气（LNG）接收及加注站管道项目等客户和项目。发挥挂职干部作用，深入“三农”市场开拓。以项目和流贷配套方式营销支持华晟牧场数字化养殖，以“惠农e贷”、合作担保等产品扩大覆盖面，开展农户建档整村推进工作，落实消费扶贫等多项支持保障措施，推进扶贫攻坚。依托“网捷贷—经营”线上经营性融资便利的优势，针对性支持个体工商户、私营企业主、专业市场等经营主体。

深化政银合作　依托政府增信，助力民营企业融资，加快推进民营小微“政府增信”业务，为民营小微企业提供融资支持的信贷业务。深入政银合作，提升社会形象。履行与定海区市场监督管理局签订的“小微企业云平台”与“小微网贷”全面合作支持小微成长战略合作协议，破解金融服务中的信息不对称难题。支持乡村振兴，全年下派三名挂职干部投身乡镇经济服务，落实好惠农、富农、强农政策，服务“三农”，继续与辖白泉、金塘等区域开展村企结对帮扶工作。

围绕质量效益，提升创利能力　抓数字化转型，持续加强互联网场景项目营销，提高智能POS、扫码支付的覆盖率。抓公私联动，做好高净值客户定制资产配置方案，推广基金定投等核心业务。做好辖内新交付楼盘、建材市场、家装公司、优质汽车经销商分期、ETC等专项营销，提高创收能力。抓新兴业务，发挥网点优势，抓好代理保险、三方存管、债市宝等同业代理业务的常态化营销。

【严控经营风险】　加强信贷风险管控，严守风险底线　坚持分类施策，对存量风险可控的关注类法人客户，针对性消除风险信号，上调分类等级。加快不良处置，通过现金清收、自主核销、市场化转让等手段，与法院强强联合，包干到户，想尽一切办法清收。强化责任落实，对网捷贷、信用卡透支等线上用信客户，按网点、营销人、分工等落实责任人，做好逾期催收，促成系统自动回调，严格控制关注和不良贷款余额。

加强运营风险管理　应用运营集中监管平台，全面、及时、准确录入问题信息，准确掌握事件分类和认定标准，加强审核，揭露风险事件。加强风险事件管理，全年柜面堵截电信诈骗、使用假身份证、使用假币等外部诈骗风险事件共263起。落实案防“第一道防线”的职责，梳理财务开支、费用审查和员工行为等案防重点。执行上级行费用管控意见、财审会审议项目及“三重一大”议事规则，持续提升运营基础管理精细化水平，落实反洗钱工作。

强化内控建设，守住合规防线　严把内控案防关口，结合整治乱象的要求，持续开展重点领域的案件风险排查工作，履行社会责任，开展对黄赌毒和黑恶势力听之任之、失职失责甚至包庇纵容、充当“保护伞”专项整治，确保全年无重大案件。守好运营和安全管理防线，做好“三化三铁”验收考评发现的问题整改。开展平安农行、平安金融创建和“三化三达标”创建工作，强化安全隐患排查和整改，加大重要时段、重点敏感时期的安全、舆情管理，做到人防技防并举，严密防范诈骗、暴力侵害等非法行为。

强化基础管理，保障业务发展　推进“三线一网格”深度融合，深度融合党建线和纪检工作，推进“三线一网格”管理与时俱进，加强辅导和督查，推进运营线精细化，加强员工团队管理，践行人文关怀，丰富员工业余文化生活，积极营造和谐发展环境。加强网点基础建设，进一步明晰网点经营定位，推进网点转型，加大了超级柜台等机具设备投放，强化低柜融入大堂队伍和外拓营销团队建设机制。加强案防“双线”管理，持续抓好案防教育，制定“双线”考核办法，强化各类案件防控，规范员工日常行为，规范开展尽职监管检查，开展平安农行、平安金融创建和“三化三达标”创建工作，强化安全隐患排查和整改，抓好营业场所重要部位和重点环节的安全管理,继续保持安全经营，重视加强舆情防控，创造良好社会形象。

（撰稿：王其舟）

中国建设银行股份有限公司舟山定海支行

【概况】 2019年，定海支行坚持党建统领全局，贯彻落实分行决策部署，坚持“建一流团队，创一流业绩”总体目标，抓好“三大战略”，围绕固本强基、深化转型、防控风险、精细管理等重点，做好各项业务，整体发展持续向好。

【党支部阵地建设】 贯彻落实上级行加强党建工作的要求部署，把党的建设作为首要责任。新发展预备党员1名，转正预备党员2名。重视对党员同志的发展和培养，提前摸清党员发展过程中的所有重大事项，将党员同志的奖惩情况详细体现在入党积极分子考察档案和个人思想汇报材料中。严格按照谈话制度，开展不定期党员谈话，单独设立谈话本，每次谈话均形成书面记录。

【党风廉政建设】 落实党风廉政建设“两个责任”，签订党建和党风廉政建设责任书，做到责任明确，班子成员履行“一岗双责”，严格执行领导干部个人有关事项报告制度，提升干部自我管理监督意识和组织监督管理水平。强化“红线意识、底线思维”，抓好反腐倡廉各项工作落实。节假日提醒领导干部紧盯节日期间“四风”问题，带头做好廉政工作，严格管理支行员工，坚决杜绝“节日病”。

【党建引领】 按照“围绕业务抓党建、抓好党建促发展”的工作思路，开展结对共建工。是年，与十二家合作单位党委或党支部签订党建共建协议。其中，根据党建引领+网格化管理需求，支行与5个定海片社区签订结对共建协议，由辖内各网点牵头对接，建立党建联盟，探索银行社区党建共建新模式。

【共建活动】 4月，联合多个共建单位，赴“茅以升船”参观，举办“军民共建”主题党日活动。9月，行与定海区直属机关举办2019年“建行杯”绿色出行健步走活动；同月，参与定海工业园区工作委员会中华人民共和国成立70周年党建共建系列活动，其中支行代表队的诗歌朗诵《歌唱祖国》节目获活动三等奖。10月中旬，支行鼓励全体员工参与海洋科学城定海园区“庆祝新中国成立70周年”主题活动，提交书法作品3份、摄影作品4份，获二等奖1名，三等奖1名。开展主题教育学习，与共建单位交流先进经验，借鉴学习好的经验做法。支行党支部委员与党建共建单位盐仓街道兴舟社区党支部委员互相参与对方单位召开的党员大会，听取共建单位主题教育工作开展以来的优秀做法。

与5个定海片社区签订共建协议

【党员学习教育】 开展形式多样的教育活动，在“学习强国”APP平台上开展理论学习，率先结合平台积分制订全年学习计划，推进“学习强国”APP的使用，进一步落实党员综合素质提升和党建工作的开展。 将纪检监察工作与“学习强国”APP的应用相结合，推动党风廉政建设和纪检监察相关工作在全行党员中落实。执行“三会一课”制度，组织支部书记上党课、党员大会以及开展主题党日活动等，坚持落实每周学习制度，定期召开党员大会、支部委员会和支部书记上党课等，建立支部党建学习周，规范落实“三会一课”制度。

【两防及纪检监察工作】 落实纪检监察各项措施定期开展全行风险联席会议，支行兼职纪检监督员对目前经营形势进行安全督导，并对重要文件和已发生的案件进行宣讲、通报和分析。是年，支行展开形式多样的教育活动，纪检监察工作结合“学习强国”APP的应用，强化党风廉政建设和纪检监察相关工作要求在全行党员中的落实。结合文件学习和讨论，在纪检监察会议后组织相关人员进行知识测试，做到学习痕迹化管理，推动学习效果的显现。

强化责任意识 签署责任书、廉洁合规从业承诺书等相关文件，按照“谁主管，谁负责”的原则，将“两防”工作与部门、所辖机构及负责人考核相挂钩，坚持预防为主，强化责任意识，开展多种活动提高全行案防意识，按要求每季度开展网点安全演练、全年两次防火演练，提高网点员工在发生营业场所被盗时和发生火情时的处置能力,确保资金人员安全。配合晨会时间进行的案件防控教育宣传，形成全面开展案防工作，多种方式进行案防宣传的良好局面。

纪检监察会议及测试

【推广普惠金融】 2019年，支行利用政策红利，与区域内局办、园区、街道等进行对接，做普惠金融批量化营销。网点实行网格化管理模式，明确对接街道、区域以及重点平台等。要求网点利用“惠懂你”这一营销利器做好存量客户的挖掘，每天通报绑定数量，形成学、比、超的氛围。利用利率优惠政策，继续重点引导辖内网点抵押快贷业务拓展。强化小微企业考核激励力度，及时兑现绩效，普惠金融指标纳入“客户经理积分考核办法”，多渠道提升客户经理工作积极性，以绩效促普惠贷款业务发展。截至年末，支行有小微快贷客户240户，比年初新增111户，授信金额10967万元，比年初新增5481万元，支用金额5860万元，

【挖掘营销潜力】 进行金融知识宣讲、产品及服务推介，展现建设银行良好社会形象。继续拉大商用房贷款和普惠存贷宝优势，准入7个楼盘（宋都蓝郡、御宾府、海印公寓、金丰和园、荣安新都会）。以网格化管理下辖片区，做好网点覆盖片区的实时监控、推进指导。抓住文明村准入，好家庭评选等契机推进普惠个贷的重点产品（文明村、好家庭贷、助农贷），准入全国级文明村2家、省级文明村7家，发放文明贷2笔授信金额40万元；收集好家庭客户信息48户，授信1户，金额25万元。

推广“好家庭信用贷”

【推广住房租赁业务】 及早发动全员营销，梳理辖内房地产企业、住房租赁等相关企业，第一时间对相关企事业单位进行梳理，确定舟山长宏国际船舶有限公司、浙江增洲造船有限公司为宿舍房源上线目标客户。实现舟山长宏国际船舶有限公司1230套、浙江增洲造船有限公司319套宿舍房源实现线上发布。开门红期间经营销实现定海城区建设开发有限公司人才公寓523套房源上线，房管局公租房110套上线。支行营销舟山市住建经营有限公司租金云业务。

【金融科技平台建设】 持续加强移动渠道建设，重

点提升“渠道替代率”“产品覆盖率”“用户活跃率”“新客户签约同步率”四项重点过程型指标，助推物理渠道转型。在田家炳中学、定海一中、舟山航海学校等实现批量获客。加快网络金融重点应用场景建设，学费云、智慧停车项目等破零相继营销上线。学习掌握平台内容，运用新一代数据的基础上深入践行实施金融科技战略，发挥大数据在客户拓展、精准营销、风险防控、集约经营方面的重要作用。辅助对公条线平台营销成功后的个人客户引流。

党群综合服务平台方面：营销包括舟山市自来水有限公司（已完成开户）、浙江易航海信息技术有限公司等目标客户的党费专户，对私平台有效活跃用户111户，平台获客数2083户，对私有效用户转化率0.0135，系统内排名第二。

商户共享平台：定海支行个人加权高贡献商户数571户，7大支行内排名第一。

龙财富平台方面：平台内活跃客户数1773户，七大支行排名第2位。

智能撮合平台方面：由于有效客户标准变更目前支行的智能撮合平台新增为150户，平台活跃度292.6，完成计划的68.49%。

ERP云平台方面：ERP云平台注册用户新增310人，完成全年计划的201.96%，ERP平台活跃新增用户数268人，完成率593.33%。

其他服务平台方面：前期由市行机构部牵头对接91937部队基本完成“智慧营区”需求摸底并达成合作意向，支行已申报“智慧营区”延伸性费用；与舟山市口腔医院智慧结算平台的共同建设进行对接。

网络金融重点应用场景建设：学费云、智慧停车项目等破零相继营销上线。

【强化内外部检查机制】 根据《中国银监会浙江监管局关于印发浙江银行业信用风险“清雷防险”三年攻坚行动方案的通知》（浙银监发〔2018〕159号）及《中国建设银行舟山分行信用风险“清雷防险”三年攻坚行动方案》要求，支行成立信用风险防控攻坚战领导小组，吴敏敏行长任组长，其他行领导任副组长，成员部门包括公司客户部、个金部、综合部。支行结合省市分行信贷管理专项检查、新发放贷款“回头看”检查、保全资产业务检查、省市银保监局关于开展“巩固治乱象成果 促进合规建设”活动、2019年银行业信用风险专项排查及屡查屡犯整治等活动，在全行多次开展自查自纠工作，确保“三查”制度落到实处，建立操作风险防控长效机制，提升内控管理水平，杜绝屡查屡犯现象，杜绝低级错误。根据“省分行年度风险点监控检查操作手册”，研究当前操作风险与案件防控的趋势和特征，要求各机构、网点高度重视，结合实际情况进行执行，做好每季度各机构、网点的关键风险点监控检查及统计报告上报。全年检查柜员256人次，机构、网点覆盖面100%，检查各类业务笔数1677笔（1466笔）。

【推进客户身份识别专项整治】 根据上级行工作要求和布置，支行全面推进客户身份识别专项整治工作，制订节点完成计划，责任到点到人。公司条线通过查阅建行新一代系统、工商比对数据、企查查、启信宝、天眼查等各种系统，多渠道取得信息，多措齐下，保质保量地完成支行对公客户身份识别专项整治工作。

【公益志愿活动】 配合舟山创建全国文明卫生城市相关工作，推进落实公益志愿活动。3月，支行组织参加在定海文化广场举办的东海渔嫂先锋行——“三八”社会公益活动，为全市市民普及金融知识。3月21日，支行应邀在东海小学开设一堂金融知识小课堂，为三（2）班的学生们带来交互式课堂体验，把人民币知识带进校园。7月底，支行党员志愿服务队参与由昌国街道党工委牵头举办的“初心不忘，情暖昌国”志愿服务公益活动，为市民提供各类金融咨询服务。8月，支行团支部联动辖内各网点响应市分行号召，抗击第九号超强台风“利奇马”，联系周边社

开展金融知识进校园活动

区，及时推进灾后服务活动，受到社区工作人员和辖区居民好评。

【举办五四团青活动】　支行团支部打造“团建＋工作”品牌，举办形式多样的五四团青活动。4月27日，定海支行团支部青年代表参与舟山银保监分局团委联合舟山银行业协会、舟山市保险业协会举办“青春心向党　建功新时代”特别主题团日活动。结合“五一”假期安排，举行“我和团旗合个影”五四青年节活动，进一步激发青年团员积极乐观的生活态度和对团组织的热爱之情。5月6日，建行定海支行与海军茅以升船联合举办了一期“青春有约，情系深蓝”五四共建活动。

“青春有约，情系深蓝”五四共建活动

【推进文明创建工作】　支行开展文明创建工作，以星级网点的标准要求自己，做好网点评先评优及客户服务工作。坚持党的基本路线，贯彻执行和国家的各项方针政策和法规政令，坚决贯彻落实各项工作决策部署，年度工作获区政府认可。

【关爱员工生活】　创建“和谐建行”、营造“温馨家园”，用“家”文化感染每位员工。每月开展员工异常行为排查，关注员工八小时内外思想活动状况，落实员工思想动态调查制度，掌握员工思想脉搏。推行行长接待日、行领导下访接待、行领导下基层制度，了解基层员工实际情况，帮助解决实际问题及客户反映的问题。组织定期休假，开展丰富，多彩的文体活动，提高员工的凝聚力和向心力：“三八”妇女节慰问在岗女工，送上鲜花；组织员工到万花谷进行放松心情郊游活动，缓解员工压力。

（撰稿：卢　虹）

（本分目图片由建行定海支行提供）

中国银行股份有限公司舟山定海支行

【党建引领】　坚持将党建工作与业务发展相融合，增强全行战略执行力和整体战斗力。坚持全面从严治党，坚定贯彻落实总行发展战略，激发人才队伍活力，提升敏捷行动效率，激发全行干部员工干事创业的热情与活力，汇聚成共同推动总行战略向纵深发展的强大动力。

实施“堡垒工程”　开展“不忘初心、牢记使命”主题教育，强调党员身份是第一身份，大力实施党建“堡垒工程”，使每个支部都成为坚强的战斗堡垒。

提升党风廉政建设　强化“两个责任”，推进党风廉政建设。元旦、春节、中秋等重要节假日前发出廉洁提醒；落实转职能、转方式、转作风的要求；要求全体党员要严守政治纪律、组织纪律、廉洁纪律、群众纪律、工作纪律、生活纪律，做到执纪必严、违纪必究；集中党员干部和普通员工观看监察内控部（保卫）下发的案例警示教育片；开展“一把手讲合规、讲案例”活动，剖析各类违法违纪违规案件暴露的问题，引导全行员工以案为鉴、以案代训、以案促收，教育员工知敬畏、存戒惧。

完善人才培养体系　发现培养一批选拔优秀年轻员工；重点培养全辖对公客户经理、个金客户经理和大堂经理三支营销队伍；组织各支行间相互交流经验，取长补短，形成良好的竞争氛围，推动支行事业发展薪火相传。

【业务管理】　坚持贯彻“存款立行”方针，从注重资产业务转变为资产、负责、中收“三并重”，将负债业务放在首位。支行转变思路，转为将已有的客户关系深度经营。支行通过举办富有吸引力的网沙活动，存款有礼等多种形式，吸引存量客户到店，通过加深了解，对其进行分析，进而提供更有针对性的客户服务体验，提升存量客户贡献度。支行参与财政及各类事业单位公款招投标，关注地方政府所属企业债券发行动向支行，助力支行年末存款增长。

【推动无贷户营销】 2019年，支行将负债业务的侧重点放在无贷户营销上，联系海洋产业集聚区的开户平台，挣揽各类账户，提高有效账户及客户数；转型做流量银行，提高授信客户存贷比，促进存款资金沉淀，继续营销合作关系较好的绿城等房企开立预售资金监管账户，同时通过公私联动争取房地产公司在支行按揭叙做量。

【业务发展】 支行响应党中央，国务院的决策指示，落实省行、市行的会议精神，对接定海海洋科创园区，举办中银普惠百场推介会；拓展3户中小企业客户。特邀请市行零贷中心审批人员为所有的个贷经理传经送宝，结合实例讲解最新普惠贷款政策。网点负责人带动全员营销，存量贷款中筛选借款人为个体工商户的信息，批量外呼营销，特别针对他行有经营贷款的客户。实现普惠金融业务已全网点覆盖。支行领导班子调整思路，主动出击各大房产商，以服务细致、协调续做流程、提速放款时效吸引房产商。ETC业务全渠道打通，支行年启动ETC全员营销，各机构全渠道开展外拓营销：代发薪企业、已有合作的房地产公司、已有合作的汽车检测站、合作车商4S店、合作财产保险公司、个贷按揭有车客户、公私联动，加强对授信单位的营销。

【创新转型】 紧跟总行发展战略，顺应数字化时代和社会发展趋势，持续推进战略业务发展，发挥特色经营优势，加强科技手段运用，提升科技对业务发展的支持能力和响应速度。加快推进战略业务发展，打造核心竞争优势。抓实手机银行拓展，不断提升重点客群手机银行渗透率，通过代发薪企业、建筑工地代发薪客户及部队代缴党费项目批量外拓。加大中银智慧付拓展力度，研究拓客场景，推广百姓药店、顺丰快递员模式等，提高批量拓客的开户率。

【合规经营】 加强全面风险管控，提升全行发展质量。定海支行坚持底线思维，将防范化解金融风险与服务实体经济更好地结合起来，优化管理机制，夯实管理基础，不断完善全面风险管理体系，严守风险底线、合规底线和案防底线，为业务持续稳健发展保驾护航。围绕“不发案、不出事”的核心目标，对内控案防实施“一票否决”，坚持结果和过程管理并重，加大内控案防工作力度。发挥内部控制防线合力作用，查找薄弱环节，强化基层合规管理能力。

（撰稿：陆婧澜）

交通银行股份有限公司舟山分行

【概况】 2019年，交通银行股份有限公司舟山分行（以下简称“舟山交行”）贯彻落实市委市政府和上级行的决策部署，聚焦新“三增三降”重点工作，抓负债、稳利润、控风险，推进全面从严治党，持续加强党建和党风廉政建设。截至年末，分行各项存款余额50.52亿元，其中人民币存款余额48.41亿元；各项贷款余额53.99亿元。2019年。舟山交行获舟山银保监分局监管评价2级A-；获人民银行舟山中支综合评价B级。

【探索业务新模式】 2月，舟山交行成功办理分行首笔国际证福费廷转卖业务，利用外资行资金，解决新客户无授信的融资问题。3月，办理分行首笔国内证福费廷境内转卖业务，挖掘境内国内证福费廷业务市场，推动国内证福费廷境内转卖业务发展。落地全国首笔线上抵押贷业务，打破客户服务边界，通过线上渠道触达长尾客群，进一步提升普惠金融服务水平。4月，投放分行首笔绿色信贷业务，支持民营实体经济和绿色产业的发展。6月，落地分行首笔同业存单，进一步加强同业机构客户的交流，促进同业业务稳健可持续发展。7月，投放分行首笔远洋渔业补助质押贷款，远洋渔业小微项目制正式落地，进一步扩大分行普惠客户群体。10月，办理分行首笔油品国际证开证业务，助力自贸区油品链业务发展。

【支持实体经济发展】 2019年，舟山交行贯彻落实监管部门和上级行关于大力支持民营和小微企业的要求，以产品、渠道和服务为抓手，加大对实体经济支持力度。普惠两增贷款余额2.97亿元，较年初净增0.97亿元；普惠两增贷款客户115户，较年初净增48户；普惠存款净增8469.45万元。

加强对小微、民营等薄弱领域服务 舟山交行立足本地经济，与浙江省农业信贷担保有限公司合作的远洋渔业小微项目制正式落地并实现投放，为小微企业打开新融资渠道。同时对接舟山E周融平台，给予舟山中小企业透明化融资服务，通过平台对接放款

1.32亿元。

调整授信结构，信贷投向持续优化　舟山交行围绕“三去一降一补”重点任务，通过预授信、白名单、产品创新等方式积极支持民营、制造业发展，逐步提高民营企业、制造业、中期流动资金的贷款占比，加快民营企业、制造业、小微企业贷款审查和投放。

系统掘金覆盖持续推进　2019年，舟山交行在烟草、招投标等重点领域取得重大突破。作为浙江地区交行系统内第二家成功中标烟草跨行订烟系统的分行，中标后对接烟草下游客户，推广移动支付。招标通系统对接取得新突破，完成舟山国土招拍挂系统（域内三家国土局全覆盖）上线，为后续业务发展拓宽渠道。

【促进零售业务转型】　把零售业务的转型放在突出位置，把零售业务作为战略业务、转型业务、盈利业务来抓，提升零售业务占比。抢抓个金资产市场，紧握个人住房按揭市场发展机遇，发展个人按揭业务，全年新发放个人按揭业务2.17亿元，实现房贷净增1.19亿元；拓展线上资产业务客户，全年新发放惠民贷864笔，投放2454万元；探索拓展零售型小微客户资产业务，丰富普惠金融服务，增加零售板块收益，通过公司抓源头，零售抓落实和提升，发展代发业务，全年新增代发有效户501户。

【拓展自贸区业务】　2019年，舟山交行围绕长三角一体化战略，结合舟山实际，作出“关于长三角一体化框架下推进浙江自贸区油品产业链项目与总行签约的设想”，指导自贸区业务开展。加强银企交流，举办油企链业务交流推进会、长三角一体化自贸区研讨会、2019年舟山市跨境人民币业务推介会、常石外汇业务服务方案研讨会、离岸金融中心自贸区研讨会和2019年世界油商大会等客户交流活动，参加第三届世界油商大会“全球视野下中国石化产业高质量发展之路”平行论坛，不断提升综合化服务水平。

【加强案防风险管控】　建立不良贷款处置长效机制，提高不良处置质效。2019年，舟山交行存量不良全部出清，不良贷款余额1960万元，较年初减少31729万元；不良率约为0.36%，较年初下降约5.36个百分点。实现某船股份有限公司不良贷款32590万元打包转让出清，清收1户账龄超四年的不良贷款640万元，对2015年已核销的2户客户实现本金现金清收148.81万元。

推进贷后管理、反洗钱、检查整改等工作　落实零逾期、零超期要求，持续开展信用风险防控、反洗钱管理、案防“5+2”专项治理、“巩固乱象整治成果 促进合规建设”“信贷管理专项检查”“非法集资”等系列排查和自查，强化内部控制管理。

有序开展案防工作，树立合规意识　成立交通银行舟山分行内控委员会，并对案防架构进行调整，落实案防责任。坚持标本兼治，开展“案件警示教育活动”、案件防控“5+2”专项治理、员工异常行为排查等活动，确保分行全年无案件事故，保障高质量发展。

【践行“最多跑一次”改革】　2019年度，舟山交行“最多跑一次”改革提速提质，通过改革将管理效能提升转化为经济效益。召开专题会、制定行动方案、成立领导小组、优化内部操作流程、梳理办事清单、优化事前咨询、加快产品与服务创新、强化消费者权益保护、开展教育培训与宣传等全流程全方位措施，优化服务体系，促进体制流程创新，打造服务标准化、办事透明化、体验便捷化、渠道多样化、资源共享化的“最多跑一次”服务体系。推进“百名行长进千企”大走访活动，制定活动细则，成立领导小组，明确走访主体、走访对象、走访进度及走访要求。全年走访客户51户，完成走访计划159%。通过“最多跑一次”不断增强群众和企业的满意度和获得感，推动党风、行风持续好转，打造风清气正、凝心聚力的干事创业氛围。

【开展“不忘初心，牢记使命”主题教育】　组织全行等以上党员干部开展自学以及集中学习，开展理论中心组组织专题学习研讨，邀请党校专家教授授课，组织十九届四中全会暨创新理论深化学习班等形式，领会习近平新时代中国特色社会主义思想和十九届四中全会精神；党委班子成员深入基层，广泛征求意见，制定整改方案，开展主题调研，征集31条意见建议，党委会明确责任部门，制定整改落实方案，明确整改实效，确保群众满意。

【党建工作】　严肃党内组织生活，增强党的政治建设。党员教育以“三会一课”为基础，“两学一做”为常态，“主题教育”为抓手。创新开展主题党日活动，组织全体党团员和党建联盟成员单位党员代表赴部队开展国防教育和爱国主义教育主题活动、组织党员赴舟山烈士陵园缅怀；按要求规范召开分行党委专题民主生活会及支部专题组织生活会。

（撰稿：王燕燕）

（本分目照片由交行舟山分行提供）

浙江定海德商村镇银行股份有限公司

【概况】 2019年，定海德商村镇银行以“稳增长、调结构、控风险、提质效”工作方针为指导，推进普惠金融工程，拓展业务规模，加强内控管理和风险控制，提升经营管理水平、区域竞争力和影响力。是年，公司内设综合管理部、风险管理部、运营财管部、业务管理部4个职能部门，开设营业部、盐仓、干䃎、城东和新城5家营业网点，在职员工67人。

【党建引领】 2019年，该行党支部组织开展“不忘初心、牢记使命”主题教育活动，由书记带头开展学习教育、检视整改等工作，发挥标杆示范作用。进一步规范“三会一课”制度、党员学习教育等制度，强化对工作的督促、检查和考评。把党建工作和业务工作深度融合，加强党员干部身先士卒，率先垂范，主动服务于三农和小微企业的意识。

开展“不忘初心、牢记使命“主题党日活动

【业务发展】 坚守“立足地方经济、立足服务三农、立足小微企业”的市场定位，探索三农、小微金融服务的新模式与新方法，推进普惠金融发展五年行动计划，突出“农”字特色，注重镇、村金融服务覆盖面，全面提升支农支小金融服务水平。截至年末，各项存款余额55519万元；各项贷款余额65582万元，贷款户数1776户，户均贷款余额36.92万元。

【基础金融服务】 推出“德业贷”，贷款期限最长达10年，解决实体经济还款周期问题，全年新发放16户合计金额2072万元；推出“德续贷”，无还本续贷产品，解决实体经济贷款到期资金周转困难，全年新发放6户1371万元；推出“德税贷”（信用贷款），解决实体经济担保难问题。是年，走访企业209家，支持实体经济649户，累计发放贷款39075.46万元。

召开“冲刺2019”开门红活动动员大会

【营商环境】 持续开展业务流程改造工作，确保风险防控，不断优化信贷流程，简化办贷手续做好“最多跑一次”服务，针对辖内实体经济需求，简化手续，提高效率，发展实体经济贷款。2019年，将30万元以下实体经济主个体工商户贷款流程进行改造，推出小额贷款“七合一”表单（整合了申请表、合同、法律地址送达确认书、信用查询授权书等7份表单），客户签字只需1份表单；在各项业务推进会上倡导客户经理上门办理业务，减少客户来行次数，提升服务质效。

【乡村振兴战略】 坚守农村主阵地，主动落实乡村振兴战略，支持新型经营主体做大做强，支持农业企业发展，从美丽乡村建设、特色小镇创建、带动农民增收等维度，对农民、农村、农业贷款进行信贷资源倾斜；控制大额贷款金额和比例，加大辖内特色农业产业扶持力度，推动农业经济加快升级换代，进一步向绿色、高附加值、产业化方向发展；设置农户贷款利息收益奖励，以鼓励农户贷款业务发展。实行客户经理尽职免责机制，设立风险专项资金，专门用于补偿农户贷款损失。

【内部治理】 强化公司治理，加强人才梯队建设，构建充满活力、精简高效、合规运行的法人组织。完善公司治理体系，厘清、规范“三会一层”运作机制、内设组织机构、职责和权利；加强监事会的审计职能建设，定期对高管层进行履职评价，加大对高管层的监督力度；加强总部对网点的管理，将支行、营业部的单体产量和利润指标纳入机构的绩效考核，提升网点的经营活力。

【人才建设】 完善员工培训和再教育机制，引入外部专业机构对员工开展系统化的外拓营销专题培训，推行中层管理人员竞聘上岗，建立无任用中层助理、会计主管后备干部人才库，打通青年员工晋升通道；活跃员工文化生活，组织开展“三八”妇女节主题工会活动，参加市银行业职工趣味运动会，激发员工的生活热情和工作积极性，提高团结协作的能力；巩固和提升“区文明单位”“市级‘六有’示范基层工会”创建成果，加强“7S”管理和优质文明服务工作，展现文明窗口形象。

劳动铸梦想，和谐促发展——参加市银行业职工趣味运动会

【社会责任】 以服务社会大众，服务地方发展大局为己任，践行“海纳百川，德行天下”的核心价值观。贯彻落实阳光信贷、送金融服务下乡、乡村振兴三大工程，深入企业、学校、社区、农村，扎实开展金融知识进万家、金融知识万里行等金融知识普及工作，开展“小小银行家”活动、台风灾后帮扶及慰问农户工作等活动，把志愿服务延伸到社会各个领域。

开展“小小银行家 理财大梦想”活动

（撰稿：沈璐迪）

（本分目图片由定海德商村镇银行提供）

浙江民泰商业银行舟山分行

【概况】 2019年，浙江民泰商业银行舟山分行（以下简称民泰舟山分行）有12家营业机构，包括分行营业部和11家支行；分行内设办公室、财务运营部、市场管理部、风险管理部（授信审批中心）、国际业务部、法律合规部、资产保全部、安全保卫部、审计办，至年底全行员工合计353人。2019年，民泰银行舟山分行围绕“做精做强小微金融服务”的经营理念，贯彻金融政策与监管要求，以实际行动赢得“小企业之家”的美誉，争做“最有价值的特色精品银行”。

截至年末，分行各项存款余额达到54.51亿元，比年初增加13.47亿元，其中活期存款14.04亿元，比年初增加1.11亿元，定期存款39.56亿元，比年初增加12.70亿元。各项贷款余额38.57亿元，合计户数6473户，余额比年初增加5.67亿元，比去年同期增长17.23%，小微企业贷款余额达24.08亿元，合计户数3783户，分别较年初分别增加8.65亿元和2242户，完成“两增”要求，以及信贷支持小微企业“三个不低于”的目标。是年，舟山分行营业部被中国银行业协会授予“文明规范服务四星级网点”的称号，获得舟山分行荣获市级“文明单位”的称号，获得2018年度支持地方经济发展三等奖，以及2018年度信息报送先进单位、市级第六轮安全评估先进集体等奖项。

【坚持“两跑三降”普惠金融】　2019年，分行深化“两跑三降”、普惠金融，辖内12家机构围绕分行《“进百园、走千村、访万户”金融服务工作方案》要求，开展“两跑三降”、“4+1”小微金融服务差异化、“信用村”创建；向金融服务薄弱相对的农村地区延伸，组织人员走进企业园区、社区、菜场、学校，以摆摊宣传、金融讲座、游戏互动、电影放映等手段，推动宣传教育、传导金融知识、提高金融素养，同时加快民营和小微企业的持续对接，提升客户的融资效率。截至年末，辖区内各机构合计开展“两跑三降、进村入园”活动60余场，机构参与人次150余人次，实现对11个小微园区、146家园内企业、以及51个村社的信息建档，与9个小微企业园区建立金融服务伙伴关系，实现园内小微企业授信余额1990万元、授信户数12户，实现“信用村”建设59村，授信余额47481.3万元，授信户数1360户，获得良好口碑。

【加大金融产品和服务创新力度】　2019年，分行发挥自身优势，抓实主力产品与服务，加大创创新力度。继续坚持理解、把握稳健货币政策内涵，挖掘和培育新的信贷需求，通过“整村授信”模式，开发出新的信贷增长点；推进渔农村社区金融的网格化宣传工作。每月不定期的开展金融知识普及活动，以设摊、走访等形式，利用Pad移动端设备，深入农村、社区，企业园区等，上门为当地居民、企业主等办理各类业务，弱化物理网点，把金融知识带进农村、社区，为城乡居民提供了金融普及教育平台；坚持承担社会责任，合理设定利润目标。降低贷款利率，减少客户利息支出，降低客户财务成本。针对各类客户群体，推出的农惠通、薪乐贷、宜居贷、亲情保等新型信贷产品。通过续贷业务、分期还款业务、“接力棒”业务、增加部分企业和个体工商户资产的二次抵押贷款，减轻客户周转、还款压力，降低融资成本，拓宽客户的融资渠道，解决部分客户融资难的问题。截至年末，分行各机构通过“整村授信”合计实现授信余额47481.3万元、1360户，较年初分别增长99.65%和129.34%；中小企业专项信用贷款余额24261万元，124户，较年初分别增长36.72%和69.86%。

【深化“最多跑一次”改革】　2019年，分行贯彻落实监管部门“最多跑一次”工作要求，进一步提高办事效率，简化办事流程，优化服务环境，增强群众企业满意度。制定《深化“最多跑一次”改革行动方案》，对“最多跑一次”做导向性工作布置。加快审核速度，加强账户管理考核，压缩开户资料传递时间，实现受理新设企业开户业务在资料齐全的情况下最快当天受理当天核准，时间严格控制在三个工作日内，提升分行开户效率。持续组织业务宣传及培训工作，多次组织外出宣传、进企入户、派发传单等，主动接触客户，进行金融知识与服务普及。深化做好规范业务集中化、后台化工作，提升运营风控能力，持续做好各类新系统上线推广工作，所有网点均上线集中授权，保证业务交易正常运行。推广智能柜员机，以减少客户等待时间，缓解柜面压力，提升客户体验度，按月统计并分析柜员机业务量和柜面业务替代率，采取多项措施有效推广智能柜员机的使用。利用分行各类线上渠道和业务操作平台，推广行外、线上事项办理，提高Pad贷款现场签约、信用卡线上进件、贷款提前周转、网申贷款等实用功能的使用率。深化与政府机关及公共部门合作机制，加强与海关的信息互通，利用海关提供的全市企业的进出口相关数据，进行信息收集，便于对客户群体的细化、分类，以及针对性的进行产品、服务的营销推广等。截至年末，分行组织外出宣传60余次，“进企入户”涉及企业2500余户；分行集中授权提交率91.71%，拒绝率1.52%；通过移动营销平台共计办理首笔贷款2696笔，首笔移动端替代率93.89%，存量贷款2070笔，存量移动端替代率86.51%；使用“提前发起存量周转”功能贷款余额达42337.2万元，512笔。

【服务自贸区建设】　2019年，分行对自贸区建设的政策实行倾斜，重点在信贷规模上实行全满足，专门针对自贸区内的客户提供相应的金融服务；组织专门人员，通过针对性的业务培训，对现有的业务品种进行二次创新，推广利用分行特有的随贷通自助循环贷款等信贷产品（随贷通自助循环贷款是指对符合该行授信条件的个人客户给予授信额度，在授信额度和有效期内，客户持该行除民捷卡、微贷卡外的借记卡通过该行柜面、网银等渠道发放与归还贷款，并可周转使用的个人循环贷款），提供适合试验区客户的、实体网点与客户经理上门服务相结合的模式，给予客户优质、便捷的服务体验。截至年末，涉及自贸区内企业贷款余额28240.98万元，户数73户。按行业投向分，贷款主要集中在交通运输、仓储和邮政业和建筑业，余额17419.98万元，占总自贸区贷款余额的61.68%。

【拓宽客户服务渠道】　2019年，舟山分行在中间业务方面实现稳健发展。

贵金属业务　各机构通过拓展手机银行、网上银行、微信银行、移动Pad等渠道，进一步细分市场，圈定目标客户开展基金超市、贵金属产品、保险年金产品的销售，至年底，发行191期理财产品，累计销售理财490058万元，基金保有量达1407万元。

信用卡业务　行全年净新增3605张，完成卡收益2468.06万元。开展全民泰第一笔年金保险的销售业务，代理财险销售额228.77万元，中收29.08万元。

国际业务　做好经济信息的收集分析，发布竞赛和考核方案，通过产品定价、服务等手段，提高客户粘合度，实现结算量和结售汇量持续增长，截至年末，分行办理国际结算超1亿美元，办理结售汇业务9503万美元，创收261.4万元。

【优化风控机制】　2019年，深化全面风险管理，落实风险条线委派机制。根据《风险条线委派管理办法》，重点实施机制建设、队伍建设、业务审查、检查监督和调研分析等主要风险合规管理举措，根据岗位职责划分模块落实到人，确保风险委派职能有效落地。针对特定风险事件，形成报告机制，落实各支行风险经理及时发起并逐级上报，落实双线汇报，确保信息传达畅通。同时对存量不良资产按照“以最小损失换取最大利益”的原则，与借款户保证人的谈判协商，解决沉积多年的问题。根据年初制定的不良处置计划，分支联动发挥专管部门和专职人员的作用，加强与法院公安部门的联系合作，打通依法处置的司法渠道，提高结案率和执行效果，加快不良清收处置进度。

【加强合规建】　2019年，分行履行案件防控职责，落实案件防控工作部署，继续完善讲规矩、守秩序、强问责的长效机制，制定“巩固治乱象成果，促进合规建设”、防范非法集资、反洗钱等一系列专项行动方案，巩固“治乱象”成果。

开展重点领域问题深化整治　加强前期乱象整治工作的基础上，对照银保监会下发的《2019年银行机构“巩固治乱象成果 促进合规建设”工作要点》，从信贷管理、行业廉洁、交叉业务风险、重点风险处置等五方面组织开展重点领域风险自查，做到边自查边整改，边规范边提升，得整改成果。

落实问责情况“回头看”工作　各机构成立专门工作组针对问题整改是否对症恰当、问责追究是否到位、是否建立长效机制三个方面深挖问题根源，对近期以来整治银行业市场乱象、“负面清单”专项整治和监管检查发现问题的整改问责情况进行逐项、逐条的整改。强化检辅，狠抓纠错纠偏工作，落实“一案三问”“上追两级”的要求，对违规现象和违规员工加大问责，确保问题整改落实到位。

开展案件警示教育工作　制定“三大提升专项行动方案”，以“防风险、强服务、治乱象”为三大主题，从严抓内部管理，抓问题整改，进一步完善内控管理的精细化和规范化。相继开展员工征信排查、员工家访等工作，各机构员工通过晨会、周例会和夜学习等形式，开展警示案例学习，进行案例视频培训，学习《舟山分行经营管理负面清单》，对照查找存在的薄弱点。特别邀请市人民检察院宣教处米主任对全行党员和中层干部以及部分员工进行“防范金融职务违法犯罪”的专题讲座，于6月、10月分别开展两期全行性的合规知识随堂测，以考促学，以案为鉴，查漏补缺，提升员工合规文化水平，控制分行潜在的风险，确保全年无重大案件发生。

【完善内部管理】　健全文化及服务管理制度　启动百合服务管理模式导入工作，对制度、行为、环境等进行全面规范和固化升级，凝炼百合文化核心理念。全年阶段性地开展6S环境打造及“回头看”工作，分行建立严格服务的监督体系，实施现场检查和非现场检查相结合，采取社会监督和舆论监督相结合的方式，定期或不定期对网点服务情况进行检查通报、奖罚，加强对营业环境的管理督导。

提高管理能级和服务效率　围绕“服务增效、管理促效”工作中心，强化管理增强服务，重新修订并完善《分行管理部门和机关人员服务质量业绩考核实施办法》，推行数量与质量并轨运行的双重考评，并将之与年度绩效分配和干部晋升挂钩，助推企业发展。增强客户体验感、提高客户满意度，通过批量业务额度管理，利率期限核准，来缩短流程，在柜面服务上，实行柜面人员业务操作限时考核，来督促临柜服务、提升工作效率。

开展“服务之星”评选工作　对业务技能熟练、服务质量上佳、工作积极、岗位贡献大的员工，按季度进行通报，并对其授予舟山分行“季度服务之星”称号，给予全行范围内通报表扬，形成全行“比、学、帮、超”的工作格局。

【企业文化建设】　推进星级网点打造工作　坚持把推进行业优质服务放在首位，同时将文明单位建设与星级网点创建的内容与要求植入企业文化的打造范畴，将测评标准与日常的工作规范有机结合，分行下辖营业部完成“全国四星网点”达标工作。

加大“金融+党建”的企业文化融合模式　年初明确将党建工作纳入未来发展规划，重点提升党建引领能力，推进基层党建，发展支部堡垒作用，通过“引领、融合、提升”三步走的方式，理顺党组织在分行经营发展中的把方向、管大局、保落实的工作机制。对内，各机构有序推动“三会一课”常态化，开展庆祝中华人民共和国成立70周年系列活动，定期开展学习心得交流会，开展批评与自我批评，树立党员先锋标杆作用；成立红百合志愿服务队，持续开展公益性活动到社区上党课、受聘党支部委员职责、参加行社共建行动、走访贫困家庭、继续结对帮扶六中贫困学子、慰问敬老院老人，问候小岛留守老人，参加义务献血等一些列活动，彰显分行的公益精神，提升社会影响力。

丰富全行员工的文化生活　2019年，分行团工委组织开展员工联谊茶话会、“3·8”员工旅游活动、乒乓友谊赛、总行运动会、“不忘初心、牢记使命”员工颂祖国朗读的活动，参加人行、银保监局、总行组织的各类竞赛。是年，分行取得全市跨境人民币和外汇结算竞赛第二名，全市银行业“移动支付，你我共享”短视频比赛第二名，趣味运动会比赛第三名，总行运动会比赛第二名，以及百合杯单项比赛前三的好成绩。

（撰稿：胡　帆）

（本分目图片由民泰商业银行舟山分行提供）

中国人民财产保险股份有限公司舟山定海支公司

【概况】　2019年，中国人民财产保险股份有限公司舟山市定海支公司按照政府监管部门的要求和指示，依法合规经营，强化基础管理，严格防范风险，贯彻落实保险行业协会及人保系统各级保险工作会议精神，紧盯上级下达的各项任务指标，以“保险”独特的方式与功能，承担社会责任，助力定海区经济发展。曾多次获评金融部门支持定海区域经济发展贡献奖、定海区先进集体等。

【业务发展】　2019年，人保财险定海支公司实现保费收入8956.3万元，相比去年减少1.63%。受利奇马、米娜台风影响，公司年度利润-2424万元，赔付率101.67%，赔付金额高达1.06亿元，为定海区企业单位与个人抗击风险、灾后重建提供保险保障支撑。

【巩固大业务保险】　紧跟舟山经济新区建设步伐，成立专业团队，为新区基础建设重大项目提供风险评估、咨询和防灾防损服务。为39家区政府重点培育的成长型中小企业、4家区政府重点产业项目所属企业和29家区金融办重点推荐企业提供保险服务，加强合作关系，履行保险在经济社会建设中风险管理的社会辅助管理职能，支持区域经济发展。开展城镇危旧房屋保险、残疾人意外险等民生保障类项目，进一步加强与政府部门的合作，拓展“保险+服务”新模式。

【助力渔农村经济发展】　全年为定海区“菜篮子”工程产品承保生猪88145头，能繁母猪7073头，水稻9910.15亩，森林保险260304亩等，农险保费收入592.4万元，赔款支出547.88万元。其中政策性农房险64800户，收取保费64.8万元，增强定海区农村居民抵御灾害的能力。作为舟山市渔农村政银保项目保险合作单位，探入渔农村一线，做好该涉农保证险的宣传推广工作。全年办理此类保证保险业务16笔，收取保费16.5万元，保额1100万元，为渔农业龙头企业、村级股份制经济组织、渔农民专业经济合作社和渔农民经营户等渔农民经营组织获得生产经营融资提供重要支持。

（撰稿：龚金燕）

中国人寿保险股份有限公司舟山分公司

【概况】 2019年，中国人寿保险股份有限公司舟山分公司以建设价值成长型地市分公司为目标，以“市场领先、业务领跑、创新领航”理念为指引，加快业务赶超发展，加强队伍转型升级，加速改革创新深化，实现全年工作持续稳健发展。

【业务发展】 2019年，公司实现股份总保费5.6亿，同比增长1.1%。其中首年标保5171.9万元，同比增长66%；首年期交10533.5万元，同比增长29.7%；十年期交以上保费5000万元，同比增长56.5%；保障型业务3217.7万元，同比增长79.9%。公司积极推动销售转型，聚焦“保险姓保”，业务结构进一步优化。全市保障型业务占十年期及以上保费64.4%，同比提升8.4个百分点。全市续期保费3.8亿元，同比增长5.4%，占总保费的68.3%，同比提升2.7个百分点。

【队伍建设】 个险渠道全市在册人力1249人，月均增员率11.9%，比2018年提高2个百分点。团险渠道全年新增37人，其中员福队伍18人，三农服务队伍14人，综拓队伍5人。银保渠道客经队伍在册人力50人。

【改革创新】 制定并下发《中国人寿舟山分公司鼓励与支持创新工作实施方案》，为全员搭建创新环境、创造创新机会。全年设立创新项目11个，其中岱山县长期护理保险项目荣获全省系统2019年度创新成果二等奖。

【科技应用】 加大e化服务力度，全市无纸化投保占比95%，比2018年提高5.8个百分点；个人保全e化率97.8%，比2018年提高12.6个百分点；微回访替代率92.6%，比2018年提高19.6个百分点。推广“重疾一日赔”项目，开启重大疾病保险极速理赔服务，全年通过“重疾一日赔”绿色通道服务客户12人次，支付理赔金额137.8万元。2019年，公司运营条线被省公司评为客户投诉综合治理先进单位一等奖，理赔时效综合治理先进单位三等奖。

【风控水平】 推进风控联系人（联络员）队伍机制建设，制定《舟山分公司风控联系人（联络员）工作机制及考核办法》，全市组建风控联系人队伍27人。加强纪检风控“两基”建设，积极履行教育预防职能，全市开展辅导式教育7场。落实监管要求，开展“三大提升专项行动”“巩固治乱象成果、促进合规建设”“开展金融知识宣传教育活动”等，提升金融保险知识宣传教育覆盖面和影响力。

【党建工作】 是年，公司打造党建工作新模式，创新推出“党建+”理念。创建“党建＋发展”“党建＋活动”“党建+微课堂”“党建+典型引领”4个模式，引导党员影响和带动群众为公司的改革发展贡献力量，促进公司全面和谐发展。

（撰稿：俞 洁）

中国太平洋人寿保险股份有限公司舟山中心支公司

【概况】 2019年，中国太平洋人寿保险股份有限公司舟山中心支公司落实中国太保集团“三最一引领”的愿景和转型2.0战略目标，坚持质量优先，稳定和发展市场化业务，推出顺应社会需求的产品和服务，服务新区建设。

【坚持高质量发展】 2019年，公司全年实现保费收入4.91亿元，同比增长2.72%，舟山市场占比20.25%，在全市11家寿险公司中继续排名第二。其中新保期缴保费4975.68万元，续期保费3.33亿元，13个月保费继续率达96.01%。意外与健康短期险保费1.04亿元，银邮代理保费233万元，意外短险保费继续排名全市第一。是年，公司新增长险客户1.22万余人，学生险客户13万余人次，政保合作客户68万余人次，渔工险客户8.9万人次，旅游意外险客户139万人次，乘意险客户93万人次。

【做实“太保服务”】 公司坚持以客户需求为导向，以客户体验最佳为目标，创新智慧服务，丰富服务手段，提升服务能级，对标最高标准，彰显最佳水平，想在客户前面，走到客户心里，强化“责任、智慧、温度”的“太保服务”。

推进新技术移动应用 构建企业移动应用，将移动技术应用植入客户投保、服务、理赔等各环节。开通移动“云柜面”，客户只需通过远程视频，无需到公司，将公司柜面延伸至每个客户身边，打通服务“最后一公里”，提升客户体验，优化业务流程，让每一个终端成为一个柜面。

加强大数据运用 建设“互联网+”平台，实现线上线下一个客户，多个产品，多个界面的服务。打造出以“神行太保”和“中国太保”两大支柱的智能保险生态系统，加强科技赋能，简化理赔程序，开辟快速通道，增加线上理赔，减少线下理赔，推进“闪赔”“秒赔”，让客户享受到更便捷快速的即时保全、理赔服务，坐享运用“互联网+新技术”为客户带来的智慧型服务，提升客户满意度。

开展客户服务活动 组织开展客户服务节，“7·8保险公众宣传日”等各项活动，提升客户黏度，提高太平洋保险品牌形象。

做好满期给付和客户赔付工作 2019年，实现满期给付7.29万件，给付金额7865万元；办理理赔案件35万件，赔付金额1.06亿元；保单质押贷款3.34万件，贷款金额9572万元。

【强化服务民生保障】 围绕舟山海洋经济发展特色，发挥保险的经济社会发展助推器、社会矛盾减震器和风险稳定器作用，主动对接舟山市政保合作项目，为舟山经济发展提供保险保障。

渔工险 专为渔民提供人身保障的产品，全年公司承保8.9万人次，保费1836万元，保额178亿元。2019年赔付1500余件案子，赔款总额2140万元，缓解渔民的经济压力，为渔民撑起保护伞，助力舟山海洋渔业经济的发展。

舟山市城乡居民大病保险 2019年，大病保险参保人数57万人，保费5211万元。赔付案件4.9万件，赔付金额2711万元。

未成年人基本医疗保险 2019年，学平险参保人数12.57万人次，保费1345万元，赔付案件34.87万件，赔付金额4523万元。

长期护理保险 5月，公司参加岱山县长期护理保险政保合作项目的招标。参与这次竞标的有5家保险公司，公司以综合得分第一的成绩成为首席供应商。本项目年保费1030.91万元，参保人数11.45万人，保险期限为2年，承保配额为60%。

旅游意外险 与旅游部门沟通联系，推广旅游景点人身意外险。是年，承保139万人次，保费213万元，为到舟山旅游的客人提供保额为1390亿元的保障。

（撰稿：张 盛）

中国太平洋财产保险股份有限公司舟山市定海支公司

【概况】 2019年，中国太平洋财产保险股份有限公司舟山市定海支公司以服务实体经济为出发点和落脚点，坚持优化结构、坚持强化监管、坚持市场导向和坚持科技赋能，各项工作取得进展。至年末，实现保费收入4173万元，同比增长8.51%。

【强化渠道布局】 完善原有组织架构，坚持“控品质、强基础、增后劲”的发展方针，发挥定海区车商集中的渠道优势，紧抓车险市场份额，对标一流，打破渠道壁垒，优化业务结构，强化渠道布局。发展车商渠道，拓展银保渠道。是年，车商渠道完成保费1915万元，银保渠道完成保费 258万元。

【履行社会责任】 履行社会责任，推广农险如林木火灾保险，民宿综合保险，生猪养殖保险、水稻种植保险等，保障额度达2355万元。落实政保合作项目，发展安责险、环污险、食安险、学平险等民生保险项目。全面构建“保险—政府—居民”立体风险管理体系，提高防灾水平，科学应对汛期灾情；通过“警保联动”机制，实现事故快速快赔、车驾管业务等交通管理和保险一站式办理 ，进一步提升公司品牌影响力。

【构建防范风险长效机制】 公司坚持倡导良好的合规文化，培养员工树立内控和合规风险的防范责任意识。在承保、理赔、中介、单证、印章、反洗钱等重要领域加强管理，按照行业监管制度和上级公司的各项内控规章制度开展工作，开展防范非法集资专题宣传月等活动。公司坚决落实“严管、严控、严谨”的工作要求，确保合规经营，助力、支撑业务的高质量发展和公司的可持续经营。

【加强科技创新引领】 紧跟前沿科技的脚步，把握发展节奏，进一步强化科技赋能，在制度、管理、技术的升级助力下，提升客户服务体验。运营企业官微、码上保、掌客通等新平台，实现线上化的客户经营。开展数字化新技术应用，推广使用自主研发的科技创新APP，全面提升服务质效，降低运营成本，逐步实现客户线上化、 作业线上化、伙伴现场化、管理线上化的转型趋势。

（撰稿：贯　音）

中国平安财产保险股份有限公司舟山中心支公司

【概况】　2019年，中国平安财产保险股份有限公司舟山中心支公司（简称平安产险舟山中心支公司）坚持“专业领先、诚信服务、创造价值、回馈社会”的经营宗旨，调研开拓新市场，助力新区经济发展。是年，继续经营车险、企财险、责任险、工程险、船舶险、家财险、保证险、意外及健康险等法定产险业务及国际再保险业务，适时推出安租保、全家保等新产品。至年末，公司实现保费收入1.7亿元，同比增长7.2%；累计为社会提供风险保障996亿元。

【推广各类新险种】　推出首台套保险、建工履约保险、专利保险等符合市场需求的新险种。结合本地实际情况，开拓各种惠及民生类产品。

医疗事故责任险　保障被保险人从事与其资格相符的诊疗护理工作时，因过失导致意外事故，造成患者人身伤亡所产生的损失。

渔工险　与浙江省渔业互保协会合作，为全省渔民人身安全提供保障。

诉讼财产保全责任险　旨在为民事案件中的原告方提供保险（保证）。

疫苗接种意外伤害保险　帮助卫生部门解决因预防接种导致异常反应而产生的补偿问题。

小微乐享保险　为宠物店、美发行业、酒店服务业、网吧、教育培训机构等小微企业提供帮助。

哄抢险　承保被保险货物在运输途中（指货物尚未卸离交通工具，运输车辆在路途上或中途停靠地）被哄抢，以及装载被保险货物的交通工具发生交通事故，被保险货物遭受哄抢。

司法鉴定责任保险、食品安全责任险及电梯安全责任险。

是年，推出暖宝保、小微系列等创新产品。

【坚守客户至上理念】　推动线上化服务，优化好车主APP功能，提供一键挪车、“爽快赔”等一站式服务，为车险客户提供优质服务，做到“最多跑一次”，甚至“一次都不跑”，使客户享受优质高效服务。

（撰稿：陈　盛）

中国平安人寿保险股份有限公司舟山中心支公司

【概况】　2019年，中国平安人寿保险股份有限公司舟山中心支公司全年保费总收入15455.67万元,比上年同期增长7.30%。其中个险新单业务完成标准保费4021.69万元，个险续期业务完成保费11372.91万元，短期险61.07万元。

【加大科技投入】　2019年，公司将“金融+科技”更加清晰地定义为核心主业，确保金融主业稳健增长，围绕主业转型升级需求，持续加大科技投入，增强“金融+生态”赋能的水平与成效，运用科技助力金融业务提升服务效率，将创新科技深度应用于构建“金融服务、医疗健康、汽车服务、房产服务、智慧城市”五大生态圈，优化综合金融获客渠道与质效。通过“一个客户、多种产品、一站式服务”的综合金融经营模式，践行国际化标准的公司治理与经营管理，持续推动“科技赋能金融、科技赋能生态、生态赋能金融”。

【提升数字化经营能力】　推进“金融+科技”“金融+生态”战略转型，持续提升数据化经营能力，整体业绩及核心金融业务持续稳健增长，科技赋能成效显著，生态赋能效果初显，综合金融用户数、客户数、客均合同、客均利润均有明显增长。

【加大科技运用】　打造优质产品和极致服务体验，提升客户口碑。寿险及健康险推出的AI面谈官面试覆盖率达100%、代理人专属智能个人助理AskBob上线以来累计服务3.4亿人次；平安产险运用领先的AI图片定损技术和精准客户画像技术，针对安全驾驶行为良好的车主推出“信任赔”服务，为车主提供信任额度，同时个人车险支持免人工录入，报价到出单全程最快20秒；平安AI零售银行全面赋能银行销售、风控、运营、管理等全流程。

【加强人才队伍建设】　平安人寿舟山中心支公司重视销售人才为公司发展的第一资本。为进一步扩大销售业务队伍,以更系统和精细化的方试推动公司销售人力发展,在总分公司的指导下，支公司在营业部实施招聘计划，通过严格增员上岗流程，推动业务队伍增长。开展各项培训提升业务员队伍综合素质和文化结构，强化业务队伍建设。公司还加强业务员的专业技术培训，全年举办221个培训班，参训人数7544人次，通过培训，大大提高了业务员的销售技能和业务水平。

（撰稿：庄丽娜）

泰康人寿保险有限责任公司浙江舟山中心支公司

【概况】　2019年，泰康人寿保险有限责任公司浙江舟山中心支公司（简称泰康人寿舟山中心支公司）下辖机构定海本级、普陀、六横、金塘、岱山五个营销服务部，在职内勤员工33人，营销员650人。泰康人寿舟山中支秉持总、分公司始终坚持的“市场化、专业化、规范化”企业价值观，坚持稳健经营、开拓创新的经营理念，为日益成长的工薪白领人群提供专业化、高品质的人寿保险服务。全年实现总保费收入2.39亿元，其中个险新单2650万元，十年以上期缴保费2350万元，累计完成赔案566件支付赔款796万元，满期给付金额193万元，年金给付金额2150万元。

【推进保险产品销售】　推出“保险+医养康宁”大健康战略，顺应时代发展趋势，通过全生命链的产品与服务，全方位满足长寿时代人们的健康与财富管理需求。推出“幸福有约”养老社区确认函（青少版），将目标客户首次聚焦青少年群体。“幸福有约”在“活力养老、高端医疗、卓越理财、终极关怀”四位一体框架下，延展出12款全新产品服务、6大产品组合。健康财富规划师（HWP）是泰康人寿创新性打造的新职业，承接“四位一体”大健康战略，专业化服务于高净值人群全生命周期，提供一站式养老、健康、财富管理和终极关怀解决方案。公司通过对接医养实体，依托专业投资，充分发挥保险功能，为客户提供从摇篮到天堂持续一生的全方位金融保险服务。

【创新优质服务】　公司以诚信经营与客户体验为首要原则，通过经营网络以及完善的个人保险、银行保险、电话销售、网络销售渠道，为个人及家庭提供全方位的人身保障和投资理财产品与服务。升级创新服务体系，服务内容从保险支付向前后端扩展。利用全流程零人工干预智能化信用赔项目，实现秒级结案；率先将理赔和健康管理相融合，延长理赔服务链；和普陀人民医院、白泉瑞金医院建立健保通一站式理赔合作医院，提升客户理赔体验。“重疾绿通”全面升级，覆盖全国医院526家，有近20位客户享受到重疾绿通服务。使用微信投保、易理赔、微信贷款、微信函、微回执等移动互联服务，搭建集“服务、调查、管理”一体化理赔服务移动平台，通过大数据、云计算、物联网、人工智能与寿险相结合，让服务更便捷安心。

【完善各项制度建设】　公司高度重视客户信息安全，从制度管理和IT建设两方面入手，制定完善的客户信息分级管理、查询权限等一系列规章制度，通过IT硬件与软件相结合，确保制度有效运营。为保护客户数据，定期开展专项风险排查和稽核检查工作，防微杜渐，堵塞漏洞，让没有权限的人无法接触客户数据，让接触客户数据的人按规范使用客户数据。严格执行总、分公司出台的“品质综合管理办法”“四大违规专项治理”管理办法，严控销售误导风险，明确责任追究细则；建立“销售人员信用评分”及“高风险机构、高风险人员差异化管理办法”，严格入口端差异化规则管理。聚焦服务关键环节，强化服务考核与过程管理，推动服务创新，保险公司服务评价连续两年评级A类。通过九大举措（抓有效报案、赔案分段管理、创新手机理赔、健保通直付、远程调查提高时效、超期件专人每日督导、理赔金实时支持、大数据智能审核、新产品上线提速）推动理赔提速，提升时效与获赔率，理赔投诉不断下降。

【强化合规经营意识】　公司将“行业规范建设”活动与业务经营、合规文化紧密衔接，夯实健康发展基础。围绕“立规矩、订规章、明规则、树规范”总体目标要求，健全合规管理机制，构建行业道德规范、行为规范、服务规范、管理规范，筑牢规范发展基础，提升全员合规操作及风险防控意识，培育良好合规文化，加强各项任务落实执行，提升服务实体经济质效。

（撰稿：徐　君）

天安财产保险股份有限公司舟山中心支公司

【概况】　2019年，天安财产保险股份有限公司舟山中心支公司（简称天安财险舟山中支）主要经营企业财产保险，家庭财产损失险，建筑工程保险，安装工程保险，货物运输保险，机动车辆保险，船舶保险，能源保险，一般责任险，保证保险，信用保险，健康保险，意外险等保险业务，内设综合部、理赔部、销售推动部、银保部、业务部，车商部,下辖岱山支公司和普陀区营销服务部。是年，实现保费收入2765万元，提前超额完成全年目标任务，计划达成率135.8%，累计同比增长38.54%。其中车险保费1634.87万元，同比增长12.98%，财产险401.75万元，同比增长73.84%，水险130.3万元，同比增长111.34%，个险591.54万元，同比增长145.38%，车险和非车板块全部完成年度任务，且都实现正增长。全年承保数8948笔，保额1934000万元，赔款1278.4万元， 赔付率46.24%，其中本级保费1920万元，普陀保费629万元，岱山保费215万元。

【大项目拓展工作】　2019年，舟山中支公司从非车续保工作做起，做好大项目拓展工作，大项目立项22个，签约12个，签单保费120万元。关注舟山政府建设项目招标通知，参与投标工作，推进与人保、太保等大保险公司对舟山非车项目的共保工作及续保项目的衔接；开发新的非车领域，尤其责任险板块。做好业务风险把控和核保沟通工作，确保规模和利润双赢。拓展政保业务，做好浙江省农业政策性保险及渔业互保项目前期相关的准备工作。重点关注政府主推的责任险板块，包括履约、食责、安责等，建工履约保证保险成功破零，全面发展各项非车险险种。

【加强企业品牌建设】　2019年，衔接市妇联对康乃馨项目的开拓，完成华夏综拓项目专员及地推专员组建，调整车商队伍，跟进人员性质，引进车商业务人员。调整理赔队伍强化各项增值服务的落实，严把投诉关，提高客户的满意度，提升公司企业品牌形象。

（撰稿：贝竹贤）

中华联合财产保险股份有限公司舟山中心支公司

【概况】　2019年，中华联合财产保险股份有限公司舟山中心支公司（简称中华财险舟山中心支公司）下辖普陀、定海、岱山3家县（区）支公司及六横营销服务部。是年，公司坚持高质量发展理念,推进业务稳健发展，服务区域经济发展。2019年实现保费收入6040万元，其中车险占全险种保费的78%。

【创新保险产品】　2019年，公司与舟山市公共资源交易中心合作并开展线上投标保证金项目的保险公司。该险种是一项重要的民生保险项目，简化招投标的各项交易环节，提高交易效率，降低公共资源交易市场主体交易成本，减轻投标企业的资金负担。

【强化理赔服务】　10月1日，“米娜”台风对舟山造成前巨大的灾害影响。灾情发生后，省、市两级公司联动，成立“米娜”台风大灾理赔指挥部，第一时间从全省系统范围内抽调17名精干人员、13台查勘车，从外地抽调15台施救车辆，全司共出动理赔工作组30个，投入理赔人员500余人次，对大灾案件理赔开通绿色快捷通道，简化程序、案件处理快捷有效，7日止，基本完成所有涉台风车险案件的理赔，达到高于行业的结案率，受到客户好评。

【创建合规文化】　严守合规经营底线，坚决贯彻落实“严监管防风险”的理念，全面开展“治乱象”“合规整改年”活动，制定活动方案，开展各类风险排查专项整治，营造主动防范、主动宣导、主动合规、主动汇报的合规文化氛围。开展合规文化宣导，组织开展警示教育合规培训、反洗钱培训、非法集资教育宣传、《党员和领导干部“八小时以外”行为规范》学习、中层干部廉洁谈话、每周定时发送廉政教育信息等，营造良好的合规经营氛围。

【加强文化建设】　根据“不忘初心、牢记使命”主题教育要求，中支公司党委先后组织观看《必由之路》《大国致贫》《巡视利剑》《我和我的祖国》《榜样》等教育警示片。同时，在新一届工会改选后，坚持慰问看望产、病员工，给生日员工送上祝福及心意，为困难员工排忧解难。围绕公司在舟山成立十五周年，开展迎司庆健步行、才艺作品大比拼、爱心捐赠、联欢会、技能大比武等系列活动，营造良好的公司氛围，进一步提升全体员工的凝聚力和向心力。

（撰稿：郭君波）

中国大地财产保险股份有限公司舟山中心支公司

【概况】 2019年，中国大地财产保险股份有限公司舟山中心支公司（简称大地财险舟山中支公司）围绕“科技驱动下的客户综合经营”的战略蓝图，将“三新三聚焦”战略作为公司战略转型抓手和实现路径，通过“三新三聚焦”打造以“新模式聚焦客户”“新业态聚焦布局”“新系统聚焦科技”为特征的“新”大地。普陀、岱山成立分支机构，全面实现覆盖全市的服务网络，加之开通全国统一报案电话“95590”，在外地出险实行全国统一调度、查勘、定损、全国通赔，随时随地随叫随到的服务，保证“服务至上，客户第一”的快捷专业服务。

【创新服务模式】 2019年，公司通过“线上化、数字化、智能化”加速推进“三新三聚焦”的战略转型。公司将APP、公众号、小程序等进行统一整合，并打造综合应用平台，作为客户线上化的统一入口。客户可以方便地查询服务、在线参与活动、进行实时互动。上线新一代核心系统“筋斗云”，为构建产品工厂奠定基础，使得公司可以根据客户需求将产品碎片化后再进行重新组织，定制化推出满足客户需要的产品。引入应用RPA、智能语音、智能图像、反欺诈、车联网等技术，并搭建起“两个中台、一个平台”，提升线上互动效率和客户体验。

【开启车险理赔新时代】 是年，客户出险后，只需添加“中国大地保险”公众号推送的理赔专员为好友，拍摄几张照片，赔款分分钟就能到账；VIP客户出险后，拨打“95590”报案，将有专家坐席一站式在线处理，查勘理赔全流程均可在线完成；小额案件，提交理赔资料即可快速获赔；关爱伤员，主动调查、主动评残、主动调节、主动赔付。

【提升客户服务质量】 是年，公司推出“微信理赔”、“四个时代”理赔、“‘智慧·关爱’新模式让理赔简单有温度”及“大地礼赔” 理赔服务。推出“大地礼赔”服务品牌，以礼为核心，以科技和人文为驱动，致力打造简单、人性、有温度的理赔服务。公司推出的微信线上理赔，小额、简易案件，客户可自行拍照上传系统，无需现场查勘；公司推出中国大地保险超级APP，客户可通过APP自主报价、在线结算、保单查询、电子保单下载、增值服务使用、理赔申请等一些操作，实现投保、服务、理赔一条龙服务。

（撰稿：黄燕芬）

责任编辑：王英伟

综合经济管理

Comprehensive Management

华能热电（陈炳群/摄）

社会主义核心价值观

国家 富强、民主、文明、和谐

社会 自由、平等、公正、法治

公民 爱国、敬业、诚信、友善

发展与改革管理

【概况】 2019年，按照机构改革工作安排，原区经济信息化和科学技术局(区商务局)的融资租赁、典当、商业保理、融资担保监管职责和能源管理职责划入区发改局；原区农林与海洋渔业局的从事信用互助的农民专业合作社管理职责，以及相应的风险处置职责划入区发改局；原区金融工作办公室(区企业上市办公室)的职责划入区发改局。城乡和社会体制改革相关职责划转到区委全面深化改革委员会办公室；农业投资项目管理职责划转到区农业农村局；药品和医疗服务价格管理职责转到区卫生健康局；重大项目稽察职责划转到区审计局；组织编制并实施主体功能区规划职责划转到市自然资源和规划定海分局；价格监督检查相关职责划转到市市场监督管理局定海分局；应对气候变化和减排职责划转到市生态环境局定海分局。

【规划管理】 下达2019年度规划编制计划，完成规划编制任务分解、编制经费安排工作，开展年度规划编制计划实施情况调研监督。是年，全区计划编制各类规划9项。其中，《定海健康产业园发展规划》《定海区实施乡村振兴战略行动计划》2个规划完成编制；《定海区村庄规划及设计》完成皋泄、三江村庄规划编制，完成马岙、新螺头村庄规划评审稿；《定海区重要区块城市设计及研究》完成西山路、蔡家墩、小洋岙区块城市设计；《定海城区重要区块控规》完成东湾北、邬家塘等街区的控规公示；《舟山市定海区综合交通规划》完成初稿编制；《定海区国土空间规划》完成初步方案；《定海区全域旅游发展规划》尚在前期思路研究阶段；《定海区信用体系建设中长期规划》经前期研究，编制必要性不充分，取消编制。

【计划报告和经济形势分析】 编制完成《2019年半年度国民经济和社会发展计划执行情况报告》和《2019年国民经济和社会发展计划执行情况与2020年国民经济和社会发展计划草案的报告》。对全区经济运行情况进行监测，做好投资、服务业、金融、价格等月度、季度运行情况调研分析，为全区经济社会发展出谋划策。

【现代服务业】 是年，全区服务业增加值333.09亿元，比上年增长6%，增加值占GDP比重58.6%。区本级服务业投资比上年增长11.8%。定海北部临港投资开发有限责任公司定海工业园区中小企业科技孵化基地建设项目列入2019年省服务业重大项目计划，8个项目列入2019年市服务业重大项目计划。

【重大项目建设】 是年，牵头制订2019年政府投资项目和重点建设项目计划建议，做好省市区重点项目进展情况月度统计。组织5个重大项目参加省扩大有效投资集中开工活动。

【社会固定资产投资】 是年，区本级（除临城街道）固定资产投资同比增长6.5%。其中民间投资、高新技术产业投资分别同比增长8.6%、10.7%，交通投资、生态环保和环境治理投资分别下降7.3%、36.1%。是年，全区安排政府投资项目132个，全年完成投资42.8亿元，完成年度计划的94.3%；实施重点建设项目82个，全年完成投资93.4亿元，完成年度计划的90.2%。

【项目资金争取】 是年，上报中央预算内保障性安居工程配套基础设施、浙江省公建投资计划等项目8个，申报资金额度20200万元。下达当年度中央投资项目13个，争取中央预算内资金20111万元。

【民生实事项目】 是年，牵头推进民生实事项目的实施，做好全程监督和汇报工作，打造群众满意工程。15项民生实事项目年度计划总投资9.4亿元，实际完成投资10.02亿元，完成年度计划的106.6%。

【东西部扶贫】 是年，推进定海对口宣汉县的东西部扶贫协作工作，在组织领导、人才支援、资金支持、产业合作、劳务协作、携手奔小康等方面加力加码，推动扶贫协作工作提质增效。研究制订《定海区2019年助力对口地区脱贫攻坚年度计划》，选派党政干部2名、专业技术人才20名赴宣汉挂职交流，捐赠社会帮扶资金1061.16万元。创新开展东西部职业教育和劳务协作“2+1”教学模式，组织42名宣汉贫困学生就读职业学校。精准开展结对帮扶工作，实现镇镇结对2个，村村结对2个，医院结对3个，学校结对4个，村企结对47个，社会组织结对贫困村数12个。大力推动消费扶贫，通过建立线下产销平台、支持电商扶贫等措施，帮助销售宣汉农特产品1654.6万元。

【审批管理服务】 是年，受理各类行政许可、其他事项182件，其中政府投资项目45件，企业备案项目41件，企业核准项目1件，项目前期服务联系单95件，所有项目在承若时限内办结，业主满意率100%。

【重点领域改革】 推进事业单位车改工作；落实特色小镇考核复检工作，推进小镇各项提质创建工作，争取命名授牌零突破；优化营商环境建设，对标先进地区经验，继续深化“最多跑一次”改革；创新推进全社会信用体系建设，加强重点领域信用建设，提升政务诚信建设水平；落实健康产业推进工作。

【能源发展】 是年，全区万元GDP能耗同比下降3.8%，能源消费总量增长为2.4%。煤碳减量8000吨；腾出用能9000吨；拆除20蒸吨燃煤锅炉2台。风力发电 13549.23万千瓦时；垃圾发电 11582.702万千瓦时；分布式光伏太阳能发电2605.28万千瓦时，合计发电2.77亿千瓦时。完成全区7家重点用能企业的能源监察工作，开展高耗能行业项目节能审查落实情况专项检查及落后用能工艺和设备淘汰情况监察。制定《舟山市定海区发展和改革局石油天然气长输管道安全监督工作方案》。加强管道监管工作，牵头开展油气管道安全隐患排查。建成省民生实事项目册子和小沙2座综合供能服务站。

【金融工作创新】 是年，新增新三板挂牌企业1家，辅导备案企业1家。创新推进无本续贷产品“续贷通2.0”，为237户中小微企业提供续贷13.65亿元，直接为小微企业主减轻转贷成本1000余万元。区民间投融资服务中心稳健运行，累计撮合业务669笔，撮合金额8.33亿元。

【非法理财机构整治】 开展非法集资陈案处置攻坚行动，联合公安、检察院、法院等部门梳理解决辖内尚未了结的陈案，完成司法审结和资金清退工作，梳理辖内非法集资类陈案34起。

【推广应用新墙材】 全年返退新型墙体材料专项基金项目45个，返退金额972.47万元，上缴国库300.20万元；返退散装水泥专项资金项目28个，返退金额79.73万元，上缴国库29.17万元。

拍 卖

【概况】 舟山市公信拍卖有限责任公司是“中国拍卖行业A级”企业和“浙江省工商企业信用A级‘守合同重信用’”单位，列入省司法委托拍卖入选名册，承担全区国有、集体资产拍卖业务。凡国有、集体资产拍卖统一进入区公共资源交易中心平台，在监督下完成拍卖过程，以确保国有、集体资产处置公开、公平、公正和保值、升值。

【拍卖和评估】 是年，舟山市公信拍卖有限责任公司举办各类拍卖会80场，涉及房屋产权、租赁权、工程石料、股权、二手车、废旧物资等内容。成交47000万元，总溢价率-48%。其中租赁权拍卖占25%，溢价率-13%。总拍卖业务中，国有、集体资产成交额为44000万元，占总成交量的93%，其中租赁权拍卖占25%，溢价率-13%。全年实现拍卖佣金收入836万元。

（撰稿：李留军）

统 计

【概况】 2019年，区统计局围绕区委、区政府中心工作，完善机制、优化服务，履行统计职能，提升数据质量，完成各项统计工作任务，为全区制定政策规划提供依据，为全区经济高质量发展提供统计保障。

【统计基层基础建设】 结合全区“三服务”活动，继续强化镇（街）、村（社区）统计基层基础建设。加大对企事业单位统计人员的专业辅导，组织召开企业年报培训会、各类专业培训会议，以及统计制度改革实施培训会议等，引导企业统计人员准确上报统计数据。

规上工业年报培训会议

【统计信息服务】 完成各类统计信息118篇，分析23篇。其中18篇次信息（分析）被各级党委政府录用，另有多篇信息被《舟山日报》《今日定海》《定海新闻》等新闻媒体采用。是年,编印《定海统计》19期。围绕区委、区政府的工作重点、社会关注的焦点问题，完成“加快我区规上工业高质量发展的研究”“加快定海区企业人才引进的研究分析”“定海商业综合体发展状况分析”等7篇课题。

【新经济指标统计】 根据《浙江省高质量发展指标体系实施办法》，探索新的统计方法，排摸全区高质量发展情况，加强对全区高质量发展指标的数据搜集和统计，提出建议。加强对全省“一号工程”数字经济的动态化监测，根据考核要求，掌握数字经济统计的制度方法，分析区数字经济同省考核目标的差距，同经信部门商讨对策，撰写《加快定海区数字经济核心产业发展的几点意见》。

【统计宣传执法】 利用统计月卡、微信公众号、官方网站等载体宣传统计法规，以全国法制宣传日和统计法颁布纪念日等为契机，开展统计法制上街宣传活动，在统计年（定）报培训会上对重点普法对象进行法制宣传。开展“以数谋私、数字腐败”全面排查和专项整治工作，建立健全“双随机一公开”抽查机制。是年，稽查单位80家，立案并罚款2家。

统计法制宣传

【第四次经济普查工作】 1月1日，正式开展第四次经济普查入户调查工作，督查各个普查区，查遗补漏，累计完成全区20659家单位的清查摸底，对其中6499家单位进行年报数据核实登记，强化差错审核，确保经济普查数据与日常上报数据相匹配。

【专项调查】 完成党风廉政建设调查、“平安浙江”群众安全感满意率调查、“平安镇（街道）”群众安全感满意率调查、5‰人口抽样调查、城市公共交通满意度及公交分担率调查、党风廉政建设调查等多个专项调查。

【主题教育活动】 成立局主题教育领导小组，确定主题教育工作计划。组织全局干部学习习近平新时代中国特色社会主义理论，按要求学习“两书一章”，局班子成员分两次就“从严治党、理想信念”等八个专题进行交流发言，党组成员为党员干部党课。召开专题民主生活会，进行批评与自我批评。

（撰稿：徐 波）

（本分目照片由区统计局提供）

审 计

【概况】 2019年，定海区审计局完成审计项目12个，查出主要问题金额22722万元，其中违规金额37万元、管理不规范金额22685万元。审计处理处罚金额37万元；审计促进整改落实有关问题金额6853万元；审计后挽回(避免)损失1797万元。出具审计报告和专项审计调查报告12篇；审计提出建议37条，被采纳37条；促进被审计单位制定、完善规章制度3项；提交审计信息95篇，被批示、采用50篇。向社会公告审计结果3篇。

【财政资金审计】 开展区财政局具体组织的2018年度预算执行情况审计、小沙街道和白泉镇2018年度财政决算审计。审计促使区财政将拆迁房的房屋补偿款1271万元全部缴库；促使马岙街道对店招店牌和立面改造等工程重新审价，核减工程投资额38.74万元；促使小沙街道全部收回其渔业合作社未发放到渔船主的55.76万元渔业生产政策处理款。并要求相关单位健全资金监管机制。

【政府投资项目审计】 着重关注已完工公共投资项目建设管理情况，完成全区公共投资项目竣工验收专项审计。走访调查18家项目实施单位，涉及项目402个，概算投资总额92.9亿元。审计中发现部分公共投资项目后续管理不重视：因工程结（决）算不及时，19个项目未能及时办理竣工验收；因未按批复要求施工，14个项目无法办理竣工验收手续。另外，加强对蓉浦公寓竣工决算审计项目的整改落实，收回管道燃气建设配套费22.22万元；协调做好科创大楼协审工作，初步出具暖通设备采购结算审核报告；协调督促经信局等部门加快科创大楼结算审核进度，结合“三服务”活动，推动项目工程款及时结算。

【经济责任审计】 实施4个单位6名领导干部的经济责任审计，查处管理不规范金额224万元，其中违规金额14万元，直接责任问题金额17万元。根据审计发现的问题，要求区人防办对接区住建局对全区2017年至2018年度民用建筑项目进行排查，排查后补开7份人防建设费征收核定表，补缴其中3个项目人防易地建设费共计85.93万元；出具审计决定责令收回5名事业人员违规列支的14420元交通补贴。

【政策执行审计】 重大政策措施落实情况跟踪审计具体渗透在扶贫、养老、慈善等审计项目中。扶贫审计聚焦“三服务”目标，助力多项惠农类及帮扶救助补贴精准发放。重点关注低收入渔农户各项补贴发放及管理情况，发现耕地地力保护补贴、政府养老保险补贴、困难残疾人生活补贴等补贴存在发放不精准、监督管理尚欠规范等问题，涉及多发补贴金额共计18.68万元，至年底收回多发补贴11.42万元。审计期间走访4个镇街7个社区村，排查共性问题3个，梳理问题线索9条。撰写《审计部门反映扶贫基地存在管理漏洞需引起重视》获区委书记批示，出台《定海区扶贫项目和资金联审制度》《关于进一步加强“普济慈光造血型”扶贫项目监管的意见》等制度。养老服务体系建设情况专项审计中发现信息共享不及时导致重复享受补贴、未停发死亡人员的养老服务补贴等问题。2015年1月至2019年1月未停发已死亡的9位老人养老服务补贴2.32万元，该项补贴于审计期间收回。

审计人员在扶贫审计项目中深入田间地头了解情况

【审计管理】 继续完善“四个会议”（即审前培训会、审计进点会、审计进展情况汇报会、审后总结会）制度；继续做好三张重要管理事项记录（审计方案、审计报告征求意见稿、审计报告），深化审计业务会议机制，实行重点审计项目、重要审计事项集体会审。成立审计报告审核领导小组，规范审计报告的格式体例，提高审计报告的质量。加强对审计一线的监督，实行审前承诺、审计回访等制度。推动区政府出台《关于进一步加强审计整改工作的意见》，《意见》对提高落实审计整改责任的思想认识、完善审计整改工作机制度、强化责任落实等方面作出具体规定。

定海区内部审计人员在苏州大学内审培训

【党风廉政建设】　全年党组专题研究党风廉政建设工作4次：专题研究讨论今年党风廉政建设工作要点和该项工作的组织领导与责任分工；领导班子履行“一岗双责”半年度汇报；视频案例警示教育等。局班子领导开展廉政谈话2次。按照纪委“二个平台”要求，及时上报每个阶段工作开展情况。签订党风廉政建设责任书，开展警示教育月活动以及审计系统集中整训月活动，执行审计“四严禁”工作要求和审计“八不准”工作纪律。开展“不忘初心、牢记使命”主题教育，学规定书目；分次对八个专题开展专题研讨；组织党员参观定海县工委旧址、观看《不忘初心学党章》等系列视频；开展“三服务”活动，党组班子成员以上率下，带着课题深入镇街道、结对社区，围绕打赢“扶贫攻坚战”、助力“创城”、提高内审质效、规范公共投资项目绩效管理等角度开展调研；开展“一把手”、支部书记、班子领导等多层次的专题党课；开展“五对五查”，对照党章、党规、准则找差距。全年召开党组会议12次，中心组4次。利用手机短信群发平台、微信群等传达各项纪律规定；落实主要负责人向市局党组述职报告工作机制。开展各类审计业务学习，加强复合型审计人才培养。

召开“不忘初心、牢记使命”活动动员大会

（撰稿：庄缀萍）

（本分目照片由区审计局提供）

国有资产管理

【概况】　2019年，定海区出台《定海区深化国有企业改革总体方案》，推动国有企业完善现代企业制度。进一步加强国有资产管理，确保国有资产保值增值，增强业务招待费管理水平，提高国有资产使用效益。在一级国有企业中开展国有资本经营预算，强化国有企业监督管理，多渠道筹措资金，解决企业发展融资困境。至年底，区属国有独资、控股、参股企业80家。其中独资企业52家，控股企业9家，参股企业19家。

【深化国有企业改革】　推进国有企业市场化改革，对区国资公司、区旅游集团整合提升，进行市场化运作并正式揭牌运营。区财政局对两家公司履行出资人职责，对企业负责人实施经营业绩考核和薪酬核定。

【国有资产保值增值】　对区属国有企业在资产处置方面按规定办理申报审批手续，符合要求的资产全部进入舟山信达产权交易中心公开处理。2019年固定资产拍租拍卖总计85笔，起拍金额合计55173.38万元。是年，全区弃土混合料评估总价40637.92万元，成交总价41630.73万元，溢价率达2.44%。完成定海区事业单位、国有企业第二批取消公车公开拍卖工作，共计拍出车辆83辆，车辆评估总价为295.7万元，成交总价391.6万元，溢价率达32.43%。

【加强三公经费管理】　2019年度国有企业业务接待消费预算指标484万元，同比下降5.3%左右。至年底，业务招待费发生额108.16万元，同比下降

32.4%，总执行率为33.06%。

【实施国有资本经营预算】 布置2020年区属一级企业的国有资本经营预算，纳入定海区国有资本经营预算编制企业有6家，预计可上交收益为22万元，国有资本经营预算支出无安排。

【强化国企监督管理】 建立和完善以财务监督为核心的国资监管体制，强化国资监管，对国有企业贷款、担保、股权划转等事项进行审核报批。组织完成2019年度区国有企业监管情况的现场检查工作，对全区59家国有控股以上企业进行银行开户情况检查，清理取消23个使用效率低下的银行账户。

【拓展企业融资渠道】 2019年全区国有企业发挥融资平台功能，拓宽融资渠道，运用各类金融工具总筹资80多亿元，保障全区重点项目建设资金需求。

（撰稿：彭建慧）

责任编辑：鲁学伟

应急管理

Emergency Management

柳行古街（陈炳群/摄）

社会主义核心价值观

国家 富强、民主、文明、和谐

社会 自由、平等、公正、法治

公民 爱国、敬业、诚信、友善

综 述

1月15日，定海区应急管理局挂牌成立，承担安全生产、应急管理、防汛抗旱、减灾救灾、地震与地质灾害救援、森林防火、消防管理职能和区防汛防旱防台指挥部、区政府森林消防指挥部、区抗震救灾指挥机构等三个指挥机构职责。2019年，区应急管理局贯彻落实党中央、国务院决策部署，围绕“大安全、大应急、大减灾”体系构建，树立安全发展理念，坚持底线思维、强化风险意识、提高防控能力，不断深化安全生产综合治理三年行动，全安全生产形势稳中向好。

是年，全区发生各类生产安全事故12起，死亡(失踪）11人（不包括水上交通及生产经营性火灾)，同比分别下降36.8%、45%，未发生较大及以上生产安全事故,未突破市安委会下达的控制指标。定海区人民政府被舟山市人民政府评为2019年度安全生产目标责任制考核优秀单位。

综合协调工作

【责任落实】 年初区政府和各镇（街道）、各位分管副区长，各位副区长与相关行业部门层层签订责任书，建立一级抓一级，逐级抓落实的安全生产责任。根据机构改革情况，重新梳理安委办成员单位名单，制定出台安全生产巡查工作制度，定期通报专委办工作情况，深化安委会“1+X”组织体系建设。强化安委办综合协调职能发挥，先后协调解决老旧小区外立面改造中电力安全问题、万花谷越野山地车安全问题等疑难问题。实行联席会议制度，对船舶修造行业专项整治、消防安全整治、危险化学品专项检查、小微企业综合整治等重点工作开展专题会议研究部署，推进行业、属地监管责任落实。

区安全生产委员会专题部署小微企业综合整治工作

【重点行业领域专项整治】 开展“危险化学品等六大领域”安全铁拳整治行动，挂牌治理省、市、区级隐患（危险路段）22处，深化重点领域安全生产。推进危化品风险预防大数据平台建设，根据企业固有风险绘制安全风险分布地图，确定危化生产、储存及特定装置使用企业143家，危险化学品使用企业311家，实行危化生产企业安全风险日志管理、每日承诺等，实现安全风险动态监管。推动化工企业重大危险源全面配备独立安全仪表系统，强化科技支撑。聘请第三方专业机构为定海区17家危化生产经营企业攻坚提升开展全面排查服务，推进19家危化企业购买安全生产责任保险，强化社会化服务保障。全面排查整治船舶修造行业各类非法违法行为，在全区船舶修造企业全面推广实施《船舶企业安全管理规范（试行）》，推进31家船舶修造企业外协施工队伍开展安全生产规范化建设，助推企业本质安全水平提升。开展“迎大庆、保安全”护航新中国成立70周年专项行动，明确90条内容八大领域为主导，以清单形式落实责任部

开展全区危险化学品企业安全生产大检查

门、完成时限，督促各行业主管部门落实责任，为庆祝建国70周年营造安全环境。

防汛抗旱与减灾救灾

【防汛责任落实】 落实以行政首长负责制为核心的防汛责任制，区政府与各镇（街道）及东海农场等重点单位分别签订2019年度安全度汛责任状。履行防指职责，厘清水利、气象、自然资源、商务等各部门职责界线，形成统筹协调、值班值守、会商研判、信息报送、物资储备等工作联动机制，全面梳理更新11个镇（街道）、108个村（社区）基层防汛责任人以及83幅村级防汛防台形势图，对全区200余名水库山塘工程责任人进行汛期培训，确保防汛责任落实到位。及时启动防台防汛应急响应，做好响应期间的会商、通知、应急值守、数据灾情报送等相关工作。是年，启动防汛IV级响应4次，台风应急响应5次，应对“利奇马”“米娜”两次强台风袭击。

【避灾安置场所规范化建设】 调整公布全区60个避灾安置场所，完成15个避灾安置场所规范化建设，做好避灾场所的房屋安全鉴定、功能区设置、设施配置、物资配备和制度台账准备等工作。结合文明城市创建工作，对10个避灾安置场所实行定人驻点管理，确保发现问题及时整改。

统一规范全区避灾安置场所标识标牌

【灾后总结整改】 反思台风过后的经验教训，全面梳理风险点和薄弱环节，召开“米娜”台风经验教训座谈会，梳理存在问题五大类30余条并形成任务分解表，分别明确整改期限、牵头领导及责任单位，夯实防灾减灾基础。针对台风引起的城区内涝问题，组织赴城区易涝点、河道闸门泵站、避灾安置场所等开展调研，加大对强排车、两栖车、移动式水泵等大型应急救援设备设施的财政投入，补齐城市“防洪排涝”短板。

“米娜”台风灾后总结会

应急救援和预案管理

【应急预案修订及演练】 以机构改革为契机，梳理完

老塘山港区海上溢油事故应急演练

善全区应急救援预案体系，编制预案修订计划。完成《定海区重大道路交通事故应急预案》《定海区大气重污染应急预案》《定海区应急管理局工矿商贸行业防汛防台专项应急预案》等修订工作。组织开展定海区危险化学品暨特种设备生产安全事故应急演练、定海区海上溢油事故应急演练、原油长输管线泄露应急演练、防台抢险等，进一步提高各部门应急联动能力。

【应急救援队伍建设】　开展全区应急队伍调查摸底，基本掌握全区综合消防救援队和专业应急救援队伍的组织机构、专业技能、人员构成、救援装备和经费保障情况等信息，为建立应急管理部门与应急救援队伍协调指挥和应急联动工作机制提供信息支撑。服务指导“民源”和“蓝天”两支社会应急队伍组建工作，扶持壮大民间救援力量发展，在“利奇马”和“米娜”两次台风应急救援过程中发挥重大作用。

蓝天应急救援队集结

【应急物资人员储备】　加强应急救援队伍、装备、物资准备工作，按要求落实物资品种、数量、储存地点，完善物资储备管理制度。是年，储备区级物资350万元，落实区级防汛抢险队伍2支（人武部应急分队，武警抢险分队）61人，驻定海部队6支约120人，各镇（街道）防汛抢险队伍149支2898人，并在每次台风过后及时补充物资储备。

企业安全生产监督管理

【执法检查】　组织开展春节前、节后复工复产、两会期间、夏季高温等重点时段安全检查，强化涉燃爆粉尘企业、喷涂作业场所等的专项检查，深化“互联网+监管”执法模式，实现掌上执法应用率100%，查处用人单位违反安全生产管理规定作业的行为。是年，累计开展安全生产执法检查1251家次，开具责令限期整改指令书及整改复查意见书558份，实施行政处罚35次。

9月，开展国庆节前全区船舶修造企业作业安全隐患排查检查

【基层基础建设】　开展第十八个全国安全生产月活动、安全生产宣传教育“七进”活动、重点行业领域企业安全班组建设劳动竞赛活动等，组织讲法学法、专项执法、摄影比赛、现场咨询，开放浙江交工集团安全生产体验基地、安全生产警示基地，强化宣教保障；推动“智慧用电”系统在重点企业员工宿舍、文化娱乐场所等重点场所的推广应用，强化安全技术保障；借力保险机构为投保企业开展安全生产风险分析、生产安全事故隐患排查和安全生产培训等基本服

安全生产月期间，浙江交工集团安全生产体验基地开展安全生产VR智能体验

务,发挥保险费率杠杆激励约束作用，强化第三方服务机构安全保障。

【生产安全事故调查】 按“四不放过”原则调查处理安全生产责任事故6起，警示约谈企业4家，制作调查笔录31份,处罚款164.34万元，依法加大事故相关责任单位和责任人员的处罚力度，确保事故隐患依法依规整改到位。

2019年各类事故统计

表21

指标 类别	事故次数		死亡（失踪）人数		受伤人数		沉船只数		其中一次死亡3人以上事故	
	全年（次）	比去年（±%）	全年（人）	比去年（±%）	全年（人）	比去年（±%）	全年（只）	比去年（±%）	全年（次）	比去年（±%）
企业工伤	5	−16.7	5	−28.6	1	增加1人	/	/	0	持平
道路交通	7	−41.7	6	−50	2	持平	/	/	0	持平
水上交通	0	持平	0	持平	0	持平	0	持平	0	持平
生产经营性火灾	0	持平	0	持平	0	持平	/	/	0	持平
渔业水上事故	0	持平	0	持平	0	持平	0	持平	0	持平
不包括水上交通运输及经营性火灾合计	12	−36.8	11	−45	3	增加1人	0	持平	0	持平

（撰稿：韩　玲）

（本分目照片由区应急管理局提供）

消防救援工作

【概况】 是年，区消防大队有指战员44名，其中干部12名、消防员33名；执勤消防车11辆，行政执法车3辆。成功处理“7·19”华定西香苑民房火灾、“9·17”纳海油污油罐爆炸事故，完成抗击台风“利奇马”“米娜”等一系列急难险重任务。是年，大队1人代表总队参加火焰蓝比武获全国第一并荣记个人二等功，1人记个人三等功，1人获评总队优秀党员，定海中队党支部被省消防救援总队评为先进党支部，获

侯富光区长到大队检查指导工作

得支队“不忘初心、牢记使命”主题教育演讲比赛一等奖、火焰蓝摄影比赛三等奖、“训词在我心、追梦火焰蓝”主题征文1个二等奖，2个三等奖。是年，被市消防支队评为防火监督工作先进集体，被区委、区政府评为2019年度考核先进单位，被区安委会评为2019年度安全生产先进单位。各类火灾扑救、抢险救援和消防工作中优秀指挥员2人，优秀共产党员2人，优秀团干部1人，优秀团员4人，各类年度先进个人15人。

【接警出动】 是年，全区接警出动848起，出动消防车1540辆次，消防人员8860人次，抢救被困人员228人，疏散人员458人，抢救财产价值2033.7万元。全区发生火灾19起，死亡0人，受伤0人，直接经济损失889746元。同比去年，火灾起数下降13.64%，直接经济损失上升28.49%。

【落实消防安全责任】 年初由区政府召开消防工作会议并与各镇街和相关部门签订《2019年度消防安全目标管理责任书》，将消防工作纳入政府各项综合考核内容。建立完善镇街消防工作站运作机制，提升基层消防组织管理水平和火灾防控能力。开展高层建筑、施工工地、养老福利机构、公共娱乐场所、医疗卫生等各自领域消防安全大排查行动，各职能部门对本行业、系统单位消防安全工作监管力度进一步加大，“管行业必须管安全”消防工作氛围逐渐形成。

【加强消防基础管理】 是年，围绕“三年翻身仗”这一中心任务，列管消防安全重点单位284家，检查单位1382家次，督促整改火灾隐患1545处，下发责令改正通知书523份、行政处罚决定书56份、临时查封决定书3份、“三停”15家，罚款31.7万元；出具火灾事故（含简易调查）认定书11份。

【开展火灾隐患排查治理】 推进人员密集场所、养老机构、出租房、高层建筑、易燃易爆场所、夏季消防安全大检查等消防安全专项整治和隐患整治“回头看”活动，有序推进重大火灾隐患单位政府挂牌整治，形成对火灾隐患和消防违法行为的高压打击态势。与区住建局、区公安分局、区综合行政执法局等部门通过近三个月的联合整治行动，将居民小区内车库、车棚间的出租房一律清人腾退；督促镇（街道）、派出所着手开展3人以上居住出租房“回头看”工作，同时对8家10人以上出租房进行全面检查。落实老旧小区改造相关要求，通过推动改造老旧电气线路，推广安装剩余电流保护装置、独立式烟感，提升老旧小区火灾风险抵御能力。是年，实施老旧住宅小区改造8个，计153幢（含零星住宅6幢），涉及居民6000余户。组织对30余个高层住宅小区逐一开展排查，推动区住建局及属地镇（街道）整改检查发现的问题，落实楼长经理人制度，推动安装消防远程监控系统，争取实现高层公共建筑消防设施功能完好率、消防远程监控系统联网率达100%，高层住宅建筑“两率”达90%以上。推进智慧消防建设，全区174家公聚场所重点单位有90余家单位安装智慧用电系统；全区安装电动自行车智能型集中停放充电点数设置50处，设有消控室单位基本完成城市远程监控系统安装工作。督促重大火灾隐患整改，全区2家市政府挂牌督办重大火灾隐患单位均完成整改销案。

联合城东街道检查大型综合体消防情况

【深化消防执法改革】 是年，持续深化“创人民满意消防队伍”活动，主动融入“最多跑一次”改革，向社会公开“创人民满意消防队伍”六项承诺措施。实行小微项目承诺制备案，由原来的75%的抽查比例缩短至0比例抽查，压缩办事时限。与区住建部门建立技术交流平台，完善信息互通、联合审批工作机制，将消防设计审查与验收职能划转至住建部门，事项移交期间，全区无一起投诉事件。落实“双随机”监管模式，加强事中事后监管，做到既优化营商环境，又确保消防安全。12月1日起，在中国（浙江）自由贸易试验区开展公众聚集场所告知承诺工作，推进公众聚集场所告知承诺管理。

【灭火救援】　坚持实战实效导向，围绕灭火救援这个中心任务，贯彻习近平总书记授旗训词精神，看齐综合性应急救援队伍“主力军、国家队”定位，树立“全灾种、大应急”理念，聚焦队伍“战斗力”标准提升，加强第一出动力量调配，完善大队值班领导遂行出动制度，确保队伍第一时间能够拉得出、打得赢。修订灭火救援应急预案，开展辖区单位熟悉演练、微型消防站拉动、消火栓维修保养工作，确保辖区火灾形势和队伍管理稳定。是年，大队开展重点单位熟悉546家，演练315家，制定全年新版数字化预案35家，修订预案277家，对辖区1120处消火栓进行全面排查，并建档备案。

【抗击台风“米娜”】　台风“米娜”期间，全体指战员牢记初心使命，全员出动，连续作战47小时。10日1日0时至2日24时，接警154起，营救被困人员191人，排水近30万立方米，完成抗击台风“米娜”任务。

【消防宣传培训】　是年，以平安消防安全宣传教育培训为牵引，将消防安全教育纳入2019年公务员学法用法三年轮训和2019年初任公务员培训内容。先后开展“防风险保平安迎大庆”消防安全执法检查专项行动宣传、“固安除患2019”专项行动消防安全宣传教育培训工作，旅游行业消防安全“五大”活动，统筹开展消防宣传“七进”、消防站开放、消防科普教育基地建设等活动。是年，开展消防培训100余场次，培训人员近5万人次。利用大型商市场、沿街商户电子显示屏、户外视频及宾馆、影院、KTV电视，高密度播放消防安全公益广告和提示字幕，发布电视游字、广告6000余条，广播消防知识3000余条。利用“定海消防”官方微博、微信公众号、今日头条号，及时发布动态信息，向粉丝发送消防常识提示。与移动公司开展合作，畅通全区120个村（社区）基层组织240名党政负责人及社会单位负责人联系渠道，累计发送消防常识提醒短信15000条，将消防宣传的触角延伸至最末端。

社区消防宣传

【火灾案例】　1月27日13时06分，接市消防救援支队指挥中心指令，位于城东街道紫竹公寓22幢501室发生火灾。大队出动6辆消防车、29名指战员前往扑救，13时50分火灾被扑灭。火灾造成501室内装修、家具家电等烧毁，601室内阳台区域过火，内部烟熏，其它周边及相邻户均不同程度遭受损失，未造成人员伤亡。火灾直接经济损失18.8068万元。

5月11日18时18分，接市消防救援支队119指挥中心指令，位于金塘镇红星杨家38号民房着火。大桥消防站出动3辆消防车12名指战员前往扑救处置。火灾造成舟山市定海区金塘镇红星杨家38号5间民房内部物品及房顶烧损塌落，无人员伤亡。火灾直接经济损失22.7971万元。

7月23日8时15分，接市消防救援支队119指挥中心指令，位于干䃢镇揽华路1号的浙江龙源四方机械设备制造有限公司金属彩石瓦车间着火。大队出动3车17名指战员前往扑救处置。火灾造成车间西侧的物品及部分顶部结构烧损，无人员伤亡。火灾直接经济损失2.1035万元。

11月26日03时55分，白泉镇电厂路4806工厂对面的舟山市定海诚誉废品收购站西北角仓库发生火灾，6时30分，火灾被扑灭。火灾造成收购站西北角简易钢棚仓库区域堆放物品烧毁，收购站北侧外墙一辆工程车车头部位烧损，无人员伤亡。火灾直接经济损失22.9293万元。

（撰稿：王　成）

（本分目照片由区消防大队提供）

责任编辑：鲁学伟

自然资源与规划

Natural Resources and Planning

马岙省级精品村（陈炳群/摄）

社会主义核心价值观

国家 富强、民主、文明、和谐

社会 自由、平等、公正、法治

公民 爱国、敬业、诚信、友善

综　述

市自然资源和规划局定海分局是市自然资源和规划局的派出机构，为正科级，挂市林业局定海分局牌子。机构改革后，整合原市国土资源局定海分局职责，区农林与海洋渔业局林业管理、海洋规划、海洋资源调查和确权登记管理职责,区发改局组织编制并实施主体功能区规划职责，区水利局水资源调查和确权登记管理职责，市规划局定海分局职责，相关部门的自然保护区、风景名胜区等管理职责。内设办公室（挂政策法规科牌子），国土空间规划科（挂国土空间用途管制科、行政许可服务科、测绘与地理信息科、耕地保护与生态修复科牌子），自然资源管理科（挂自然资源调查监测与确权登记科，自然资源开发利用科牌子）。2019年，分局围绕全区各项重点工作和目标任务，深化改革创新，主动作为，服务大局，保障定海区经济持续健康高质量发展。是年，制定被征地农民基本生活保障实行“人地对应”实施办法、农（渔）村公益性建设项目用地保障暂行办法、工业仓储企业改扩建规划审批管理相关意见、全域土地整治扶持政策等。是年，分局获得浙江省公益林建设成绩突出集体、创建国家森林城市先进集体、全省林业技术推广突出贡献集体等荣誉。

保障发展

【规划编制】　根据全市新一轮国土空间总体规划的编制要求和任务部署，启动《定海区国土空间总体规划专题研究（2020—2035年）》编制工作，成立规划编制工作领导小组，完成前期调研和各部门相关资料收集工作，结合规划基数转换、重大问题研判等工作编制规划方案，国土空间规划编制工作走在全市前列。是年，13个街区（地块）控规获市政府批复，批复面积约892公顷，在编控规面积约528公顷；启动舟山高铁新城核心区3.12平方千米的控规编制工作；完成白泉镇皋泄社区、马岙街道三江社区的村庄规划编制及审查工作，结合全域土地整治，启动马岙街道马岙社区、白泉镇金山社区、盐仓街道新螺头社区的村庄规划编制工作。

【国土空间保障】　完成8个土地利用总体规划局调方案，其中6个方案获批（中心城区2个、金塘镇2个、岑港街道2个），涉及项目44个，总面积354亩，调整规划面积153亩，其中市重点项目4个，分别为329国道舟山段改建工程附属设施、远洋渔业基地兴业路至正达道路、舟山新港（集聚）220千伏变电站和中澳产业园区澳牛屠宰场（配套公路道路工程）；2个方案（岑港街道1个，小沙街道长白岛1个）正在组件待报，涉及项目2个，总面积8亩，调整规划面积3亩。

【建设项目保障】　是年，落实建设用地批次2批，涉及项目20个，保障新增建设用地指标106亩，其中农用地60亩，耕地50亩。争取增加铁路落地相关指标工作，完成甬舟铁路定海段占用的1086亩永久基本农田的补划工作。全区供应土地24宗，供地面积2242亩，其中出让8宗，出让面积504亩，出让金收入16.87亿元。全年出让经营性用地4宗，土地面积153亩，出让金总额13.8亿元。完成大洋世家、森森等一批省、市、区重点项目的土地供应，涉及土地面积312亩，实现100%标准地出让，探索首宗仓储用地“标准地”出让，面积208亩。

【空间用途管理】　完成建设项目审查58件，审查小洋岙周家出让地块、环南竹山门出让地块、三农市场等规划方案17件；确权海域项目14个，用海面积122.47公顷，其中变更项目5个，面积13.73公顷，新增项目9个，面积108.74公顷；办理建设项目使用林地审批28件，涉及各类林地面积20.99公顷，收取植被恢复费384.90万元；完成设施农用地备案4件，申请设施用地面积0.6亩；批准临时用地1宗，面积2.8亩；办结建设用地规划许可证29件，建设工程规划许可证（含工程调整）76件，私人建房用地、工程规划许可各1033件，陆生野生动物出售许可3件，海域使用权许可12件。

资源调查

【第三次国土调查】 以镇（街道）为单位，由各基层所会同所在镇街、社区，对辖区的图斑进行全覆盖、逐图斑检查。对全区数据情况进行会审，对部分重点地类、重点项目地块进行研判。9月3日，国家反馈全面核查意见，错误率为0.22%，三调成果位于各县区前列，舟山市首位。10月25日，整改结果提交省三调办并审查通过，提交国家三调办审查，三调全面摸清定海区自然资源家底。

【森林资源动态监测】 落实森林资源动态监测更新工作，完成85个国家和省遥感变化图斑现场核查，305个遗漏图斑、属性因子差错图斑现地核查。根据监测成果定海区森林覆盖率增加0.21%，林木蓄积量增加7.30万立方米，乔木林单位面积蓄积量达到2.51立方米/亩；根据公益林小班判读与修边，形成省级以上公益林区划落界整合成果与森林资源管理“一张图”数据库，整合后，全区省级以上公益林区划落界总面积27.55万亩，体量居全市首位。

【海岛、岸线调查】 是年，辖区海域内有海岛140.5个；其中有居民海岛 38.5 个，占到全区海岛总数的27.4%，无居民海岛 102 个，占到全区海岛总数的72.6%。海岛岸线总长度为 418.108千米。

【数据信息基础】 深化“互联网+”技术运用，推进实体大厅向网上办事虚拟大厅延伸，审批事项实现100%网上申报，不动产登记查询事项在窗口收件端、浙江政务服务网电脑端、“浙里办”移动客户端实现“一证通办”；定海老城区4800幢历史商品房分层分户平面图开始实施矢量化入库，实现配图环节前置，3.8万宗不动产登记档案完成装订并数字化，28万宗房产（地籍）历史档案扫描开始实施。

节约集约

【土地处置】 是年，完成批而未供土地消化利用418.8亩，盘活存量建设用地437亩，完成低效用地再开发1551亩。完成6宗闲置土地处置，面积345亩。2018年上海督察局例行督察项目整改完成率达100%，其中两宗闲置土地涉及“回头看”。

【围填海历史遗留问题】 全区（含金塘）围填海历史遗留问题图斑24个，其中批而已填未利用图斑5个，批而未填图斑7个，未批先建图斑12个。是年，评审通过5个批而未填图斑历史遗留问题处理论证报告，上报批而未填项目实施计划，启动港航机械制造基地填海工程（批而未利用图斑）竣工验收报告编制工作，启动未批先建图斑违法立案查处工作，10个案件立案处罚决定书均发出，部分处罚款上缴。干䃶、岑港和金塘区块生态评估单元均完成生态评估和生态修复方案编制并通过评审。为定海争取发展空间1200余亩。

【矿产保障】 是年，谋划干䃶镇东升村龙王跳山地块矿山设置事项，完成矿山出让前期基础工作；谋划金塘南部片区、金塘北部大菜花山、白泉高铁新城等采矿权布点可行性研讨工作，形成初步方案；开展金塘大菜花山矿地综合利用项目申报工作，完成储量报告。

生态修复

【全域土地整治】 是年，金山社区建成高标准农田177.64亩，耕地质量提升137.58亩，完成村口公园项目建设，完成道路提升改造、外墙粉刷工程招投标，推进土地流转。新螺头社区全域整体方案上报省自然资源厅审查，完成造地项目立项，计划新增耕地65亩，旱改水172亩，启动秘境仙踪项目，完成老房屋改造约30幢，陆续开展村庄美化工作。马岙街道全域土地综合整治工作全面启动，完成方案编制，土地整治工程全部开工。

【耕地保护】 永农核查划定5000亩永农储备区，上报省厅；实施“152”耕地生态建设保护工程，立项7个垦造耕地项目，计划垦造耕地总面积400亩，其中新增耕地200亩，新增旱改水200亩。

【国土绿化】 创建“一村万树示范村”3个，分别为盐仓街道新螺头社区、白泉镇河东社区、岑港街道南岙社区；完成彩色健康森林1000亩；强化林业有害生物防治，加强森林防火管理，确保重点区域森林资源安全。全年无森林火灾事件发生，全区森林火灾受害率控制在0.8‰以内，达到市局森林火灾考核指标要求。

【海岸线修复】 全区海岸线整治修复项目（二期）计划整治修复13.790公里,其中岑港街道 6.279千米，金塘镇 7.511 公里，积压部分2018年任务。内容包括海岸危石、弃渣清理、海岸线生态绿化及沙滩维护等修复措施。至年底，完成验收，确保两年任务一年完成。

【绿色矿山】 根据绿色矿山建设三年行动，本年全区需新纳入国家绿色矿山名录3座。小沙街道三龙社区帽头岗、金塘镇新丰社区东岙山、白泉镇小展社区蛏子湾建筑用石料（凝灰岩）矿平均得分分别为83.9分、83.23分、81.77分，均达到国家绿色矿山入库要求，完成年度绿色矿山入库任务。

【湿地保护】 开展核心区鸟类栖息场地清理、引鸟工程维护等工作。完成五峙山鸟类自然保护区总体规划修编，通过区政府常务会审议上报省林业局审查。着眼“智慧鸟岛”建设，开展保护区监控网络5G+4K升级改造方案的深化完善。加强对夏候鸟类迁徙、孵化、哺育等情况观测、记录和分析。是年，观测到大凤头燕鸥成幼鸟约5600只，黑尾鸥成幼鸟约4500只，其中“中华凤头燕鸥”20只，黄嘴白鹭20只，新发现蒻翅燕鸥2只。开展对保护区内的冬候鸟的观测。

执法监察

【大棚房整治】 “大棚房”问题12宗、18个点位，占地面积15.81亩，其中占用永久基本农田4.39亩，现全部完成整治整改验收工作，恢复农业生产功能及农业用途。拟定《定海区设施农用地长效管理办法》，在全市率先构建设施农用地全生命周期管理机制。

省督查组实地验收“大棚房”问题整改情况

【卫片执法】 2019年，立案查处13宗，面积24.56亩，耕地5.24亩；非立案查处1宗，面积2.2亩，耕地1.87亩。全区违法用地耕占比为0.55%；2019年第二季度卫片中，全区违法图斑2个（均位于金塘），违法图斑监测总面积10.69亩，其中耕地0.77亩（可调整地类3.65亩），永久基本农田0亩。第三季度卫片中，全区违法图斑1个，面积6亩，均立案查处。

【野生动物保护】 根据“以防为主，打防并举”原则，有效震慑违犯当事人，遏制全区区林业行政案件高发态势。对全区酒店宾馆、农贸市场、宠物市场和古玩店进行走访宣传、梳理排查及涉黑涉恶线索调查，分类对乱捕滥杀、干扰野生动物栖息、非法收购贩卖等违法行为排摸打击。是年，出动执法人员100多人次，车辆60多台次，检查酒店宾馆30家、农贸市场4个、野生动物驯养户20家。调查高风险区域，检查宠物店5家，古玩珠宝店10家，餐饮饭店8家，野生动物养殖户6家，填写走访登记表25份。

【扫黑除恶】 全年悬挂横幅150条，张贴海报300份，发放宣传资料4000余份。4次走街入户进行宣传，设立举报箱2个，放置活动展板6块，设置LED滚屏7处，全年发送短信400余条，在门户网站、微信公众号上推送扫黑除恶宣传信息10余条，并在微信公众号上设置扫黑除恶专题宣传栏1处。是年7月，集中开展“线索排查甄别月”，梳理案件991件。开展扫黑除恶专项斗争以来，移送区扫黑办疑似黑恶线索2条，收到并及时处理反馈区扫黑办移送的涉及自然资源领域举报事件2件。

保障民生

【不动产审批】 推进办事资料“减量化”工程，开展“最小颗粒度”受理工作，实现快速收件和无差别收件。7月1日起，正式推出“60分钟领证”，涉及国有建设用地使用权及房屋所有权转移登记、抵押权首次登记等10项高频登记事项，大批量业务从原先的10个工作日提速至5个工作日，提速50%。继续优化海岛上门服务，推进“办证不出岛、一次不用跑”。定海不动产登记中心助力“三最城市”创建（最多跑一次改革），获得“五大会战巾帼虹年度先进集体”称号。

【地灾隐患清零】 建立地质灾害治理“专家库”，强化治理工程质量监督。加快隐患点治理工程进度，年初确定地质灾害隐患点3处，均完成治理。对核销的65个点位进行综合治理回头看，对易诱发地质灾害的危险区域进行排查，完成民生实事项目地质灾害隐患点新核销任务10处。向省厅争取1600万元废弃矿山治理资金和430万元自然灾害防治体系建设补助资金。全年没有因地质灾害引发人员伤亡、失踪等事故。

【海洋灾害隐患区复核、整治】 在全市率先启动海洋灾害隐患区复核与整治工作，根据堤防防潮标准、警戒潮位、平均高潮位等指标，完成初定的17个隐患区，总计7.46平方公里的复核工作。新核定后一、二、三级隐患区为分别1、4、5个，面积调整为4.13平方公里，完成全年海洋灾害隐患区复核工作省定任务，提升定海区海洋灾害的综合防范能力。

海洋灾害应急演练现场

【信访工作】 是年，受理各类信访、举报事项177件，按时办结省厅交办的信访积案2件。受理依申请信息公开8件，行政复议3件，行政诉讼20件。

【宣传】 开展“4·22”地球日、“5·12”防灾减灾日、“6·8”海洋日、“6·25”地球日、“8·29”测绘法宣传日等宣传活动，针对性地开展自然资源领域的宣传教育活动。

改革创新

【业务流程再造】 推进涉土、涉规、涉林、涉海、涉矿等行政许可一窗办理，凡是无需到现场的行政许可事项全部进驻窗口（行政许可服务科）。制定建设项目选址意见书和用地预审合并办理流程，整合申请表单、统一申报材料、优化内部程序，实现“一窗受理、一次申请、一网通办、一窗出件”，将原本需要8个工作日完成的两个流程，缩减为一个流程，时间缩短至5个工作日。《建设项目选址意见书》和《建设项目用地预审》合并办理事项和平路地块经二路道路改造工程是定海“合二为一”实现的首个选址、预审合并审批。探索并实现临时用地规划许可与临时用地审批、国有出让个人住宅翻建审批与规划许可、竣工规划核实确认与土地复核验收等环节的业务整合，再造流程，实现建设项目审批流程“再提速”。是年，完成规划选址和用地预审合并办理15件，竣工规划核实确认与土地复核验收合并办理32件，用地规划许可与建设用地批准书合并办理8件。

【政策创新】 坚持问题导向，针对工作中发现的问题深入开展调查研究,提出解决方案，形成固化制度。以区政府名义制定《定海区被征地农民基本生活保障实行“人地对应”实施办法》《定海区农（渔）村公益性建设项目用地保障暂行办法（试行）》《关于规范定海区工程项目多余砂土石料处置管理办法（试行）》《定海区工业、仓储企业改扩建规划审批管理相关意见》等文件，制定全域土地整治扶持政策，提高全域土地综合整治和生态修复项目耕地占补平衡等指标补助奖励标准。

【党风廉政建设】 落实党风廉政建设责任制，履行“一岗双责”，全年编印《党风廉政建设专刊》4期，组织监督检查32次，开展对全系统干部职工、中层以上干部集体廉政谈话各1次，对27名党员干部进行谈心谈话、廉政谈话。按照“不忘初心、牢记使命”主题教育活动要求，调查研究、自我剖析、检视问题、整改落实，完成主题活动各项规定工作，形成调研报告7篇，班子及班子成员排查问题45条，陆续整改到位。

（撰稿：刘 远）

（本分目照片由市自然资源和规划局定海分局提供）

责任编辑：鲁学伟

市场监督管理

Market Supervision Management

马岙·秋韵（陈炳群/摄）

社会主义核心价值观

国家 富强、民主、文明、和谐

社会 自由、平等、公正、法治

公民 爱国、敬业、诚信、友善

综　述

2019年，市市场监督管理局定海分局不断提高政治站位，拉高工作标杆，贯彻落实十九届二中、三中全会精神，坚持以自贸区建设为中心，以机构改革为契机，以文明城市创建为抓手，持续实施市局提出的“精业强局”发展战略，服务定海经济高质量发展、人民群众高品质生活。

服务经济发展和民生

【商事制度便利化】　实行“线上+线下”双线服务、“1+X”并联办理模式，实现常态化企业开办“一日办”，全年办结企业开办“一日办”四环节全流程企业27家，选择一个及以上开办环节的企业458家。开展“证照分离”改革全覆盖试点，实行企业注销“一网”服务，推进食品经营许可改革和企业审批“一件事”改革，促审批再提速、流程更优化。创新落实窗口集成导询帮办一体化服务；率先实行“工位号”注册单位备案管理，有备案的“工位号”园区12个，涉及企业1216家。

【品牌培育扶持计划】　深化“浙江制造”品牌建设，确定4家“浙江制造”标准制定单位和2家“品字标”认证（自我声明）企业。发布舟山市7412工厂参与制

南洞艺谷国家级服务业标准化试点项目启动仪式

（修）订的3项国家标准以及浙江虹达特种橡胶制品有限公司主导制定的国家标准。南洞艺谷入选全市首个国家级服务业标准化试点项目，舟山市菜篮子服务有限公司顺利通过“丽水山耕”国际认证联盟认证，成为全市首家“丽水山耕”认证企业。

【国家知识产权强县工程试点】　定海入选浙江省唯二个国家知识产权强县工程试点县（区），率先在全市将商标注册咨询服务下放至基层。是年，全区新核准注册商标200件，有效注册商标3400件，有效发明专利拥有量486件，PCT专利申请1件，专利贯标1家。加大财政支持和监管保护力度，帮扶企业质押动产、股权、商标、专利权办理贷款，全年办结动产抵押、股权出质登记49件，助企融资20亿余元，3家企业以专利权或商标权质押形式获得银行贷款1.1亿元。

“4·26”知识产权日现场宣传活动

【市场标准化管理】　全面实施点位负责制、志愿协管制、督查通报制等长效管理工作机制，开展以市场设施设备大排查、公益广告大排查、食品安全大排查、市场称具检测、市场管理制度落实强化五个方面为重点的创城攻坚行动，投入资金205.9万元，发出行政责令改正书13份，实施行政处罚7起。是年，各市场在市文明办暗访测评中排名前列。

农贸市场点位长负责制

【农贸市场改造工作】 采取“一场一策”指导督促、阶段性检查和验收考核，完成13家渔农村农贸市场改造提升任务，累计投资311.3万元，10家农村登记的农贸市场星级全覆盖，提前2年完成省政府乡村星级农贸市场建设目标任务。继续开展放心农贸市场创建工作，昌东、海龙2家复评市场，以及岑港、马岙、西码头3家新创建市场完成省政府放心农贸市场考核验收。

农贸市场提升改造成果

【城乡环境综合整治】 通过调查摸底、全面整改、联合验收、巩固优化四阶段，完成城区50家洗车业的整改工作，完成率100%。核心区域内全面停止汽车美容及洗车店的审批登记，全年开展联合执法5轮，检查指导洗车店210余家次，6家经营户被立案查处，城区洗车店基本消除跨门经营、污水外溢、占道作业等情况，规范洗车经营。配合开展社区菜店、车棚车库、废品收购单位、创城主次干道（商业大街）、背街小巷、低效厂房等各类专项整治工作，优化城乡环境。

维护市场经济秩序

【“互联网+”监管】 以数字化为基础，探索“互联网＋”监管，率先在全市牵头开展掌上执法系统试点工作，全区100%开通一线执法人员账号，2次以上掌上执法人员占比100%，全年设置双随机检查任务212个，开展双随机抽查2337户次，全区形成一线执法人员账号全开通，掌上执法监管全激活，监管事项基本覆盖，监管基础数据共享的新型互联网监管模式。

【自主年报试点】 开展企业自主年报工作，推广电子年报，完成企业年报6933家，农专社169家，个体户16043家、其中，环南所自制年报视频，点对点加大年报工作宣传与指导力度，个体户自然年报率、电子年报率分别达78.13% 和90.6%，为全区最高。

【市场信用建设】 组织开展省、市、区三级“守合同重信用”单位公示续展和申报工作，有40家企业获公示。推行实施商品房合同格式条款三方会审机制，进一步规范商品房合同格式条款，组织三方会审4次，责令相关房企删改合同格式条款260余条（处），再次备案5份。落实食品生产加工企业主体责任自查报告制度，报告提交率100%。继续完善食品安全金融征信体系建设，是年，人行金融惩戒定海辖区失信企业2家，提前收回商业贷款1600万元，合计减少授信额度100万元。

【小微企业三年成长计划】 开展新一轮小微企业排

开展三服务活动 调研企业发展现状

查走访工作，同步开展惠企政策宣传，优化扩大培育库企业数量和质量，新增小微企业607家，其中八大产业小微企业117家，引导个转企65家，推选1家企业通过“浙江省小微企业成长之星”评比初审。围绕地方经济发展大局，配合商务部门对外资企业开辟绿色通道。

【企业异常名录管理】 强化经营异常名录企业管理，将列入经营异常名录届满3年仍未履行相关义务的179户企业列入严重违法失信企业名单。稳步开展吊销未注销企业强制注销工作，完成第一批404家强制注销试点工作。

【“舟剑”行动】 立案查处违法行为107起，涉案金额44.22万元。专项执法行动期间对销售牛排及其他牛肉制品的商场、超市、集贸（批发）市场、大中型餐饮等开展掺杂掺假牛肉制品专题执法集中行动，抽检10批次，其中1批次不合格，抽检非发酵性豆制品行业（油豆腐、豆腐泡）生产过程中使用不符合标准食用植物油5批次，其中1批次不合格；抽检建筑材料（板材）6批次，其中2批次不合格。销售经检测不合格的4户经营户均予以立案查处。

食品快检车现场抽检

【校园及周边环境整治】 对全区中小学周边及主要路段的小食品店、食品批发单位、超市开展执法检查，重点检查各种辣条类食品、“五毛食品”等，检查食品经营单位24家，查看不同品牌的辣条类食品45批次、其他“五毛食品”36批次。开展“电人玩具”专项检查，向校园周边经营户发放《关于开展全市学校及周边管理专项整治工作告知书》400余

校园周边“五毛食品”、“电人玩具”检查

份，对两家涉嫌销售无3C认证玩具的文具店予以立案查处。

【“保健”市场乱象整治行动】 以旅游景区、农村集市、城乡结合部为重点区域，以社区、公园、广场等人员密集场所、宾馆、酒店等为重点场所，检查“保健”类店铺603家，查获相关违法案件18起，案值38.19万元，罚没款84.08万元。

保健市场乱象整治

【打好伏休护渔双战】 通过新闻媒体、市场告示栏、电子显示屏等媒介，对农贸市场、餐饮店宣传禁渔休渔通告及相关文件精神，推进落实农贸市场“禁渔”工作，发放各类宣传资料2500余份，检查市场经营户海水产品索证索票9163户次，巡查餐饮经营户1259户次。联合海洋渔业部门开展联动检查市场910个次、经营户11363户次，发出责令改正82份，协助海洋渔

业部门查扣违禁渔获物257.13公斤。

【维护市场公平】 开展“扫黑除恶”专项斗争，累计报送涉黑涉恶异常线索8条。加强竞争执法、知识产权、反走私、价格监督检查，保持打击传销高压态势，强化区级各部门政策性文件公平竞争审查，维护公平竞争市场经济秩序。开展涉企收费专项检查，全年查处违价案件10件。深化反走私综合治理工作，立案查处违法销售进口商品案件11件，罚没款11万元。加大网络案件和违法广告查办力度，通过“网剑行动”及“清网亮剑1号”，查处广告违法案件23件，罚没款 94万元。

加油站计量器具现场检查

特种设备安全监管

【“智慧电梯”建设】 整合优化大数据平台功能配置，相继在全区人员密集场所内200余台电梯内安装远程监控系统，实现信息采集全程化、决策部署科学化、维保过程透明化、应急救援快速化、安全监督社会化的电梯“智慧监管”模式。

【护航新中国成立70周年特种设备大检查会】 发动所有持证人员开展对辖区内特种设备开展“拉网式”安全大检查、大排查。调11名相关科室（包括稽查大队）特种设备安全监察持证人员下基层，通过对人员密集场所的电梯、游乐设施、锅炉、压力容器、场内机动车辆等重点特种设备进行检查和隐患排查治理，确保国庆期间全区特种设备安全。

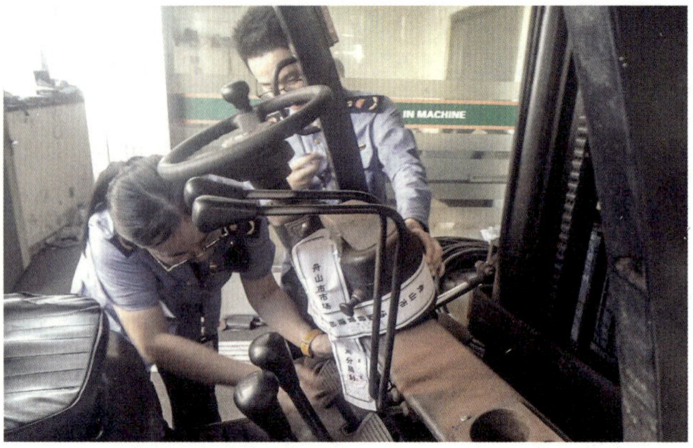

执法人员现场查封过期未检特种设备

【特种设备安全管理分类评价】 推进特种设备安全管理分类评价的智能监管，开展特种设备使用安全管理分类评价系统培训。是年，辖区有200余家企业开展分类评价，推进29家企业落实三项制度工作。

局领导带队检查特种设备使用企业

【特种设备安全隐患清零】 在全市率先完成省级督办的旺能特种设备隐患清零工作，完成整改区级督办的2家隐患企业。吸取“3·21”江苏响水特别重大爆炸事故教训，加强危险化学品工业产品生产许可证企业监管。

【“安全生产月”系列活动】 在舟山惠群远洋渔业发展有限公司组织开展知识讲座、现场示范、应急演练等系列活动，组织全区水产制冷企业法人及氨机工100余人观看氨气泄漏警示片，邀请特种设备检验院专家讲授特种设备安全知识讲座，组织全区氨机工在舟山惠群公司开展液氨泄漏应急演练。

【安全隐患专项排查】 对学校、医院、大型商场、水产企业、船厂等可能存在安全隐患的场所，开展专项整治行动，发现安全隐患25处，下达安全监察指令书8份，立案2起。组织辖区23家电梯维保单位负责人开展集中约谈，宣贯相关法律法规及安全技术规范，签订维保质量承诺书，要求维保单位强化主体责任，落实维保措施，加强过程管理，健全应急值守制度。

大型商超电梯安全检查

食品安全监管

【省级食品安全区创建】 深化区级食品安全检验检测资源整合，成立定海食品快速定性检测中心，利用检测车进行常态化快速定性检测3321批次，不合格30批次，合格率99.1%。围绕小作坊、进口食品、婴幼儿配方食品、餐饮外卖店等重点对象开展集中整治，并结合舆情热点，持续追踪和打击食品安全隐患。针对“米娜”台风后南珍菜场地下仓库被淹引发的食品安全危机，第一时间控制现场，查封销毁隐患食品，确保灾后食品安全。组织开展农村假冒伪劣食品、保健食品、“防风险消隐患保食安”、食品安全问题联合整治等专项，打击食品违法行为，保障群众饮食安全。

农产品现场抽样

【启动餐饮行业红黑榜公示】 拟定《餐饮行业红黑榜实施方案》，是年，完成三期红黑榜现场评定，分别对芙蓉州路、西园商业街、东河路三个区块的158家餐饮单位进行排名，其中评选出红榜单位28家，黑榜22家通过媒体进行公示。

【餐饮行业“严查严打”专项行动】 不定期对全区30家非星级宾馆饭店开展整顿，协调各所、分局对创城区内的小餐饮单位开展整治。5月，联合稽查大队开展全区范围内小餐饮严查严打专项行动，查处餐饮单位336家。9月初，主持开展秋季餐饮行业严查严处执法周行动，检查餐饮单位588家，查处餐饮单位73家，巩固创城基础。

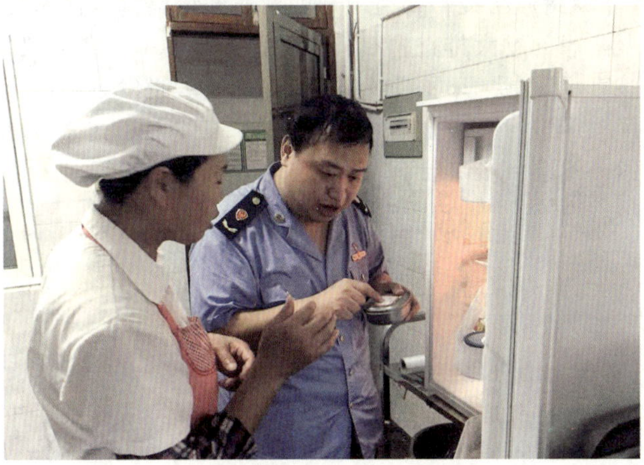

企业食堂食品留样情况检查

【网络订餐净网行动】 结合双随机检查任务，对辖区的学校周边、重要路段餐饮服务单位及无堂食餐饮外卖店进行集中整治，打击未开展实名登记和资质审查、无证从事餐饮服务和使用假冒伪劣食品、无证食品、过期变质食品等违法违规行为。累计出动执法人员160余人次，检查网络订餐服务单位900余家。

【校园食品安全专项】 指导开展校园食堂自查自纠工作，收集校园食堂自查表、自查报告68份；累计检查各类餐饮单位及校园食堂287家，培训58家单位156人次，开展校园食堂及周边小餐饮风险隐患排查，累计检查校园食堂、周边小餐饮278家，下达监督意见书、责令改正通知书65份。重点推进全区校园食堂透明可视或玻璃隔断全覆盖，全区校园食堂的明厨亮灶比例超过85%。

现场开展食品安全知识宣传

【非洲猪瘟防控】　组织开展“非洲猪瘟”等食品安全隐患问题大排查，召集各所、各市场举办者会议，签订承诺书；开展对商超、农贸市场、批发市场、社区菜店进行日常检查、专项检查、集中检查，对6户索证索票台帐记录不规范的猪肉经营户，现场对上市猪肉进行下柜，并分别进行约谈。

药品安全监管

【送药上山进岛】　在盘峙成立全省首个海岛服务点，在三江码头成立全市首个自动售药机形式服务点，并以“卫生服务站+零售代购”运作模式，先后在盘峙、大猫和长白岛设点。超额完成省定任务，首创药品中转站等安全快速配送机制，提高服务成效和管理安全性。各服务点设置以来，为群众代购药品近200批次，指导用药、送药上门服务200多人次，免费赠送家庭小药箱等药品1500余元。

成立全市首个自动售药机形式服务点

【药械“颗粒化”审批】　梳理许可和认证事项，将7个证明建议改为企业自行承诺书，并重新梳理药械许可流程与清单，以“八统一”清单为母本，嵌入每一个清单中需要的基本知识、审查要点和注意事项，分类细化药学技术人员、药品经营、医疗器械经营许可的内容和方法。

【打假治劣“药剑”行动】　先后组织开展执业药师虚挂行为专项整治、中药饮片质量集中整治等11项专项整治与核查。至9月底，收回药品零售企业GSP证书1家、注销2家、暂停营业1家、变更执业药师注册5家；查办药械类案件7件，其中劣药1件，无证销售药品1件，使用过期医疗器械5件。

开展药品流通领域飞行检查

【药品不良反应监测】　利用药械化部门联席制度，专门建立与卫健局药械化不良反应协作方案，建立联合会审、风险评估、定期通报、学习培训等一系列制度；组织开展全区药械化不良反应监测上报工作人员业务培训，结合“3·15”、“5·25”护肤日、“药品安全月”等大型宣传活动，向社会广泛开展药械化不良反应监测常识科普。全年完成药品不良反应上报172例，新严比达52%，医疗器械不良事件22例，化

妆品不良反应8例，各项指均在全市前列

【药品流通领域飞行检查】 制定《2019年定海区药品流通使用环节飞行检查方案》，严定各类型单位抽检比例，其中疫苗经营使用单位飞检全覆盖，单体药店及连锁直营门店、加盟店飞检不低于30%；药品使用单位不低于10%，以新开办、信用等级低、加盟店为重点单位，中药饮片、生物制品、价格悬殊的低价药品等为重点品种，药品采购、阴凉存储、特殊管理、不合格药品销毁为重点环节。实施药品零售企业和医疗机构飞行检查分别为31家、16家；实施药械化立案处罚12起，其中8起办结，罚没款达10.55万元。

消费维权

【消费维权宣传】 开展“进商场、进农村、进厂区、进学校、进社区、进市场”六进活动，先后走进浙江森森集团、三农市场、白泉的万金湖社区、浙江海洋大学东海科学技术学院等，悬挂宣横幅，猜字谜，发放宣传手册，开消费维权课堂，讲解法律法规，受理投诉举报，向广大群众介绍市场监管职能，普及如何防范保健品的欺诈等知识，开展服务活动14场，发放宣传资料2500余份，现场接待处理消费者投诉举报4起。整理完成定海五大消费维权案例（3个处罚案例、2个消费维权案例）。

3.15消费者权益保护日现场宣传活动

【“放心消费在浙江”建设】 在重点单位推行一般消费纠纷三天内解决、“消费者信得过单位”消费维权站全覆盖、180家商超及放心商店实行小额消费纠纷先行赔付等制度。全区创建放心消费经营户达全区市场主体的20%，打造南洞放心消费样板乡村1个、凯虹放心消费（无理由退货）样板商场1个，创建放心样板商店（网店）183家、无理由退货承诺单位208家、放心样板餐饮95家、放心样板市场13家。与定海区人民法院建立消费纠纷调解诉调对接工作机制，形成消费纠纷调解互助互援、调解结果司法确认、疑难问题联合解决、工作信息互联互通的工作通道，办理司法确认调解案件5起，其中一起为消费者挽回经济损失20.8万元。

“放心消费在新区”活动现场

【消费投诉“一窗受理”】 进行内部职能调整和流程优化，实现举报投诉“一窗受理”，对接“12345”市长热线、“110”、网络问政等区内10余个平台渠道的消费举报投诉事项，全年受理各类渠道投诉举报等1011件，基层所四个平台受理167件，合计1178件，3个工作日办结率将近90%，消费投诉调解成功率超过91%，满意率100%，为消费者挽回经济损失54.61万元。

【消费维权义工消费评价】 9月起，启动2019年度“放心消费单位”培育对象的消费体验评价工作。通过微信公众号、QQ、微信群等公开招募方式消费维权义工，组成15名义工队伍，根据体验对象再分为放心商店、网店、餐饮、景区四大类开展体验评价，执行省消保委统一制定的消费体验评价表，建立一户一档的体验档案。首轮实地暗访体验率达到54%，率先全市完成63家放心消费商店、30家放心消费餐饮、15家放心网店、1家放心景区的消费体验评价工作。

消费维权义工体验评价现场

【开展消费投诉公示工作】 制定发布《定海区开展消费投诉公示试点工作实施方案》，确定日常消费投诉情况、重点行业投诉情况、典型个案信息、地方特色信息四大类公示内容，实行季度公示、年度公示、不定期公示相结合。全年发布涉及网络交易投诉、食品安全问题投诉、家用电器投诉等典型案例60余条，发布月度、季度、年度消费投诉情况分析20余期。

价 格

【涉企收费专项检查】 重点围绕行政审批中介服务收费、行业协会收费、保证金、转供电价格以及涉及小微企业的行政事业收费情况展开。全年检查行政机关、企事业单位、社会团体38家，查处违价案件10起，处罚4起，要求整改6起。责令退款12.77万元，没收5.69万元，罚款2.6万元，清退政府保证金7858万元。

【教育、医疗收费检查】 在建立全区教育(公立44、私立20家)、医疗机构（公立12家）数据库的基础上，按规定比例抽取7家教育机构和2家公办医疗机构作为双随机检查对象，时间界限为2018年以来的价格、收费情况。经查，全区教育、医疗收费执行情况总体良好，收费公示也基本到位。

【公平竞争审查】 落实定海区公平竞争审查工作部门联席会议制度规则，成员单位由原来的17个增加到27个，审查完成增量和存量文件208件，督查相关单位16家，抽查相关文件50多件，发现1个本级政府文件及2个部门文件存在违规情况，已均废止或修改。

【重大节假日及台风等灾后价格巡查】 重点开展农贸市场、饭店、大型商场、停车场、景点等价格巡查，发放市场价格行为提醒告诫书50余份，并对6起轻微违法行为提出整改告诫。

（撰稿：张倩奕）

（本分目照片由舟山市市场监督管理局定海分局提供）

责任编辑：鲁学伟

教　育

Education

檀枫小学·国庆（陈炳群/摄）

社会主义核心价值观

国家 富强、民主、文明、和谐

社会 自由、平等、公正、法治

公民 爱国、敬业、诚信、友善

综　述

2019年，定海区教育局以党的十九大精神和习近平总书记关于教育工作的重要论述为遵循，以各级教育大会部署为指导，以高质量推进教育现代化为主线，抓党建促发展、抓实事增供给、抓质量强实力、抓管理促提升，满足群众对公平而有质量教育的期盼。

是年，定海区有幼儿园46所，小学18所，初中8所，九年一贯制学校5所（含民工子女学校1所），乡镇（街道）成人文化技术学校12所。在校生33943名，其中在园幼儿8992名，小学生17285名，初中生7666名。在职教职工3390名，其中专任教师2620名，幼儿园、小学、初中高一级学历比例为99.03%、99.43%、94.85%。全区共有省特级教师2名，市级名校长名师名班主任9名，区级名校长名教师名班主任66名，区级名师工作室导师28名，区级骨干教师261名。区内3~5周岁学前儿童入园率，小学、初中入学率均为100%。是年，通过浙江省学习型城市验收。

各类教育发展

【学前教育】　实施《定海区发展学前教育第三轮行动计划（2017—2020）》，推进学前教育招生“服务区”试点工作，29所城乡幼儿园试点实行，覆盖面达60.7%。依托区域管理帮扶网络，开展幼儿园课程改革、“小学化”专项治理等，重点加强园本化课程建设与“安吉游戏”教育模式探索。全年完成薄弱园改造1所，小区配套幼儿园产权移交3所，通过幼儿园等级复评7所、三级园升等和二级园升等各1所，全区等级园率和等级园覆盖率分别达98%和98.55%，普惠性幼儿园比例和覆盖率分别达86%和91.53%。

6月14日，舟山市幼教年会在白泉玉苑幼儿园举行

【义务教育】　建立义务教育户籍生入学信息发布和预警机制，通过门户网站、新闻发布会等渠道向社会发布预警信息，据此完善招生方案，持续巩固零择校成果。加大外来务工人员随迁子女受教育保障力度，义务教育阶段符合条件的外来务工人员随迁子女在公办学校就读的比例达85.1%。坚持小学起始年级“零起点”教学，主动做好幼小衔接。推进初中英语“人机对话”与科学“实验操作”测试工作，完成8所学校的“人机对话”考试试场建设。

6月11日，城区义务教育招生情况新闻发布会举行

【社区成人教育】　推进新区市民素质提升、“新小定海人”、学分银行建设等五大教育项目，同步开展新型农民职业技能培训、青少年校外实践、垃圾分类宣传教育等。探索“养教结合”办学模式，拓展学院、老年协会、敬老院等老年活动平台，提高继续教育覆盖比例。巩固“省学习型城市、省现代化成校、省成教品牌”三大创建成果，高分通过浙江省学习型城市验收，岑港街道成校获评省现代化成校，“新居民父母学堂”获评省终身学习品牌项目。

【特殊教育】 落实特殊群体“一人一案”教育工作要求，基本形成中轻度残疾儿童少年到普通学校随班就读、中重度到特教学校就读和重度送教上门为补充的格局。区内有3~5周岁持证特殊儿童26人，入学率达92.3%；有6~14周岁持证特殊少年104人，入学率达100%；有15~18周岁持证特殊少年39人，入学率达到71.8%。根据特殊儿童分布情况，开展资源教室建设，全区资源教室数累计达9个，获评基本合格资源教室2个、示范性资源教室1个、送教示范点学校1所。

双桥中心小学特殊教育资源教室

教育发展保障

【教育布局】 制定《定海区2018—2022年中小学教育布局调整规划》《定海区2019—2022年幼儿园布局规划》，启用定海小学教育集团海滨校区和城北幼儿园，完成和平路幼儿园新建工程和定海六中、原石礁中学改扩建工程，推进城关第二幼儿园、金塘沥港幼儿园、畚斗岙幼儿园项目的建设进度。实质性启动城北小学和檀枫小学教育集团檀枫校区二期提升工程的前期准备工作，增强全区优质教育资源的供给能力。

原石礁中学改扩建工程（现为育才学校双桥校区）

【教育投入】 坚持教育优先保障和重点投入，建立学校（幼儿园）生均公用经费正常增长机制，幼儿、小学、初中生均公用经费定额分别提高至750元、1000元、1065元；海岛学校生均公用经费定额标准上浮25%。修订教育工程管理6项制度，依托项目管理库建设实行建设项目精细化管理，依托教育会计服务中心实施学校财务集中办理，提升教育经费的规范使用与高效运作。

【教育创建】 印发《定海区加快推进教育现代化实施方案（2018—2022年）》，完成全国义务教育优质均衡县（区）创建的方案制定和摸底自查。指导东海中学创建为省义务教育标准化学校，区标准化学校比例达93.75%。以教育信息化推进教育现代化，完成教育城域网万兆升级，校园无线网络覆盖率达90%；启动定海六中智慧校园试点工作，指导定海七中等4所学校开展“智慧教学PAD班”“美术智慧教室”等智慧课堂实践探索。

5月14日，学校开展“互联网+义务教育”城乡同步课堂

教师队伍建设

【师资结构】 采用高校现场招聘、批次招聘、“先试用后入编”等方式补充教师队伍，录用中小学在编教师42名，幼儿园在编教师9名。采用定向培养方式解决教师结构性短缺问题，委托杭州师范大学培养紧缺

学科教师10名。探索新的准入机制，面向社会公开招录学前教育顶编专任教师37名，享受在编教师年收入70%的工资待遇，补充幼儿教育一线力量。加强中小学校编外用工管理，通过向社会公开招投标，建立委托第三方社会机构劳务派遣的用工机制。

【教师培养】 印发《定海区关于全面深化新时代教师队伍建设改革的实施意见》，深化“新教师-骨干教师-名优教师-特级教师”梯队培养模式，以青年教师“新苗奖”评选、留城培养、后备名师培养等工作，提升青年教师课堂执教能力和综合素养；以加强名师工作室管理、鼓励骨干参训参评等方式，提升队伍示范引领和辐射作用，有区级名校长名教师名班主任66名、区级骨干教师261名，有市级名校长名师名班主任9名，省特级教师2名。推进干部队伍可持续发展，新出台《定海区教育系统局管优秀年轻干部选拔培养工作方案》，对58名优秀年轻干部予以培养锻炼。

1月17日，定海区召开2018学年第一学期期末校（园）长会议

【师德建设】 坚持奖惩并举，引导教师立德修身提能，评选表彰区农村优秀教师19名、区优秀班主任20名、市区各类先进教师78名，推出“不忘初心、匠心教育”人物专题报道15篇，系统内模范典型宣传8期，掀起向全国模范教师陈雪霞学习的热潮。开展在职教师违规有偿家教专项整治行动，对5名违规家教教师依情节严重作出当年度考核不合格、降低岗位职务等级、调整工作岗位等处理。

11月14日，定海区教育系统举行向陈雪霞老师学习座谈会

教育办学品质

【教育均衡】 完成农村小规模初中整合年度工作。岑港、小沙、马岙、干𥔲四校的148名六年级毕业生到定海六中和白泉初中就读，60名随迁子女根据量化入学积分安排就读，逐步在定海农村形成定海六中、白泉初中、金塘中学三大初中的规模布局。规范集团化办学模式，撤销原定海二中教育集团，各校区分别更名为定海二中、定海三中和定海七中；完善定海小学教育集团运行模式，新组建成立檀枫小学教育集团。

6月24日，檀枫小学教育集团成立仪式隆重举行

【教学质量】 深化实施《定海区中小学教学全面质量管理三年行动计划》，通过量化指标综合考核，把牢学校教学质量生命线。启用SDT（协同合作数字研修）平台，促进现代教育技术与学科教学的深度融合。探索优质学科基地建设，发挥学科基地对全区教育教学改革的示范引领和辐射作用。是年，评选表彰区教学全面质量管理先进学校10所、教学质量进步学

校5所、首批优秀学科基地9个。

【育人工程】　开展“美德同行 文明有约”“新时代好少年”系列教育活动，举办第八届定海区红领巾队长学校。注重学生身心健康，中小学学生体质健康达标率为98.7%，中小学心理辅导机构标准化建设达100%，省级示范点学校达4所。全面打响近视防控战，启动课桌椅标准化改造和教室照明改造等工作，开展全区中小学（幼儿园）视力检查3次。注重综合素养培养，探索实施劳动实践教育和研学旅行机制，小沙中学等4所学校被定为省中小学劳动实践教育项目试点学校。

1月4日，教育系统新年文艺会演隆重举行

教育行政管理

【党建管理】　落实“不忘初心、牢记使命”主题教育，系统开展集中专题学习550余次，局领导、基层党支部书记、特邀专家上党课79节次。深入基层调查研究，进行专项走访35次，形成学前教育招生“服务区”扩面、离岛教育发展等专题调研7项。规范基层运作管理，指导32家基层党组织开展支委换届和补选改选，18家基层党组织实施“金种子”党建项目，增强基层党建实效性。开展对区内12所中小学、幼儿园一把手的经济责任审计，累计审计资金46749万元，提出审计意见及建议51条。

9月30日，“红色基因代代相传”主题教育活动在檀枫小学教育集团举行

【学校管理】　开展《义务教育学校管理标准》区级贯彻实施情况研判，提升学校治理能力水平。建立中小学进校园活动的申报与监管制度，通过“道德模范进校园”“学生用眼行为干预”等区级进校园活动5项。开展对全区民办幼儿园、教育培训机构的“双随机一公开”执法23家次，常态化执法148家次。落实创城日常“区域管家制”和测评“点位责任制”，加强校园各类建设，全区市级文明校园创建率达80%，市级美丽学校优秀率达73.3%，新增AAAAA级平安校园10所。

【惠民服务】　探索开展“互联网+义务教育”结对帮扶，指导舟嵊小学与沥港中心小学、舟山小学与小沙中心小学签订结对学校帮扶协议，开展城乡同步课堂、网络研修等75次。实施公益性小学放学后托管服务，为放学后接送确实有困难的家长解忧，服务时间为放学后至机关企事业单位下班时间，服务对象为有刚需并自愿报名的17所小学2787名学生，占全区小学生总数的16.7%。推进教育领域“最多跑一次”改革，初步完成义务教育和学前教育数字化招生报名系统开发。全年局长信箱信件、新区“12345”交办工单、议案提案办结率均为100%。

【教育资助】　实行义务教育阶段学生费用免除政策，免除课本费、作业本费2万元，寄宿生生活补助11万。实施扶困爱心营养工程，减轻困难低收入农民家庭的经济负担，安排专项补助资金110万元，受助学生1970人次；免除穷困家庭幼儿保教费13.78万元，受助幼儿62人次。10月17日，举行第十九届贝有添奖教奖学助学金颁发仪式，共奖教21名、奖学50名、助学430名，计55万元。

（撰稿：程　娜）

（本类目图片由区教育局提供）

责任编辑：王燕迪

科技　气象

Technology and Meteorology

马岙·幸福五彩路（陈炳群/摄）

社会主义核心价值观

国家 富强、民主、文明、和谐

社会 自由、平等、公正、法治

公民 爱国、敬业、诚信、友善

科技工作

【重大科技项目】 2019年，定海区科技工作以鼓励企业技术创新为突破口，加大研发投入，重点围绕传统产业改造提升和战略性新兴产业培育发展，在海洋装备工程、高端机械装备制造、电子信息技术、海洋生物技术等领域，承担实施一批重大科技攻关项目和成果转化工程。是年，全区组织企业申报市级以上各类科技计划项目169项，立项148项。

【创新主体培育】 加强科技型企业培育，结合第三方机构力量针对不同发展阶段的企业开展差异化服务，鼓励企业申报高新技术企业、省级科技型中小企业等，组织企业参加高新技术企业、研发费用归集等培训班，进行针对性辅导；对基础比较薄弱的企业，实施一对一上门指导服务。是年，组织全区100多家规上工业企业和建筑类企业的财务和科技人员160人参加定海区研发经费支出企业会计核算实务培训班。新培育浙江宏诚伟业装备技术有限公司等50家省级科技型中小企业，浙江金鹰塑料机械有限公司等17家高新技术企业，浙江兴业集团有限公司等3家市级产业创新研究院，浙江英特讯信息科技有限公司等2家省级高企研发中心。推进创新平台建设，金塘塑机螺杆产业创新服务综合体和定海远洋渔业产业创新综合体项目列入省科技厅重点扶持建设项目。

【科技成果转化】 推进与中科院宁波材料所、浙江大学、浙江工业大学、浙江海洋学院等科技合作交流，推进浙江科鑫重工有限公司、舟山市金科资源再生有限公司等区内企业与宁波材料所、省国检检测中心、浙江大学建工学院、海军工程大学等开展产学研合作交流。是年，科鑫重工与中科院宁波材料所薛群基院士专家工作站挂牌，与浙江国检检测技术股份有限公司联合成立国检&科鑫创新实验室；金科资源再生与浙江大学建工学院、浙大海洋中心建立战略合作关系等。

浙江科鑫重工有限公司院士专家工作站授牌仪式

【打造定海众创空间】 推进众创空间和科创园建设，建成定海创客工厂、伍玖文化创意中心、定海电子商务园、舟山创客邦等市级众创空间4家，定海海洋科学城1家市级科创园，创新承载面积10万多平方米，孵化创业企业（团队）50余个。是年，定海海洋文创园被认定为市级众创空间。

【培养企业科技人才】 组织金鹰股份锂电池新能源材料开发团队申报省领军型创新创业团队，南洋之星符伟文认定海外工程师，南洋之星和太平洋海工2个项目入选省级引智项目。李博的“基于北斗的海洋漂流浮标系列海洋监测设备等11个项目被列入2019年市级领军人才项目。

【科技大市场建设】 加快定海大市场建设，完善科技大楼内定海区科技大市场电子阅览室、科技成果展示厅等功能布置，全年累计接待各方考察参观人员1000余人次，累计发布技术难题、成果各62项和63项，技术交易总额达42.4亿元。是年，发挥海大研究院内联外引作用，与中船重工第716研究所、北航VR/AR创新研究院、中电科第20研究所、中科院计算所、亨通集团等大院大所大企业开展战略合作，组织承办中国电子学会导航分会2019年学术年会。全年研究院开展企业服务200余家次，实施院地合作项目8项。

【加大企业扶持】 加大创新券发放力度，运用好科技创新券的引导作用，简化申领程序，扩大使用范围，优先运用于科技创新企业，全年发放创新券677.8万元，使用创新券596.4万元，支持企业用创新券向科研机构、大学等购买科研服务。

【强化科技宣传】 围绕“科技强国、科普惠民”主题对整个活动进行策划与安排，有19家单位参加。现场公众参与人数达千人，发放宣传资料1万多份，科技咨询服务约2000多人次。

舟山群岛新区科技活动周

【普及科学知识】 组织40多家相关单位开展科普节、全国科普日等主题科普活动，以展板宣传、惠民演出、咨询服务、知识问答等群众性科技活动为主，全年累计发放宣传资料1万多份，科技咨询服务约2000多人次；联合区委组织部、宣传部等部门，开展科技下乡、反邪教宣传月、“国际水日”“中国水周”、全国宪法日等科普宣传活动10余次，发放资料2000余份，悬挂科普竞猜谜语1000余条，科普受众人数达3000余人次；组织区计生协会、区医学会、区水利学会等学（协）会深入学校、社区开展“青春期心理健康”“禁毒宣传进校园”“节水宣传”等各类各类主题科普讲座，参与人数累计2000余人次。围绕国家级文明城市创建，发放《科学饮食与养生》《倡导科学用药、提升健康素养》等主题科普挂图500余套、累计5000余张，提升社区科普画廊等科普宣传阵地。

第十七届科普节暨2019年全国科普日广场集市活动

（撰稿：陈代杰）

（本分目图片由区经信科技局提供）

气象工作

【概况】 舟山市定海区气象局主要承担定海区域气象监测、预报预警、公共服务、气象灾害防御、气候资源开发利用、突发公共事件预警信息发布等职责。定海区行政服务中心设有综合窗口，负责定海区危化及易燃易爆建设项目的防雷装置设计审核与竣工验收、升放无人驾驶自由气球或系留气球活动许可等气象行政审批工作。是年，定海区气象局遵循“以人为本，服务为民”理念，做好全区各类气象灾害的监测、预警、预报和服务工作，为政府部门组织防灾减灾提供气象信息，当好气象参谋，为全区重大社会活动提供气象保障服务；同时推进定海区基层气象防灾减灾体系建设和基本公共气象服务均等化建设，各项工作取得实绩。

【基层气象防灾减灾体系建设】 完善基层气象防灾减灾体系建设，气象防灾减灾工作纳入镇(街道) “三定”方案，列入区政府对镇(街道)的年度考核。新建10个气象防灾减灾标准化社区（村）。推进协作联动，健全山洪、地质灾害以及重污染天气等灾害的联合会商、联合预警工作机制，完善气象灾害预警信息“点对点”叫应机制。参与定海地质灾害高风险区域灾害风险精细化预警项目。强化防雷安全监管，完成易燃易爆和危化场所防雷安全的全覆盖检查、定海工业园区区域雷击风险评估，对气象灾害防御重点单位进行双随机检查。与区政法委联合发文落实专职网格员气象预警信息传播工作，与区文化和广电旅游体育局签署加强气象对旅游安全保障工作合作协议。

危化场所防雷安全的全覆盖检查

【气象业务服务】　建设完善气象自动化观测系统、业务平台和网络系统。推进地面气象观测自动化改革，臭氧观测站建成投入运行，建成日照、酸雨自动观测系统，进行平行对比观测，完成三温三雨站安装测试。承担“突发公共事件预警信息发布”工作职责，做好重大、突发灾害性天气的监测预警和预报服务，提高预报预警精准度和时效性。加强“旅游+气象”服务产品开发和气象景观挖掘，新增两种旅游气象指数产品，推荐南洞艺谷风景区为“浙江省避暑气候胜地”。拓展新媒体发布平台，推广定海气象微博、微信公众号，新开通“定海预警发布”人民日报、抖音公众号拓展气象预警发布渠道。加强数值预报产品的本地化释用、检验，发展精细化气象预报。实施省局“气象监测预报覆盖100座渔港”项目。

推进地面观测自动化改革安装“三温三雨”

【气候特点】　全年平均气温比常年偏高，降水量特多，日照时数明显偏少；而降水日数和雾日偏多，大风和霾日出现偏少。年平均气温较高，连续第八年高于常年。

全年气候呈现春、秋、冬较暖，夏不热景象。空气质量持续第五年向好。年降水量降水量2125.1毫米（首次超过2000毫米），为历年之最多；降水主要出现在6—10月，为梅雨和台风降水。年内有五个台风（201905号“丹娜丝”、201909号台风“利奇马”、201913号台风“玲玲”、201917号台风“塔巴”、201918号台风“米娜”）影响定海区。气候总体评价：全年气温高、日照少，多降水和浓雾，天气气候明显异常，气象灾害明显偏重。

【气象要素】　气温　年平均气温为17.5℃，相比常年偏高0.7℃,已连续第八年平均气温高于常年，全年仅6、7月比常年偏低，其余月都偏高。2月、5月、8—10月气温相比常年略偏高；4月、12月平均气温分别为16.3℃和10.4℃，偏高最大均为1.8℃。同比常年，夏季本区气温偏低0.1℃，冬季、春季和秋季分别偏高1.1℃、1.2℃和0.8℃。

3月9日入春，比常年提前6天；5月23日入夏，比常年提早16天；10月13日入秋，比常年延迟11天；2018年12月7日入冬，比常年提前2天。

年极端最高气温35.8℃，出现在7月26日。

年极端最低气温0℃，出现在1月18日。

年35℃及以上高温3天。

降水　年降水量为2125.1毫米，比常年偏多50%，同比上年偏多47%。

雨日　年降水日数167天，比常年偏多17.5天，比上年偏多9天。

日照　年日照时数1481.5小时，比常年偏少21%，比上年偏少13%。

2019年定海区主要天气日数一览表

表22　（单位：天）

雨日（≥0.1毫米）	大风日	大雾日	霾
167	10	27	9

【重大灾害性天气】　2019年，天气气候异常，灾害性天气频发，年初连阴雨天气多致使日照明显偏少、春雾较多、梅雨量多且暴雨亦多、雷暴强对流影响突出、台风灾害严重、年降水量创历史新高等对全区经济社会发展和百姓生产生活造成严重影响，较大影响的灾害性天气和重大气候事件主要有：

台风“米娜”日雨量创新纪录　第18号台风“米

娜”（强热带风暴级）于10月1日20时30分在舟山市普陀区沈家门登陆，登陆时中心附近最大风力11级（30米/秒），是新中国成立以来第3个直接登陆舟山的台风，也是1949年以来第一个10月登陆舟山的台风。受“米娜”影响，全区出现大暴雨、特大暴雨，定海国家基本气象站12小时降水量279.6毫米，破1955年该站有气象记录以来12小时和24小时雨量最大纪录。

台风影响严重　2019年有“丹娜丝”“利奇马”“玲玲”“塔巴”“米娜”5个台风影响定海区，其中第9号超强台风“利奇马”于8月10日1时45分登陆台州温岭，“利奇马”为1949年以来登陆浙江的第三强台风，仅次于0608号“桑美”和5612号台风。定海受其外围影响，出现暴雨到大暴雨，累计降水量220～300毫米并伴有12～13级大风。

梅雨典型　2019年，定海6月17日入梅，7月17日出梅，均较常年偏晚；梅期30天，较常年偏多9天；全区梅雨量为330.3毫米，较常年（194.8毫米）偏多70%，为2000年以来第2多（最多为2015年435毫米）。梅期经历6轮强降水过程，暴雨频繁，造成部分区域和道路积水。

八月遭受2次罕见东风波袭击　8月份2次历史罕见的东风系统严重影响定海，均带来强降水和强雷电。8月4日受东风波影响，本区出现暴雨、局部大暴雨，定海城区及东部地区降水量超过100毫米，同时伴随强雷电，其中定海站小时雨量74.8毫米，刷新定海站建站以来的小时雨量极大值记录。8月25日夜里再次受东风气流影响，定海区出现暴雨，并出现长时间强雷电，致部分区域跳闸停电，个别建设物及设施遭雷击严重受损。

全区年降水量突破历史纪录　受年初连续阴雨、梅雨期频繁暴雨、夏季2次东风波强降水和“利奇马”“米娜”等台风严重影响，定海站降水量达到2125.1毫米，较常年（1412.7毫米）偏多50%，为历年之最，刷新历史记录。

连续7年平均气温偏高　2019年，定海平均气温17.5℃，较常年偏高0.7℃，为连续第7个偏高年；全区月平均气温仅6—7月低于常年，其它月份均比常年偏高；1月18日出现年度最低气温0℃，为有气象记录以来年度最低气温的最高值。

年初持续阴雨寡照，日照之少破纪录　2018年12月至2019年2月，定海出现冬季罕见持续阴雨寡照天气，降水日数达58天，累计降水量441.1毫米，比常年偏多120%。其中2月连续18天出现降水（2月5—22日），冬季降水日数为历年同期之最多，日照时数为历年同期之最少，给群众生活带来不便，水产养殖、农作物受灾严重。

春季连续浓雾　春季3—5月定海出现雾日16天，比常年偏多6.5天，特别是4月21—25日和5月15—18日出现两次连续浓雾过程，浓雾持续时间长，能见度低，严重影响岛际交通。

年末冷空气影响频繁　11—12月冷空气影响频繁，有10次冷空气影响本区，平均每6天影响1次，为2012年以来同期最多；其中中等以上强度冷空气5次。受冷空气影响，定海海域出现4次8~9级大风过程，1次9级大风过程，1次9~10级大风过程。

【气象科普】　新建2个社区（村）气象科普宣传栏，开展“3·23”世界气象日、防灾减灾日、科技活动周等科普活动，到社区举办气象知识讲座，送科普视频、宣传资料到社区（村）。为纪念第59个“3·23”世界气象日，定海区气象局围绕2019年世界气象日活动主题“太阳、地球和天气”，做好气象科普宣传工作。通过报纸、短信、微博、微信公众号、市气象影视节日等渠道向公众推送世界气象日主题宣传。结合省局农村文化礼堂“气象科普点”建设要求，在白泉、金塘等地的社区里播放3场气象科普视频。活动日上午开放气象台、定海国家基本气象站、灰霾监测站等区域。在各类科普宣传中，市民领取各类科普宣传材料，与气象工作者进行面对面交流，加深对气象工作和防灾减灾的认识，引导青少年主动关心天气气候变化，推动气象科普知识普及。

世界气象日期间定海区气象局向市民开放参观

（撰稿：阙成蛟）

（本分目图片由区气象局提供）

责任编辑：王燕迪

文化　体育

Culture and Sports

美丽小沙（陈炳群/摄）

社会主义核心价值观

国家 富强、民主、文明、和谐

社会 自由、平等、公正、法治

公民 爱国、敬业、诚信、友善

综　述

2019年，定海区文化和广电旅游体育局坚持以不断满足群众对美好生活的需求为导向，升级现代公共文体服务体系，传统海洋文化，提振优质产品供给，坚守生产安全底线，释放全区文体事业惠民红利，为花园式国际人文港城建设提供支撑。是年，现代公共文化服务体系初步构建，定海区公共文化服务通过省基本公共文化服务标准化认定，“五个百分百”项目建设通过省级验收，白泉镇、双桥街道通过“浙江省民间文化艺术之乡”复评。海洋文艺精品迭出，有47件文艺作品获省级以上奖项。优秀传统文化保护发展并举，创新建立文物建筑预警机制，活化建成蓝理纪念馆等场馆，文化遗产展示展演活动常态在线。文化市场安全有序，全年无重大安全事故发生。

文体设施与团队建设

【公共设施网络建设】　对标省公共文化服务重点区建设要求，完成公共文化服务重点乡镇岑港街道及11个重点社区（村）创建，全区公共文化设施面积达9.5万平方米。新增城市书房3家、新增图书流通点1家，中大街“无人化管理城市书房”开启阅读自助模式，为全市首家，城区形成 “15分钟阅读圈”。探索文化馆总分馆模式，新建金塘、白泉文化馆分馆，推动区域优质资源共建共享、互联互通。新建体育场地5个，新增、更换全民健身路径58套，完成全区1284个体育场地普查。

【人才队伍建设】　实施“乡村合唱团、乡村艺术团、乡村民乐团、书画社、摄影社、文学社”“三团三社”建设工程，组建“三团三社”66支，打造乡村文艺精品团队15支。加强文艺团队建设，引导60余支团队开展结对帮扶，新培育定海区越剧艺术中心学雷锋志愿者服务分队、“爱晚晴”老年艺术团2支团队，举办“2019我的文化我的团”暨团队结对成果展演，组织团队创作《孔雀飞来》《有一种陪伴》

盐仓街道“三团三社”成立仪式

等作品参加省市区各级赛事活动，以赛代训提升文艺团队水平。

群众文化活动

【丰富群众文化活动】　品牌活动“唱响定海”打造群众共建共享共育文化平台，新韵、风尚、祝福三大篇章7项主题活动及“我和我的祖国”主题快闪、庆祝建国 70 周年乡镇文化员摄影大赛2项配套活动，带给群众11场文化盛宴。“三个全民”数字平台集结全区优质文化资源，提供“24小时”线上公共文化服务，会员人数超13.1万人次，累计发布活动信息492篇，吸引7047人次线上报名，拓展群众参与公共文化途径。

唱响定海·书香定海总决赛

【公共文化惠民工程】 紧扣时代主题和群众需求，全年送书30800册，送电影1545场，丰富基层群众的精神文化生活。发挥公共文化空间作用，举办定海区“清廉文化”书法作品展、“海外草圣·一山一宁”杯浙江省青年书法邀请展等静态展览13期，覆盖企事业单位、专业协会、业余团队、文化交流等众多层面。优化团队服务能力，组织靓姨舞蹈队、美之声演唱团等优秀团队参与公益服务活动百余场，下派优秀文艺骨干下基层辅导百余次。

“清廉文化”书法作品展

文艺演出

【重大主题宣传】 开展“庆祝新中国成立70周年”暨“我和我的祖国”主题宣传文化活动，先后组织开展“我和我的祖国”定海区庆祝中华人民共和国成立70周年文艺演出、“我和我的祖国”红歌颂祖国歌唱大赛等系列主题宣传文化活动10余场，通过快闪、诵读、展览、演出等多种形式，激发全区群众家国

“我和我的祖国”朗读大赛半决赛选手朗诵表演

情怀、讴歌伟大时代。制作发布MV《我和我的祖国》，在定海古城核心街区、海滨公园、鸦片战争遗址公园等十余个代表定海经济社会发展重要节点的人文地标区域取景，展现定海产业兴旺、和谐宜居的幸福景象。

【中心工作宣传】 坚持文艺服务中心，紧贴乡村振兴、品质舟山、扫黑除恶等党委政府中心工作，举办2019定海区社会各界人士迎春茶话会文艺演出、“欢歌迎华诞 共创文明城”主题文艺巡演、舟山市第三届文化产业博览会文艺演出（定海专场）等文艺活动近10场，推出“扫除黑恶势力 创建文明家园”“乡村振兴 文化先行”“放歌新时代 文化进万家”等主题送戏下乡活动120场，通过相声、小品、歌曲、曲艺等多种形式，体现时代时情，传递党中央、党委政府方针路线、中心工作。

主题送戏下乡活动

文艺创作与辅导

【培育海洋文艺精品】 艺术创作持续发力，全年有47个文艺作品入选省级以上展览或获省级以上奖项，其中《农庄小娘》《摇篮舞》获浙江省群星奖，《数幸福》获2019浙江省第十八届音乐新作演唱演奏大赛金奖，《陪你长大》获省乡镇（街道）社会艺术团队文艺会演舞蹈类金奖。书法作品《二十四诗品之（冲淡）》入展第十二届全国书法篆刻展，另有24件作品入展第十届全浙书法篆刻大展等省级赛事。美术作品《山水——册页》《侗寨三月三》入展十三届全国美展，另有5件作品入展浙江省十四届美展等省级赛事。

美术作品《侗寨三月三》

【深化全民艺术普及】　依托“百姓课堂”文化公益培训、“海尚艺苑”艺术沙龙等平台，构建百姓享受艺术、参与艺术、创造艺术新空间。2019“百姓课堂”文化公益培训举办成人、少儿特色培训375期次，累计涵盖瑜伽、茶艺、色彩画、亲子围棋、中国传统合香文化等33个项目，7446人次城乡群众受益。“海尚艺苑”艺术沙龙推出讲座、艺术沙龙、理论辅导等活动103期，千余人次受益。

百姓课堂“瑜伽”培训班

“海尚艺苑”名家讲座

文化市场与产业

【规范文化市场】　是年，“最多跑一次”改革和审批事项梳理颗粒化工作持续深化，零跑事项比例达到100%，受理行政审批60件。落实文化市场、旅游市场专项组全国文明城市创建任务，健全网吧联合执法长效机制、红黑榜单、点位长制等文明建设长效机制,围绕吸烟问题处罚网吧21家次，责令改正不规范经营11家。宣传扫黑除恶知识，排摸全区150余家文化市场经营场所、旅行社及门市部。实施“扫黄打非——护苗、净网、清源2019”、文化旅游市场综合整治“春季行动”、平安护航70周年等专项行动，文旅市场安全实现“零事故”。全年累计出动检查人员1000余人次，检查经营场所2095家次，依法立案查处24家次。

开展校园周边出版物市场专项检查

【提质升级文化产业】　加强项目投资引商，招引舟山智恒旅游发展公司落户海洋科学城。择优组织文创文旅企业参加市级以上展销展览会、文创大赛，收获奖项13个，其中“螺钿镶嵌壁挂系列”入选省100项非遗旅游商品名单，3家品牌、3幅作品分获市第三届海洋文化产业博览会十佳品牌及最佳展示奖。16个企

舟山市第三届海洋文化产业博览会定海企业展区

业项目获区文化产业专项资金扶持。研发“定海伴手礼”系列文创产品，完成一期作品征集。

图书馆事业

【惠民服务】　发挥公共阅读阵地作用，区图书馆、乡镇图书分馆、城市书房三级联动供给图书服务，接待读者31万余人次、借阅图书42万余册次。硬软资源建设稳步推进，新增纸质图书40306册，接收4TB数字资源供基层图书馆共享使用，购置两个显示屏专用于图书榜单展示，金塘城市书房置办自助借还及办证一体机。提供图书流通点服务，全年流通图书30800册。

中大街无人化管理城市书房

【书香定海建设】　是年，全民读书活动品牌“书香定海”以“美好生活，携手书香”为主题，推出全民阅读推广、大众讲坛、书香之旅主题展览、优秀共享工程电影展播、小麦姐姐讲故事五大系列活动，引领全民阅读风尚。全年开展我和我的祖国朗读大赛、阅读加油站、“读地方文献·寻定海记忆”系列主题展览、“红红火火书香年·欢欢喜喜闹元宵”等系列读书活动179场次，参与人数达到22万余人次，满足各年龄层、各层次人群多元阅读需求。

未成年人读书节启动仪式

文物、博物

【夯实文物工作基础】　排查摸底不可移动文物，完成423处不可移动文物档案资源改补，与国有、私有、部队等产权人对接确定革命文物11处，新发现胜利碶碉保、兴海弄23号民居、双庙村颜家井等历史遗迹6处。完成柳行街57号商铺、平倭碑档案编制工作，申报朱葆三墓、刘鸿生故居、朱占山故居、抗英阵亡将士墓群4处市级文保单位。加强文物队伍建设，公开招募业余文保员16名，组织业余文保员参加业务知识培训3期，壮大社会监管文物力量。

新发现历史遗迹——胜利碶碉

【文物保护工作】　严守文物安全底线，开展消防安全隐患排查等文物安全检查4次，排除整改隐患26处，市级以上文保单位安装监控30个，为不可移动文物配置手持式没灭火器408个。落实文物安全工作，建立文物建筑预警机制，组建定海区文物修缮保护专家库，完成白泉余氏宗祠（上文）、金塘柳行半街等12处不可移动文物修缮保护，制作《定海区级以上文保单位旅游地图》。

白泉余氏宗祠修缮

【推动博物事业发展】　新建海洋赏石馆，展陈世界各地天然奇石。扶持非国有博物馆，出台《定海区非国有博物馆扶持办法》。提高博物馆社会教育功能，5

“传承红色基因”红色历史宣讲活动

文物古建筑消防安全培训

个博物馆全年举办临时展览7个，开展教育活动36次数，进馆参观人数达36万人次。结合“5·18”国际博物馆日等特定时间节点开展文博宣传活动3次，开展“传承红色基因”定海区红色历史宣讲活动。

非物质文化遗产挖掘、保护与传承

【非物质文化传承】　完善“非遗”代表性项目四级名录体系，舟山市定海天运工艺美术厂《舟山螺钿镶嵌制作工艺》、舟山市瀛洲海洋食品有限公司《舟山海洋系列传统加工技艺》列入市级“非遗”生产性保护示范基地，完成《舟山螺钿镶嵌制作工艺》申报第五批国家“非遗”代表性项目工作。锻造“非遗”传承生力军，制定《定海区非物质文化遗产代表性项目“名师带徒”工作考核办法》。

【非物质文化传播】　强化非遗文化展示展演，完成10集新编木偶戏《三总兵抗英》创作，组织非遗团队、作品参加各级比赛及展示展演活动，并收获5金7银9铜。以文旅结合为重点，构建非遗保护新格局，举办定海区庆祝第三个“文化和自然遗产日”活动暨“端午节”民俗活动、“庆祝新中国成立70周年”暨“2019重阳敬老民俗活动”等非遗民俗活动，深入景区、社区、文化礼堂、学校送木偶戏、翁洲走书128场，配合央视《记住乡愁》《百城千匠》栏目专题片拍摄。

原生态节目《舟山锣鼓》亮相央视

体育事业

【公共体育服务】　推进公共场馆开放工作，城北健身馆全年开展赛事活动15场次，服务群众2.6万余人次。定海国家登山健身步道获评“2019年度中国登山协会推荐登山健身步道”。强化科学健身指导，国民体质监测1500人并开具运动处方，新增社会体育指导员220名、培训复训500名，举办“运动损伤问题”“热门鬼步舞”等群众感兴趣的专题讲座、培训5期。提升“活力定海”全民健身赛事活动品牌，全年组织开展乒乓球锦标赛、游泳锦标赛、“五人制”足球联赛、毅行大会等系列赛事活动14场。

“活力定海”第二届暨定海足协第五届五人制足球超级联赛

【品牌系列活动】 是年，“神行定海山”海岛户外运动品牌立足“体育+旅游+文化”全面升级，2019“神行定海山”全国徒步大会暨中国海岛登山赛，1700余名全国各地户外运动爱好者参加，浙江新闻24小时、战旗TV融媒体赛事直播吸引58.3万人次观看。全年组织开展“一起爱 清洁山野绿道”“荧光夜跑”“神行定海山·约定海那边”等系列赛事活动5期，3500人次参加。利用山海资源优势，举办承办定海极限山地越野赛、省全民健身第二届生态运动会、省三人制篮球赛等系列体育赛事活动，以赛事旅游模式吸引人员异地流动。

“神行定海山”全国徒步大会暨中国海岛登山赛

【竞技体育】 制定竞技体育贡献奖励办法，下发省第十六届运动会定海区获奖运动员、教练员奖励资金。完善青少年业余训练机制，合理布局全区青少年业余训练点，完成定海区青少年运动员注册工作。组队参加省市级赛事并获佳绩，其中在省青少年田径锦标赛摘获3金2银，在省青少年沙滩排球锦标赛荣获女子乙组第二、四名，在省海洋运动会获三个一等奖、四个二等奖。

第三届海洋运动会获三个一等奖、四个二等奖

2019年浙江青少年沙滩排球锦标赛并获女子乙组第二、四名

（撰稿：方优维）

（本类目图片由区文化和广电旅游体育局提供）

责任编辑：王燕迪

新闻媒体

News Media

南洞艺谷·火车广场（陈炳群/摄）

社会主义核心价值观

国家　富强、民主、文明、和谐

社会　自由、平等、公正、法治

公民　爱国、敬业、诚信、友善

定海区融媒体中心

【概况】　2019年，区融媒体中心坚持以习近平新时代中国特色社会主义思想为指导，围绕区委、区政府中心工作，把握媒体融合发展方向，守住守好舆论“主阵地”，为全面推进新时代高质量发展，谱写花园式国际人文港城建设新篇章营造舆论氛围。

是年，播发广播、电视新闻各260期，电视专题节目87期，刊发报纸147期，发布网站新闻19880余条，“定海山”微信推送1460条，客户端发布5046条，即时报推送稿件2575篇，微博推送4000余条，浙江在线网闻推荐新闻1200余条，被首页采用450余条。中心获省“媒体融合创意奖”，15件作品获省县市区域报、市好新闻奖。

【优化组织架构】　根据《定海区机构改革方案》和《关于调整科级事业单位机构设置的通知》（定委办发〔2019〕69号），4月20日定海区融媒体中心挂牌成立，定海区新闻中心更名为定海区融媒体中心，根据新修订出台的区融媒体中心“三定方案”，明确新的组织架构：综合办公室、新闻策划部、采访部、编审部、新媒体部、媒体技术部。

定海区融媒体中心正式挂牌成立

【推进“不忘初心、牢记使命”主题教育】　结合中心实际，制定出台主题教育实施方案。坚持以政治理论学习为主线，贯彻落实习近平总书记关于媒体融合发展的重要讲话及指示精神，举办“不忘初心、牢记使命”主题教育专题学习会。组织开展集中自学、交流研讨、走访红色教育基地，集体观看《不忘初心学党章》等视频。加强中心党支部“先锋媒体”品牌活动的深化和宣传，组织开展“党员先锋亮初心”主题交流活动，设立“月度党员先锋岗”等激励手段。

区融媒体中心党支部开展“不忘初心、坚定前行”活动

【打造新媒体品牌】　做强做精“定海山”微信公众号，聚焦定海时政民生，以“小而精”为品牌定位，实时反映定海脉动。围绕全区重点工作，制作推出融入视频、漫画、H5等原创新媒体作品30余个。在浙江政务公众号排行榜上，月排名基本保持在全省前25名，最高达到第14名。定海新闻网获2019年度最佳支站。11篇稿件被“学习强国”平台录用。

【“定海山”客户端上线】　8月26日，创新推出“定海山”客户端，集纳新闻咨询、发布问政、便民服务三大功能，新闻咨询下设热点、本地、视频、读报、精品、游走6个子频道，打通报纸、电视、微信、网站、小程序等全媒体平台资源，及时、便捷地提供国内、省内、本地新闻资讯。

【探索开展“新闻+政务”工作】　以一月一次的频率开展生态环境建设、义务教育招生情况等8期新闻发布会。在移动端、PC端开设网络问政平台，对群众反映问题、投诉举报、政策咨询等各类诉求进行集中处理和解答，全区各级党委政府及部门50余家单位入驻。是年，答复并协调处理楼违章搭建、露天垃圾房脏乱差等各类问题110余件。

新闻发布会在区融媒体中心举行

【探索开展“新闻+服务”工作】 紧扣群众急难需求，开辟民生栏目《阿拉来帮侬》，借助中心电视、报纸、微信、客户端等全媒体，以每周一期的报道频率开展案例介入式报道，为百姓解忧排难，该栏目入选全省宣传系统增强“四力”教育实践工作优秀案例。依托“定海山”客户端，开设招聘、就医、气象、交通等17个便民服务模块，实时动态提供服务信息。

《阿拉来帮侬》栏目解决果农销售

【开展“不忘初心、牢记使命”主题报道】 全媒体平台开设“不忘初心、牢记使命”专栏，下设“主题教育进行时”“身边的红先锋”“守初心 担使命 促发展”“担当作为好干部”等九大子栏目。累计刊播相关报道100余篇，组织记者赴嘉兴南湖、温州永嘉、杭州富阳等地采写红色故事，邀请各镇街、区属各部门“一把手”谈初心，挖掘全区各行各业“40后”至“90后”党员干部典型故事，推出“三服务”调研手记等，紧扣主题教育重要节点。

【全媒体推出“壮丽70年 奋斗新时代”主题报道】 全媒体开设“壮丽70年 奋斗新时代”专栏，下设“历史记忆”“70有我更青春”等子栏目，聚焦老塘山港口、新华书店等定海典型地表的历史巨变，挖掘各领域先进代表故事，深入粮油产业园、海洋科学城等一线，重点聚焦产业平台、基础设施等典型经验和创新做法，全媒体刊播相关报道63篇。“定海山”微信策划推出微视频《东海追梦》，展现定海历经海岛时代、大桥时代、自贸时代和高铁时代的华丽蜕变史，电视推出《回眸——70年》系列专题片，以历史亲历者口述再现定海在新中国成立以来交通、商贸、港口、船舶四方面的伟大成就。

【合力助推全国文明城市创建】 依托“全民共创全国文明城市”专栏，推出“定海创建全国文明城市工作系列综述”“创城进行时”“身边的文明变化”“文明定海 我来加码”“垃圾分类 向美而行”等子栏目，全媒体刊播相关报道300余篇。聚焦全区各地各部门在创城工作中的好经验、好做法及长效机制，多角度深挖全民创城的背后故事，实时强化定海区垃圾分类动态及典型宣传。依托“海山聚焦”栏目推出舆论监督类报道，对城乡环境综合整治不到位、创城工作消极怠慢以及市民不文明行为进行曝光，促进整改。

【贯彻落实党代会精神】 全媒体推出“聚焦高质量 谱写新篇章”专栏，累计刊播相关报道278篇。聚焦定海区经济发展、重点项目推进、新型城市化建设等领域的亮点和特色，贯彻落实党代会精神展现定海建设成果。

【推出“开展三服务 争当排头兵”主题报道】 全媒体开设“开展三服务 争当排头兵”专栏，围绕区政法委、区审交办、区税务局、区金融机构等单位推出的惠企政策、便民信息、公益服务等内容，结合乡村振兴、“最多跑一次”、平安定海等中心工作，挖深“三服务”活动中涌现的先进典型，展现其攻坚克难、用于创新、无私奉献的精神特质。全媒体刊播相关报道108篇。

【技术骨干力量培育】 新制定出台《中心骨干记者

评定办法》，评选首届一骨干记者3名、二级骨干记者6名,进一步构建合理有序的人才梯队。按照公开、公平、公正的原则，在中心范围内开展《阿拉来帮侬》栏目主持人和编辑岗位竞聘。完善绩效工资分配方案，形成优质厚酬的分配导向，出台实施媒体发布审稿制度、采访报题出稿等制度，激励记者争先创优。践行蹲点采访制度，推进“走转改”常态化、持续化，执行一月一次的蹲点采访制度，深入基层、深入生活，采集一手鲜活新闻。采用各部门内部培训、外请市级媒体专家授课、外出学习等办法，重点学习新闻采编、新媒体技术等方面的先进经验。

（撰稿：孔　敏）

（本分目图片由区融媒体中心提供）

广播电视

【广电业务发展】 2019年，定海广电网络传输有线数字电视频道节目194套，其中标清基本频道节目79套、标清付费频道节目46套、高清基本频道节目26套、高清付费频道节目14套、电视测试节目18套、广播节目11套。至年末，定海辖区内有线数字电视用户118572户，比上年减少5655户；有付费频道用户50512户、互动用户37774户、宽带用户9374户。4月，推出4K超高清服务，满足高品用户对收视的需求。通过微信平台、数字电视机顶盒开机画面、指南频道、游动字幕播出等多种形式进行宣传推广，4K超高清融合业务逐渐走进用户家庭。

【网络建设工程】 实施新建区域的有线广播电视配套工程建设　开展对国宾府、美的、悦龙湾、西山路安置地块、金塘金丰和园、祥生云山府、香格里拉大酒店、金鸡山单元二期、盐仓庄家湾、小洋岙安置地块、念亩墩安置地块、和平花园三期、白泉亿泉新都会、盐仓海富村安置地块、新城海港城、盐仓匈牙利馆西侧地块、桔园南区危房、馨港苑二期等35个新建配套工程项目的工程施工。

做好小区线路施工及信号开通工作　完成博林华府、岑港芳香苑、盐仓邻里中心、风华园二期、东方大境、锦澜府邸、中梁首府、畈桥安置小区、万阳花园、胜山三期B地块（万和苑）、定马复线安置小区、长峙岛留香园、银杏园、梧桐园、海棠园地块等40个小区的线路施工及信号开通工作，完成覆盖用户约13000户。

实施光缆、管道施工建设　是年，完成新建光缆约147 公里，25800芯公里；其中新建小区光缆70公里、新建道路管道施工20公里，26孔公里。

【多元化产业发展】 依托广播电视网络平台资源和广播电视技术服务优势，拓展服务功能。是年，在“雪亮工程”、反走私项目、人像感知、治安小区等建设项目上有新突破。围绕定海区“雪亮工程”建设，承接定海区村（社区）监控项目，新增监控3000个；定海区反走私项目，新增监控点位180个；定海区交通动态监控项目，新增车辆监控600个；定海区人行道礼让抓拍项目，安装人行道礼让抓拍监控22个；配合“政府最多跑一次改革”，推广自助终端一体机，完成27台设备的安装调试；抓住全市“人像感知网”建设和定海区“智安小区”建设，试点工作有序推进。

【广电惠民工程】 确保广播“村村响”工程　巩固宣传阵地，完善农村应急广播体系长效机制建设。是年，按照“建管用并举”原则，配合各镇（街道）、社区建立健全基本保障、服务管理、设施维护等方面的长期有效使用管理机制，在应急管理部门的统一协调下，发挥好农村应急广播的实际效用。是年，各站落实人员对应急广播网络系统进行不定期的检查维护，特别是台汛期间，确保应急广播系统安全高效使用。

实施有线数字电视“广电低保”工程项目　做好市本级低保家庭的核对工作，及时通知脱保户正常缴纳收视费，同时为新增低保户落实免费收视政策，较好地承担公共服务职能，年内有2615户低保家庭，免费享用有线数字广播电视基本服务。

【广电服务】 加强广播电视服务工作规范化管理，树立广播电视窗口良好形象。3月起开展优质服务月活动，实施“特设领导服务日、现场体验好服务、困难用户享特惠”等惠民服务三大举措；配套推出“无条件受理、服务24小时在线，协议公平、消费透明、快速维修、一站式服务”等七项服务承诺，持续提升广电服务品牌，增强服务水准和服务能力。是年，接听用户来电10.5万次，维修派单2.4万单，用户回访2.5万人次。机顶盒维修中心维修机顶盒5400余台，为用户提供服务保障。

（撰稿：夏帮琴）

责任编辑：王燕迪

定海生活习俗之衣饰

服装　旧时定海城镇民众衣饰一般男穿长衫女着旗袍，劳作民众则多以短衫为主，后新潮人士又多穿西装革履。渔农村民众多穿中式短衫，男性还爱罩穿背单，冬有棉背单，夏有单背单，春秋夹背单。妇女多穿大襟布衫，腰系布襤。布襤可保暖，又能防尘，拣虾、摘（棉）花等劳动时又能作为盛器。此外，渔民还习惯穿笼裤，耐穿实用。农民还爱穿山袜和八纽草鞋，上山、干活更显利索。雨天时则穿蓑衣、戴箬帽。解放后，城镇居民及乡村青年曾行列宁装、中山装。现时城乡服装已是基本一体，日新月异，赶上新潮流。

童饰　旧时婴儿满月要戴狗头帽、穿虎头鞋、穿贴身绣花红肚兜。经济条件稍好的人家还要戴银项圈，也有挂长命锁、长命线、长命袋。长命锁多为银质，长命线由五色丝线扎成，长命袋则是在一只小黄布袋内放一枚钱币。定海习俗佩戴这些童饰能带来吉利，使孩子消灾消难，长命富贵。

卫生健康

Sanitation and Health

孙家湾山塘（徐复光/摄）

社会主义核心价值观

国家 富强、民主、文明、和谐

社会 自由、平等、公正、法治

公民 爱国、敬业、诚信、友善

综　述

2019年，全区卫生健康工作始终贯彻党的各项会议精神，紧扣新区发展各项目标，围绕区委区政府总体部署，以“跨界、共享、技术、服务、赋能”为导向，各方面工作都有新突破。

是年，全区有区级管理各类医疗卫生机构230家，其中区政府举办的各级医疗卫生机构80家，包括公立医院2家（区中心医院、区安康医院），公共卫生机构4家（区疾控中心、区卫生计生综合执法大队、区妇保服务中心、定海医疗急救站），镇卫生院3家，街道社区卫生服务中心6家，社区卫生服务站50家；政府购买服务形式的一体化村卫生室15家，形成三级城乡社区卫生服务体系。民营医院6家，其他医疗机构144家。

公立医疗卫生健康机构现有工作人员951名，其中编内745名，编外206名；具有高级专业技术职称61人，中级专业技术职称349人，初级技术职称288人。

全区拥有编制床位1318张，其中社区卫生服务中心（镇卫生院）208张，民营医院690张，区属医院420张。

全年总诊疗1511083人次，门急诊1397246人次，同比减少14558人，下降1.03%。业务总收入18631.89万元，同比增加832.64万元，增加4.68%。其中医疗收入6280.78万元，同比减少571.43万元，下降8.34%；药品收入12351.11万元，同比增加1404.07万元，增长12.83%。

1月15日，定海区卫生健康局挂牌

医疗事业

【推进医共体建设】　组建定海区医疗集团，即以区中心医院为牵头单位，9家街道社区卫生服务中心（镇卫生院）为成员单位的区域医共体，实行同一法人治理结构、一体化扁平化管理，实现“三统一、三统筹、三强化”。

8月28日，副省长成岳冲调研定海区医疗集团

【推进社会资本办医】　是年，继续推进社会资本办医，舟山顾氏骨伤医院投入2500万元建设新院区，预计明年年初整体搬迁。上海交通大学医学院附属瑞金医院舟山分院（以下简称舟山分院）完成专家多点执业备案395人，其中上海瑞金医院320人，上海仁济医院75人；有17名知名上海专家在舟山分院成立名医工作室；与上海瑞金医院、上海仁济医院开通绿色转诊通道实现双向转诊，全年从舟山转诊到上海的患者共388例，从上海转诊到舟山的患者465例。肿瘤专科经省卫生健康委获批社会办医临床重点专科建设立项。新开展食管癌根治术、经尿道前列腺钬激光剜除术、经椎板间隙入路经皮内镜下腰椎间盘摘除术、全膝关节表面置换术、腹腔化疗Port植入、胃癌根治术、心脏冠脉造影及支架植入术等各类高难度手术及诊疗项目。

1月26日，傅华洲名医工作室在定海区中心医院揭牌成立

【无偿献血】 是年，全区无偿献血计划任务2745人次，完成3117人次。其中400毫升706人，300毫升765人，200毫升471人，完成率为113%；大于200毫升以上的比例为75%。实际参与人数为1942人，总血量623400毫升。

医政管理

【校验注册换证】 是年，全区办理执业医师首次注册27人，变更注册240人次；护士延续75人，首次注册19人，变更注册89人次。完成医疗机构执业登记注册10家，变更和延续注册53家，注销医疗机构9家。

【医疗设备购置】 是年，参加春秋两季浙江省医疗设备博览会集中采购，采购金额373.44万元，其中大型设备191.5万元。

长白前湾社区健康小屋

【最多跑一次改革】 是年，从群众看病就医“关键小事”做起，紧扣群众就医“少跑”“近跑”“不跑”核心要求，优化服务流程、改进服务方式、提升服务绩效。推动改革“两个延伸”：即推动改革向基层延伸、推动改革向公共卫生服务领域延伸，增强群众就医获得感和满意度。

【深化基本药物制度改革】 是年，继续执行《定海区药品集中采购统一目录》，全面落实国家第一批4+7带量采购25种药品和舟山市带量采购35种药品。

医教科研

【重点学科】 是年，区中心医院建立急诊医学科、老年医学科和放射科（CT检查室DR室）为院级重点学科，普外科为院级医学重点学科。

【科研立项】 是年，区中心医院有3个科研在区科技局立项：分别是“老年病人跌倒控制干预护理的临床应用推广研究”“定海区视力残疾主要成因分析及流行病调查可行性报告”“2015心肺复苏术（CPR）在定海区域医疗服务共同体推广应用研究”。

疾病防治

【免疫规划】 是年，12家预防接种门诊(含临城)，取得省卫计委认定的规范门诊9家、星级门诊3家，全区规范化接种门诊覆盖率100%。累计报告完成基础免疫58833人次，接种率为99.88%。各单苗累计报告接种率分别为：卡介苗99.86%（3512/3517）、脊灰疫苗99.88%（11298/11312）、乙肝疫苗99.93%（11241/11249）、百白破疫苗99.87%（11974/11990）、麻腮风疫苗99.82%（4415/4423）、A群流脑疫苗99.89%（8011/8020）、乙脑疫苗99.90%（4000/4004）、甲肝疫苗99.91%（4382/4386）。乙肝首剂及时率93.97%（3431/3651）。

是年，累计加强免疫28873人次，接种率为99.78%。各单苗加强免疫累计报告接种率分别为：脊灰疫苗99.58%（3085/3098）、百白破疫苗99.86%（4224/4230）、麻腮风疫苗99.79%（3879/3887）、流脑A+C 99.82%（8899/8915）、乙脑疫苗99.83%（4648/4656）、白破疫苗99.66%（4138/4152）。

全区调查登记7周岁以下流动儿童13242人，各接种门诊累计完成流动儿童常规免疫30765人次，累计报告接种率达99.64%。

【拓展健康教育模式】 是年，健康定海公众号依托网络传播优势，为居民提供内容科学、准确的健康资讯，提高公众防范意识，让公众了解最新健康信息。制作编印麻疹防制知识、踏出国门警惕疟疾、儿童青少年近视防控、图说健康、预防登革热、灾后防病须知、预防流感等健康宣传资料6.5万份，接受省、市疾控提供的健康宣传材料30余种6万份。发放给各基层医疗卫生单位、街道社区、学校、企业、单位以及居民共计10万余份，通过广泛宣传动员，提高居民的健康意识。

7月25日，舟山市健康素养进渔农村文化礼堂三年行动启动

9月27日，为应对区域周边登革热疫情流行的紧张态势，区卫生健康局举行登革热防控应急演练

定海区中心医院专家正在通过网络医院远程医疗在线为北蝉一病人会诊看病

妇幼保健

【概况】 2019年，全区有产妇2546人，活产儿2598人，围产儿死亡6例，围产儿死亡率 2.30 ‰；无孕产妇死亡。孕产妇保健管理覆盖率100%，早孕建卡率95.88%，系统管理率93.92%，新法接生率100%，高危孕产妇住院分娩率100%，剖宫产率40.22%，县级以上高危筛查率99.76%，产后访视率98.00%，产前筛查率90.14%，婚检率79.18%；优生健康检查覆盖率83.65%。7周岁以下儿童保健覆盖率99.08%，3周岁以下儿童系统管理率97.09%，0～6周岁儿童眼保健和视力检查覆盖率99.08%，新生儿疾病筛查率100%，新生儿听力筛查率100.25%，6个月母乳喂养率93.02%，新生儿访视率100%。

【婚检及产前筛查】 是年，结婚登记1035对，婚前医学检查1639人，婚检率79.18%，检出疾病889人，疾病检出率54.24%，孕前优生健康1673人，目标人群2000人，覆盖率83.65%。产妇2546人，产前筛查2295人，产前筛查率90.14%；检出高风险人数89人，高风险检出率3.88%。

【高危孕产妇管理】 是年，全区孕28周县级高危筛查2540例，高危筛查率99.76%。筛查出高危孕妇1990人，高危孕妇管理人数1990人，住院分娩1990人，全程追踪监护，管理率100%。

【外来流动孕产妇及儿童管理】 是年，全区分娩外来流动产妇839例，建卡836例，建卡率99.64%，早孕检查率64.69%；系统管理率64.34%；住院分娩率100%，产后访视率99.05%，连续17年无流动孕产妇死亡。全区有省外流动活产婴儿969人，新生儿访视率99.90%；3周岁以下流动儿童2331人，系统管理1773人，系统管理率76.06%。5周岁以下儿童死亡率0，婴儿死亡率0。

【高龄孕产妇特殊补助项目】 2月，开始执行高龄孕产妇特殊补助项目，项目对象预产期年龄在35周岁及以上且在舟山市保健建册的定海区户籍孕产妇，项目内容包括母婴健康保险项目和高龄孕产妇特殊补助检查项目。至12月底，全区母婴健康保险325人，下拨母婴保险经费6.5万元。孕期超声筛查268人，产科会诊超声209人，补助金额123754元。合计补助金额188457元。

【城乡妇女免费“两癌”检查】 全年宫颈癌检查5900人，乳腺癌检查6059人，检查出HPV阳性589人，TCT检查486人，阴道镜检查246人，病理高级别病变（C1N2—C1N3）59人，确诊宫颈癌5人。B超0级、3级以上399人，实做钼靶394人，确诊乳腺癌5人。对所有阳性人群都进行及时反馈、随访并建议进一步检查治疗。10例癌症病人完成手术治疗，愈后良好。

【0~6周岁儿童眼保健和视力检查】 是年，全区0~6周岁儿童21000人，0~6周岁儿童眼保健和视力检查20807人，覆盖率99.08%，6周岁儿童检查2725人，视力不良检出人数333人，视力不良检出率12.22%。

【0~3周岁儿童发育监测和筛查】 是年0~3周岁儿童11320人，监测人数10963人，监测率96.85%，发现可疑异常人数774人，转诊人数774人，发育监测转诊率100%，早期发展指导人数10963人，早期发展指导率100%，发育筛查10637人，发育筛查率93.97%，发现可疑异常人数953人，转诊人数953人，发育筛查转诊率100%。

【儿童专病管理】 是年，全区重点监测管理营养性疾病儿童1836例、心脏出生缺陷儿童509例；专案管理高危儿1605例，确诊各类发育落后（包括全面发育、语言、运动发育落后等）193例、脑瘫2例，孤独症1例，唐氏综合征1例，3甲基戊烯二酸血症1例，佩梅病1例，小胖威利综合症1例，由于这些病例早期发现，都得到及时有效干预和治疗，多数病儿病情有不同程度的改善或痊愈。

【新生儿疾病和听力筛查】 是年，全区医疗机构活产数4378人，新生儿遗传代谢病筛查4378人（均为多项筛查），筛查100%，筛查出可疑病例120例，全部召回，召回率100%；确诊甲低4例、G-6-PD缺乏症7例、戊二酸血症（GA-I）1人，这12例病例都得到及时规范的干预治疗。新生儿听力筛查4398人，筛查率100.25%，检出9例听力异常，均在积极干预治疗及定期随访中。

【托幼机构卫生保健管理】 是年，全区有托幼机构66所，达到卫生保健合格单位66所，合格率100%。全区应检托幼机构工作人员2459人，实查2459人，健康体检率100%。应检集居儿童11878人，实查11873人，集居儿童体检率99.96%。检出儿童视力不良3622人，检出率为30.51%，儿童龋齿4713人，发病率为39.7%。组织举办全区保健人员培训班1期、保育员培训班2期，全区托幼机构110余名上岗保健人员、113名新上岗保育员接受卫生保健相关专业知识培训。

社区卫生服务

【深化家庭医生签约服务】 继续开展预约签约门诊服务、严重精神障碍联合远程会诊，健康评估、健康咨询、健康讲座和健康宣传资料发放等服务。加强签约服务管理，团队182个，其中参与签约服务的全科医生157人，通过上门签约、门诊签约等多种形式规范签约105122人，规范签约率32.75%；继续推进在医保等政策支撑下的有偿签约服务，至年底有偿签约23657人。

【推进基本公共卫生惠民服务】 是年，基本公共卫生人均补助经费提升至60元。建立城乡居民健康档案296308人，建档率92.31%，建档合格率90.33%；加强慢性非传染性疾病管理，高血压病、糖尿病、严重精神障碍患者管理人数分别为32629人、9256人、

1612人，规范管理率分别为69.50%、68.41%和90%。

爱国卫生

【卫生创建工作】 是年，国卫县城和省级卫生乡镇完成率均为100%，结合小城镇环境综合整治专项工作，继续巩固卫生创建成果。白泉镇通过国家卫生乡镇省级现场评估、审定，国卫乡镇创建率达33.33%(1/3)。白泉镇白泉社区被命名为“浙江省卫生村”，省级卫生村创建30个。

【深入健康促进与教育】 是年，全区有600余名健康志愿者参加系列活动，制作并展出宣传展板200余块，悬挂横幅80余条，发放宣传资料50000余份，张贴禁烟标识2800余张，发送手机公益短信、微信46000人次，开展健康咨询350余人次，发放礼品价值5000余元，受教育人数达80000人次。开展健康“细胞”建设工作。是年，新创健康单位33家（市级10家、区级23家）、健康社区21个（市级7个、区级14个）、健康家庭547户（市级204户、区级343户）、新建和复评健康促进学校金牌2所、铜牌2所。新创市级无烟单位各2家，评选市级控烟积极分子1名。

【提高改水改厕覆盖率】 开展城乡环境卫生整洁行动和农村厕所革命。是年，新增或改建无害化卫生厕所689户，农村卫生厕所普及率和无害化卫生厕所普及率分别达到100%和99.26%。定海本岛范围内已实行城乡供水一体化，农村集中式供水人口比例为99.2%，农村饮用水安全问题基本得到解决。开展农渔村生活饮用水水质监测，共监测水样120份，其中城市40份，农村80份，城市合格率为100%（40/40），农村为70%（56/80）。据统计，改水改厕工作开展以来，全区痢疾、甲肝等肠道传染病发病率明显下降，对维护群众健康发挥作用。

【加强病媒生物防制】 是年，投放灭鼠药物14.95吨，灭蟑螂饵剂2091公斤；根据孳生地分布情况开展有针对性的环境治理，出动人员3000余人次，投放5%倍硫磷杀虫颗粒剂1164公斤、球形芽孢杆菌3219.6公斤，使用杀虫剂1787.2公斤。药物到位率和覆盖率均达到95%以上。规范开展城乡病媒生物防制活动，开展病媒生物密度监测，委托第三方对各镇街病媒生物消杀情况进行评估。四害密度达到国家病媒生物密度控制水平标准C级以上。

消杀人员在城北义桥村外环境临时垃圾堆放点消杀

【健康定海建设工作】 印发《关于加强健康定海“6+1”平台建设建立大健康共建体系指导意见的通知》《健康定海考核办法（试行）》《健康定海“6+1”平台管理与运行制度》等文件，建立健康定海建设“6+1”专项组，推动健康定海各项举措和重点工作协同开展。是年3月，分别迎接2018年度市级、省级健康浙江建设工作考核。出台2019年度健康浙江工作考核细则责任分工，明确各部门职责，督促落实相关任务。10月，召开各部门参加的2019年度健康浙江考核工作会议，进一步进行沟通协调，并进行自评打分。出台文件组建健康定海专家库。12月，召开各部门业务人员参加的健康浙江考核信息系统填报培训。

10月15日，区健康定海建设领导小组办公室召开健康浙江建设工作会议

卫生监督

【概况】 是年，全区有公共场所经营单位1259家（含不发证单位488家）、其中住宿场所303家，美容美发场所710家，沐浴场所124家，游泳场所18家，文化娱乐场所及其他场所94家，病媒生物防制服务单位10家。有医疗机构224家，其中诊所82家，村卫生室17家，卫生站23家，门诊部14家，医务室6家，社区卫生服务中心15家，社区卫生服务站44家，学校内医疗机构13家，医院8家，其他医疗机构2家。辖区内持有母婴保健技术服务执业许可证的医疗机构8家。5月，职业卫生监管职能自区安监局划归区卫健局，定海区卫生计生综合执法大队负责监督执法工作。经过排摸，全区现有职业健康检查机构1家（定海区中心医院），存在职业病危害因素企业441家。

【行政许可审批】 2019年，审批科完成各类审批4893件，其中公共场所卫生许可办证387件；医疗机构执业许可10件；医疗机构执业许可证变更和延续53件；医疗机构注销9件；医师执业注册240件(其中多机构备案69件)；护士执业注册183件；放射诊疗许可证办理5件；母婴保健许可证办理2件；“麻醉药品、第一类精神药品购用印鉴卡”办理7件；再生育审批65件；农村部分计划生育家庭奖励扶助金核发3082件，计划生育特别扶助金核发850件。所有行政审批事项均在承诺时限内办结，办结率100%。

【行政处罚】 是年，实施行政处罚409件，其中简易程序91件（7件为警告，84件为违反《舟山市文明促进条例》罚款50元），一般程序已做出行政处罚决定的318件（已结案311件）。罚没款金额809463元，其中罚款金额804300元，没收金额5163元。其中罚没款5万元以上案件，共立案4起，结案3起。全年未发生行政复议和行政诉讼案件。办结的行政处罚结果信息及时录入浙江卫生监督管理系统，并在浙江政务服务网上公示。

【双随机监管】 是年，抽取国家级双随机264家单位，完成236家，完结28家（经营单位因各种原因未正常营业），立案查处57家。省级双随机通过浙江省行政执法监管平台抽取271家单位，完成248家，完结23家，立案查处67家,完成的任务直接由浙江政务平台予以公示。

【创城整治】 是年，创城巡查实行“双轨制”，每个片区由2名监督员和1名协管员负责，对已完成整治工作的经营户，由协管员加强巡查，巩固整治成果，对重点区域保持每1~2天进行一次巡查的频率。监督检查“四小行业”经营单位760余家，对问题单位进行现场指导240余次。执法大队的“创城”工作实绩受到上级部门肯定，获“2018年度全国文明城市创建工作先进集体”称号。

【公共场所控烟】 是年，公共场所控烟执法作出当场行政处罚84起，其中在医院、住宿、文化娱乐等单位800余家次检查过程中，查处违法行为45起；在协同文化等部门进行120家网吧控烟执法过程中，查处违法行为39起。5月下旬世界无烟日期间，组织卫生监督员骑行队开展禁烟宣传活动，分发资料300余份。

5月24日，世界无烟日区卫生计生执法大队禁烟骑行

【公共场所监督监测】 是年，开展夏季游泳场所专项监督检查，对辖区18家游泳场所进行监督检查，采集水样5次，抽检单位55家次，采集样品224份，其中检测结果不合格20份，份数合格率为91.1%，不合格单位6家次，单位家次合格率为89.1%，主要不合格项目为细菌总数和尿素；开展文化娱乐场所卫生监督专项检查，监督检查歌舞厅43家，对公共用品用具清洗消毒效果进行监督监测，采集样品158份，合格87份，合格率为55.1%，检测43家，合格8家，单位合格率18.6%；开展城区婴幼儿浴室专项检查，检查单位12家，采集检测公共用品用具样品48份，合格

48份，合格率100%；开展影院3D眼镜消毒专项治理，检查单位4家，空气卫生质量抽检全部合格，3D眼镜消毒效果采集样品40份，合格率100%；开展城区浴室和大型足浴场所清洗消毒保洁专项检查，检查单位30家，委托第三方检测单位采集公共用品用具样品460份，合格420份，合格率91.3%，监测30家单位，合格23家，单位合格率76.7%。

【饮用水监督监测】 是年，抽检7家集中式供水单位，其中出厂水合格率98.74%(白泉大支水厂菌落总数、混浊度不合格，涨次水厂混浊度不合格)，管网点未梢水合格率99.41%(其中金塘中心水厂、白泉大支水厂、涨次水厂的管网未梢水混浊度超标)，复检结果均合格。抽检8家二次供水单位，检测报告结果显示水质监测合格率为100%。

【量化分级评定】 是年，对公共场所新审批的141家单位进行量化分级，量化分级B级60家，C级81家；全区运行一年以上，设计日供水量千吨以上的4家集中式供水单位，全部实施量化分级，其中A级2家，B级2家。另外1家涨次水厂为小型水厂，日供水量200吨，属不发证单位。

【传染病监督检查】 是年，开展传染病分类监督综合评价，选取38家医疗卫生机构及1家疾病控制中心开展综合评价。其中，2家二级医疗机构评价结果合格，13家一级医疗机构评价结果为5家优秀、7家合格、1家重点监管；23家未定级医疗机构评价结果为2家优秀、12家合格、9家重点监管。开展消毒产品生产企业和餐饮具集中消毒企业督查抽检，辖区1家餐饮具集中消毒服务单位，全年抽检80件，合格80件，抽检消毒产品4件，合格2件，对该单位未按规定开展自检给予警告的行政处罚，对消毒产品抽检不合格给予3000元的行政处罚。开展消毒灭菌效果在线监测，15家消毒灭菌效果在线监测试点单位和1家餐饮具集中消毒服务单位均安装现场监控，并接入执法大队大队“智慧卫监”平台系统；建设医疗废物智能监管体系，完成辖区8家社区卫生服务中心（乡镇卫生院）医疗废物智能监管建设，项目覆盖完成率达100%，定海区中心医院和瑞金医院舟山分院配备医疗废物智能监管设备。

【医疗机构监督检查】 是年，开展中小医疗机构依法执业检查，检查中小医疗机构92家，查处违规单位（人）27次，行政处罚30起，罚款金额10.5万元；开展抗（抑）菌制剂专项整治行动，检查医疗机构43家，疾控机构1家，未发现问题；开展儿童青少年近视矫正专项检查，检查开展儿童青少年近视矫正的医疗机构2家，检查覆盖率100%，发现1家儿童眼睛保健中心未取得医疗机构执业许可证、人员未取得医师执业证书违规开展儿童近视康复、矫正的行为，作出罚款6000元的行政处罚；开展村卫生室医废专项行动，依法检查村卫生室（站）40家，立案查处10起，罚款0.6万元，通过监督指导村卫生室（站）医废无害化处置率、及时率达100%；开展医疗机构抗菌药物临床应用专项整治行动，检查医疗机构60家，处罚6起，罚款1.41万元，全区社区卫生服务中心（站）对所有临床医生抗菌药物处方权进行“确权”“限权”，7家民营医疗机构承诺停止开展静脉输注服务；开展医养结合机构依法执业专项行动，辖区备案1家医养结合机构，各项检查结果均符合要求。

【医疗市场监管】 是年，开展非法医疗美容整治专项行动，检查医疗美容场所、生活美容场所、美甲店160余家次，立案查处25起，罚款20.95万元，没收违法所得5068元。其中利用“互联网+”手段发现案件线索2起，制作完成超5万元大案1起。

【计划生育监督】 是年，检查7家单位，检查中以机构及人员执业资格、排摸孕14周以上终止妊娠手术人员的信息、母婴保健技术服务等为重点检查内容，未发现存在未经许可擅自开展母婴保健技术服务、非法进行胎儿性别鉴定、出具虚假医学证明文件的行为。

【职业与放射卫生监督】 是年，全区累计职业健康体检13369人，其中职业禁忌396例，疑似职业病2例。开展职业卫生新系统申报工作，指导40家企业完成职业病危害项目新系统注册申报工作，存在的主要职业病危害为粉尘、噪声、高温、氨气、三苯等；开展尘毒专项监督检查，共检查企业64家次，立案处罚4起，罚款金额15万元，协助区疾控对其中34家单位进行作业场所职业病危害因素监测抽检；开展汽修行业职业卫生专项监督检查，检查汽修企业34家，立案调查9起。

红十字会

【基础设施建设】 是年，在“定海区图书馆”设置一台AED（自动体外电击器），组织辖区内4家AED设置单位参加AED安装工作布置和使用培训，在AED设备附近醒目位置设置指引标识，将AED的使用作为必备科目列入救护员培训内容，加大公共场所救护力度。在区教师进修学校救护培训基地开展一期救护员培训，有86名教师取得救护员证书；各学校红会开展内容丰富的救护知识普及培训，校园红十字在学校思想建设、道德建设、文化建设等方面发挥重要作用。

10月28日，区红十字会对教师进行救护员培训

【医疗下乡活动】 是年，配合市红会“流动医院”义诊8次，与区卫健局、区科协等单位协作，开展“三下乡”“为老服务”等义诊27次，服务群众6126人次，发放总价4.88万元的药品。

7月20日，庆祝第二届中国医师节瑞金医院舟山分院与马岙街道社区卫生服务中心联合义诊

【造血干细胞和器官捐献】 是年，开展造血干细胞采样活动4次，有35人加入中华造血干细胞资料库，完成体检1人，采高分2人，1人成功实施捐献；新增人体器官（遗体组织）捐献志愿登记252人。

9月11日，定海区第4例造血干细胞捐献者

【现场应急救护培训】 是年，开展普及培训87期，培训8299人次，完成年度计划的106.39%；开展救护员培训9期，有466人取得救护员证书，完成年度计划的103.55%。

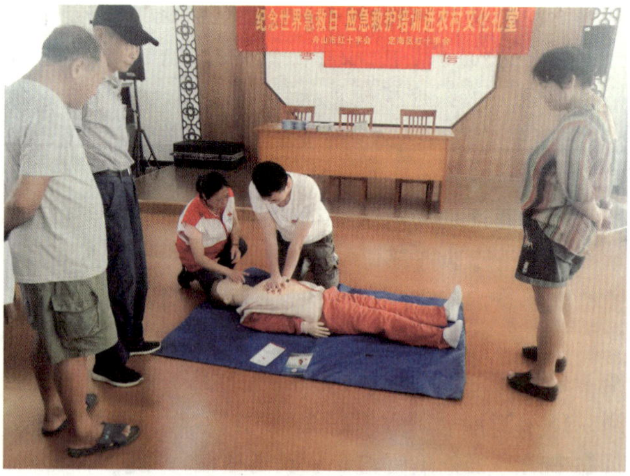

9月8日，纪念世界急救日 救护培训进文化礼堂

【扶贫帮困】 是年，申请“普济白血病”“博爱圆梦”专项救助3名，发放救助款1.92万元；募集各类善款0.87万元，支出0.11万元；开展西部对口帮扶工作，向宣汉县红十字会捐款2万元；做好“红十字博

爱送万家”等人道救助活动，给120户困难群众送去价值11.63万元的款物。

计划生育

【概况】 是年，全区出生人口1979人，计划外出生29人，计划生育率为98.53%。全区有育龄妇女7万人，其中已婚育龄妇女5.25万人。全区有镇（街道）级计生工作人员41名，社区（村）级计生工作人员195名。全区有各级计生协会160个（包括10个企业计生协、15个流动人口计生协），专（兼）职工作人员135人，协会理事1296人，会员小组507个，会员之家108个，协会志愿者2299人。

【计划生育涉法审核】 是年，落实计划生育涉法审核。全年审核各类集体单位71家、个人2679人，全部通过审核。开展流动人口入学积分、公租房量化积分有关计划生育审核，审核664人，全部通过审核。

【计划生育奖励政策】 是年，确认渔农村奖扶对象3082人，新增643人，发放渔农村奖励扶助金335.14万元。确定城镇奖扶对象409人，发放奖励扶助金39.26万元。确定独生子女伤残死亡类特别扶助对象821人，并发症类特扶对象29人，发放特别扶助金709.8万元。累计发放各类资金1044.94万元，比上年增长20.97%。全年帮助困难计生家庭175户，发放公益金21.77万元。全年帮扶计划生育并发症人员，发放生活困难费及医疗费报销补助22.29万元。

【出生人口性别比】 是年，全区本地和流动出生3567人，男婴出生1854人，女婴出生1713人，出生人口性别比108，略高于正常值一个比值。

【流动人口计划生育宣传】 与镇街道合作，全面开展流动人口生殖健康、便民维权、健康促进“三”均等服务。发放各类计生宣传资料2万余份,免费发放各类避孕药具上万份，走访慰问流动人口2000人次。

【生育关怀项目】 2019年，推进“生育关怀 致富发展”项目。全年申报2个市级项目获得补助资金2.2万元。各级计生协开展慰问救助583人，慰问金额达26.3万元。区计生协继续与市计生协、中国人寿舟山分公司合作，到城东、环南、昌国、白泉等地开展“生育关怀——圆梦微心愿”专项活动，慰问计生困难家庭5户，完成计生困难家庭微心愿60名，发放各类物资及慰问金共计2万余元。是年，市计生协下拨补助资金2.71万元，重点帮扶97位渔农村60周岁以上计生特殊家庭老人。

【关怀计生特殊家庭】 是年，有2户失独家庭办理收养子女手续，补助资金7.64万元。开展计划生育特殊家庭“三个百分百”个性化服务工作。全年全区计划生育特殊家庭实现家庭医生有效签约率为100%（应签821人，已签745人，本人不愿签或长期在外地无法签76人），持有绿色通道证的计生特殊家庭凭证到定点机构享受挂号排队优先、当天完成就医检查等便利服务。投入21.75万元为全区750位计生特殊家庭父母购买特殊家庭健康保险，赔付重大疾病保险金5人次计10万元，赔付因疾病或意外住院定额保险金60人次共计13.85万元，总赔付率110%。

【加强主题宣传倡导】 2019年，区计生协根据育龄群众的实际需求组织有关专家（老师），依托市级“生育关怀大讲堂”项目，从4月份开始深入各镇（街道）开展“生育关怀大讲堂”活动，主要内容包括女性生殖健康和疾病预防、孕期营养保健、科学育儿方法指导、慢性病防治及健康素养等知识讲座，计开展10场，受益人群约700人。继续组织动员各镇（街道）计生协在暑假期间开展30场“暑期青春健康教育进社区”活动，有近1500名青少年及家长受到教育。是年，开展面向家长的讲座培训111场次，参与家长3399人次；面向青少年的讲座培训133场次，参与青少年4179人次。在指定的渔农村文化礼堂开展各类生殖健康讲座、咨询、生育关怀服务等活动，完成12场次的“健康素养进渔农村文化礼堂”工作任务。

（撰稿：赵展锋）

（本类目图片由区卫生健康局提供）

责任编辑：王燕迪

定海生活习俗之救人

定海渔民自古就有海上抢险救人的良风。如遇有人落水,必定当救不辞。如遇到海上浮尸,也必捞取并称之为“拾元宝”,以讨吉兆。若遇仰面女尸或伏身男尸,则不可当即捞取,须待其翻转身来后才能捞取。

渔船在海上发生触礁或漏水等事故急待救援时,习俗是,先要在船头倒插一把扫帚,在桅顶挂起破衣,若在晚上则点起火把,敲打面盆铁锅求救。其他船只见此信号即全力抢救。施救船只靠近遇险船时,先抛缆救人,再带缆拖船。遇险者跳船时须先把鞋子或柴爿等抛过船去,然后自身才能上去。

人力资源和社会保障

Personnel Affairs,Labor and Social Security

团结水库（陈炳群/摄）

社会主义核心价值观

国家 富强、民主、文明、和谐

社会 自由、平等、公正、法治

公民 爱国、敬业、诚信、友善

综　述

是年，定海区人力资源和社会保障局坚持稳中求进工作总基调，围绕“‘八八战略’再深化、改革开放再出发”，聚焦经济社会高质量发展，突出稳企业、增动能、保平安，推进各项工作落实，全区人力社保事业取得新发展。

人才人事管理

【聚集优秀高校毕业生】　组团参与各类人才招聘活动，邀请200余家企业参加各类招聘会85场；组织长宏国际、中天重工等21家次重点企业赴市外参加各类大学生专场招聘活动。开展暑期大学生见习活动，在全市率先出台相关政策落实补贴，77名在校大学生完成暑期实习实践工作。是年，新认定大学生就业见习基地7家，全区累计建立大学生就业见习基地18家，推出见习岗位164个。全年引进高校毕业生2539人，引进量居全市第一。

10月，定海区13家规模企业赴江西九江举办高校毕业生专场招聘活动

【培养本土高技能人才队伍】　发动社会力量，整合培养资源。是年，全区组织技能培训7152人次，新增技能人才4018人，其中高技能人才1260人。首批认定9家定海名匠工作室，1家工作室被认定为省级技能大师工作室；全区53人获评省百千万优秀技能人才，5人获评省拔尖技能人才，1人获评浙江首席技师。拓宽申报途径，降低申报门槛，化被动审核为主动动员，全年新增专技人员1171人次，其中新增高级专技人才52人，创近年新高。

2019年定海名将工作室现场授牌

【优化事业单位管理体制】　完善考录细节，切实打造“阳光人事”。是年，新聘用事业单位工作人员101名。通过调研和座谈会的形式，掌握全区部分事业单位在岗位设置、人员聘用及队伍建设等方面的情况，完成全区机构改革后31家事业单位岗位设置调整方案的重新审批。与相关部门对接，完成全区事业单位机构改革涉改部门人员转隶工作。举办全区中层干部执行力提升培训班。

劳动就业与培训

【创业创新】　举办“2019年定海区创新创业大赛”，定海区推荐项目首次包揽舟山群岛新区创新创业大赛前三名。承办浙江舟山群岛新区大学生创业大赛城市赛，分别在北京、武汉举行，吸引4个获奖项目落户定海。打造“创业大讲堂”品牌，举办3期“大讲堂”，吸引150余位创客到场参与。是年，新认定2家大学生创业孵化基地，其中定海区海洋科技创业园获评市级基地。定海区4个创业园累计入驻企业160家，带动就业1160人。发放创业担保贷款67笔，金额1593万元。

2019定海区创新创业大赛决赛

【东西部扶贫】 出台《关于切实做好定海宣汉东西部扶贫劳务协作的通知》，激励企业、人力资源机构引进宣汉县贫困人员，给予宣汉县贫困人员在舟山稳定就业探亲补助。联合举办7场东西部劳务协作招聘会， 32家舟山企业推出岗位3072个，达成初步意向280余人。是年，宣汉籍劳动者来舟就业47人，其中贫困人员12人。举办宣汉贫困人口劳动就业技能培训班4期，培训贫困人员373人。通过市人社部门牵头，组织宣汉县职业中专学校与舟山技师学院开展“2+1”模式的培训，第一批组织30名宣汉籍学生到舟山就读，其中10人在舟山就业。

浙川东西部劳务协作暨工业园区招聘会

【公共就业服务】 是年，举办春夏大型人力资源招聘会、残疾人专项招聘会、随军家属招聘会等各类招聘活动32场，参会企业967家，岗位需求人数20649人，达成初步意向1676个。加大对“群岛新区公共招聘网”平台宣传力度，通过“线上+线下”相结合，形成全方位立体的招聘平台。落实灵活就业社保补贴政策、职业中介等手段，帮扶568名就业困难人员实现就业。

2019年定海区春季人力资源招聘会

社会保障

【“社银合作”】 依托海洋农商银行网点遍布城乡的资源优势，将社保部分高频事项下放到银行网点、丰收驿站及其便民服务点办理，开展“社银合作”服务。是年，下放事项16个，网点覆盖全区各镇（街道），全区各网点办理“社银合作”业务1816笔。

区文化广场“社银合作”服务宣传

【社会保险扩面】 推进全民参保登记系统数据维护工作，提高基本养老保险参保率，核实未参保人员信息，全区基本养老参保率从年初的90.96%提高至95.81%，排名全市第二。城乡居民基本养老保险期末参保人数40350人。

【基本养老保险制度】 落实被征地农民养老保障制度，执行重点征地项目联席会议审核审定，完成宁波舟山港主通道项目等4个项目的被征地农民参保转轨工作，参保1059人，转轨认定1042人。做好被征地农民养老保障新政策的宣传及补缴工作，有870人申请重选。与民政、残联、扶贫办等相关部门建立信息共享机制，在全市率先实现城乡居民养老保险困难群体政府全额代缴，实现困难群体“应保尽保”。

【社会保险基金监督】 坚持全面监管和重点监督相结合，稳步推进基金监管。加强社会保险稽核力度，全区养老保险稽核单位274家，征缴稽核6229人，核查待遇享受人数25842人，发现违规人数14人，违规金额全部追缴入库。建立联合处置机制，依托共享数据，开展服刑人员违规领取养老金整治追缴行动，追回金额32781.5元。

【退休干部职工服务】 是年，组织401名退休人员参加“农家乐"主题走访活动。举办“不忘初心、牢记使命”主题讲座和老年人日常养生知识类讲座，全区223人次退休人员参加。向全区90名年满70、80周岁及90周岁以上的退休干部职工赠送生日蛋糕，走访慰问16名因病住院和家庭困难的干部职工。

劳动关系

【“浙江无欠薪”攻坚战】 针对“无欠薪”考核要求，建立区本级长效机制的工作台账，实现全区工程建设领域六项制度基本全覆盖。5月初，接受省防处办对全区申报创建“无欠薪”区的验收，验收整体情况较好。11月，经省政府同意，定海区通过考核，达到“无欠薪”建设标准。是年，区人力社保局获评“浙江省创建和谐劳动关系暨双爱活动”先进组织。

全区防范处置企业拖欠工资工作推进会

【劳动监察】 以农民工工资支付、整治人力资源市场秩序等专项检查行动为抓手，打击各项违法行为。是年，出动检查执法人员236人次，下发询问通知书62份，下达限期改正指令书9件，查处违法使用童工1起。开展劳动保障监察“两网化”建设，强化末端监管功能，通过网格排查提前化解劳动纠纷35起。全年受理劳动监察投诉案件46件，结案46件，结案金额190万元，未发生一起因欠薪导致的群体性事件。

【劳动争议处理】 将劳动纠纷调处工作整体纳入综治平台，打造以调解、仲裁、监察“三位一体”为基础，多方力量共同参与的乡镇（街道）劳动人事争议调解中心，全区11个镇街道均完成多元化解机制建设。发挥基层调解组织作用，落实基层劳动人事争议调解员办案补贴办法，50%以上的案件得以在基层化解。健全欠薪案件“三优四快”快裁快审机制。是年，区本级受理劳动争议仲裁案件409件，结案388件，结案金额1295.57万元。

（撰稿：王芳玲）

（本类目照片由区人力社保局提供）

责任编辑：鲁学伟

定海生活习俗之典当

典当是一种以物为质的借贷形式，旧时在定海颇为流行。一类为商业性当铺（店）。经济困难，急需现钱者携物前往当店折价抵当，限期赎取，若过期未赎，即为断当，该抵押物即归店主作价出售；另一类为民间抵押借贷，借方以动产或不动产作抵押，央人作保，立契为凭，限期赎取，若逾期未赎，抵押物即归贷方所有。此类借贷形式，解放后即绝。近些年市场经济活跃，政策许可，商业性典当业（店）应运而生，为急筹资金者解燃眉之急。定海城内较著名者有万隆典当行（芙蓉洲路）和昌隆典当行（总府路）。

民　政

Civil Administration

峡门水库（陈炳群/摄）

社会主义核心价值观

国家 富强、民主、文明、和谐

社会 自由、平等、公正、法治

公民 爱国、敬业、诚信、友善

综　述

2019年，区民政局践行“民政为民 民政爱民”工作理念，强化自身建设，夯实民生工作基础，各项民政工作有序开展。至年底，全区在册低保2185户2713人，月人均补差705.15元，累计发放低保金2219.25万元，其中增发一个月175.97万元；特困供养人员222户223人，集中供养率达到94.594%，发放资金211.392万元，在册低边对象267户541人，发放资金225.4752万元，其中低边重残108人，发放基本生活保障金123.264万元。

社会救助

【救助家庭经济状况核对】 依托省市社会救助管理信息系统，对10918户18591人的救助家庭开展家庭经济状况核对，其中，核对低保救助8799户13877人(新增294户333人)、低边救助1441户3784人（新增36户65人）、公共租赁房195户394人、残疾人两项补贴281户281人、临时救助43户83人、其他社会救助155户155人、其他低收入渔农户4户17人。

【城乡低保专项治理】 继续做好城乡低保专项整治工作，联合各镇、街道，入户核查全区城乡低保对象家庭情况。通过“听、查、核、议、访”形式，整治“错保、漏保、乱保”等违规救助现象，对核查中发现不符合条件的救助对象，一律立即予以调整、注销；下发《关于开展疑似符合单独施保条件的成年重度残疾人及三、四级精神、智力残疾人再核查工作的函》，对发现的22名可能符合救助条件的对象进行再核查，通过复核及时将11名符合救助条件的重度残疾人及三、四级精神、智力残疾人纳入低保救助。

【提高社会救助效率】 按照社会救助“全区一盘棋”模式，发挥社会救助联席会议协调作用，开展临时救助、春节慰问、贫困大学生助学等工作，统筹审核社会救助工作联席会议成员单位救助方案，避免重复、遗漏现象。是年，对全区367人次实施临时救助，支出临时救助资金177.222万元，发放各类慰问金426.929万元，惠及近5053人次困难群众；资助困难大学生194名，发放助学金近91.85万余元，纠正重复临时救助2人、重复慰问38人、重复助学2人，提高财政资金的使用绩效。

【落实各项民政救助政策】 召开社会救助专职工作者工作例会，组织各镇（街道）负责社会救助专职员进行业务学习，提高政策水平。加强救助对象的动态管理，开展低保和低保边缘家庭排查工作，帮助符合低保和低保边缘家庭条件的对象申请救助，并依规做好定期复核工作，做到“应保尽保”“应退尽退”。做好民政各类救助管理对象基本生活价格补贴发放工作，录入省社会救助信息管理系统。印发《舟山市定海区精准扶贫医疗救助责任保险实施方案（试行）》通知，让困难家庭敢于看病，安心看病。加大各类救助政策的宣传力度，发放《社会救助政策解读》《支出型贫困家庭救助政策解答》等宣传小册5000余份到镇（街道）、村（社区），通过报纸、网络等媒介宣传相关社会救助政策，调高社会知晓度。

定海区社会救助员政策培训工作交流会

社会福利

【民生实事项目】 推进区属福利院建设　拟新建舟山市定海区城西社会福利中心工程项目，满足更多老年人养老需求。该项目位于定海区昌国街道西山路西侧茅岭墩区块，建筑面积约7400平方米，占地面积约为5220平方米，设床位228张，计划总投资约3500万元，建设周期18个月，建成后采取公建民营模式。

开展示范型居家养老服务中心建设　推进城东街道、金塘镇、白泉镇3家新建示范型居家养老服务中心抓紧建设。至年底，全部开门服务运营。

推动民营资本参与养老机构建设　依托舟山顾氏骨伤医院的医疗条件，定海区华康颐养园总投资6500万元、建筑面积8190平方米，总设置床位209张，创新采取医疗、疗养和护理三重一体高水平养老服务体系。是年8月，开始试运营。

扩大助餐服务面　金塘镇实现助餐、配送餐基本全覆盖，由老来福居家养老服务中心为辖区内的老人提供配送餐服务，服务人数达200余人。至年底，全区配送餐覆盖76个社区，覆盖率66.7%。

实施老年食堂建设改造　改造环南、金塘等老年食堂，规范老年食堂运行，实现菜品制作全过程透明化，加强食品安全检查督导，提高助餐、配送餐服务质量，要求所有老年食堂、内设食堂的养老机构必须获得“食品卫生许可证”。

【提高养老服务质量】　实施综合责任险投保工作　全年有17家养老机构和71家居家养老服务照料中心完成综合责任险投保工作，投保金额9.61万元，需财政补助6.41万元，投保覆盖率不断扩大。养老服务补贴政策不断完善，至年底，全区有养老服务补贴对象199人，其中一类居家对象45人，机构一类对象3人、二类居家对象91人，三类居家对象60人，全年发放养老服务补贴金额合计82.59万元。

加强养老机构消防安全工作　区民政局与区属3家福利院，各镇（街道）与辖区内敬老院分别签订安全生产责任状，明确要求养老机构增强消防安全意识，确保住养人员的生命财产安全。开展为期6个月的“防风险保平安迎大庆”消防安全执法检查专项行动，要求各养老机构自查，每月报送消防安全小结，于10月底前形成总结报告。联合相关部门对消防安全、食品安全等问题进行检查，形成通报，提出改进措施，要求及时整改。联合区民宗局协调市场监管、消防等相关部门，整改省平安暗访组检查发现的定海区天主堂敬老院消防问题，督促其完善消防安全建设。与有资质的消防设计单位签订相关设计改造合同。

开展养老院质量提升行动　召开全区养老服务工作推进会，研究部署2019年养老机构服务质量建设专项行动工作，按照专项行动工作方案时间节点层层推进。以机构自查、上级检查抽查的形式，自下而上开展检查。8月，参照《养老机构服务质量基本规范》国家标准和养老机构重大风险隐患检查28项指标，联合市场监督、消防等部门对完成自查的养老机构和老年食堂开展检查抽查，及时整改检查中发现的问题。

2019年养老服务工作推进会

推进养老护理队伍建设　组织养老机构相关人员参加市养老护理员培训，提升养老护理技能水平和服务质量水平，全年组织3次护理员培训，培训人员25人，其中10人获发红十字养老护理员证书。

第三福利院举办精神康复护理知识培训

【推进养老体系建设】　引进花园式、医养结合的综合性中高端养老机构，以满足老年人多元化的养老需求。至年底，全区首家中高端养老机构已完成选址，该项目位于干𥔲镇青龙社区和龙潭社区交界处，占地面积100余亩，计划投资4亿～5亿元。通过政府购买服务，满足养老需求。至年底，城东、环南、小沙、金塘等9个镇（街道）分别与定海老来福居家养老服务中心、定海广济养老服务中心等有资质的社会组织签订合作协议，由社会组织承接辖区内的养老服务补贴对象服务工作和照料中心运营，并为有需要的老年人提供无偿或低偿的居家养老服务。连续三年向美之声演唱团、暖夕阳为老服务队等社会组织购买服务，为环南街道西蟹峙、摘箬山等偏远小岛留守老人提供专业化养老服务，提升偏远海岛留守老人晚年生活质量和幸福感。引导专业团队参与养老服务。通过公开招投标的，第三社会福利院认知障碍康复照料区运营管理服务项目与上海福寿康集团达成合作意向，推进失智症专区建设运营。至年底，该项目正式投入运营，填补舟山在认知症障碍康复的空白。对接浙江百城控股集团，计划在盐仓街道建设“兰溪百城康养模式”项目升级版，该项目计划用地70亩，计划总投资10亿元，采用国内最具前沿的高端智控水平信息化设备，对农村土地进行优化整合、高效利用，将健康养老、护理养老和康体理疗综合打造，实现立体化养老，形成品质养老、健康养老、快乐养老的新模式。探索特困供养机构体制改革方向。起草敬老院运行机制改革方案，征求乡镇街道意见，探索公建民营模式，优化服务供给，提高服务质量。

第三福利院组织住养人到茶人谷踏青游玩

【提高老年人生活保障水平】　为有需要的80周岁以上老年人发放老年“一键通”手机终端。终端SOS等按键与市智慧养老平台相连，为老人提供生活照料、精神慰藉、医疗保健等一站式服务。依托电信平台，实现老年“一键通”手机拨打养老服务热线（8189316）和SOS紧急定位求助功能欠费不停机。指导双桥街道、干碗镇、金塘镇等单位积极做好智慧养老“一键通”终端发放工作。是年9月底，面向本区户籍的养老服务补贴对象及80周岁以上老年人发放“一键通”手机终端7349只，覆盖社区100%。

社会管理

【助力定海区社区村体制改革】　撤销洋岙社区村、仙居社区村、平湖社区村等6个行政村，新建大洋岙村、马目村、海港村等6个行政村和小洋岙社区、桃花苑社区2个社区居委会。完成村改居工作任务4个，更换统一社会信用代码证书77张。社区村体制改革完善后定海有43个社区，80个行政村。开展社区（村）级组织换届“回头看”，了解各社区（村）主任、委员和居民（村民）代表调整情况，巩固换届成果，规范社区（村）级组织运行。完成第二批省级引领型农村社区申报工作，全区有13个农村社区参加申报。完成区党代会和两代会议涉及基政科提案和议案答复的4个主办和1个协办工作。编辑制作《村务公开民主管理规范化建设工作记录本》2000册，推进村务公开规范化建设。

【开展“三服务”活动】　对全区涉及村（社区）、企业职责事项多、工作台账多、机构牌子多、政务工作APP（公众号）多、上墙制度多等问题进行汇总报告并整改。联合区纪委区监委，开展新一轮社区承办或协办上级交办委托职责事项的摸底，走访各类社区（农村、城市、渔业、经济薄弱）15个，清理挂牌61类307块，清理上墙制度52类176块;对接职能部门32家次，清理台账13类，规范社区工作，巩固减负成果。协同区委组织部举办定海区2019年度城市社区书记（主任）培训班，为期5天，全区40名城市社区主任参加。内容涉及创新城市基层党建工作经验做法、推动社区创新治理和现场参观经验交流等。

【推进“幸福社区”建设工作】　成功申报檀香、颐景园等12个社区为2019年“幸福社区”建设扩面推广社区，对12个扩面社区进行“一对一”实地督导，对社区相关人员进行业务培训，提升幸福社区建设水平。考核验收2018年度10个区级幸福社区，开展2019年度区级幸福社区申报工作，做好9个区级幸福社区扩面社区的社区“微治理”项目督导工作。

【提升社会工作建设水平】 完成2019年全国社会工作者职业水平考试报名工作，是年有120余人参加培训，新增持证社工34人。以2019年社工宣传周为契机，在舟山晚报和定海区社会组织公众号，启动五期“幸福社区 社工相伴”——社会工作参与基层治理项目展。开展“幸福启航 逐梦未来”社工周沙龙活动，邀请幸福社区书记、一线社工和社工督导分享社工项目介入社区治理的方式方法。邀请浙江工商大学马良教授对全区41名社工进行业务培训，提升社工实务能力。制定、完善《定海区公开招聘城市专职社区工作者办法（试行）》和《定海区公开招聘专职社区工作者简章》，做好定海区专职社区工作者招聘筹备工作。完成舟山市社会工作专业人才实训基地申报工作，定海有3家社工机构参与申报，并做好验收相关工作。

【社会组织管理】 做好社会组织登记 全区已登记社会组织304家，其中社团182家，民非121家，基金会1家，社区社会组织备案1150余家。至年底，新增社会团体5家，变更8家（法人变更6家，），注销4家（3家做过清算）。民办非企业登记7家，变更13家（法人变更8家），注销4家。下发文件，开展年检年审工作。是年7月，完成年检工作，参检率99%。开展行业协会商会涉企收费“回头看”，29家行业协会商会都按照规定的四挡范围收取会费，未收取其他服务性费用，40%的单位会长级会费收缴在1.2万～1.8万元左右。

开展社会组织双随机抽查 局执法联合组随机抽查16家社会组织，检查发现部分社会组织存在未及时变更场地、档案台账不健全，理事会会议记录缺失等问题，要求对方限期整改，为期10天，做好“回头看”工作，至6月底全部结束；同时抽查80家社会组织作为专项检查，实行掌上执法，结合扫黑除恶排查，做好社会组织涉黑涉恶检查工作。印发《关于定海区民政局2019年度公益创投通知》，全年安排30万元，作为公益创投扶持资金，通过前期初审、中期评审，有11家单位入围，补助资金27.5万元。

承接政府职能转移和购买服务条件申报工作 是年，有12家单位参与申报，至年底，有44家社会组织具备承接政府职能转移和购买服务资质社会组织，形成推荐性目录，该目录实行动态管理。

社会组织公益集市日活动

【党建工作】 创新实施党建“双覆盖”方式 在组织设置上，对于有正式党员3名以上、党员人数较为稳定、有合适支部书记人选的社会组织，单独建立党支部；对于党员人数较少的社会组织，按照“行业相近、地域相邻、便于管理”的原则，建立联合党支部。

推行党建指导员“常驻点”机制 针对一些暂不具备建立党组织的社会组织，采取选派党建工作指导员日常入驻的办法，先行开展党的工作，帮助有党员的社会组织尽快建立党组织，指导新建党组织建章立制、开展活动。党建工作指导员实行聘任制，原则上派驻时间暂定为1年，可连聘连任。完成300家社会组织党建指导员选派工作，涉及业务主管单位58家、党建指导员154人。

明确社会团体党组织隶属关系 根据全市“不忘初心、牢记使命”主题教育专项整治工作要求，明确学会、协会、研究会等社会团体的党建工作，由业务主管单位管理，其党组织关系隶属主管单位的机关党组织。至年底，建立党组织21家，有直管党

“党建引领服务 公益凝聚你我”公益活动

员488人，兼职党员451人；未建立党组织282家，有党员1232人。

社会事务

【婚姻登记工作】 1月1日至12月31日，全区办理结婚登记 2381对（包括复婚284对，补办137对），办理离婚登记1207对，补发结婚登记证514件，补发离婚登记证143件，出具无婚姻登记记录证明6份。完成2018年婚姻登记档案全文数字化扫描及核对工作，有效简化婚姻登记档案调阅程序，方便当事人快捷查阅婚姻档案。3月13日，婚姻登记处按照实际需要申请销毁2012—2016年度的（无）婚姻登记记录证明44590件。完成集中登记（2001年11月19日）以来的婚姻登记数据的核对和电子签名。完成1983—1993年定海区的涉外婚姻历史信息补录。9月，将2011—2016年婚姻档案移交给定海区档案馆。

【殡葬管理工作】 规范祭扫场所 下发《关于做好2019年春节期间群众安全祭扫有关工作的通知》和《关于做好2019年清明节期间文明祭扫有关工作的通知》，要求各镇（街道）对辖区内公益性墓地和骨灰纪念堂等其他祭扫场所进行安全检查，做好安全措施和应急预案，要求各镇街道及时整改存在问题。是年春节和清明节期间未发生祭扫安全问题。自2018年12月始，规定舟山本岛329国道（含）以南区域；双坝线、文化路禁止在限定区域主次干道出殡漫游、绕行及燃放烟花爆竹、抛洒纸钱、鼓号奏乐、路祭念经等妨碍公共秩序、交通秩序和影响市容市貌、环境卫生的殡仪活动。

入户劝导丧户文明办丧 2月14日、15日，会同区政协、区民宗局等部门分别到白泉镇、双桥街道开展专题调研文明治丧情况，掌握了解从事丧事活动（念伴）人员主要开展的业务流程、基督教等教徒丧葬情况，为全区推进文明治丧打好基础。至10月，收到丧事信息787条，其中步行出殡412条，车行出殡375条，限行区域内的627条，区域外160条，基本做到文明出殡。专项整治违法违规私建“住宅式”墓地等突出问题，经执法，发现的3处私建硬化大墓全部自行拆除。市局委托规划编制单位对定海区进行殡葬设施专项规划，至年底，完成全区殡葬设施专项规划。全区161处墓地，规划布点公益性墓地16处，骨灰纪念堂19处。

开展“身后事”联办 8月8日，组织各镇街道管理员、社区村代办员进行身后事联办平台应用系统操作培训，建立身后事联办钉钉群信息共享机制。

实行身后事联办全程监管 根据联办平台上信息情况，及时查看平台信息填报情况，对还未上传社区村及时进行电话提醒。动态管理社区村代办员账号，调整社区村代办员25人，新增社区村代办员29人，对调整新增的人员及时进行账号注册。8月10日起，全区推行身后事联办工作，至10月底，死亡550例，其中进入“身后事”平台联办403例，未平台联办的147例，平台联办率73%。

实施生态葬法 全年组织实施海葬9例，完成实施海葬人员纪念碑刻字工作6例，发放生态安葬奖励补贴19000元，对殡仪馆殡葬四项基本减免费用进行结算71万元。

【推进“最多跑一次”改革】 根据浙江省民政厅八统一指南要求，经机构调整，全局“最多跑一次”改革事项于是年8月进行全面颗粒化拆分，总计137项，除省跑改办确认一项不适宜“最多跑一次”（婚姻登记类事项，内地公民收养子女登记）外，全部实现“最多跑一次”，覆盖率100%。实现服务事项五大指标网上办，掌上办。跑零次，即办件，压缩比全部达到区标准要求。

【完善地名公共服务体系】 完成定海区城乡地名标志设置工作，增设门牌、楼幢牌、单元牌1748块，新批小区11个，新增道路12条，出具门牌证1851本。按照上级统一部署，重点清理整顿全区标准地名使用不规范、地名标志设置不标准等突出问题。3月底，出台《舟山市定海区进一步清理整治不规范地名工作实施方案》，成立清理整治不规范地名工作领导小组。4月27日，召开全区清理整治不规范地名工作领导小组会议，强调各部门要高度重视地名文化保护和不规范地名清理整治工作。至7月底，全区6家房地产开发商的8个楼盘不规范地名全部整改完毕。加强行政区域界线界桩的维护和管理，建立界桩管理的长效机制。7月中旬，联合普陀区民政局，邀请市民政局和两区平安办相关负责人，对两区界桩界线进行全面检查。清理界桩周围杂草、清洗维护界桩，防止边界纠纷和矛盾。

【大中型水库移民后期扶持工作】 是年，省移民办下拨给定海区大中型水库移民结余资金181万元，安排给新螺头社区及虹桥社区。所有后扶项目按规定实行项目法人制、招标投标制、质量责任制、工程监理制、竣工验收制，确保工程质量，确保移民资金安全运作。

【水库解困项目】 是年，向省移办争取到小型水库扶助基金524万元。6月28日，区移民办与区财政局联合出台《关于下达2019年度小型水库移民解困项目计划和项目资金的通知》《关于下达2019年度第二批水库移民后期扶持项目及资金分配计划的通知》，明确2019年定海区小型水库移民解困项目11个，安排小型水库移民扶助基金524万元。至年底，7个项目完工，其余项目开工，支出小型水库移民扶助基金430万元。

【福利企业监督检查工作】 全区有福利企业8家，分别是环南1家、城东1家、小沙1家，双桥1家，马岙2家，白泉1家，干䃰1家，主要从事纺织，机械加工，塑胶制品等。10家福利企业安置就业人员456人，其中残疾职工152人,占33.3%，发放社保补贴和超比例安置奖励67.835281万元。

（撰稿：黄瑛）

（本分目照片由区民政局提供）

双拥与优抚安置

【开展拥军优属活动】 举办2019年度驻定官兵才艺秀活动，深化双拥共建。“春节”“八一”期间，协助区委区政府，做好区领导走访慰问驻定海部队工作，慰问师级部队8家、团级部队13个，支出慰问金85.24万元，颁发新中国成立70周年纪念章，计32人。采集退役士兵、军队转业干部等11类人员信息10613条，为8000余户家庭悬挂“光荣之家”荣誉牌。

【落实优抚政策】 全年发放各类抚恤金、奖励金等2234.77万元。为144名在乡重点优抚对象发放门诊医疗费补助金37.57万元。开展困难重点优抚对象走访慰问工作，全区慰问350人，支出慰问金37.2万元。组织147名重点优抚对象在定海区中心医院开展健康体检工作，组织6名重点优抚对象到嘉兴短期疗养。

（撰稿：刘　力）

责任编辑：鲁学伟

街道　镇

Streets and Towns

小沙·丰收景象（陈炳群/摄）

社会主义核心价值观

国家　富强、民主、文明、和谐

社会　自由、平等、公正、法治

公民　爱国、敬业、诚信、友善

城东街道

【概况】　城东街道位于定海城区的东部，东至大洋岙玉栏桥，与临城街道三官堂村相接；西至环城东河，与昌国、环南俩街道隔河相望；南至纺织厂路，与环南街道相连；北至长岗山山脊，与白泉镇依山为邻。区域面积11.8平方千米，其中山林面积9058亩，耕地面积327.5亩。下辖檀树、紫竹、昌东、檀香、檀东、东园、港南、港北、桔北、桔南、畚金、颐景园、阳光园、鸿毛湾、小洋岙15个城市居民社区和大洋岙、小碶、洞桥、胜利4个行政村。户籍人口20593户，51557人。

经济发展　是年,财政收入12425.84万元，为上年的84.16%，其中地方收入6550.46万元，为上年的86.85%，中央收入5875.38万元，为上年的81.34%固定资产投资完成区下达指标36亿元，同比增长172.7%；引进食品经营，设备销售，汽车租赁等市外企业5家，实际到位市外资金0.33亿元。

城市建设　继续推进全国文明城市创建工作，解决各类短板问题4582个，发放抄告单50余份，清运垃圾1800余吨，在全市城市文明程度指数月度测评中，获得2个第一，2个第三的成绩。开展檀香小区、东港浦新村、盛家塘新村等停车位专项改造，新增停车位338个。完成云枫苑东侧地块和东河家园西侧地块拆除任务。馨港苑安置小区建成交付，小洋岙安置小区、兰园、沁园和蓝绿和园开工建设。开展“文明河道”创建，实施小洋岙支河水质提升工程，完成了河道上游部队等的污水技术处理，纳入污水管网；修复破损污水管网，水质管理，提升小洋岙河水环境质量。

社会事业服务　助老、助残、助学、助困267人次，发放善款39.33万元。城乡居民医疗参保5390人，参保率98.8%。办理失业金申领人员153人，办理失业登记20人，审核灵活就业社保补贴申请168人，办理异地退休人员资格认证55人，完成就业困难人员认定105人。发放生育服务证247本，独生子女父母光荣证53本。深化“三服务”，走访企业53家，收集各类问题39个，解决33个。开展各类文艺演出、体育活动100余场，公益演出和文化走亲年150余场。完成全街道“污水零直排”排查和上品君园、桔香苑等7个小区的“污水零直排”改造。实施东园、桔南、桔北3个社区地下管网改造，提高老小区防洪排涝能力。完成洋岙规范化避灾场所建设。檀东社区创建省残疾人“无障碍”社区。

平安建设　完成辖区85辆人力客运三轮车的签约清退工作。继续实施消防安全三年攻坚战，完成老旧小区85块消防通道指示牌、宣传牌安装、10套电瓶车充电桩设置；街道及社区办公楼20套智慧用电安装；14个社区微型消防站的物资配备。

精神文明建设　成立城东街道新时代文明实践所，各社区村新时代文明实践站19个，美之声文明实践站1 个。抓好“最美”典型选树宣传工作，东园社区居民袁柏年、黄兴忠分别被评为舟山好人和舟山创城好人，张宾宾等17人被评为街道级“创城好人”。建成“幸福港南 我的家园”新时代文明实践风景线。开展新中国成立七十周年主题宣传活动，通过主题宣讲、文艺晚会、诗歌朗诵等多种形式喜迎祖国七十华诞。

城东街道“创城好人”表彰

基层党建　成立兼合式小区支部29个，覆盖全街道53个小区，实现兼合式小区支部全覆盖。开展兼合式小区支部“推磨互查”和活力兼合式党支部评选，形成比学赶超的良好氛围。升级党建阵地，完善港南、檀香等社区党群服务中心，筹建街道党群服务中心，打造融党群活动、教育培训、形象展示、服务群众于一体的开放式、集约式、共享性的党建服务平台。围绕街道“幸福党建”主题，继续打造“红心向南·温情港湾”“幸福党建·檀香四方”等社区党建品牌，提升基层党建工作的品牌效应。探索党组织引领下基层社会融合治理新路径，518名“楼道红先锋”包干1591个楼道，精细化管理“红色网格责任田”。“幸福红盟”常态化运作，超过千人次红盟志愿者参与全域环境整治、台风灾后重建等专项活动。

城东街道第十五届社区运动会

【街道行政机构改革】 完成街道行政机构改革，改革后街道分设8个科室，为党政综合办公室、党建工作办公室、综合信息指挥室、社会治安综合指挥办公室、社会事业发展办公室、经济贸易发展办公室、城市建设和管理办公室、农业农村办公室；及综合安全管理中心和便民服务中心2家事业单位。

【社区村体制改革完善工作】 5月，启动社区村体制改革完善工作，7月完成长岗山村撤村入居，是全市首个成建制并入城市社区的城中村。7月，原洋岙社区村拆分后恢复大洋岙村、小洋岙村两个行政村。8月完成小洋岙村改居工作。改革后，街道新增城市社区1个，即小洋岙社区，新增城中村1个，即大洋岙村，撤销城中村1个，即长岗山村，保留小碶、洞桥、胜利3个城中村，经济合作社数量仍为6个。

【三改一拆】 拆除违法建筑316处，面积38673万平方米，拆后土地改建为停车场，绿化地，拆后利用率99%，“三改”面积10.82万平方米，超额完成率230%。

【街道级居家养老服务中心建成使用】 建成全区首家“医养”结合的街道级居家养老服务中心，中心面积450平方米，由第三方运营，主要为辖区老年人提供生活服务、康复护理服务、托养服务、家庭支持服务等专业化服务。

【社会治理诚信负面清单管理模式】 全市首创在社会治理中引入诚信负面清单。以清单方式明确列出企业、商户、居民等行为主体在辖区内禁止和限制行为，对违反负面清单内列明事项的组织或个人，列入“失信黑名单”，在法律法规规定权力范围内，对失信主体实施强化监管，推动社会秩序进一步规范。该项目获得2019年“双学双比”三服务专场第一名。

【实施老旧住宅小区三年改造工作】 全年完成9个小区106幢房屋2516户防盗窗拆除任务，实现全部清零、全面改造。

【全省街道人大工作和建设试点工作】 理顺人大街道工委与上级人大常委会及与街道党工委、办事处的两组关系；理顺人大工委委员、人大代表与民主议事会议成员之间的关系，建立“人大工委委员+人大代表+议事成员+民情信息员”的互动机制。完成街道本级人大代表联络站升级改造，形成“1个总站+12个选区联络点”的网络布局。探索实施“代表督办”+“部门参与”的方式，提高代表联络站问题解决率。优化人大工委队伍和主议事会议成员结构。建立“人大工委自身建设、人大代表履职管理、人大代表联络站、民主议事会议”等4大类18项工作制度，形成街道人大工作的“418”制度体系。实现街道人大工作“代表活动经常化，履职平台标准化，公共决策民主化，工作运行制度化”。

【“不忘初心 牢记使命”主题教育】 抓好学习教

“不忘初心 牢记使命”主题教育工作会议

育，通过“读原著、悟原理、守初心”音频微党课、“初心故事荟”专题、主题宣讲等多种形式，把学习教育贯穿始终。抓好调研及问题整改，在调研中收集各类问题清单16条，聚焦基层反响查摆问题29条，全部整改完毕。

【召开城东街道第三届第三次民主议事会议】 2月28日，城东街道召开第三届民主议事会第三次会议，52名议事会成员参加会议。大会听取和审议街道办事处改造报告、人大工委工作报告和街道2018年财政预算执行情况和2019年财政预算编制情况说明，并进行民生实事项目票决，最终确定昌东社区便民服务大厅建设项目、鸿毛湾社区老年活动室项目等4个项目为城东街道2019年民生实事项目。

民生实事项目票决

【乡贤会成立】 12月22日，城东街道隆重召开乡贤联谊会成立大会，34名乡贤代表参加会议，大会选举产生城东街道首届乡贤联谊会会长乐跃明、副会长叶兴龙、李伟、徐伟。

城东街道乡贤联谊会成立

【建立“红色业联体”】 6月1日在港南社区打造全市首个社区红色“业联体”，即物业、业委会、行业联合体，通过“党建统领，多元协同，融合治理”，破解小区治理难点和堵点。

港南社区红色“业联体”成立

【领导调研考察】 梁黎明到街道调研街道人大工作 10月9日，省人大常委会党组书记、副主任梁黎明一行来到城东街道人大代表联络站调研街道人大工作和建设试点开展情况，接待部分省人大代表和基层群众代表。市人大常委会主任钟达、区委书记庄继艳、区人大常委会主任余河通等陪同调研。

梁黎明调研街道人大工作

钟达调研全省街道人大工作和建设试点工作 6月21日，市人大常委会主任钟达一行到城东街道人大代表联络站，调研全省街道人大工作和建设试点工作开展情况。区人大常委会主任余河通、副主任林伟康等陪同调研。

钟达调研街道人大工作和建设试点工作

赵光君调研街道人大工作和建设试点工作　6月26日，省人大常委会副主任赵光君一行到城东街道人大代表联络站，调研街道人大工作和建设试点工作。市委书记俞东来、市人大常委会主任钟达、区委书记庄继艳、区人大常委会主任余河通等陪同调研。

卢春中调研港南社区新时代文明实践中心工作　10月21日，省委宣传部副部长卢春中一行到城东街道港南社区调研新时代文明实践中心工作开展情况，市委宣传部部长沈国通、区委宣传部部长何徐华等人陪同调研。

姜建明检查居家养老服务中心　12月24日，舟山市副市长姜建明到城东街道居家养老服务中心检查。副区长屠定玉和区民政局局长丁梅陪同检查。

张未调研城市党建工作　10月16日，市委组织部副部长张未到城东街道调研，张未一行走访参观城东街道港南社区和檀香社区的党群服务中心和便民服务中心，并与社区干部座谈交流，了解城市基层党建开展情况引领基层治理的情况，特别是"兼合式"党组织运作、"红色业联体"工作的开展情况等。

邵辉调研城市党建工作　5月31日，区委组织部部长邵辉一行先后走访城东街道檀香社区、港南社区，了解"檀香四方""红心向南 温情港湾"等城市社区党建品牌、党群服务中心建设、社区城市基层党建工作开展及兼合式支部、党员参与小区治理情况。

（撰稿：施　卉）

（本分目照片由城东街道提供）

昌国街道

【概况】　昌国街道位于舟山本岛中南部，定海城区北部，辖区东至长岗山森林公园与城东街道、白泉镇相接壤，南缘解放路与环南街道为邻，西至茅岭墩与盐仓街道相接，北至叉河岭与盐仓街道相连，陆域面积16.06平方千米，下辖文昌、开源、合源、香园、北园、东管庙、翁山、留方、西安、虎山、西管庙、西山、金寿13个城市社区居委会,东湾、城北、茅岭、义桥4个村委会，辖区总户数33625户，常住总人口9.47万人，户籍人口5.85万人。

辖区有多处省、市级重点文物保护点及10余所从幼教到大学各级各类学校。保存有明清时期的中大街、西大街、东大街、留方路等历史建筑；有始建于后晋天福五年号称"翁洲第一古禅林"的祖印寺，有建于清康熙二十八年（1689），藏有康熙御笔题写的"定海山"匾额及康熙帝画像等重要文物的御书楼；有蓝理、安子介、朱葆三、刘鸿生、董浩云等名人的故居及大量史迹；有诠释舟山"物华天宝、人杰地灵"的辉煌历史的舟山名人馆；还有舟山市重要商业中心之一的解放路、人民中路、人民北路、昌国路和娱乐休闲特色街市芙蓉洲路、总府路。

2019年实现财政总收入2.37亿元，其中地方税收收入1.28亿元。

经济发展情况　是年，完成固定资产投资5亿元，进出口额1.44亿元、增长3.69%，引进各类企业45家，注册资金5.43亿元，其中浙商回归省外到位资金1亿元。开展重点企业大走访活动，摸排走访和了解辖区内重点企业、重点单位的生产经营情况,全年为9家企业解决转贷资金2235万元，破解生产经营难题13个。完成海、陆运企业财政扶持的申报工作。百悦生活广场正式开业运营，填补城西无大型综合购物商场的空白。

社会事业　是年，人均年收入16000元以下低收入家庭实现动态消除。城乡居民基本养老保险参保1632人，新增低保12户13人，其中农村5户6人，因涉及各类不符合低保享受政策的注销32户45人，其中农村7户11人；新增低边1户1人，因涉及各类不符合低边享受政策注销17户27人，其中农村5户9人。街道有城乡低保对象148户170人，其中农村低保对象22户25人；城乡低保边缘对象18户36人，其中农村低保边缘对象2户3人。基本医疗保险参保率突破99%。低保复查、残疾人单独施保、支出型贫困家庭救助全面开展。完成D级危房解危9幢，309幢C级危房纳入动态监测。打造“蓝海小候鸟驿站”“情暖夕阳”“无声有爱”等青少年关爱、养老服务、特殊人群帮扶品牌项目，投入运营开源社区居家养老照料中心。

【基层党建】 组织开展“初心不忘 情暖昌国”昌国街道党建联盟志愿服务集中行动，为周边群众提供创城宣传、日常服务、法律法规科普等各方面服务，活动当天有21家党建联盟单位100余名党员志愿者参加活动，服务群众800余人次。成立全市首个物业服务企业党支部——西山社区珠江物业党支部，完成“红色物业”打造。新成立金寿小区第二组“兼合式”党支部及合源社区玉兰花园小区“兼合式”党支部，创新居民自治模式，由“被动应付模式”转变为“主动干预”，推广“红管家”模式，实现小区全覆盖。完善后备干部梯队建设，出台《关于开展新一轮社区（村）正副职后备干部推荐的通知》，推荐正副职后备干部51名，组织开展全体社区村干部能力提升专题培训班，2批次197名干部接受培训。

【党风廉政】 研究制定昌国街道党风廉政建设和全面从严治党具体任务和措施，分层面签订《2019年度昌国街道党风廉政建设目标责任书》。组织实施专项整治及正风肃纪工作，提出整改方案，梳理出撤村并居、昌国路外立面改造、红卫水库除险加固等问题42个，完成问题整治39个。制定出台《昌国街道关于开展廉政风险排查防控工作实施方案》，完善干部任前提醒谈话，岗位廉政谈话、警示教育、约谈等制度，做好预警预报工作。是年，监察办运用第一种形态处理干部5人，诫勉1人。是年，召开重大项目、人事等“三重一大”重要事项研究的班子成员会议30余次，处理区纪委转办的投诉件5起，群众电话举报2起，并对投诉失实的情况及时给予澄清，出具“澄清正名”1份。组织召开扫黑除恶“打伞破网”行动专题会议，就王斌恶势力余毒问题进行全面自查，开展线索核查“回头看”“深入看”，全面肃清王斌恶势力余毒。前后谈话干部80余人，针对发现的问题线索及时核实处理，给予警告处分1人，诫勉谈话2人，批评教育2人，提醒谈话2人。制定出台《昌国街道关于推进清廉村居建设实施方案》，探索实施“和合共事”机制，以香园社区“家风家训”倡廉点、留方社区“书香古韵”倡廉点为试点，打造特色品牌倡廉基地。

【社会治理】 是年，采集上报网格事件信息8160件，“12345”平台曝光上报信息2740条。街道人民调解组织和社区（村）人民调解组织化解矛盾纠纷136件，其中疑难复杂案件23件，调解成功135件，调解成功率为99.26%。协调解决白虎山路、义桥、东湾等拆迁（安置）区块因工程建设引发的各类群体性事件和集体上访事件，解决茅岭村因集体资产征收引发的款项落实及发放事项。春节、两会、中华人民共和国成立70周年大庆、十九届四中全会等重要节点均实现重大案事件“零发生”，扫黑除恶专项行动持续发力，搜集摸排并上报（疑似）涉黑涉恶线索3条，全部跟进形成闭环处置。

【全国文明城市创建】 推进居民小区综合环境整治至年底，累计完成绿化补种19402平方米，划设机动车停车位439个，非机动车停车位5208个，整改消防设施1039处，清理、铲除小广告5353处，清除楼道堆积物3888处，完成路面修补整治492处，修补楼道灯1142处，修补破损门窗332处。招募“小区管家”113名，每天不间断对小区进行地毯式巡查，按照“巡查、反馈、协调、处置、督查”5步程序对小区进行全方位定时定岗巡查。

加大执法力度 联动城管、住建、市场、环保成立创城联合小分队，对车棚违规住人、市容环境整治、问题商家整改等超出街道职能范畴的问题开展联合整治专项行动，全年开展各类联合整治40次，查摆整治问题150余个。4月起，联合各有关部门对车棚车库违规自住和违规改建情况进行排查并逐步清理，清理违规生产经营、违规出租20户，违规居住125户，其他违规24户，并不定期开展“回头看”，巩固整治成果。对侵占人行道、占压盲道、在绿化带乱停乱放车辆等进行严格执法，开出绿化带停车罚单40张，处罚365起，教育5起，处罚乱扔烟蒂15起，处理违章停车3093起，拖离非机动车违章停车842余辆。招聘背街小巷专管员两名，对背街小巷所有不规范行为进行全科管理。

全民共掀创建热潮　依托在职党员进社区、“契约化”共建、党建联盟等工作载体，发挥党员干部“8小时工作圈”外先锋志愿引领作用；整合团工委“城市啄木鸟”、妇联“巾帼净卫士”“啄木鸟”市民巡访团等志愿资源，组建昌国向日葵志愿服务总队，注册志愿者9217人，累计各类创城志愿活动480余次，志愿时数达13万小时以上。聘请党员、居民骨干担任“楼道长”，当好创城宣传员、文明示范员、矛盾调解员及卫生监督员，实现辖区范围“一楼一长”全覆盖。招募“文明助力大使”，发动在职党员、居民骨干、在校学生、经营户等融入创城。至年底，有873名文明助力大使认领助力项目，经常性开展助力活动。

志愿者开展创城助力志愿活动

【城乡环境综合整治】　街道联合执法集中力量对辖区内跨门经营、占道经营、乱堆杂物等现象开展整治，对白虎山路、城西河路、黄家碶路、气象台路，以及北门菜场和城西菜场周边商铺店面（流动摊贩）精细化管理。发挥昌国城管中队力量，通过中队进社区，配合社区解决居民区中乱堆杂物、乱晾晒、破坏绿地、车棚出租住人等问题。至年底，组织30余期除四害知识培训会、投放鼠药2960公斤，灭蟑药628公斤、清理车棚住人141户、强行停水停电25户，纠正跨门经营7008起，清理六乱3838起，查纠偷倒、抛洒987起，查处流动摊3093摊次，查纠噪声污染1772起，拍摄机动车违停3093辆，拖离非机动车842辆，清理各类广告2273起，暂扣经营物品130起，三轮车35辆、机动车15辆，一般程序立案107起，简易程序49起。

【老旧小区改造工作】　2019年，街道老旧小区改造项目3个，涉及38幢1094户，其中，北园社区北园新村24幢684户、昌国路8幢161户、虎山社区解放西路264号6幢249户，投入2982万元，涉及建筑面积68900平方米。其中，北园新村示范类119户全部签约，一般类565户，签约551户；下白虎新村249户全部为一般类改造，全部签约，昌国路沿线161户全部为示范类，全部签约。

【“最后一平米”攻坚任务】　提前完成白虎山路区块、西山路区块政策处理。义桥区块，剩余24户中，个人产权签约10户、单位签约2家，房屋拆除95%，土地丈量个人部分基本完成，清点坟墓17座，老年人临时安置点装修设计完成；太平弄区块剩余7户中完成签约腾空6户。

【纪念建党98周年系列活动】　组织“我和党旗合个影”照片征集活动，吸引17个基层党组织及党员个人132张投稿。开展“红色关爱”党内走访慰问，为218名党龄50年以上的党员送上“红色记忆大礼包”，送去党的关怀和祝福。组织开展多种形式的“悟初心、担使命、见行动”主题党日活动，分别至余姚四明山、嘉兴南湖等革命根据地重温红色历史。探索党课新模式，打造党员教育红色课堂，成立“初心堂”新时代讲习所，为党员同志送上“回望初心”之老党员上党课、夕阳红书画党课、“不忘初心 青春逐梦”青年党员上党课等，计上各类党课5次。

【义桥堂脚下综合民生功能区】　义桥村堂脚下区块南接气象台路，东临乌龟山，西接城北水库溢洪道，北至四一三医院，涉及村民30余户。自90年代以来，

义桥堂脚下综合民生功能区航拍图

当地村民普遍占用公共空间搭建房屋，且多数用于出租，乱堆放、乱晾晒、乱停车现象屡禁不止，对昌国城乡环境整治工作带来很大压力。是年，街道投资42万元，拆除10余处违法建筑，清理各类垃圾60余车，利用约800平方米土地面积，打造集公共停车、公共晾晒、公共休闲、惠民服务为一体的城乡结合部生活服务综合功能区。

【街道党群服务中心正式开放】 7月，位于街道办事处三楼的党群服务中心正式对外开放。该服务中心集党员教育管理、市民课堂等服务于一身，分为党建展示中心，阅览区，休闲区，沙龙区，排练厅等活动场所。举办各种文化类课程及主题党日、党课培训、文化沙龙、读书笔会、红色观影等活动60余次，接待参观37批700人余次。

党建展示区

【舟山市首个镇（街）级基层治理综合信息平台启动】 是年，街道联合城管、公安等部门，结合中广有线信息技术，启动综合信息指挥平台建设，资金总投入80余万元。经过多次优化完善，实现网格合一、条块合一、终端合一、指挥合一、流程合一。将街道辖区内的所有监控统一，落实专人值守对各监控点位进行查看，确保及时发现问题、及时指挥处理、及时跟进督查。

街道综合指挥中心

【推进社区村体制改革工作】 根据市区统一部署，完成东湾、城北两个村的党组织、村监委及下辖党组织等村级组织更名，打破按原股份经济合作社划分党组织的传统做法，根据并社情况，调整下辖党支部党员。组织党员签订“三项承诺书”，对村两委以外的村组织成员严格把关，逐一进行联审。牵头农业农村办、财政办、综治办等相关部门进行股份经济合作社合并及资产融合工作。7月13日通过城北、大西岙以及东湾、鸭蛋岭的并社融合方案票决。8月，召开新村股份经济合作社成立大会，基本完成两村社改工作。

【召开2019年党代会暨党工委工作会议】 1月25日，召开街道2019年党员代表会议暨党工委工作会议。各基层党组织的78名正式代表、街道全体机关干部、社区村书记主任、部分企事业单位负责人参加会议。

2019年党代会暨党工委工作会议

【举行“奔跑吧·昌国”第一届趣味运动会】 1月30日，街道在城北健身馆举行“奔跑吧·昌国”第一届趣味运动会。街道机关、社区干部、城管中队等200余人组成12支参赛队伍。本次运动会有5项集体项目：倒森林、龙行天下、同舟共济、呼吸的力量、风火轮。每个项目都是以多人合作的方式进行，来自机关的超越刘翔队获本次运动会第一名。

“奔跑吧·昌国”第一届趣味运动会

【徐张艳考察昌国街道综合信息指挥中心】 4月9日，市委副书记、政法委书记徐张艳带队考察昌国街道综合信息指挥中心建设情况。她肯定昌国街道全面推进完善基层社会治理工作的成绩，对有关昌国街道为提高辖区基层社会治理及城市管理工作服务质量等相关细节提出建议。

徐张艳带队考察综合信息指挥中心建设情况

【开展党建联盟志愿服务集中行动】 7月27日，街道在海山公园开展“初心不忘，情暖昌国”党建联盟志愿服务集中行动。联盟内20家党支部近70余位党员为市民提供创城宣传、法律宣传、家电维修、理发等服务。现场发放法律法规宣传资料1000余份，解答群众咨询百余人次。街道党工委通过发放创城扇、创城宣传编织袋、文明宣传册等方式，让市民群众感受文明创建就在身边。

党建联盟志愿服务集中行动

【全市首个物业服务企业党支部成立】 7月28日，在西山社区会议室举行“红色物业”议事会联席会议。“红色物业”议事会由街道西山社区党委牵头，新成立的珠江物业党支部、金平颐景园小区“兼合式”党支部、小区业委会共同组建。

“红色物业”议事会联席会议

【抗击台风“米娜”】 街道启动防台应急响应，进入“备战”状态，要求各科室、社区（村）加强监测预警，加强值守，密切关注“米娜”动向。组织力量对防汛风险隐患和薄弱环节进行拉网式全面排查，提前落实防范和应对措施，消除安全隐患。街道组建三支应急队伍80余人，配备2台挖机，沙包2500余只，汽油抽水泵28台，电动抽水泵100余只，应急车辆4辆，其他应急物资若干，抗击台风“米娜”。

社区干部救助受灾居民

【“不忘初心、牢记使命”主题教育系列活动】　9月12日，街道组织开展“不忘初心、牢记使命”主题教育工作会议，对全街道主题教育工作进行动员部署，向全体机关党员发放包括党章在内的一套必学书本，围绕展现城市环境新面貌等方面，全面梳理问题难点。各社区（村）、两新党组织相继召开主题教育工作会议。9月24日，街道组织班子领导成员集体赴舟山烈士陵园，重温革命先烈斗争历程。街道以“浸现场、忆先锋、触文化、述担当、寻初心”为原则，打造完成“海山先锋行之红色初心实景课堂”。9月25日，街道召开理论学习中心组（扩大）学习会议，学习《习近平新时代中国特色社会主义思想学习纲要》。9月29日，召开主题教育第一次专题研讨会，开展交流研讨。10月10日，开展“牢记初心使命，共庆70华诞”——《我和我的祖国》集体观影主题党日活动。11月5日，街道团工委组织

《我和我的祖国》集体观影主题党日活动

“青春宣讲团”成员走进合源社区新时代文明实践站，为30余名居民带来一堂“不忘初心、牢记使命”主题宣讲活动。

（撰稿：俞奕梓）

（本分目照片由昌国街道提供）

环南街道

【概况】　环南街道位于定海区南部，因主干道环城南路横穿辖区而得名。自行政区划调整后，原解放街道5个社区划入，陆域北沿解放路与昌国街道相邻，南濒海港，东以新河路与城东街道为界，西以竹山门与盐仓街道毗邻。街道辖盘峙、大猫等大小岛屿28个，其中住人岛9个。五联村的西蟹峙岛位处金塘洋面，是辖区最西端的岛屿。西南面的大猫岛与宁波市北仑区的大榭岛隔海相望。区域陆地面积24.02平方千米，海域面积54平方千米，海岸线长达66.78千米。街道辖有10个城市社区，3个农渔村，户数15042户，总人口34944人。

经济发展情况　是年，实现社会总产值98.99亿元，比上年减少3.15%；工业总产值32.61亿元，同比减少11.4%。其中，规上工业总产值15.51亿元，与上年基本持平。完成全社会固定资产投资11.44亿元，同比减少30.51%。实现农业总产值3350万元，同比增长12.08%。

重点工程项目　是年，融信旭辉—定山海花园项目1至6号楼主体施工分批次开工，项目施工、建设顺利进行。体育馆及示范区等公建配套同步施工建设，完成投资10.69亿元。东岠岛旅游示范岛建设加快，山腰茶室修建完成，可供开放。小坑岗顶基础建设基本完工，新建烧烤大棚一座，修复两幢部队营房，新增山顶厕所及淋浴等卫生辅助设施，计划投资400万元的配套建设健身路径启动施工。舟山市垃圾焚烧发电工程三期扩建工程累计完成投资8720万元。舟山500千伏联网输变电工程（环南段）政策处理工作基本完成，范围内房屋基本拆除。

是年，新引进舟山世茂房地产开发有限公司等企业，实际到位市外资金1.71亿元。浙江海洋租赁有限公司实现出口370万美元。

实现淡水养殖面积80余亩，海水养殖700余亩，投放各类虾苗、海蜇育苗等，经济收益较好。五联村东岠，大猫村庵基岗，大、小盘峙高标准农田建设项

目稳步推进。

基础设施建设　实施老旧小区三年行动计划，抽调精干力量，改造西园社区、海山社区、利民社区、南珍社区等4个小区，涉及45幢楼房、1057户居民、67257平方米。协助区危改办完成西关新村11幢、西园新村30幢、卫海路155号、道隆山弄12—15号4幢D级危房的维修加固。

社会事业　是年，开展“包乡走村”活动，上报解决问题48条。创新推出“十分钟绿色通道”等项目，办好民生实事。城乡居民基本养老保险、基本医疗保险参保率分别为96.6%和99.1%。社会保障落实到位，累计发放低保、低边、特困人员、残疾人补助救助经费310万余元。幸福社区提质扩面，新增市级、区级幸福社区创建点各1个，居民自治、基础设施、工作队伍等方面不断完善。开展退役军人站点建设工作。

围绕街道重点中心工作加强宣传信息报道，引导凝聚社会正能量，发表新闻报道120余篇，推送微信公众号70篇。举办“我和我的祖国”朗读比赛、“建国70周年”文艺晚会，推出“梦在前方、路在脚下”青年计划。打造宣传文化风景线和社区文化家园。

【街道行政机构改革】　是年，完成街道行政机构改革，改革后街道分设党政综合办公室、党建工作办公室、综合信息指挥室、社会治安综合治理办公室、社会事业发展办公室、经济贸易发展办公室、城市建设和管理办公室、农业农村办公室8个科室；及便民服务中心、综合安全管理中心2家股级全额拨款事业单位。另设有人大办公室。

【三改一拆】　完成“三改”年度目标任务的127.5%，“拆违”年度目标任务的114.6%，拆后利用率92.6%。与市政园林等部门协调，改造、维修辖区路面、路灯、下水道化粪池。完成定海公园改造，重塑定海城市记忆。完成东岠岛西岙、北岙闸门施工建设。实施城区污水零直排项目，完成排查总量的75%。完成大猫岛、摘箬山岛农村饮用水达标提标工程，盘峙村大岙湿地标准化改造。启动试运行南部诸岛生活垃圾一体化项目。

【基层党组织建设】　至年底，有基层党组织数112家，党员2077名，其中农村党员250名，社区党员1296名，机关党员65名，企业党员410名。预备党员18名，入党积极分子31名。是年，抓好社区村体制改革完善工作，完成3个海岛村挂牌、印章启用，庆丰村完成全市首个撤村并居建社工作。推动党建创新工作再深化，试点构建“社区党组织+兼合式党支部+业主委员会+物业公司”四方协同的“红色业联体”，探索兼合式党支部公转自转模式，助力实现基层自治。推出湾区商圈党建品牌，打造“阅享城南里”主阵地，服务商圈群众，繁荣商圈经济。一体推进城乡党建发展，重点打造盘峙党群服务中心、党建广场。

【党风廉政建设】　落实党工委主体责任、书记第一责任、班子成员“一岗双责”。通过区委巡视反馈意见整改落实、书记廉政党课、“9+1”专项整治等抓手，警醒党员干部严守政治规矩和政治纪律，筑牢拒腐防变思想和政治道德防线。

【开展主题教育】　聚焦学习贯彻习近平新时代中国特色社会主义思想这一主线，紧扣“守初心、担使命，找差距、抓落实”的总要求，解决重点项目景观桥设计、海岛村民农作物外运受阻等一批企业群众基层反映强烈的突出问题，形成一系列切实可行的思路举措，党风政风得到净化。

【社会治理能力提升】　推进街域治理现代化，持续打造网格服务升级版和“海上枫桥2.0”，配备职业化、专业化、本地化的专职网格员队伍，挂牌成立全市首个港内“海上的士”调解工作室，拓展海陆联动调解模式。圆满完成全国、省市区两会，国庆等重大活动和重要节点的安保任务。全年排查调解矛盾纠纷1171起，其中疑难复杂案件96起，涉及金额1009万元。创新制定“项目化管理”制度，保障建设工程项目顺利推进。开展人力客运三轮车自愿退市工作，首推提前签约奖励，定制提前上缴奖励方案，106辆三轮车实现100%签约退市。

【“兼合式”党组织助力小区治理】　推行兼合式党组织“成熟一个组建一个”方针。推出“定岗定责”机制，发挥小区党员在“8小时工作圈”外的先锋模范作用。开展党员身份亮化行动，统一制作、发放“共产党员户”标牌，引导辖区内全体党员主动亮出身份，主动接受监督，展现先锋姿态。开展常态化志愿服务行动，将每周六定为党员固定集中志愿服务日，各小区兼合式党支部按照各自责任区域，组织发动党员利用休息时间，开展环境综合整治、入户宣传等。开展党组织联动互促行动，发挥社区大党委作用，整合结对共建单位党组织、兼合式党组织、两新党组织等资源，开展垃圾分类、文明创建、平安建设等社会治理工作，筑牢基层红色堡垒。

“兼合式”党组织党员志愿者开展上门宣传

【走访慰问困难归侨侨眷】 1月25日，市委统战部副部长徐志忠一行走访慰问环南辖区7户困难侨眷、7户定居（包括滞留）台胞及部分侨界先进代表人士、留学生家属等，了解他们和国外亲人的生活、

徐志忠一行走访慰问困难归侨侨眷

家庭等状况，解答涉侨政策性问题，并送上慰问金和新春的祝福。

【开展“三服务”活动】 强化服务企业、服务群众、服务基层的工作导向，环南街道班子领导走访辖区企业、社区村、群众，开展“三服务”活动。针对企业遇到的税务负担等实际问题，现场答疑、现场服务，帮助企业轻装上阵。加强与企业联系联络，打造良好营商环境。与社区村工作人员座谈，听取社区的管理现状、受益状况、收入来源，梳理帮扶信息，共谋社区村发展。与群众交流，收集相关意见建议。

街道党工委书记林建刚走访辖区企业

【2019年度民主议事会议】 3月23日，召开2019年民主议事会第一次会议，45名议事会成员参加，街道党政人大班子成员、各社区村主要负责人、居民代表、老干部代表列席会议。围绕街道办事处工作报

2019年民主议事会第一次会议现场

告、人大工委工作报告，各位议事会成员建言献策，提出许多有价值的意见和建议。

【打赢扫黑除恶专项斗争攻坚战】　把扫黑除恶与中心工作结合起来，成立扫黑除恶领导小组，制定网格大走访、站街招嫖女打击整治、社区环境综合整治等项目方案，设立项目专班，建立健全工作机制，明确任务分工，确保专项斗争与中心工作两手抓、双促进。把扫黑除恶与社会治理结合起来，开展接访活动，建立并落实异常情况定期排查和零报告制度。通过举报箱、两微一端、电子显示屏、宣传橱窗等公布举报电话、举报邮箱，开拓信息搜集渠道。联合公安、城管开展专项斗争。把扫黑除恶与基层组织建设结合起来，构建三治融合基层社会治理体系。通过社区党建项目评比、民主法治社区（村）创建等载体，增强基层党组织战斗力，从源头预防黑恶霸痞分子插手干预基层政权，最大限度把专项斗争延伸到最基层。把扫黑除恶与平安环南建设结合起来，深挖彻查，建立健全工作机制，及时移送、反馈、对接线索。将排摸的线索、情况、信息第一时间提交给上级部门。把扫黑除恶与全国文明城市创建结合起来，开展宣传教育“五进”活动，营造良好氛围，守住扫黑除恶“第一道关”。

在港务码头开展扫黑除恶专项斗争宣传

【机构改革动员大会】　5月5日，召开机构改革动员大会。街道党政人大班子成员、全体机关干部参会。街道党工委副书记姚荣宣读街道机构改革“三定”方案及相关人员任免文件。街道党工委书记林建刚作动员讲话。

机构改革动员大会现场

【社区村体制改革完善工作动员部署大会】　5月15日，召开社区村体制改革完善工作动员部署大会。街道党政人大班子成员、各社区村工作指导组成员、部分机关干部参会。街道党工委委员厉景华宣读社区村体制改革完善工作领导小组文件和实施方案。街道党工委书记林建刚作动员讲话。

社区村体制改革完善工作动员部署大会现场

【“我和我的祖国”朗读大赛】　6月3日，街道组织

“我和我的祖国”朗读大赛现场

开展“我和我的祖国”朗读大赛。来自街道、社区（村）、辖区企业、部队家属的20余名干部群众参加。

【“红色业联体”成立大会】 6月30日，街道党工委召开“红色业联体”成立大会暨兼合式党支部书记座谈会。街道党工委委员厉景华向与会人员说明“红色业联体”的成立初衷，阐述街道“四方协同机制”（社区党组织+兼合式党支部+业委会+物业公司）的概念和运作方式。与会各兼合式支部书记提出意见建议。

“红色业联体”成立大会现场

【落实“不忘初心、牢记使命”主题教育工作】 9月12日，街道召开“不忘初心、牢记使命”主题教育工作会议。区委第三指导组组长林孟科出席会议。全体机关干部、各社区（村）书记、两新党组织书记等参加会议。12日下午，街道各社区（村）、两新组织等党组织相继召开“不忘初心、牢记使命”主题教育动员会。街道联系领导全部下社区（村）指导，发表动员讲话。

“不忘初心、牢记使命”主题教育工作会议现场

【抗击台风“米娜”】 启动防台风III级应急响应，逐级提高响应等级。第一时间召开第18号台风“米娜”防御工作会议，紧急部署抗台任务。全体机关干部、社区（村）干部取消国庆休假，进入抗台备战状态。9月30日下午，所有机关干部下海岛，进社区，全面排查各社区（村）危墙危房、建筑工棚、地质灾害、老旧小区下水道等重点区域，做到转移路线、应急预案、生活保障“三到位三落实”。组织专人不间断巡查水库堤坝、山塘河网、地势低洼地带等区域，督促无动力船舶回港避风。协同社区干部、党员骨干排查安全隐患、查找薄弱环节，确保防汛防台工作“零盲点”。疾风骤雨之下，城区内涝、民房受损、农田被淹、山体滑坡、树倒路阻、电力设施故障、通信中断等险情灾情不断发生。全体机关干部、社区（村）干部逆风而行，携带铁锹、沙袋、抽水泵等抢险器材，开展抢险救援工作。

五联村党员干部台风期间及时泄洪排水

【吹响创城“集结号”】 街道广大党员干部发扬

党员志愿者在清理电线杆上的牛皮癣

“白加黑”“5+2”精神，依托“一盟十体”党建体系，蓬莱社区“五彩蓬莱”同心圆、海滨社区“湾区先锋”共同体、竹山社区“阿拉竹山门”等党建联盟体10个，利用社区党员、兼合式党支部成员、两新组织党员、楼道红管家等载体，形成创城合力，加强迎检备战，做好迎检工作。

【南部诸岛垃圾处理一体化项目启动试运行】 11月8日，在大猫岛举行南部诸岛垃圾处理一体化项目试运行暨“不忘初心·志愿服务大猫行”活动启动仪式。街道党工委副书记姚荣介绍垃圾一体化项目情况。启动仪式后，志愿者们按照分组，开展海岛环境整治和垃圾分类入户宣传志愿活动。

南部诸岛生活垃圾一体化处理项目试运行启动仪式现场

（撰稿：金蝉）
（本分目照片由环南街道提供）

盐仓街道

【概况】 盐仓街道地处舟山本岛西南部，辖区东接昌国、环南等街道，西靠双桥街道，南濒大海，北连小沙、马岙、干𥔲等街道（镇），面积33.4平方千米，下辖叉河、虹桥、昌洲、兴舟、新螺头、塔山、惠舟7个社区（村），户籍人口19600人，流动人口11235人，耕地面积4633亩，粮食播种面积1996亩。境内鸭蛋山码头连接宁波白峰，是舟山本岛通往大陆的海上“蓝色公路”，翁洲大道、兴舟大道、昌洲大道（329国道）、定马复线、鸭老线、茅叉线等主干公路纵横穿越，具备较完整的水陆交通网络。辖区有舟山最大的水库——虹桥水库，总库容量1438万立方米，正常库容量1015万立方米。

是年，街道实现社会总产值41.83亿元，工业总产值27.65亿，其中规上工业总产值19.07亿元；完成限额以上批发和零售销售额6.96亿元；完成固定资产投资15.10亿元；实现税收收入3.61亿元，同比增长20.19%，其中实现地方收入2.04亿元，同比增长25.12%；实现中央收入1.57亿元，同比增长14.32%；城乡居民人均可支配收入增长8%。

经济发展情况　是年，街道有企业248家，其中工业企业152家（规模以上10家），三产企业96家，实现企业总产值39.02亿元。企业转型稳步推进，虹达特种橡胶通过“浙江制造”品牌认证，7412工厂国内市场占有率继续保持，龙文设备、金达电机等机械制造业发展稳定，越洋食品等水产加工行业产值提升，佳道国际货运快递物流电子商务综合项目竣工验收，盐仓联盟船厂环保整治列为全区示范点。完成整治闲置厂房和低散乱厂房8家，新增省高新技术企业1家、省科技型中小企业7家。主题商圈基本成型,翁洲大道核心区块和兴舟大道南侧商业业态完成布局，西部商业中心、新天地广场、广盛邻里之家等商业综合体投产运营，新入驻商户55家，兴舟大道南侧沿街新增入驻（转租）三产商户16家。超额完成招商引资任务，实际到位市外资金1.38亿元。

各社区（村）5个股份经济合作社量化资产总额10527.02万元，社员股东数16558人，非社员股东数1389人。粮食总产量509.2吨，实现收益1468.31万元，其中经营收入931.79万元，补助收入401.39万元。农渔业“接二连三”步伐加快，黄沙“秘境观海”精品民宿基本建设成型3幢，乡村文旅部落特色产业逐步培育。增强社区村集体经济“造血”功能，通过发展物业经济、兴办服务实体、开展土地整治、有效利用资源等途径，发展社区村集体经济，消除经济薄弱村。

社会事业　是年，街道社保体系更加健全，城乡居保医保参保率均达98%以上，梳理调整“最多跑一次”群众办事清单134项，受理便民事项8300件，推出就业岗位220个，募集慈善捐款102.5万元，发放救助资金99.4万元，惠及困难群众750人（次）。低收入家庭动态消除，东西部扶贫协作“万企帮万村”活动圆满完成。推出系列文化惠民活动103场次，新建兴舟文化礼堂，妇女儿童、残疾人、慈善等事业取得新进步。盐仓卫生院和舟山中医院实现合作办医，舟山名中医馆盐仓分馆顺利挂牌，环卫保洁实现市场化运作，依托盐仓敬老院设立“残疾人之家”，殡葬管理制度改革稳步实施，计生工作全面落实。退役军人服务站挂牌成立，获评2019年度全市退役军人工作先进集体。防御“利奇马”“米娜”等强台风，转移受灾群众904人。授牌成立“三团三社”文艺团队，举办各类文艺活动45场次，举办双拥文化节和庆祝新中国成立70周年系列活动。

【党员干部队伍建设】　是年，推进“不忘初心、牢记使命”主题教育，以党工委理论学习中心组为龙头，创新“红色读书会”“头脑风暴交流会”、迎国庆升旗仪式、不忘初心之行等举措，开展学习活动40多场次。组织开展“9+1”专项整治、对照党章党规找差距、领导班子走访调研、民主生活会等专题活动，检视整改问题45个，9项列入长期整改，调研成果转化率92.7%。基层战斗堡垒夯实筑牢，“红色引擎工程”“锋行盐仓”党建品牌打造成型，基层党建“推磨互查”暨轮值擂台赛开展，支部“堡垒指数”考评、党员积分量化管理得到深化，“三会一课”、主题党日等制度落实。楼宇商圈党建“四合模式”实施，商会“英才工作站”建立。昌洲“七彩虹”和兴舟“红葵向阳”党建联盟体组建，东海渔嫂品牌“塔山模式”培树，“兼合式”党支部作用发挥明显，意识形态工作责任制落实。实施年轻干部“筑基”工程、村干部“领雁”工程，创新点单、分享、体验、交流、互动为一体的开放式课堂，选派年轻干部到重点任务一线挂职锻炼11人。举办村干部能力提升专题培训班，村两委后备干部培养不断加强。

街道2019年党建工作会议

【党风廉政建设】　是年，修订完善《党工委“三重一大”事项集体决策制度（试行）》《机关管理制度》等规章，建立岗位廉政风险清单183个。开展作风效能专项治理和公墓地管理、办公用房专项检查，进农渔村组织巡察，作风建设持续保持高压态势。新建机关廉政小公园，开辟“红脸出汗”廉政谈话谈心室，举办“清廉系列”活动，“清廉机关”打造实效明显，一批突出问题得到整治。

【双拥工作】　是年，街道党政领导在春节和“八一”建军节期间，走访慰问驻军部队官兵，送去慰问金、慰问品35万元，发放优抚金23万元、退役军人、优抚对象困难家庭慰问金5.45万元。扶持特殊困难退役军人创业就业，60周岁以上农村及退役军人中享受老年生活补助76人。组织工会、机关干部看望辖区内10户重点优抚对象，对年迈多病的重点优抚人员指定专人负责，对其医药费按规定给予报销。开展助力服务活动16次，为盐仓发展做出突出贡献。军民建结对8对，联合驻军部队开展“军地齐携手，共创文明城”专项整治行动5次。

【城市建设】　是年，对标定海中心城区定位，围绕项目建设，完成经济发展、城市更新等全区实绩亮相任务11项，梳理细化街道年度重点项目清单32个，总投资约43亿元，完成投资21亿元。安置保障工程取得突破，定马复线拆迁安置小区完工预交付，虹桥小船岙农民公寓房竣工办理验收，朱家山嘴拆迁安置小区主体完工，林家湾碶头拆迁安置小区主体结顶，盐经三路拆迁安置小区进入招投标准备，海富村、庄家湾两个安置项目稳步推进。基础路网建设全面铺开。盐仓大河路I标段通车，莲花庙路基本完工，盐纬五路、规划七路、盐经三路北段进入收尾阶段，盐经北二路、盐纬北一路完成桥桩及道路清表。重大商住项目稳步推进。宝龙新天地综合体住宅地块、祥生云山府两个商住楼盘稳步推进主体施工，荣安御宾府主体完工进入装修装饰阶段。“最后一平米”攻坚完成。舟胜区块祖堂安置迁建7座、土地征用300余亩，新安置墓地动工建设。青岭区块新农村建设完成易地调产安置签约43户。全区城市建设“双学双比”获得第二名。

【全国文明城市创建】 是年，推进“六大专项整治行动”，以惠舟新村、富都花苑、金鹰公寓等为重点的17个居民小区专项整治取得实效。融入创建全国文明城市主战场，实行挂图作战，组建“颜管家”志愿联盟、“兄弟连”整治联盟，打造“六支小分队”，开展辖区市容市貌、交通秩序、居民小区、环境卫生大整治。

【环境综合整治】 是年，街道“颜管家”志愿联盟队伍持续壮大，富都公园正式开放，盐河路“枫情一条街”基本完工，升级改造公交候车亭17座，老虎山废弃矿山整治完成80%，大棚房问题专项治理顺利完成，整治重点领域总面积超3万平方米，获评全市城乡环境综合整治行动先进单位。先后实施“洁净乡村”行动、“颜值提升”工程，培育“花样农家”“美丽庭院”35家，新建乡村口袋公园8个，完成高标准农田建设整治1100多亩。黄沙美丽乡村建设整治成效明显，叉河村通过省级美丽宜居示范村验收，新螺头村通过市级美丽乡村精品村验收。推进违法建筑拆除“销号清零”攻坚行动，拆除违法建筑2.35万平方米，超额完成全年任务目标。盐仓主河生态综合提升工程完工，虹桥水库水质提升综合治理工程稳步推进，盐仓河库水系“美丽河湖”建设工程通过省市验收，盐仓大河、林家湾河获评市级“文明河道”。

【“平安盐仓”建设】 “一体两翼”工作机制稳步推行，受理调处群众纠纷诉求1800多件，接待来访群众115批、407人（次）。安全生产形势总体稳定，扫黑除恶专项斗争深入开展，获评全市建设平安舟山2018年度平安街道、全市扫黑除恶专项斗争先进集体，人民群众平安获得感持续增强。

【“四个平台”建设】 是年，街道依托基层治理“四个平台”，加大部门联动，加快反应速度，统一受理工单900余件。军警民联防巡查、“红葵工作室”调处、“失信经营户黑名单”等工作机制持续深化，“信访代办”模式全面推开，新设信访代办站（点）8个，受理答复信访转办件26件。

【乡村“三治融合”】 是年，完成5个社区（村）体制改革完善工作，新村过渡阶段各项工作稳步推进，村民听评会、议事会等持续发挥功能。实施乡风文明培育工程，评选区级最美家庭、文明家庭9户，表彰最美盐仓人15名。街道乡贤会正式成立，虹桥村获评省级引领型农村，兴舟村获评全市社区村体改工作先进村。

【舟山市市场监管局督查街道农村假冒伪劣食品专项整治工作】 1月15日，舟山市市场监管局支队长鲍华君带领市、区相关职能部门到盐仓街道开展农村假冒伪劣食品专项整治督查工作。督查组一行首先听取专项整治工作汇报，然后实地检查海龙农贸市场和周边超市。

督察组听取农村假冒伪劣食品专项整治工作汇报

【“五彩党建”引领乡村振兴】 1月起，昌洲社区打造“五彩党建”特色品牌，发挥党建引领乡村振兴作用。走访联系群众120余次，攻坚重大任务5项，完成征地拆迁11.3万平方米。打造橙色暖心工程，成立困难帮扶、平安巡逻、文明劝导、环境卫生等党员志愿服务队，开展“微心愿”“暖流汇聚 爱驻夕阳”“创城有我”等志愿服务活动,累计开展志愿活动200余次，服务群众上万人。集中群众智慧，妥善处理朱家、大井头仓库、庙山墩等社区物业出租事宜，为集体增收140万元。打造绿色生态工程，推进家园美丽建设。投入资金99万元，清理垃圾500吨，绿化提升5230平方米，垃圾分类全覆盖，建成叶家停车位及健身小公园，完成鸭蛋山区域硬化工程。

【召开商会第五届第一次会员大会】 1月22日，召开盐仓街道商会第五届第一次会员大会。区委统战部（工商联）、区民政局有关领导、街道领导班子成员、各基层商会会长、各社区村书记、驻盐仓有关部门负责人和盐仓商会全体会员140余人参加会议。会议总结过去五年的工作，提出今后五年的发展思路；选举产生商会新一届理事会成员，审议通过《定海区盐仓街道商会章程》修改草案、《商会会费收缴标准和会费管理办法》等有关文件。区委常委、区委统战部部长林世军应邀出席会议并作讲话。

商会第五届第一次会员大会

【范纲调研盐仓船舶服务行业】　1月29日，定海区人大常委会副主任范纲带队赴盐仓街道辖区船舶服务公司调研行业发展情况。舟山市定海区辽远船舶工程服务有限公司总经理杜常生介绍当前舟山船舶服务及外轮供应行业的发展现状、主要困境、未来机遇和挑战。

范纲调研船舶服务公司

【农村食品安全】　1月起，由街道食监办牵头，整合辖区工商、市监、公安和社区等监管力量组成联合执法队伍，每日分2个行动小组开展巡察整治，打击农村假冒伪劣食品，查处假冒伪劣食品案件3起，罚没款1.8万元。组织各村驻村干部和各村食品安全协管员、食品安全信息员、食品安全联络员现场宣传讲解5次，发放宣传单3000余份。鼓励群众通过“12345”“12315”及街道“四个平台”等监督网络体系，提供制售假冒伪劣食品违法行为线索，收到群众提供线索8条，核实奖励2人。

【召开2019年党代会暨党工委工作会议】　1月28日，召开2019年党代会暨党工委工作会议，街道各基层党组织的60名党员代表、50名列席代表与各类先进参会。会议由街道党工委副书记、办事处主任余世炯主持。会议表彰奖励2018年度街道各类先进。街道党工委书记王文杰向大会作《高水平融入定海中心城区建设奋力谱写新时代盐仓高质量发展新篇章》报告。各代表组经过审议，形成提案提议10件。

2019年党代会暨党工委工作会议

【省服务“三农”振兴乡村调研组到盐仓调研】　2月27日，省服务“三农”振兴乡村调研组到盐仓调研消

省服务“三农”振兴乡村调研组到盐仓调研

除集体经济薄弱村工作情况。调研组一行实地察看盐仓街道虹桥、共裕两个村发展集体经济项目建设情况，核实两个村2018年的收入情况，听取当前工作进展情况汇报，询问两个村存在的实际困难和下一步发展思路。

【召开“煮海廉韵·清正盐仓”建设工作推进会】 3月22日，召开“煮海廉韵·清正盐仓”建设工作推进会。街道党政班子成员、街道纪工委班子成员、全体机关干部职工、各社区村书记、主任、村监委负责人等130余人参会，区纪委副书记、区监委副主任方思宏到会指导并讲话。会上，街道党工委书记与部分班子领导和社区村书记、分管领导与科室长分别签订党风廉政建设责任书，压紧压实“两个责任”。

“煮海廉韵·清正盐仓”建设工作推进会

【召开2019年综合工作会议暨重点任务部署会】 3月22日，召开2019年综合工作会议暨重点任务部署会。街道班子成员，全体机关干部，各社区书记、村主任及相关干部，辖区各企事业单位负责人，各寺观教堂、民间信仰活动场所负责人，志愿者代表160余人参加。会上，由街道党政主要领导与社区村主要负责人、企事业单位负责人代表签订综合安全责任书、安全生产责任书和食品药品安全责任书。街道党工委副书记、办事处主任余世炯部署2019年重点任务。经街道党政班子研究，形成《2019年盐仓街道重点任务责任分解清单》，确定全年32个重点项目、16项重点工作，并明确责任领导、责任人、责任社区、年度目标任务和时间节点。

街道党政主要领导与社区村主要负责人签订责任书

【举办“煮海廉韵·清正盐仓”廉政知识竞赛】 3月中旬，召开“煮海廉韵·清正盐仓”廉政知识竞赛。初赛为笔试，择优产生四支代表队；决赛采取必答、抢答、风险等形式展开角逐，还通过现场互动答题等活动，让干部职工参与其中。通过趣味的形式，增强干部党纪和廉洁从政意识。

“煮海廉韵·清正盐仓”廉政知识竞赛决赛现场

【世界水日宣传活动】 3月22日，以“为了美好生活，建设美丽河湖”为主题，开展节水宣传活动，定

开展世界水日宣传活动

海区水利局“巾帼”护河队，盐仓青年突击队，新居民护河队，盐仓街道志愿者护河队，盐仓河长保洁队参与本次活动。活动主要内容是沿盐仓大河、林家湾河、坝桥河河岸两侧清理活动，参观盐仓节水宣传教育基地，普及节水技巧及节水知识。

【打造市内首家规范化退役军人服务站点】 4月起，设立专职部门，委派站长、副站长统筹安排工作，联合人武部副部长、综合办相关人员合署办公。准备服务站点相关配套设施，制作荣誉墙、安置会议桌椅、梳理工作流程，为退役军人及其他优抚对象提供针对性政策咨询、权益保障、帮扶救助、就业指导等相关服务。

【开辟青年干部培育新路径】 开设无围论坛。通过开展无领导小组讨论、集体谈心等活动，为青年干部提供“互动空间”。首次无领导小组讨论，12名青年干部参加，围绕“盐仓年轻干部队伍发展建设”，青年干部碰撞智慧，建言献策12条。开展技能比武。组织理论测试、写作比赛和演讲比赛等，增加青年干部知识储备，提高青年干部政治素养、写作水平和口头表达能力。3月27日，举行首届主题为“使命·担当”的写作比赛，50余名干部参加，评选出优秀作品10篇。实施点单教学。由机关干部上报学习需求菜单，而后由青年干部接单授课，变“要我学”为“我要学”。确定教学菜单8项，开展个税基础知识、公文写作基础、展板制作等授课3次，下步将进行摄相基础、信息写作、PPT制作等授课。

【推开“信访代办”模式】 4月起，在街道设信访代办站、社区（村）设代办点，建立“信访代办”队伍，开展“信访代办”服务。在各代办站、点分别配备2名专职代办员和10人的信访人才库，人员由街道社区两级干部、“两代表一委员”、网格员、社会乡贤、信访志愿者、法律顾问等组成，主要代办住房、社保、卫生健康、民政、教育、环保等民生类事项和其他事项代办。信访代办按照“受理登记—分类处理—委托代办—反馈回访”一个流程实施，信访人可通过自主选择、自动适配、网格平台三种方式选择代办员，代办员对群众信访事项“全程代办、全域代跑、全事代处”，同时实行“首接首办责任制”“限时办结制”“督查督办制”“回访核实制”“满意度评价制”等机制，实现让干部多跑路、群众少跑腿，变群众上访为干部下访和代办员帮访。印发盐仓“信访代办”宣传册1000份，代办信访事项16件，群众满意率100%。

【林建彪到盐仓调研创城工作】 4月24日，定海区常务副区长林建彪一行3人调研盐仓各小区创城情况，街道办事处主任、党工委副书记余世炯、党工委副书记陆卫国和小区所在社区村书记陪同。林剑彪一行先后到富庭小区、兴舟新村、西城佳苑、富都花苑、海鸿新村、茗桂华庭6个小区进行调研。

林建彪一行在小区调研

【开展“三服务”流动工作站驻点专项行动】 5月20日，街道“三服务”流动工作站第一期驻点虹桥社区开展专项行动。工作站抽调城建、经贸、社发、司法、农业农村等街道办（所）业务骨干，以社区为单位，每周5次轮流上门开展政策咨询、手续办理等服务活动，实现“工作服务、问题解决、群众满意”三个在一线。前期梳理群众需求，合理制订服务活动计

“三服务”流动工作站开展面对面咨询服务

划。具体涉及建房审批、民政法规、拆迁安置等内容， 依托本地微信公众号（群）发布服务公告。该站连续6周组织开展上门服务，接待群众235人次、调解纠纷3起、解答群众问题47个、办理业务32项。

【区残工委走访慰问盐仓贫困残疾人家庭】 5月22日，定海区残联及残工委成员单位领导走访慰问盐仓7户贫困残疾人家庭，详细了解他们的家庭生活状况，认真倾听他们的困难和需求，送上慰问金，把党和政府的温暖送达辖区残疾人。

【召开机构改革动员会】 5月22日，召开机构改革动员会，全体机关干部、各社区书记主任参加会议。会上，街道党工委副书记俞舟娜解读《舟山市定海区盐仓街道机关职能配置、内设机构和人员编制规定》明确机构改革后的人事安排。

召开机构改革动员会

【召开机关干部警示教育专题会议】 5月22日，召开机关干部警示教育专题会议暨“严守纪律·砥砺党性”镇（街道）“一把手”讲廉微党课活动。全体机关干部、各社区书记主任110人参加会议。会上观看《警钟常鸣》廉政警示教育片。街道党工委书记王文杰传达区委领导干部警示教育大会会议精神，然后以《恪守廉洁纪律，保持清正本色》为题，给全体机关干部上廉政微党课。

机关干部警示教育专题会议暨“一把手”党课

【街道人大工委组织开展教育教学工作情况调研】 5月22日，街道人大工委主任夏祥国带队，组织辖区各级人大代表深入定海六中、城西幼儿园、城西小学，对学校基础设施建设、教育教学质量、师资队伍力量和存在的矛盾困难进行专题调研。人大代表们在全面了解学校基础设施建设、师资队伍建设和校园安全等工作的基础上，对学校办学办教中存在的困难和问题进行深入地探讨与交流。

人大代表探讨交流学校办学办教

【刘芸赴盐仓调研】 5月23日，省委副秘书长兼省档案局局长刘芸带队，赴盐仓街道调研指导档案工作，市档案局局长刘旭军、区委副书记顾飞舟等陪同调

省委副秘书长刘芸检查街道综合档案室

研。街道党工委副书记俞舟娜介绍街道综合档案室基本情况。刘芸一行在检查街道综合档案室过程中，详细查看档案归档和保管情况，询问街道档案室建档年代、存档情况及村级档案保管情况，对街道数字化档案室建设情况予以肯定。

【召开全市低效厂房整治工作现场会】 5月28日，全市低效厂房整治工作现场会在盐仓街道举行，市委常委、常务副市长许小月、副市长陈隆、定海区区长侯富光等出席现场会，与会人员实地考察位于盐仓街道的浙江新星双螺杆机械有限公司、舟山市定海豪泽螺杆制造厂和浙江金鹰鸭蛋山工业园。

常务副市长许小月一行人实地考察盐仓企业

【完成社区（村）体制改革完善工作】 6月4日，召开社区（村）体制改革完善工作动员会，区总工会主席邵启明到会指导。机关干部代表、各股份经济合作社代表签订承诺书。区农业农村局贺健华在会上开展相关业务知识培训。6月6日，盐仓5个农村社区村相

村民投票

继召开社区（村）体制改革完善工作动员会，表决通过各村村民委员会、村民监督委员会更名事宜。7月份，完成村民投票，原有的14个股份经济合作社减至5个股份经济合作社，减幅达到64%，实现“一村一社”制。

【召开2019年度党建工作会议暨“七一”表彰大会】 6月27日，召开2019年度党建工作会议。会上，表彰先进基层党组织、先进兼合式党支部、优秀共产党员等，由先进兼合式党支部和最美“颜管家”代表上台交流发言，赠给2018—2019年新入党党员红色充电大礼包，向50年党龄党员颁发纪念章，并有老党员进行“初心分享”。街道党工委书记王文杰作总结讲话。

召开2019年度党建工作会议暨“七一”表彰大会

【推进“一带四公园五节点”美丽河湖建设工程】 9月起，一带即将虹桥水库尾水渠、虹桥河、坝桥河、盐仓大河、林家湾支河连片整体打造景观带；四公园即打造水生态公园（含叉河水生态公园和虹桥水生态公园）、盐仓记忆公园、湿地公园和水品质公园；五节点即盐仓古桥文化节点、驿岭古道节点、盐仓教育节点、盐仓达者公园节点和新时期治水宣传节点，拟投资4081.33万元，规划设计编制完成并通过审批。

【启动“不忘初心、牢记使命”主题教育】 9月13日，召开“不忘初心、牢记使命”主题教育工作会议。街道全体班子成员、机关干部，社区村书记、主任、副书记、组织纪检宣传负责同志以及企事业单位党组织负责人参加会议，区委巡回指导组第五

组副组长许跃良到会指导。会上，街道党工委书记王文杰进行动员部署，并提出要求。许跃良提出相关意见。

召开“不忘初心、牢记使命”主题教育工作会议

【推动没落村岙向美丽乡村转型】 黄沙岙位于盐仓街道新螺头村，该岙占地约800亩，户籍人口79户，有房屋80处，其中约60处闲置，闲置率达75%。街道坚持规划先行，立足实际，编制《新螺头村村域整体设计规划》，按照“先洗脸、后化妆、再添景”的步骤，开展“绿色家园”行动，先后实施村道两旁、农家庭院、房前屋后卫生大清理，整治点位70余处；修复原企业周边烂尾围墙，退让土地1米宽，辅以种植墙边藤蔓绿植和花卉景观800米；修复改造沿线庭院倒塌矮墙10多处，新建块石休憩椅墙150米；整治房前屋后沟渠墙角，建设口袋小菜园或小花园，铺设复古酒坛、石臼、木制等特色花箱140个；初步勾勒打造出梯田7亩。至年底，全线种植多彩乔木、彩叶树种600余株，累计完成提升改造面积超10000平方米。

【增强落后村集体“造血”功能】 扶持落后村发展物业经济，增加集体经济收入。新建兴舟村物业用房项目，总投资220万元，建筑面积约1000平方米，项目建成后预期增加兴舟村年收入25余万元，改变该村集体经济经营收入为零的情况；实施虹桥轧米厂改建和原村委三层办公楼改建项目，总投资230万元，其中虹桥轧米厂新建房9间350平方米，场地平整及硬化250平方米，改建原村委三层办公楼危房500平方米，两个项目主体工程均完成，预计出租后将增加虹桥村年收入18万元；叉河村投资241万元，在盐仓邻里广场购置店面房82.17平方米，对外招租后预期增加村集体收入8万元。

【推进新菜场项目】 10月起，由书记领办，将新菜场开市作为服务保障民生重点实事工程之一，启动相关装修、设计事宜。街道党政主要负责人先后3次向市区包干领导汇报情况，并就装修设计、运营管理等事宜多次与市区职能部门对接，争取支持。与舟山商贸集团定海分公司达成一致，联合组建农贸市场筹建办公室，依托其运营方式和管理团队，谋划新菜场方案设计、装修施工、人员招聘、摊位招标等筹建事宜，预计可容纳摊位100个左右。

【举办2019双拥文化节文艺晚会】 10月19日，2019双拥文化节文艺晚会暨第二届“最美盐仓人”颁奖典礼在匈牙利国际广场举行。舞蹈、小品、诗歌朗诵等精彩的节目连番登场，向在场的观众传播多元的军营文化，展示人民子弟兵对党和国家无限的忠诚。

【成立盐仓街道乡贤联谊会】 11月5日，盐仓街道召开乡贤联谊会成立大会，近40位盐仓乡贤参会，区委常委、统战部部长林世军出席。会议审议通过《盐仓街道乡贤联谊会章程》《盐仓街道乡贤联谊会选举办法》，选举产生盐仓街道首届乡贤联谊会会长、副会长、秘书长、副秘书长，表决通过关于聘请乡贤联谊会名誉会长的决议，举行授牌和聘任仪式。会间，举行“百企帮百户·携手奔小康”助学仪式。会长谢海常设立的“海基金”捐款6万元，副会长陈惠龙代表

选举盐仓街道首届乡贤联谊会会长

盐仓商会捐款12万元，作为街道辖区内的困难学子的专项助学金。会后，召开乡贤恳谈会。

【学习贯彻党的十九届四中全会精神】　12月11日，邀请区委讲师团团长、区人大常委会原副主任郝理金上专题党课。街道党政人大班子成员、全体机关干部、社区干部等150余人参加学习。郝理金以《开辟“中国之治”新境界》为题，阐述党的十九届四中全会精神。

郝理金上党课

（撰稿：娄诗绮）
（本分目照片由盐仓街道提供）

岑港街道

【概况】　岑港街道位于舟山本岛西部，东南、东北与双桥、小沙接壤，西南有西堠门大桥连接金塘镇，北濒灰鳖洋。境内有岑港大桥、响礁门大桥、桃夭门大桥和富翅门大桥4座跨海大桥，为舟山连接大陆的交通枢纽和桥头堡；有一条长6千米呈“S”形内港——岑港渔港，东起老塘山港、西至响礁门，是著名的避风良港；有富翅岛、里钓山、中钓山、外钓山、五峙山列岛、大菜花山、小菜花山、老虎山、墨斗山等18个小岛，其中富翅岛、里钓山、外钓山为住人岛屿，五峙山列岛是浙江省唯一的鸟类自然保护区。街道陆域面积64.9平方千米，耕地8749亩。2019年辖9个村1个社区，有177个村民小组，户籍人口7837户、19937人；农村劳动力15331人；农村从业人员13044人，其中第一产业2668人，第二产业5802人，第三产业4574人；流动人口12830人。财政总收入29360.39万元。固定电话装机2386部，接入互联网2046户，自来水用户9235户；生活用燃气用户6350户；有线电视入户7000户；居民基本养老保险参保8386人，参保率97%，居民基本医疗保险参保8894人，参保率99%。

经济发展情况　是年底，有企业300余家，其中工业企业131家，企业从业人员5553人。工业总产值16.9亿元。31家服务业企业创产值15.6亿元。有规上工业企业13家，产值17.09亿元，其中产值上亿企业4家。全社会固定资产投资32亿元，其中工业性投入5.25亿元。企业交税金3.17亿元，其中舟山实华原油码头有限公司、舟山市银马水泥有限公司分别纳税5384.3万元、1330.3万元。新引进注册市外企业9家（外商1家），其中，有实际到位注册资金的9家，实到市外注册资金4.38亿元，市外资金投资额3.76亿元，合计利用市外资金8.14亿元。全年投入技改资金2.38亿元，浙江交投矿业有限公司、浙江三和管桩有限公司等4家企业升为规上工业企业，舟山泰格机械制造有限公司、舟山市定海余强机械厂被评为省级科技型成长企业，舟山市定海余强机械厂实施区院地合作项目1个。

是年，实现渔农业总产值1.52亿元，同比增9%。农作物播种面积11970亩，其中粮食作物种植面积6302亩，总产量2321吨，谷物播种面积3148亩，总产量1336吨，豆类播种面积1435亩，总产量313吨；薯类播种面积1719亩，总产量671.6吨；油料播种面积1276亩，总产量178.4吨；蔬菜播种面积3102亩，总产量5134.7吨；果用瓜播种面积758亩，总产量929.3吨；果园面积5363亩，总产量3004.7吨；其中柑橘园2415亩，产量1452.8吨，杨梅园2203亩，产量152.6吨；桃园271亩，产量70.0吨。有11户种植大户。饲养生猪15584头，出栏8175头、690.6吨；年内出栏家禽13514只。有3户畜禽养殖大户。家庭农场7个。水产养殖面积745亩，产量776吨，产值3086万元；有渔业船舶8艘，载重350吨，总功率934.5千瓦，领取柴油补贴44.04万元。海洋捕捞产量146吨，产值669万元。有山林51286亩，生态公益林42695亩，其中国家级20201亩，省级22495亩；农业机械总动力7551千瓦。探索土地流转新模式，实现10年以上土地流转380亩。农村承包地经营权确权录入数据库的农户数为3507户，承包土地面积为4207亩。开展“一村万树”示范村、推进村建设工作，南岙示范村建设任务完成95%，烟墩、涨次和马目推进村建设任务基本完成。治理“一枝黄花”500亩，复耕及绿化130亩。华晟国家级数字化万头规模牧场建成投运，预计2020年可出栏生猪2万头。烟墩现代化农业园区、老塘山万花谷、册子花果园等农业产业化快速发展；喜来岛草莓、红美人橘子等一批高端农产品品牌效应日益凸显。深入贯彻落实绿色发展理念，是年获评省级农业绿色发展先行区。

社会事业 九年一贯制义务教育学校——岑港中心学校，年底在校学生464人，教职工66人；省一级甲级幼儿园——岑港中心幼儿园，在校幼儿183名，教职工33人；省二级乙级幼儿园——册子中心幼儿园，在校幼儿30名，教职工12人；省现代化成校——成人文化技术学校（社区教育学院）1所，专职教师3名，兼职教师15名，是年举办渔农民“双证制”（成人高中）教育培训班1期，招收学员13名，毕业13名，开展生活垃圾分类知识培训、老年人教育、青少年教育等社区教育活动75期次、6700余名居民参与；社区卫生服务中心1所，册子分中心1所，村卫生服务站（室）6个，执业（助理）医师28人，核定床位22张，中心与站实行一体化管理，实施国家基本药物制度，做好农民健康体检，建立农民健康档案，开展健康宣教。

计生工作 利用宣传栏、标语、手机短信、网格走访、计生宣传阵地等载体，开展“全面两孩”政策宣传；进企业开展流动人口宣传、举办“5·29”大型广场宣传活动，发放各类宣传资料3000余份，解答群众咨询100余人次；开展健康讲座4场，义诊活动2次，举办“三优”系列活动4场。督促社区全面兑现村民自治公约中出台的优先优惠政策，落实四项手术奖励10人1000元，优生检测奖励250元，独生子女父母奖励费22825元。拓展生育关怀服务，春节慰问27位原计生基层工作者，看望走访8户计生困难家庭、4位计生后遗症病人，“5·29”期间集中慰问计生困难户2户、11位贫困母亲。办理一孩生育服务登记卡67人，二孩生育服务登记卡23人，依法审批再生育5例。抓好各项计划生育家庭奖励、优惠、扶助政策的兑现工作，落实农村部分计生家庭普通奖扶222人，特别奖扶72人。是年，出生95人，其中男婴48人，女婴47人，计生率96.8%。新婚35对，优生两免参检率92%。死亡220人，其中女90人。

综治工作 群众工作中心高效运作。每月召开工作例会，全方位排查矛盾纠纷、不稳定因素和信访信息，综合多种调解资源，统筹化解社会矛盾纠纷，受理调解各类矛盾纠纷112起，调解成功112起；受理信访件36件，处理36件；开展送法进宗教、415全民国家安全教育日、宣传图板巡展、现场咨询会等活动，开展宣传活动8场次，发放各类宣传资料8000余份。抓好社会治理信息化建设工作。深化平安通信息采集工作，提高工作实效，打造便民服务新模式，至年底，采集信息2328条；探索建成依托基层治理“四个平台”打造“互联网+综合治理”模式，全年统一受理工单260余件，排查各类矛盾纠纷102次，受理调解85起，调解成功率100%，排查企业安全生产隐患539项，治理整改率99.54%。持续保持扫黑除恶高压态势，至年底，利用宣传栏、电子显示屏等在双坝线沿线、街道大厅、社区服务窗口、建筑工地、农贸市场、工业园区等地开展宣传，悬挂横幅440余条，规整横幅60余条，电子屏滚播12处，张贴海报720余份，微信公众号推送4次，展板放置12块，发送网格短信2100条，发送短信12万余条。开展进村入网格、登门入户、重点企业和建筑工地走访宣传活动，发放宣传折页7000余份，《给居民的一封信》5000余份，宣传册1000份，倡议书1000份，通告252份，台式宣传桌牌100个，贴板标牌200个，走访企业22家。加大线索排摸，开展开门大接访活动2次，收到群众举报线索1条。防御“利奇马”“米娜”超强台风，人民财产安全得到保障。

【扶贫开发】 实行“一户一档”动态管理，人均年收入16000元以下低收入家庭动态消除。困难群体帮扶保障力度不断增强，全年累计发放低保低边保障金226.2万元，残疾人补贴198.33万元，各项慰问救助资金59.09万元。落实低收入户子女助学，教育扶贫，提高低收入渔农户家庭文化程度、综合素质，阻断贫困代际传递；全面调查核实低收入渔农户子女高中、大学新生入学人数，为3人申请助学补贴，计1.8万元。

【居家养老】 是年底，60周岁以上老年人6220人，其中90周岁及以上高龄老人112人，90周岁及以上高龄老人长寿保健补助金发放实现城乡一体化，在册享受对象112人。9个村建成社区居家养老照料中心，基本实现60周岁以上老年人服务全覆盖。

【惠残助残】 做好1115人残疾人两项补贴（困难残疾人生活补贴和重度残疾人护理补贴）工作。是年，享受护理补贴6719人次、176.33万元；生活困难补贴2551人次、62.77万元。在元旦、春节、助残日等节日慰问困难残疾人27名，发放慰问金近6万元。实施残疾人精准康复服务行动，成人、儿童机构康复3名，免费安装假肢2人，膝关节置换手术补助7人，配送助听器23只；赠送轮椅、助行器等辅助器具57件，约2.2万元；对7名残疾人家庭进行卫生间、厨房改造，精神病人免费服药79人，集中康复治疗2人。做好残疾儿童、精神残疾人和“三瘫一截重点人群责任医生签约服务工作，签约353人，签约率95%；为20名长期卧病在床的进行上门残疾鉴定；对8户残疾人家庭开展入户调查，做好收入监测工作；对涨次、坞垃两个村的27名肢体一级、二级残疾人送去康复体育器材并做好服务档案。

【“最多跑一次”改革全面推进】 “无差别全科受理”实现全覆盖，落实“办事不出岛”制度，全年受理意见建议12条。进一步整合便民服务事项，街道便民服务中心新增岑港派出所办证窗口，企业、群众办事更加便利。

【重点项目建设】 “油、气、路、桥、矿”项目齐头并进，500千伏联网输变电工程顺利建成；马目油库—鱼山输油管道项目建设基本完成，累计投资2.2亿元；浙江同舟环保科技有限公司15万吨/年油泥包处置项目完成前期工作；中际化工（中谷）120万立方米油品储运一期项目完成投资5600万元；舟山市纳海固体废物集中处置有限公司油泥处置技改项目完成投资1053万元；宁波舟山港主通道富翅至岑港段、329国道岑白段全线通车；浙江交投矿业有限公司年产1500万吨建筑用石料矿项目，投资2.19亿元，基建部分完成总工程量的88%，并投入试生产。岑港东西快速路全线通车，全面融入本岛“半小时交通圈”。定海区首个殡葬改革试点岑港生命纪念堂主体工程完成。老塘山塘配套加固工程一期全面完成，西大塘配套加固、烟墩片河库连通综合治理、涨次水库除险加固等工程加速推进。

老塘山配套加固工程一期

【村居环境全面提升】 加强全域管理整治，推进“美丽岑港”建设和全国文明城市创建，实施专项攻坚行动，整治道路交通、公共场所、背街小巷、村居环境等顽疾短板，全年清除顽疾点位800余处。深化集镇区环境社会化保洁运行模式，整合主要街区“三车”停放规范化管理和日常市容协管服务，精细化管理水平不断提升。打造美丽乡村升级版，夯实“洁净乡村”创建基础，全年集中整治露天粪缸214处，整治家禽放养42处，清理陈年垃圾1539吨，整治乱堆乱放378处，整治乱贴乱画156处，农村生活污水治理更换窨井盖23个，新增绿化19处，参加集中整治1751人次。南岙村创建市级美丽精品乡村和区级幸福村，马目村和册北村创建区级美丽精品乡村。城乡环境综合整治“八大行动”取得成效，推进街道“污水零直排区”整改项目，全面启动富翅岛废弃矿山复绿改造工程，完成烟墩工业区块环境整体提升工程建设及污水统一处理，集镇区、老塘山工业区块污水整治行动同步推进，完成以“水景观”为特色的南岙河、十字河“品质河道”创建工作。岑港河大庙段、司前段和大墩里段三处安装洗衣台和净化设备，完成岑港河河埠头改造工程。推进违法建筑销号攻坚行动，全年完成拆除违章建筑2.79万平方米。

改造后的南岙河

【农村生活污水处理设施标准化运维创建】　开展标准化运维处理设施的创建工作，对司前村小岙湿地、桥头村里王湿地、烟墩村椗次1号湿地进行标准化提升改造，维护处理设施，完善信息资料，提升终端环境。是年，在渔农村生活污水处理设施运维管理工作综合评定中被评为优秀，其中小岙湿地被区住建局评选为终端提升精品湿地。

小岙湿地

【农村宅基地审批与监管】　自私人建房审批权限下放以来，按照新要求、新规定、新流程，对各项审批申请进行细致而快速的审核与办理，是年累计完成64户私人建房审批工作；联合城管、土管等部门对定点放样、放样审定、竣工验收等工作进行严格监管，使私人建房相关工作规范、有序。

【完善村级小额工程审批及公共资源交易体系】　探索村级小额工程管理流程，出台项目管理办法，对村级小微工程项目的管理范围、管理体制、管理内容、项目决策与申报、发包管理、建设管理、资金管理、造价控制、监督等方面进行明确规定；对规范化管理村级工程项目建设，保障资金安全和工程质量，加强村级工程建设项目的监督管理，规范公共资源交易招投标操作程序提供制度保障，推进公共资源交易稳步健康发展。

【街道居家养老服务中心投用】　该居家养老服务中心位于岑港街道涨次村，总投资110余万元，建筑面积480平方米。中心由原来的岑港街道涨次老年协会改建而成，旨在构建以居家为基础、村为依托、机构为支撑的养老服务体系，内设接待中心、食堂、影音室、图书阅览室、棋牌室、医疗服务室等多个功能室，可为辖区老人提供生活照料、基础娱乐、养生保健、公共文化活动等多样化服务。是继定海区居家养老综合服务中心投用后，定海建成的第2家市级示范型居家养老服务中心。街道9个村均建成社区居家养老照料中心，基本实现街道养老照料全覆盖。

岑港街道示范型居家养老服务中心正门

【烟墩“残疾人之家”】　按照省级“残疾人之家”规范化建设要求，在烟墩村依托敬老院开展“残疾人之家”建设，旨在为劳动年龄段内的重度精神、肢体残疾人提供日间照料服务，为他们开展生活照料（包括中餐和午休）、技能培训、康复训练、文体活动、辅助性就业等一系列的服务。

【小学教育发展水平提升】　册子中心学校并入岑港中心学校，开通册子至岑港中心学校公交校园专线，妥善解决岛内学生上学交通难问题，促进教育资源共享。

【农民公寓房六期工程项目完成前期工作】　该项目位于岑港街道司前村，总用地面积24613平方米，总投资约3.1亿元，项目总建筑面积67394.5平方米，主要建设内容为高层住宅、相关配套用房、地下室以及相应道路、绿化、给排水等配套工程。建设工期五年。至年底，完成项目立项、建设用地规划许可证、设计单位招投标、日照分析报告、面积预测报告、划拨决定书及建设用地批准书等前期工作。

【开展“不忘初心，牢记使命”主题教育】　党员干部率先学，精读“两书一章”，做好圈阅或批注；街道党政班子领导通过“集中式”学习研讨、理论中心组学习，谈认识、讲体会，摆问题、找差距，先学一步、深学一层；支部书记带头学，开设基层党支部书记轮训班，强化理论武装、理清工作思路、提升能力素质。针对不同类型、不同领域党员，采取阵地助学、上门送学、邮寄送学等方式，确保党员学习全覆盖，对年老体弱、行动不便的党员上门送学37人次，对流动党员开展“红色礼包”邮寄送学22人次，对街道退休党员开展一对一帮教10人次。街道选派11名党建指导员以分类分片挂包、结对帮扶等方式，实现实地指导全覆盖。针对部分非公企业，组织两新党建工作者培训，打通“红色通道”，开展“党建强企”行动，确保主题教育在企业落地见效；针对各村各支部，党建指导员负责一对一指导，制订完善包括每周学习、主题党日等内容的主题教育工作计划，周周有反馈、有记录，推动主题教育学习持续升温。组织全体机关党员干部开展“一三五晨读”、周一夜学活动，观看《难忘初心》《学榜样·践初心》《不忘初心学党章》等系列微视频，利用碎片化时间，保障党员学习时间，营造良好氛围。结合工作实际，街道班子成员分别到包村党组织带头上党课，激励广大党员干部把主题教育与当前工作紧密结合起来，把政治热情和思想觉悟转化为守初心、担使命的强大动力。依托本地教育资源，丰富学习载体，组织广大党员干部开展丰富的实践活动，参观红色教育基地新建村、美丽乡村白沙岛，观看《我和我的祖国》爱国电影，开展“不忘初心讲奉献，牢记使命争先锋”创城志愿服务活动、“走基层、听民声”网格走访活动；以支部为单位，开展“不忘初心，重温入党志愿书”主题党日活动，回忆入党时的难忘故事；织开展“9+1”专项整治、对照党章党规找差距、领导班子走访调研、民主生活会等专题活动，搜集党员干部检视问题1900余条，全部完成整改；持续深化“三服务”活动，全年收集问题20项，协助企业解决问题16项。开展建国70周年献礼系列活动，举行“礼赞新中国，唱响主旋律”升旗仪式、“‘岑’心共唱，礼赞70年”快闪拍摄活动，“共舞祖国好、庆祖国70华诞”公益培训，“我和我的祖国”朗读活动，邀请市委“红色讲师团”讲党课，各村（社区）举办红十月活动。

“迎国庆升国旗”仪式

【社区（村）体制改革统筹推进】　坚持“规划先行、稳步推进、群众自愿”的原则，以“上调一档、高套一级”为目标，以完全融合为主、协商融合为辅的融合模式，改革完善后，全街道有9个行政村，1个居委会，保留股份经济合作社10个，减少股份经济合作社9个，一村一经济合作社完全融合比例达100%。开展农村承包地经营权确权登记颁证工作，录入数据库农户数3507户，承包土地面积4027亩。完成社区体制改革的清产核资，改革方案制定落实，开展改革后各村账户变更、会计人员培训等工作。

【完成桃花苑村改居新模式】　推行多元结合方式，探索农村街道拆村改居双轨并行模式，对马目社区（村）进行村规模调整，于7月25日完成村民投票，撤销马目村村民委员会，建立马目村和桃花苑村村民委员会。于8月16日完成村民投票，将桃花苑村改成桃花苑社区，完成村改居工作。

【富翅门大桥通车】　富翅门大桥全长1493米，起始于岑港街道富翅岛，终于宁波舟山港主通道及329国道舟山段连接处，于2016年2月21日开工，2019年9月28日零时正式通车。设计标准为双向四车道高速公路，设计速度为每小时80公里，通航等级为500吨级，是宁波舟山港主通道公路工程的重要组成部分，可实现甬舟高速公路、宁波舟山港主通道及329国道舟山段的快速连接，为舟山对外交通打造一条“新动脉”。

富翅门大桥通车

【体育惠民】　加强公共健身场所管理工作，组织专项巡查组对9个村74个健身点516件户外公益健身器材进体检，确定“两个一”的工作目标（“该纳入保养的健身器材，一件不遗漏；该报废处理的健身器材，一件不保留”），督促健身路径保养厂商对超年限健身器材进行报废处理；签订2020年度健身路径保养合同，由舟山恒新健身路径养护有限公司公司对街道区域范围内全部健身路径进行每季度一次的例行保养，提高户外健身器材的安全保障。组织辖区范围内人员参与游泳、羽毛球、台球及门球比赛，其中门球取得定海区第一名的好成绩。

2019年定海区门球锦标赛第一名奖杯

【综合文体楼成为岑港新地标】　街道文体楼装修工程于2018年3月启动，10月对外试营业。占地面积2亩，建筑面积2400平方米，内设多功能活动厅、书报刊阅览室、教育培训室、文艺排练厅、党建展厅等，并设有户外活动场所，配备工作人员4名。自营运以来与岑港中心学校、岑港幼儿园合作开展“春泥课堂”“书房管理小天使”、创文明城市未成年人书画比赛等；组织各类主题宣讲、市民教育、群团活动；打造“炫动岑港”文体活动、“万本好书、万份爱”图书众筹、书香岑港“全民悦读”“建国70周年朗读海选”等品牌活动。至年底，接待群众5000余人次。

岑港综合文体楼阅览室

【召开党代表暨党工委会议】　1月18日，召开2019年党员代表会议暨党工委工作会议。党工委书记乐志军作《立足新时代、勇担新使命，绘就岑港高质量发展新蓝图》工作报告；通报表彰2018年度街道的6个先进集体、54名先进个人；分组讨论街道党工委和纪工委工作报告，征求到基层党建、基础设施及民生保障等方面的提案5件。

2019年党代会暨党工委工作会议

【规范宗教和民间信仰场所管理】 引导宗教场所规范化建设。协助做好外廻峰牌位堂以及册子广福禅寺两侧厢房拆建审批，会同街道国土、城建、安监等部门实地勘核土地性质，对照红线范围，确保建设手续齐全、程序到位。联系测量单位在工程开工之前做好测量定位，确保建设符合规范。至年底，外廻峰牌位堂和册子广福禅寺两侧厢房基本结顶完工。配合做好岑港教堂重建工作，就教堂的高度、外立面的颜色，十字架的规格和十字架悬挂处背景幕墙及辅助用房玻璃肋幕墙材料等多方面问题，与教堂方面多次协调，确保教堂建设符合规范。全程跟踪解马目天后宫建设进展情况，街道多部门实行动态化监督，实时掌握建设进度，确保建设按照设计规范化开展建设，在6月举办的大殿落成活动中，街道组织交警、城管、综治等人员维护活动现场的秩序。加强对宗教场所规范化管理。与各社区签订《民间信仰活动场所安全工作责任书》；建立一支宗教（民间信仰）活动场所巡查队伍，人员包括街道和社区统战工作人员及城建、城管、安监、综治等多部门，实行联合检查，确保场所安全；聘用两名专职宗教（民间信仰）活动场所巡查员，对辖区的宗教、民间信仰点、基督教私设聚会点、改作他用场所实行每月不少于两次的常态化巡查，随时了解各场所信息，保证对各场所的实时管理。落实巡查制度，加强监管责任。发挥宗教（民间信仰）活动场所巡查小组的作用，及时掌握民间信仰活动场所乱建滥建情况，对改作他用和改变性质的小宫小庙加强监督管理力度。

【提升街道政务微信公众号影响力】 是年，“岑港潮”微信公众号紧跟街道中心工作，时刻关注辖区经济、民生、文化等重点工作，发布街道重点工程、中心工作相关推送文章57期，特别推出全国文明城市创建专题系列报道、庆祝新中国成立70周年系列活动、“不忘初心、牢记使命”主题教育等特色栏目，阅览点击量44980余次，粉丝数815人，使“岑港潮”微信公众号成为街道的信息发布、舆论引导和互动服务主阵地和宣传文化品牌。

【培育志愿者队伍】 坚持“依托存量、整合资源、盘活基层”的原则，成立以党员先锋为引领的锋鸟志愿服务团队，整合辖区文体骨干力量为主的文化志愿团队，以妇女同胞为主的巾帼红志愿团队、以辖区青年为主体的青年志愿者、小巷管家团以及“舍得”文明志愿团队。进一步扩充以街道机关干部、社区干部、企事业青年等为主体的志愿服务队伍，开展各类志愿服务活动，打造“每月一主题”“一队一特色”，以志愿服务力量推动各类常规性和精准性志愿服务活动开展，打造志愿服务活动品牌，营造“我的岑港我的家”全民参与氛围。是年，开展困难家庭慰问帮扶、文明城市创建、一线工作者送温暖等活动15场，参与人数1200余人次。

【开展“春泥计划”】 利用寒暑假、春节、元宵节、重阳节等重大节庆日、传统节日，部署和开展“春泥计划”活动50余次，参与1200余人次。开展“争做环保小卫士”“拼出我心中的美丽家园”、手工制作环保袋和创意团扇涂鸦等文明城市创建主题创作活动；组织40余名未成年人，开展普及垃圾分类知识活动，开展小小志愿者捡垃圾暑期春泥活动，邀请当地大学生开展“我的中国梦”讲座，增强和提高未成年人环保意识。

坞坵村“春泥”活动现场

【推进全国文明城市创建】 班子带头率先干 多次召开创城工作部署会议，统一思想认识、提高业务水平、协调难点问题，凝聚全街道共识。进一步完善《创城日常管理考核办法》，创城人员方案再细化、责任再落实，常态化推行“点位长制”，组建19个点位管理组，形成科室、人员之间比学赶超氛围。班子成员带领包干组实地巡查，现场协调问题、督促整改。

街道纪工委、党政办现场抽查出工不出力、到岗到不位现象。测评期间，增配对讲机，改变钉钉、微信群交流处理问题慢、易刷屏的缺陷，提高解决问题的成效。

整治背街小巷乱象　从8月底至9月下旬，集中力量对大墩里柴戴新村、晶园新村、虞家山弄、司前下街、新司前新村等背街小巷开展拉网式攻坚整治，由点位包干组、村、城管、派出所、三车、保洁多方联合、强势整治背街小巷乱堆放、乱停车、乱搭建、乱晾晒问题。除司前、桥头外，其他7个行政村也按省测标准同步完成对办公场所及周边300米区域、主要道路沿线沿路的环境秩序集中整治。

完善基础设施建设　对标省测要求，重点对无障碍设施、集中晾晒点、公益广告等基础设施进行完善。标准化增设司前、桥头等所有行政村便民服务中心（村综合文化服务中心）无障碍通道和扶手；指导集镇区有条件的8家窗口单位改造不规范不达标的无障碍通道，省测之前全部达标；对街道办公场所一楼、街道综合文体楼等重要点位的厕所及涨次、桃夭门等村委办公场所周边有公厕的进行无障碍设施的改造。疏堵结合，针对司前街店铺、部分商品房居民日常晾晒需求，在新司前新村、镇府路周边选取合适的公共场所统一建设集中晾晒点3个，从源头上改善乱晾晒问题。针对垃圾分类全覆盖、村综合文化服务中心规范化，主次道路两侧侯车厅，分门别类增设公益广告和创城宣传，浓厚创城氛围。在公厕外新建独立无障碍厕所，改造集镇区3座公共厕所。

【涨次村清廉村居示范点】　以涨次村为示范点，打造清廉村居岑港样板，围绕“干部队伍清正、小微权力清源、村规民约清障、文化育人清新”四大内容，强化村规民约的正向激励引领，重新修订村规民约，重点调整奖惩机制；将非党村干部纳入监察对象，填写监察对象表，实现监察对象全覆盖；以“最多跑一次”改革为契机，实行便民服务首问责任制、限期办结制、AB岗制度等，推动村干部工作作风向好向上；出台《岑港街道村级小额工程项目管理办法》，规范以计大工形式建设的村级工程项目，详细规定物资采购、记工账等环节。投入30余万元，突出“阵地建设”的集聚功能，以村小公园为中心，向四周辐射，整合“爱‘廉’塘”、清风长廊、廉政文化墙、文化礼堂等现有廉政资源、打造小公园周边的清风长廊、思廉亭、居家养老服务中心的“孝老爱亲”主题墙、村口的清廉村居标志等，形成风清气正的氛围。

（撰稿：张一弛）

（本分目照片由岑港街道提供）

马岙街道

【概况】　马岙街道地处舟山本岛西北部，东邻干𥔲镇，西接小沙街道，南靠盐仓街道，北濒岱山县。拥有近六千年的独特海洋文化史，享有“海上文物之乡”、“海洋文化发祥地”、“中国海岛第一村”之美誉，被列入浙江省历史文化保护区。境内三面环山，盆状地形，中部为10平方千米的海积平原，北部有长7千米的深水海岸线。街道办事处驻白马街16号。街道总面积25平方千米，辖三江、五一、马岙、团结、三星、北海6个社区（村），有110个村民小组，户籍人口3620户、9926人。

是年，街道实现社会总产值127.7亿元，同比增长5.5%。实现入库税收1.703亿元，农民人均纯收入35889元，同比增长8.1%。

经济发展情况　是年，街道有企业91家，职工5437人，其中工业企业72家，职工4023人。实现企业总产值125.98亿元，其中工业产值113.6亿元，同比增长5.5%和5.98%。7家产值上亿工业企业实现产值100.7亿元，同比增长23.4%，占街道工业产值的88.6%。实现外贸出口交货值4.66亿元，同比增长61.5%。招商引资成效明显，全年新注册外地企业10家，实际利用市外资金1.63亿元。机械制造、水产加工、建材及船舶修造等马岙传统产业继续保持15%以上的快速增长。森森集团建设130万台智能泵及年产5万套水族箱柜项目顺利启动。高质量完成马岙商会换届工作。

是年，街道实现农作物总播种面积13706亩。粮食种植面积5684亩，占播种面积的41.5%，产量2371.9吨；经济作物播种面积8022亩，占播种面积的58.5%，产量7003吨；其中蔬菜种植面积4521亩，占播种面积的56.4%，产量5712.5吨。果用瓜种植面积685亩，产量1045吨。创建第二批省级特色农业强镇。省级现代农业园区和农旅融合示范点改造稳步推进，马岙高标准农田建设项目顺利完成，心亲依采摘基地、祥农采摘基地、马岙热带果园等果蔬采摘基地享誉岛城。

是年，马岙风情乡村建设日趋完善，康养田园综合体项目稳步推进，民宿项目先行落地，民宿聚集效应初步成型。乡村旅游逐步焕发新生，全年吸引游客35万人次，顺利完成国家AAA级景区创建。

全面深化改革　是年，“最多跑一次”改革向纵深推进，市场监督、公安进驻服务窗口，新增公共社会服务事项8项，全年提供服务2075人次。集中开展“攻坚破难题、深化三服务”活动，累计走访100余次，解决问题63个。“三服务”常态化机制初步成型。创新建立问题排摸收集，街道部门联席会商，区属部门、街道联动下沉，服务企业全程代办四项制度，有效打通服务基层企业“最后一平米”。完成省人大工作与建设试点工作，发挥人大街道工委在推进基层民主法治建设、促进社会经济发展方面的职能作用。制定《舟山市定海区马岙街道全域土地综合整治与生态修复工程实施方案》。深化公共文化社会化运营模式，“星动马岙”注册会员1837人，参加各类活动人数逾8000余人次，文化惠民工程效用持续增强。

美丽乡村建设　是年，创城常态化和集镇精细化管理全面推进，严格落实点位长责任制。完成环卫保洁、绿化养护和城市管理等服务外包和省级“污水零直排”试点镇街创建工作，背街小巷、农贸市场等重点区域环境面貌持续改善。马岙集镇区排涝灌渠项目顺利开工建设。道路交通安全综合治理扎实推进，人力客运三轮车和拖拉机退市工作完成，三星修塘路道路修复工程和大巴停车场配套工程建设收官。强化洁净乡村整治成果，推进各村精细化垃圾分类，有效优化村居环境。深化农旅融合提档升级，完成品质河道建设，打造千年稻香示范线，马岙稻香田园入选全省100个“最美田园”。

社会事业　是年，低收入群体帮扶救助工作精准开展，累计发放各类补助资金195.6万元，申报扶贫基地5个，吸收低收入户就业18户，实现脱贫17户。援助185户低保低边对象完成商业补充医疗保险，“三瘫一截”成年重度残疾人、残疾儿童和精神残疾人的家庭医生签约率99%。实施辖区困难户动态救助管理，完成临时救助帮扶及孤儿困境儿童基本生活保障。重视防灾减灾工作，完善街道避灾安置中心的物资储备建设。完成辖区3427户村民投保政策性住房保险和补充性室内财产保险，推进马岙街道农居小区项目、低保户危房改造，创建AAAAA级平安校园。完善网格化服务，加快“四个平台”基层治理系统打通融合，综合信息指挥室采集信息3032条，办结率100%，网格民情站累计提供便民服务312人次，群众总体满意率99%以上。开展平安建设和维稳综治工作，打造全覆盖立体化宣传网络，矛盾纠纷大调解机制、安全生产大检查活动、“扫黑除恶”专项斗争持续开展，全年未发生重大安全生产责任事故。

党建提升工程　是年，成立街道“大工委”，构建“锋行白马”红色服务圈，党建工作系数法考核向各村延伸覆盖，“四化党建”工作体系更加完善，党建工作质量持续走在全区前列。党工委主体责任、书记第一责任、班子成员“一岗双责”、纪工委监督责任有效落实，意识形态、网络安全工作责任制全面实施。推行“六个一”党员政治生日制度，增强党内生活仪式感。推进党员涉嫌违纪违法信息通报和及时处置工作，严肃处理2名违法违纪党员，推动党员队伍革新优化。推进作风建设，加强基层干部岗位风险防控监督力度，引领党员干部全面增强“四个意识”，坚定“四个自信”，做到“两个维护”，把“9+1”专项整治尤其是推进“新官理旧账”贯穿始终。

【马岙街道乡贤联谊会成立】　4月4日，成立全市首个乡镇（街道）级乡贤联谊会，马岙村成立村级乡贤联谊会，乡贤效应逐步显现。

马岙街道乡贤联谊会成立

【大棚房整治及后续常态化管理工作】　完成2个省重点改变用途大棚房去除非农功能整改。通过拆除、行政处罚、去除非农功能、补办手续等方式，完成7个市重点大棚房整改。结合专项整治行动，持续加强辖区内“大棚房”排查整治工作。

【全国文明城市创建】 是年，推进创城精细化管理，“查漏补缺”提升创城质效，补齐硬件设施短板。建立专项管理组，以每月排名亮相的形式强化考核。建立领导包干责任，实行“1+6”包保责任制，班子领导进行区域认领，全筹安排责任区创建工作相关事宜。专项督查组每天安排2～3人全天候对辖区主干道和外围高强度常态化巡查。

督察组开展巡查工作

【全市乡村振兴招商现场会在马岙召开】 9月6日，与联众集团达成初步合作框架协议，以马岙风情乡村为基础，推进村回民宿项目，全市乡村振兴招商现场会在马岙召开。

全市乡村振兴招商现场会在马岙举行

【探索实施“全息化”干部培养管理】 是年，结合“指数管理+实岗压担”，试行“全息化”干部培育模式，开展答辩式考核，完善中层竞聘制度，常态化开展基层干部、党支部书记、党务工作者全员集中培训，村级后备干部队伍建设持续推进，街道各级干部队伍实现整体优化提升。

马岙街道机关干部中层竞聘暨答辩考核会

【街道行政机构改革】 是年，按照“先立后破、不立不破”的原则和先转隶、再“三定”的步骤要求，完成街道行政机构组建运行和人员调整工作，确保职责、机构和人员落实到位，实现办公体系更加清晰顺畅。

【村级体制改革】 是年，按照“一村一策，党员示范”的原则，根据各村社改工作隐患，逐村建立问题清单，实行“红绿灯”管理，扎实做好社区村体制改革，村级组织职能和成员顺利过渡，一村一经济合作社均实现完全融合。完成后进村整转提升，村级组织工作能力提高。

马岙街道社区村体制改革完善工作动员会

【完成省级人大建设试点工作】 是年，探索人大街道工委在推进基层民主法治建设、促进社会经济发展方面的职能作用，推进民主议事会议制度完善，建立民生实事项目跟踪督查机制。优化升级人大工作阵地，创新代表联络站（点）的接待办法。建立年初审查，年中、年末分次监督的常态化监督机制，抓好办事处财政预算工作监督。

马岙街道人大代表联络站

【开展“不忘初心、牢记使命”主题教育】　是年，开展“不忘初心、牢记使命”主题教育活动，完成调研及查摆的各项问题37个，完成班子成员领衔破难项目3个。结合区委第三巡察组的巡察反馈意见，进行严肃问题整改，健全完善长效机制，推动全面从严治党向纵深发展。

“不忘初心、牢记使命”主题教育工作会

【完成北海土地复垦项目“最后一平米”工作】　是年，完成北海村土地复垦项目22户未搬迁户街道安置房抽签及分房工作，基本完成北海土地复垦项目“最后一平米”工作。

【三江文化礼堂建设】　是年，按照乡村文化礼堂全域化要求，推进三江文化礼堂建设，至年底，基本完成外部结构建设。

三江文化礼堂建设外观

【马岙村获评全国乡村治理示范村】　是年，以马岙村为试点，探索基层社会治理模式，通过党建引领、党群服务、党员先锋户、党员先锋岗等载体，实施“一把扫帚大家扫”等“微民约”，组建“老友卉”“搭把手”等网格自治“微团队”，建立井长、潭长、溪长“三长”认领制，构建“党建引领+全民共建共享”格局，社会治理成果显著，马岙村获评全国乡村治理示范村。

“一把扫帚大家扫”活动

（撰稿：陈文杰）

（本分目照片由马岙街道提供）

小沙街道

【概况】　小沙街道位于定海西北部，包括原小沙镇和长白乡两部分，东临马岙，南靠双桥，西接岑港，北与岱山双合（两头洞）隔海相望，其中长白岛南部建有长白渡口，配套小沙海丰码头，是长白对外客货航运的主要通道。街道陆域面积57.8平方千米，境内岸线总长35千米，现街道下辖光华、庙桥、毛峙、东风、大沙、青岙、增辉、三龙、前湾、后岸10个村。是年，有耕地面积15911亩，粮食播种面积9261亩，油料作物播种面积1848亩，户籍人口19820人，第一产业产值15524万元，第二产业总产值40.6亿元。

是年，完成企业总产值48.9亿元，工业总产值40.6亿元，规上工业产值39.9亿元；实现进出口额32.7亿元；完成固定资产投资1.44亿元；完成财政总收入1.39亿元，地方收入0.86亿元。

经济发展情况　是年，大沙调蓄水库大坝主体工程基本完工，安置小区—陈家地块项目、峙岙塘地块项目已完成主体建设；村集体资产分配进行实质结算阶段，祖堂搬迁有序推进。新奥能源LNG管线建设项目（长白段）政策处理工作高效推进，完成坟墓搬迁125穴，油管铺设基本完成。甬舟铁路选址、前期勘探、风险评估工作基本完成；北向大通道、500千伏联网输变电工程等扫尾工作基本完成。

是年，太平洋海工26000立方米天然气储存和再气化驳船入选省装备制造业重点领域首台（套）产品。金鹰三元锂电池及锰酸锂电池正极材料项目进入小规模批量生产。中天重工管制自动化车间正式投产。引导太平洋、中天等船舶企业抢抓“限硫令”机遇，发挥区域地理优势，拓展“脱硫塔”业务。辖区船舶企业灌门航道10万吨级以上船舶禁止通行问题、企业“两证补办”及融资难等已基本解决。青岙能源综合服务站项目顺利启动。招商引资工作顺利完成，引进注册资金300万元以上的企业12家,引进外商投资4600万美元，其中包括中天重工二期工程建设投资3000万美元，太平洋海工基建工程投资1600万美元，招商成绩全区第一。

是年，农业建设步伐加快，大沙杨梅博览园—阳光房项目顺利完工，景观工程有序推进。持续深化土地流转力度，新增土地流转400亩。高效完成“大棚房”专项整治排查。坚持用绿色发展标注现代化农业发展新方位，聚焦“田园风光”和“生态农业”建设，协助小沙卫丰农产品专业合作社、江桥农机专业合作社、增辉粮食专业合作社积极申报定海区“三园一基地”绿色创建项目。全面优化名特优果蔬种植区块，利用大沙农业示范基地的蔬果资源优势，提升农业经营价值链，承办区夏季精品瓜果展销会暨巨峰葡萄擂台赛,怡然火龙果、舟大桃子、丰润园葡萄等多次斩获金奖。

城乡人居环境　是年，开展全国文明城市创建，聚焦道路交通、公共场所、背街小巷、村居环境等顽疾短板，调高标尺强措施，常态化推行“点位长制”；高频督导强整改，组建9个专项管理组，实施专项整治攻坚行动，清除顽疾点位1000余处；创新举措强实效，启动长白岛视频监控系统、占道经营管理等数字管理系统；实施集镇区环境社会化保洁运营模式，全面提高镇区环境保洁水平；引入“城市保姆”，补齐城镇管理短板，推进创城精细化。

志愿者开展文明城市创建

美丽乡村建设　是年，立足独特资源禀赋，按照“一片一特色、一村一形象”展现乡土风情。完成庙桥三毛文化儿童公园、三毛文化路、祖居牌坊等项目，创建庙桥市级美丽乡村精品村及毛峙、后岸、前湾区级美丽乡村。持续巩固“洁净乡村”创建成效，重点攻坚增辉村峙岙塘区域人居环境提档升级，

海上垃圾分类活动

有序推进垃圾分类工作，以三龙村为示范点创新开展“海上垃圾分类”，后岸村获评市省级垃圾分类示范村。

社会事业　是年，做好社会救助、养老服务、殡葬服务、优抚安置等工作，全年发放各类补助670余万元，募集慈善捐助117万元。长白集镇区停车场扩建工程、大沙菜场门口道路改造工程、道路亮化工程等民生实事项目全部如期完工。完成毛峙村农产品集中交易点改造工程。建成增辉峙岙塘临时集中经营场所，完成摊位招租。建设街道级示范型应急避灾中心和村级（增辉）示范型应急避灾点。建设长白岛“残疾人之家”，更新小沙敬老院基础设施。新建小沙卫生院废水收集处理设施，购置体外除颤仪、雾化泵自主检测设备及彩超机，建立长白分院“健康小屋”和“送药下海岛”机制。

综合治理　深化“三治”融合模式，强化社会治安技防力度，提升“雪亮工程”覆盖面，完成村级视频监控点位布局规划，完成计划数的10%。开展扫黑除恶专项斗争，通过“五进大宣传、入户大走访、线索大摸排”，提升群众安全感和满意度。光华村获评省级善治示范村，发挥村规民约的自治和乡贤榜样的德治作用。

“最多跑一次”改革　是年，全面深化“最多跑一次”改革，将户籍办理、税务服务等50余项新事项纳入街道便民服务中心，新设自助社会服务机，全年累计受理服务事项4600余次。在长白岛新购身份证照片前端采集系统，深化便民服务，实现群众办（身份）证不出岛。

【机构改革】　落实《小沙街道机关职能配置、内设机构和人员编制规定》，完成“八办两中心”内设机构的设置及部门权力清单、职责清单调整等，根据干部特长因才施策，提拔任职干部11名，平职交流干部13名，免去股级干部17名，进一步优化干部队伍。

【社区村体制改革】　坚持“规划先行、稳步推进、群众自愿”的原则，以“上调一档、高套一级”为目标，有序完成10个村的村级组织调整，按照村级组织设置标准更名设立新村党组织、村委会、村监会并挂牌。原10个社区村便民服务中心直接更名为村便民服务站。庙桥、光华、增辉、大沙、三龙、前湾6个一村多社的村股份经济合作社全部实现完全融合，其中庙桥村为整体合并，光华村为直接合并，增辉、大沙、三龙、前湾村为基数合并，此外，原一村一社的4个村按要求制定“回头看”整改方案，相应进行新村章程修改。街道一村一经济合作社完全融合比例达到100%，村级运行体制更具优势。

社区村体制改革完善工作动员会议

【主题教育】　开展“不忘初心、牢记使命”主题教育，将学习教育、调查研究、检视问题和整改落实贯穿全过程。创新“送学”新路径，排摸流动党员组织“网络办学”人，依托街道红润锦沙微信公众号、学习强国app等平台，每周定点上传先进学习资料，创新开展直播学习模式，线上开展学习研讨交流；针对毛峙村、三龙村的渔民党员，开设党员学习区，结合捕鱼潮汛期，在渔民党员上岸休憩期期间集中安排学习；成立“党员方言讲师团”，以“方言传学”的方式帮助部分年老党员集中学习。以“三服务”活动为抓手，推进党员干部开展调研，解决海丰码头高峰期易拥堵、集镇区居民晾晒不便等问题。

【小微商户党支部】　为增强小微商户服务意识，发挥创城先锋模范作用，以庙桥中路、陈家路及长白丁

“红润锦沙·美名悠扬”特色党支部

字形街为重点区域打造红色示范街区，以“红润锦沙·美名悠扬”为主题，设立3支小微商户党支部，涉及商铺10余家，涵盖党员近20名。其运行模式参考城市社区“兼合式”党支部，党员在原地保留党籍的同时可参加小微商户党支部活动，要求每年开展主题活动不少于4次，活动内容包括党的理论知识、经营法规学习等。

【党建擂台赛】 开展党建擂台赛夯实基层党组织战斗力,涉及46个基层党支部，包括10个村党组织及部分企事业机关党组织。结合创城中心工作，开展洁净乡村擂台赛；采取各基层党组织党建工作自查、互查的形式，规范三会一课记录、远程教育记录、党务栏更新等内容；开展党务干部业务技能大比拼，活动包括主题党日活动设计PK赛、党务业务知识应知应会大比拼等。

【党风廉政建设】 推进街道巡察“回头看”整改工作，全面梳理、整改相关问题并落实长效机制。践行执纪监督责任，常态化落实干部预警谈话制度，全年开展各类谈话50余人次。多举措开展“廉政教育警示月”系列活动。推进“和美东风”清廉村居建设，制定清廉村居专线，打造廉史廉风新村居（庙桥村）和渔村“廉当家”（毛峙村）。

【工商联小沙街道分会第一届会员大会】 召开定海区工商联小沙街道分会第一届会员大会，有会员35人，涵盖街道辖区内的各行各业。会议审议通过《舟山市定海区工商联小沙街道分会章程》《舟山市定海区工商联小沙街道分会大会选举办法》《舟山市定海区工商联小沙街道分会会费收缴标准和管理办法》，会议表决通过第一届理事会会长：傅和平；副会长：方建国、王勇、张安旦、夏恺远、傅学军、戴纪明；监事长：唐顺良；秘书长：朱舟锋。

【乡贤联谊会】 举办“情系桑梓再聚首 同心共建新小沙”乡贤联谊会，有成员62人。会议审议通过《定海区小沙街道乡贤联谊会章程》和《定海区小沙街道乡贤联谊会选举办法》，选举产生小沙街道乡贤联谊会会长傅和平，副会长王胄海、刘苗森、毕汉豪，秘书长孙和军。参会乡贤共商家乡发展，为招商引资、产业发展、乡村振兴等各项政策和决策实施提供参考建议。

小沙街道乡贤联谊会成立

【青年讲解团】 成立青年讲解团，提升街道青年队伍的整体素质。结合小沙地域实际及当前重点工作，按照历史人文古迹、特色基地、乡村振兴工作三大主题区块，根据科室分工相对匹配的原则进行包干，以一名优秀青年联系一个阵地（景点）的形式，分包三毛祖居、“东海瑞草”灵芝基地、清廉村居在内的11片区域。

【“田间课堂”】 小沙街道“田间课堂”有效引进各类资源，丰富活动内涵。在原先的儿童田间课堂的基础上，新增农户现代农业技术课堂。由街道组织青年志愿者团队及优秀农业养殖大户面向不同群体进行分类授课。开展“田间课堂”6期，其中针对农户技术培训2期。在伍佰呑及大沙蔬菜基地的基础上，进一步提升教学基地建设，新增产品展销平台及形象提升平台，通过举办各类“瓜王擂台赛”“品果节”“采摘游”等活动。

“田间课堂”助力农村教育

【发展壮大村集体经济】 做好社改“后半篇”文章，因村施策推进集体经济多渠道发展。增辉村借力落户企业，做好“土地”与“产业”结合文章，峙岙塘东北侧的7亩空地土地性质规划调整有序推进；光华村持续做好云顶茶厂外包和部分闲置房屋资源出租等事项，扩大集体收入来源；东风村通过争取政策奖补，购置商铺房产，获取投资收益；庙桥村进一步挖掘三毛文化，实施环境提升和景点打造，乡村旅游雏形更加完备。

【一企一策开展“三服务”】 领导班子带队走访辖区企业、书记坐班海岛，了解企业生产经营现状、困难与需求，通过召开专题会议，对接相关部门，协调上报跟进相关情况，根据企业实际情况精准定向施策开展服务。解决太平洋海工等船舶企业灌门航道10万吨级以上船舶禁止通行，严重限制修船业务开展等问题。

一企一策开展“三服务”

【首个管系自动化车间】 长白岛的中天重工有限公司管系自动化车间，2018年11月启动设计，主要用于船舶压载水和脱硫塔项目的管道预制。内设管道切断坡口机、管道预设自动焊机等6台机器和管道机械定长、压紧式变位驱动等5套系统，具有节约成本、提高效率、更加安全等优点。其中管道切割时间由25分钟提速为20秒，生产效率提升75倍。

【首家工厂化水产养殖场】 即宏丰水产养殖有限公司。2018年4月动工建设，内有钢结构防风大棚5幢，养殖池30个,养殖面积约6000平方米。工厂化水产养殖改变传统网箱养殖模式，利用电子机械设备控制水体温度、溶解氧、投饵量等条件，实现水产品的高密度和集约化生产，具有低碳环保、占地更小、反季销售等优势。主要养殖南美白对虾，产量约12.5公斤/立方米，经济产值较前提高1倍以上。

【首个高架草莓栽培大棚】 即小沙天丰雨采摘园，面积1500平方米，成本投入约68万元，将原先的常规地面土壤栽培转变为在约一米的栽培架上进行无土栽培，具有免翻耕地、减少劳动、提高效率、增加产量、增进品质、病虫害及生长环境更易控制等诸多优点。草莓果实比普通草莓的品质与清洁程度更高、采摘方式更轻松，效益水平更高。

【三园一基地】 申报包括小沙卫丰粮油、小沙江桥农机、大沙片区水稻三个绿色发展先行区及怡然生态农场精品果园在内的“三园一基地”绿色创建项目。推广新品种、新技术，利用有机肥替代化肥、生物防控，建设农产品质量追溯体，增加绿色农产品供给，促进农业生产与生态保护协调发展。

【“大棚房”专项排查整治】 排查设施农业情况878个，涉及面积633亩；排查出违法违规情况16个，涉及面积5.48亩。并按“一地一策”原则，逐个制定整改方案。采取移除架空孔板、拆除硬化地面、清理非农设施等措施，完成2项Ⅱ类问题整改，实现复耕到位，恢复农田用途。

【耕地补贴工作】 召集各村工作人员及部分农业大户，宣讲农业补贴政策，规范补贴申请流程。由专人会同测绘公司实地踏勘测量，确各农户土地的东西南北四至和具体面积，将原先未纳入补贴范围的面积重新补录。集中登记耕地面积5亩以下小微农户的零散用地，由村干部“包片分区”依次联系，确保小微农户权益最大化。是年，耕地补贴申报农户数5832户、土地亩数9221.94亩，比上年分别增70户、209.65亩。

【三毛文学体验路线】 挖掘三毛文化内涵综合打造文学体验路线。以“沙”为主题，建设三毛文化公园；打造三毛客厅，主要用于展出“三毛散文奖”获奖作家文学书籍、展示书法作品、开展相关交流活动等；开展三毛系列活动，以传承三毛文学精神为主题，主办或协办纪念三毛故乡行30周年活动、三毛散文奖作家集体采风、作家林橄榄树种植活动以及两岸三毛文学论坛等活动。

三毛散文奖作家林种植活动

【海上垃圾分类】 开展海上垃圾分类，成立以道德模范、共产党员船老大为首的文明实践船队，涉及渔船15艘、船员150余名，每艘渔船配备1名垃圾分类宣传员，利用海上作业间隙和伏休时间宣传垃圾分类要点。在渔船出海前，由辖内“东海渔嫂”志愿者服务队主动分送垃圾袋等物品到船，并在渔船回港后回收塑料、废纸板等垃圾，做到“白色垃圾不入海”。

【“信访代办”工作】 在街道、各村分别设立“信访代办”站（点），由街道下设的信访代办员帮助信访群众向有关事权单位反映信访诉求、跟踪办理过程、反馈办理结果、做好疏导化解工作。主要分为主动代办、委托代办、指定代办3种方式，分别对各级主动发现的、群众委托的、上级部门指定的需求进行承办。街道对相关诉求进行甄别，确定街道内能解决的就地解决，街道内无法解决的通过信访平台上导到区信访办，由区级交办处理。

【扫黑除恶专项斗争】 在街道理论中心组、机关各支部、各级基层党组织学习过程中传达专项斗争精神，落实学习举措，加强应知应会学习；联合辖区派出所、各村工作站开展10余次扫黑除恶 “五进”宣传活动，分发扫黑除恶宣传手册14000份，悬挂横幅400条，重点地区张贴宣传海报160张，彩绘墙报30处，宣传电子屏18处，视频播放1处，易拉宝宣传10处，公交站牌12处。每季度组织一次扫黑除恶专题网格大走访活动；建立街道各科室、各村、重点行业重点工程线索月排月报制度，定期复查。

【提前部署应对鱼山“回乡潮”】 联合海晶海运有限公司制定专项交通运输应急保障工作方案，确保春节期间鱼山石化项目务工人员从海丰码头顺利返乡。每天增加2个班次的高速客船和3个班次的客滚轮（运力提高50%），安排2艘应急船待命；与三江码头沟通协作，遇特殊天气时安排车辆将人员引导分流至该码头进行运送；联合小沙派出所，重点打击黑车、出租车拉客等行为；对原有登船廊道进行拓建和顶部翻新，新增2条宽2.5米的廊道。

【电子法律咨询平台】 引入全区首个电子法律咨询平台,免费提供法律咨询，主要包括电话、视频、智能咨询三种模式，涉及婚姻家庭、劳动纠纷、借贷纠纷等15大类法律问题，全市优秀公共法律律师24小时帮助群众释疑解惑，智能咨询模式可直接在平台上引导群众进行问题询问并生成专业的法律咨询意见书，解决群众不敢问、无处问、如何问的法律盲点、难点、疑点。

【海岛便民服务】 在长白便民服务中心新增身份证办理点位，在长白农村信用合作社新增ARM自助税务机提高海岛居民生活幸福指数、海岛企业生产便携度。身份证办理点位不仅能让岛上的居民“足不出岛”办理身份证申请、补办、挂失等业务，同时也可解决户籍迁移、销户等问题。ARM机能够方便岛内纳税人进行税控设备抄报税、发票认证、完税证明开具等各类自助业务。

【新时代文明实践所（站、点）】 构筑“布局合理、群众便利、出户可及”的文明实践阵地网络，其中小沙街道综合文化站为新时代文明实践站，辖区各村以文化礼堂为核心，设置新时代文明实践点，挖掘小沙特色和零散的服务基地，将其全部纳入到文明实践阵地建设。主要采取志愿服务的形式，以志愿者为主力军开展学雷锋志愿服务和新时代文明实践活动，全年举办活动80余次，受益群众达2万余名。

【非遗传承基地】 由街道文化员负责“传帮带”，成立流芳意韵艺术团，下设成人及儿童越剧班、文艺班、爱心服务志愿队，有团成员69名，其中越剧班每周开课2次，全年开展文艺演出及各类志愿服务50余次。

【第十届人文艺术节】　开展“锦绣十载耀小沙 同心同行筑辉煌”人文小沙第十届艺术节开幕式，结合非遗文化及特色小沙，从“文化”和“农业”着手，通过品农乐、享童趣、赏非遗、观晚会全面展示“人文小沙”10周年发展及10周年优秀作品回顾，开幕式通过凤凰网全程直播，累计吸引百余万观众收看。

第十届人文艺术节

（撰稿：金俊陶）

（本分目照片由小沙街道提供）

双桥街道

【概况】　双桥街道位于舟山本岛西南部，地处定海城西，东邻盐仓，北靠小沙，西接岑港，与金塘、宁波北仑隔海相望，是舟山连岛大桥主出入口，陆域面积50.21平方千米。下辖临港、浬溪、紫微、南山、桥头施和石礁6个社区（村），户籍人口18170人，街道办事处驻地紫河路1号。辖区拥有深水岸线5.7千米，境内有小（一）型水库2座，主要山塘12座，主河道3条，总长13.3千米，总蓄水能力690万立方米；一线海塘1条（联勤海塘双桥段），全长5.7千米。

是年，规上工业产值完成47.6亿元，同比增长7.8%；固定资产投资（不包括产业园区）完成0.9亿元；招商引资（不包括产业园区）实际利用市外资金2.39亿元；实现税收收入1.3亿元，同比下降0.13%，其中镇本级实现税收收入1.18亿元，增长8.33%。

经济发展情况　是年，有各类企业504家（不含小规模土石方公司），其中工业企业122家，汽车商贸城企业21家，集装箱运输企业70家，海运企业18家，单船注册2艘。全街道（包括产业园区）实现税收1.3亿元，其中工业企业实现税收3174万元，同比增长32.2%；汽车商贸城企业实现税收2221万元，同比增长52.3%；集装箱企业实现税收1215万元，同比下降30.9%；海运企业实现税收602万元，同比下降46.78%；建筑企业实现税收2935万元，同比下降15%；临港工业园区企业税收1488万元，同比下降38.27%。实际利用市外资金2.39亿元。各村集体经济收入均超30万元。

严把企业“亩均税收”关，整治“低散乱”企业2家，完成闲置厂房处置8000平方米。三农市场一期稳健运行，年交易额达50亿元，二期开工建设。引进市交警支队车管所双桥分所，新增车辆查验、监测、上牌、过户、违章处理等车辆管理业务，双桥汽车城服务功能日趋完善。

重点项目建设　是年，按时完成329快速通道双桥段视线整治工程及新增政策处理，保障东西快速路顺利通车。蚂蝗山水库上游溪口—东高岭公交车通车工程，投入资金350万元，新建7个候车亭，受益农户465户，于12月竣工。329快速通道拆迁安置小区项目总建筑面积约6200平方米，3月正式动工，至年底完成土建总工程量的30%。完成定海区舟山群岛水系双桥蚂蝗山至出海口段综合治理工程（一期）全部工程内容，投资2164.6万元，实际治理河道长度8181米，新建慢行道3407米。推进前门畈河生态带建设工程，全长1120米，面积约43 亩，完成总工程量50%。加快高标准农田建设项目进度，新建机耕路6条、清淤渠道1条、新建渠道1条、建设渠道闸门6块，其中六眼闸项目投资540万元，完成闸门主体及内部机电安装的建设。推进百项千亿工程项目落实，12月底完成蚂蝗山水库清库扩容治理工程主体部分全部土方开挖，占总工程量的80%；联勤海塘配套加固工程完成所有桩基施工，设备平台浇筑，现完成投资约1000万元，完成总工程量的60%。

社会事业　是年，城乡居民养老保险、医疗保险参保率分别达95%和99%。畈潮安置小区完成133户摇号选房，329快速通道拆迁安置小区加快建设。社区卫生服务中心迁建项目正在进行主体工程建设。原石礁中学改扩建为育才学校双桥校区，双桥中心幼儿园获评浙江省足球特色幼儿园，双桥中心小学获评舟山市文明校园，海润学校获评舟山市示范家长学校。贫困群体帮扶，累计发放低保金、救济金、补助金500万元，完成困难群众危房改造3户。落实计生家庭奖励和扶助政策，发放2019年奖、特扶资金747360

元，计生后遗症病人生活、医疗补助费28456元，独生子女费24860元。

文化惠民事业　全年开展迎新文化惠民活动8场，各行政村开展迎新和元宵活动10余场，开展“新时代文明实践—系列活动”50余场，开展各类培训40余期，参加唱响定海、活力定海、书香定海比赛10余场。保护和传承非遗文化，开展布袋木偶戏、马灯舞、翁洲走书等非遗培训和展演活动，连续11年获评“浙江省民间艺术之乡”。民间文艺团队持续发展，组建“三团三社”文艺团队，其中“桥家人艺术团”在“2019唱响定海文化团队结对展演”中获“年度优秀组织奖”，浬溪马灯舞队和石礁文艺队获得2019年“优秀文艺团队”。加强社会主义核心价值观培育，设立“道德点评台”“文明细胞创建”等栏目，做好模范典型的宣传报道工作，郑海彬获评浙江省道德模范。实施“春泥计划”，全年开展系列主题教育活动40余次，惠及未成年人1200余人次。开展城乡文化走亲活动，连续获定海区“城乡联动 文化走亲”先进单位。

【基层党建】　通过党工委理论中心组、周三夜课堂、年轻干部论坛等载体，开展“一把手”上党课、“我和我的祖国”微党课比赛等活动，提升干部整体素质。配强村干部队伍，建立后备干部信息库22人，其中主职后备干部10人。执行村干部“底线”管理考核办法，落实4个后进村整转提升。依托“桥家人”志愿联盟队伍，推行“大管家”制，发挥党员先锋模范作用，通过“五微”行动，精准服务群众。全年累计开展“全域创城先锋行”“我为群众办实事”等党员志愿活动150余次，参与人数5000余人次。成立“桥头堡红三角”党建联盟，整合派出所、村、企业单位党建力量，以“一对一”方式选派党建工作指导员，强化党建工作指导，打造“村企党建一家亲”品牌，开展5场联合主题党日活动，实现“资源共享、优势互补、抱团共促、辐射全员”的支部联建新格局。

【党风廉政】　制定《2019年党风廉政建设和反腐败工作组织领导和责任分工》，督促班子成员、基层党组织落实党风廉政责任制。确定桥头施村作为“清廉村居”核心试点，打造清风庭，建设宣传长廊村道，加强村“两委”班子廉政建设。开展“警示教育月”活动，提升干部纪律意识。“一把手”廉微党课获全市一等奖。是年，开展正风肃纪专项行动17次，党纪处分3人，提醒谈话、批评教育8人，诫勉谈话4人。

【团青工作】　新建共青团组织2家，完善智慧团建系统。围绕“青年大学习”主线，学习习近平总书记系列重要讲话，学习200余人次。推进基层理论宣讲大众化，发挥青年之声宣讲团、青年网宣队的作用，组织宣讲27场次。开展“同座城 同个梦”公益携手行动，针对空巢老人、留守儿童、残疾人、困境儿童、贫困户等群体，不定期进行送温暖服务。开展“梦想驿站”义教活动、圆梦微心愿活动，通过社会力量携手接力圆梦微心愿。以桥家人志愿服务联盟为依托，推进“青春引航 锋领双桥”志愿服务项目，全年参与志愿活动7000余人次，发放宣传倡议书20000余份，开展活动900余次。

“梦想驿站”义教活动

【社会治理】　推进扫黑除恶专项斗争，完成“雪亮工程”监控布点200个。

【信访代办】　增强社会稳控能力。在街道、6个村设立基层信访代办站(点)，建立专兼职“信访代办”队伍，开展“信访代办”服务，打通信访便民服务“最后一公里”。健全调解工作机制，全年调处矛盾纠纷59起，办理信访件445件（在办11起）。“四个平台”信息流转顺畅，上报3268条网格信息，流转3268条，办结率100%。

【农业现代化水平】　全年农作物播种面积28364亩，其中粮食作物播种10464亩、油料作物播种690亩、蔬菜播种13506亩、果用瓜播种2724亩、花卉苗木播种943亩、药材播种37亩。农业发展格局从单一化逐步向多元化转变，扶持科技示范户，实施农业标准化生产，完成土地集中连片长期流转500亩，规范化培育发展家庭农场，新增1家省级、2家市级、1家区级示范家庭农场，5家农产品质量安全“红名单”主体。

【洁净乡村环境整治行动】 是年，清理乱堆乱放491处，清除陈年垃圾1751吨，治理小广告牛皮癣800余处，清理露天粪缸、粪池150余个，纠正跨门占道经营142起，查处流动摊贩、马路市场145摊。推进垃圾分类减量，设立可回收物、有害垃圾临时存放点6个，新增分类垃圾桶311个，更换100个，实现分类处理社区覆盖率100%，农户覆盖率80%以上。打好治水治污大会战，完成汽车城河“品质河道”建设、前门畈河生态带建设，完成污水“零直排”区域创建，狭门水库入选市级“美丽河湖”。

【文明城市创建】 建立日常管理责任制，定期召开专项工作推进会，推动环境管理整治、强化创城常态巡查制，推进全国文明城市创建工作。2019年镇（街道）文明指数测评中，获非建成区第一等。加强文明榜样示范作用，评选“文明示范户”“创城先锋”，南山村、石礁村、紫微村、临港村复评区级文明村，一人获评舟山市道德模范。

创建全国文明城市攻坚推进会

【“微爱”服务】 结合“不忘初心、牢记使命”主题教育，通过开展“微党课、微平台、微心愿、微公益、微关爱”五微行动，精准服务群众，开设爱心驿站、建立微心愿认领，制定个性化服务方案，编织爱心服务网。全年开展“空巢党员齐关爱”“全域创城先锋行”“我为群众办实事”“一月一公益”等各类活动150余次，发挥党员标杆作用，打通联系服务群众“最后一公里”。

【社区村体制改革】 根据上级要求，完成村级各套组织更名和班子人员过渡工作，有效落实回头看整改工作，采取整体合并法，对三资未完全融合的5个村（临港村除外）进行整改，整改方案社员股东大会通过率97.45%。

【三改一拆工作】 是年，累计拆除违法建筑30处，面积19380平方米，完成全年任务的129.2%，“三改”面积23200平方米，完成全年任务145%。违法建筑拆后土地利用率90.14%。

城管双桥中队拆除违章广告牌

【“最多跑一次”工作】 新增政务服务自助一体机及社保办理一体机，入驻公安窗口及信访代办窗口，实现政务服务事项“无差别全科受理”，推进政务2.0服务体系。全年累计完成业务事项3500余件。

【召开基层党建工作述职评议会】 1月18日，召开2018年度基层党建工作述职评议会，以述职评议的形式深化思想认识，进一步提高街道党建工作水平。街道党政人大班子成员、相关科室负责人、各级党组织书记等70余人参加。

基层党建工作述职评议会

【许小月检查食品安全工作】 1月19日，副市长许小月到紫微社区侯家食品坊检查食品安全制度落实情况。许小月观看年糕的生产流程，提出问题，要求把控好农村食品作坊的食品安全。

许小月检查侯家食品作坊

【开展“不忘初心、锋领前行”学雷锋志愿服务活动】 3月1日，街道机关、社区、高速交警舟山支队、双桥派出所等各部门及舟山网络义工、科宏光明眼科医院、郑氏推拿、顾亚海师傅等社会力量组成的42人志愿服务团，为新老居民开展暖心服务。现场为大家提供家电维修、理发、推拿、眼科问诊、医疗咨询、妇女维权等服务，并开展创文明城市、交通安全、劳动保障、禁毒、流动人口、法制、通讯网络、扫黑除恶等内容的宣传活动。

“不忘初心、锋领前行”志愿服务活动

【商会代表走访慰问困难户】 3月15日，街道商会开展“百企帮百户·携手奔小康”活动，商会代表孙文明、章红雷、刘鹤等人走访慰问辖区困难户，与他们面对面交谈，并送上慰问金。

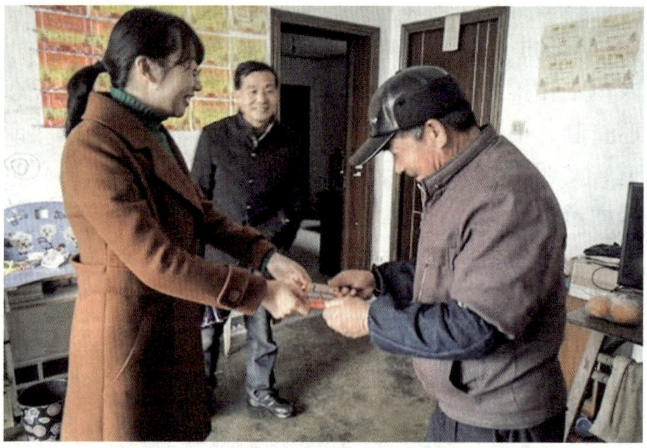

商会代表给困难户送上慰问金

【召开交通安全警示会】 4月8日上午，街道综治办联合盐仓交警中队，召开交通安全警示会，总结、分析近日发生的交通安全事故，强调交通管理站的工作勤务和工作计划，要求参会人员明确自身工作职责。

【81路公交线路新增“三农”站点】 是日，81路公交线路在舟山三农农产品批发市场西北面新增“三农”站点。调整后，81路公交线路仍由413医院院部始发，沿原线至潮面站点后，经三农园区道路、鸭东线至潮面路口站，返回同步调整。

【召开宗教工作会议】 4月10日，街道召开宗教工作会议，街道党工委副书记邬召东出席并讲话，统战委员陈莹莹主持会议，街道相关科室、各社区工作人员80余人参加。会后街道党工委与各社区党委签订2019年民间信仰场所安全工作责任书。

宗教工作会议

【木偶戏传承进学校】　5月7日，非遗文化木偶戏传承人侯雅飞走进双桥中心小学进行授课，让学生了解和尝试基本的表演技巧和制作技能，培养学生热爱生活、热爱艺术的思想感情。

侯雅飞进行授课

【黄氏宗祠修缮工作】　5月8日，浬溪社区安排专业人员对黄氏宗祠出现的屋顶漏水、线路老化、墙面油漆脱落等问题进行全面修复，保护黄式三、黄以周“两黄”历史文化遗产。

修缮中的黄氏宗祠

【政协双桥工作室走访慰问中心幼儿园】　5月31日、6月11日，定海区政协双桥工作室走访慰问双桥街道中心幼儿园，向幼儿园孩子们赠送书包、彩笔等小礼品，观看孩子们的文艺会演，与孩子们欢度节日。

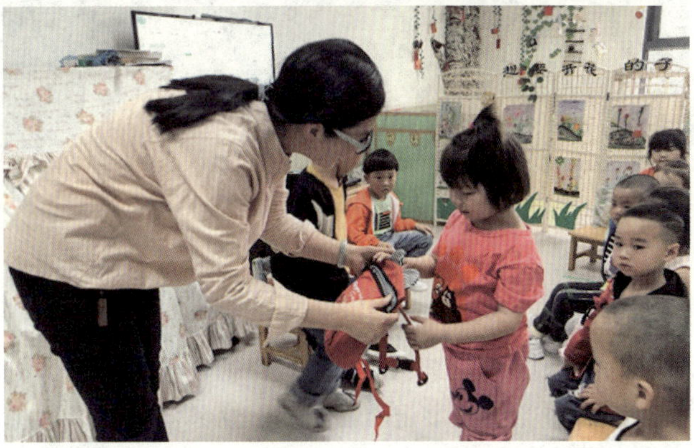

工作室代表向孩子赠送书包

【开展“锋领双桥 志愿满城先锋行”志愿活动】　7月10日晚，桥家人志愿服务联盟对辖区内所有住户进行入户走访。联盟志愿者以包村为单位分成六组，每组由包村组长带队，向居民分发市民手册、文明交通安全手册、反走私宣传单等科普宣讲材料，受到辖区居民的欢迎。

志愿者向群众发放、讲解科普知识

【改造提升东方韩家污水湿地】　8月28日，桥头施村东方韩家污水湿地进行改造提升，集中清运湿地周边的垃圾杂物，修补破损路面及相关设备，并补种灌木及草坪，有效提高农村污水处理能力。

改造东方韩家污水湿地

【召开“不忘初心、牢记使命”主题教育工作会议】 9月12日，区综合行政执法局原党组副书记、副局长贺海珠带领区指导组召开主题教育工作会议，全体机关干部、村党组织书记、村主任、党务工作者以及企事业单位党组织书记参加会议。会上，街道党工委书记林光传达上级文件精神，做动员部署。区指导组副组长贺海珠作指导讲话。

“不忘初心、牢记使命”主题教育工作会议

【畈潮公寓申购摇号工作启动】 10月10日，举行畈潮公寓（安置小区）申购摇号工作。畈潮公寓是畈潮整村搬迁安置项目，由11幢住宅、1幢物业用房及相关附属配套设施组成。摇号工作持续三天，进行两次现场摇号，公证处全程参与，涉及安置户数133户，其中多层98户，复式35户，分房157套。

摇号现场

【开展五水共治系列宣传活动】 10月17日，在“万泰·三农汇”舟山三农农产品批发市场开展五水共治系列宣传活动。活动通过发放五水共治宣传资料、张贴宣传标语等方式，向市民宣传五水共治普及水知识。

【开展禁毒普法宣传活动】 10月18日，双桥司法所联合禁毒办在海润学校开展禁毒普法宣传活动。通过上课的方式，向海润学校高年级同学宣传禁毒知识、法律知识等，发放禁毒宣传资料100余份，普法纪念品50余份。

【2019门球邀请赛】 11月12日，街道邀请盐仓、白泉、小沙三支门球队在石礁门球场共同参加“2019双桥街道门球邀请赛”。白泉代表队获得比赛第一。

2019双桥街道门球邀请赛比赛现场

【开展百团百艺送戏下乡活动】 11月6日，百团百艺进村文艺演出在石礁村文化礼堂举行。定海区美之声演唱团带来开场舞《中国美》、男生独唱《我和我的祖国》、三句半《文明岛》、小品《常回家看看》、渔歌表演、越剧、魔术、戏曲等12个精彩节目。

【开展“弘扬两黄文化 传承国学经典”主题活动】 12月12日，街道组织辖区村民走进浬溪村开展“弘扬两黄文化 传承国学经典”主题活动，向大家介绍黄式三、黄以周两位学术名家的生平简介和主要著作，带领大家参观“两黄”文化风景线，讲述“两黄”经典名言名句所包含的哲学智慧和深远含义，提升“两黄”文化兴趣度。

（撰稿：袁碧莹）

（本分目照片由双桥街道提供）

白泉镇

【概况】 白泉镇地处舟山本岛中北部，东接普陀区展茅街道，西南连定海主城区，南靠临城街道，北邻舟山海洋产业集聚区。镇政府驻宝岛大道31号。镇域面积82平方千米，其中林地面积67165亩，耕地面积10830亩。经社区村体制改革后，现下辖白泉、金山、繁强、柯梅、河东、米林、和平、潮面、皋泄、小展、洪家、新港、星塔、星马14个村与万金湖1个社区居委会，户籍人口13230户、38207人，其中农业人口33545人。

是年，全镇农渔业总产值4.2亿元，增长8%；财政总收入2.47亿元，增长10.3%，其中地方财政收入1.55亿元，增长21.7%；农渔民人均纯收入3.5万元，增长8%；进出口额2.36亿元，增长62%。

经济发展情况　是年，全镇有工业企业157家，其中规上工业企业11家，规上工业总产值27.8亿元。全年实际利用市外资金1.5亿元，合同利用外资1000万美元。企业转型步伐加快，完成技改投入1.15亿元，完成年度指标的287%。华丰船舶与本地企业完成重组合作，产值增长107%。荣森家私两化融合管理体系通过认证。新申报“省级高新技术企业”4家、“专精特新企业”6家、“省级科技型小微企业”4家。舟山商贸城开业运营，招商进度超70%，缤纷天地开铺率近90%，瑞金广场完成项目建设并进入招商阶段，宋都地块和幼儿园地块出让，以多元商贸综合体为核心的集镇区中心商圈逐步成形。

是年，粮食播种面积7419亩，产量2183.1吨，其中晚稻播种面积671亩，产量309.8吨。蔬菜播种面积11014亩，产量15514.5吨。果用瓜种植面积2519亩，水果总产量7426.8吨，年产值2396万元。草莓种植面积307亩，葡萄种植面积267亩。现代农业规模化、品牌化发展加速，新增家庭农场9家、农民专业合作社3家，其中省级示范性家庭农场增加至4家。特色农产品与旅游经济、互联网经济有效融合，传奇山庄、海山农汇等项目逐渐打响品牌。全镇渔船总数48艘，总功率10646.8千瓦，捕捞产量9700余吨，产值8000余万元。

基础设施建设　是年，保障329国道舟山段改扩建工程顺利通车，核心区块路网完成总工程量的90%，完成农村公路等级提升18.7千米、道路大中修4.5千米，新建海防执勤公路15.6千米，获市级“四好农村公路”示范乡镇称号。钓浪泵站、钓浪海堤提标工程、塘家岙水库除险加固、毛洋周至出海口段综合治理等水利工程完成建设，潮面至老碶头段综合治理工程完成总工程量的80%，灾后修复加固工程完成60处，提升城镇防洪排涝能力。

社会事业　是年，全镇城乡居民医保参保人数1.95万人，基本养老保险参保人数1.58万人，发放残疾人两项补贴337万元、低保低边救助金332万元、各类慈善救助、特困群体救济等款项169万元。华康颐养园养老项目顺利开业试运营，创建为市级示范型居家养老服务中心。“国家级卫生镇”创建工作完成。建成镇级新时代文明实践所1家、社区村实践站15家和实践点3处。引入“礼堂综合体”概念，面向群众推出文化自选菜单，投入500余万元新建2家农村文化大礼堂。柯梅村1100平方米笼式多功能运动场完成建设。

【全国文明城市创建】 是年，围绕全国文明城市“创则必成”目标，投入1500余万元，改造提升公共设施，落实日常管理机制，率先启动镇级禁烟区执法，从严加大处罚力度，背街小巷、沿街商铺、洗车行业等600余个问题得到整治，完成省测、国测迎检任务。“全民创城”热度持续提高，举办首届“最美白泉商铺”和第三届“最美白泉人”评选活动，创新设立全市首个镇级不文明行为曝光台，累计曝光不文明行为11期，点击量冲破6万次。15个村（社区）办公点、10家企事业单位先行试点垃圾分类。

【社会综合治理】 是年，完成“一带一路”国际高峰论坛、庆祝“新中国成立70周年”等重大会议活动期间护航任务。矛盾纠纷化解，调处民事纠纷350余起，集体接访27批次291人，答复率和调处成功率均为100%。“四个平台”和全科网格建设，开启平台系统派单流转，处理“12345”网上投诉件1000余起、网格平安综合信息系统爆料投诉3920余起。扫黑除恶专项斗争，累计核查线索8条、成案2条。构建多层次全方位的防控网络，新增监控探头近200处，反走私监控接入综治公安平台。开展“打非治违”行动，检查危化、涉氨等重点企业87次，排查隐患590余条。开展消防、食品药品、道路交通等重点领域安全整治，组织安全生产教育培训200余人次，全年未发生安全生产亡人事故，道路交通事故死亡率下降13%。

【基层党建工作】 至年底，辖区有基层党组织95个，其中8个党委、9个党总支、78个党支部，党员1898名。开展“不忘初心、牢记使命”主题教育，设计“爱党，从呵护它开始”特色主题党日、“那些年，我的初心”重述入党志愿等活动。推出“我”系列载体，全市首推“最暖民心”项目擂台赛和“金点子”领办制，重点协助解决华丰船厂两证补办、口岸开放等历史遗留问题,落实解决困难和问题100余个。创新打造“泉芯向党”特色党建品牌，累计为群众解决办理各类实事200余项，结对认领“微心愿”70余个。推进“双整”工作，建成“龙的传人”和“七彩部落”村民自治等党建工作特色群。深化新媒体运用，打造网上阵地，推出“创城先锋”“最好的践行者”等党建专栏，自有公众号“山水白泉”粉丝突破1.7万，同比增长近20倍。开展“清廉白泉”重点项目创建，完成镇级清廉机关建设和星马“清廉村居”建设。

建立全市首个社区级全功能型“红色窗口” 是年，万金湖社区正式启用全区首个党员“一站式”标准化服务窗口，创新推行窗口联姻化、承诺明确化和工作流程化，开创自助式主题党日活动参与模式，打通组工服务“最后一公里”。

推出“我”系列活动 是年，策划开展“我为白泉献一计”调研、“您的事情我来帮”走访、“我是白泉铁军”考验、“今天我来讲故事”分享等系列活动，累计梳理调研课题17个，为基层党员干部上专题党课17场，解决各类问题41个。

成立全市首个青年人才党支部 1月3日，成立舟山市首个农村青年人才党支部，专门负责农村青年人才党员发展工作，现有党员13人，包含机关干部、村干部、“两新”组织等多元群体，同步建立青年人才库，拓宽青年人才入党渠道，优化党员队伍结构。

白泉镇青年人才党支部成立大会

【三改一拆】 是年，完成“三改”类项目2.81万平方米，完成任务率140.5%。拆除违法建筑77起，总建筑面积2.98万平方米，总占地面积3.3万平方米，完成任务率为119.2%。推进“大棚房”问题整改和329国道沿线视觉污点整治，清零整治89处地质灾害隐患点，批而未供地块消化工作成效明显。

【五水共治】 治水治污工作加快推进，小展大河、白泉新河等4条“品质河道”完成建设，白泉主河被评为舟山市“最美河湖”。核心区污水管网工程累计完成10.8千米，4号污水泵站新建工程完成工程量的88%，“污水零直排”排摸完成3.4平方千米，城市花园小区完成雨污管网整改。

【农居小区建设】 新泉华府、北蝉安置地块等4个农房项目完成建设，北蝉一期安置小区完成摇号分房工作。推进“两证”不全补办工作，完成补办5幢90户。

【完成全市首例农村住房建设网上审批】　1月，作为全市农村住房建设项目审批制度改革试点单位，白泉镇完成全市首例农村住房建设网上审批工作，实现“一份办事指南、一张申请表单、一套申报材料，完成多项审批”的运作模式，提高审批效率约35%。

【召开创建全国文明城市工作推进会】　2月28日，召开创建全国文明城市工作推进会，出台《白泉镇创建全国文明城市日常管理考核办法（试行）》，设立全市首个镇级不文明行为曝光台，推动创城工作有序开展。

创建全国文明城市工作推进会

【率先启动镇级禁烟区执法】　4月，启动全市首个镇级公共场所室内禁烟联合执法行动，联合卫生监督、公安、城管等部门，对白泉农贸市场、医院、宾馆等室内公共场所，实行不定时巡查执法活动，营造全镇控烟的良好氛围。至年底，立案处罚37例、教育整改27例。

【举办“最美”系列评选活动】　5月，举办首届“最美白泉商铺”和第三届“最美白泉人”评选活动，采取组织推荐和个人自荐相结合的方式申报，邀请市场监督局白泉分局、综合执法局白泉分局等相关单位对候选人、候选商铺进行资格联审，通过“山水白泉”微信公众号进行公开投票评选，最终评选出“最美白泉人”“最美商铺”各10名（家）。

【成立泉芯·360区域党建联盟】　6月28日，举行庆祝建党98周年暨泉芯·360区域党建联盟成立大会，市委组织部组织处处长夏志刚、区委组织部副部长王成华、镇党委班子成员、联盟单位党组织负责人等100余人参会。全年开展联盟单位活动10余场次，“红色讲师团”授课7场次，受益党员1000余人次。

泉芯·360区域党建联盟成立大会

【舟山商贸城盛大开业】　6月，舟山商贸城正式开业运营。7栋商业建筑通过连廊、内外廊、大型公共休闲平台、公共垂直交通连为一体，内含家居、菜场、服饰、餐饮等经营类别。

【推进金山全域土地综合整治】　是年，推进金山全域土地综合整治，完成规划方案深化修改稿，建立专项建设工作领导小组和综合整治资金专户，下达资金787.55万元，完成废弃矿山整治和综合利用，加快垦造生态耕地和建设高标准农田。

【开展329国道沿线视觉污点百日整治行动】　6月21日，开展为期100天的专项整治攻坚行动，全面整治国道沿线金林、和平、潮面村周边居住区域环境、道路景观绿化和生态、农田管理房，拆除违章搭建房屋、棚和护栏20处、约1200余平方米，粉刷美化老旧房屋110余户、约9400平方米。

【公共交通改造升级】　是年，投入80余万元，在潘家山嘴迁建551路公交车首末站，占地面积约2778平方米，场地扩大10余倍，可停放公交车30余辆。配套新建候车亭6个，延伸优化公交线路5条，推广使用气电混合动力公交车。

【开展“红色七月”系列主题党日活动】　7月10日，镇机关第一、第二党支部前往蚂蚁岛，联合开展主题党日活动，主要走访马金星《军港之夜》词作创作地、人民公社旧址、三八海塘、创业纪念室等地。

“红色七月”系列主题党日活动

【张明超一行到白泉调研创城工作】 7月23日，市人大常委会党组副书记张明超一行到白泉镇开展全国文明城市创建工作调研，实地考察白泉村办公场所、中心卫生院、综合文化站等测评点位，随后召开座谈会，听取创城工作汇报，肯定工作做法和经验并提出整改意见。

张明超一行到白泉调研创城工作

【区人大常委会到白泉调研创城工作】 8月，区人大常委会副主任王华杰一行到白泉镇，调研创建全国文明城市长效监管机制建设情况，教科文卫与民宗工委专兼职委员及部分人大代表参加，镇党委书记朱朝辉等陪同。调研组现场察看镇卫生院、农贸市场、万金湖路的创城情况，随后召开座谈会，听取创城工作汇报及存在问题困难。

区人大常委会到白泉调研创城工作

【原生态舟山锣鼓首登央视舞台】 8月，白泉原生态舟山锣鼓演出队受邀参加“中央广播电视总台中国器乐电视大赛”的展演录制，于8月26日19:30在央视音乐频道播出。

原生态舟山锣鼓首登央视舞台表演

【完成社区村体制改革完善工作】 是年，完成社区村体制改革完善工作，社区改村14个，完全融合率92.8%，实现“一村一经济合作社”目标。

【启动垃圾分类试点工作】 是年，选取镇机关、15个村（社区）办公点、10家企事业单位先行试点垃圾分类，制定《白泉镇生活垃圾分类试点工作实施方案》，成立垃圾分类工作领导小组。9月9日，邀请垃圾分类处理专业人员开展垃圾分类工作专项培训，全体机关干部、村（社区）、学校和医院等试点单位负责人200余人参加。

垃圾分类工作专项培训

【开展“不忘初心、牢记使命”主题教育工作】 9月12日，召开“不忘初心、牢记使命”主题教育工作会议，镇党委书记朱朝辉主持会议并讲话，全体机关干部、村（社区）党组织书记、党务工作者、企事业单位党组织书记等参会，区主题教育第五指导组组长叶立占、成员张亚军莅临指导。

9月21日，镇党政人大班子一行18人赴中共定海县工委旧址开展“不忘初心、牢记使命”主题教育之旅，听取舟山抗战历史，重温入党宣言。

10月21日，镇党委书记朱朝辉为全镇党员干部上“坚守初心使命，奋力担当作为，在平凡的工作岗位上真正践行为人民群众谋幸福”专题党课。镇领导班子、机关干部、村（社区）专职工作者，非专职村（社区）两委干部、企事业单位党组织书记230余人聆听党课。

10月22日，创新推出“爱党，从呵护它开始”特色主题党日活动，先在金山村党委开展试点，后逐步推广到全镇。通过逐级佩戴党徽、留言上墙、朗读入

“不忘初心、牢记使命”主题教育工作会议

党申请书、观看党旗党徽知识微视频、包村领导上党课等方式，呼吁党员牢记党员身份，与党同心同德。

11月7日，召开企事业单位党组织党员轮训会暨主题教育工作推进会，以“请进来”与“走出去”相结合形式，采取专家授课、企事业单位党组织支部书记经验分享、骨干党员现身说法等形式，确保主题教育学深悟透、真信笃行。

【抗击台风侵袭】 是年，台风“利奇马”“米娜”相继侵袭。通过提前排查山塘水库、堤坝渔船等重点地段，及时转移撤离危旧房住户、低洼易淹区及山洪地质灾害易发区人员，开放临时避灾点等方式，做好抗台防御工作。台风过境后，多方联动开展灾后自救。

众志成城抗击台风

【打造新时代文明实践阵地】 是年，建成镇级实践所1家、社区村实践站15家和实践点3处，累计开展文明实践活动180余场，惠及群众1.5万余人次。串联文化礼堂、朱缀绒事迹陈列馆、新风公园和党员先锋林等点位，在皋泄村打造长约500米的“新时代文明实践风景线”，展陈优秀家风家训，宣扬社会主义核心价值观和新时代雷锋精神。

【华康颐养园建成试运营】 9月，总投资6500余万元、面积5784平方米的定海区华康颐养园建成试运营。内设颐养区、医疗康复区和居家养老服务中心等三大区块，是一所集颐养、医疗、康复、护理、休闲娱乐为一体的中高端养老机构。

【做好市委第二交叉巡察组巡察整改工作】 是年，配合做好市委第二交叉巡察组巡察及整改，制定具体整改措施36项，修改完善《定海区白泉镇公共资

源交易管理办法》，初步拟定《白泉镇私人建房管理办法（征求意见稿）》，追缴违规发放的津贴，基本整改到位。

【传奇庄园入选首批浙江省五星青创农场】 是年，白泉传奇庄园入选浙江省五星级示范性青创农场，全市唯一。庄园占地面积580亩，建有四季果园、6D全景玻璃桥、山野烧烤、孔雀园、儿童乐园等景点，集休闲度假、农业观光、生态旅游为一体，年入园人数10万人左右。

传奇山庄6D全景玻璃桥

（撰稿：袁浩程）

（本分目照片由白泉镇提供）

金塘镇

【概况】 金塘镇位于舟山群岛西南部，东邻册子岛，间隔册子水道，经西堠门大桥与册子岛相连；西南为金塘水道，与宁波市镇海区、北仑区隔港相望；西有金塘大桥与宁波市镇海区相接；北连灰鳖洋，为北往上海、青岛，南达温台、闽粤之必经航道，是南北海运和远东国际航线之要冲。拥有海岸线60.32千米，其中20米以上深水岸线14.5千米，15米以上深水岸线27千米，区域面积88.2平方千米.是年，完成社区村体制改革任务后，下辖仙居、海港、柳行、河平、大浦、新丰、山潭、东堠、西堠、穆岙、和建、沥平、大观13个村，有户籍人口16299户、40090人，其中建成区户籍人口35721人。

是年，实现地区生产总值54.5亿元，同比增长12.1%；实现工业总产值78.8亿元，同比增长10.2%；完成固定资产投资11.7亿元；实现财政总收入3.91亿元，其中地方财政收入2.34亿元，财政总支出2.99亿元；城镇常住居民人均可支配收入71322元，农渔村常住居民人均可支配收入37981元。

经济发展情况 是年，辖区有各类企业912家，其中塑料机械企业328家。其中规上工业产值22亿元，同比增长5.2%；实现自营进出口额43820万人民币，同比增长8.79%；实现地区生产总值54.5亿元，同比增长12.1%。推进财政信息化建设，发行“19舟山金建债”10亿元。金塘塑机螺杆行业加快产业转型升级，年产值突破60亿元。推进金塘螺杆特色小镇建设，制定出台《关于全面推进创新驱动，加快民营经济转型升级若干政策意见》，全年新增国家高新技术企业4家、省级科技型中小企业11家，精劲、德玛吉、通达等企业完成厂房、车间新建。西堠工业园区“低散乱”企业全部完成整治，园区环境实现提标改造。港航物流业有序发展，西非、俄罗斯等12条固定国际航线稳定运营，新增澳洲航区新航线，浙江海港航运有限公司注册落地，集装箱吞吐量突破130万标箱。推进全域旅游发展，编制完成金塘全域旅游发展总体规划，打响“风水宝地、游在金塘”旅游品牌，柳行民俗文化中心顺利引入澳门无华集团参与运营。推进农业景观建设，大鹏岛引入舟山市满鑫农业发展有限公司（注册资金3000万元），流转土地200亩用于贝母药材种植等现代农业项目，全域油菜景观种植600余亩。粮食播种面积9734亩，实现粮食总产量3493吨。实施“一把手”招商工程，修订出台《管委会招商引资绩效考核办法》，全年实际利用市外资金12.2亿元、外资2000万美元，新增市外注册企业12家，注册资金36亿元；光明智能减速箱装备中心、绿色装配式建材生产基地等重大产业项目落地；引入中水六局参与中钢海洋工程装备项目战略重组。

基础设施建设 是年，大浦社区油车桥新农村建设二期完工，养护大中修工程、农村道路修复项目建设完成，完成全岛路面提升改造6.3千米，改建农村物流服务网点6个、公交停靠站5个，新增公交班车8辆、班次6个。新建公厕4座，改造垃圾池240个。水利设施投入3654万元，龙王堂水库、和建海塘配套除险加固工程，燕头山泵站、大浦口泵站完成建设建设，完成大浦口污水处理中心排放池改造、山潭路污水主管网建设。

社会事业　是年，民生项目投入561万元，沥港幼儿园迁建工程完成工程量33%，示范型居家养老照料服务中心项目投入运营使用，农民饮用水达标提标工程完工，完成沥港、山潭农贸市场提升改造，新增免费摊位126个。精准帮扶困难群众，"经济消灭薄弱村"全面消除行动，辖区各村集体经济收入均超30万元，获评全市社改工作先进单位。特困群体救济和临时救助机制不断完善，实现低保对象动态管理、应保尽保，累计发放低保金330万余元，发放残疾人重度护理补贴、困难生活补贴271万余元，"残疾人之家"让13名劳动年龄段重度残疾人残有所依。舟山医院与金塘卫生院医联体建设持续深化，城乡居民基本医疗保险参保率保持在99.1%以上。推动文体事业发展，举办大美金塘元宵民俗巡游活动、金塘第四届李花节和"庆祝新中国成立70周年文艺晚会"等活动，河平社区文化礼堂被评为"五星文化礼堂"。修订完善《金塘管委会（镇）学校基础教育奖励办法》，中小学教师激励力度进一步加大，金塘中学重点高中录取人数和普通高中录取率再创历史新高。推进"平安金塘""法治金塘"建设，落实安全生产责任，推进基层社会综合治理。

【城乡建设】　是年，保持创建全国文明城市攻势，全面推进城乡环境综合整治"八大行动"，背街小巷、农贸市场等重点区域环境焕然一新。实施城市改造提升工程，提前完成7幢老旧小区改造任务，累计拆除

7幢老旧小区整体改造

违法建筑5.2万平方米，拆后利用率94.2%，创建市级文明村镇。

【五水共治】　推进国家海洋督查、环保督查问题整改，金塘岸段海岸线生态修复整治完成主体建设。是年，山潭老大河获评舟山市"最美河湖"，肚斗水库获评定海区"最美乡村河湖"。

水岸同治，长护长治

【中澳现代产业园建设】　该项目是省重点项目，计划总投资300亿元，首个启动项目为澳牛进境加工项目。是年，澳牛进境加工项目进入收尾阶段，屠宰场、隔离场分别完成总工程量的94%和98%，口岸开放、项目融资等难点堵点得到破解，华东院中澳现代产业园基础配套设施建设项目清算支付工作有序推进。

市领导调研澳牛项目施工现场

【大浦口集装箱码头建设】　该项目是宁波舟山港一体化标志性启动项目，计划总投资64.3亿元，规划建

设5个7万～10万吨级集装箱泊位（兼靠15万吨级大型集装箱船舶），年吞吐能力250万标箱。一阶段工程于2010年7月投入试生产，二阶段工程围堤及陆域形成工程于2017年基本完成。是年，完成投资1.43亿元，推进大浦口集装箱码头二阶段工程，3号泊位完成工程量的50%，4号、5号引桥基本完成建设。

大浦口集装箱码头建设加快推进

【大浦口集装箱码头“解锁”澳洲新航线】 10月20日，新西兰线首航船“新漳州”轮在大浦口集装箱码头顺利完成装卸。10月30日，第二艘澳洲航区轮船——中远海澳洲北行线的“新赤湾”轮开始224标箱货物的装卸作业，标志金塘大浦口集装箱码头正式“解锁”澳洲航区固定航线。至年底，该公司开辟西非、俄罗斯、红海、韩国和澳洲等航区的13条国际集装箱航线。

澳洲线“新赤湾”轮靠泊大浦口码头

【最多跑一次】 依托“互联网+”智能化手段，打造“24小时不打烊”智慧政务自助服务大厅，实现政务服务从8小时向“全天候”服务转变。新开设的24小时自助服务大厅涵盖政务服务一体机和不动产、人力社保、税务、市场监管、公安出入境、交警等自助服务终端。金塘综合服务中心获省级“巾帼建功先进集体”称号。

24小时政务服务专区建成

【大陆引水三期金塘岛引水工程建设】 该工程计划总投资1.2亿元，起点岚山加压泵站，终点龙王堂水库，建设宁波陆上输水管道、跨海输水管道、金塘陆上输水管道及附属建筑物等，全长29.22千米。是年，大陆引水三期金塘岛引水工程完成投资8892万元，完成工程量70%，其中陆上段累计铺设6.2千米。

【螺杆行业高峰论坛举行】 6月5日，以“螺杆行业抱团取暖 走高质量发展之路”为主题的螺杆行业高峰论坛在金塘举行，吸引30余位金塘塑机螺杆企业代表参加。邀请专业老师，为寻求转型升级的企业提供方向和指导，通过传统产业淘汰整合、《塑料机械用单螺杆、机筒》标准解读、采标相关知识与内容、热处理基础知识及案例分析等培训，让螺杆企业加强对“标准化+”的重视，共同打造金塘螺杆区域品牌。

螺杆行业高峰论坛在金塘举行

【华业塑机入选首批专精特新“小巨人”名单】 浙江华业塑料机械有限公司为专业从事塑机螺杆研发、设计、生产、销售的高新技术企业，产销量居国内同行业首位。根据国家工业和信息化部中小企业局公布的《第一批专精特新“小巨人”认定名单，华业公司入选其中，为全市唯一一家入选企业。

【金塘首个“5G+”战略合作落地浙江华业】 8月14日，金塘首个“5G+”战略合作项目落地浙江华业塑料机械有限公司，开展5G+智能制造建设。根据协议，围绕将浙江华业建设成5G+智能制造螺杆行业标杆的目标，先行先试下打造“5G+光纤”的双千兆覆盖公司，打造基于5G的螺杆产业链协同平台，实现部门间研发、设计、生产、办公协同，打造智能制造、智能装备、智能车间，以螺杆定制化解决方案，实现工厂数字化、透明化。

金塘首个“5G+”战略合作落地浙江华业

【光伏发电节能减排成效明显】 从上年5月底到是年7月19日，该光伏发电项目累计发电量为40.31万千瓦时，相当于节约标准煤148.64吨，减少二氧化碳排放量371.07吨，等效植树量20277棵。

光伏发电产“阳光收入” 节能减排成效明显

【金塘乡贤联谊会筹备成立】 6月29日，来自海内外的金塘乡贤代表欢聚一堂，举行舟山市定海区金塘镇乡贤联谊会成立大会。会议审议通过《舟山市定海区金塘镇乡贤联谊会章程》和《舟山市定海区金塘镇乡贤联谊会选举办法》，选举产生乡贤联谊会会长1名、副会长11名、秘书长1名，聘请顾问4名，确定首届乡贤联谊会会员95人。

乡贤联谊会成立现场

【柳行村创建AA级景区村庄】 根据创建标准，柳行村逐一对标自然景观、田园风光、建筑风貌、历史遗存、民俗文化、体验活动、特色产品等创建内容，深入开发大柳河、半边街、红藏馆、民俗文化中心等旅游元素，建立“红色加油站”文化阵地，由老党员组成红色宣讲队伍，讲述红色历史故事。12月25日，舟山市文化和广电旅游体育局公布2019年省AA级景区村庄名单，柳行村入选。

柳行村创建AA级景区村庄

【大美金塘 醉美元宵】 2月17日，以“大美金塘，醉美元宵”为主题的2019年金塘元宵民俗文化节及民俗风情巡游活动在沥港小公园启动，来自金塘各社区、民间团队和金塘文艺协会等近20支表演队伍依次表演。由大浦社区带来的舞龙表演，拉开元宵活动的序幕。各表演团队纷纷将民俗迎亲、汉服舞蹈、狮子舞、腰鼓等独具中国传统元素的节目搬上舞台,向现场观众拜年送祝福。

大浦社区的舞龙表演

【金塘李花节举办】 3月23日，以“玉雪舞清风 甬舟满眼春”为主题的第四届李花节暨“第三届美丽金塘人”颁奖典礼在树弄李子苑举行，分设大柳公园、仙人山景区、穆岙油菜花基地三个分会场，还举行舟山青年人才徒步登山比赛、李花萌宝评选、玩转春天亲子、李花节抖音大赛等活动，吸引舟山、宁波市民参与。

第四届李花节

【深化医联体合作“模式”】 与舟山医院签订第二轮区域医疗卫生服务联合体合作协议，以提升基层卫生院全科医疗、康复、中医药等服务和护理能力为重点，建立“全一专科”联合门诊，协助提供部分疾病住院及手术服务。舟山医院对基层医院的药事服务实施同质化管理，实现药品耗材账户、采购、配送、支付“四统一”。

【首个送药上山进岛便民服务点挂牌成立】 该项目为2019年浙江十大民生实事之一。6月4日，金塘首个“送药上山进岛便民服务点”在西堠社区医务室挂牌成立。服务点采取“卫生服务站+零售代购”的运作模式，委托卫生服务站管理，首选舟山里肯医药连锁有限公司作为服务点药品定点代购单位。对一些行动不便或确急需用药的居民，服务点的工作人员将及时送药上门，破解群众“购药远、购药难”的难题。

首个送药上山进岛便民服务点挂牌成立

【金塘柳行民俗文化中心建设】 柳行民俗文化中心项目投资3000万元，总建筑面积4860平方米，主要由民俗文化中心、入口广场、停车场三个功能区组成，集旅游接待服务、民俗文化展览、艺术表演等文

金塘柳行民俗文化中心的徽派中式建筑风格

化休闲功能于一体。该中心以徽派中式建筑风格打造，古色古香的建筑群与柳行古街、大柳公园遥相呼应、融为一体，形成金塘旅游新地标。

（撰稿：夏远玲）

（本分目照片由金塘镇提供）

干礅镇

【概况】　干礅镇位于舟山本岛中北部，东南与白泉镇接壤，西南与盐仓街道相邻，西北与马岙街道以山为界，北与岱山县秀山乡隔海相望。镇域面积23.5平方千米，有山林12878亩，耕地4334亩，其中水田3334亩，旱地1100亩，下辖东升、新建、龙潭、青龙、西码头、双庙等6个行政村和滨港1个社区居委会，户籍人口3826户、9907人。

经济发展情况　全镇有企业120家，其中工业企业108家；实现企业总产值51.62亿元，其中工业总产值41.36亿元；规上工业企业16家，实现规上产值25.9亿元，占全镇工业总产值的62.55%；规上工业增加值3.6亿元，完成固定资产投资4.9亿元，其中工业性投资1.9亿元；累计进出口额25.9亿元，同比增长18.3%。新引进舟山青龙山康养服务有限公司等市外企业2家，累计注册资金1.05亿元，预计总投资约5亿元，累计实际到位市外资金4400万元。沪航物联挂牌新三板。

农渔业稳健发展，实现渔农业总产值5205万元。农作物播种面积4537亩；粮食作物种植面积1718亩，总产量431吨；其中谷物播种面积472亩，总产量177.6吨；豆类播种面积687亩，总产量106.3吨；油料播种面积509亩，总产量98.3吨；蔬菜播种面积1449亩，总产量1593.9吨；果用瓜播种面积177亩，总产量386吨；果园面积4131亩，总产量1335吨；其中柑橘园640亩，产量472吨，杨梅园2925亩，产量168吨。年内出栏家禽8691只。有渔业船舶41艘，3680载重吨，总功率6099千瓦。海洋捕捞产量4060吨，海水养殖面积46公顷，产量115吨。

现代服务业蓬勃发展。南洞艺谷国家级服务业标准化试点项目启动实施，绿野仙踪营地项目开工建设，新建村全年接待游客45万人次，村民人均纯收入达3.91万元。远洋渔业小镇研学采风游掀起热潮，全年接待游客35.5万人次，旅游收入2600余万元。承办“中国农民丰收节・舟山渔场丰收节”，线上线下交易总额破亿元。获评市渔农家乐和乡村旅游工作先进单位。“中国远洋鱿鱼指数”发布，久意达MES生产制造管理全面启用，兴业公司OA协同管理及超融合系统完成建设，实施机器换人等技改项目3个，全省首个“5G+智慧水产”应用落地大洋兴和，新鸿海洋生物科技入选“5313”科技创业领军人才企业。

重点项目建设　大洋世家东升胜丰地块政策处理完成红线范围内所有107亩土地征用和18户房屋签约工作，项目顺利落户。中农发明珠工业园、欧亚圣吉豪水产品精深加工项目开工建设。浙江国际农产品（水产品）贸易中心正式启用。

【美丽乡村建设】　深化美丽乡村建设三年行动全面完成，新建村入选联合国人居署低碳发展乡村规划案例，西码头等2个村创建省级美丽乡村精品村，龙潭村获评省级高标准农村生活垃圾分类示范村，青龙村获评区级美丽乡村精品村。乡村振兴示范区块启动建设，流转新建至双庙内环线两侧土地100余亩，全面打造美丽乡村风景线。

龙潭村牌楼

【生态环境治理】　是年投资88万元在全区率先实施全域水体保洁，全镇河道、小微水体等实现日常保洁全域覆盖。投资89万元完成丰产塘环塘河“品质河道”建设工程。完成西码头区块66家企业、十小行业、居民楼生活污水地下管网疏通摸排及小水产企业污水管网截污纳管工程，新建污水管网2千米。投资20万元完成卫生院医疗废水和生活污水处置改造工程。提高污水处理能力，西码头污水处理厂改扩建工程如期完工，保障三江污水厂建设，一期设计日处理能力1万吨于2019年7月份开工建设。整治

“低散乱”企业，完成舟山市飞航铸钢机械有限公司2台落后的中频炉拆除工作。开展“亩均论英雄”工作，整治“低散乱”企业1家，培育小升规企业5家，完成成路造船公司5025平方米和泰通船舶公司7000平方米闲置厂房整治，小水产集聚区块建设完成80%。

工作人员开展河道保洁

【城镇秩序整治】 投资3800万元实施西码头区块环境综合整治，高标准完成澜港大道、天籁路等4条道路改造，统筹推进道路两侧建筑立面、市政绿化、综合管线同步提升。农居小区环境提升一期工程顺利完工。东方红宕口生态环境综合治理工程基本完成。获评省级小城镇环境综合整治优秀乡镇、市级“四好农村路”示范乡镇。全国文明城市创建保持强大攻势，背街小巷、农贸市场、河道沟渠等重点区域环境持续提升，5辆人力客运三轮车全部退出运营市场，26辆农用车全部集中报废。“三改一拆”任务超额完成，

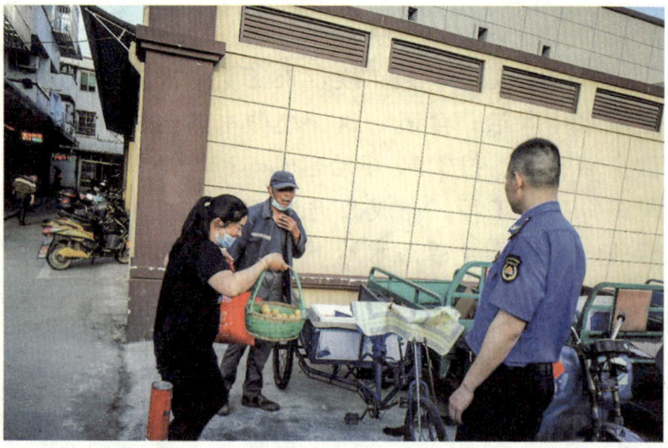

城镇秩序整治

累计拆违3.8万平方米，改造旧住宅、旧厂区1.4万平方米。

【民生事业发展】 民生实事项目支出2亿元。丰产塘配套加固二期、锡杖塘、灌门塘、半山塘、晒盐塘水系联通等系列水利基础设施建设按计划完成年度任务。镇民防应急指挥中心信息系统建设、中心幼儿园新园所扩建、西码头农贸市场提升改造等民生工程完工投用。农村改水、改厕工作普及率均达到100%。社会保障体系更加完善，城乡居民基本医疗、养老保险参保率达99.47%和99.97%，低保低边、五保供养、优抚安置等扶贫救济工作实质开展。农渔村土地承包经营权确权登记工作完成实测承包地2521.4亩，青龙村及双庙村商铺购买项目、东升村村道拓宽硬化及停车场建设一事一议财政奖补项目通过区级验收。社区村体制改革顺利完成，6个社区村完成组织机构调整，8个股份经济合作社“并社并账”。加快政府数字化转型，推进“互联网+政务服务”建设，实现“政务钉钉”“浙里办”APP全覆盖。推进全流程“最多跑一次”改革，推行政务服务事项“一网通办”“掌上可办”及“无差别全科受理”。新时代文明实践工作体系全面构建，“1+6+1”阵地全线挂牌，打造完成“传承文脉·明德知礼”风景线，评选第一批镇级文明示范户100户。全年开展各类活动80余场次，龙潭村文化礼堂建成投用，新建村获评区全民健身工作先进社区，南谷秋韵艺术团、南洞渔民画团队获评区群众文化星级示范团队，健身气功队获评区优秀体育团队，舟山漆画入选区非物质文化遗产代表性项目。

丰产塘配套加固二期工程

【社会综合治理】 明确责任主体，与辖区内各企业、社区签订扫黑除恶专项斗争责任书及综治平安建设责任书30份，签订企业消防安全责任书50份。牢抓矛盾纠纷调解工作，将纠纷矛盾化解在第一线，排查各类矛盾纠纷17起，调解17起，调解成功率100%。信访工作机制长效建立，信访代办制在7个村（社区）全面推行，积案化解办理率100%。开展宣传工作，悬挂横幅247条，发送短信3800余条，宣传资料3200余册，致居民的一封信6000份，海报120余份，平安三律调查问卷1000份。提升基层治理效率，极推进“四个平台”建设，初步建立现代化社会治理体系，通过平安浙江APP、“12345”、平安通等平台广泛收集社情民意，妥善办理各类群众诉求3000余条。矛盾纠纷化解率100%。“大安全”长效服务机制整合建立，有效排除危化品、渔业码头、三防、消防、道路交通等重点领域安全隐患594件，清理率100%。获评市级平安镇银鼎。

【深化平安建设】 到企业开展安全生产隐患排查70余次，责令限期整改28次。督促企业进行自查，特别加强对镇域内高危企业进行重点排查（包重大危险源企业、船厂及危化品制造、运输企业），发现一般隐患540余项，均整改。重点检查涉氨企业和船舶企业，排查安全隐患50余项，作出整改指令书12份。加强消防安全管理，开展消防安全演练活动。对学校、农家乐、网吧、民间信仰点、烟花爆竹销售点等300余个重点场所进行消防安全隐患排查。更新完善公共场所灭火器等消防器材，镇政府新购进灭火器18只，水带2条，消防器材检查卡200张。

【完善基层组织建设】 理顺渔农村管理体制，增强村自治能力，牵头开展社区村体制改革完善工作，组织开展社改工作培训，实时跟进社改工作进度，指导完成2个社区村的股份经济合作社融合及4个村的回头看整改工作，委托培训机构对社改后两委干部进行教育培训。开展两新组织党的组织和工作覆盖“集中攻坚”专项行动，实行两新组织党建工作动态管理，提升两新组织党建工作水平，落实专项整改，对覆盖5家以上联合支部重新划设，设立企业联合第二支部。

【夯实基层党建基础】 深化党建积分竞位赛，通过党建日常工作积分排名，对村、社区年度工作考核结果提出导向性意见，直接挂钩考核奖。细化延伸竞赛项目内容，把党建积分竞赛与“双指数”考评结合，覆盖到全部党组织，探索党组织和党员有形考评，形成常态化。成立“干礁先锋”党建共同体，统筹协调辖区内9家各领域基层党组织，整合各类人员、场地、设施等党建工作资源，促进优势互补。开展村银共建、区域发展座谈、高温一线送清凉、“礼赞新中国”文化艺术节、“红心擦亮文明”联合主题党日活动等联合活动。

【强化志愿服务水平】 推行志愿者联盟，由镇志愿者联盟牵头，开设日常志愿服务岗位认领，召集热心村民加入文明创建活动。全年出动志愿者2000余人次，劝导不文明现象10000余次。拓宽小微文明阵地，深化全镇“文明示范”系列评选活动，通过文明示范社区（村）、文明示范户、文明经营流动红旗等“文明细胞”创建，激发广大群众参与文明创城的活力，第一批镇级文明示范户评选100户。

志愿者开展志愿服务活动

【党风廉政建设】 开展“不忘初心、牢记使命”主题教育活动，推进“9+1”专项整治，开展各级学习研讨10余场次，有效开展“三服务”活动，帮助企业、群众协调解决实际问题72件。落实党风廉政“一岗双责”，贯彻中央八项规定精神，“三公”经费支出下降79.6%。抓好区委巡察问题整改“回头看”工作，4个方面22个问题48个具体表现全部整改到位。紧扣“十个一”规定动作，开展“警示教育月”活动，严明政治纪律和政治规矩。规范小额工程财务管理，确保行政权力公开透明运行。打造廉政警示教育新阵地，建立镇级廉情监察点及龙潭清廉村居试点，牢筑基层清廉根基。

【姜建明赴干硋开展三服务活动】 1月2日，副市长姜建明带领市国土、农林委等相关部门，到青龙社区开展“服务企业服务群众服务基层”活动，强调在发展经济的同时要注重保护生态环境；坚持以人为本，提升土地整治综合效益；实现乡村振兴，强化产业发展，发展观光农业、农村电商，延长产业链，完善利益链，不断增强村集体的“自我造血”功能。

【冬季禁毒主题宣传活动】 1月21日，镇综治办联合区禁毒办、西码头派出所在干硋西码头菜场开展冬季禁毒主题宣传活动。禁毒员为群众讲解禁毒样品，发放禁毒法、《珍爱生命，远离毒品》等材料，介绍相关知识，帮助群众全面了解毒品对人类、社会、家庭的危害，告诫群众珍爱生命和家人，远离毒品，提高辖区居民对毒品的认知能力和抵御能力。

冬季禁毒主题宣传活动

【镇党代会召开】 1月18日，中共定海区干硋镇第十四届代表大会第三次会议暨党委工作会议召开。全镇

中共干览镇第十四届代表大会第三次会议

45名正式代表、65名列席人员参加本次会议。大会通报表彰2018年度镇先进集体、先进生产（工作）者。镇党委书记徐君芬作题为《勇求新突破 再谱新篇章 为全面推进“全景干硋”建设而努力奋斗》的工作报告。会议票决镇党委2019年重大事项，通过代表提案审查报告、镇党委和纪委工作报告的决议等。

【“放歌新时代 文化进万家”元宵节系列活动】 2月19日，在镇文化教育中心开展“放歌新时代 文化进万家”主题元宵节系列活动。该活动由镇综合文化站筹备。活动内容设置包汤圆、猜灯谜、击鼓传花、丢沙包、看谁动作快等群众性活动项目。活动结束后，工作人员带上汤圆看望敬老院老人，送去节日问候。

“放歌新时代 文化进万家”系列活动

【组织学习市“两会”精神】 2月22日，召开市“两会”精神传达学习会，全体机关支部党员、机关干部、各社区书记主任参会。镇党委副书记、镇长冯健

市“两会”精神学习会

传达市“两会”精神及市委书记俞东来、市长何中伟参加定海代表团审议时的讲话精神。

【武警舟山支队赴龙潭开展志愿服务活动】　3月4日，龙潭社区与结对共建单位武警舟山支队开展“结对共建 弘扬新时代雷锋精神”志愿活动。10多名武警战士志愿者们来到镇敬老院，送上水果、牛奶等慰问品，现场为老人开展量血压、理发、水电维修等活动。武警支队政委在社区书记的带领下，走访慰问社区内5户贫困户，送上大米、食用油、慰问金等。

武警舟山支队志愿服务活动

【献血活动】　3月6日，组织开展“新时代文明实践主题活动”之献血活动，70余人参加无偿献血，10余人登记造血干细胞捐献。活动倡导“献血救人、无限光荣”的社会公德，弘扬“奉献、友爱、互助、进步”的志愿服务精神。

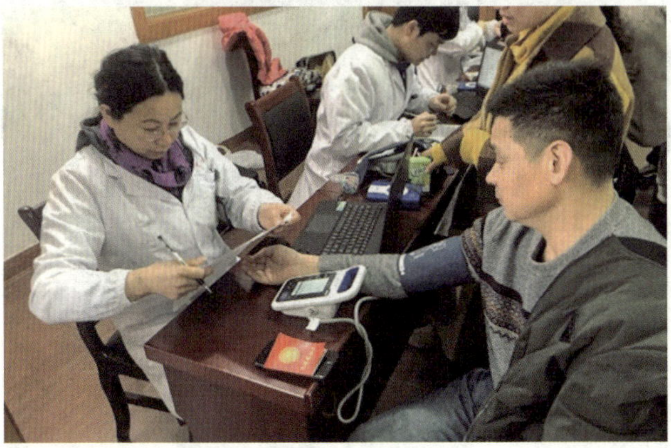

无偿献血活动

【举行2019年门球邀请赛】　3月30日，举行2019年门球邀请赛。比赛邀请白泉镇门球队、小沙街道门球队一同参赛。比赛采用小组循环赛，3个小组队员经过一天9场激战，由干礅镇门球队获得第一名。区老年人体育协会常务副主席叶英军为获奖球队颁奖。

2019干礅镇年门球邀请赛

【召开镇妇联十四届执委三次（扩大）会议】　3月22日，镇妇联十四届执委三次（扩大）会议暨“巾帼展芳华”优秀女性座谈会召开。各社区妇联执委，自组织带头人，创业女性等代表参加会议。会上传达区妇联执委扩大会议精神，随后与会优秀女性共聚一堂，畅谈工作心得体会，为妇女工作献计献策。镇妇联主席就2019年妇联工作进行安排部署。

镇妇联十四届执委三次（扩大）会议

【举办“学习新思想，践行新时代”知识竞赛】　4月8日，举办“学习新思想 践行新时代”知识竞赛，10支来自远洋渔业基地、社区、企业等不同行业的党组织队伍参赛。竞赛分为必答题、抢答题、风险题3个环节，内容涵盖习近平新时代中国特色社会主义思想和党的十九大精神，习近平总书记系列重要讲话精神以及“学习强国”学习平台学习内容。青龙社区党总支代表队获得第一名。

“学习新思想，践行新时代”知识竞赛

【新建社区宪法广场获评全省法治宣传教育基地】 新建社区宪法广场被命名为新一批浙江省法治宣传教育基地。该宪法广场位于干礅镇新建社区南洞艺谷，占地近7000平方米，总投资37万元，以“三治融合”为设计理念，通过改造加新建方式，设置宪法主题雕塑区、“三治融合”主题区、宪法之路主题区、普法三字经法治戏台区、法润新建展示区、法治书雕塑区和法治书吧休闲区等七个区域。自2018年8月建成以来，宪法广场接待各类法治宣传、便民服务、党建、团建活动20余场次，服务1900余人次，接待参观者30000余人。

新建社区宪法广场

【浙港校长师生青年文化交流团走进南洞】 4月21日，浙港校长师生青年文化交流团一行49人在区委统战部副部长、区侨联主席陈珍艳、区侨联副主席王燕波带领下，走进新建社区南洞艺谷，近距离感受祖国新农村的变化。此行先后参观考察群众艺术创作中心、画春园农家乐、文化大礼堂、火车广场、壁画村、群岛美术馆等地。

浙港校长师生青年文化交流团走进南洞

【王文娟考察新建社区】 4月28日，省妇联主席王文娟到新建社区考察巾帼助力乡村振兴工作开展情况，副市长方维，区委副书记顾飞舟，区人大常委会副主任孙忠定陪同考察。王文娟听取社区书记余金红关于妇女参与社区治理、民主议事、乡村建设等方面的情况后，实地走访“垃圾积分兑换点”“她创·空间”“她创集市”“美丽庭院”“画春园农家乐”“民宿”等地，了解社区妇联组织和妇女带头人发展特色产业、服务乡村振兴的经验做法。

省妇联主席王文娟考察新建社区

【文明创城专场演出走进西码头社区】 5月8日，“淘文化百团百艺进文化礼堂”文明创建系列活动专场演出在西码头社区文化礼堂举办。该演出由舟山市歌舞爱好者协会承办，吸引社区150多名群众观看。

文明创城专场演出走进西码头社区

【干碶微言说理讲堂开课】　6月23日，镇微言说理讲堂在镇党群服务中心开课，辖区内50余名群众聆听报告。本堂课由镇薪火宣讲团讲师们授课，围绕“礼赞新时代　奋进新时代”主题，为辖区群众讲述新中国成立70年以来干碶经济社会发展变化。

微言说理讲堂开课

【干碶先锋 · 党建共同体成立】　6月28日，干碶先锋 · 党建共同体成立仪式在干碶镇党群服务中心举行。8个共建单位党组织、各村党组织代表等70余人

干碶先锋 · 党建共同体成立

参加仪式。镇党委书记徐君芬介绍党建共同体基本情况。签署干碶先锋 · 党建共同体共建协议，开展授牌仪式，共建单位代表作发言。共建单位代表一起认领创城志愿服务点位。

【建军节慰问优抚对象活动】　7月23日，区退役军人事务局同镇人武部、民政办开展优抚对象慰问活动，向优抚对象献上节日祝福，送上慰问金。区退役军人事务局局长袁燕江与慰问对象交谈，询问了解他们的身体状况、家庭情况、实际困难，听取他们的意见和建议，面对面宣传优抚政策，感谢他们为国防事业做出的贡献。

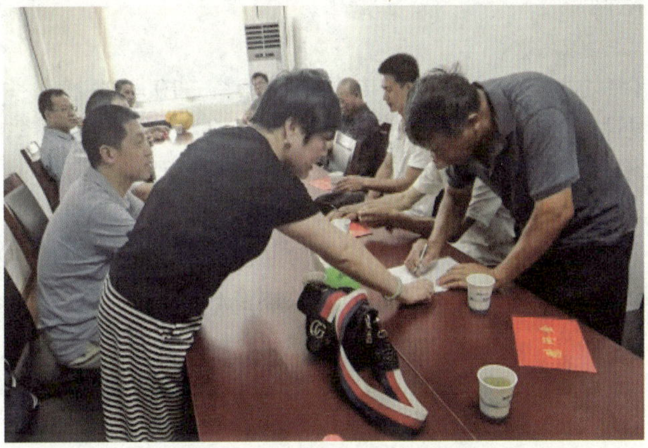

建军节慰问优抚对象活动

【2019“海韵干碶”文化艺术节晚会】　7月30日，举办“礼赞新中国　奋进新时代”红歌和朗诵大赛暨2019“海韵干碶”文化艺术节活动。镇机关工会、村（社区）、企事业单位选送16支队伍参赛。晚会以青龙村夏日飞舞队表演的“舞动中国”开场，分为朗诵篇、红歌篇、串场表演篇三个环节，集中展示干碶人民爱国热情。

2019“海韵干碶”文化艺术节晚会

【“不忘初心、牢记使命”主题教育】 9月12日，召开“不忘初心、牢记使命”主题教育工作会议。镇党委书记徐君芬作动员讲话，对全镇开展主题教育进行部署。区委驻派指导组组长乐加恩出席会议并讲话。镇党政人大班子领导、全体机关干部、村（社区）书记、两新党组织书记100余人参会。会后，各村（社区）党组织、两新党组织于当日分别召开“不忘初心、牢记使命”主题教育工作会议 。

【何中伟考察地质灾害隐患点】 10月1日，市委副书记、市长何中伟带队，考察干䃭镇兴峰水产（原英达水产）地质灾害隐患点，区委副书记、区长侯富光陪同。

【举办村干部能力提升专题培训班】 10月23日，举办村干部能力提升准提培训班。镇党委副书记李明华作开班动员讲话。该培训从农村基层工作的实际需要出发，内容涵盖习近平新时代中国特色社会主义思想、“不忘初心、牢记使命”主题教育、基层法律知识、村干部职务犯罪预防、美丽乡村建设、基层党务解读及实地学习等，旨在提高村干部的综合能力水平，转变村干部思想观念，促使村干部适应新时代农村经济社会发展要求、胜任农业农村工作，更好地带领群众发展致富。

村干部能力提升专题培训班

（撰稿：朱嘉勇）
（本分目照片由干䃭镇提供）
责任编辑：鲁学伟

人　物

Personages

盐仓大河（陈炳群/摄）

社会主义核心价值观

国家 富强、民主、文明、和谐

社会 自由、平等、公正、法治

公民 爱国、敬业、诚信、友善

2019年全国工人先锋号

【浙江增洲造船有限公司加工区数控切割班】　浙江增洲造船有限公司加工区数控切割班，成立于2008年9月，是公司自建厂就成立的班组之一，主要负责对各类板材进行数控下料切割的工作。班组注重职工队伍整体素质的提高，加强职工职业道德和技能的双重培训，不断追求技术创新，打造了增洲船舶的良好品牌。班组还实施5S常态化管理，严格要求各员工做好施工现场的5S工作，确保各自的卫生区域整洁、干净。班组产品交验合格率年年达标，圆满完成各项工作任务，多次被评为公司“先进班组”，为公司又好又快的发展做出贡献。

2019年浙江省劳动模范

【林坚定】　森森集团股份有限公司董事长。带领公司坚持创业创新，大力推行股份制改革，实现了“家族企业”向“企业家族”的跨越，也使企业由名不见经传的作坊小厂发展成为国内知名的水族用品、增氧机生产厂家，成为全国最大的水族产品生产企业之一，产品占全国同类产品市场份额的70%以上，品牌享誉国内外。企业先后获得了2007年舟山市、浙江省创建劳动关系和谐企业先进单位，2008年全国模范职工之家，2013年全国厂务公开民主管理先进单位，浙江省企业文化建设示范单位，2015年舟山市企业关爱员工 员工热爱企业先进单位等多个荣誉称号。

【陈进旺】　中海石油舟山石化有限公司副主任工程师。从见习技术员成长为公司的一名生产技术骨干人员。自2011年起，他多次被评为公司先进个人和公司劳动模范，并先后获得“定海区劳动模范”“舟山市劳动模范”、定海区“双爱活动优秀职工”及“爱岗敬业道德模范”等荣誉称号。

【黄耀棉】　舟山纳海油污水处理有限公司操作部主任。黄耀棉工作踏实，业务能力强，富有大型油库的管理经验，是一个不可多得的技术型危化企业管理者。他用严谨和坚韧的精神感染着身边的每一位职工，带领他们一步一个脚印的向前迈进，使企业一线职工能够团结一致，奋力拼搏，使企业的凝聚力得到不断加强，综合实力得到进一步提高，企业产生的社会环境信誉效益和社会地位显著增强。

【谢支芬】　舟山市定海社会福利院院长。1990年1月进入定海社会福利院参加工作，2003年任院长。在她的带领下，福利院多次被评为市、区“文明单位”“卫生先进单位”“全国巾帼文明示范岗”等荣誉称号，她也多次获市、区劳动模范、浙江省“巾帼建功”标兵、全国“三八红旗手”等荣誉。

【张全武】　定海区白泉平湖社区温室大棚草莓种植大户。从1999年开始张全武从事各类经济作物种植。他积极参加农函大培训，订阅《浙江科技报》《农业信息报》《新农村》等报刊，把学到的科技知识应用到实践中去，坚定不移地走科技创业、科技致富之路。

2019年舟山市五一劳动奖章

王四海　舟山市海益塑胶机械有限公司总经理
周海军　舟山久意达机械有限公司技术部经理

2019年舟山市五一劳动奖状

浙江龙源四方机械设备制造有限公司

（撰稿：陈宪甫）

2019年度定海区新增正高职称人员

陈　斌　男　主任医师　　定海区马岙街道社区卫生服务中心
吴银环　男　主任医师　　定海区中心医院
单素平　男　主任医师　　定海区中心医院
赵　磊　男　主任医师　　定海育洁口腔诊所
袁优红　女　正高级教师　定海廷佐小学
王全省　男　正高级工程师　　舟山弘业环保材料有限公司

（撰稿：陶旭怡）

定海区第十四届农村中小学优秀教师名单（19名）

傅飞良　定海六中
李　斌　金塘中学
魏志玲　金塘中学
张楚楚　干礁中心学校
林　缀　马岙中心学校
董　琦　岑港中心学校
高忠海　白泉初级中学
邵佳艳　北蝉中心小学
包雪娣　小沙中心小学
刘　艳　沥港中心小学
沈源勇　沥港中心小学
董蒙蒙　山潭中心小学
俞佳唯　柳行中心小学
吴彩芳　柳行中心小学
张芳芳　大丰中心小学
舒艳艳　大丰中心小学
何海红　小沙中心小学
沈蕴云　双桥中心小学
孙志云　海润学校

（撰稿：程　娜）

区委工作部门

区纪委

书　记：郑飞科（2019.01—）
副书记：方思宏（续—2019.05）
　　　　朱存波
吴青青（2019.05—）
常　委：吴慧琴
　　　　潘琼颖
　　　　陈　军
　　　　张小艇
干部室：
主　任：倪柳霞（续—2018.09）
邵　莹（2019.07—）
办公室：
主　任：王康利（2019.12—）
党风政风监督室（区政府纠正行业不正之风办公室）：
主　任：王康利（续—2019.12）
信访室：
主　任：许国华
案件监督管理室：
主　任：阴冠平（续—2019.01）
　　　　支　洁（2019.07—）
第一纪检监察室：
主　任：梅　盛
第二纪检监察室：
主　任：支　洁（续—2019.07）
第三纪检监察室：
主　任：刘明东（续—2019.12）
案件审理室：
主　任：刘明东（2019.12—）

区监委

主　任：顾飞舟（续—2019.02）
副主任：郑飞科（2019.02—，代主任）
　　　　方思宏（续—2019.06）
　　　　朱存波
　　　　吴青青（2019.06—）
委　员：吴慧琴
　　　　潘琼颖
　　　　陈　军
　　　　王功跃

区委巡察办

主　任：吴慧琴

副主任：顾锡顶

巡察工作室：

主　任：任高峰

区委巡察组

组　长：潘琼颖（2019.01—）

周　钢（2019.01—）

周军波（2019.01—2019.12）

黄　芬（2019.12—）

副组长：邵海颖（2019.05—）

杨　维（2019.05—）

费　滢（2019.05—）

2019年3月，因工作需要，设立3个区委巡察组，为区委机构，设在区纪委。

区委办公室

主　任：朱朝辉（2019.01—2019.03）

方思宏（2019.03—）

副主任：伍宏伟（2019.01—）

林铁坤（2019.01—）

王亚儿（2019.01—）

何　光（2019.01—2019.07）

蒋　华（2019.03—）

黄志军（2019.07—）

区纪委、区监委驻区委办公室纪检监察组：

组　长：吴青青（2019.05—2019.07）

严建裕（2019.07—）

副组长：章守腾（2019.05—）

政策研究中心：

主　任：蒋东前（续—2019.01）

伍宏伟（2019.03—）

副主任：蒋　华（续—2019.01）

潘益琼（2019.03—）

李江华（2019.03—）

信访局：

局　长：王亚儿

副局长：周　斌

林　聪

李双勇

区委台湾工作办公室：

主　任：方家彪（续—2019.01）

朱朝辉（2019.01—2019.03）

方思宏（2019.03—）

副主任：宋金燕

区委全面深化改革委员会办公室：

专职副主任：应功浩（2019.03—）

正科级领导干部：

方家彪（2019.01—）

副科级领导干部：

朱洪春（2019.01—）

区委组织部

部　长：邵　辉

常务副部长：苏　苹（2019.01—）

副部长：孙艳青（续—2019.01）

洪祖益（续—2019.01）

王旭东

竺锐航（兼）

王成华（2019.01—）

张蓓玲（2019.07—）

部务会议成员：吴燕波

滕茂彪

顾锡顶

穆菲菲（续—2019.07）

朱文兵（2019.03—）

区纪委、区监委驻区委组织部纪检监察组：

组　长：滕茂彪（2019.05—）

副组长：袁　莹（2019.05—）

机构编制管理委员会办公室：

主　任：苏　苹（续—2019.07）

张蓓玲（2019.07—）

副主任：何　波

直属机关工作委员会：

书　记：洪祖益（续—2019.01）

王成华（2019.01—2019.07）

张蓓玲（2019.07—）

副书记：谢文伟（续—2019.01）

袁　莹（续—2019.01）

纪律工作委员会书记：袁　莹（续—2019.01）

纪检监察工作委员会书记：袁　莹（2019.07—）

两新工委：

书　记：孙艳青（续—2019.01）

王成华（2019.01—）
副书记：穆菲菲（续—2019.01）
老干部局：
局　长：王旭东
人才发展中心：
主　任：吴燕波
关工委：
专职副主任：穆菲菲（2019.07—）
干部教育培训中心：
主　任：朱文兵（2019.03—）

区委宣传部

部　长：何徐华
常务副部长：冯季红（2019.01—）
副部长：曾莉群（续—2019.01）
林国海
孙福康（兼）
项玲静
部务会议成员：庄剑超（续—2019.01）
季　勤
王备军（续—2019.05）
区互联网信息中心：
主　任：季　勤（2019.03—）
区委网络安全和信息化委员会办公室：
专职副主任：钱　韵（2019.03—）

区委统战部

部　长：林世军
常务副部长：谢海良（2019.01—）
副部长：林孟科（续—2019.01）
吴海斌（2019.01—）
沈　雁
陈珍艳
副科级领导干部：
季文华（2019.01—）
卢仲锋（2019.01—）

区委政法委

书　记：陈海平
常务副书记：黄艳庭（2019.01—）
副书记：曹志栋（续—2019.01）
顾培斐（续—2018.09）
毛铁年（兼）（续—2019.03）
应朝阳（兼）（续—2019.01）
林剑彪（兼）（2019.03—）
杨　健（兼）（2019.01—）
裘海祖
王亚儿（兼）
余文舟（2019.01—）
委　员：张伟祥（兼）
杨明春
赵　晖（兼）（续—2019.11）
徐文斌（兼）（2019.11—）
乐志盛（兼）
周　玲
周炬伟（2019.01—）
王永良（2019.01—）
区纪委、区监委驻区委政法委纪检监察组：
组　长：杨明春（2019.05—）
副组长：袁　芳（2019.05—）
政治处：
主　任：周　玲
副科级领导干部：
顾　军（2019.01—）
袁善龙（2019.01—）
刘传瑞（2019.01—）

区档案馆

党组书记、副局长：张　樱（续—2019.01）
沈红军（2019.01—）
局　长：毛　媛
副局长、党组成员：鲍　军
孙　密（2019.12—）

区精神文明建设指导中心

主　任：项玲静
副主任：徐燕红
薛珊珠
王远荣

区融媒体中心

主　任：孙福康

副主任、党组成员：郑泓湖

顾益君

陆小俊

副主任：应海玲

区流动人口服务中心

主　任：张　辉（2019.03—）

区人大常委会工作部门

法制内务司法委员会

主任委员：俞嫦女

副主任委员：郑思金

财政经济委员会

主任委员：石江洋

副主任委员：杨文跃

办公室

主　任：卢建军

副主任：方　祎

周战磊（续—2019.03）

周子雷（2019.03—）

财政经济工作委员会

主　任：石江洋

副主任：孔松对

杨文跃

法制内务司法工作委员会

主　任：俞嫦女

副主任：王广栋

郑思金

代表工作委员会

主　任：王跃芳

副主任：俞岩松

陈小波

教育科技文化卫生与民族宗教侨务工作委员会

主　任：叶立占

副主任：叶松康

张赛枫

城乡建设与环境资源保护工作委员会

主　任：蒋玲军

副主任：张志平

农渔业与农渔村工作委员会

主　任：徐汉云

副主任：王天明（2019.07—）

信访办公室

主　任：傅世腾

区政府工作部门

办公室

主　任：夏怡辉（2019.01—）

副主任：陈　益（2019.01—）

林海艇（2019.01—2019.03）

沈小岳（2019.03—）

吴　柳（2019.01—）

邵佳磊（2019.01—）

胡东东（2019.01—）

柴　华（2019.01—）

干盛军（2019.03—）

周　鑫（2019.01—）

区纪委、区监委驻区府办纪检监察组：

组　长：王备军（2019.05—）

副组长：汤乃勇（2019.05—）

大数据发展中心：

主　任：颜善波（2019.03—）

口岸开放服务中心：

主　任：张海燕

区委区政府接待中心：

主　任：黄　芬（续—2019.12）

朱燕华（2019.12—）

正科级领导干部：

翁岳龙（2019.01—）

正科级组织员：
周邦国
副科级领导干部：
陆　君（2019.01—）
夏志兵（2019.01—）
李丕利（2019.01—）
沈小岳（2019.01—2019.03）

区发展和改革局

局长、党组书记：刘世君（续—2019.03）
严　华（2019.03—）
党组副书记：徐　徐
副局长：刘惠珠（续—2019.12）
吴雄佳（2019.01—）
毛　凯
郑依娜（续—2019.07）
潘海龙（续—2019.01）
汪国存（2019.12—）
高　刚

2019年1月，因机构改革，原区发展和改革局（统计局）不再设立，设立区发展和改革局与区统计局。

区纪委、区监委驻发改局纪检监察组：
组　长：钟国勇（2019.05—）

区经济和信息化局

局长、党组书记：吴锡平（续—2019.01）
何　斌（2019.01—）
党组副书记、副局长：周军波（续—2019.01）
陈　悦（2019.01—）
副局长：吴雄佳（续—2019.01）
余海江
张　局（续—2019.01）
黄小刚（续—2019.01）
叶国光
总经济师：张宏辉

2019年1月，因机构改革，原区经济信息化和科学技术局（商务局）不再设立，设立区经济和信息化局与区商务局。

区教育局

局长、党委书记：鲍治杰
党委副书记：乌燕华（续—2019.03）
王帮贤（2019.03—）
副局长、党委委员：朱建军（续—2019.12）
胡　斌
徐良浩
邵平安（2019.12—）
党委委员：邵平安（续—2019.12）
应静波（2019.05—）
乐康平（2019.12—）
区政府教育总督学：邵平安（续—2019.12）
乐康平（2019.12—）
区纪委、区监委派驻区教育局纪检监察组：
组　长：应静波（2019.05—）

区公安分局

局长、党委书记：应朝阳（续—2019.01）
杨　健（2019.01—）
政委：周怀逸（续—2019.03）
林金反（2019.03—）
党委副书记：徐　洲（续—2019.03）
周怀逸（续—2019.03）
林金反（2019.03—）
钟　波（2019.03—）
副局长：徐　洲（续—2019.03）
钟　波
杜志钢（续—2019.03）
刘　军（2019.03—）
党委委员、纪委书记：刘　军（续—2019.03）
叶明福（2019.03—）
政治处主任：张　伟

区民政局

局长、党组书记：何　斌（续—2019.01）
丁　梅（2019.01—）
党组副书记：李松存
副局长：张伟忠
周海芳
周　斌（续—2019.01）

区司法局

局长、党组书记：张伟祥
党组副书记：楼晓波

副局长：楼晓波
乐波明（2019.12—）
屠科增（2019.01—）
叶海蓉（续—2019.07）
林益健（续—2019.12）
张　洁
金塘司法所：
所　长：孙科宇
白泉司法所：
所　长：林　杰

区财政局

局长、党委书记：何　红
党委副书记：张　局（2019.12—）
副局长：戴水婷
李汉定
杨英俊（续—2019.07）
宣宏伟（2019.07—）
总会计师：蒋科卫
副科级领导干部：
张静波（2019.01—）
赵　静（2019.01—）

区人力资源和社会保障局

局长、党组书记：竺锐航
副局长：何银夫
沈松波
副科级领导干部：
肖宏林（2019.01—）
社保中心：
主　任：刘婧婧

区住房和城乡建设局

局长、党组书记：朱兴岳
党组副书记、副局长：鲍　明
副局长：陈洪亮
庄建军（2019.03—）
汪国存（续—2019.12）
郑卫民（2019.12—）
副科级领导干部：
王光兵（2019.01—）
徐绍堂（2019.01—）
房管中心：
主　任：田娟

区交通运输局

局长、党组书记：孙继达
副局长、党组成员：王　平（2019.01—）
李鹏飞
乐科军
刘璋宏（2019.03—）
陈志刚（续—2019.03）
黄海舟
副局长：刘奋勇
党组成员：张成业（续—2019.03）
张建伟（续—2019.03）
交通综合服务中心：
主　任：刘璋宏（2019.03—）

区水利局

局长、党组书记：胡国海
副局长：顾玲科
徐国中
童晓燕
总工程师：陈　平

区农业农村局

局长、党组书记：王家通
副局长：胡光远
陈忠苗
易荣新（续—2019.01）
杨继明（2019.01—）
洪海涛
总农艺师：谢忠海
区海洋渔业局：
局　长：王家通
海洋行政执法局：
局　长：王家通
区纪委、区监委驻区农业农村局检监察组：
组　长：章守腾（续—2019.05）
潘嗣斌（2019.05—）

区商务局

局长、党组书记：蒋东前（2019.01—）
党组副书记、副局长：朱燕君（2019.01—）
副局长：张　辉（2019.01—）
张　局（2019.01—2019.12）
黄小刚（2019.01—）
区贸促会：
会　长：吴锡平（续—2019.01）
蒋东前（2019.01—）
专职副会长：黄小刚
张　局（续—2019.12）

区文化和广电旅游体育局

局长、党组书记：张臣达（续—2019.01）
孙艳青（2019.01—）
副局长、党组成员：庄剑超（2019.01—）
方　立（2019.01—）
傅　勇
张　辉（续—2019.01）
戴惠萍
钟志平（2019.01—）
应海康（续—2019.07）
文物保护所：
所　长：傅　勇（2019.03—）

区卫生健康局

局长、党委书记：章文斌（续—2018.11）
张臣达（2019.01—）
副局长、党委副书记：王帮贤（续—2019.01）
张建伟（2019.01—）
副局长、党委委员：许庆华
胡秀贞
吴松波
应朋志
胡龙军
党委委员：芮世光
医疗保险服务中心：
主　任：吴松波（2019.03—）
区纪委、区监委驻区卫生健康局纪检监察组：
组　长：邵海颖（续—2019.05）
章庆锋（2019.05—）

区退役军人事务局

局长、党组书记：袁燕江（2019.01—）
副局长、党组成员：邬学文（2019.01—）
周　斌（2019.01—）
向　军（2019.12—）

区应急管理局

局长：夏高方
党组书记：王　荫（续—2019.01）
洪祖益（2019.01—）
副局长、党组成员：马　烈
胡伟义
张惠洲
王　荫（续—2019.01）
莫金刚（2019.12—）

区审计局

局长、党组书记：傅忠国
副局长、党组成员：范燕君
陈岳华
总审计师、党组成员：贺海波

区统计局

局　长、党组书记：周利军（2019.01—）
党组副书记、副局长：王　荫（2019.01—）
副局长、党组成员：程　翊（2019.01—）
总统计师：徐志元

区综合行政执法局

局长、党组书记：顾培斐
党组副书记、副局长：贺海珠（续—2019.07）
曾晓伟（2019.12—）
党组成员、副局长：曾晓伟（续—2019.12）
舒剑锋
陈　刚（2019.03—）
党组成员：柯　科
金春林
应燕芬
环境卫生管理处：
主　任：应燕芬

市政园林管理中心：

主　任：金春林

白泉分局：

局　长：柯　科

政协定海区委员会工作部门

办公室

主　任：华福耐

副主任：陈建江

洪立军（续—2019.07）

章秀红（2019.07—）

提案委员会

主　任：陈伟珠

副主任：蒋海裕

委员工作委员会

主　任：吴一泉

副主任：夏舟群

经济科技委员会

主　任：陈　晟

副主任：应仁飞

许跃军

教育文化卫生体育与文史资料委员会

主　任：乐加恩

副主任：包　磊

刘春燕

社会法制民族宗教与港澳台侨外事委员会

主　任：戴永良

副主任：陈国富

王良刚

农业农村与资源环境委员会

主　任：傅岳平

副主任：唐志钢

区政府派出机构、直属正科事业单位

区审批服务与公共资源交易管理办公室

党组书记：毛铁年（续—2019.03）

林剑彪（2019.03—）

主　任、党组副书记：庄旭东

副主任、党组成员：张　旻

孙李琼（续—2019.07）

卢桂臣

贺佩清（2019.03—）

林益健（2019.12—）

王士钦

市公共资源交易中心定海区分中心：

主　任：张　旻

投资项目审批代办服务中心：

主　任：王士钦

浙江定海工业园区管委会

主　任、党组书记：周　斌（续—2019.10）

周军波（2019.12—）

党组副书记：魏大波

副主任：王旭东

林科峰

魏大波

吕玲玲（2019.03—）

总工程师：周　鑫（续—2019.01）

区供销合作社联合社

主任、党委书记：胡学锋（续—2019.01）

方　杰（2019.01—）

副主任：林海波（续—2019.12）

党委委员、副主任：苗世军

马海建

区机关事务管理中心

主任、党组书记：方　杰（续—2019.01）

张文追（2019.01—）

副主任、党组成员：包世良

林永光

吴黎明

副主任：江　静

旧城改造建设中心

主　任、党组书记：陈官平
党组副书记、副主任：林　军
副主任、党组成员：邵海君
王赛亲
翁红峰（续—2019.03）
王　勇
林志光
余志军
副主任：李志业

区农渔村住房开发管理中心

主　任、党组书记：夏芬芳
党组副书记、副主任：虞建军（2019.03—）
副主任、党组成员：黄海明
丁耀亮
朱其波
陈　刚（续—2019.03）

舟山国际水产品产业园区管理中心

主　任：林志刚
副主任：王天明（续—2019.07）
何优芬
刘纪波
虞建军（续—2019.03）
孙　霞（续—2019.03）
张　杰（2019.12—）

区投资促进中心

党组书记：吴海斌（续—2019.01）
夏元沪（2019.01—）
主　任：张松军
副主任、党组成员：严旭波
干盛军（续—2019.03）
孙　霞（2019.03—）
副主任：杨　薇（兼）
周邦国（兼）
林　洁
包于忠
石红辉

舟山国际粮油产业园区管理中心

主　任、党组书记：范　纲（续—2019.01）
姚　庆（2019.01—）
副主任、党组成员：刘江辉
王茂叶
徐　捷

海洋科技产业园管理中心

党组书记：夏元沪（续—2019.01）
王祖辉（2019.01—）
主　任：韩亚玲
党组成员、副主任：胡　晓
刘其刚
副主任：朱燕华（续—2019.12）

区级人民团体

区总工会

主　席、党组书记：邵启明
副主席、党组成员：叶红芳
鲍汉君
俞建平

共青团定海区委

书　记、党组书记：方　翰（续—2019.07）
陈彦霏（2019.07—）
副书记：鲍紫燕（续—2019.03）
蔡齐杰（2019.03—）
陈争光（续—2019.01）
余毅刚（2019.12—）
虞海舟（兼）
苏明英（兼）

区妇女联合会

主　席、党组书记：丁　梅（续—2019.01）
乌燕华（2019.01—）
副主席、党组成员：陈祎红
孙李琼（2019.07—）

区文学艺术界联合会

主　席：冯季红
副主席：朱先马

区科学技术协会

主　席：吴锡平（续—2019.01）
　　　　何　斌（2019.01—）
副主席：朱建军（兼，续—2019.12）
　　　　许庆华（兼）
　　　　谢忠海（兼）
　　　　王建明（兼）
　　　　许　斌
　　　　张燕君
　　　　徐　徐
　　　　钟国勇
　　　　蒋　华

区归国华侨联合会

主　席：翁岳龙（续—2019.01）
　　　　陈珍艳（2019.01—）
副主席：杨文跃（兼）
　　　　王燕波

区残疾人联合会

理事长、党组书记：袁燕江（续—2019.01）
　　　　　　　　　胡学锋（2019.01—）
副理事长、党组成员：张福成（续—2019.12）
　　　　　　　　　　林　伟
　　　　　　　　　　顾静静

区红十字会

会　长：郑飞芬（兼）
副会长：芮世光
　　　　张伟忠
　　　　章文斌
　　　　韩雪军
　　　　何　光（续—2019.07）
　　　　黄志军（2019.07—）

区计生协会

会　长：顾飞舟（兼，2019.07—）
专职副会长：胡秀贞（2019.03—）
副会长：屠定玉（兼）
　　　　张臣达（兼，2019.07—）

区社会科学界联合会

主　席：曾莉群（兼，续—2019.01）
　　　　冯季红（2019.01—）
副主席：张　屹

区工商业联合会

主　席：范国锋（兼）
党组书记、副主席：林孟科（续—2019.01）
　　　　　　　　　吴海斌（2019.01—）
副主席、党组成员：刘既帮
　　　　　　　　　吴永昌

区人民法院

院　长、党组书记：赵　晖（续—2019.11）
　　　　　　　　　徐文斌（2019.11—）
党组副书记、副院长：王东明
副院长、党组成员：李平央
副院长：陈建群
审判委员会专职委员：张崇华
　　　　　　　　　　顾龙裕
党组成员：陈志龙
区纪委、区监委派驻区人民法院纪检监察组：
组　长：陈志龙（续—2019.05）
政治处主任：林　琼
执行局局长：陆富军
临城人民法庭庭长：董　艳
岑港人民法庭庭长：王立平
金塘人民法庭庭长：袁　龙（续—2019.07）
　　　　　　　　　沈妙军（2019.07—）
白泉人民法庭庭长：陈　健

区人民检察院

检察长、党组书记：乐志盛
党组副书记、副检察长：张曙光
副检察长、党组成员：应福明
　　　　　　　　　　乐红兵
党组成员：俞贝贝、王惠农
检委会专职委员：夏坚德
区纪委、区监委派驻区人民检察院纪检监察组：
组　长：俞贝贝（2019.05—）
政治处主任：王蕙农

镇、街道

城东街道

党工委书记：舒　华（续—2019.03）
　　　　　　方　涛（2019.03—）
办事处主任：王雄飞

环南街道

党工委书记：林建刚
办事处主任：方　涛（续—2019.03）
　　　　　　方　翰（2019.07—）

昌国街道

党工委书记：张宣杰
办事处主任：王燕芳

盐仓街道

党工委书记：王文杰
办事处主任：余世炯

小沙街道

党工委书记：夏培一
办事处主任：李增平

岑港街道

党工委书记：乐志军（续—2019.07）
　　　　　　孙　亮（2019.07—）
办事处主任：吕凌飞

马岙街道

党工委书记：严　华（续—2019.03）
　　　　　　贺孝磊（2019.03—）
办事处主任：贺孝磊（续—2019.03）
　　　　　　林海艇（2019.03—）

双桥街道

党工委书记：林　光
办事处主任：陈　晖

金塘镇

党委书记：齐友国
镇　　长：陈　军（续—2019.03）
　　　　　夏燕辉（2019.03—）

白泉镇

党委书记：林剑彪（续—2019.03）
　　　　　朱朝辉（2019.03—）
镇　　长：孙　亮（续—2019.07）
　　　　　冯　健（2019.07—）

干䃎镇

党委书记：徐君芬
镇　　长：冯　健（续—2019.07）
　　　　　何　光（2019.07—）

（撰稿：沈　萍）

责任编辑：王英伟

附　录

Appendices

摘箬山潮汐发电站（陈炳群/摄）

社会主义核心价值观

国家 富强、民主、文明、和谐

社会 自由、平等、公正、法治

公民 爱国、敬业、诚信、友善

附录一：2019年定海区优秀调研成果

表23

调研报告名称	作者	报送单位	奖项
定海区域防洪排涝存在问题及对策建议	胡国海	定海区水利局	一等奖（1篇）
新时代进一步激励干部担当作为的思考	苏　革、顾锡顶、沈　萍、王军杰、陈　伟	定海区委组织部	二等奖（3篇）
打造全景全域式文化礼堂助推乡村振兴的实践与思考	冯季红、于　薇、李慧慧	定海区委宣传部	
减税降费背景下优化税收营商环境的思考——以定海区小微型企业为例	吕　敏	定海区税务局	
关于充分利用岸线特色资源助力国际人文港城建设的调研与思考	傅岳平、唐志钢、钟小义	定海区政协办	三等奖（6篇）
关于创新发展重大决策社会风险评估机制的思考	黄艳庭、王永良、陈　蕾	定海区委政法委	
关于完善农村私人建房审批管理的探索实践	朱朝辉、侯文舟	白泉镇	
关于党建融入物业小区治理的探索与思考	王成华、何舟娜、应　姿	定海区委组织部	
“智安小区”——居民小区治安防控精细化建设的初探及思考——以定海区为例	刘　军	定海区公安局	
定海文物保护开发现状及对策探索	孙艳青、傅　勇、化国君、乐丽娜、顾超益	定海区文广旅游体育局	

（撰稿：徐　菲）

附录二：2019年中共舟山市定海区委部分文件目录

表24

文号	文件标题
定委［2019］1号	中共舟山市定海区委关于同意召开中国共产党舟山市定海区白泉镇第十四届代表大会第三次会议的批复
定委［2019］2号	中共舟山市定海区委关于2018年度履行全面从严治党主体责任情况的工作报告(中共舟山市委)
定委［2019］3号	中共舟山市定海区委关于2019年度履行全面从严治党主体责任情况的工作报告(中共舟山市纪委)
定委［2019］4号	中共舟山市定海区委员会关于同意《舟山市定海区街道人大工作和建设试点工作实施方案》的批复
定委［2019］5号	中共舟山市定海区委关于同意成立区政协六届三次会议临时党组的批复
定委［2019］6号	中共舟山市定海区委关于同意召开中国共产党舟山市定海区金塘镇第四届代表大会第三次会议的批复
定委［2019］7号	中共舟山市定海区委关于顾飞舟等同志任职的请示
定委［2019］8号	中共舟山市定海区委关于同意召开中国共产党舟山市定海区干𥔲镇第十四届代表大会第三次会议的批复
定委［2019］10号	中共舟山市定海区委 舟山市定海区人民政府关于报请审批2019年度表彰奖励通报表扬项目的请示(中共舟山市委)
定委［2019］11号	中共舟山市定海区委 舟山市定海区人民政府关于报请审批2019年度表彰奖励通报表扬项目的请示(中共舟山市政府)
定委［2019］12号	中共舟山市定海区委关于上报《区委常委会2019年度民主生活会工作方案》的请示
定委［2019］13号	中共舟山市定海区委关于杨健等同志职务任免表决结果的报告
定委［2019］14号	中共舟山市定海区委关于郑飞科、顾飞舟同志职务任免表决结果的报告
定委［2019］15号	中共舟山市定海区委关于要求林海萍等15位同志调任为公务员的请示
定委［2019］16号	中共舟山市定海区委关于要求录用吴永昌等2名同志为公务员并予以登记的请示
定委［2019］17号	中共舟山市定海区委关于上报中共舟山市定海区委常委会民主生活会情况的报告
定委［2019］18号	中共舟山市定海区委关于上报传达学习贯彻俞东来书记重要讲话精神情况的汇报

续表24

文号	文件标题
定委〔2019〕19号	中共舟山市定海区委关于同意召开共青团舟山市定海区代表会议的批复
定委〔2019〕20号	中共舟山市定海区委关于毛铁年等同志任职的请示
定委〔2019〕21号	中共舟山市定海区委关于同意设立昌国街道留方社区等五个社区党委的批复
定委〔2019〕22号	中共舟山市定海区委关于对陈海平等3位同志廉洁自律鉴定情况的报告
定委〔2019〕23号	中共舟山市定海区委关于吴青青等同志职务任免的请示
定委〔2019〕24号	中共舟山市定海区委关于同意设立中共舟山市定海区医疗集团委员会及纪律检查委员会的批复
定委〔2019〕26号	中共舟山市定海区委关于吴青青同志任职的请示
定委办〔2019〕1号	中共舟山市定海区委办公室关于方家彪同志兼任舟山市海峡两岸交流协会第二届常务理事的请示
定委办〔2019〕2号	中共舟山市定海区委办公室关于宋金燕同志兼任舟山市定海区台胞台属联谊会第五届理事会副会长的请示
定委办〔2019〕4号	中共舟山市定海区委办公室关于伍宏伟等同志任职的报告
定委办〔2019〕6号	关于一份机密级文件（中办发〔2018〕24号）误销毁情况的报告
定委办〔2019〕7号	中共舟山市定海区委办公室关于童佳等同志职务任免的请示
定委办〔2019〕9号	中共舟山市定海区委办公室关于329国道沿线围挡相关情况的汇报
定委发〔2019〕1号	中共舟山市定海区委 舟山市定海区人民政府关于表彰2018年度先进集体和先进生产（工作）者的通报
定委发〔2019〕2号	中共舟山市定海区委 舟山市定海区人民政府关于印发《舟山市定海区机构改革方案》的通 知
定委发〔2019〕3号	中共舟山市定海区委 舟山市定海区人民政府关于印发《舟山市定海区镇（街道）机构改革实施方案》的通知
定委发〔2019〕4号	中共舟山市定海区委关于启用中共舟山市定海区委办公室印章的通知
定委发〔2019〕5号	中共舟山市定海区委 舟山市定海区人民政府关于开展质量提升行动的实施意见
定委发〔2019〕6号	中共舟山市定海区委关于调整部分区属单位党组织设置的通知

续表24

文号	文件标题
定委发［2019］7号	中共舟山市定海区委 舟山市定海区人民政府关于印发《定海区建设新时代文明实践中心试点工作实施方案》的通知
定委发［2019］8号	中共舟山市定海区委关于调整区委常委分工的通知
定委发［2019］10号	中共舟山市定海区委 舟山市定海区人民政府关于印发《定海区深化国有企业改革总体方案》的通知
定委发［2019］11号	中共舟山市定海区委关于建立部分区属单位党委和人员任命的通知
定委发［2019］12号	中共舟山市定海区委关于建立区委办公室室务会议和人员任命的通知
定委发［2019］13号	中共舟山市定海区委关于调整部分区属单位党组织设置和人员任命的通知
定委发［2019］14号	中共舟山市定海区委 舟山市定海区人民政府关于给予朱朝辉等55名同志记三等功奖励的决定
定委发［2019］25号	中共舟山市定海区委关于命名平安金鼎社区、2018年度平安村（社区）的通知
定委发［2019］26号	中共舟山市定海区委关于推荐舟山市第七届人民代表大会代表候选人的通知
定委办发［2019］1号	中共舟山市定海区委办公室关于成立中共舟山市定海区委办公室深化机构改革协调小组的通知
定委办发［2019］2号	中共舟山市定海区委办公室关于开展“服务企业服务群众服务基层”活动的实施意见
定委办发［2019］3号	中共舟山市定海区委办公室关于启用中共舟山市定海区人民政府办公室党组等印章的通知
定委办发［2019］4号	中共舟山市定海区委办公室关于召开全区领导干部会议的通知
定委办发［2019］5号	中共舟山市定海区委办公室关于启用区“三服务”活动公室印章的通知
定委办发［2019］6号	中共舟山市定海区委办公室关于启用中共舟山市定海区人大常委会机关党组印章的通知
定委办发［2019］7号	中共舟山市定海区委办公室关于2018年度区级机关单位和镇（街道）综合考核结果的通报
定委办发［2019］8号	中共舟山市定海区委办公室舟山市定海区人民政府办公室关于印发《舟山市定海区加强海岛教育三年行动计划（2019—2021年）》的通知
定委办发［2019］9号	中共舟山市定海区委办公室关于召开全区领导干部会议的通知
定委办发［2019］10号	中共舟山市定海区委办公室舟山市定海区人民政府办公室关于定海区健康定海建设领导小组及其办公室更名的通知

续表24

文号	文件标题
定委办发〔2019〕11号	中共舟山市定海区委办公室关于进一步调整完善区领导联系制度的通知
定委办发〔2019〕12号	中共舟山市定海区委办公室关于启用区委网络安全和信息化委员会及其办公室印章的通知
定委办发〔2019〕13号	中共舟山市定海区委办公室关于开展“落实三服务，办好三件事，争当排头兵”活动的通知
定委办发〔2019〕14号	中共舟山市定海区委办公室关于表彰2018年度定海区“优秀基层干部”的通报
定委办发〔2019〕15号	中共舟山市定海区委办公室关于表彰2018年度科级领导干部考核优秀人员的通报
定委办发〔2019〕16号	关于印发《中共舟山市定海区委 舟山市定海区人民政府 政协舟山市定海区委员会2019年度重大协商工作计划》的通知
定委办发〔2019〕17号	中共舟山市定海区委办公室关于印发《定海区全面深化矛盾纠纷大调解工作实施方案》的通知
定委办发〔2019〕18号	中共舟山市定海区委办公室关于召开全区领导干部会议的通知
定委办发〔2019〕19号	中共舟山市定海区委办公室 舟山市定海区人民政府办公室关于印发《舟山市定海区盐仓街道机关职能配置、内设机构和人员编制规定》的通知
定委办发〔2019〕20号	中共舟山市定海区委办公室 舟山市定海区人民政府办公室关于印发《舟山市定海区文化和广电旅游体育局职能配置、内设机构和人员编制规定》的通知
定委办发〔2019〕21号	中共舟山市定海区委办公室 舟山市定海区人民政府办公室关于印发《舟山市定海区审计局职能配置、内设机构和人员编制规定》的通知
定委办发〔2019〕22号	中共舟山市定海区委办公室 舟山市定海区人民政府办公室关于印发《舟山市定海区教育局职能配置、内设机构和人员编制规定》的通知
定委办发〔2019〕24号	中共舟山市定海区委办公室 舟山市定海区人民政府办公室关于印发《舟山市定海区小沙街道机关职能配置、内设机构和人员编制规定》的通知
定委办发〔2019〕25号	中共舟山市定海区委办公室 舟山市定海区人民政府办公室关于印发《舟山市定海区城东街道机关职能配置、内设机构和人员编制规定》的通知
定委办发〔2019〕26号	中共舟山市定海区委办公室 舟山市定海区人民政府办公室关于印发《舟山市定海区昌国街道机关职能配置、内设机构和人员编制规定》的通知
定委办发〔2019〕27号	中共舟山市定海区委办公室 舟山市定海区人民政府办公室关于印发《舟山市定海区白泉镇机关职能配置、内设机构和人员编制规定》的通知
定委办发〔2019〕28号	中共舟山市定海区委办公室 舟山市定海区人民政府办公室关于印发《舟山市定海区双桥街道机关职能配置、内设机构和人员编制规定》的通知
定委办发〔2019〕29号	中共舟山市定海区委办公室 舟山市定海区人民政府办公室关于印发《舟山市定海区马岙街道机关职能配置、内设机构和人员编制规定》的通知
定委办发〔2019〕30号	中共舟山市定海区委办公室 舟山市定海区人民政府办公室关于印发《舟山市定海区干礁镇机关职能配置、内设机构和人员编制规定》的通知

续表24

文号	文件标题
定委办发〔2019〕31号	中共舟山市定海区委办公室 舟山市定海区人民政府办公室关于印发《舟山市定海区岑港街道机关职能配置、内设机构和人员编制规定》的通知
定委办发〔2019〕32号	中共舟山市定海区委办公室 舟山市定海区人民政府办公室关于印发《舟山市定海区环南街道机关职能配置、内设机构和人员编制规定》的通知
定委办发〔2019〕33号	中共舟山市定海区委办公室 舟山市定海区人民政府办公室关于印发《舟山市定海区交通运输局职能配置、内设机构和人员编制规定》的通知
定委办发〔2019〕34号	中共舟山市定海区委办公室 舟山市定海区人民政府办公室关于印发《舟山市定海区经济和信息化局职能配置、内设机构和人员编制规定》的通知
定委办发〔2019〕35号	中共舟山市定海区委办公室 舟山市定海区人民政府办公室关于印发《舟山市定海区综合行政执法局职能配置、内设机构和人员编制规定》的通知
定委办发〔2019〕36号	中共舟山市定海区委办公室 舟山市定海区人民政府办公室关于印发《舟山市定海区应急管理局职能配置、内设机构和人员编制规定》的通知
定委办发〔2019〕37号	中共舟山市定海区委办公室 舟山市定海区人民政府办公室关于印发《舟山市定海区水利局职能配置、内设机构和人员编制规定》的通知
定委办发〔2019〕38号	中共舟山市定海区委办公室 舟山市定海区人民政府办公室关于印发《舟山市定海区财政局职能配置、内设机构和人员编制规定》的通知
定委办发〔2019〕39号	中共舟山市定海区委办公室 舟山市定海区人民政府办公室关于印发《舟山市定海区人力资源和社会保障局职能配置、内设机构和人员编制规定》的通知
定委办发〔2019〕40号	中共舟山市定海区委办公室 舟山市定海区人民政府办公室关于印发《舟山市定海区统计局职能配置、内设机构和人员编制规定》的通知
定委办发〔2019〕41号	中共舟山市定海区委办公室 舟山市定海区人民政府办公室关于印发《舟山市定海区住房和城乡建设局职能配置、内设机构和人员编制规定》的通知
定委办发〔2019〕42号	中共舟山市定海区委办公室 舟山市定海区人民政府办公室关于印发《舟山市定海区民政局职能配置、内设机构和人员编制规定》的通知
定委办发〔2019〕43号	中共舟山市定海区委办公室 舟山市定海区人民政府办公室关于印发《舟山市定海区农业农村局职能配置、内设机构和人员编制规定》的通知
定委办发〔2019〕44号	中共舟山市定海区委办公室 舟山市定海区人民政府办公室关于印发《舟山市定海区卫生健康局职能配置、内设机构和人员编制规定》的通知
定委办发〔2019〕45号	中共舟山市定海区委办公室 舟山市定海区人民政府办公室关于印发《舟山市定海区人民政府办公室职能配置、内设机构和人员编制规定》的通知
定委办发〔2019〕46号	中共舟山市定海区委办公室 舟山市定海区人民政府办公室关于印发《舟山市定海区商务局职能配置、内设机构和人员编制规定》的通知
定委办发〔2019〕57号	中共舟山市定海区委办公室 舟山市定海区人民政府办公室关于成立区老旧住宅改造工作领导小组的通知
定委办发〔2019〕58号	中共舟山市定海区委办公室关于启用区委区政府健康定海建设领导小组及其办公室印章的通知
定委办发〔2019〕59号	中共舟山市定海区委办公室关于调整区委巡察工作领导小组成员的通知
定委办发〔2019〕60号	中共舟山市定海区委区政府办公室关于召开区委农渔村工作会议的通知

续表24

文号	文件标题
定委办发〔2019〕61号	中共舟山市定海区委办公室关于公布2019年实绩亮相项目（第一批）的通知
定委办发〔2019〕62号	中共舟山市定海区委办公室 舟山市定海区人民政府办公室关于印发《2019年定海区道路交通安全综合治理攻坚行动工作方案》的通知
定委办发〔2019〕63号	中共舟山市定海区委办公室 舟山市定海区人民政府办公室关于印发《舟山市定海区老旧住宅小区改造三年行动计划实施方案（2019—2021年）》的通知
定委办发〔2019〕64号	中共舟山市定海区委办公室关于印发《2019年全区“双学双比”活动总体方案》的通知
定委办发〔2019〕67号	中共舟山市定海区委办公室 舟山市定海区人民政府办公室关于印发《舟山市定海区职能部门职责下沉镇（街道）准入管理实施办法（试行）》的通知
定委办发〔2019〕68号	中共舟山市定海区委办公室关于印发《2019年区委理论学习中心组学习计划》的通知
定委办发〔2019〕69号	中共舟山市定海区委办公室 舟山市定海区人民政府办公室关于调整科级事业单位机构设置的通知
定委办发〔2019〕70号	中共舟山市定海区委办公室舟山市定海区人民政府办公室关于印发《舟山市定海区迎接浙江省生态环境保护督察协调保障工作方案》的通知
定委办发〔2019〕71号	中共舟山市定海区委办公室关于认真做好《定海年鉴（2019）》编纂工作的通知
定委办发〔2019〕72号	中共舟山市定海区委办公室关于启用中共舟山市定海区卫生健康局委员会印章的通知
定委办发〔2019〕73号	中共舟山市定海区委办公室关于印发《中共舟山市定海区委2019年民主协商计划》的通知
定委办发〔2019〕74号	中共舟山市定海区委办公室 舟山市定海区人民政府办公室关于调整区关心下一代工作委员会成员的通知
定委办发〔2019〕75号	中共舟山市定海区委办公室关于表彰2018年度定海区优秀党委（党组）理论学习中心组的通报
定委办发〔2019〕76号	中共舟山市定海区委办公室 舟山市定海区人民政府办公室关于调整区属部门与区政协各专门委员会对口联系的通知
定委办发〔2019〕78号	中共舟山市定海区委办公室 舟山市定海区人民政府办公室关于成立定海区社区村体制改革完善工作领导小组的通知
定委办发〔2019〕80号	中共舟山市定海区委办公室 舟山市定海区人民政府办公室关于印发《2019年定海区实施乡村振兴战略任务清单》的通知
定委办发〔2019〕81号	中共舟山市定海区委办公室 舟山市定海区人民政府办公室关于印发《舟山市定海区2019年城乡环境综合整治大会战实施方案》的通知
定委办发〔2019〕82号	中共舟山市定海区委办公室 舟山市定海区人民政府办公室关于印发《舟山市定海区2019年海上花园城市建设攻坚行动实施方案》的通知
定委办发〔2019〕83号	中共舟山市定海区委办公室 舟山市定海区人民政府办公室关于印发《定海区社区村体制改革完善工作区领导联系督导分组名单及职责》等文件的通知
定委办发〔2019〕84号	中共舟山市定海区委办公室关于启用中共舟山市定海区委全面深化改革委员会等印章的通知

续表24

文号	文件标题
定委办发〔2019〕85号	中共舟山市定海区委办公室关于启用舟山市定海区社区村体制改革完善工作领导小组办公室印章的通知
定委办发〔2019〕87号	中共舟山市定海区委办公室 舟山市定海区人民政府办公室关于整治形式主义突出问题切实减轻基层负担的若干意见
定委办发〔2019〕88号	中共舟山市定海区委办公室关于更换中共舟山市定海区环南街道党工委印章的通知
定委办发〔2019〕89号	中共舟山市定海区委办公室关于召开区委保密(密码工作)委员会全体会议的通知
定委办发〔2019〕90号	中共舟山市定海区委办公室关于启用舟山市定海区公务员局印章及钢印的通知
定委办发〔2019〕92号	中共舟山市定海区委办公室关于加强民主参与共促高质量发展的实施意见
定委办发〔2019〕93号	中共舟山市定海区委办公室关于启用中共舟山市定海区融媒体中心党组等印章的通知
定委办发〔2019〕94号	中共舟山市定海区委办公室关于印发《2019年定海区信息录用计分办法》的通知
定委办发〔2019〕95号	中共舟山市定海区委办公室关于印发《区政协开展“请你来协商”平台建设的实施意见》的通知
定委办发〔2019〕97号	中共舟山市定海区委办公室关于启用舟山市定海区社区村体制改革完善工作领导小组印章的通知
定委办发〔2019〕98号	中共舟山市定海区委办公室关于印发《2019年度区领导重点调研课题》的通知
定委办发〔2019〕99号	中共舟山市定海区委办公室关于童佳等同志职务任免的通知
定委办发〔2019〕100号	中共舟山市定海区委办公室关于全区城市建设“双学双比”优胜单位的通报
定委办发〔2019〕101号	中共舟山市定海区委办公室关于表彰2018年度全区优秀调研成果的通报
定委办发〔2019〕102号	关于对重要文件和重要会议精神学习贯彻情况开展督查的通知
定委办发〔2019〕103号	中共舟山市定海区委办公室关于启用区委区政府政策研究中心等印章的通知
定委办发〔2019〕104号	中共舟山市定海区委办公室 舟山市定海区人民政府办公室关于调整区双拥工作领导小组及办公室组成人员的通知
定委办发〔2019〕108号	中共舟山市定海区委办公室关于公布2019年实绩亮相项目（第二批）的通知
定委办发〔2019〕109号	中共舟山市定海区委办公室 舟山市定海区人民政府办公室关于印发定海区2019年助力对口地区脱贫攻坚年度计划的通知

（撰稿：张依伊）

附录三：2019年舟山市定海区人民政府重要文件选编

表25

月日	文件名	文件标题
1.9	定政发1	关于确定上海交通大学医学院附属瑞金医院舟山分院为定海区惠民医院协作医院的通知
1.9	定政发2	关于印发《定海区区域医疗服务共同体（医疗集团）建设实施方案》的通知
1.18	定政发3	关于启用舟山市定海区人民政府办公室印章的通知
2.3	定政发4	关于授予方忠明等同志见义勇为三等功的决定
2.3	定政发5	关于表扬2018年度政府工作创新奖获奖项目的通报
2.12	定政发6	关于调整区政府领导分工的通知
2.12	定政发7	关于2018年度安全生产目标管理责任制考核情况的通报
3.6	定政发8	关于转发《舟山市人民政府关于完善残疾儿童康复服务制度的通知》的通知
3.20	定政发9	关于表扬2018年度全区招商引资工作先进集体和个人的通报
4.1	定政发10	关于2018年度消防安全责任制考核情况的通报
4.22	定政发11	关于调整部分区政府领导分工的通知
7.12	定政发12	关于印发《舟山市定海区2018—2022年中小学布局调整规划》的通知
8.1	定政发13	关于调整区政府部分副区长工作分工的通知
8.30	定政发14	关于给予袁柏年见义勇为行为记个人三等功的决定
9.25	定政发15	关于促进民营经济高质量发展的实施意见（LDHD00—2019—0003）
12.5	定政发16	关于进一步加强审计整改工作的意见
12.4	定政发17	关于给予钟耿平见义勇为行为记个人三等功的决定
1.3	定政办发1	关于启用舟山市定海区经济和信息化局等印章的通知

续表25

月日	文件名	文 件 标 题
2.10	定政办发2	舟山市定海区人民政府办公室关于召开区政府第三次全体会议的通知
2.12	定政办发3	关于转发舟山市2019年度政府集中采购目录及标准的通知（LDHD01—2019—0001）
2.28	定政办发4	关于启用区政府外事办公室等印章的通知
3.8	定政办发5	关于成立定海区被征地农民基本生活保障联合审核小组的通知
3.11	定政办发6	关于印发定海区被征地农民基本生活保障实行“人地对应”实施办法的通知（LDHD01—2019—0002）
3.13	定政办发7	关于印发《定海区农（渔）村公益性建设项目用地保障暂行办法（试行）》的通知（LDHD01—2019—0003）
3.13	定政办发8	关于成立区清理整治不规范地名工作领导小组的通知
3.14	定政办发9	关于印发《定海区渔农村饮用水达标提标行动实施方案》的通知（LDHD01—2019—0007）
3.5	定政办发10	关于成立区医疗集团管理委员会的通知
3.20	定政办发11	关于下达2019年度全区招商引资指标任务的通知
3.20	定政办发12	关于印发舟山市定海区山塘安全管理办法（修订）的通知（LDHD01—2019—0004）
4.1	定政办发13	关于公布第十八批区级重大火灾隐患整改单位的通知
4.2	定政办发14	关于转发进一步完善被征地农民基本养老保障制度的通知
4.2	定政办发15	关于印发《定海区2019年政府民生实事项目及责任分解》的通知
4.8	定政办发16	关于印发《2019年定海区征地区片综合地价调整方案》的通知（LDHD01—2019—0005）
4.9	定政办发17	关于成立区学习型城市建设工作领导小组的通知
4.16	定政办发18	关于调整区国有土地管理工作领导小组的通知
4.17	定政办发19	关于认真做好区领导领办件和区人大重点建议、区政协重点提案办理工作的通知
4.18	定政办发20	关于印发舟山市定海区反走私重点县建设工作方案的通知（LDHD01—2019—0006）

续表25

月日	文件名	文　件　标　题
4.22	定政办发21	关于调整区全面推进依法行政工作领导小组名称及组成人员的通知
4.23	定政办发22	关于成立2019年区政府部分重点工作及重点项目（企业）专项工作组的通知
4.25	定政办发23	关于调整区地方财税收入协调领导小组成员的通知
5.6	定政办发24	关于印发《定海区打击整治走私犯罪集中行动方案》的通知
5.10	定政办发25	关于印发舟山市定海区低效厂房整治专项行动方案的通知LDHD01—2019—0008
5.10	定政办发26	关于印发《定海区规模以下“低散乱”修造船企业整治提升工作实施方案》的通知LDHD01—2019—0009
5.27	定政办发27	关于印发定海区“浙政钉掌上执法系统用试点实施方案的通知
5.27	定政办发28	关于印发《定海区推进学习型城市建设实施意见》的通知
5.17	定政办发29	关于印发定海区棚户区改造实施方案的通知
5.23	定政办发30	关于调整区防汛防旱防台指挥部成员的通知
5.30	定政办发31	关于印发《舟山市定海区基层医疗卫生健康服务体系强化工程实施方案》的通知 LDHD01—2019—0010
5.31	定政办发32	关于印发《定海区加快创新发展三年行动计划2019年任务分解》的通知
6.4	定政办发33	关于成立定海五山生态旅游带（五山公园绿道）建设工程指挥部的通知
6.12	定政办发34	舟山市定海区人民政府办公室关于调整部分区级议事协调机构负责人的通知
7.3	定政办发35	关于印发定海区全面推广应用“浙江省行政执法监管平台”实施方案的通知
6.29	定政办发36	舟山市定海区人民政府办公室关于确定定海区水利投资开发有限公司作为舟山市定海区渔农村饮水县级统管单位的通知LDHD01—2019—0011
6.29	定政办发37	舟山市定海区人民政府办公室关于印发舟山市定海区渔农村供水工程运行管理办法（试行）的通知LDHD01—2019—0012
7.3	定政办发38	关于表彰2018年度治水治污（河长制）工作先进集体和先进个人的通报
7.8	定政办发39	关于印发 2019年舟山市定海区法治政府建设工作要点的通知

续表25

月日	文件名	文件标题
7.12	定政办发40	关于印发《定海区数字经济发展行动计划（2019—2022年）》的通知
7.29	定政办发41	关于印发2019年定海区食品安全工作要点的通知
8.5	定政办发42	关于印发《定海区加快推进高速公路ETC发展应用工作方案》的通知
8.19	定政办发43	关于印发《舟山市定海区基层医疗卫生机构补偿机制改革实施意见》的通知 LDHD01—2019—0013
9.10	定政办发44	关于调整部分文物保护单位名称的通知
9.10	定政办发45	关于印发《定海区畜牧业绿色发展示范县创建实施方案》的通知
9.17	定政办发46	关于印发《定海区打赢蓝天保卫战2019—2020年行动计划》的通知 LDHD01—2019—0014
9.25	定政办发47	关于印发《浙江省舟山市定海区美丽河湖建设行动方案（2019—2022年）》的通知
10.11	定政办发48	关于印发《2019年定海区土地流转工作实施方案》的通知
11.22	定政办发49	关于印发定海区渔农村饮用水价格管理指导意见的通知
10.25	定政办发50	关于印发定海区创建国家知识产权强县工程试点区实施方案（2019年—2021年）的通知
10.25	定政办发51	关于废止《舟山市定海区人民政府关于进一步规范招投标工作的若干意见》的通知
11.8	定政办发52	关于印发舟山市定海区行政事业单位国有资产管理办法（试行）的通知
1.29	定政1	关于2018年度粮食安全县区长责任制落实情况的报告
1.29	定政2	关于定海区2018年法治政府建设工作的报告
2.12	定政3	关于要求补助我区干览镇青龙社区乡村振兴项目经费的请示
2.18	定政4	关于报送定海区教育约谈整改方案的报告
3.1	定政5	关于2018年度消防工作情况的报告
3.5	定政6	关于要求在定海西片区布点客运交通枢纽规划的请示

续表25

月日	文件名	文件标题
3.7	定政7	关于畜禽养殖废弃物资源化利用工作的报告
3.8	定政8	关于要求先予办理宁波舟山港主通道项目岑港段被征地农民养老保险参保手续的请示
3.19	定政9	关于要求补助盐仓街道市政基础设施建设资金的请示
3.19	定政10	关于要求补助海天大道定海段提升工程项目资金的请示
3.25	定政11	关于申报万里美丽经济交通走廊创建达标县的请示
4.2	定政12	关于定海区法治政府建设“最佳实践”专项培育情况的报告
5.27	定政13	关于要求扩大定海港区西蟹峙对外开放水陆域范围的请示
6.17	定政14	关于要求出具相关公函的请示
6.18	定政15	关于要求分成中储粮舟山物流仓储基地项目港口粮食装卸费的请示
6.19	定政16	关于要求转报省政府对舟山实华原油码头有限公司二期码头对外开放启用验收的请示（呈送毛江平副市长）
7.3	定政17	关于要求协调解决白泉屋基园船舶修理基地项目2#船坞工程质量验收事项的请示
7.3	定政18	关于要求协调解决浙江半岛船业有限公司船坞项目竣工验收事项的请示
7.9	定政19	关于要求补助水利建设资金的请示(呈送姜副市长)
7.8	定政20	关于要求先予办理定海海洋科学城核心建设地块一期项目被征地农民养老保险参保手续的请示
7.9	定政21	关于要求补助治水治污资金的请示(呈送姜副市长)
8.13	定政22	关于要求补助瑞金医院舟山分院建设运营资金的请示（送呈何中伟市长）
9.6	定政23	关于要求补助城东街道老旧小区改造经费的请示
9.26	定政24	关于要求同意浙江金万达港口有限公司册子四宗工业用地开竣工延期的请示
1.23	定政25	关于要求对舟山金海船业有限公司2号船坞对外开放启用验收的请示（呈毛江平副市长）

续表25

月日	文件名	文 件 标 题
11.5	定政26	关于要求申报第九批市级文物保护单位的请示
11.7	定政27	关于要求对省级挂牌治理道路交通事故多发点段治理项目予以销号的请示
11.25	定政28	关于要求补助小沙街道和盛果蔬专业合作社资金的请示（呈方维副长）
12.11	定政29	关于申请2019年度第二批调整（撤销）建设用地批文盘活批而未供土地转用指标（定海区）的请示（呈姜副市长）
12.19	定政31	关于要求补助马岙街道办事处环境综合整治经费的请示(呈陈隆副市长)
12.24	定政32	关于定海区第十七届人民代表大会第三次会议代表议案建议办理情况的审议意见落实情况的报告
12.24	定政33	关于全区2019年上半年国民经济和社会发展计划执行情况及财政预算执行情况审议意见落实情况的报告
12.24	定政34	关于全区行政事业单位国有资产管理情况的审议意见落实情况的报告
12.24	定政35	关于进一步促进我区民营经济高质量发展的审议意见落实情况的报告
12.24	定政36	关于进一步推进我区生态文明示范区创建审议意见落实情况的报告

（撰稿：周啸峰）

责任编辑：王英伟

索　引

Indexes

舟山市汽车客运中心（陈炳群/摄）

社会主义核心价值观

国家 富强、民主、文明、和谐

社会 自由、平等、公正、法治

公民 爱国、敬业、诚信、友善

主题索引

E

F

K

L

M

R

T

W

X

Y

Z

图表索引